Demotic Greek II

Ὁ Ἱπτάμενος Θάλαμος

I0892060

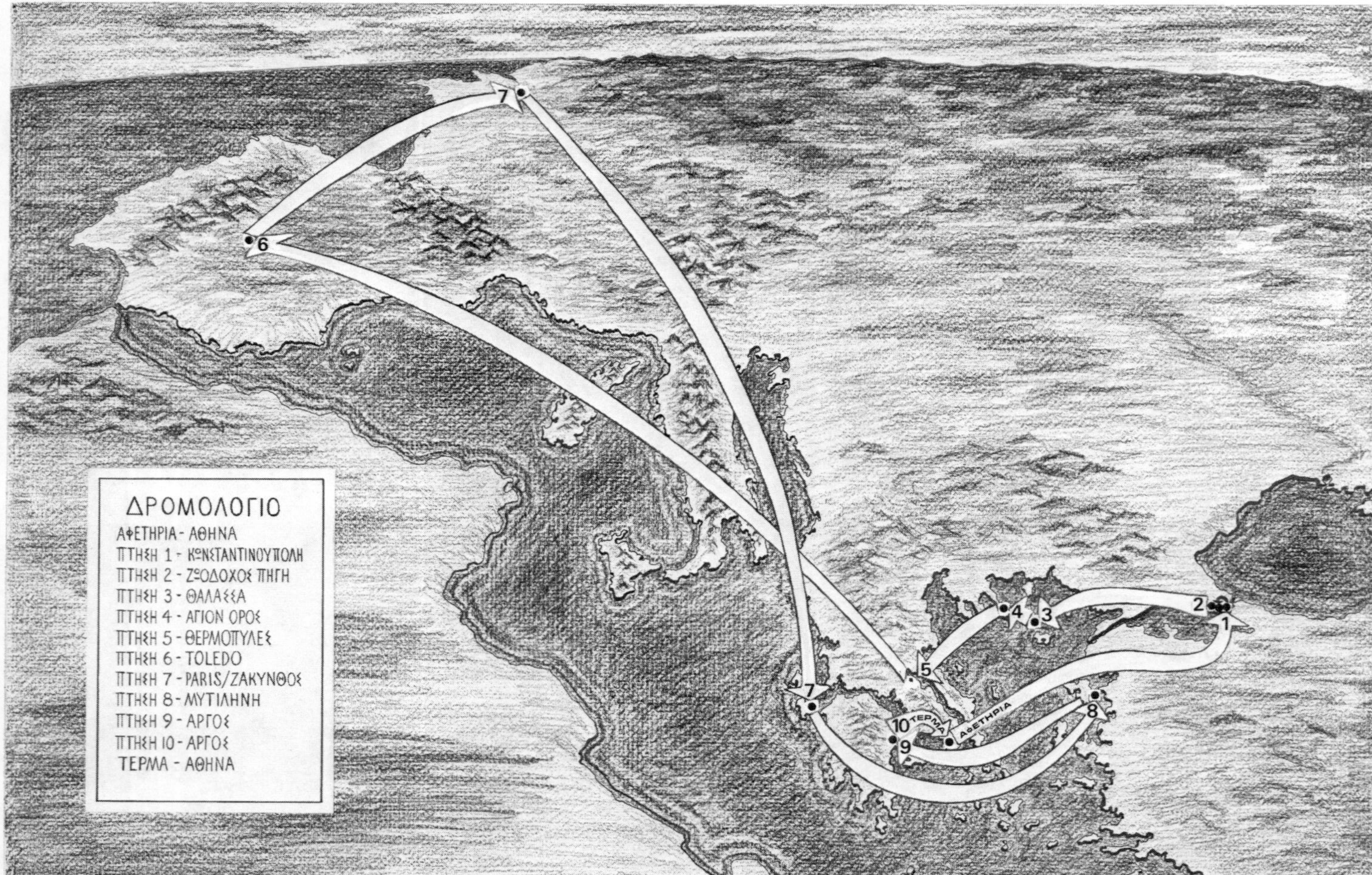

ΔΡΟΜΟΛΟΓΙΟ
ΑΦΕΤΗΡΙΑ - ΑΘΗΝΑ
ΠΤΗΣΗ 1 - ΚΩΝΣΤΑΝΤΙΝΟΥΠΟΛΗ
ΠΤΗΣΗ 2 - ΖΩΟΔΟΧΟΣ ΠΗΓΗ
ΠΤΗΣΗ 3 - ΘΑΛΑΣΣΑ
ΠΤΗΣΗ 4 - ΑΓΙΟΝ ΟΡΟΣ
ΠΤΗΣΗ 5 - ΘΕΡΜΟΠΥΛΕΣ
ΠΤΗΣΗ 6 - TOLEDO
ΠΤΗΣΗ 7 - PARIS/ΖΑΚΥΝΘΟΣ
ΠΤΗΣΗ 8 - ΜΥΤΙΛΗΝΗ
ΠΤΗΣΗ 9 - ΑΡΓΟΣ
ΠΤΗΣΗ 10 - ΑΡΓΟΣ
ΤΕΡΜΑ - ΑΘΗΝΑ
ΑΦΕΤΗΡΙΑ
ΤΕΡΜΑ

Demotic Greek II

Ὁ Ἱπτάμενος Θάλαμος

The Flying Telephone Booth

Peter Bien, John Rassias,
Chrysanthi Yiannakou-Bien
and Christos Alexiou

University Press of New England
Hanover and London

University Press of New England

Brandeis University	University of New Hampshire
Brown University	University of Rhode Island
Clark University	Tufts University
Dartmouth College	University of Vermont

Copyright © 1982 by Peter Bien and John Rassias

All rights reserved. Except for brief quotation in critical articles or reviews, this book, or parts thereof, must not be reproduced in any form without permission in writing from the publisher. For further information, contact University Press of New England, Hanover, NH 03755, U.S.A.

Library of Congress Catalog Card Number 81–51609
International Standard Book Number 0–87451–208–5
Printed in the United States of America
Library of Congress Cataloging in Publication Data will be found on the last printed page of this book.

Credits
Art work: Robert Daubenspeck
Linguistic Consultant: Kostas Kazazis
Computer Software: Rick Silverman, Andy Behrens, Walter Joyce, Mark Burgess, Stephen V. F. Waite, Bernard de Breuil
Computer Keyboarding: Peter Bien

Acknowledgments
For suggestions and corrections: Dia Philippides, Loring Danforth, Nomikos Vaporis
For general support: Kiewit Computation Center of Dartmouth College, Nancy Broadhead, Dartmouth College Research Fund
For specific materials: Leslie English, Marina Brownlee, Stavros Soliopoulos, Leander Bien
For permission to quote or paraphrase:
Mrs. C. N. Alivisatos, sister of George Theotokas, for excerpts from his novel *Ἀργώ*
Petros Haris, editor of *Νέα Ἑστία*, for excerpts from *Εἰς μνήμην Καζαντζάκη* and *Τό Ἅγιον Ὄρος* by G. P. Kournoutos
Hermes Editions, for excerpts from *Ὁ Καραγκιόζης*, by G. Ioannou
Apostolos Kaldaras, for the music to *Μικρά Ἀσία*
Eleni Kazantzakis, for excerpts from *Ἀναφορά στόν Γκρέκο*, *Ταξιδεύοντας Ἱσπανία* and *Ταξιδεύοντας Ρουσία* by Nikos Kazantzakis
I. D. Kollaros & Co., for excerpts from *Ἀργώ* by George Theotokas and *Ἡ παναγιά ἡ γοργόνα* by Stratis Myrivilis
Zissimos Lorenzatos, for excerpts from his *Γιά τό Σολωμό*
Lambis Myrivilis, for excerpts from *Ὁ Ἀργοναύτης* and *Ἡ παναγιά ἡ γοργόνα* by Stratis Myrivilis
Maria Papastamatiou, mother of the late Pythagoras Papastamatiou, for the lyrics to *Μικρά Ἀσία*, donated in his memory
Chris Peters of Peters International, Inc., for songs from *Μικρά Ἀσία*
Maro Seferis, for the poem *Ὁ γυρισμός τοῦ ξενιτεμένου*, and excerpts from *Δοκιμές* by George Seferis

The publisher acknowledges the assistance of the Andrew W. Mellon Foundation in the publication of this book.

For information about the workbook, audiotapes and teacher's manual to accompany this text please write University Press of New England, Hanover, NH 03755, USA.

5 4 3 2

Contents

Introduction

Demotic Greek II: Ὁ *ἱπτάμενος θάλαμος* is a complete second-level program for Modern Greek. Along with a general review of grammar, the text includes specific reviews of grammatical points not stressed in Demotic Greek I. There are, in addition, readings in the culture and the literature of Greece.

The text is designed to give both instructor and students the greatest flexibility in completing a thoroughly tested approach to language learning. A variety of presentations and activities is offered, but not all of these are required.

The text itself is only one part of an integrated learning system designed to develop and strengthen the student's ability to speak fluently, comprehend, read, and write. A set of audiotapes, keyed to each chapter and containing additional dictation exercises, can be used in the language laboratory or for independent study at home. The Student Workbook, concentrating on writing, reviews grammar and vocabulary in each chapter and offers various supplementary exercises, many based on illustrations. The Instructor's Manual contains a typical lesson plan and an abundance of teaching aids to test, apply and extend the textual material. It also contains suggested answers to most of the exercises in the Workbook.

Organization of the text

In addition to the Prologue and Epilogue, the text contains ten chapters, each divided into two sections. Each of these sections begins with a scenario that serves as a springboard for the study of grammar and vocabulary, as well as for the readings that appear in the second section of the chapter. The plot line consists of the adventures of our heroine, *ἡ Μαρία*, who, on a mysterious night, alone in the deserted streets of Athens, rushes to a telephone booth and hastily tries to dial her home number. Alas, she misdials, the telephone booth shudders and roars and then takes off like a missile to other places and times. This happens repeatedly. On each of these journeys she encounters mythical or historical figures and shares with them memorable episodes that relate to Greek culture.

Each scenario consists of four graded steps. The first, called ***κόκκινο***, contains basic grammatical constructions so that the student can immediately *comprehend* what the story is about and what the chapter will concentrate on. The second, called *μπλέ*, adds more basic vocabulary to the grammatical structures so that students can begin to *learn* and manipulate the materials. The third step, called *μαῦρο*, fleshes out the basic structures and vocabulary with additional words and phrases so that students begin to *read* the story as normal, flowing prose. In addition, there is a fourth step at the very end of each chapter—we call this the *Πράσινο Φῶς*. Here, students are encouraged to rewrite the scenarios in their own words.

The various additional features of the text (synonyms and approximate synonyms, notes on the grammar and notes on the text, drills of various kinds, micrologues, readings, etc.) will be explained as they occur.

A special note to the student

Every language contains five components in which competence must be acquired before any claim to knowledge of the language may be made. A word on each is appropriate because you many have been exposed to conflicting views. We list these components in their proper order of importance.

1. **Grammar.** Grammar provides an organized approach to learning a language. We attempt to instruct grammar through scenarios and different types of pattern drills. Sometimes the grammar is taught inductively (by presenting examples of a structure before explaining it) and sometimes deductively (by explaining how a structure works and then presenting examples).
2. **Comprehension.** Comprehension of the spoken word may be developed with relative ease if you are alert in class, manipulate the various graded steps thoroughly, and participate in the language laboratory or review as much as you can the audio cassettes at home.
3. **Vocabulary.** Vocabulary is acquired through active use of the words you learn in each chapter. A word atrophies quickly not only when it is neglected, but also when it is used in a non-real sense. You will not, for instance, have to memorize any isolated lists of words. In this book, vocabulary is always taught and reinforced within a meaningful context.
4. **Fluency.** Views of fluency are confused and even frightening. Many students have been led to believe that fluency means speed, and they try to perform the miracle of changing their personalities when speaking a foreign language by speeding up the movements of their speech apparatus. Webster's Third New International Dictionary (unabridged) defines fluency as "smoothness, ease and readiness . . . of utterance." Fluency, then, is the ability to convey your ideas logically, without stumbling too often in the expression of what you

want to say, but also without regard to the rate of speed (measured in words per minute) of delivery. You are best advised to speak Greek at the same rate of speed with which you speak your native tongue.

5. **Accent.** Cultivate as accurately as possible the pronunciation of your teacher, who will be alert to your steady development in speaking. Listen carefully to the recorded tapes that accompany the book. But do not expect to develop a "perfect" pronunciation—whatever that is!

About the best advice we can give you is to have the courage to be "bad"—that is, to make mistakes, but to speak! Nothing will be communicated or understood by anyone unless people speak to each other. Language must be spoken, and from the beginning! Give yourself completely to the task. Learning a language is fun.

An exciting adventure awaits you. Since language study demonstrates the limitations and the potentialities of communication, it gives us insight into how we view the world and how language influences the ways in which we think and perceive. To acquire another language is to acquire another vision.

Grammatical Index

Words and Expressions Discussed in the Text

Cultural Index

Index of Sources for the Readings, Adaptations and Supplementary Materials

Demotic Greek II

Ὁ Ἱπτάμενος Θάλαμος

ΤΗΛΕΦΩΝΟΝ
TELEPHONE
ΤΗΛΕΦΩΝΟΝ
TELEPHONE

Ἀφετηρία — Ἀρχίζει ἡ περιπέτεια

κόκκινο

'Η Μαρία χάθηκε ____ ____ ____ ____ ____ ____. ____, ____ ____, τά παντζούρια κλείνουν ____ ____. Τά φῶτα τῶν σπιτιῶν σβήνουν. ____ ____ ____ ____ ____ ____ ____, ____ ____.

____ ____ ____.

'Η Μαρία ἀρχίζει νά τρέχει. ____ ____ ____ ____. ____ ἀνάβει ἕνα φῶς ____ ____ δίπλα σ' ἕναν ____ τηλεφωνικό θάλαμο. ____ ____ προσπαθεῖ νά τόν ἀνοίξει. Πρέπει νά μιλήσει μέ κάποιον. ____ ____ ____ ____ ἀνοίγει τίς ____ πόρτες. ____ ____ ____ ____ ____ ____, ____ ἡ Μαρία μπαίνει μέσα. ____, σηκώνει τ' ἀκουστικό. Παίρνει ἕναν ἀριθμό. ____ ____ ____ ____ ____ ____ . . . ____ . . . ____ ____ ____ ____ ____ ____ ____ ____ ____ ____ ____.

Βοηθητικές ἑρμηνεῖες / Aids to translation

Τίτλος. *ἀφετηρία*] starting point, place of departure
περιπέτεια] adventure, vicissitude
1. *χάθηκε*] got lost 2. *τά παντζούρια*] the shutters
3. *τά φῶτα . . . σβήνουν*] the lights . . . go out
8. *τηλεφωνικό θάλαμο*] (accusative) telephone booth
προσπαθεῖ] she tries 11. *τ' ἀκουστικό*] receiver

Σημειώσεις / Notes

1. *χάθηκε*] past tense of *χάνομαι*, the mediopassive form of *χάνω*. We use the term "mediopassive" to remind the student that verbs with "passive" endings are not necessarily passive in meaning; they may be in (what traditional grammar calls) the "middle voice" (thus "medio-"), which means that the subject of the verb acts in a

way that affects himself/herself/itself. In this example, *χάθηκε* is middle rather than passive.

3. *τά φῶτα*] plural of *τό φῶς*.
6. *νά τρέχει*] After *νά*, verbs are automatically in the subjunctive. In this case, the subjunctive is continuous: *νά τρέχει* instead of *νά τρέξει*. It is useful to remember that *ἀρχίζω* and also *σταματῶ*, when followed by *νά*, usually require the continuous subjunctive. It is also useful to remember that *προσπαθῶ*, when followed by *νά*, usually requires the simple subjunctive. However, even *προσπαθῶ* will take the continuous subjunctive in sentences where the action that is being attempted is clearly a continuous or repeated one, as in Πάντα *προσπαθῶ νά τῆς μιλάω σιγά*, "I always try to speak slowly to her."
8. *νά . . . ἀνοίξει*] In this case, we have the simple subjunctive as opposed to the continuous form, *νά ἀνοίγει*. For the difference, see Μιά *ματιά στή γραμματική*.
9. *νά μιλήσει*] simple subjunctive

μπλέ

Ἡ Μαρία χάθηκε καί γυρίζει στούς δρόμους ___ ______. Ξαφνικά, ____ ____, τά παντζούρια κλείνουν μοναχά τους. Τά φῶτα τῶν σπιτιῶν σβήνουν. Τά φῶτα τοῦ δρόμου σβήνουν κι αὐτά, ___ ____.

Πέφτει βαθύ σκοτάδι.

Ἡ Μαρία ἀρχίζει νά τρέχει. ______ _ _____ ___. Ἔξαφνα ἀνάβει ἕνα φῶς τοῦ δρόμου δίπλα σ' ἕναν __________ τηλεφωνικό θάλαμο. _______ ___ προσπαθεῖ νά τόν ἀνοίξει. Πρέπει νά μιλήσει μέ κάποιον. ___ _____ ___ _____ ἀνοίγει τίς __________ πόρτες. Μιά μέλισσα στριφογυρίζει πάνω ἀπ' τό τηλέφωνο, ἀλλά ἡ Μαρία μπαίνει μέσα. Τρέμοντας, σηκώνει τ' ἀκουστικό. Παίρνει ἕναν ἀριθμό. Ἀκούει τό τηλέφωνο νά χτυπάει μιά . . . δυό . . . τρεῖς φορές καί μονομιᾶς οἱ οὐρανοί γεμίζουν ἀστραπές καί βροντές.

Βοηθητικές ἑρμηνεῖες / Aids to translation

2. *μοναχά τους*] by themselves
3. *κι αὐτά*] also, too, as well (literally, "and they")
5. *πέφτει*] falls *βαθύ*] deep *σκοτάδι*] darkness
10. *μιά μέλισσα*] a bee *στριφογυρίζει*] is circling, gyrating
13. *μονομιᾶς*] all at once, suddenly, abruptly

13–14. *γεμίζουν ἀστραπές καί βροντές*] fill (are filled) with lightning and thunder

Σημειώσεις / Notes

2. *μοναχά τους*] Note how this idiom works: Ἡ Μαρία *γυρίζει μοναχή της* = Maria is wandering by herself. Ὁ Νίκος *γυρίζει μοναχός του* = ... by himself. *Γυρίζουμε μοναχοί μας* = ... by ourselves, etc.
3. *κι αὐτά*] *καί* here becomes *κι* before the vowel
5. *βαθύ*] This belongs to a small group of adjectives ending in -*ύς*, -*ιά*, -*ύ*.
12. *νά χτυπάει*] another continuous subjunctive, like *νά τρέχει* in line 6.
13–14. *γεμίζουν ἀστραπές καί βροντές*] Note that in this idiomatic expression the preposition "with" is omitted in the Greek though not in the English equivalent. Also note that the singulars "lightning" and "thunder" in English become plurals in the Greek.

μαῦρο

Ἡ Μαρία χάθηκε καί γυρίζει στούς δρόμους τῆς γειτονιᾶς. Ξαφνικά, χωρίς λόγο, τά παντζούρια κλείνουν μοναχά τους. Τά φῶτα τῶν σπιτιῶν σβήνουν. Τά φῶτα τοῦ δρόμου σβήνουν κι αὐτά, ὅλα μαζί.

Πέφτει βαθύ σκοτάδι.

Ἡ Μαρία ἀρχίζει νά τρέχει. Πιάστηκε ἡ καρδιά της. Ἔξαφνα ἀνάβει ἕνα φῶς τοῦ δρόμου δίπλα σ' ἕναν ἐγκαταλειμμένο τηλεφωνικό θάλαμο. Πλησιάζει καί προσπαθεῖ νά τόν ἀνοίξει. Πρέπει νά μιλήσει μέ κάποιον. Μέ κόπους καί ἱδρώτα ἀνοίγει τίς σκουριασμένες πόρτες. Μιά μέλισσα στριφογυρίζει πάνω ἀπ' τό τηλέφωνο, ἀλλά ἡ Μαρία μπαίνει μέσα. Τρέμοντας, σηκώνει τ' ἀκουστικό. Παίρνει ἕναν ἀριθμό. Ἀκούει τό τηλέφωνο νά χτυπάει μιά ... δυό ... τρεῖς φορές καί μονομιᾶς οἱ οὐρανοί γεμίζουν ἀστραπές καί βροντές.

Βοηθητικές ἑρμηνεῖες

2. *χωρίς λόγο*] inexplicably, without any reason
6. *πιάστηκε ἡ καρδιά της*] Her blood ran cold. (Literally: her heart "caught" or "got caught," i.e. became petrified, paralyzed.)
7. *ἐγκαταλειμμένο*] abandoned
8. *πλησιάζει*] she approaches
9. *μέ κόπους καί ἱδρώτα*] with effort and sweat (literally: with "efforts" and sweat)
10. *σκουριασμένες*] rusty

Σημειώσεις

6. *πιάστηκε*] simple past tense of *πιάνομαι*, the mediopassive form of *πιάνω*.
7. *ἐγκαταλειμμένο*] passive participle of *ἐγκαταλείπω*. In this case, as in many, the passive participle can serve as an adjective.
10. *σκουριασμένες*] passive participle of *σκουριάζω*, serving here as an adjective.

Synonyms or approximate synonyms

1. *γυρίζει*: *περιπλανιέται*
2. *χωρίς λόγο*: *χωρίς αἰτία, χωρίς ἀφορμή*
5. *πέφτει βαθύ σκοτάδι*: *ὅλα σκοτεινιάζουν*
6. *πιάστηκε ἡ καρδιά της*: *σφίχτηκε ἡ καρδιά της*
7. *δίπλα*: *πλάι*
8. *πλησιάζει*: *ζυγώνει, σιμώνει, κοντεύει, προσεγγίζει*
10. *πόρτες*: *θύρες*
11. *μπαίνει μέσα*: *εἰσέρχεται* (*καθ*)*

Instructions: Wherever possible, use a synonym or approximate synonym in your answer.

1. Τί *κάνει* ἡ Μαρία *στούς δρόμους τῆς γειτονιᾶς*;
2. Μποροῦμε *νά καταλάβουμε γιατί κλείνουν τά παντζούρια*; Γιατί *κλείνουν*;
5. Τί *γίνεται ὅταν τά φῶτα σβήνουν*;
6. Ὅταν ἡ Μαρία *ἄρχισε νά τρέχει, τί ἔπαθε ἡ καρδιά της*;
7. Ποῦ *εἶναι τό φῶς τοῦ δρόμου πού ἀνάβει*;
8. Τί *κάνει* ἡ Μαρία *πρίν προσπαθήσει ν' ἀνοίξει τό θάλαμο*;
10. Τί *ἀνοίγει* ἡ Μαρία *μέ κόπους καί ἱδρώτα*;
11. Ἄν *καί στριφογυρίζει μιά μέλισσα πάνω ἀπ' τό τηλέφωνο, τί κάνει* ἡ Μαρία;

Substitution drills

Note: These drills reinforce the vocabulary and patterns of the lesson. The number to the left of each drill indicates the particular line of the lesson that is being drilled. The technique of the drills is simple. First, the teacher recites the opening sentence and elicits two choral responses from the class. Then the teacher gives the first cue, which is the underlined word in the next sentence. At the same time, the teacher points to a student. This student then repeats the original sentence, but substitutes in the proper

* The abbreviation *καθ* will be used throughout the book to indicate a katharevousa expression that occurs in certain contexts in demotic.

place the cue word or words. The teacher then goes to the second cue and to another student, and so forth until the drill is completed with two final choral responses. So, the drill really goes like this:

a) Teacher: Ἡ Μαρία χάθηκε καί γυρίζει στούς δρόμους.
b) Choral response (twice): Ἡ Μαρία χάθηκε καί γυρίζει στούς δρόμους.
c) 1st cue: Ὁ Νίκος
d) 1st student: Ὁ Νίκος χάθηκε καί γυρίζει στούς δρόμους.
e) 2nd cue: Ἡ Ἀφροδίτη
f) 2nd student: Ἡ Ἀφροδίτη χάθηκε καί γυρίζει στούς δρόμους.
g) and so forth until all the cues have been used, after which the original sentence is repeated twice, chorally:
Ἡ Μαρία χάθηκε καί γυρίζει στούς δρόμους.

The format we shall employ coalesces steps a) and b) into the first line of the drill, steps c) and d) into the second line, steps e) and f) into the third line, etc.

1. Ἡ Μαρία χάθηκε καί γυρίζει στούς δρόμους.
Ὁ Νίκος χάθηκε καί γυρίζει στούς δρόμους.
Ἡ Ἀφροδίτη χάθηκε καί γυρίζει στούς δρόμους.
Ὁ κύριος Παυλάκης χάθηκε καί γυρίζει στούς δρόμους.
Ἡ κυρία Παυλάκη χάθηκε καί γυρίζει στούς δρόμους.
Ἡ οἰκογένεια χάθηκε καί γυρίζει στούς δρόμους.
Ὁ κύριος Καρπούζας χάθηκε καί γυρίζει στούς δρόμους.
Ἡ Μαρία χάθηκε καί γυρίζει στούς δρόμους.

2. Ξαφνικά, τά παντζούρια κλείνουν μοναχά τους.
Ξαφνικά, τά παράθυρα κλείνουν μοναχά τους.
Ξαφνικά, οἱ πόρτες κλείνουν μοναχές τους.
Ξαφνικά, ἡ πόρτα κλείνει μοναχή της.
Ξαφνικά, οἱ θύρες κλείνουν μοναχές τους.
Ξαφνικά, τά τζάμια κλείνουν μοναχά τους.
Ξαφνικά, οἱ κουρτίνες κλείνουν μοναχές τους.
Ξαφνικά, τά παντζούρια κλείνουν μοναχά τους.

3. Τά φῶτα τῶν σπιτιῶν σβήνουν.
Τά φῶτα τῶν τραίνων σβήνουν.
Τά φῶτα τῶν αὐτοκινήτων σβήνουν.
Τά φῶτα τῶν ἐκκλησιῶν σβήνουν.
Τά φῶτα τῶν ἑστιατορίων σβήνουν.
Τά φῶτα τῶν πόλεων σβήνουν.
Τά φῶτα τῶν θαλάμων σβήνουν.
Τά φῶτα τῶν σπιτιῶν σβήνουν.

5. Πέφτει βαθύ σκοτάδι.
Πέφτει πολλή βροχή.

Πέφτει πυκνό χιόνι.
Πέφτει χοντρό χαλάζι.
Πέφτει ξαφνική ἀστραπή.
Πέφτει πυκνή ὁμίχλη.
Πέφτει μονότονη ψιχάλα.
Πέφτει βαθύ σκοτάδι.

6. Ἡ Μαρία ἀρχίζει νά τρέχει.
Ἡ Μαρία ἀρχίζει νά μιλάει.
Ἡ Μαρία ἀρχίζει ν' ἀνοίγει τίς πόρτες.
Ἡ Μαρία ἀρχίζει νά τηλεφωνάει.
Ἡ Μαρία ἀρχίζει νά τρέμει.
Ἡ Μαρία ἀρχίζει νά σηκώνει τ' ἀκουστικό.
Ἡ Μαρία ἀρχίζει νά κλαίει.
Ἡ Μαρία ἀρχίζει νά τρέχει.

7. Ἔξαφνα ἀνάβει ἕνα φῶς τοῦ δρόμου.
Ἔξαφνα ἀνάβει ἕνα φῶς τοῦ σπιτιοῦ.
Ἔξαφνα ἀνάβει ἕνα φῶς τοῦ αὐτοκινήτου.
Ἔξαφνα ἀνάβει ἕνα φῶς τῆς ἐκκλησίας.
Ἔξαφνα ἀνάβει ἕνα φῶς τοῦ ἑστιατορίου.
Ἔξαφνα ἀνάβει ἕνα φῶς τῆς πόλης.
Ἔξαφνα ἀνάβει ἕνα φῶς τοῦ θαλάμου.
Ἔξαφνα ἀνάβει ἕνα φῶς τοῦ δρόμου.

8. Εἶναι δίπλα σ' ἕναν τηλεφωνικό θάλαμο.
Εἶναι δίπλα σ' ἕνα μεγάλο σπίτι.
Εἶναι δίπλα σέ μιά ὄμορφη ἐκκλησία.
Εἶναι δίπλα σέ μιά σκουριασμένη πόρτα.
Εἶναι δίπλα σ' ἕνα λερωμένο τζάμι.
Εἶναι δίπλα σ' ἕνα ἀκριβό αὐτοκίνητο.
Εἶναι δίπλα σ' ἕνα ἀναμμένο φῶς.
Εἶναι δίπλα σ' ἕναν τηλεφωνικό θάλαμο.

8. Προσπαθεῖ ν' ἀνοίξει τό θάλαμο.
Προσπαθεῖ ν' ἀνοίξει τό σπίτι.
Προσπαθεῖ ν' ἀνοίξει τ' αὐτοκίνητο.
Προσπαθεῖ ν' ἀνοίξει τήν ἐκκλησία.
Προσπαθεῖ ν' ἀνοίξει τό ἑστιατόριο.
Προσπαθεῖ ν' ἀνοίξει τήν πόρτα.
Προσπαθεῖ ν' ἀνοίξει τό παράθυρο.
Προσπαθεῖ ν' ἀνοίξει τό θάλαμο.

8. Προσπαθεῖ ν' ἀνοίξει τίς πόρτες.
Προσπαθεῖ νά τρέξει.
Προσπαθεῖ νά μιλήσει.
Προσπαθεῖ νά πάρει ἕναν ἀριθμό.

Προσπαθεῖ νά τηλεφωνήσει.
Προσπαθεῖ νά σηκώσει τ' ἀκουστικό.
Προσπαθεῖ νά κλάψει.
Προσπαθεῖ ν' ἀνοίξει τίς πόρτες.

9. Πρέπει νά μιλήσει μέ κάποιον.
Πρέπει νά περπατήσει μέ κάποιον.
Πρέπει νά γυρίσει μέ κάποιον.
Πρέπει νά τρέξει μέ κάποιον.
Πρέπει ν' ἀρχίσει μέ κάποιον.
Πρέπει ν' ἀποφασίσει μέ κάποιον.
Πρέπει ν' ἀκούσει μέ κάποιον.
Πρέπει νά μιλήσει μέ κάποιον.

9–10. Μέ κόπους καί ἱδρώτα ἡ Μαρία ἀνοίγει τίς σκουριασμένες πόρτες.
Μέ κόπους καί ἱδρώτα ἡ Μαρία μπαίνει μέσα στό θάλαμο.
Μέ κόπους καί ἱδρώτα ἡ Μαρία κλείνει τίς σκουριασμένες πόρτες.
Μέ κόπους καί ἱδρώτα ἡ Μαρία γεμίζει πέντε κουβάδες νερό.
Μέ κόπους καί ἱδρώτα ἡ Μαρία κουβαλάει δέκα κιλά πατάτες.
Μέ κόπους καί ἱδρώτα ἡ Μαρία μαθαίνει γράμματα.
Μέ κόπους καί ἱδρώτα ἡ Μαρία ἀνοίγει τίς σκουριασμένες πόρτες.

10–11. Μιά μέλισσα στριφογυρίζει ἀλλά ἡ Μαρία μπαίνει.
Μιά μέλισσα στριφογυρίζει ἀλλά ἡ Μαρία κάθεται.
Μιά μέλισσα στριφογυρίζει ἀλλά ἡ Μαρία τηλεφωνάει.
Μιά μέλισσα στριφογυρίζει ἀλλά ἡ Μαρία τραγουδάει.
Μιά μέλισσα στριφογυρίζει ἀλλά ἡ Μαρία διαβάζει.
Μιά μέλισσα στριφογυρίζει ἀλλά ἡ Μαρία γράφει.
Μιά μέλισσα στριφογυρίζει ἀλλά ἡ Μαρία πλησιάζει.
Μιά μέλισσα στριφογυρίζει ἀλλά ἡ Μαρία μπαίνει.

11. Τρέμοντας, σηκώνει τ' ἀκουστικό.
Τραγουδώντας, σηκώνει τ' ἀκουστικό.
Μιλώντας, σηκώνει τ' ἀκουστικό.
Στριφογυρίζοντας, σηκώνει τ' ἀκουστικό.
Κλαίγοντας, σηκώνει τ' ἀκουστικό.
Ψάχνοντας, σηκώνει τ' ἀκουστικό.
Ἀκούγοντας, σηκώνει τ' ἀκουστικό.
Τρέμοντας, σηκώνει τ' ἀκουστικό.

12. Παίρνει ἕναν ἀριθμό.
Παίρνει τρία αὐγά.
Παίρνει πέντε κιλά πατάτες.
Παίρνει μία βανίλλια.
Παίρνει τέσσερα παγωτά.
Παίρνει τρεῖς λουκουμάδες.

Παίρνει <u>δεκαεφτά κουλούρια</u>.
Παίρνει <u>ἕναν ἀριθμό</u>.

12–13. Ἀκούει τό τηλέφωνο νά χτυπάει δυό φορές.
Ἀκούει τό τηλέφωνο νά χτυπάει <u>τέσσερις φορές</u>.
Ἀκούει τό τηλέφωνο νά χτυπάει <u>ἕξι φορές</u>.
Ἀκούει τό τηλέφωνο νά χτυπάει <u>ὀχτώ φορές</u>.
Ἀκούει τό τηλέφωνο νά χτυπάει <u>δέκα φορές</u>.
Ἀκούει τό τηλέφωνο νά χτυπάει <u>δώδεκα φορές</u>.
Ἀκούει τό τηλέφωνο νά χτυπάει <u>ἑφτά φορές</u>.
Ἀκούει τό τηλέφωνο νά χτυπάει <u>ἐννιά φορές</u>.
Ἀκούει τό τηλέφωνο νά χτυπάει <u>δυό φορές</u>.

13. Μονομιᾶς οἱ οὐρανοί γεμίζουν ἀστραπές καί βροντές.
<u>Ξαφνικά</u> οἱ οὐρανοί γεμίζουν ἀστραπές καί βροντές.
<u>Ἔξαφνα</u> οἱ οὐρανοί γεμίζουν ἀστραπές καί βροντές.
<u>Στά γρήγορα</u> οἱ οὐρανοί γεμίζουν ἀστραπές καί βροντές.
<u>Ἀπότομα</u> οἱ οὐρανοί γεμίζουν ἀστραπές καί βροντές.
<u>Τήν ἴδια στιγμή</u> οἱ οὐρανοί γεμίζουν ἀστραπές καί βροντές.
<u>Σέ λίγο</u> οἱ οὐρανοί γεμίζουν ἀστραπές καί βροντές.
<u>Μονομιᾶς</u> οἱ οὐρανοί γεμίζουν ἀστραπές καί βροντές.

Questions on the Ἀφετηρία

1. Γιατί γυρίζει ἡ Μαρία στούς δρόμους;
2. Τί κάνουν τά παντζούρια;
3. Τί κάνουν τά φῶτα τῶν σπιτιῶν καί τοῦ δρόμου;
4. Τί πέφτει;
5. Τί ἀρχίζει νά κάνει ἡ Μαρία;
6. Ἀπό τί πιάστηκε ἡ καρδιά της;
7. Τί ἀνάβει ἔξαφνα;
8. Ποῦ εἶναι τό φῶς πού ἀνάβει;
9. Τί προσπαθεῖ ν' ἀνοίξει ἡ Μαρία;
10. Τί πρέπει νά κάνει;
11. Πῶς ἀνοίγει τίς πόρτες;

General Questions

1. Τί κάνεις ἐσύ ὅταν χάνεσαι;
2. Τό σπίτι σου ἔχει παντζούρια;
3. Τί ὥρα σβήνεις τό φῶς στό δωμάτιό σου;
4. Τί ὥρα πέφτει βαθύ σκοτάδι;
5. Πότε τρέχεις;
6. Πότε πιάνεται ἡ καρδιά σου;
7. Τί ὥρα ἀνάβεις τό φῶς στό δωμάτιό σου;
8. Τί εἶναι πλάι στό σπίτι σου;
9. Τί προσπαθεῖς νά κάνεις κάθε μέρα;
10. Γιατί πρέπει νά διαβάζεις κάθε μέρα;
11. Πῶς μαθαίνουμε τά ἑλληνικά;

12. Τί στριφογυρίζει πάνω απ' τό τηλέφωνο;
13. Τί κάνει ἡ Μαρία ἄν καί βλέπει τή μέλισσα;
14. Τί παίρνει ἡ Μαρία;
15. Τί κάνει τό τηλέφωνο;
16. Τί κάνουν οἱ οὐρανοί;

12. Στριφογυρίζεις στό κρεβάτι σου ὅταν δέν κοιμᾶσαι;
13. Τί κάνεις πρῶτ' ἀπ' ὅλα ὅταν θέλεις νά τηλεφωνήσεις;
14. Τί κάνεις ὕστερα;
15. Ὅταν ἀκοῦς τό τηλέφωνο νά χτυπάει, τί κάνεις;
16. Τί κάνεις ὅταν οἱ οὐρανοί γεμίζουν ἀστραπές καί βροντές;

Μιά ματιά στή γραμματική

This section presents a "glimpse" at selected grammatical points encountered in the lesson. We shall pay particular attention to points not covered, elaborated or emphasized in *Demotic Greek I.*

I. CONTINUOUS AND SIMPLE SUBJUNCTIVE / ΕΞΑΚΟΛΟΥΘΗΤΙΚΗ ΚΑΙ ΣΤΙΓΜΙΑΙΑ ΥΠΟΤΑΚΤΙΚΗ

A. Usage

The most frequent place where the subjunctive of the verb is used is after *νά*.

There are two forms of the subjunctive: the "continuous" and the "simple."

The continuous subjunctive is used when the speaker perceives an action as continuing, enduring or being repeated.

Ἡ Μαρία ἀρχίζει νά τρέχει. Although the speaker knows when Maria began to run, he does not know when she will stop; therefore, the action is perceived as continuing.

Ἀκούει τό τηλέφωνο νά χτυπάει μιά ... δυό ... τρεῖς φορές. The narrator records Maria's perception that the telephone keeps ringing and ringing over what seems to her to be an unbearably long period.

The simple subjunctive is used when the speaker perceives an action as a single unit, even though in some cases the activity may have several parts, or be prolonged, or involve repetition. (The Greek term *στιγμιαῖος* means "instantaneous.")

Προσπαθεῖ ν' ἀνοίξει τό θάλαμο. Even though Maria may have to struggle awhile to open the rusted doors, her effort is perceived as a single, momentary action.

Πρέπει νά μιλήσει μέ κάποιον. Even though Maria may talk for half an hour, her activity is perceived as a single action.

B. Spelling

In contemporary demotic, the subjunctive does not have special spellings for its endings, but uses the same spellings as are found in the present indicative. In katharevousa and in older forms of demotic special subjunctive spellings were used, and these—especially *-η* instead of *-ει* in the second and third persons singular, active, and the second person plural, passive—may still be seen: e.g. *νά τρέχης, νά τρέχη, νά τρέξης, νά τρέξη, νά αἰσθανθῆτε.* Extremely conservative spelling also retains the iota subscript of ancient Greek: *νά τρέξῃς*, etc. This book uses *-ει* throughout, except when a text with *-η* or *-ῃ* is being quoted.

C. Formation

The continuous subjunctive is formed from the present stem. The stem of *τρέχω* is *τρεχ-*, which gives the subjunctive *νά τρέχω, νά τρέχεις*, etc.

The simple subjunctive is formed from the simple past stem. The stem of *ἔτρεξα* is *-τρεξ-*, which gives the subjunctive *νά τρέξω, νά τρέξεις*, etc. Another example:

	indicative		subjunctive
present	*μιλ-ῶ*	gives	*νά μιλῶ*
simple past	*μίλησ-α*	gives	*νά μιλήσω*

But irregular verbs may not conform, and have to be learned one by one. For example:

present	*παίρν-ω*	gives	*νά παίρνω*
BUT simple past	*πῆρ-α*	does NOT give	*νά πάρω*

Drills for the simple and continuous subjunctive

Instructions: Supply the correct form of the verbs in parentheses.

1. *Οἱ Ἕλληνες πρέπει νά* (*κλείνω*) ____________ *τά παντζούρια τους κάθε μεσημέρι γιά νά μήν* (*χαλῶ*) ____________ *ὁ ἥλιος τά ἔπιπλά τους.*

   Greeks have to close their shutters every midday so that the sun does not ruin their furniture.
2. *Σήμερα πρέπει ὅλοι νά* (*κλείνω*) ____________ *τά παντζούρια μας γιατί βρέχει καί δέν θέλουμε ἡ βροχή νά* (*χαλῶ*) ____________ *τά ἔπιπλά μας.*

   Today we all must close our shutters because it's raining and we don't want the rain to ruin our furniture.

3. Χτύπησε τό τηλέφωνο. Ἔτρεξε ὁ πατέρας νά (σηκώνω) ______- ______ τ' ἀκουστικό.
4. Τῆς Μαρίας τῆς ἀρέσει νά (σηκώνω) __________ τ' ἀκουστικό κάθε φορά πού χτυπάει τό τηλέφωνο.
5. Ἡ Μαρία ἄρχισε νά __________ (τρέχω).
   Ἡ Μαρία προσπάθησε νά __________ (τρέχω).
   Ἡ Μαρία σταμάτησε νά __________ (τρέχω).
6. Ἀρχίσαμε νά __________ (σβήνω) τά φῶτα.
   Προσπαθήσαμε νά __________ (σβήνω) τά φῶτα.
   Σταματήσαμε νά __________ (σβήνω) τά φῶτα.

ΠΡΑΣΙΝΟ ΦΩΣ

In this "green light" section we invite you to "go ahead" and rewrite all or part of the opening scenario in an imaginative and free manner. Base your work on the illustrations at the beginning of the lesson. In addition, check the chapter vocabularies in the Workbook before writing. You should especially try to incorporate some of the synonyms given earlier, and to use the grammatical resources encountered in the chapter—for example, the subjunctive after *νά*. One method might be to rewrite the story in the first person singular, as though it were an entry in your personal diary.

The following samples are meant to give some idea of what your own ΠΡΑΣΙΝΟ ΦΩΣ might turn out to be.

α' Ἡ Μαρία περιπλανιέται μέσα στά δωμάτια τοῦ σπιτιοῦ της. Ξαφνικά, χωρίς αἰτία, οἱ πόρτες τῶν δωματίων κλείνουν, τά φῶτα σβήνουν ὅλα μαζί, τά σκουριασμένα παντζούρια κλείνουν κι αὐτά. Ὅλα σκοτεινιάζουν.

Προσπαθεῖ νά βγεῖ μά δέν μπορεῖ. Ἀρχίζει νά τρέμει. Στριφογυρίζοντας μέσα στό σκοτάδι, πέφτει καί χτυπάει τή μύτη της.

β' Ἀρχίζω νά τρέχω. Πιάνεται ἡ καρδιά μου, μά ἔξαφνα ἀνάβει ἕνα φῶς. Πλησιάζω καί προσπαθῶ ν' ἀνοίξω τόν τηλεφωνικό θάλαμο. Πρέπει νά μιλήσω μέ κάποιον. Μέ κόπους καί ἱδρώτα ἀνοίγω τίς πόρτες.

To the teacher:

The ΠΡΑΣΙΝΑ ΦΩΤΑ, once completed, can be used as well for a class exercise. Each student, for example, can read his or her composition to the rest of the class. Questions can be posed for each sentence, etc.

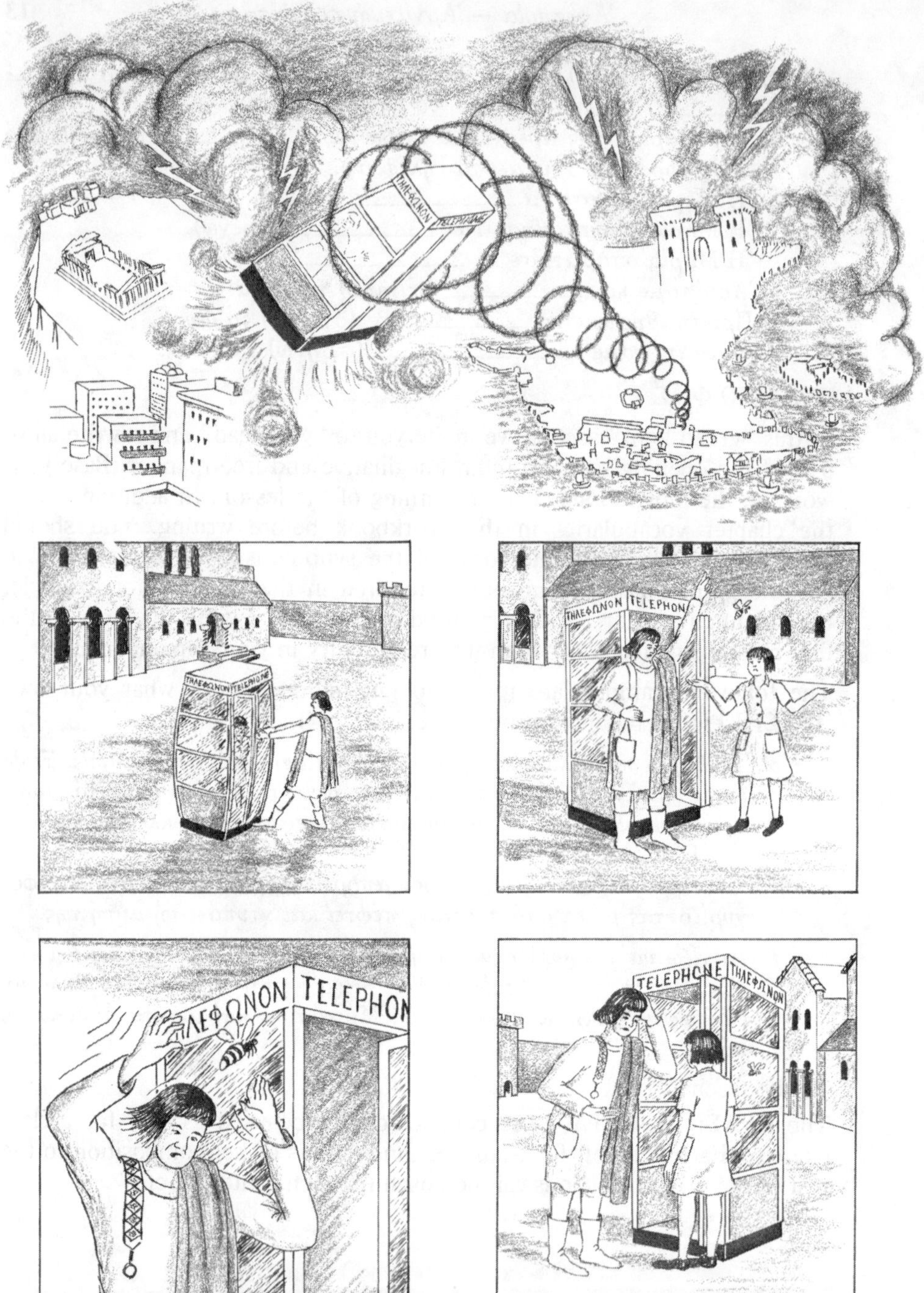
ΤΗΛΕΦΩΝΟΝ
TELEPHONE
ΤΗΛΕΦΩΝΟΝ TELEPHONE
ΤΗΛΕΦΩΝΟΝ TELEPHON
ΛΕΦΩΝΟΝ TELEPHON
TELEPHONE ΤΗΛΕΦΩΝΟΝ

Πτήση 1

Ἡ Ἁγία Σοφία

Πρῶτο μέρος

κόκκινο

(Οἱ οὐρανοί ________ ___ γεμίζουν ἀστραπές καί βροντές. Ὁ θάλαμος _______ __ _______ ___ __ ἀπογειώνεται. ___ ___ __ ______ ξεπετάγονται γλῶσσες φωτιᾶς ___ _____ ______ ______. Ἀκούγονται κι ἐκρήξεις __ __________ __ ___ _______ __ ______.

Ὁ θάλαμος προσγειώνεται ____ ____ ____ _ _____ __________ __ ____________ __ __________.

Ἕνας ἄντρας ______ __ ἀνοίγει τό θάλαμο.)

ΑΝΤΡΑΣ: _____ _____. _____ ___ ______ ___.

ΜΑΡΙΑ: Ποῦ εἶμαι, κύριε;

ΑΝΤΡΑΣ: Στήν Κωνσταντινούπολη. . . . __; Κουβάλησες μιά μέλισσα ____ ___; (_ _______ ___ _________.) __, ______! _____ ___ __ ___________ _______!

ΜΑΡΙΑ: Τί ἔχετε, κύριε; _____ ___ _____.

ΑΝΤΡΑΣ: _____ _ ____________ _________. Ὁ Αὐτοκράτορας ἀποφάσισε νά ξαναχτίσει τήν Ἁγία Σοφία __ _____ __ __________ ___ ________ _____ __ ___ _______ ___ ______ ___ __ ___ _______.

Βοηθητικές ἑρμηνεῖες

Τίτλος. Ἁγία Σοφία] Hagia Sophia (literally: Holy Wisdom)

2. *ἀπογειώνεται*] takes off
3. *ξεπετάγονται*] belch forth, shoot out
4. *ἐκρήξεις*] explosions 6. *προσγειώνεται*] lands
11. Κουβάλησες . . .] Did you bring along, did you carry . . . ?
12. *μέλισσα*] bee 14. Τί ἔχετε;] What's the matter?
15. *αὐτοκράτορας*] emperor 16. *νά ξαναχτίσει*] to rebuild

Σημειώσεις

4. Ἀκούγονται κι ἐκρήξεις] once again, *καί* here becomes *κι* before the vowel *ε*. Note that *καί* in this type of expression must be translated as "also."
   ἐκρήξεις] This class of feminine nouns has -*η* in the singular and -*εις* in the plural: *ἡ ἔκρηξη, οἱ ἐκρήξεις*. The puristic form of the singular is also encountered: *ἡ ἔκρηξις*. (Similarly: *ἡ πτῆσις, ἡ πόλις*.)
10. *κύριε*] vocative case of *κύριος*. The vocative is the case used when we address someone directly. Most masculine common nouns ending in -*ος* form their vocative with -*ε*.

μπλέ

(*Οἱ οὐρανοί* ______ ___ *γεμίζουν ἀστραπές καί βροντές. Ὁ θάλαμος ἀρχίζει* ___ _____ ___ *νά ἀπογειώνεται. Κάτω ἀπό τό θάλαμο ξεπετάγονται γλῶσσες φωτιᾶς* ___ _____ _______ _____. *Ἀκούγονται κι ἐκρήξεις* ___ ____________ ___ ___ _______ ___ ______.

Ὁ θάλαμος προσγειώνεται ὅπου ἔχει πάει ὁ Μέγας Ἰουστινιανός ___ _____________ ___ ___________.

Ἕνας ἄντρας ______ ___ *ἀνοίγει τό θάλαμο.*)

ΑΝΤΡΑΣ: Καλῶς ἦρθες. Πῆρες τόν ἀριθμό 532.

ΜΑΡΙΑ: Ποῦ εἶμαι, κύριε;

ΑΝΤΡΑΣ: Στήν Κωνσταντινούπολη. . . . __; Κουβάλησες μιά μέλισσα μαζί σου; (Ἡ *μέλισσα τόν τριγυρίζει*.) __, ______! _____ ___ ___ __________ ___!

ΜΑΡΙΑ: Τί ἔχετε, κύριε; _____ _______.

ΑΝΤΡΑΣ: Εἶμαι ὁ ___________ Ἀνθέμιος. Ὁ Αὐτοκράτορας ἀποφάσισε νά ξαναχτίσει τήν Ἁγία Σοφία κι _____ ___ __________ δέν μπορέσαμε ἀκόμα νά τοῦ κάνουμε ἕνα σχέδιο ___ ___ ___ ______.

Βοηθητικές ἑρμηνεῖες

6. *ὅπου*] where *ἔχει πάει*] has gone
   ὁ Μέγας Ἰουστινιανός] Justinian the Great
9. Καλῶς ἦρθες] welcome
12. *τριγυρίζει*] circles around, revolves around
17. *σχέδιο*] design, plan

Σημειώσεις

2. *ν' ἀπογειώνεται*] Another example of the continuous subjunctive, this time of a mediopassive verb. The simple subjunctive would be *ν' ἀπογειωθεῖ*. Note that *νά* before a verb beginning with *α* usually becomes *ν'*.
6. *ὅπου*] This is a "relative adverb" and should never be used to begin a question. The interrogative adverb is *ποῦ*.
   Ποῦ *ἔχει πάει*; Where has he gone?
   In certain contexts, *ὅπου* can mean "wherever" instead of "where":
   Ὁ *θάλαμος προσγειώνεται ὅπου θέλει ἡ* Μαρία. The booth lands wherever Maria wants.
   ἔχει πάει] Present perfect tense. This tense is used to indicate an action that has taken place in the past and has already been completed, but that has a bearing on the present.
   μέγας] This form of the adjective is explained in Flight III, Part 1.
15. Ἀ*νθέμιος*] Anthemios of Tralles was the architect of Hagia Sophia, along with Isidore of Miletus.

μαῦρο

(*Οἱ οὐρανοί ἀνοίγουν καί γεμίζουν ἀστραπές καί βροντές.* Ὁ *θάλαμος ἀρχίζει νά τρίζει καί νά ἀπογειώνεται.* Κ*άτω ἀπό τό θάλαμο ξεπετάγονται γλῶσσες φωτιᾶς καί μαῦρα σύννεφα καπνοῦ.* Ἀ*κούγονται κι ἐκρήξεις πού μπερδεύονται μέ τίς βροντές τ' οὐρανοῦ.*

Ὁ *θάλαμος προσγειώνεται ὅπου ἔχει πάει ὁ* Μ*έγας* Ἰ*ουστινιανός νά παρακολουθήσει τή λειτουργία.*

Ἕ*νας ἄντρας τρέχει κι ἀνοίγει τό θάλαμο.*)

ΑΝΤΡΑΣ: Καλῶς ἦρθες. Πῆρες τόν ἀριθμό 532.
ΜΑΡΙΑ: Ποῦ εἶμαι, κύριε;
ΑΝΤΡΑΣ: Στήν Κωνσταντινούπολη. . . . Τί; Κουβάλησες μιά μέλισσα μαζί σου; (Ἡ *μέλισσα τόν τριγυρίζει.*) Ἔ, φρόνιμα! Ἀκόμα ἐσύ μοῦ χρειαζόσουν τώρα!
ΜΑΡΙΑ: Τί ἔχετε, κύριε; Κάτι σᾶς τρώει.
ΑΝΤΡΑΣ: Εἶμαι ὁ ἀρχιτέκτονας Ἀνθέμιος. Ὁ Αὐτοκράτορας ἀποφάσισε νά ξαναχτίσει τήν Ἁγία Σοφία κι ἐμεῖς οἱ ἀρχιτέκτονες δέν μπορέσαμε ἀκόμα νά τοῦ κάνουμε ἕνα σχέδιο πού νά τοῦ ἀρέσει.

Βοηθητικές ἑρμηνεῖες

2. *νά τρίζει*] to rattle   3. *σύννεφα*] clouds
4. *μπερδεύονται μέ*] become confused with, mixed up with

7. *νά παρακολουθήσει τή λειτουργία*] to attend mass
12. *φρόνιμα!*] behave yourself!
13. *Ἀκόμα ἐσύ μᾶς χρειαζόσουν τώρα!*] I needed you like I need a hole in the head! (More literally: You, too, were needed by us now!)
14. *κάτι σᾶς τρώει*] something is bothering you
15. *ἀρχιτέκτονας*] architect

Σημειώσεις

2. *νά τρίζει*] Another continuous subjunctive. The simple subjunctive would be *νά τρίξει.*
7. *νά παρακολουθήσει*] Simple subjunctive. The narrator perceives the action of attending mass as a single, unified action.
12. *φρόνιμα!*] This is technically an adverb, but is used as a command. The adjective is of course *φρόνιμος*, "well-behaved," "prudent," "sensible."
13. *χρειαζόσουν*] continuous past (imperfect) tense, second person singular, of the mediopassive verb *χρειάζομαι.*

Synonyms and approximate synonyms

1. *ἀπογειώνεται: ἀνεβαίνει, σηκώνεται, ὑψώνεται*
4. *μπερδεύονται: ἀνακατεύονται, μπλέκονται, περιπλέκονται, συγχέονται*
6. *προσγειώνεται: κατεβαίνει*
8. *ἄντρας: κύριος, ἄνθρωπος*
. *τρέχει: ὁρμᾶ, πετιέται, ἀμολιέται*
9. *καλῶς ἦρθες: καλῶς την, καλῶς τηνε, γειά σου, χαίρετε, καλῶς ὅρισες, καλῶς τά μάτια μου τά δυό**
10. Ποῦ εἶμαι;: Ποῦ *βρίσκομαι;*
11. *στήν* Κωνσταντινούπολη: *στήν* Πόλη
. *κουβάλησες: ἔφερες*
12. *φρόνιμα: ἥσυχα*
14. Τί *ἔχετε;*: Τί *σᾶς συμβαίνει;*
. Κάτι *σᾶς τρώει*: Κάτι *σᾶς ἀνησυχεῖ, κάτι σᾶς στενοχωρεῖ*
16. *νά ξαναχτίσει: νά ξανακάνει*
17. *μπορέσαμε: κατορθώσαμε, καταφέραμε*

*very familiar; used, for example, by parents when greeting their children

Question drill

Instructions: Use a synonym or approximate synonym in your answers.

2. Τί κάνει ὁ θάλαμος μόλις οἱ οὐρανοί γεμίζουν ἀστραπές καί βροντές;
4. Τί κάνουν οἱ ἐκρήξεις;
6. Τί κάνει ὁ θάλαμος λίγο ἀργότερα;
8. Ποιός ἀνοίγει τό θάλαμο;
8. Τί κάνει ὁ κύριος αὐτός πρίν ἀνοίξει τό θάλαμο;
9. Τί λέει ὁ ἄντρας στή Μαρία;
10. Τί ρωτάει ἡ Μαρία;
    Ποῦ βρίσκεται ἡ Μαρία;
11. Πῶς βρέθηκε ἡ μέλισσα στήν Πόλη;
12. Τί λέει ὁ ἄντρας στή μέλισσα πού τόν τριγυρίζει;

Progressive substitution drill / Ἄσκηση προοδευτικῆς ἀντικατάστασης

1. Οἱ οὐρανοί γεμίζουν.
   Οἱ οὐρανοί σκοτεινιάζουν.
   Οἱ θάλαμοι σκοτεινιάζουν.
   Οἱ θάλαμοι τρίζουν.
   Οἱ ἐκκλησίες τρίζουν.
   Οἱ ἐκκλησίες ἀνοίγουν.
   Οἱ οὐρανοί ἀνοίγουν.
   Οἱ οὐρανοί γεμίζουν.

Substitution drills / Ἀσκήσεις ἀντικατάστασης

2. Ὁ θάλαμος ἀρχίζει νά τρίζει.
   Ὁ θάλαμος ἀρχίζει νά γεμίζει.
   Ὁ θάλαμος ἀρχίζει νά γυρίζει.
   Ὁ θάλαμος ἀρχίζει νά κλείνει.
   Ὁ θάλαμος ἀρχίζει νά τρέμει.
   Ὁ θάλαμος ἀρχίζει νά πετάει.
   Ὁ θάλαμος ἀρχίζει ν' ἀνοίγει.
   Ὁ θάλαμος ἀρχίζει ν' ἀπογειώνεται.
   Ὁ θάλαμος ἀρχίζει νά προσγειώνεται.
   Ὁ θάλαμος ἀρχίζει νά τρίζει.

2–3. Κάτω ἀπ' τό θάλαμο ξεπετάγονται γλῶσσες φωτιᾶς.
   Κάτω ἀπ' τ' αὐτοκίνητο ξεπετάγονται γλῶσσες φωτιᾶς.
   Κάτω ἀπ' τ' ἀεροπλάνο ξεπετάγονται γλῶσσες φωτιᾶς.
   Κάτω ἀπ' τό ἑλικόπτερο ξεπετάγονται γλῶσσες φωτιᾶς.
   Κάτω ἀπ' τό τραῖνο ξεπετάγονται γλῶσσες φωτιᾶς.
   Κάτω ἀπ' τό λεωφορεῖο ξεπετάγονται γλῶσσες φωτιᾶς.
   Κάτω ἀπ' τό ταξί ξεπετάγονται γλῶσσες φωτιᾶς.
   Κάτω ἀπ' τό θάλαμο ξεπετάγονται γλῶσσες φωτιᾶς.

4. Ἀκούγονται ἐκρήξεις.
Ἀκούγονται βροντές.
Ἀκούγονται τηλέφωνα.
Ἀκούγονται μέλισσες.
Ἀκούγονται αὐτοκίνητα.
Ἀκούγονται ἀεροπλάνα.
Ἀκούγονται τραῖνα.
Ἀκούγονται λεωφορεῖα.
Ἀκούγονται ἐκρήξεις.

6. Ὁ θάλαμος προσγειώνεται μπροστά σέ μιά ἐκκλησία.
Ὁ θάλαμος προσγειώνεται δίπλα σέ μιά ἐκκλησία.
Ὁ θάλαμος προσγειώνεται πίσω ἀπό μιά ἐκκλησία.
Ὁ θάλαμος προσγειώνεται πλάι σέ μιά ἐκκλησία.
Ὁ θάλαμος προσγειώνεται κοντά σέ μιά ἐκκλησία.
Ὁ θάλαμος προσγειώνεται μακριά ἀπό μιά ἐκκλησία.
Ὁ θάλαμος προσγειώνεται ἀπέναντι ἀπό μιά ἐκκλησία.
Ὁ θάλαμος προσγειώνεται μπροστά σέ μιά ἐκκλησία.

Progressive substitution drill / Ἄσκηση προοδευτικῆς ἀντικατάστασης

6–7. Ὁ Ἰουστινιανός ἔχει πάει στήν ἐκκλησία.
Ὁ Ἰουστινιανός ἔχει ἀκούσει τίς καμπάνες.
Ὁ κόσμος ἔχει ἀκούσει τίς καμπάνες.
Ὁ κόσμος ἔχει παρακολουθήσει τή λειτουργία.
Ὁ Αὐτοκράτορας ἔχει παρακολουθήσει τή λειτουργία.
Ὁ Αὐτοκράτορας ἔχει πάρει ἀντίδωρο.
Ὁ Ἰουστινιανός ἔχει πάρει ἀντίδωρο.
Ὁ Ἰουστινιανός ἔχει πάει στήν ἐκκλησία.

Substitution drill / Ἄσκηση ἀντικατάστασης

8. Ἕνας ἄντρας τρέχει κι ἀνοίγει τό θάλαμο.
Ἕνας ἄντρας τρέχει καί κλείνει τά παντζούρια.
Ἕνας ἄντρας τρέχει καί σβήνει τά φῶτα.
Ἕνας ἄντρας τρέχει καί πλησιάζει στό θάλαμο.
Ἕνας ἄντρας τρέχει καί παίρνει ἕναν ἀριθμό.
Ἕνας ἄντρας τρέχει καί κουβαλάει νερό.
Ἕνας ἄντρας τρέχει καί μπαίνει σέ μιά ἐκκλησία.
Ἕνας ἄντρας τρέχει κι ἀνοίγει τό θάλαμο.

Transformation drill / Ἄσκηση μετασχηματισμοῦ

Instructions: The teacher pronounces the opening sentence, and may also drill it chorally. Then the teacher pronounces the cue. The student then repeats the first sentence, substituting the cue word* and transforming the remainder of the sentence in whatever way is needed to make the sentence grammatically correct. The sentence printed after the cue represents the correct answer. The teacher then proceeds with the other cues indicated.

9. Teacher: Πῆρες τόν ἀριθμό 532.
Cue: (Ἐμεῖς)
Student: (Ἐμεῖς) πήραμε τόν ἀριθμό 532.
Other cues: Αὐτός, Αὐτές, (Ἐγώ), Ἡ Μαρία, (Ἐσεῖς), (Ἐσύ), Οἱ ἀρχιτέκτονες

Progressive substitution drill / Ἄσκηση προοδευτικῆς ἀντικατάστασης

10. Ποῦ εἶμαι, κύριε;
Ποῦ εἶμαι, Ἀνθέμιε;
Ποῦ εἴμαστε, Ἀνθέμιε;
Ποῦ εἴμαστε, κύριε ἀρχιτέκτονα;
Ποῦ θά εἶστε αὔριο, κύριε ἀρχιτέκτονα;
Ποῦ θά εἶστε αὔριο, κύριε δάσκαλε;
Ποῦ εἶμαι, κύριε δάσκαλε;
Ποῦ εἶμαι, κύριε;

Transformation drill / Ἄσκηση μετασχηματισμοῦ

11. Teacher: Κουβάλησες μιά μέλισσα μαζί σου;
Cue: (Ἐγώ)
Student: Κουβάλησα μιά μέλισσα μαζί μου;
Other cues: (Ἐμεῖς), (Αὐτός), (Αὐτές), Ἐσεῖς), Ἡ Μαρία

Substitution drill / Ἄσκηση ἀντικατάστασης

12. Ἡ μέλισσα τόν τριγυρίζει.
Ἡ μύγα τόν τριγυρίζει.
Τό κουνούπι τόν τριγυρίζει.
Ἡ πεταλούδα τόν τριγυρίζει.
Τό πουλί τόν τριγυρίζει.
Ἡ σφήκα τόν τριγυρίζει.
Ἡ νυχτερίδα τόν τριγυρίζει.
Ἡ μέλισσα τόν τριγυρίζει.

Transformation drill / Ἄσκηση μετασχηματισμοῦ

13. Teacher: Ἀκόμα ἐσύ μᾶς χρειαζόσουν τώρα!
Cue: αὐτός
Student: Ἀκόμα αὐτός μᾶς χρειαζόταν τώρα!
Other cues: ἡ Μαρία, ἐσεῖς, αὐτές, ἀυτά, μιά μέλισσα

*When the cue is in a parenthesis, this means that the word—always a personal pronoun—need not be repeated in the student's response.

Substitution drills / Ἀσκήσεις ἀντικατάστασης

15. Εἶμαι ὁ ἀρχιτέκτονας Ἀνθέμιος.
Εἶμαι ὁ γιατρός Ἀσκληπιός.
Εἶμαι ὁ ποιητής Ὅμηρος.
Εἶμαι ὁ δραματουργός Σοφοκλής.
Εἶμαι ὁ φιλόσοφος Σωκράτης.
Εἶμαι ὁ βασιλιάς Λεωνίδας.
Εἶμαι ὁ ἱστορικός Ἡρόδοτος.
Εἶμαι ὁ ἀρχιτέκτονας Ἀνθέμιος.

15–16. Ὁ Αὐτοκράτορας ἀποφάσισε νά ξαναχτίσει τήν Ἁγία Σοφία.
Ὁ Αὐτοκράτορας ἀποφάσισε νά μιλήσει μέ κάποιον.
Ὁ Αὐτοκράτορας ἀποφάσισε νά γυρίσει τούς δρόμους τῆς γειτονιᾶς.
Ὁ Αὐτοκράτορας ἀποφάσισε νά πάρει ἕναν ἀριθμό.
Ὁ Αὐτοκράτορας ἀποφάσισε νά κουβαλήσει νερό.
Ὁ Αὐτοκράτορας ἀποφάσισε νά κάνει ἕνα σχέδιο.
Ὁ Αὐτοκράτορας ἀποφάσισε νά μπεῖ σέ μιά ἐκκλησία.
Ὁ Αὐτοκράτορας ἀποφάσισε νά ξαναχτίσει τήν Ἁγία Σοφία.

17. Δέν μπορέσαμε ἀκόμα νά κάνουμε ἕνα σχέδιο.
Δέν μπορέσαμε ἀκόμα νά ξαναχτίσουμε τήν ἐκκλησία.
Δέν μπορέσαμε ἀκόμα νά κλείσουμε τά παντζούρια.
Δέν μπορέσαμε ἀκόμα νά σβήσουμε τά φῶτα.
Δέν μπορέσαμε ἀκόμα νά πλησιάσουμε τόν Αὐτοκράτορα.
Δέν μπορέσαμε ἀκόμα νά παρακολουθήσουμε τή λειτουργία.
Δέν μπορέσαμε ἀκόμα ν' ἀρχίσουμε τήν πτήση.
Δέν μπορέσαμε ἀκόμα νά κάνουμε ἕνα σχέδιο.

Questions on Flight 1, Part 1 / Ἐρωτήσεις τῆς 1ης πτήσης,* πρῶτο μέρος

1. Τί γεμίζουν οἱ οὐρανοί;
2. Τί ἀρχίζει νά κάνει ὁ θάλαμος τότε;
3. Τί ξεπετάγονται κάτω ἀπ' τό θάλαμο;
4. Τί ἀκούγονται μόλις βγαίνουν γλῶσσες φωτιᾶς;

General Questions / Γενικές ἐρωτήσεις

1. Τί κάνεις ὅταν γεμίζουν οἱ οὐρανοί ἀστραπές καί βροντές;
2. Τρίζουν τά ἀεροπλάνα ὅταν ἀπογειώνονται;
3. Τί ξεπετάγεται μέσ' ἀπό ἕνα σπίτι πού πιάνει φωτιά;
4. Ὅταν ἀνάβουμε δυναμίτη, τί ἀκούγονται;

*The puristic form *τῆς πτήσεως* is also encountered sometimes in demotic speech, and in writing.

5. Ποῦ προσγειώνεται ὁ θάλαμος;
6. Ποιός ἔχει πάει στήν ἐκκλησία; Γιατί;
7. Ποιός τρέχει κι ἀνοίγει τό θάλαμο;
8. Τί λέει ὁ ἄντρας στή Μαρία;
9. Ποῦ εἶναι ἡ Μαρία;
10. Τί κουβάλησε ἡ Μαρία μαζί της;
11. Τί κάνει ἡ μέλισσα;
12. Τί λέει ὁ ἄντρας στή μέλισσα;
13. Πῶς λέγεται αὐτός ὁ ἄντρας;
14. Τί δουλειά κάνει ὁ Ἀνθέμιος;
15. Τί ἀποφάσισε ὁ Αὐτοκράτορας;
16. Ποιό ἦταν τό πρόβλημα τῶν ἀρχιτεκτόνων τῆς Κωνσταντινούπολης τήν ἐποχή τοῦ Ἰουστινιανοῦ;

5. Φοβᾶσαι ὅτα προσγειώνεσαι μέ τό ἀεροπλάνο;
6. Ἔχεις πάει ποτέ σέ ἑλληνική Ἐκκλησία;
7. Πρέπει οἱ ἄντρες ν' ἀνοίγουν τίς πόρτες γιά νά περάσουν οἱ γυναῖκες;
8. Ποιός εἶναι ὁ ἀριθμός τοῦ τηλεφώνου σας;
9. Ἔχεις πάει ποτέ στήν Κωνσταντινούπολη;
10. Τί κουβαλᾶς μαζί σου ὅταν πᾶς ταξίδι;
11. Σ' ἀρέσει νά τριγυρίζεις στούς δρόμους μιᾶς πόλης;
12. Τί λές σ' ἕνα ἄτακτο παιδί;
13. Πῶς λέγεται ὁ διπλανός σου (ἡ διπλανή σου);
14. Τί δουλειά κάνει ὁ πατέρας σου (ἡ μητέρα σου);
15. Γιατί ἀποφάσισες νά μάθεις ἑλληνικά;
16. Ποιό εἶναι τό μεγαλύτερο πρόβλημα τῆς ζωῆς σου;

Μιά ματιά στή γραμματική

I. PRESENT PERFECT TENSE, ACTIVE VOICE / ΠΑΡΑΚΕΙΜΕΝΟΣ ΧΡΟΝΟΣ, ΕΝΕΡΓΗΤΙΚΗ ΦΩΝΗ

A. Usage

The present perfect tense is used to indicate an action that (a) has taken place in the past and has already been completed, but (b) continues to have a bearing on the present.

Ἔχω τελειώσει τή δουλειά μου.

The tense can be used in the same way in English. "I've finished my work." The work was completed in the past, but the implication is that this completion has a bearing on the present, as in the sentence "I've finished my work, so now I can go out to the movies with you."

Thus far, the usage in English and in Greek seems to be similar. But here the similarity ends, because the same tense is used in another way in English that is not duplicated in Greek.

In English, the present perfect is also used to describe an action that began in the past and that continues into the present. "I have lived in America for many years." This means that I began living in America some years ago, and am still living there now.

This is where Greek differs. In Greek, the above meaning would be expressed with the present tense. *Μένω πολλά χρόνια στήν Ἀμερική.*

If one said in Greek, using the present perfect tense, *Ἔχω μείνει πολλά χρόνια στήν Ἀμερική*, he would mean that he had lived in America in the past and was no longer living there. His period of residence, however, would have some bearing on the present, as in the sentence *Ἔχω μείνει πολλά χρόνια στήν Ἀμερική καί ξέρω τά ἔθιμά της.* "I lived many years in America and I know its customs." (Note that the equivalent statement in English must use the past tense, not the present perfect.)

B. Formation

1. Regular verbs / *Ὁμαλά ρήματα*

The present perfect tense of regular verbs, active voice, is composed of the present tense of the helping verb *ἔχω* followed by the stem of the simple past with the invariable ending *-ει*. Remember that the augment is not part of the stem.

Example. The simple past of *γεμίζω* is *γέμισα*. The stem is *-γεμισ-*. Adding *-ει* to this, we get *γεμίσει*. This form does not change. What changes is the helping (auxiliary) verb. Thus the present perfect tense of *γεμίζω* is conjugated as follows:

(*ἐγώ*) *ἔχω γεμίσει*	(*ἐμεῖς*) *ἔχουμε γεμίσει*
(*ἐσύ*) *ἔχεις γεμίσει*	(*ἐσεῖς*) *ἔχετε γεμίσει*
(*αὐτός*) *ἔχει γεμίσει*	(*αὐτοί*) *ἔχουν γεμίσει*

Another example. The simple past of *τρέχω* is *ἔτρεξα*. Removing the augment and the ending we get the stem *-τρεξ-*. From this we form *τρέξει*. Adding the helping verb, we get the present perfect tense: *ἔχω τρέξει*.

It may be easier to think of these forms—i.e. of *γεμίσει*, *τρέξει*, etc.—as being exactly the same as the forms used in the simple subjunctive or simple future, third person singular, which in these cases would be *θά* or *νά γεμίσει*, *θά* or *νά τρέξει*.

2. Irregular verbs / Ἀνώμαλα ρήματα

Many irregular verbs follow the same rule about the stem of the simple past, but *πηγαίνω* does not. The simple past is *πῆγα*. The present perfect, however, is *ἔχω πάει*. In this case, the rule about the third person singular of the simple subjunctive or simple future is definitely more helpful: *θά* or *νά πάει* gives *ἔχω πάει*.

II. PRESENT PERFECT TENSE, PASSIVE VOICE / ΠΑΡΑΚΕΙΜΕΝΟΣ ΧΡΟΝΟΣ, ΠΑΘΗΤΙΚΗ ΦΩΝΗ

A. Usage

See the explanation above for the active voice.

B. Formation

The present perfect tense of regular verbs, passive voice, is composed of the present tense of the helping verb *ἔχω* followed by the stem of the simple passive past with the invariable ending *-θεῖ* (often *-τει* after *σ*, *φ*, *χ*).

Example. The simple past of *ἀπογειώνομαι* is *ἀπογειώθηκα*. The stem is *ἀπογειω-*. Add *-θεῖ* and we get *ἀπογειωθεῖ* (sometimes spelled *ἀπογειωθῆ*). The present perfect tense is *ἔχω ἀπογειωθεῖ*.

Another example. The simple past of *ἀκούγομαι* is *ἀκούστηκα*. The stem is *ἀκουσ-*, from which we get *ἀκουστεῖ*. The present perfect tense is *ἔχω ἀκουστεῖ*.

Alternatively, as with active verbs, we can think of the special form for the passive perfect tense as being identical with the form used for the third person singular of the passive simple future or passive simple subjunctive, e.g. *θά* or *νά ἀπογειωθεῖ*, *θά* or *νά ἀκουστεῖ*.

III. OTHER PERFECT TENSES / ΑΛΛΟΙ ΣΥΝΤΕΛΕΣΜΕΝΟΙ ΧΡΟΝΟΙ

Since these tenses function in a way similar to English perfect tenses, we are merely going to list them. In all cases, the helping verb—*ἔχω* or *εἶχα*—is fully inflected while the forms in *-ει* or *-θεῖ* (*-τεῖ*) remain fixed.

A. Past perfect / Ὑπερσυντέλικος

This conveys an action that occurred before another action in the past or before a specified time in the past.

Πρίν τελειώσουν τήν Ἁγία Σοφία, ἡ Μαρία εἶχε κιόλας φύγει.
Before they finished Hagia Sophia, Maria had already left.
Πρίν τελειώσουν τήν Ἁγία Σοφία, ἡ Μαρία εἶχε κιόλας ἀπογειωθεῖ.

B. Future perfect / *Συντελεσμένος μέλλοντας*

This conveys an action that will occur before another action in the future or before a specified time in the future.

Ὥσπου νά τήν ἀναζητήσει ὁ πατέρας της, ἡ Μαρία θά ἔχει φτάσει στήν Πόλη. By the time her father seeks her out, Maria will have arrived in Constantinople.
Ὥσπου νά τήν ἀναζητήσει ὁ πατέρας της, ἡ Μαρία θά ἔχει προσγειωθεῖ στήν Πόλη.

C. Perfect conditional / *Συντελεσμένος ὑποθετικός*

This conveys an action that might have happened in the past, but that did not happen. (Technically, the perfect conditional is not a tense but rather a "construction"; it is included here because it is formed somewhat like a perfect tense.)

Θά εἶχα πάει κι ἐγώ στήν Πόλη ἄν εἶχα βρεῖ ἕναν ἱπτάμενο θάλαμο. I too would have gone to Constantinople if I had found a flying telephone booth.
Θά εἶχα προσγειωθεῖ κι ἐγώ στήν Πόλη ἄν εἶχα βρεῖ ἕναν ἱπτάμενο θάλαμο.

D. Present perfect participle

Although participles do not really have tenses, it is worth knowing that the active participle can be made "perfect" in Greek, just as it can in English. The invariable form *ἔχοντας* is used. Here are some examples:

Ἔχοντας καταλάβει τό πρῶτο πρόβλημα, προχωρήσαμε στό δεύτερο. Having understood the first problem, we advanced to the second.
Ἔχοντας δεῖ τό φίλμ αὐτό, σκέφτηκα ὅτι ὁ φίλος μου πρέπει κι αὐτός νά τό δεῖ. Having seen that film, I thought to myself that my friend should see it too. *Ἔχοντας ξεπεράσει κάθε ἐλπίδα, πορεύονται πρός τό θάνατο.* Having surpassed all hope, they are marching toward death.

IV. SUMMARY OF PERFECT TENSES

	active	passive
present	*ἔχω ἀγαπήσει*	*ἔχω ἀγαπηθεῖ*
past	*εἶχα ἀγαπήσει*	*εἶχα ἀγαπηθεῖ*
future	*θά ἔχω ἀγαπήσει*	*θά ἔχω ἀγαπηθεῖ*
conditional	*θά εἶχα ἀγαπήσει*	*θά εἶχα ἀγαπηθεῖ*
(perfect participle)	*ἔχοντας ἀγαπήσει*	*ἔχοντας ἀγαπηθεῖ*

V. RELATIVE ADVERBS / ΑΝΑΦΟΡΙΚΑ ΕΠΙΡΡΗΜΑΤΑ

A. Function

There is a series of relative adverbs, each one corresponding to an interrogative adverb. "Relative" means that these adverbs introduce relative clauses, i.e. subordinate clauses—clauses that must related to, or connected with, a main clause (one that is independent, that can form a sentence by itself). The relative clauses introduced by relative adverbs are adverbial clauses, which means that they relate most directly to a verb in the main clause.

Main clause__________ Subordinate clause __________
Ὁ *θάλαμος προσγειώνται ὅπου ἔχει πάει ὁ* Μέγας Ἰουστινιανός.
↖_____relative adverb

Here, the subordinate clause relates most directly to the verb *προσγειώνεται* in the main clause, since it tells us precisely where the booth lands.

B. Categories

	Place	Time	Manner	Quantity
Interrogative	*ποῦ;*	*πότε;*	*πῶς;*	*πόσο;*
Relative	*ὅπου*	*ὅποτε,*	*ὅπως*	*ὅσο*
		*ὁπότε**	*καθώς*	
		ὁπόταν		
		ὅταν		

(Note the similar correspondence between the interrogative pronoun *ποιός-ά-ό* and the indefinite relative pronoun *ὅποιος-α-ο*. But these forms are fully inflected, whereas adverbs are uninflected. Ὅ*ποιος* will be treated in Flight One, Part Two.)

C. Examples (Note that most of these relative adverbs can have both definite and indefinite† meaning, depending on context. But *ὅποτε* tends to be exclusively indefinite, and also to imply repetition.)

Ποῦ *πᾶς;* Where are you going?
Πάω *ὅπου θέλει ἡ μαμά μου.* I'm going where (wherever) my mother wishes.
Πότε *θά πᾶς;* When will you go?

*Some speakers use *ὁπότε* only in the sense of "therefore" or "hence."
†The meaning can be made exclusively indefinite by adding *κι ἄν* after the relative adverb:

Θά *πάω ὅπου κι ἄν θέλει ἡ μαμά μου.*
Θά *πάω ὅποτε κι ἄν θέλει ἡ μαμά μου.*
Θά *πάω ὅπως κι ἄν θέλει ἡ μαμά μου.*
Θά *μείνω ὅσο κι ἄν θέλει ἡ μαμά μου.*

Depending on context, however, *ὅσο κι ἄν* can have an entirely different meaning: "much as," "despite the fact that," "even though": Θά *μείνω, ὅσο κι ἄν δέ θέλει ἡ μαμά μου.* "I'll stay, even though my mother doesn't want [me to]."

Θά πηγαίνω ὅποτε θέλει ἡ μαμά μου. I'll go whenever (every time that) my mother wishes.

Θά πάω ὁπότε (ὁπόταν, ὅταν) θέλει ἡ μαμά μου. I'll go when my mother wishes.

Πῶς θά πᾶς; How will you go?

Θά πάω ὅπως (καθώς) θέλει ἡ μαμά μου. I'll go in the way (in whatever way) my mother wishes.

Πόσο θά μείνεις; How long will you stay?

Θά μείνω ὅσο θέλει ἡ μαμά μου. I'll stay as long as my mother wishes. (however long my mother wishes)

D. Special considerations concerning *ὅπου*

1. When the definite meaning of *ὅπου* is desired (i.e. "where" rather than "wherever"), many speakers prefer *ἐκεῖ πού.*

   Πήγανε ἐκεῖ πού τούς εἴχαμε πεῖ. They went where (i.e. precisely where) we had told them.

2. *ὅπου* is very frequently used as a relative pronoun, i.e. a word that connects a subordinate clause to a main clause by relating that subordinate clause most directly to a noun in the main clause, as opposed to a verb. In this usage, *ὅπου* is really substituting for the inflected relative pronoun *ὁ ὁποῖος.*

   Ἡ ἐκκλησία ὅπου πῆγε ὁ Αὐτοκράτορας νά λειτουργηθεῖ δέν ἦταν ἡ Ἁγία Σοφία. (=*ἡ ἐκκλησία στήν ὁποία πῆγε* . . .) The church where the emperor went to mass was not Hagia Sophia. (=the church to which the emperor went . . .)

   In both of these cases—*ὅπου* and *στήν ὁποία*—the relative pronoun relates its subordinate clause to the noun *ἐκκλησία* in the main clause.

3. The relative pronoun *ὅπου* is often replaced by *πού.*

   Ἡ ἐκκλησία πού (ὅπου) πῆγε ὁ Αὐτοκράτορας δέν ἦταν ἡ Ἁγία Σοφία. Τό σπίτι πού (ὅπου) μένουμε τώρα εἶναι μικρό.

E. Role of these relative adverbs as conjunctions

Ὅπου, ὅποτε, ὅπως and *ὅσο* have been singled out because of their neat correspondence to the interrogative adverbs *ποῦ, πότε, πῶς* and *πόσο*, respectively. (Actually, the correspondences extend as well to the indefinite adverbs *κάπου, κάποτε, κάπως* and *κάμποσο.*) But these relative adverbs are part of a much larger group of words called subordinating conjunctions, all of which join together a subordinate clause and an independent or main clause. For a treatment of the entire group of subordinating conjunctions, see Flight Five, Part One.

Drills for the present perfect tense

Substitution drill / Ἄσκηση ἀντικατάστασης

Ὁ Ἰουστινιανός ἔχει πάει στήν ἐκκλησία.
Ὁ Ἰουστινιανός <u>ἔχει γυρίσει ἀπό τήν ἐκκλησία</u>.
Ὁ Ἰουστινιανός <u>ἔχει σβήσει τή λαμπάδα</u>.
Ὁ Ἰουστινιανός <u>ἔχει ἀρχίσει τή λειτουργία</u>.
Ὁ Ἰουστινιανός <u>ἔχει ἀνάψει τό φῶς</u>.
Ὁ Ἰουστινιανός <u>ἔχει ἀρχίσει τό Εὐαγγέλιο</u>.
Ὁ Ἰουστινιανός <u>ἔχει σηκώσει τό σταυρό</u>.
Ὁ Ἰουστινιανός <u>ἔχει πάρει τό ἀντίδωρο</u>.
Ὁ Ἰουστινιανός <u>ἔχει γεμίσει τήν ἐκκλησία</u>.
Ὁ Ἰουστινιανός <u>ἔχει πάει στήν ἐκκλησία</u>.

Transformation drill / Ἀσκήσεις μετασχηματισμοῦ

Instructions: This type of drill consists of paired sentences. The first pair establishes a pattern of transformation. In subsequent pairs the student transforms the teacher's sentence according to the same pattern. The second sentence in each pair is, in effect, the correct answer that the student is meant to give orally. Obviously, this type of drill must be done with the students' books closed.

Δάσκαλος: Ὁ Ἀνθέμιος γύρισε ἀπό τήν ἐκκλησία.
Μαθητής: Ὁ Ἀνθέμιος ἔχει γυρίσει ἀπό τήν ἐκκλησία.

Δάσκαλος: Κλείσαμε μιά θέση.
Μαθητής: Ἔχουμε κλείσει μιά θέση.

Δάσκαλος: Ἔσβησαν τό φῶς.
Μαθητής: Ἔχουν σβήσει τό φῶς.

Δάσκαλος: Ἀρχίσατε τά μαθήματα;
Μαθητής: Ἔχετε ἀρχίσει τά μαθήματα;

Δάσκαλος: Ἔτρεξα δυό χιλιόμετρα.
Μαθητής: Ἔχω τρέξει δυό χιλιόμετρα.

Δάσκαλος: Ἄναψες τή φωτιά;
Μαθητής: Ἔχεις ἀνάψει τή φωτιά;

Δάσκαλος: Σηκώσατε τό τραπέζι;
Μαθητής: Ἔχετε σηκώσει τό τραπέζι;

Δάσκαλος: Γυρίζω ἀπό τήν Εὐρώπη.
Μαθητής: Ἔχω γυρίσει ἀπό τήν Εὐρώπη.

Δάσκαλος: Κλείνουμε τό μαγαζί.
Μαθητής: Ἔχουμε κλείσει τό μαγαζί.

Δάσκαλος: Σβήνετε τά φῶτα.
Μαθητής: Ἔχετε σβήσει τά φῶτα.

Δάσκαλος: Ἀρχίζεις τή δουλειά σου;
Μαθητής: Ἔχεις ἀρχίσει τή δουλειά σου;

Δάσκαλος: Τρέχουν στό σχολεῖο.
Μαθητής: Ἔχουν τρέξει στό σχολεῖο.

Δάσκαλος: Ἀνάβει τό φῶς.
Μαθητής: Ἔχει ἀνάψει τό φῶς.

Δάσκαλος: Πηγαίνω στήν ἐκκλησία.
Μαθητής: Ἔχω πάει στήν ἐκκλησία.

Drills for past, present, future and conditional perfect tenses

Supply the correct tense of the verbs in parentheses.

Θά πᾶμε ἀπόψε στό θέατρο. Ὁ Νίκος (παίρνω) ________________ τρία εἰσιτήρια.

Πρίν ἀκούσει ὁ Νίκος πόσο ἄσχημο ἦταν τό ἔργο, (παίρνω) ______________ κιόλας τρία εἰσιτήρια.

Ὥσπου νά φτάσουμε στό θέατρο, ὁ Νίκος (παίρνω) _________-_________ κιόλας τά εἰσιτήρια.

Ἄν τοῦ εἴχαμε δώσει λεφτά (παίρνω) _______________ εἰσιτήρια.

Θά πᾶμε ἀπόψε στό θέατρο. Τά εἰσιτήρια (παίρνομαι) ______-___________.

Δέ θά πᾶμε ἀπόψε στό θέατρο γιατί ὁ Νίκος (κουράζομαι) _____-__________.

Πρίν ἀκόμη δεῖ ὁ Νίκος πόσο ἄσχημο ἦταν τό ἔργο, (κουράζομαι) ________ κιόλας ______________.

Ὥσπου νά ἀποφασίσουμε νά πᾶμε ἤ ὄχι, ὁ Νίκος (κουράζομαι) ______________.

Ἄν τόν εἴχαμε βοηθήσει, δέν (κουράζομαι) ______________-______ τόσο πολύ.

Drills for relative adverbs

Fill in the blanks with the appropriate Greek word.

(Where) ______________ θά πᾶμε ἀπόψε;
Θά πᾶμε (wherever) ____________ μᾶς πεῖς.

(When) ______________ θά φτάσουμε;
Θά φτάσουμε (when/whenever) ______________ φτάσει τό τραῖνο.

(How) ___________ θά γυρίσουμε;
Θά γυρίσουμε (however) ______________ θέλει ὁ Θεός.

(How long) ______________ θά καθίσουμε ἐκεῖ;
Θά καθίσουμε (as long as) ______________ μποροῦμε.

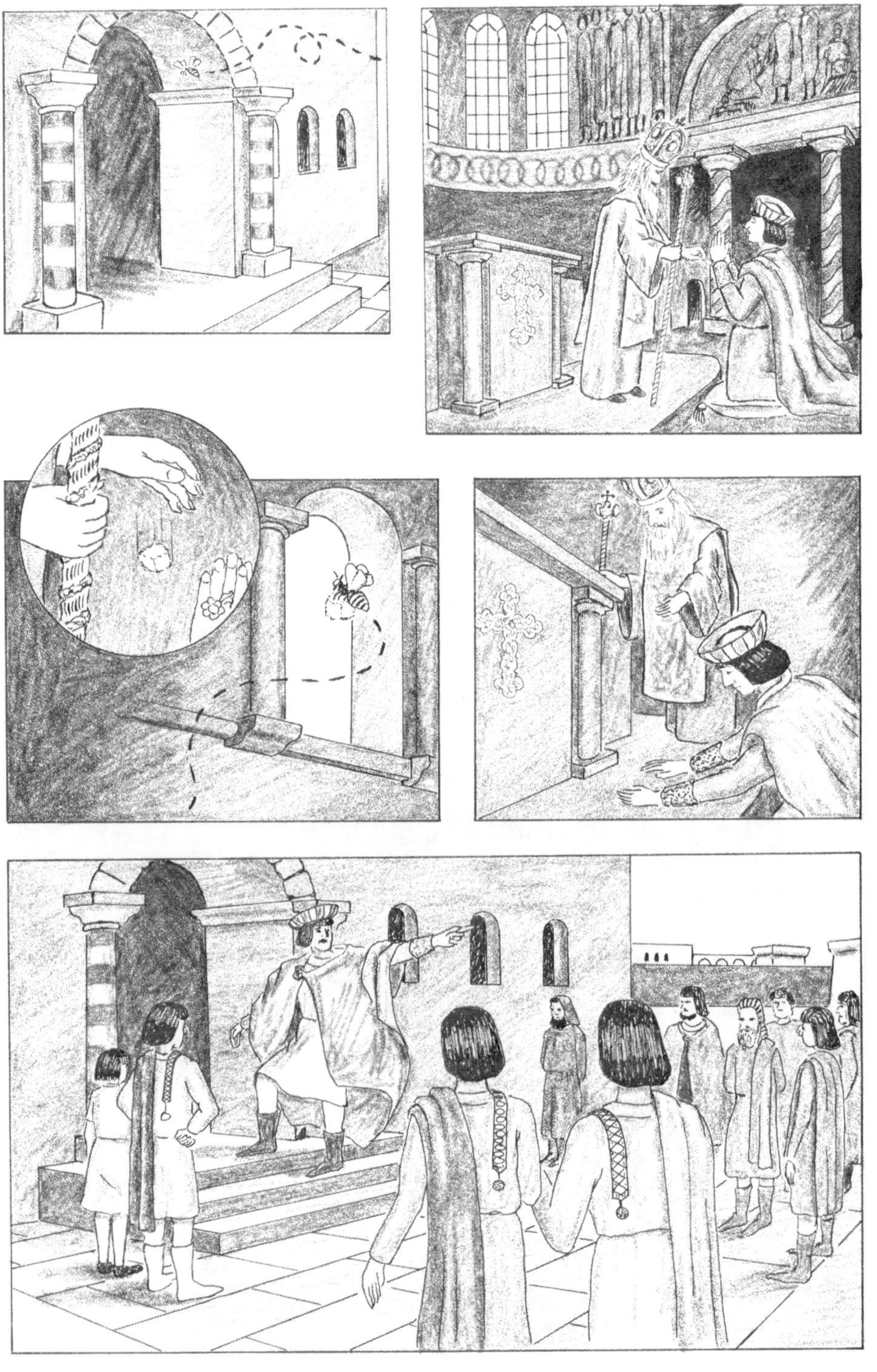

Πτήση 1

Ἡ Ἁγία Σοφία

Δεύτερο μέρος

κόκκινο

(Ἡ μέλισσα ______ ______ ___ χώνεται στήν ἐκκλησία ___ ___ ___ ὁ Ἰουστινιανός ἔπαιρνε τ' ἀντίδωρο ___ ___ ____ ___ ________. ____ τ' ἀντίδωρο πέφτει ____. ______ ὁ Αὐτοκράτορας ___ ___ _____ ___ ____ ___ _______. _______ βλέπει τή μέλισσα μέ τ' ἀντίδωρο ___ _________ ____ ___ _______ ___ ___ ________. Ὁ Αὐτοκράτορας ________ ____ _____________ βγαίνει ______ ___ ___ ________. ____ ____ ________ ___ _____ _ ______.)

ΙΟΥΣΤΙΝΙΑΝΟΣ: ________ ____ _________, ________ __! Ὅποιος ἔχει μελίσσια νά τά τρυγήσει ____ ___ _______ _ _________.

ΜΑΡΙΑ: ______ _________, ἔχετε σεῖς κυψέλη;

ΑΝΘΕΜΙΟΣ: ___ ___ ___;

ΜΑΡΙΑ: ____ ____ ______ νά ψάξουμε ἐκεῖ;

(_____ _____ _______ ____, __ _____ _____ _________ ________ ____ ________ ________ _________ ______ _____ _____ _____ ______ ________ ___ __ ________. Ὁ Ἀνθέμιος ________ ____ _______ ____ τρέχει στόν Αὐτοκράτορα.)

ΑΝΘΕΜΙΟΣ: ____________ . . . ___________ . . . Κοιτάξτε! ____ ________ ____ ___ _____ ________ _ ________ _________________.

ΙΟΥΣΤΙΝΙΑΝΟΣ (________ ________): Αὐτό εἶναι θαῦμα, ________. _ ____ _____ ____ ___ ____ _____! ___ ___ _______, ______, ____ _ ____. ___ _____ ______!

Βοηθητικές ἑρμηνεῖες

1. *χώνεται*] burrows, thrusts itself, hides
8. *ὅποιος*] whoever
9. *μελίσσια*] swarms of bees, beehives (considered as swarms)
νά ... τρυγήσει] let him collect, let him harvest

10. *κυψέλη*] beehive (the actual physical object as distinguished from the swarm of bees)

Σημειώσεις

2. *ἀντίδωρο*] The term means "something in place of a gift," in this case, a piece of blessed bread in the place of the Gifts of the Body and Blood of Christ. It is not Holy Communion, but rather an important personal blessing, hardly a replacement for Communion, but a kind of partaking. It is venerated by the Orthodox as the vivid proof of one's personal participation in the Eucharist. For those who receive it, it embodies a reassurance that their sacramental proximity to the Body and Blood of Christ is not that remote as they would be led to conclude had they left the church with no proof of their even limited participation in the Table of the Lord. (Adapted from *The Orthodox Liturgy*, by Rev. Nicon D. Patrinacos.)
8. *ὅποιος*] This is a relative pronoun and is fully declined. The nominative forms—masculine, feminine and neuter—are *ὅποιος*, *ὅποια*, *ὅποιο*. There is also an indeclinable form, *ὅ,τι*. See *Μιά ματιά* for further explanation.
9. *νά ... τρυγήσει*] Here, the subjunctive form is used as a command. We call this the "periphrastic imperative." Regarding the meaning of *τρυγῶ*, one should note that it is normally restricted to the harvest of grapes or honey. A good translation is "to vintage."
12. *νά ψάξουμε*] another periphrastic imperative
17. *κοιτάξτε!*] This is a true imperative. The true imperative occurs only in the second person, singular and plural. The singular in this case would be *κοίταξε*! Both of these forms are the "simple imperative." The corresponding forms of the "continuous imperative" would be *κοιτάζετε*! and *κοίταζε*!

μπλέ

(Ἡ *μέλισσα* ______ ______ ___ *χώνεται στήν ἐκκλησία τήν ὥρα πού ὁ Ἰουστινιανός ἔπαιρνε τ' ἀντίδωρο* ___ ___ ____ ___ ________. ____ *τ' ἀντίδωρο πέφτει χάμω. Σκύβει ὁ* Αὐτοκράτορας *νά τό πάρει μά δέν τό βρίσκει.* ______ *βλέπει τή μέλισσα μέ τ' ἀντίδωρο* ___ ________ ___ *νά πετάει ἀπ' τό παράθυρο.* Ὁ Αὐτοκράτορας _______ ___ ___________ *βγαίνει* _____ *ἀπ' τήν ἐκκλησία· μαζί του βγαίνει κι ὅλος ὁ κόσμος.*)

ΙΟΥΣΤΙΝΙΑΝΟΣ: Ἀγαπητοί μου Χριστιανοί, ______ __! Ὅποιος ἔχει *μελίσσια νά τά τρυγήσει γιά νά βρεθεῖ τ' ἀντίδωρο.*

ΜΑΡΙΑ: _____ __________, ἔχετε σεῖς κυψέλη;
ΑΝΘΕΜΙΟΣ: Πῶς δέν ἔχω;
ΜΑΡΙΑ: Δέν πᾶμε _____ νά ψάξουμε ἐκεῖ;

(Πᾶνε στήν κυψέλη του, κι ἀντί γιά κερήθρα βλέπουν μιά _______ ἐκκλησία _______ καί πάνω στήν ἅγια τράπεζά της τό ἀντίδωρο. Ὁ Ἀνθέμιος ἁρπάζει τήν κυψέλη καί τρέχει στόν Αὐτοκράτορα.)

ΑΝΘΕΜΙΟΣ: __________ . . . __________ . . . Κοιτάξτε! Τήν ἐκκλησία ____ τήν ἔχει φτιάξει ἡ μέλισσα _______________.
ΙΟΥΣΤΙΝΙΑΝΟΣ (_______ _________): Αὐτό εἶναι θαῦμα, Ἀνθέμιε. Ὁ Θεός θέλει ἔτσι τήν Ἁγία Σοφία! __ ___ ______, _____, ____ - ____. __ ______ _____!

Βοηθητικές ἑρμηνεῖες

3. *χάμω*] down on the ground *σκύβει*] bends down, stoops
8. *Ἀγαπητοί μου Χριστιανοί*] my dear Christians
11. Πῶς *δέν ἔχω*;] Of course I have!
13. *κερήθρα* (=*κηρήθρα*)] honeycomb
14. *ἅγια τράπεζα*] altar (literally: holy table)
15. *ἁρπάζει*] seizes, grasps, clutches
18. *ἔχει φτιάξει*] has fashioned, has constructed, has built, has made

---

Σημειώσεις

7. The single raised dot in this line is called *ἡ ἄνω τελεία* (sometimes *ἡ ἐπάνω τελεία*) and is the Greek equivalent of our semicolon.
8. *Ἀγαπητοί . . . Χριστιανοί*] plural vocative (direct address)
11. Πῶς *δέν ἔχω*;] In this idiomatic expression the true sense is more affirmative than interrogative even though a question mark is used. The literal meaning is "How [dare you think] I don't have [a beehive]?" But the true meaning is, "Of course I have!" Compare:

Σᾶς ἀρέσει ὁ Μπάχ;	Do you like Bach?
Πῶς δέν μ' ἀρέσει;	Of course I do!
Θέλεις ἕνα παγωτό;	Do you want some ice cream?
Πῶς δέ θέλω;	Of course I do!

13. *ἀντί γιά*] compound preposition meaning "instead of." Note that English "of" in this idiomatic expression must be rendered by *γιά*.
14. *ἅγια*] In demotic, the general rule is that adjectives do not shift their accent when they are inflected, but always stress the same syllable that is stressed in the singular nominative masculine form. Thus *ἅγιος* is accented on the first syllable in all inflected forms:

ἅγια, ἅγιων, ἅγιους, etc. However, certain adjectives tend to retain their puristic form in specific expressions; thus we always hear Ἁγία Σοφία instead of Ἅγια Σοφία (although Ἁγιά Σοφιά is seen in demotic for the pronunciation Ἁγιασοφια [ayasofyá]). We also sometimes hear δευτέρα τάξις ("second grade" in school) or even δευτέρα τάξη (a mixture of puristic and demotic) instead of δεύτερη τάξη.

τράπεζά της] *τράπεζα* must have an additional accent on the last syllable when it is followed by an unaccented word. This is true of all words that are accented on the antepenultimate syllable (third from the end): *τό αὐτοκίνητό μου, τό μάθημά τους.*

18. *φτιάξει*] from the verb *φτιάχνω* (variant forms: *φτιάνω, φκιάνω*). *ἔχει φτιάξει*, here, is a fine example of the use of the present perfect tense to convey an action that was completed in the past but which has an obvious bearing on the present. The aorist is *ἔφτιαξα* or *ἔφτιασα* or *ἔφκιασα*. The passive participle is *φτιαγμένος* or *φτιασμένος* or *φκιασμένος*. The first form in each of these groups is the one now most common in standard Athenian.

μαῦρο*

(Ἡ *μέλισσα πετάει ἀμέσως καί χώνεται στήν ἐκκλησία τήν ὥρα πού ὁ Ἰουστινιανός ἔπαιρνε τ' ἀντίδωρο ἀπ' τό χέρι τοῦ Πατριάρχη. Ἀλλά τ' ἀντίδωρο πέφτει χάμω. Σκύβει ὁ Αὐτοκράτορας νά τό πάρει μά δέν τό βρίσκει. Ἄξαφνα βλέπει τή μέλισσα μέ τ' ἀντίδωρο στά ποδαράκια της νά πετάει ἀπ' τό παράθυρο.* Ὁ *Αὐτοκράτορας ἀνήσυχος καί στενοχωρημένος βγαίνει ἀμέσως ἀπ' τήν ἐκκλησία· μαζί του βγαίνει κι ὅλος ὁ κόσμος.*)

ΙΟΥΣΤΙΝΙΑΝΟΣ: Ἀγαπητοί μου Χριστιανοί, ἀκοῦστε με! Ὅποιος ἔχει μελίσσια νά τά τρυγήσει γιά νά βρεθεῖ τ' ἀντίδωρο.

ΜΑΡΙΑ: Κύριε ἀρχιτέκτονα, ἔχετε σεῖς κυψέλη;

ΑΝΘΕΜΙΟΣ: Πῶς δέν ἔχω;

ΜΑΡΙΑ: Δέν πᾶμε λοιπόν νά ψάξουμε ἐκεῖ;

(*Πᾶνε στήν κυψέλη του, κι ἀντί γιά κερήθρα βλέπουν μιά πανώρια ἐκκλησία πελεκητή καί πάνω στήν ἅγια τράπεζά της τό ἀντίδωρο.* Ὁ *Ἀνθέμιος ἁρπάζει τήν κυψέλη καί τρέχει στόν Αὐτοκράτορα.*)

ΑΝΘΕΜΙΟΣ: Μεγαλειότατε ... Μεγαλειότατε ... Κοιτάξτε! Τήν ἐκκλησία αὐτή τήν ἔχει φτιάξει ἡ μέλισσα μέ τή χάρη τοῦ Θεοῦ.

ΙΟΥΣΤΙΝΙΑΝΟΣ (*κοιτάζει κατάπληκτος*): Αὐτό εἶναι θαῦμα, Ἀνθέμιε. Ὁ Θεός θέλει ἔτσι τήν Ἁγία Σοφία! Ἄς τήν κάνουμε, λοιπόν, ἴδια μ' αὐτή. Μή χάνεις καιρό!

*Based on the folktale printed in N. Πολίτη, Παραδόσεις Β', 30.

Βοηθητικές ἑρμηνεῖες

2–3. τοῦ Πατριάρχη] of the Patriarch
6. ἀνήσυχος] distressed, uneasy, apprehensive
στενοχωρημένος] troubled, worried
14. πανώρια] gorgeous, extremely beautiful πελεκητή] chiseled
17. Μεγαλειότατε] Your Majesty
18. μέ τή χάρη τοῦ Θεοῦ] with God's grace
19. κατάπληκτος] amazed, dumfounded

Σημειώσεις

2–3. τοῦ Πατριάρχη] The Patriarch, in this case, is the Archbishop of Constantinople. But the same title is also enjoyed by the Orthodox archbishops of Alexandria, Jerusalem, Antioch, Moscow, Bulgaria, Rumania and Yugoslavia.
5. στά ποδαράκια] The diminutive suffix -άκι (plural -άκια) is a way of conveying smallness or familiarity or endearment. Note that this suffix makes all nouns neuter. ὁ ἀδερφός becomes τό ἀδερφάκι, ἡ ἀδερφή becomes τό ἀδερφάκι, ὁ ἀέρας becomes τό ἀεράκι.
8. ἀκοῦστε] simple imperative, plural. Here are all the imperative forms of this verb:

	Simple	Continuous
singular	ἄκουσε	ἄκουγε, ἄκουε, ἄκου
plural	ἀκοῦστε	ἀκοῦτε, ἀκούγετε, ἀκούετε

20. ἄς κάνουμε] ἄς combines with the subjunctive, first or third persons, to indicate exhortation. The speaker does not exactly command, he urges; nevertheless, this form serves as a kind of polite imperative.
Ἄς τό κάνουμε. Let us do it, we should do it.
Ἄς τό κάνω. Let me do it, I should do it.
The negative is μή(ν).
Ἄς μήν τό κάνω. Let me not do it. I had better not do it.
21. μή χάνεις καιρό] Note that negative commands take μή(ν) followed by the subjunctive.

Synonyms and approximate synonyms

1. χώνεται: μπαίνει, τρυπώνει
2. ὥρα: στιγμή
3. ἀλλά: ὅμως χάμω: κάτω
4. βλέπει: διακρίνει, ξεχωρίζει, θωρεῖ
6. ἀνήσυχος: ταραγμένος, γεμάτος ἀγωνία, καθισμένος στά κάρβουνα

βγαίνει: ἐξέρχεται (καθ)
ἀμέσως: στά γρήγορα, μονομιᾶς, στό λεπτό, στό ἄψε-σβῆσε, ὅσο νά πεῖς κύμινο, ὥσπου νά πεῖς ἀλεύρι
11. πῶς δέν ἔχω: βεβαίως ἔχω, καί βέβαια ἔχω
12. νά ψάξουμε: νά ρίξουμε μιά ματιά
14. πανώρια: πεντάμορφη
17. κοιτάξτε: δέστε
18. τήν ἔχει φτιάξει: τήν ἔχει χτίσει, τήν ἔχει κάνει, τήν ἔχει κατασκευάσει
21. μή χάνεις καιρό: μήν ἀργεῖς, μήν ἀργοπορεῖς, μήν καθυστερεῖς

Question drill

(Use a synonym or approximate synonym in your answer.)

1. Τί κάνει ἡ μέλισσα;
2. Πότε μπαίνει ἡ μέλισσα στήν ἐκκλησία;
3. Ποῦ πέφτει τ' ἀντίδωρο;
4. Τί βλέπει ἄξαφνα ὁ Αὐτοκράτορας;
6. Πῶς αἰσθάνεται ὁ Αὐτοκράτορας ὅταν βγαίνει ἀπό τήν ἐκκλησία; Ὁ Αὐτοκράτορας ἀργεῖ νά βγεῖ ἀπό τήν ἐκκλησία;
11. Ἔχει ὁ Ἀνθέμιος κυψέλη;
12. Τί θέλει ἡ Μαρία νά κάνουν στήν κυψέλη;
14. Ἡ πελεκητή ἐκκλησία εἶναι ἄσχημη;
17. Τί λέει ὁ Αὐτοκράτορας στόν Ἀνθέμιο νά κάνει;
18. Τί ἔχει κάνει ἡ μέλισσα;
21. Τί λέει ὁ Ἰουστινιανός στό τέλος-τέλος;

Substitution drills / Ἀσκήσεις ἀντικατάστασης

1. Ἡ μέλισσα πετάει.
   Τό πουλί πετάει.
   Ἡ Μαρία πετάει.
   Ὁ ἄντρας πετάει.
   Ὁ θάλαμος πετάει.
   Τό ἀεροπλάνο πετάει.
   Ἡ καρδιά πετάει.
   Ἡ μέλισσα πετάει.

From now on, substitution drills will be presented in a condensed format, as follows:

Teacher: 1 Ἡ μέλισσα χώνεται στήν ἐκκλησία.
Cue: Ἡ Μαρία
Student: Ἡ Μαρία χώνεται στήν ἐκκλησία.
Other cues: Ὁ ἀρχιτέκτονας, Ὁ Αὐτοκράτορας, Ὁ Ἰουστινιανός, Ὁ χριστιανός, Ὁ Ἀνθέμιος, Ὁ ἄντρας, Ἡ Μαρία

Transformation drill / Ἄσκηση μετασχηματισμοῦ

1. Ἡ μέλισσα χώνεται στήν ἐκκλησία.
(Ἐμεῖς)
Χωνόμαστε στήν ἐκκλησία.
(Ἐγώ), Οἱ μέλισσες, (Ἐσεῖς), (Ἐσύ)

Substitution drills / Ἀσκήσεις ἀντικατάστασης

2. Ὁ Ἰουστινιανός ἔπαιρνε τ' ἀντίδωρο.
τό σχέδιο
Ὁ Ἰουστινιανός ἔπαιρνε τό σχέδιο.
τήν κερήθρα, τό μέλι, τόν ἀριθμό, τ' ἀντίδωρο, τήν κυψέλη, τό σχέδιο

3–4. Τ' ἀντίδωρο πέφτει χάμω καί σκύβει νά τό πάρει.
Τό τηλέφωνο
Τό τηλέφωνο πέφτει χάμω καί σκύβει νά τό πάρει.
Τό σχέδιο, Τό κόκκαλο, Τό σακάκι, Τό λουλούδι, Τό φροῦτο, Τό τηλέφωνο

3–4. Σκύβει νά πάρει τό ἀντίδωρο μά δέν τό βρίσκει.
τό τηλέφωνο
Σκύβει νά πάρει τό τηλέφωνο μά δέν τό βρίσκει.
τό σχέδιο, τό κόκκαλο, τό σακάκι, τό λουλούδι, τό φροῦτο, τό τηλέφωνο

4–5. Ἀπ' τό παράθυρο βλέπει τή μέλισσα νά πετᾶ.
τόν ἄντρα νά τρέχει
Ἀπ' τό παράθυρο βλέπει τόν ἄντρα νά τρέχει.
τό θάλαμο νά ἀπογειώνεται, τό ἀεροπλάνο νά πετᾶ, τά σύννεφα ν' ἀνεβαίνουν, τόν Ἰουστινιανό νά σκύβει, τόν Αὐτοκράτορα νά βγαίνει ἀπ' τήν ἐκκλησία, τόν κόσμο νά ἔρχεται, τόν ἄντρα νά τρέχει

8. Ἀκοῦστε με!
τον
Ἀκοῦστε τον!
την, μας, τους, το, τα, τις, τον

8–9. Ὅποιος ἔχει μελίσσια νά τά τρυγήσει.
αὐτιά νά τά καθαρίσει
Ὅποιος ἔχει αὐτιά νά τά καθαρίσει.
μάτια νά τά προσέξει, πόδια νά τά ξεκουράσει, μαλλιά νά τά χτενίσει, πιάτα νά τά σπάσει, αὐτιά νά τά καθαρίσει

9. Θά τό κάνει γιά νά βρεθεῖ τ' ἀντίδωρο.
ὁ ἄντρας
Θά τό κάνει γιά νά βρεθεῖ ὁ ἄντρας.

ἡ μέλισσα, ἡ Ἁγία Σοφία, τό σχέδιο, ὁ ἀριθμός, ἡ αἰτία, ὁ ἄντρας

10–11. Ἔχετε σεῖς κυψέλη; Πῶς δέν ἔχω.
καπέλο
Ἔχετε σεῖς καπέλο; Πῶς δέν ἔχω.
γυαλιά, παπούτσια, χτένα, πουκάμισο, κάλτσες, καπέλο

12. Δέν πᾶμε νά ψάξουμε;
ν' ἀκούσουμε
Δέν πᾶμε ν' ἀκούσουμε;
νά δοῦμε, νά περπατήσουμε, νά χτενιστοῦμε, νά σπάσουμε πιάτα, νά ρίξουμε μιά ματιά, νά ψάξουμε

13–14. Ἀντί γιά κερήθρα βλέπουν μιά ἐκκλησία.
μέλισσα βλέπουν ἕνα κουνούπι
Ἀντί γιά μέλισσα βλέπουν ἕνα κουνούπι.
ἀεροπλάνο βλέπουν ἕνα θάλαμο, πιλότο βλέπουν τή Μαρία, πόρτα βλέπουν ἕνα παράθυρο, βούρτσα βλέπουν μιά χτένα, κύριο βλέπουν μιά κυρία, κερήθρα βλέπουν μιά ἐκκλησία

15–16. Ἁρπάζει τήν κυψέλη καί τρέχει στόν Αὐτοκράτορα.
τό ἀκουστικό καί μιλάει στό φίλο του
Ἁρπάζει τό ἀκουστικό καί μιλάει στό φίλο του.
τά γυαλιά του καί πηγαίνει στή βιβλιοθήκη, τίς μπότες του καί μπαίνει στίς λάσπες, τό καπελάκι της καί βγαίνει στό δρόμο, τό ποτήρι καί τό πετάει στό πάτωμα, τήν κυψέλη καί τρέχει στόν Αὐτοκράτορα

17. Κοιτάξτε ἐκεῖ!
Ψάξτε
Ψάξτε ἐκεῖ!
Δεῖτε, Δέστε, Περπατῆστε, Ἀνεβεῖτε, Κατεβεῖτε, Καθίστε, Κοιτάξτε

Transformation drill / Ἄσκηση μετασχηματισμοῦ

Δάσκαλος. Κοιτάξτε ἐκεῖ!
Μαθητής. Κοίταξε ἐκεῖ!

Δάσκαλος. Ψάξτε παντοῦ!
Μαθητής. Ψάξε παντοῦ!

Δάσκαλος. Δεῖτε τό φεγγάρι!
Μαθητής. Δές τό φεγγάρι!

Δάσκαλος. Περπατῆστε γρήγορα!
Μαθητής. Περπάτησε γρήγορα!

Δάσκαλος. Ἀνεβεῖτε τίς σκάλες!
Μαθητής. Ἀνέβα τίς σκάλες!

Δάσκαλος. Κατεβεῖτε τίς σκάλες!
Μαθητής. Κατέβα τίς σκάλες!

Δάσκαλος. Καθίστε κάτω!
Μαθητής. Κάθισε κάτω!

Substitution drills / Ἀσκήσεις ἀντικατάστασης

17–18. Τήν ἐκκλησία αὐτή τήν ἔχει φτιάξει ὁ ἀρχιτέκτονας.
ἔχει χτίσει
Τήν ἐκκλησία αὐτή τήν ἔχει χτίσει ὁ ἀρχιτέκτονας.
ἔχει πελεκήσει, ἔχει σχεδιάσει, ἔχει τελειώσει, ἔχει κάνει, ἔχει ἀνοίξει, ἔχει φτιάξει

20–21. Ἄς τήν κάνουμε ἴδια μ' αὐτή.
μέ τή χάρη τοῦ Θεοῦ
Ἄς τήν κάνουμε μέ τή χάρη τοῦ Θεοῦ.
ὅπως θέλει ὁ Θεός, ὅπως θέλουμε ἐμεῖς, ὅπως θέλει ὁ Αὐτοκράτορας, σάν τήν κερήθρα, πανώρια καί μεγάλη, ἴδια μ' αὐτή

21. Μή χάνεις καιρό.
τήν ὥρα σου
Μή χάνεις τήν ὥρα σου.
στιγμή, λεπτό, τή ζωή σου, τήν ἡμέρα σου, τά χρόνια σου, καιρό

Ἐρωτήσεις τῆς 1ης πτήσης

1. Τί κάνει ἡ μέλισσα ἐνῶ μιλοῦν ἡ Μαρία καί ὁ Ἀνθέμιος;
2. Τί ἔπαιρνε ὁ Ἰουστινιανός ὅταν ἡ μέλισσα χώθηκε στήν ἐκκλησία;
3. Γιατί σκύβει ὁ Αὐτοκράτορας;
4. Τί βλέπει ὁ Αὐτοκράτορας ἄξαφνα;
5. Ποιός βγαίνει ἀπό τήν ἐκκλησία μέ τόν Αὐτοκράτορα;
6. Τί λέει ὁ Ἰουστινιανός στούς Χριστιανούς;
7. Ἔχει κυψέλη ὁ ἀρχιτέκτονας;
8. Γιατί πᾶνε στήν κυψέλη;
9. Ἀντί γιά κερήθρα, τί βλέπουν στήν κυψέλη;

Γενικές ἐρωτήσεις

1. Ποῦ χώνεσαι ὅταν ἀκοῦς ἀστραπόβροντο;
2. Τί παίρνεις μαζί σου ὅταν βρέχει;
3. Τί κάνεις ὅταν πέφτει χάμω τό πορτοφόλι σου;
4. Τί πετοῦν γύρω ἀπ' τά λουλούδια τό καλοκαίρι;
5. Ποῦ πᾶς ὅταν βγαίνεις ἔξω τό Σάββατο τό βράδυ;
6. Τί λέμε ὅταν σηκώνουμε τ' ἀκουστικό;
7. Ἔχεις φίλους πού ἔχουν μελίσσια;
8. Ὅταν δέν μπορεῖς νά βρεῖς τό βιβλίο σου, ποῦ ψάχνεις;
9. Ἀντί γιά μέλι, τί τρῶς τό πρωΐ;

10. Τί ἁρπάζει ὁ Ἀνθέμιος ἀπό τήν κυψέλη;	10. Πότε ἁρπάζεις ἕνα κομμάτι ψωμί;
11. Πῶς ἔχει φτιάξει τήν ἐκκλησία ἡ μέλισσα;	11. Τί ἔχεις φτιάξει στή ζωή σου;
12. Ποιός θέλει ἔτσι τήν Ἁγία Σοφία;	12. Ποιός θέλει ἐσύ νά μάθεις τά ἑλληνικά;
13. Πῶς θά τήν κάνουν τήν Ἁγία Σοφία;	13. Πῶς κάνεις τή δουλειά σου;
14. Πότε θ' ἀρχίσουν νά τή χτίζουν;	14. Τί ὥρα θ' ἀρχίσεις τά μαθήματά σου αὔριο;

Μιά ματιά στή γραμματική

I. IMPERATIVE MOOD / ΠΡΟΣΤΑΚΤΙΚΗ ΕΓΚΛΙΣΗ

A. True imperative

The true imperative forms exist only in the second person, singular and plural.

	singular	plural
simple	*κοίταξε*	*κοιτάξτε*
continuous	*κοίταζε*	*κοιτάζετε*

The negative is *μή(ν)* followed by the subjunctive, as in the periphrastic imperative (see below).

Μή *χάνεις καιρό*!
Μήν *ἀκούστε*!
Μήν *κοιτάξετε*!
Μήν *κοιτάξεις*!

B. Periphrastic imperative

The periphrastic imperative is formed with *νά* followed by the verb in the subjunctive mood, simple or continuous.

νά τρυγήσει	(simple)
νά ψάξουμε	(simple)
νά ψάχνουμε	(continuous)

This type of imperative is used for all persons, singular and plural.

Νά *κοιτάξω*!	Νά *κοιτάξουμε*!
Νά *κοιτάξεις*!	Νά *κοιτάξετε*!
Νά *κοιτάξει*!	Νά *κοιτάξουν*!

The negative employs *μή(ν)* and often drops the *νά*.

Νά *μήν κοιτάξουμε*!
Μήν *κοιτάξουμε*!

C. Exhortations with ἅς

ἅς followed by the verb in the subjunctive mood, simple or continuous, may act somewhat like the periphrastic imperative, but this form is used only in the first and third persons, not in the second person.

Ἅς τό κάνω!	Ἅς τό κάνουμε!
Ἅς τό κάνει!	Ἅς τό κάνουν!

The idea is not so much a strong command as an exhortation:

"Let me (us, him, them) do it."

Depending on the context, ἅς plus subjunctive may have entirely different denotations, such as:

wishing	Ἅς ζήσει! "May he live!" (I hope he lives.)
indifference	Ἅς ζήσει! "Let him live!" (I don't care if he lives.)
permission	Ἅς ζήσει! "Let him live!" (I allow him to live.)

The negative is μή(ν).

Ἅς μή ζήσει!

II. THE INDEFINITE RELATIVE PRONOUN ὅποιος, ὅποια, ὅποιο (ὅ,τι) / Η ΑΟΡΙΣΤΗ ΑΝΑΦΟΡΙΚΗ ΑΝΤΩΝΥΜΙΑ ὅποιος, ὅποια, ὅποιο (ὅ,τι)

A. Function

ὅποιος is an indefinite relative pronoun. (It also serves as an adjective.)

A pronoun is a word used as a substitute for a noun. A relative pronoun is a pronoun that introduces a relative clause, which is a type of subordinate clause (i.e. a clause that cannot form a complete sentence by itself). In other words, a relative pronoun introduces a clause that must be related to, or connected with, a main clause (one that is independent, that can form a complete sentence by itself).

ὅποιος μπορεῖ	whoever can (incomplete sentence)
Ὅποιος μπορεῖ, ἅς ἔρθει.	Whoever can, let him come. (complete sentence)

B. Meaning

ὅποιος is indefinite. This distinguishes it from the (definite) relative pronoun πού and also from ὁ ὁποῖος (borrowed from katharevousa), both of which substitute for a specific noun and relate their relative clause to that noun.

> Ἔχει σωπάσει πιά ἡ γυναίκα πού φώναζε; (The relative pronoun *πού* relates the clause *πού φώναζε* to the noun *γυναίκα*.)
> Ἔχει σωπάσει πιά ἡ γυναίκα ἡ ὁποία φώναζε; (The relative pronoun *ἡ ὁποία* relates the clause *ἡ ὁποία φώναζε* to the noun *γυναίκα*.)

But *ὅποιος* does not relate its clause to any noun in particular. It is universal or indefinite in its reference. *ὅποιος ἔχει μελίσσια* ("whoever has bees") can mean either "anyone who has bees," "every person who happens to have bees" (universal), or "those particular people who have bees" (restrictive but still indefinite).

C. Position

Relative clauses introduced by *ὅποιος*, *ὅποια*, *ὅποιο* can occupy various positions in the sentence. Of course the pronoun must be declined according to its grammatical position.

subject:	*Ὅποιος δέν συμφωνεῖ, μπορεῖ νά μιλήσει.* "Whoever doesn't agree can speak."
direct object:	*Θά δοῦμε ὅποιον θέλει νά 'ρθεῖ.* "We'll see whoever wants to come."
	Ὅποιες βλέπει, τίς πειράζει. "Whomever he sees (i.e. whichever girls he sees), he annoys (them)."

D. Declension

Both as pronoun and adjective, *ὅποιος* is declined as follows, but the forms in parentheses are valid only when the word is used as a pronoun.

	Singular / Ἑνικός		
nominative / ὀνομαστική	ὅποιος	ὅποια	ὅποιο, ὅ,τι
genitive / γενική	ὅποιου (ὁποιανοῦ)	ὅποιας (ὁποιανῆς)	ὅποιου (ὁποιανοῦ)
accusative / αἰτιατική	ὅποιον, ὅποιο	ὅποια	ὅποιο
	Plural / Πληθυντικός		
ὀνομ.	ὅποιοι	ὅποιες	ὅποια
γεν.	ὅποιων (ὁποιανῶν)	ὅποιων (ὁποιανῶν)	ὅποιων (ὁποιανῶν)
αἰτ.	ὅποιους (ὁποιανούς)	ὅποιες	ὅποια

E. The neuter singular: *ὅ,τι* and *ὅποιο*

ὅποιο is replaced by *ὅ,τι* when the idea relates to something truly inanimate as opposed to something animate but grammatically neuter.

Διάλεξε ὅ,τι θέλεις.	"Choose what (whatever) you wish." (i.e., whatever thing you wish.)
Διάλεξε ὅποιο θέλεις.	"Choose whichever (whomever) you wish." (Here, it would be understood that the choice involved something animate, such as a *παιδί, ἀγόρι, κορίτσι, μωρό, γατάκι, κοτόπουλο.*)

But if the speaker is thinking specifically of a total group of identical things, and wishes to specify one item from among that group, he will use *ὅποιο* even though the object involved is inanimate.

Ἔχω δυό βιβλία πού δέν τά θέλω πιά. Μπορεῖς νά πάρεις ἕνα. Διάλεξε ὅποιο θέλεις.

So, *ὅποιο* is replaced by *ὅ,τι* only when the object involved is both (a) truly inanimate and (b) truly vague.

Drills for simple imperatives

Instructions: Transform each declarative sentence into a true imperative, if possible. Use the simple imperative, not the continuous. If a true imperative is impossible, as it will be when the locution involves the first or third person, then use both the periphrastic imperative and the exhortation with *ἄς*.

Models:

Κοιτάζετε τήν κυψέλη.
Κοιτάξτε τήν κυψέλη!

Σκύβει ὁ Αὐτοκράτορας.
Νά σκύψει ὁ Αὐτοκράτορας!
Ἄς σκύψει ὁ Αὐτοκράτορας!

1. *Βγαίνει ὁ Αὐτοκράτορας.*

2. *Βλέπει τή μέλισσα.*

3. *Πετάει ἡ μέλισσα.*

4. *Τρυγοῦν τά μελίσσια.*

5. *Βρίσκεται τό ἀντίδωρο.*

6. *Ψάχνω ἐκεῖ.*

7. Βλέπετε μιά ἐκκλησία.

8. Ἁρπάζεις τήν κυψέλη καί τρέχεις.

9. Φτιάνουμε μιά ἐκκλησία.

Drills for the indefinite relative pronoun ὅποιος

Double transformation drill / Ἄσκηση διπλοῦ μετασχηματισμοῦ

In each group, the instructor pronounces the first two sentences, as indicated, and the student then transforms them according to the model given. Obviously, these drills should be done orally, with books closed.

Model:

Δάσκαλος: α') Ὁ ἄνθρωπος πεινάει.
β') Ὁ ἄνθρωπος δέν ἔχει χρήματα.

Μαθητής: α') Ὁ ἄνθρωπος πού δέν ἔχει χρήματα πεινάει.
β') Ὅποιος δέν ἔχει χρήματα πεινάει.

Δάσκαλος: α') Ἡ γυναίκα μπορεῖ νά μιλήσει.
β') Ἡ γυναίκα δέν συμφωνεῖ.

Μαθητής: α') Ἡ γυναίκα πού δέν συμφωνεῖ μπορεῖ νά μιλήσει.
β') Ὅποια δέν συμφωνεῖ μπορεῖ νά μιλήσει.

Δάσκαλος: α') Αὐτός πιστεύει.
β') Αὐτός νηστεύει.

Μαθητής: α') Αὐτός πού νηστεύει, πιστεύει.
β') Ὅποιος νηστεύει, πιστεύει.

Δάσκαλος: α') Ὁ ἄνθρωπος δέ φοβᾶται τά μελίσσια.
β') Ὁ ἄνθρωπος ἀγαπάει τό μέλι.

Μαθητής: α') Ὁ ἄνθρωπος πού ἀγαπάει τό μέλι δέ φοβᾶται τά μελίσσια.
β') Ὅποιος ἀγαπάει τό μέλι δέ φοβᾶται τά μελίσσια.

Δάσκαλος: α') Αὐτό τό κάνουμε.
β') Αὐτό θέλουμε.

Μαθητής: α') Αὐτό πού θέλουμε, τό κάνουμε.
β') Ὅ,τι θέλουμε, τό κάνουμε.

Transformation drill / Ἄσκηση μετασχηματισμοῦ

Δάσκαλος: Ὅποιος ἔρθει νά τοῦ ἀνοίξεις τήν πόρτα.
Μαθητής: Ὅποιος κι ἄν ἔρθει νά τοῦ ἀνοίξεις τήν πόρτα.

Δάσκαλος: Ὅποιον δεῖς στό δρόμο, πές του "Καλημέρα".
Μαθητής.

Δάσκαλος: Ὅ,τι θέλουμε τό κάνουμε.
Μαθητής.

Micrologue

The following is a micrologue. The micrologue introduces, in simple language, the gist of each Ἀνάγνωση (reading). New words are kept to a minimum and are restricted to items found in the reading. The purposes of the micrologue are (1) to facilitate the comprehension of the reading that follows, (2) to provide the student with important cultural information in a form that can be used conversationally.

Procedure:

1. The instructor reads the micrologue at normal speed to a student.
2. The student listens carefully to the reading.
3. Normally, the reading takes no longer than one minute.
4. The instructor repeats the reading two additional times.
5. The instructor then questions the student on each statement in the micrologue.
6. The instructor asks the student to recapitulate what the micrologue said. The student is allowed more than one minute to do this.
7. During the entire procedure, the remainder of the class may take the micrologue as a dictation.
8. A timekeeper should be designated for each micrologue. The instructor should never be allowed to exceed the one-minute limit.
9. The instructor, before asking the student questions on the micrologue, should make sure that the student understands the new words—if necessary, by giving him the English translations.

Micrologue

Ὁ αἰώνας τοῦ Ἰουστινιανοῦ, ὁ ἕκτος αἰώνας μ.Χ., εἶναι ὁ αἰώνας τῆς ἀκμῆς τῆς βυζαντινῆς τέχνης. Ὁ Ἰουστινιανός προσπάθησε δύο πράγματα. Στό ἐξωτερικό νά κάνει ἕνα παγκόσμιο χριστιανικό κράτος καί στό ἐσωτερικό μεγάλα ἔργα πολιτισμοῦ. Τό πρῶτο ἔργο ἦταν ἡ νομοθεσία. Ὁ Ἰουστινιανός ἤθελε νά δεῖ ἕνα μόνο νόμο σέ ὅλη τήν ἀνθρωπότητα. Στήν Εὐρώπη ἡ νομοθεσία τοῦ Ἰουστινιανοῦ εἶναι ἡ βάση τῆς σπουδῆς τοῦ δικαίου.

Βοηθητικές ἑρμηνεῖες

1. ὁ αἰώνας] century μ.Χ. (= μετά Χριστό)] A.D.
2. τῆς ἀκμῆς] of the acme, height, highest point

τῆς βυζαντινῆς τέχνης] of Byzantine art

3. *προσπάθησε*] attempted *ἐξωτερικό*] abroad, externally *παγκόσμιο*] universal, worldwide
4. *ἐσωτερικό*] at home, internally, domestically
5. *ἡ νομοθεσία*] body of laws, legislation
6. *ἕνα μόνο νόμο*] one [code of] law only, a single [code of] law

7–8. *τῆς σπουδῆς τοῦ δικαίου*] of legal studies

Ἐρωτήσεις

1. Ποιός εἶναι ὁ αἰώνας τοῦ Ἰουστινιανοῦ;
2. Τί εἶναι ὁ αἰώνας τοῦ Ἰουστινιανοῦ;
3. Τί προσπάθησε νά κάνει ὁ Ἰουστινιανός;
4. Τί ἔκανε στό ἐξωτερικό;
5. Τί ἔκανε στό ἐσωτερικό;
6. Τί ἦταν τό πρῶτο ἔργο του;
7. Τί ἤθελε νά δεῖ σ' ὅλη τήν ἀνθρωπότητα;
8. Ποιά εἶναι ἡ βάση τῆς σπουδῆς τοῦ δικαίου στήν Εὐρώπη;

Reading / Ἀνάγνωση*

ΙΟΥΣΤΙΝΙΑΝΟΣ Α', ΑΥΤΟΚΡΑΤΟΡΑΣ ΤΟΥ ΒΥΖΑΝΤΙΟΥ (527–565 μ.Χ.)

Ὁ αἰώνας τοῦ Ἰουστινιανοῦ, ὁ ΣΤ' αἰώνας, εἶναι ὁ αἰώνας τῆς ἀκμῆς τῆς βυζαντινῆς τέχνης, πού βρῆκε, στό μεγάλο δημιούργημα τῆς Ἁγίας Σοφίας (532–537), τόν τέλειο τύπο της, ὄχι μόνο στήν ἀρχιτεκτονική, ἀλλά καί σέ ὅλα τά ἄλλα εἴδη τῆς τέχνης.

Αὐτός ὁ αἰώνας ἔχει σπουδαία θέση στήν ἱστορία· ὄχι μόνο στή βυζαντινή ἀλλά καί στήν παγκόσμια ἱστορία. Στό ἐξωτερικό, ὁ Ἰουστινιανός προσπάθησε ν' ἀναστηλώση τήν παλαιά ἐξουσία τῆς Ρώμης καί νά ἱδρύση παγκόσμιο χριστιανικό κράτος. Στό ἐσωτερικό, ἔκανε μεγάλα ἔργα πολιτισμοῦ. Τό πρῶτο, τό ἀθάνατο ἔργο, ἦταν ἡ νομοθεσία.

Ἡ ἐπιθυμία τοῦ Ἰουστινιανοῦ ἦταν, νά δῆ ὅλη τήν πολιτισμένη ἀνθρωπότητα κάτω ἀπό ἕναν κοινό νόμο, καί πραγματοποιήθηκε ἡ μεγάλη αὐτή σκέψη, γιατί μέχρι σήμερα, στά πανεπιστήμια τῆς Εὐρώπης, ἡ Ἰουστινιάνεια νομοθεσία, γνωστή μέ τό ὄνομα "Ρωμαϊκό δίκαιο", εἶναι ἡ βάση τῆς σπουδῆς τοῦ δικαίου.

(adapted from) Μεγάλη Ἑλληνική Ἐγκυκλοπαίδεια

*In this, as in subsequent readings, we shall usually retain the spelling of the original. This explains why the third person singular ending of the subjunctives in this selection is -η instead of the -ει now favored in demotic.

Βοηθητικές ἑρμηνεῖες

Τίτλος. Ἰουστινιανός Α′] Justinian I (Justinian the First)

1. ΣΤ′ (= ἕκτος)] sixth 2. δημιούργημα] creation
3. τόν τέλειο τύπο της] its perfect form, type, model
4. εἴδη] types, kinds 5. θέση] position, place
7. ν' ἀναστηλώση] to revive, restore
   παλαιά ἐξουσία] former power
   νά ἱδρύση] to found 9. ἀθάνατο] immortal
10. ἐπιθυμία] desire, wish 11. κοινό] common
   πραγματοποιήθηκε] was realized, was accomplished
12. σκέψη] thought πανεπιστήμια] universities
13. γνωστή μέ] known by
   Ρωμαϊκό δίκαιο] Roman Law (i.e. the law of Rome, codified and clarified under Justinian, whose legal reforms remained continuously in force in the East [Byzantium] until 1453 and were taught again in the West from the eleventh century onward)

ΠΡΑΣΙΝΟ ΦΩΣ

In this "green light" section we invite you to "go ahead" and rewrite all or part of the scenario for Flight One (Parts One and Two) in an imaginative and free manner. Base your work on the illustrations at the beginning of each part. You should try to incorporate some of the synonyms given earlier, and to use the grammatical forms presented in Μιά *ματιά στή γραμματική*. The teacher should remember that these Π*ράσινα* Φ*ῶτα* exercises, once completed, can be used in the classroom. For example, a student can read his scenario out loud, after which another student can pose questions for each sentence, and the remainder of the class can answer the questions.

See the ΠΡΑΣΙΝΟ ΦΩΣ at the end of the Prologue for some examples of how a scenario can be rewritten.

TELEPHONE

Πτήση 2

Ἡ Ἅλωση

Πρῶτο μέρος

κόκκινο

(________, _ ____ ____ ___ _____ ______.)

ΕΝΑΣ ΚΑΛΟΓΕΡΟΣ: Καλῶς ὅρισες, παιδί μου.
ΜΑΡΙΑ: Ποῦ εἶμαι;
ΚΑΛΟΓΕΡΟΣ: ___ ______ ____, ἔξω ἀπό τήν Κωνσταντινούπολη.
ΜΑΡΙΑ: Τί μυρίζω; Ψάρια;
ΚΑΛΟΓΕΡΟΣ: _____ _____;
ΜΑΡΙΑ: ______ ____! Πεθαίνω ἀπ' τήν πείνα.
ΚΑΛΟΓΕΡΟΣ: _____ _____· ἔχω ἐφτά ψάρια στό τηγάνι. __ ____ __ ____ _____ ___ __ __ ________. Μιά στιγμή νά τά γυρίσω ἀπό τήν ἄλλη πλευρά.
2ος ΚΑΛΟΓΕΡΟΣ (______ __________): __ _____; __ ______ ____ ___ ___!
1ος ΚΑΛΟΓΕΡΟΣ: _____ ___ ___ ________! ____ ___ __ ______ __ ______ ___ ____.

Βοηθητικές ἑρμηνεῖες

Τίτλος. Ἡ Ἅλωση] the Fall (of Constantinople)
2. καλόγερος] monk, friar καλῶς ὅρισες] welcome
8. τηγάνι] frying pan, skillet 10. πλευρά] side

Σημειώσεις

Τίτλος. Ἡ Ἅλωση] This is often seen in its puristic form, ἡ Ἅλωσις.
2. καλόγερος] Note that the root meaning of this word is "good old man": καλός γέρος.

μπλέ

(*Σαστισμένη, ἡ Μαρία πῆρε τόν ἀριθμό* 2951453.)

ΕΝΑΣ ΚΑΛΟΓΕΡΟΣ: *Καλῶς ὅρισες, παιδί μου.*

ΜΑΡΙΑ: Ποῦ *εἶμαι;*

ΚΑΛΟΓΕΡΟΣ: *Στή* Ζωοδόχο Πηγή, *ἔξω ἀπό τήν* Κωνσταντινούπολη.

ΜΑΡΙΑ: Τί *μυρίζω;* Ψ*άρια;*

ΚΑΛΟΓΕΡΟΣ: ____ _____;

ΜΑΡΙΑ: _____ ____! Π*εθαίνω ἀπ' τήν πείνα.*

ΚΑΛΟΓΕΡΟΣ: ____ _____· *ἔχω ἐφτά ψάρια στό τηγάνι.* Σ*έ λίγο θά εἶναι ἕτοιμα* ___ ___ ___ __________. Μ*ιά στιγμή νά τά γυρίσω ἀπό τήν ἄλλη πλευρά.*

2ος ΚΑΛΟΓΕΡΟΣ (_____ *λαχανιασμένος*): __ ______; Οἱ Τοῦρκοι *πῆραν τήν* Πόλη!

1ος ΚΑΛΟΓΕΡΟΣ: ___ ___ ___ _______! Π*οτέ δέν θά πατήσουν οἱ* Τοῦρκοι *τήν* Πόλη.

Βοηθητικές ἑρμηνεῖες

1. *σαστισμένη*] bewildered
11. *λαχανιασμένος*] panting
13. *πατήσουν*] set foot in, overrun, invade

Σημειώσεις

4. Ζωοδόχος Πηγή] a wonderworking spring outside of Constantinople, site of various churches dedicated to the Virgin, dating back to the fifth century. Ζωοδόχος, formed from *ζωή* and *δέχομαι*, means "receiving life"; it is an epithet applied to the Virgin because She received in her womb Jesus, the source (*πηγή*) of life. The adjective, one of a class that in medieval and puristic Greek ends in -ος although modifying a feminine noun, retains its original form in modern Greek.
14. *τήν* Πόλη] As we learned from the synonyms in Flight I, Part 1, Constantinople is often called simply "the City."

μαῦρο

(*Σαστισμένη, ἡ Μαρία πῆρε τόν ἀριθμό* 2951453.)

ΕΝΑΣ ΚΑΛΟΓΕΡΟΣ: *Καλῶς ὅρισες, παιδί μου.*

ΜΑΡΙΑ: Ποῦ *εἶμαι;*

ΚΑΛΟΓΕΡΟΣ: *Στή* Ζωοδόχο Πηγή, *ἔξω ἀπό τήν* Κωνσταντινούπολη.

ΜΑΡΙΑ: *Τί μυρίζω; Ψάρια;*

ΚΑΛΟΓΕΡΟΣ: *Μήπως πεινᾶς;*

ΜΑΡΙΑ: *Πεινάω λέει! Πεθαίνω ἀπ' τήν πείνα.*

ΚΑΛΟΓΕΡΟΣ: *Εἶσαι τυχερή· ἔχω ἑφτά ψάρια στό τηγάνι. Σέ λίγο θά εἶναι ἕτοιμα καί θά τά μοιραστοῦμε. Μιά στιγμή νά τά γυρίσω ἀπό τήν ἄλλη πλευρά.*

2ος ΚΑΛΟΓΕΡΟΣ (*φτάνει λαχανιασμένος*): *Τά μάθατε; Οἱ Τοῦρκοι πῆραν τήν Πόλη!*

1ος ΚΑΛΟΓΕΡΟΣ: *Πάψε μωρέ τίς σαχλαμάρες! Ποτέ δέν θά πατήσουν οἱ Τοῦρκοι τήν Πόλη.*

Βοηθητικές ἑρμηνεῖες

6. *μήπως πεινᾶς;*] By any chance are you hungry?
7. *Πεινάω λέει!*] Hungry—are you kidding?! (roughly)
8. *τυχερή*] lucky, fortunate
9. *θά τά μοιραστοῦμε*] we'll divide them up among ourselves, we'll each take a share
13. *Πάψε!*] Stop! Cease! *μωρέ*] (in this context) jerk, fool
σαχλαμάρες] nonsense, stupid talk, twaddle

Σημειώσεις

9. *θά τά μοιραστοῦμε*] The verb is *μοιράζομαι*. The active form *μοιράζω* means "to portion out, distribute." *Ὅ,τι ἔχουμε θά τά μοιράσουμε στά παιδιά μας.* "Whatever we have we shall distribute to our children." The "passive" form *μοιράζομαι* is not passive at all in meaning but is middle: the doers of the action perform the action upon themselves. *Ὅ,τι ἔχουμε θά τά μοιραστοῦμε.* "Whatever we have we shall portion out to ourselves, shall divide up." The force of the verb is reflexive.
13. *μωρέ*] This vocative is very colloquial and very difficult to translate because the context and the tone of voice determine the exact meaning. Sometimes the word is derogatory—very roughly equal to "jerk" or "fool" or "idiot" (compare the Enlish derivative "moron"); at other times, however, the word can be a term almost of endearment. Sometimes it means nothing more than "Hey" or "Hey, you": *Ἔλα 'δῶ μωρέ.*
Πάψε μωρέ τίς σαχλαμάρες] Note that in Greek, as opposed to English, we do not always set off a vocative with a comma.
σαχλαμάρες] mildly offensive to some. *Ἀνοησίες* would be more bland.

Synonyms and approximate synonyms

1. *σαστισμένη*: *μπερδεμένη*, *συγχυσμένη*, *ἀναστατωμένη*
3. Ποῦ *εἶμαι;*: Ποῦ *βρίσκομαι;*
7. *πεινάω λέει*: *πῶς δέν πεινάω*
   πεθαίνω ἀπ' τήν πείνα: *ψοφάω ἀπ' τήν πείνα*, *λιγώνομαι*, *εἶμαι ξελιγωμένος*, *εἶμαι θεονήστικος*
8. *σέ λίγο*: *σέ δυό λεπτά*, *σέ λιγάκι*
9. *θά εἶναι ἕτοιμα*: *θά γίνουν* *μιά στιγμή*: *ἕνα λεπτό*
10. *πλευρά*: *μεριά*
11. *μάθατε*: *ἀκούσατε τά νέα*, *τά μάθατε*
13. *πάψε*: *ἄσε* *τίς σαχλαμάρες*: *τίς ἀνοησίες*

Question drill

Use a synonym or approximate synonym in your answers.

1. Πῶς ἦταν ἡ Μαρία ὅταν πῆρε τόν ἀριθμό 2951453;
3. Ποῦ εἶναι ἡ Μαρία;
7. Τί ἀπαντάει ἡ Μαρία στόν καλόγερο ὅταν τή ρωτάει "Μήπως πεινᾶς";
8. Πότε θά γίνουν τά ψάρια;
9. Πόσο καιρό λέει ὁ καλόγερος θά χρειαστεῖ γιά νά γυρίσει τά ψάρια ἀπό τήν ἄλλη μεριά;
11. Τί λέει ὁ 2ος καλόγερος λαχανιασμένος;
13. Τί λέει ὁ 1ος καλόγερος στό 2ο;

Substitution drills / Ἀσκήσεις ἀντικατάστασης

Teacher: 1. Σαστισμένη, ἡ Μαρία πῆρε τόν ἀριθμό 2951453.
Cue: Μπερδεμένη
Student: Μπερδεμένη, ἡ Μαρία πῆρε τόν ἀριθμό 2951453.
Other cues: Συγχυσμένη, Ἀναστατωμένη, Στενοχωρημένη, Ταραγμένη, Λαχανιασμένη, Σαστισμένη

2. Καλῶς ὅρισες, παιδί μου.
   Χαίρετε
   Χαίρετε, παιδί μου.
   Καλῶς ἦρθες, Γειά σου, Καλημέρα, Καλησπέρα, Καλῶς ὅρισες

4. Εἶμαι στή Ζωοδόχο Πηγή.
   Ὁ καλόγερος
   Ὁ καλόγερος εἶναι στή Ζωοδόχο Πηγή.
   Οἱ δυό καλόγεροι, (Ἐμεῖς), (Αὐτές), (Ἐσύ), (Ἐμεῖς), (Ἐγώ)

5. Τί μυρίζω; Ψάρια;
   Κρέας
   Τί μυρίζω; Κρέας;
   Κρεμμύδια, Κρασί, Ρίγανη, Σαρδέλλες, Φράουλες, Ψάρια

6–7. Μήπως πεινᾶς; Πεινάω λέει!
διψᾶς; Διψάω
Μήπως διψᾶς; Διψάω λέει!
πονᾶς; Πονάω, γλεντᾶς; Γλεντάω, γελᾶς; Γελάω, κλαῖς; Κλαίω, κουράζεσαι; Κουράζομαι, πεινᾶς; Πεινάω

7. Πεθαίνω ἀπ' τήν πείνα.
τή δίψα
Πεθαίνω ἀπ' τή δίψα.
τόν πόνο, τά γέλια, τά κλάματα, τήν κούραση, τήν πείνα

8. Εἶσαι τυχερή· ἔχω ἑφτά ψάρια στό τηγάνι.
δυό αὐγά
Εἶσαι τυχερή· ἔχω δυό αὐγά στό τηγάνι.
τρεῖς μπριζόλες, ἕνα συκώτι, πέντε μπιφτέκια, μιά γλώσσα, εἴκοσι μύδια, ἑφτά ψάρια

8–9. Σέ λίγο θά εἶναι ἕτοιμα καί θά τά μοιραστοῦμε.
φᾶμε
Σέ λίγο θά εἶναι ἕτοιμα καί θά τά φᾶμε.
κόψουμε, τρυγήσουμε, γλεντήσουμε, πάρουμε, λαδώσουμε, γυρίσουμε, μοιραστοῦμε

9–10. Μιά στιγμή νά τά γυρίσω.
τηγανίσω
Μιά στιγμή νά τά τηγανίσω.
καθαρίσω, μυρίσω, ἑτοιμάσω, κοιτάξω, μαγειρέψω, γυρίσω

11. Ὁ δεύτερος καλόγερος φτάνει λαχανιασμένος.
σαστισμένος
Ὁ δεύτερος καλόγερος φτάνει λαχανιασμένος.
μπερδεμένος, συγχυσμένος, στενοχωρημένος, κουρασμένος, ἀναστατωμένος, λαχανιασμένος

11–12. Τά μάθατε; Οἱ Τοῦρκοι πῆραν τήν Πόλη!
Οἱ Τοῦρκοι πῆραν τή Σμύρνη
Τά μάθατε; Οἱ Τοῦρκοι πῆραν τή Σμύρνη!
Οἱ Πέρσες πῆραν τίς Θερμοπύλες, Ὁ Ἰουστινιανός ἔχτισε τήν Ἁγία Σοφία, Ἡ Μαρία ἔχασε τό δρόμο της, Ἕνας τηλεφωνικός θάλαμος πέταξε στόν οὐρανό, Ὁ Κωνσταντῖνος ἔκανε τήν Κωνσταντινούπολη πρωτεύουσά του, Ὁ λαός πεθαίνει ἀπ' τήν πείνα, Οἱ Τοῦρκοι πῆραν τήν Πόλη

13. Πάψε μωρέ τίς σαχλαμάρες!
τ' ἀστεῖα
Πάψε μωρέ τ' ἀστεῖα!
τά ψέματα, τά κλάματα, τά γέλια, τά τραγούδια, τίς φωνές, τά γλέντια, τίς ἀνοησίες, τίς σαχλαμάρες

13–14. Ποτέ δέν θά πατήσουν τήν Πόλη.
μάθουν ἑλληνικά
Ποτέ δέν θά μάθουν ἑλληνικά.
δοῦν τόν ἥλιο, φᾶνε τά ψάρια, βροῦν τ' ἀντίδωρο, πᾶν στήν Πόλη, καθίσουν φρόνιμα, πατήσουν τήν Πόλη

Ἐρωτήσεις	**Γενικές ἐρωτήσεις**
1. Τί ἀριθμό πῆρε ἡ Μαρία;	1. Ποιός εἶναι ὁ ἀριθμός τοῦ τηλεφώνου σου;
2. Τί εἶπε ὁ καλόγερος ὅταν εἶδε τή Μαρία;	2. Τί λές ὅταν κάποιος φίλος ἔρχεται στό σπίτι σου;
3. Ποῦ βρίσκεται ἡ Μαρία ὅταν μιλάει στόν καλόγερο;	3. Ξέρεις ποῦ εἶναι ἡ Ζωοδόχος Πηγή;
4. Τί μυρίζει ἡ Μαρία;	4. Σ' ἀρέσει νά μυρίζεις ψάρια τηγανιτά;
5. Πεινάει ἡ Μαρία;	5. Τί κάνεις ὅταν πεθαίνεις ἀπ' τήν πείνα;
6. Γιατί εἶναι τυχερή ἡ Μαρία;	6. Εἶσαι τυχερός στή ζωή; Γιατί;
7. Τί θά τά κάνουν τά ψάρια ὅταν θά εἶναι ἕτοιμα;	7. Μοιράζεσαι τά χρήματά σου μ' αὐτούς πού δέν ἔχουν;
8. Πρίν γίνουν τά ψάρια, τί πρέπει νά κάνει ὁ καλόγερος;	8. Πρίν πᾶς στό σχολεῖο, τί πρέπει νά κάνεις;
9. Πῶς φτάνει ὁ δεύτερος καλόγερος;	9. Πότε εἶσαι λαχανιασμένος;
10. Τί πῆραν οἱ Τοῦρκοι;	10. Πότε πιά θά ξαναπάρουν οἱ Ἕλληνες τήν Πόλη;
11. Τί νομίζει ὁ πρῶτος καλόγερος;	11. Πάτησες ποτέ σέ ἑλληνική γῆ;

Μιά ματιά στή γραμματική

I. PASSIVE PARTICIPLES / ΠΑΘΗΤΙΚΕΣ ΜΕΤΟΧΕΣ

A. Adjectival use

Passive participles can serve as adjectives. Note that various positions are possible.*

Ἔφτασε ἕνας λαχανιασμένος καλόγερος.
Ἔφτασε ἕνας καλόγερος λαχανιασμένος.

*See *Μιά ματιά στή γραμματική* in Flight VI, Part 1 for the rules governing placement of adjectives. Flight IV, Part 1 has a complete discussion of participles.

Ἔφτασε ὁ λαχανιασμένος καλόγερος.
Ἔφτασε ὁ καλόγερος ὁ λαχανιασμένος.

B. Adverbial use

When used in ways such as those illustrated below, the passive participle really functions with adverbial force (although it still looks like an adjective). We shall encounter this problem again when we treat participles at length in Flight IV.

Ὁ καλόγερος ἔφτασε λαχανιασμένος. "The monk arrived panting(ly)." The "adjective" describes how he arrived, and is thus functioning adverbially. It does not primarily describe the monk himself.

Σαστισμένη, ἡ Μαρία πῆρε τόν ἀριθμό. "Confused(ly), Maria dialed the number."

II. PREPOSITIONS, SIMPLE AND COMPOUND / ΠΡΟΘΕΣΕΙΣ, ΑΠΛΕΣ ΚΑΙ ΣΥΝΘΕΤΕΣ

Simple prepositions consist of one word; compound prepositions consist of two words, an adverb linked to a simple preposition. Most prepositions are followed by the accusative.

Simple	Compound
ἀπό τήν Κωνσταντινούπολη	*ἔξω ἀπό τήν Κωνσταντινούπολη*
σέ μένα	*δίπλα σέ μένα*
ἀντί ψωμί	*ἀντί γιά ψωμί*

III. DEPONENT VERBS / ΑΠΟΘΕΤΙΚΑ ΡΗΜΑΤΑ

Certain verbs (a) exist only in the mediopassive form (i.e. do not have an active equivalent), (b) are able to take an object, as though they were active verbs, but (c) unlike active verbs, can never be made passive in meaning. These are called deponent verbs.

Φοβᾶσαι τό διάβολο;	"Are you afraid of the devil?"
Αἰσθάνομαι πόνο.	"I feel pain."

Μοιράζομαι is not strictly a deponent verb, in that it possesses an active form, *μοιράζω*, as we have seen. Yet note that in phrases like *θά τά μοιραστοῦμε* this "passive" verb takes an object (*τά*), and thus behaves like a deponent verb.

Drills for passive participles used as adjectives and adverbs

Δάσκαλος: Ἔφτασε ἡ σαστισμένη κοπέλα.
Μαθητής: Ἔφτασε ἡ κοπέλα σαστισμένη.

Δάσκαλος: Φτάνει ὁ λαχανιασμένος καλόγερος.
Μαθητής:

Δάσκαλος: Οἱ στενοχωρημένοι πατέρες κλαῖνε.
Μαθητής:
Δάσκαλος: Ὁ ταραγμένος χωροφύλακας ἔφυγε.
Μαθητής:

Drills for simple and compound prepositions

Each time the teacher gives a command, "travel" with your pencil point in the way indicated and to the destination indicated. If you are told to "fly," then let the pencil point fly; if told to proceed, then simply let it proceed, and so forth. When you arrive at the proper destination, mark that destination with a letter of the Greek alphabet, starting with α, going next to β, then to γ, and so on. Use the following sketch.

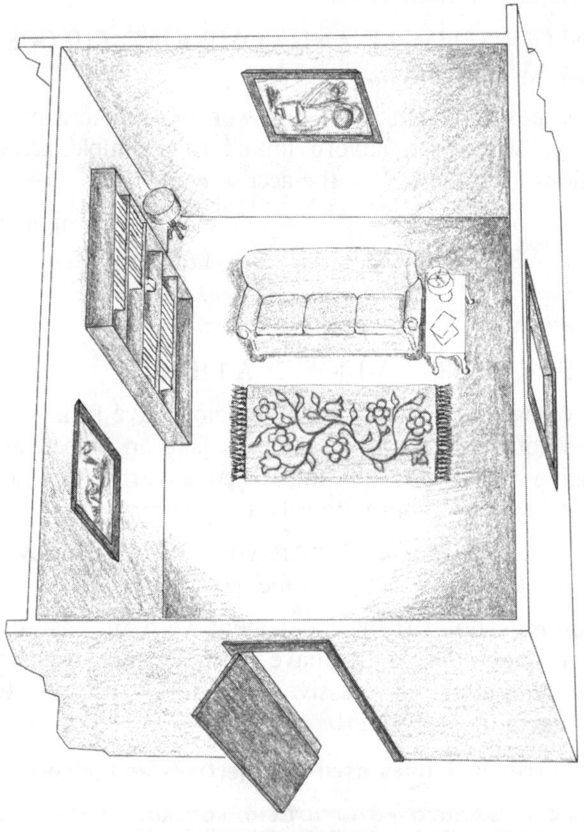

α') Νά ἀρχίσετε μπροστά ἀπό τό τραπέζι.
β') Νά πᾶτε πίσω ἀπό τόν καναπέ.
γ') Τρέξτε κοντά στή βιβλιοθήκη.
δ') Πηδῆξτε πάνω στό χαλί σάν λαγός.
ε') Πηγαίνετε σιγά-σιγά πρός τήν πόρτα.
στ') Βγεῖτε ξαφνικά ἔξω ἀπό τήν πόρτα.
ζ') Προχωρῆστε κατά τή δεξιά γωνία.
η') Στρίψτε ἀριστερά καί σταματῆστε ἀνάμεσα στή γωνία καί στό παράθυρο.
θ') Συνεχίστε ὥσπου νά φτάσετε μπροστά ἀπό τό παράθυρο.
ι') Μπῆτε μέσα ἀπό τό παράθυρο.
ια') Τρέξτε σάν τρελλός τρεῖς φορές γύρω ἀπό τό χαλί.
ιβ') Κρυφτῆτε ντροπιασμένος κάτω ἀπό τό τραπέζι.

Drills for deponent verbs

In the following list of passive verbs there are four deponent verbs—i.e. forms that exist only with "passive" endings but that are able to take an object, and therefore to function as active verbs. We include an illustrative sentence for each verb, to make the usage clear. Check the appropriate column after each verb.

	deponent	true passive
πραγματοποιοῦμαι Τά σχέδια δύσκολα πραγματοποιοῦνται.		
γεννιέμαι Γεννήθηκα τό 1956.		
αἰσθάνομαι Αἰσθανόμαστε τήν ἀνάγκη νά σέ δοῦμε.		
περιπλανιέμαι Περιπλανιέσαι στούς δρόμους τό βράδυ;		
ξεπετάγομαι Ξεπετάχτηκαν φλόγες καί καπνοί.		
χρειάζομαι Ὁ ἄνθρωπος χρειάζεται ὑπομονή.		
χώνομαι Τά παιδιά χώθηκαν στό σχολεῖο.		
ἀπογειώνομαι Τό ἀεροπλάνο ἀπογειώθηκε εὔκολα.		

	deponent	true passive
θυμοῦμαι		
Θυμοῦμαι τά μάτια σου τά μαῦρα.		
ἀνακατεύομαι		
Μήν ἀνακατεύεστε σέ ξένες δουλειές.		
φοβοῦμαι		
Φοβηθήκαμε τίς βροντές.		
μπερδεύομαι		
Μήν μπερδεύεστε σέ ξένες δουλειές.		
σηκώνομαι		
Σηκώθηκα κ' ἔφυγα.		

Now, for each of the above sentences that contains a deponent verb, underline the object of this verb.

Πτήση 2

Ἡ Ἅλωση

Δεύτερο μέρος

κόκκινο

ΜΑΡΙΑ: Πάτερ ______, μήν ξεχάσετε __ ______ τά ψάρια.
__ ____.
2ος ΚΑΛΟΓΕΡΟΣ: _____ _____, ________ __; Ἡ Πόλη ἔπεσε καί
σύ τά ψάρια σκέφτεσαι;
1ος ΚΑΛΟΓΕΡΟΣ: Ποιός τό 'πε ____ ___ ____ _ ____; ______.
___ _____ θά τό πιστέψω, ὅταν ζωντανέψουν τά ψάρια ___
___ ____ ___.
(___ ______ __ _____ __ _____ ___ ___ τά ἑφτά ψάρια
πηδοῦν ἕνα-ἕνα ἀπό τό τηγάνι ζωντανά. _____
_______ __ ___ ____ ___ _ ____ ___ ______ ___
______ ____.)
ΟΛΟΙ ΜΑΖΙ (___________): _____ ___ ______! ____ ___!
1ος ΚΑΛΟΓΕΡΟΣ: _, ______, ________ __ __ _____ ____________.
Εἶναι θαῦμα Θεοῦ!
2ος ΚΑΛΟΓΕΡΟΣ (__ ____): ______ ___ θά μείνουν ____
____________ ___ ζωντανά ὥς τήν ὥρα πού θά ξαναπάρουμε
τήν Πόλη. ____ __ ______ __ _______ _____ ______ ___
__ ___.

Βοηθητικές ἑρμηνεῖες

3. ἔπεσε] has fallen   5. τό 'πε = τό εἶπε   6. πιστέψω] believe
ζωντανέψουν] revive, come back to life   9. πηδοῦν] jump

Σημειώσεις

1. Πάτερ] This ancient Greek vocative is still used for addressing priests and monks, instead of the demotic vocative *πατέρα*.

3. *ἔπεσε*] simple past tense of the irregular verb *πέφτω*.
9. *ἕνα-ἕνα*] This hyphenated form is equivalent to English "one by one," "one at a time," etc. Similarly, *δύο-δύο* means "two at a time," "by twos," etc.
16. *ὥς*] The preposition *ὥς*, meaning "until," is supposed to be accented, to distinguish it from the unaccented adverbial or conjunctive *ὡς* (usually translated "as"). But some demotic dictionaries give both words without an accent.

μπλέ

ΜΑΡΙΑ: Πάτερ ______, *μήν ξεχάσετε νά γυρίσετε τά ψάρια.*
__ ____.
2ος ΚΑΛΟΓΕΡΟΣ: ____ ____, _______ __; Ἡ Πόλη *ἔπεσε καί*
σύ τά ψάρια σκέφτεσαι;
1ος ΚΑΛΟΓΕΡΟΣ: Ποιός *τό 'πε* ___ *πώς ἔπεσε ἡ* Πόλη; ______.
Τότε *μονάχα θά τό πιστέψω, ὅταν ζωντανέψουν τά ψάρια* ___
___ ___ ___.
(___ _____ __ _____ __ ____ ___ ___ *τά ἑφτά ψάρια*
πηδοῦν ἕνα-ἕνα ἀπό τό τηγάνι ζωντανά. Κάνουν
παρέλαση __ ___ ____ ___ _ ___ *καί πέφτουν στή*
Ζωοδόχο Πηγή.)
ΟΛΟΙ ΜΑΖΙ (____________): _____ ___ _____! ___ __!
1ος ΚΑΛΟΓΕΡΟΣ: _, *κοιτάξτε, κολυμποῦν κι ἅς εἶναι μισοτηγανισμένα.*
Εἶναι *θαῦμα* Θεοῦ!
2ος ΚΑΛΟΓΕΡΟΣ (__ ___): _____ ___ *θά μείνουν ἐκεῖ*
μισοτηγανισμένα καί ζωντανά ὥς τήν ὥρα πού θά ξαναπάρουμε
τήν Πόλη. Πάλι *μέ χρόνια μέ καιρούς πάλι δικιά μας*
θά 'ναι.

Βοηθητικές ἑρμηνεῖες

10. *παρέλαση*] parade
13. *κολυμποῦν*] they're swimming
13. *κι ἅς εἶναι*] even though they are
17–18. Πάλι *μέ χρόνια μέ καιρούς πάλι δικιά μας θά 'ναι*] Once again in years, in time, once again it will be ours.

Σημειώσεις

10. *παρέλαση*] The plural is *παρελάσεις*. Compare *σημείωση*, plural *σημειώσεις*.
17–18. Πάλι *μέ χρόνια μέ καιρούς πάλι δικιά μας θά 'ναι*] Our good monk has unknowingly composed, with slight modification, the last

line of the famous folksong about the fall of Constantinople. The version in *The Penguin Book of Greek Verse*, edited by Constantine Trypanis (§254, pp. 469–70), ends as follows:

"*Σώπασε, κυρά Δέσποινα, καί μή πολυδακρύζης,*
πάλι μέ χρόνους, μέ καιρούς, πάλι δικά σας εἶναι."

μαῦρο*

ΜΑΡΙΑ: *Πάτερ καλόγερε, μήν ξεχάσετε νά γυρίσετε τά ψάρια. Θά καοῦν.*

2ος ΚΑΛΟΓΕΡΟΣ: *Τρελλή εἶσαι, Χριστιανή μου; Ἡ Πόλη ἔπεσε καί σύ τά ψάρια σκέφτεσαι;*

1ος ΚΑΛΟΓΕΡΟΣ: *Ποιός τό 'πε μωρέ πώς ἔπεσε ἡ Πόλη; Ἀδύνατο. Τότε μονάχα θά τό πιστέψω, ὅταν ζωντανέψουν τά ψάρια πού ἔχω μέσα 'δῶ.*

(Δέν πρόλαβε νά σώσει τό λόγο του καί τά ἑφτά ψάρια πηδοῦν ἕνα-ἕνα ἀπό τό τηγάνι ζωντανά. Κάνουν παρέλαση τό ἕνα πίσω ἀπ' τ' ἄλλο καί πέφτουν στή Ζωοδόχο Πηγή.)

ΟΛΟΙ ΜΑΖΙ (*σταυροκοπιοῦνται*): *Χριστέ καί Παναγιά! Σῶσε μας!*

1ος ΚΑΛΟΓΕΡΟΣ: *Ἔ, κοιτάξτε, κολυμποῦν κι ἄς εἶναι μισοτηγανισμένα. Εἶναι θαῦμα Θεοῦ!*

2ος ΚΑΛΟΓΕΡΟΣ (*μέ δέος*): *Πιστεύω ὅτι θά μείνουν ἐκεῖ μισοτηγανισμένα καί ζωντανά ὥς τήν ὥρα πού θά ξαναπάρουμε τήν Πόλη. Πάλι μέ χρόνια μέ καιρούς πάλι δικιά μας θά 'ναι.*

Βοηθητικές ἑρμηνεῖες

2. *θά καοῦν*] they'll burn
3. *Τρελλή εἶσαι, Χριστιανή μου;*] (more or less:) Are you out of your mind, friend? 5. *ἀδύνατο*] impossible
7. 'δῶ = ἐδῶ
8. *Δέν πρόλαβε νά σώσει τό λόγο του*] He hardly had time to finish what he was saying 10. *ἀπ' τ' ἄλλο* = *ἀπό τό ἄλλο*
12. *σταυροκοπιοῦνται*] they make the sign of the cross, they cross themselves
Χριστέ καί Παναγιά] (literally:) Christ and the All-Holy (i.e. the Holy Virgin) *σῶσε μας*] save us
13. *Ἔ*] Hey! (interjection) 15. *δέος*] awe

*Based on the folktale printed in N. Πολίτη, Παραδόσεις Β', §31.

Σημειώσεις

2. *θά καοῦν*] future tense of the irregular verb *καίγομαι* (*καίομαι*).
3. Χριστιανή μου] This expression (and of course also the masculine counterpart Χριστιανέ) usually does not mean "my Christian" when employed in this way in direct address (vocative case). It means something close to "friend," or even "buddy," with overtones of familiarity mixed with either mild annoyance or playful endearment.
8. *πρόλαβε*] simple past tense of the irregular verb *προλαβαίνω*
   νά σώσει] from the verb *σώνω*, "to finish." Compare the note to line 12, below.
   τό λόγο του] The meaning, here, is "his locution," "his speech," "what he was saying," rather than "his word" in the sense of an individual word. Ὁ λόγος in the singular, and also the plural *οἱ λόγοι*, tends to have this more general meaning, or else to mean "reason," as in *Ἦρθα γιά ἕνα μονάχα λόγο* (*γιά πολλούς λόγους*), "I came for only one reason (for many reasons)." When the individual words are meant, a neuter plural is used: *τά λόγια*. E.g. *Δέν πρόλαβε νά σώσει τά λόγια του*. There is no corresponding neuter singular. To say "word" when the meaning is the individual word, Greek tends to use *ἡ λέξη*, which has its own plural, *οἱ λέξεις*.
12. *σταυροκοπιοῦνται*] from the verb *σταυροκοπιέμαι*
   σῶσε] imperative of *σώζω*, "to save." Compare the note to line 8, above. Σώζω and *σώνω* have many similar forms; in addition, *σώνω* is now employed to mean "to save" (but *σώζω* is never employed to mean "to finish"). Note that the singular imperative is used, even though both Christ and the Virgin are being "commanded." This is because Christ and the Virgin are conceived here not as two separate entities but as a single, unified force capable of protecting people in distress.

Synonyms and approximate synonyms

1. *μήν ξεχάσετε*: *μή λησμονήσετε*, *μήν ἀμελήσετε*
3. *τρελλή*: *χαζή*, *παλαβή*, *μουρλή*, *ἀλλοπαρμένη*, *βλαμμένη*, *ζουρλή*, *κουζουλή*, *παρμένη*, *φρενοβλαβής*, *γιά δέσιμο*, *γιά τό Δαφνί*
   ἔπεσε: *νικήθηκε*, *παραδόθηκε*, *ἡττήθηκε*, *ὑπέκυψε* (*ὑπόκυψε*)
5. *ἀδύνατο*: *ἀπίστευτο*
6. *ζωντανέψουν*: *ἀναστηθοῦν*
8. *νά σώσει*: *νά τελειώσει* *τό λόγο*: *τήν κουβέντα*
15. *μέ δέος*: *μέ εὐλάβεια* *πιστεύω*: *νομίζω*, *ἔχω τήν πεποίθηση*
   μείνουν: *παραμείνουν*
16. *ὥς τήν ὥρα πού*: *ὥσπου νά*, *ὥς τή στιγμή πού*

Ἐρωτήσεις

Νά ἀπαντήσετε χρησιμοποιώντας τά συνώνυμα.

1. Τί λέει ἡ Μαρία στόν καλόγερο πού τηγανίζει τά ψάρια;
3. Ὅταν ἕνας ἔχει χάσει τό λογικό του, πῶς τόν λέμε;
   Γιατί ὁ δεύτερος καλόγερος λέει τρελλή τή Μαρία;
5. Τί φωνάζει ὁ πρῶτος καλόγερος ὅταν ἀκούει γιά τήν Ἅλωση;
6. Πότε θά πιστέψει ὁ πρῶτος καλόγερος πώς ἔπεσε ἡ Πόλη;
8. Τί δέν πρόλαβε νά κάνει ὁ καλόγερος πού τηγανίζει τά ψάρια; (Use two synonyms.)
15. Μέ τί τόνο φωνῆς σώνει τήν κουβέντα ὁ δεύτερος καλόγερος;
    Τί λέει μέ δέος ὁ δεύτερος καλόγερος;
    Τί πιστεύει ὁ δεύτερος καλόγερος γιά τά ψάρια;
16. Ὡς πότε θά παραμείνουν στή Ζωοδόχο Πηγή τά ψάρια;

Ἀσκήσεις

1. Μήν ξεχάσετε νά γυρίσετε τά ψάρια.
   Μήν ἀμελήσετε νά γυρίσετε τά ψάρια.
   Μήν ἀμελήσετε νά γυρίσετε τίς μπριζόλες.
   Μήν παραβλέψετε νά γυρίσετε τίς μπριζόλες.
   Μήν παραβλέψετε νά γυρίσετε τίς πατάτες.
   Μήν ξεχάσετε νά γυρίσετε τίς πατάτες.
   Μήν ξεχάσετε νά γυρίσετε τά ψάρια.

3–4. Ἡ Πόλη ἔπεσε καί σύ τά ψάρια σκέφτεσαι.
   τά ἀγόρια
   Ἡ Πόλη ἔπεσε καί σύ τά ἀγόρια σκέφτεσαι.
   τά ροῦχα, τά γλέντια, τά φαγητά, τά παιγνίδια, τά μπουζούκια, τά σουβλάκια, τά ζαχαροπλαστεῖα, τά ψάρια

5. Ποιός τό 'πε πώς ἔπεσε ἡ Πολη;
   ζωντάνεψαν τά ψάρια
   Ποιός τό 'πε πώς ζωντάνεψαν τά ψάρια;
   ἡ Μαρία ἦταν τρελλή, τελείωσε ἡ κουβέντα, τά ψάρια ἔκαναν παρέλαση, πήδηξαν στή Ζωοδόχο Πηγή, κολύμπησαν μισοτηγανισμένα, ἔπεσε ἡ Πολη

6. Τότε μονάχα θά τό πιστέψω, ὅταν ζωντανέψουν τά ψάρια.
   ὅταν δῶ τή Μαρία στά καλά της
   Τότε μονάχα θά τό πιστέψω, ὅταν δῶ τή Μαρία στά καλά της.
   ὅταν γίνουν ὅλοι οἱ ἄνθρωποι καλοί, ὅταν πάρει ἡ μέλισσα τ' ἀντίδωρο, ὅταν ὁ θάλαμος ἀπογειωθεῖ, ὅταν οἱ ἀρχιτέκτονες κάνουν ἕνα σχέδιο πού ν' ἀρέσει στόν Ἰουστινιανό, ὅταν τά παντζούρια κλείσουν μοναχά τους, ὅταν τά φῶτα τῶν σπιτιῶν σβήσουν ὅλα μαζί, ὅταν ζωντανέψουν τά ψάρια

8–9. Τά ἑφτά ψάρια πηδοῦν ἕνα-ἕνα ἀπό τό τηγάνι ζωντανά.
πετοῦν
Τά ἑφτά ψάρια πετοῦν ἕνα-ἕνα ἀπό τό τηγάνι ζωντανά.
φεύγουν, πέφτουν, ρίχνονται, ἀπογειώνονται, σηκώνονται, βγαίνουν, πηδοῦν

9–10. Κάνουν παρέλαση καί πέφτουν στή Ζωοδόχο Πηγή.
τραγουδοῦν μέ χαρά
Κάνουν παρέλαση καί τραγουδοῦν μέ χαρά.
χορεύουν στούς δρόμους, φτάνουν λαχανιασμένοι στά σπίτια τους, κουράζονται πολύ, ρίχνουν ματιές στόν κόσμο, διακρίνουν τόν Αὐτοκράτορα ἔξω ἀπ' τήν Ἁγία Σοφία, πέφτουν στή Ζωοδόχο Πηγή

13. Κοιτάξτε, κολυμποῦν κι ἄς εἶναι μισοτηγανισμένα.
μισοζώντανα
Κοιτάξτε, κολυμποῦν κι ἄς εἶναι μισοζώντανα.
μισοπεθαμένα, μισοκουρασμένα, μισοαναστημένα, μισομαγειρεμένα, μισοσαστισμένα, μισομπερδεμένα, μισοκαμένα, μισοτηγανισμένα

15–17. Θά μείνουν ἐκεῖ ὥς τήν ὥρα πού θά ξαναπάρουμε τήν Πόλη.
θά φύγουν οἱ Τοῦρκοι
Θά μείνουν ἐκεῖ ὥς τήν ὥρα πού θά φύγουν οἱ Τοῦρκοι.
θά τελειώσει ἡ λειτουργία στήν Ἁγία Σοφία, θά ξαναγυρίσουν οἱ Ἕλληνες στήν Πόλη, θά γεμίσουν οἱ οὐρανοί ἀστραπές καί βροντές, θά νικηθοῦν οἱ Τοῦρκοι, θά νικήσουν οἱ Ἕλληνες, θά ξαναπάρουμε τήν Πόλη

Ἐρωτήσεις

1. Γιατί πρέπει ὁ καλόγερος νά γυρίσει τά ψάρια;
2. Πῶς ὀνομάζεται τό πέσιμο τῆς Πόλης;
3. Τί θά ἔκανε ὁ καλόγερος ἄν ζωντάνευαν τά ψάρια;
4. Πῶς φεύγουν τά ψάρια ἀπ' τό τηγάνι;
5. Τί κάνουν τά ψάρια;
6. Ποῦ πέφτουν;
7. Τί κάνουν ὅλοι μαζί, οἱ δυό καλόγεροι καί ἡ Μαρία;

Γενικές ἐρωτήσεις

1. Γιατί πρέπει νά γυρίζεις τά ψάρια;
2. Πότε ἀκριβῶς ἔγινε ἡ Ἅλωση;
3. Ποιό εἶναι τό σπουδαιότερο πράγμα πού πιστεύεις στή ζωή;
4. Πῶς ἀνεβαίνεις τά σκαλοπάτια;
5. Σ' ἀρέσουν οἱ παρελάσεις; Γιατί;
6. Τί κάνεις ὅταν πέφτεις στή θάλασσα;
7. Τί κάνει ἕνας εὐλαβής Ὀρθόδοξος Χριστιανός ὅταν

περάσει μπροστά ἀπό μιάν ἐκκλησία;

8. Τί κάνουν τά ψάρια ἄν καί εἶναι μισοτηγανισμένα;

9. Ὥς πότε πιστεύει ὁ δεύτερος καλόγερος ὅτι θά μείνουν τά ψάρια μισοτηγανισμένα καί ζωντανά;

8. Πῶς σ' ἀρέσουν τά ψάρια;

9. Ὅταν δέν ἔχεις πάρει γράμμα ἀπό τούς γονεῖς σου γιά πολύν καιρό τί νομίζεις;

Μιά ματιά στή γραμματική

I. THREE IRREGULAR VERBS / ΤΡΙΑ ΑΝΩΜΑΛΑ ΡΗΜΑΤΑ

A. *καίγομαι (καίομαι)*

Καίγομαι is the mediopassive form of the irregular active verb *καίω (καίγω)*. The *γ* seems now to be commonly used throughout the mediopassive but only in the continuous past of the active. (Compare *ἀκούω* in the active but *ἀκούγομαι* in the mediopassive, and also *λέω-λέγομαι, κλαίω-κλαίγομαι.)*

1. Meaning / *Σημασία*

Καίγομαι may be translated as: to be on fire, to be burning, to burn up, to be consumed, etc. Obviously, the exact translation depends on context. Here are some active-passive pairings:

Active voice	Passive voice
Οἱ Τοῦρκοι καῖνε τή Σμύρνη.	*Καίγεται ἡ Σμύρνη.*
The Turks are burning Smyrna.	Smyrna is on fire. Smyrna is being burned. Smyrna is burning.
Ὁ καλόγερος καίει τά ψάρια.	*Τά ψάρια καίγονται.*
The monk is burning the fish.	The fish are getting burned. The fish are burning.
Ὁ ἥλιος μέ καίει. The sun is burning me. I am getting sunburned.	*Καίγομαι ἀπ' τόν ἥλιο.* I am getting burned by the sun. I am getting sunburned.

In the above examples, *καίω* is used transitively—that is, it governs an object. But *καίω* may also be used intransitively—that is, without an object. When this is the case, it and *καίγομαι* must be carefully distinguished. Note the differences in meaning in the following pairs:

Καίει τό ψάρι. The fish is burning (i.e. it is so hot that I cannot eat it).	*Καίγεται τό ψάρι.* The fish is burning (i.e. it is being ruined by being overcooked).
Καῖνε καλά τά ξύλα αὐτά. This wood burns well (i.e. it is readily combustible; it is a good kind to use for heating).	*Καίγονται γρήγορα τά ξύλα αὐτά.* This wood is burning up quickly (i.e. it is being consumed quickly).

2. Inflection / *Κλίση*

The only real difficulty comes in the simple past and the simple future. Here are these forms for both *καίγομαι* and *καίω*:

	καίω	*καίγομαι*
simple past tense	*ἔκαψα*	*κάηκα*
simple future tense	*θά κάψω*	*θά καῶ*

Ὁ ἥλιος μ' ἔκαψε.	The sun burned me.
Κάηκα ἀπ' τόν ἥλιο.	I got sunburned.
Θά κάψουμε τά ψάρια ἄν δέν προσέξουμε.	We'll burn the fish if we're not careful.
Τά ψάρια θά καοῦν.	The fish will get burned.

Summary of the various forms of *καίγομαι*

	continuous aspect	simple aspect
present tense	*καίγομαι*	—
future tense	*θά καίγομαι*	*θά καῶ*
subjunctive mood	*νά καίγομαι*	*νά καῶ*
past tense	*καιγόμουν*	*κάηκα*
conditional construction	*θά καιγόμουν*	—
imperative mood	—	*κάψου, καεῖτε*

present perfect tense	*ἔχω καεῖ*
past perfect tense	*εἶχα καεῖ*
future perfect tense	*θά ἔχω καεῖ*
active participle	—
passive participle	*καμένος**

Conjugation of simple future and simple past

θά καῶ, θά καεῖς, θά καεῖ, θά καοῦμε, θά καεῖτε, θά καοῦν

κάηκα, κάηκες, κάηκε, καήκαμε, καήκατε, κάηκαν

*Καμένος, meaning "burned," "consumed," must be distinguished from *καημένος*, which means "poor," "unfortunate": *Ἔχασε ὅλα τά χρήματά του, ὁ καημένος.* "He lost all his money, the poor [fellow]."

B. *πέφτω*

	continuous aspect	simple aspect
present tense	*πέφτω*	—
future tense	*θά πέφτω*	*θά πέσω*
subjunctive mood	*νά πέφτω*	*νά πέσω*
past tense	*ἔπεφτα*	*ἔπεσα*
conditional construction	*θά ἔπεφτα*	—
imperative mood	*πέφτε, πέφτετε*	*πέσε, πέστε**

present perfect tense	*ἔχω πέσει*
past perfect tense	*εἶχα πέσει*
active participle	*πέφτοντας*
passive participle	*πεσμένος*

C. *προλαβαίνω*

In this case, the actual irregular verb is *λαβαίνω*, "to take," "to receive." When *λαβαίνω* combines with various prefixes, it changes its meaning:

προλαβαίνω	to have the time to, to manage, to anticipate, to catch up with
καταλαβαίνω	to understand
μεταλαβαίνω	to receive Holy Communion, the administer Holy Communion
παραλαβαίνω	to receive, to take delivery of, to be in receipt of

	continuous aspect	simple aspect
present tense	*προλαβαίνω*	—
future tense	*θά προλαβαίνω*	*θά προλάβω*
subjunctive mood	*νά προλαβαίνω*	*νά προλάβω*
past tense	*προλάβαινα*	*πρόλαβα*
conditional construction	*θά προλάβαινα*	—
imperative mood	*προλάβαινε, προλαβαίνετε*	*πρόλαβε, προλάβετε*

present perfect tense	*ἔχω προλάβει*
past perfect tense	*εἶχα προλάβει*
future perfect tense	*θά ἔχω προλάβει*
active participle	*προλαβαίνοντας*
passive participle	—†

*Πέστε is also the simple imperative, plural, of the verb *λέω*, along with the form *πεῖτε*.
†In some of the combinations of *λαβαίνω* with various prefixes, the puristic passive participle *εἰλημμένος* is encountered. For example:

κατειλημμένος occupied, taken

The participle *εἰλημμένος* derives from *εἴλημμαι*, the perfect passive of ancient Greek *λαμβάνω*, "to take," "to receive."

II. FEMININE NOUNS IN -η, PLURAL -εις / ΘΗΛΥΚΑ ΟΥΣΙΑΣΤΙΚΑ ΣΕ -η, ΠΛΗΘ. -εις

These nouns are all from a group that ends in -ις in the nominative singular, in puristic. For example, puristic *παρέλασις*, plural *παρελάσεις*.

Demotic assimilates this type of feminine noun, in the singular only, to nouns ending in -η, -ης, -η, but retains the puristic forms in the plural.

	singular		plural	
nominative	ἡ	παρέλαση	οἱ	παρελάσεις
genitive	τῆς	παρέλασης	τῶν	παρελάσεων
accusative	τήν	παρέλαση	τίς	παρελάσεις
vocative		παρέλαση		παρελάσεις

The corresponding puristic forms in the singular are:
ἡ παρέλασις, τῆς παρελάσεως, τήν παρέλασιν, ὦ παρέλασι

Note the shift in accent in the plural forms of -η, plural -εις nouns like *παρέλαση, παρελάσεις*, i.e. those whose accent, in the singular, falls three syllables from the end.

When the accent, in the singular, falls on the next to last syllable, there is no shift in the plural.

singular			plural		
ἡ	πτήση	πόλη	οἱ	πτήσεις	πόλεις
τῆς	πτήσης	πόλης	τῶν	πτήσεων	πόλεων
τήν	πτήση	πόλη	τίς	πτήσεις	πόλεις
	πτήση	πόλη		πτήσεις	πόλεις

The puristic forms would be:
ἡ πτῆσις, τῆς πτήσεως, τήν πτῆσιν, ὦ πτῆσι
ἡ πόλις, τῆς πόλεως, τήν πόλιν, ὦ πόλι

Some other nouns of the type -η, plural -εις are:
ἅλωση, ἀνάγνωση, ἀναχώρηση, ἀντίθεση, ἀντικατάσταση, ἄσκηση, ἄφιξη, ἔκρηξη, ἔκφραση, ἐρώτηση, κλίση, πτήση, σημείωση, σκέψη, στάση, τάξη

III. PASSIVE VOICE OF SECOND CONJUGATION VERBS (CONTRACT VERBS), FIRST CLASS / ΠΑΘΗΤΙΚΗ ΦΩΝΗ ΤΩΝ ΡΗΜΑΤΩΝ ΤΗΣ ΔΕΥΤΕΡΗΣ ΣΥΖΥΓΙΑΣ, ΠΡΩΤΗΣ ΤΑΞΗΣ

Second conjugation verbs are those ending in -ῶ in the active voice. The first class of such verbs is conjugated -ῶ (-άω), -ᾶς, -ᾶ (-άει) in the singular. The plural endings are -οῦμε (-ᾶμε), -ᾶτε, -οῦν (-ᾶν, -ᾶνε). The endings -άω, -άει, -ᾶμε are very much in vogue.

ἀγαπῶ, ἀγαπάω	ἀγαποῦμε, ἀγαπᾶμε
ἀγαπᾶς	ἀγαπᾶτε
ἀγαπᾶ, ἀγαπάει	ἀγαποῦν, ἀγαπᾶν, ἀγαπᾶνε

Passives in the first class end in *-ιέμαι* in the nominative singular of the present indicative, and are conjugated as follows:

σταυροκοπιέμαι	σταυροκοπιόμαστε
σταυροκοπιέσαι	σταυροκοπιέστε
σταυροκοπιέται	σταυροκοπιοῦνται

Résumé of forms:

	continuous aspect	simple aspect
present tense	σταυροκοπιέμαι	—
future tense	θά σταυροκοπιέμαι	θά σταυροκοπηθῶ
subjunctive mood	νά σταυροκοπιέμαι	νά σταυροκοπηθῶ
past tense	σταυροκοπιό-μουν(α)*	σταυροκοπήθηκα*
conditional construction	θά σταυροκο-πιόμουν	—
imperative mood	—	σταυροκοπήσου, σταυροκοπηθεῖτε

present perfect tense	ἔχω σταυροκοπηθεῖ
past perfect tense	εἶχα σταυροκοπηθεῖ
future perfect tense	θά ἔχω σταυροκοπηθεῖ
active participle	—
passive participle	σταυροκοπημένος

Ἀσκήσεις γιά τά ἀνώμαλα ρήματα καίγομαι, πέφτω, προλαβαίνω

Χτές κάηκα.
(ἐσύ)
Χτές κάηκες.
οἱ γυναῖκες, (ἐμεῖς), (αὐτός), (ἐσεῖς)

Τά παιδιά θά καοῦν.
(Ἐγώ)

*Full conjugations

continuous past tense

σταυροκοπιόμουν(α)	σταυροκοπιόμασταν, σταυροκοπιόμαστε
σταυροκοπιόσουν(α)	σταυροκοπιόσασταν, σταυροκοπιόσαστε
σταυροκοπιόταν(ε)	σταυροκοπιόνταν(ε), σταυροκοπιόντουσαν

simple past tense

σταυροκοπήθηκα	σταυροκοπηθήκαμε
σταυροκοπήθηκες	σταυροκοπηθήκατε
σταυροκοπήθηκε	σταυροκοπήθηκαν, σταυροκοπηθήκανε

Θά καῶ.
(Αὐτός), (Αὐτές), (Ἐμεῖς), (Ἐσύ), (Ἐσεῖς), Ἡ Μαρία

Χτές κάηκα ἐγώ.
Χτές κάηκε τό σπίτι.
Σήμερα κάηκε τό σπίτι.
Σήμερα καίγεται τό δέντρο.
Τώρα καίγεται τό δέντρο.
Τώρα κάηκα ἐγώ.
Χτές κάηκα ἐγώ.

Αὔριο οἱ πόλεις θά καοῦν.
ὁ καλόγερος
Αὔριο ὁ καλόγερος θά καεῖ.
τό κρέας, τά κρέατα, (ἐμεῖς), (ἐσύ), (ἐγώ), (ἐσεῖς)

Ὅλο τό ἀπόγεμα χτές καίγονταν τά σπίτια.
τό δάσος
Ὅλο τό ἀπόγεμα χτές καιγόταν τό δάσος.
(ἐμεῖς), (ἐσύ), (ἐγώ), (ἐσεῖς)

Τά ψάρια θά καοῦν.
Χτές
Χτές τά ψάρια κάηκαν.
Σήμερα, Αὔριο, Ὅλο τό ἀπόγεμα χτές, Τώρα, Πέρυσι, Μεθαύριο, Ὅλη τή μέρα χτές, Ὅλη τή μέρα αὔριο

Καίγομαι ἀπ᾽ τόν ἥλιο.
οἱ κολυμβητές
Καίγονται οἱ κολυμβητές ἀπ᾽ τόν ἥλιο.
(ἐσύ), (ἐμεῖς), ὁ ψαράς, (ἐσεῖς)

Θά καιγόμουν ἄν εἶχε ἥλιο.
οἱ κολυμβητές
Θά καίγονταν οἱ κολυμβητές ἄν εἶχε ἥλιο.
(ἐσύ), (ἐμεῖς), ὁ ψαράς, (ἐσεῖς)

Ἡ πόλη θά πέσει.
Τά βουνά
Τά βουνά θά πέσουν.
Τά ἄστρα, τό ἄστρο, (ἐμεῖς), (ἐσεῖς), (ἐσύ, (ἐγώ)

Ἡ πόλη ἔπεσε.
Αὔριο
Αὔριο ἡ πόλη θά πέσει.
Χτές, Σήμερα, Μεθαύριο, Ὅλη τή μέρα χτές, Στίς 29 Μαΐου 1453

Χτές ἔπεσε ἡ πόλη.
οἱ θάλαμοι

Χτές ἔπεσαν οἱ θάλαμοι.
οἱ πόλεις, (ἐσεῖς), (ἐσύ), (ἐγώ), (ἐμεῖς)

Ὅλη τή μέρα χτές ἔπεφτε ἡ πόλη.
βροντές
Ὅλη τή μέρα χτές ἔπεφταν βροντές.
(ἐμεῖς), (ἐγώ), (ἐσύ), (ἐσεῖς)

Πέφτω (ἐγώ) ἀπό κούραση.
οἱ ἐργάτες
Πέφτουν οἱ ἐργάτες ἀπό κούραση.
ἡ δασκάλα, (ἐσεῖς), (ἐσύ), (ἐμεῖς)

Θά ἔπεφτα (ἐγώ) ἀπό κούραση ἄν ἔκανε πιό πολλή ζέστη.
οἱ ἐργάτες
Θά ἔπεφταν οἱ ἐργάτες ἀπό κούραση ἄν ἔκανε πιό πολλή ζέστη.
ὁ δάσκαλος, (ἐμεῖς), (ἐσεῖς), (ἐσύ)

Αὔριο δέν θά προλάβει ὁ καλόγερος νά σώσει τήν κουβέντα.
οἱ καλόγεροι
Αὔριο δέν θά προλάβουν οἱ καλόγεροι νά σώσουν τήν κουβέντα.
(ἐμεῖς), (ἐσύ), (ἐσεῖς), (ἐγώ)

Δέν πρόλαβε ὁ καλόγερος νά σώσει τήν κουβέντα.
Δέν πρόλαβαν οἱ καλόγεροι νά σώσουν
Δέν πρόλαβαν οἱ καλόγεροι νά σώσουν τήν κουβέντα.
Δέν προλάβαμε νά σώσουμε, Δέν πρόλαβες νά σώσεις, Δέν προλάβατε νά σώσετε, Δέν πρόλαβα νά σώσω

Ὅλο τό ἀπόγεμα χτές δέν προλάβαινα νά τελειώσω τό λόγο μου.
οἱ ἀρχιτέκτονες
Ὅλο τό ἀπόγεμα χτές δέν προλάβαιναν οἱ ἀρχιτέκτονες νά τελειώσουν τό λόγο τους.
ὁ ἀρχιτέκτονας, (ἐσεῖς), (ἐμεῖς), (ἐσύ)

Δέν προλαβαίνω (ἐγώ) νά πῶ τή σκέψη μου.
ὁ δικηγόρος
Δέν προλαβαίνει ὁ δικηγόρος νά πεῖ τή σκέψη του.
οἱ δικηγόροι, (ἐσύ), (ἐμεῖς), (ἐσεῖς)

Θά προλάβαινα (ἐγώ) νά πῶ τίς σκέψεις μου, ἄν εἶχα καιρό.
ἡ δικηγόρος
Θά προλάβαινε ἡ δικηγόρος νά πεῖ τίς σκέψεις της, ἄν εἶχε καιρό.
οἱ δικηγόροι, (ἐσύ), (ἐμεῖς), (ἐσεῖς)

Δέν πρόλαβε ὁ καλόγερος νά σώσει τήν κουβέντα.
Αὔριο
Αὔριο δέν θά προλάβει ὁ καλόγερος νά σώσει τήν κουβέντα.
Χτές, Σήμερα, Μεθαύριο, Πέρυσι, Ὅλη τή μέρα χτές

Ἀσκήσεις γιά θηλυκά οὐσιαστικά σέ -η, πληθ. -εις

Δ. Κάνουν παρέλαση τό ἕνα πίσω ἀπ' τ' ἄλλο.
Μ. Κάνουν παρελάσεις τό ἕνα πίσω ἀπ' τ' ἄλλο.

Δ. Τό λεωφορεῖο κάνει στάση στό Ψυχικό.
Μ. Τά λεωφορεῖα κάνουν στάσεις στό Ψυχικό.

Δ. Ἡ ἀναχώρηση τοῦ αὐτοκινήτου εἶναι στίς 8 π.μ.
Μ. Οἱ ἀναχωρήσεις τῶν αὐτοκινήτων εἶναι στίς 8 π.μ.

Δ. Ἡ ἄφιξη τοῦ ἀεροπλάνου εἶναι στίς 3 μ.μ.
Μ. Οἱ ἀφίξεις τῶν ἀεροπλάνων εἶναι στίς 3 μ.μ.

Δ. Ἡ ἔκρηξη ἀκούγεται ἀπό μακριά.
Μ. Οἱ ἐκρήξεις ἀκούγονται ἀπό μακριά.

Δ. Ἡ πόλη καίγεται.
Μ. Οἱ πόλεις καίγονται.

Δ. Σήμερα ἡ Ὀλυμπιακή ἔχει ἀπογευματινή πτήση γιά τήν Εὐρώπη.
Μ. Σήμερα ἡ Ὀλυμπιακή ἔχει ἀπογευματινές πτήσεις γιά τήν Εὐρώπη.

Ἀσκήσεις γιά τήν παθητική φωνή τῶν ρημάτων τῆς δεύτερης συζυγίας, πρώτης τάξης

Οἱ καλόγεροι θά σταυροκοπηθοῦν.
(Ἐγώ)
Θά σταυροκοπηθῶ.
Τό κορίτσι, (Ἐσύ), (Ἐμεῖς), (Ἐσεῖς)

Χτές οἱ καλόγεροι σταυροκοπήθηκαν.
Χτές οἱ καλόγεροι ἄκουσαν ἐκρήξεις.
Σήμερα οἱ μαθητές ἄκουσαν ἐκρήξεις.
Σήμερα οἱ μαθητές ἔκαναν ἐρωτήσεις.
Προχτές οἱ παπάδες ἔκαναν ἐρωτήσεις.
Προχτές οἱ παπάδες σταυροκοπήθηκαν.
Χτές οἱ καλόγεροι σταυροκοπήθηκαν.

Σταυροκοπιέμαι κανονικά.
(Ἐσύ)
Σταυροκοπιέσαι κανονικά.
οἱ καλόγεροι, (Ἐσεῖς), (Ἐμεῖς), (Αὐτός)

Κάθε φορά πού ἄστραφτε, ὁ παπάς σταυροκοπιόταν.
(ἐμεῖς)
Κάθε φορά πού ἄστραφτε, σταυροκοπιόμασταν.
(ἐσύ), (ἐγώ), οἱ καλόγεροι (ἐσεῖς)

Σταυροκοπιοῦνται ὅλοι μαζί.
χτές
Σταυροκοπήθηκαν χτές ὅλοι μαζί.
σήμερα, αὔριο, ὅλο τό ἀπόγεμα χτές, τώρα, πέρυσι, μεθαύριο, ὅλη τή μέρα χτές, ὅλη τή μέρα αὔριο

Ἄν ἄστραφτε, τό παιδί θά σταυροκοπιόταν.
τά παιδιά
Ἄν ἄστραφτε, τά παιδιά θά σταυροκοπιόνταν.
(ἐγώ), (ἐσύ), (ἐμεῖς), (ἐσεῖς)

Ἡ ἀγελάδα πουλιέται.
Τό ἄλογο πουλιέται.
Τό ἄλογο χτυπιέται.
Τό παιδί χτυπιέται.
Τό παιδί γελιέται.
Τό γαϊδουράκι γελιέται.
Τό γαϊδουράκι πουλιέται.
Ἡ ἀγελάδα πουλιέται.

Micrologue I

Στίς 29 Μαΐου 1453 ἔπεσε ἡ Πόλη. Ὁ βασιλιάς Κωνσταντῖνος Παλαιολόγος ἔτρεξε μέ τ' ἄλογό του νά ἐμποδίσει τούς Τούρκους. Οἱ Τοῦρκοι σκότωσαν τ' ἄλογο καί ὁ βασιλιάς ἔπεσε κάτω. Ἀλλά ξαφνικά ἕνας ἄγγελος ἦρθε καί τόν πῆγε κάτω σέ μιά σπηλιά, ὅπου μαρμαρώθηκε. Ἐκεῖ μένει μαρμαρωμένος μέχρι σήμερα. Οἱ Τοῦρκοι τό ξέρουν αὐτό, ἀλλά δέν ξέρουν ποῦ βρίσκεται. Μιά μέρα, ὅταν ἔρθει ἡ ὥρα, ὁ ἄγγελος θά ξεμαρμαρώσει τό βασιλιά, πού, μέ τό σπαθί στό χέρι, θά ξαναπάρει τήν Πόλη.

Βοηθητικές ἑρμηνεῖες

1. *βασιλιάς*] king 1–2. *Κωνσταντῖνος Παλαιολόγος*] Constantine Palaiologos (Palaeologus), the last emperor of Byzantium.
2. *ἐμποδίσει*] hinder, prevent, impede 3. *σκότωσαν*] killed
4. *ἄγγελος*] angel *πῆγε*] brought, took *σπηλιά*] cave
5. *μαρμαρώθηκε*] was turned into marble 8. *σπαθί*] sword

Ἐρωτήσεις

1. Πότε ἔπεσε ἡ Πόλη;
2. Πῶς λένε τό βασιλιά πού ἔτρεξε μέ τ' ἄλογό του;
3. Γιατί ἔτρεξε ὁ βασιλιάς;
4. Τί ἔκαναν οἱ Τοῦρκοι τ' ἄλογο τοῦ βασιλιᾶ;

5. Ποῦ βρέθηκε τότε ὁ βασιλιάς;
6. Ποιός ἦρθε ξαφνικά;
7. Ποῦ τόν πῆγε τό βασιλιά ὁ ἄγγελος;
8. Τί ἔγινε μέσα στή σπηλιά;
9. Πῶς εἶναι ἀκόμα σήμερα ὁ βασιλιάς;
10. Τό ξέρουν αὐτό οἱ Τοῦρκοι;
11. Ξέρουν ποῦ βρίσκεται ὁ βασιλιάς;
12. Τί θά κάνει μιά μέρα ὁ ἄγγελος;
13. Τί θά ἔχει τότε ὁ βασιλιάς στό χέρι;
14. Τί θά κάνει ὁ βασιλιάς ὅταν τόν ξεμαρμαρώσει ὁ ἄγγελος;

Ἀνάγνωση Α'

Ὁ μαρμαρωμένος βασιλιάς

Ὅταν ἦρθε ἡ ὥρα νά τουρκέψη ἡ Πόλη, καί μπῆκαν μέσα οἱ Τοῦρκοι, ἔτρεξε ὁ βασιλιάς μας καβάλλα στ' ἄλογό του νά τούς ἐμποδίση. Ἦταν πλῆθος ἀρίφνητο ἡ Τουρκιά, χιλιάδες τόν ἔβαλαν στή μέση, κ' ἐκεῖνος χτυποῦσε κ' ἔκοβε ἀδιάκοπα μέ τό σπαθί του. Τότε σκοτώθη τ' ἄλογό του, κ' ἔπεσε κι' αὐτός. Κι ἐκεῖ πού ἕνας Ἀράπης σήκωσε τό σπαθί του νά χτυπήση τό βασιλιά, ἦρθε ἄγγελος Κυρίου καί τόν ἄρπαξε, καί τόν πῆγε σέ μιά σπηλιά βαθιά στή γῆ κάτω, κοντά στή Χρυσόπορτα.

Ἐκεῖ μένει μαρμαρωμένος ὁ Βασιλιάς, καί καρτερεῖ τήν ὥρα νἄρθη πάλι ὁ ἄγγελος νά τόν σηκώση. Οἱ Τοῦρκοι τό ξεύρουν αὐτό, μά δέν μποροῦν νά βροῦν τή σπηλιά πού εἶναι ὁ βασιλιάς· γι' αὐτό ἔχτισαν τήν πόρτα πού ξεύρουν πώς ἀπ' αὐτή θά ἔμπη ὁ βασιλιάς γιά νά τούς πάρη πίσω τήν Πόλη. Μά ὅταν εἶναι τό θέλημα τοῦ Θεοῦ, θά κατεβῆ ὁ ἄγγελος στή σπηλιά καί θά τόν ξεμαρμαρώση, καί θά τοῦ δώση στό χέρι πάλι τό σπαθί, πού εἶχε στή μάχη. Καί θά σηκωθῆ ὁ βασιλιάς, καί θά μπῆ στήν Πόλη ἀπό τή Χρυσόπορτα, καί κυνηγώντας μέ τά φουσάτα του τούς Τούρκους, θά τούς διώξη ὥς τήν Κόκκινη Μηλιά. Καί θά γίνη μεγάλος σκοτωμός, πού θά κολυμπήση τό μουσκάρι στό αἷμα.

(Ν. Πολίτη, Παραδόσεις Β', §33)

Βοηθητικές ἑρμηνεῖες

1. *νά τουρκέψη*] to turn Moslem (literally: to become Turkish). (Remember that here and elsewhere in the Readings you will encounter the puristic -*η* ending in the subjunctive.)
2. *καβάλλα*] mounted, astride

3. *πλῆθος*] multitude, crowd *ἀρίφνητο = ἀναρίθμητο*] innumerable
4. *ἔκοβε*] slashed (literally: cut) 5. *σκοτώθη = σκοτώθηκε*] was killed
6. *Ἀράπης*] Negro (literally: Arab) (plurals *ἀράπηδες* = Negroes; *ἀραπάδες* = Egyptian Arabs)
8. *Χρυσόπορτα = Χρυσή Πύλη*] Golden Gate (the gate through which triumphant emperors entered Constantinople in Byzantine times)
9. *καρτερεῖ*] awaits patiently 11. *ξεύρουν = ξέρουν*
12. *ἔχτισαν*] they walled up
 τήν πόρτα πού] the door through which
13. *θά ἔμπη = θά μπεῖ* 14. *θέλημα*] will, desire, wish
16. *μάχη*] battle 17. *κυνηγώντας*] pursuing, hunting, chasing
18. *φουσάτα*] army, armed horde *διώξη*] expel, drive out, chase
18–19. *Κόκκινη Μηλιά*] mythical location, in Greek folklore, where the expelled Turks would be confined (literally: Red Apple Tree)
19–20. *θά κολυμπήση τό μουσκάρι στό αἷμα*] there will be a bloodbath (literally: the calf will swim in blood)
20. *μουσκάρι = μουσχάρι, μοσχάρι*] calf

Micrologue II

Ὁ Θεός καί ἡ γῆς γιορτάζουν. Οἱ ἑξήντα δύο καμπάνες τῆς Ἁγίας Σοφίας χτυποῦν· κάθε καμπάνα ἔχει τόν παπά της. Ψάλλουν μέ δέος ὁ βασιλιάς καί ὁ πατριάρχης. Πρίν ὅμως τελειώσει ἡ λειτουργία ἀκούστηκε φωνή ἀπ' τόν οὐρανό λέγοντάς τους νά σταματήσουν τήν ψαλμουδιά, γιατί εἶναι θέλημα Θεοῦ ἡ Πόλη νά τουρκέψει. Τούς εἶπε ἐπίσης νά στείλουν λόγο νά 'ρθοῦν τρία καράβια: ἕνα γιά τό σταυρό, ἕνα γιά τό βαγγέλιο καί ἕνα γιά τήν ἅγια τράπεζα. Ὅταν ἄκουσε ὅλα αὐτά ἡ Παναγιά, ἀνησύχησε, καί οἱ εἰκόνες ἔκλαψαν.

Βοηθητικές ἑρμηνεῖες

1. *ἡ γῆς = ἡ γῆ*] earth *καμπάνες*] bells
6. *καράβια*] ships
7. *βαγγέλιο = εὐαγγέλιο*] Gospel *ἅγια τράπεζα*] Holy Altar (literally: holy table) 8. *εἰκόνες*] icons

---

Ἐρωτήσεις

1. Τί κάνουν ὁ Θεός καί ἡ γῆς;
2. Πόσες καμπάνες χτυποῦν;

3. Τί ἔχει κάθε καμπάνα;
4. Πῶς ψάλλουν ὁ βασιλιάς καί ὁ πατριάρχης;
5. Τί ἀκούγεται πρίν τελειώσει ἡ λειτουργία;
6. Τί τούς λέει ἡ φωνή νά σταματήσουν;
7. Τί εἶναι θέλημα Θεοῦ;
8. Τί τούς εἶπε ἐπίσης ἡ φωνή;
9. Τί πρέπει νά πάρει τό πρῶτο καράβι;
10. Τί πρέπει νά πάρει τό δεύτερο καράβι;
11. Τί πρέπει νά πάρει τό τρίτο καράβι;
12. Πῶς αἰσθάνθηκε ἡ Παναγία ὅταν τ' ἄκουσε ὅλ' αὐτά;
13. Τί ἔκαναν οἱ εἰκόνες;

Ἀνάγνωση Β'

Note: The following folksong (*δημοτικό τραγούδι*) is one of the very best known in Greece. Though it is difficult because of its cultural references, its poetic syntax, and its evocative vocabulary, it is worthy of close study. Since it is part of the cultural heritage that is assumed by modern Greek writers, it is alluded to frequently in verse and prose. For example, when Nikos Kazantzakis wished to describe his feelings upon first seeing Constantinople, he wrote:

. . . περνώντας τά μυθικά τοῦτα νερά, γρικοῦσα τό αἷμα μου νά τρικυμίζει ἀπό παραμύθια καί δημοτικά τραγούδια, ἀπό σφοδρές ἐπιθυμίες, κι ἔνιωθα ἀπάνω στά χέρια μου νά στάζουν χοντρά, ζεστά, τά δάκρυα ἀπό τό κόνισμα τῆς Παναγίας.

. . . passing through those mythical waters, I heard my blood surge with fairytales and folksongs, with violent desires, and upon my hands I felt drip—large and warm—tears from the icon of the Virgin.

(Ταξιδεύοντας Ρουσία, 4η ἔκ. [Ἀθήνα, 1965], σελ. 18.)

Η ΤΕΛΕΥΤΑΙΑ ΛΕΙΤΟΥΡΓΙΑ ΣΤΗΝ ΑΓΙΑ ΣΟΦΙΑ*

Σημαίνει ὁ Θιός, σημαίνει ἡ γῆς, σημαίνουν τά ἐπουράνια,
σημαίνει κι ἡ Ἁγιά Σοφιά, τό μέγα μοναστήρι,
μέ τετρακόσια σήμαντρα κι ἑξηνταδυό καμπάνες,
κάθε καμπάνα καί παπάς, κάθε παπάς καί διάκος.
Ψάλλει ζερβά ὁ βασιλιάς, δεξιά ὁ πατριάρχης,
κι ἀπ' τήν πολλή τήν ψαλμουδιά ἐσειόντανε οἱ κολόνες.
Νά μποῦνε στό χερουβικό καί νά 'βγη ὁ βασιλέας,
φωνή τούς ἦρθε ἐξ οὐρανοῦ κι ἀπ' ἀρχαγγέλου στόμα·

*Source: *The Penguin Book of Greek Verse*, ed. Constantine A. Trypanis (Harmondsworth, 1971), pp. 469–70.

"Πάψετε τό χερουβικό κι ἄς χαμηλώσουν τ' ἅγια,
παπάδες πάρτε τά γιερά, καί σεῖς κεριά σβηστῆτε,
γιατί εἶναι θέλημα Θεοῦ ἡ Πόλη νά τουρκέψη.
Μόν' στεῖλτε λόγο στή Φραγκιά, νά 'ρτουνε τρία καράβια,
τό 'να νά πάρη τό σταυρό καί τ' ἄλλο τό βαγγέλιο,
τό τρίτο, τό καλύτερο, τήν ἅγια τράπεζά μας,
μή μᾶς τήν πάρουν τά σκυλιά καί μᾶς τή μαγαρίσουν."
Ἡ Δέσποινα ταράχτηκε, καί δάκρυσαν οἱ εἰκόνες.
"Σώπασε, κυρά Δέσποινα, καί μή πολυδακρύζης,
πάλι μέ χρόνους, μέ καιρούς, πάλι δικά σας εἶναι."

Βοηθητικές ἑρμηνεῖες

1. *σημαίνει*] resounds, rings out   *Θιός* = *Θεός*
τά ἐπουράνια = *οἱ οὐρανοί*] the heavens
2. *μοναστήρι*] monastery
3. *σήμαντρα*] wooden blocks used as gongs   4. *διάκος*] deacon
5. *ζερβά*] to the left   6. *ἐσειόντανε*] were swaying
κολόνες] columns   7. *Νά μποῦνε*] When they were about to go into (i.e. to begin)
τό χερουβικό] The Cherubic Hymn: the hymn which begins the third and most important part of the Liturgy, and during which the priest and his retinue make their Great Entrance from the sanctuary into the nave
καί νά 'βγη ὁ βασιλέας] and when the king was about to come out (he would come out singing the next to last verse of the Cherubic Hymn: "so that we may receive the King of All")
8. *ἐξ οὐρανοῦ*] from the sky   9. *Πάψετε*] stop
ἄς χαμηλώσουν τ' ἅγια] let the holy [elements] be lowered (the priest has come out with the unconsecrated bread and wine, but these will not now be elevated, since the mass cannot continue)
10. *τά γιερά* = *τά ἱερά*] the sacred [vessels or utensils] (chalice, paten, communion spoon, lance, etc.)
12. *Μόν'* = *μόνο*] only, just   *Φραγκιά*] Western Europe
νά 'ρτουνε = *νά 'ρθοῦν*   13. *τό 'να* = *τό ἕνα*
15. *μή μᾶς τήν πάρουν τά σκυλιά*] so that the dogs won't take it from us   *μαγαρίσουν*] defile
16. *Ἡ Δέσποινα*] The Virgin Mary, Our Lady (here referring to the icon of the Virgin Mary immediately to the left of the central door of the altar screen)
ταράχτηκε] became distressed, agitated   *ἐδάκρυσαν*] wept
17. *κυρά* = *κυρία*] (used here as an untranslatable title of respect applied to the Virgin)

Development

1. Try to explain, in Greek, why Constantinople has been so important in Greek history and cultural life.
2. Learn to sing the following popular song of the 1970s. This is one more example of the pervasiveness of the old tales.

Ο ΜΑΡΜΑΡΩΜΕΝΟΣ ΒΑΣΙΛΙΑΣ

Ἔστειλα δυό πουλιά
στήν Κόκκινη Μηλιά
πού λένε τά γραμμένα.
Τὄνα σκοτώθηκε
τἄλλο λαβώθηκε
δέν γύρισε κανένα.

Refrain

Γιά τό Μαρμαρωμένο Βασιλιά
οὔτε φωνή, οὔτε λαλιά.
Τόν τραγουδάει ὅμως στά παιδιά
σάν παραμύθι ἡ γιαγιά.

Ἔστειλα δυό πουλιά
στήν Κόκκινη Μηλιά
δυό πετροχελιδόνια.
Μά, ἐκεῖ μείνανε
κι ὄνειρο γίνανε
καί δακρυσμένα χρόνια.

Βοηθητικές ἑρμηνεῖες

3. *πού λένε τά γραμμένα*] of which the written [legends] speak
5. *λαβώθηκε*] was wounded
8. *λαλιά*] a twitter, a chirp
13. *πετροχελιδόνια*] martins
15. *ὄνειρο*] dream

ΠΡΑΣΙΝΟ ΦΩΣ

Ὁ Μαρμαρωμένος Βασιλιάς

(From the album ΜΙΚΡΑ ΑΣΙΑ, P.I. Records DP1–501. Music by Apostolos Kaldaras, lyrics by Pythagoras.)

ΤΗΛΕΦΩΝ

Πτήση 3

Ἡ Γοργόνα κι ὁ Μέγας Ἀλέξανδρος

Πρῶτο μέρος

κόκκινο

2ος ΚΑΛΟΓΕΡΟΣ: ________ ___ ________.

1ος ΚΑΛΟΓΕΡΟΣ: Ἐγώ δέν πέφτω ___ ______ _____. ___ ___ ________ _____;

ΜΑΡΙΑ: Ἐλᾶτε _____ ___.

(___ ___ ________ ____________ _____ ____ ______. Ἀκούγονται θρῆνοι ____ ________ _____ ______.)

ΚΑΛΟΓΕΡΟΙ: Γρήγορα!

(Ἡ Μαρία, ____________, παίρνει ἕναν ἀριθμό. Ὁ ____________ θάλαμος ὑψώνεται ____-_____.)

2ος ΚΑΛΟΓΕΡΟΣ: Τί εἶν' αὐτό; ______;

ΜΑΡΙΑ: __! Δέν ξέρω ___ ________. _ ______ _____ ________ ________.

1ος ΚΑΛΟΓΕΡΟΣ: ___ ____ ____;

2ος ΚΑΛΟΓΕΡΟΣ: Εἴμαστε πάνω ἀπ' τή θάλασσα. ___ ________ _________.

ΜΑΡΙΑ: Πέφτουμε . . . ____ ____, ______!

(Ὁ θάλαμος χτυπάει τά νερά ____ _______ ____________ ___ ______ ________ ______.)

2ος ΚΑΛΟΓΕΡΟΣ: Δόξα σοι ὁ Θεός, ____ _______ ______. ___ _ ________ ___ ___ ____ ______ ____!

Βοηθητικές ἑρμηνεῖες

Τίτλος. Ἡ Γοργόνα κι ὁ Μέγας Ἀλέξανδρος] The Mermaid and Alexander the Great

4. Ἐλᾶτε] Come! 6. θρῆνοι] lamentations

9. ὑψώνεται] rises, ascends

18. Δόξα σοι ὁ Θεός] God be praised

Σημειώσεις

Τίτλος. *μέγας*] The adjective *μεγάλος-η-ο* has alternate forms that survive from ancient Greek in the nominative and accusative singular of the masculine and neuter:

ὁ μεγάλος (μέγας)	τό μεγάλο (μέγα)
τοῦ μεγάλου (—)	τοῦ μεγάλου (—)
τό μεγάλο (μέγα)	τό μεγάλο (μέγα)

4. *ἐλᾶτε*] plural imperative of *ἔρχομαι*. The singular imperative is *ἔλα*.
6. *θρῆνος* plus *ᾠδή* ("lamentation" plus "ode") gives us the English word "threnody," which means "a song of lamentation," "a dirge."
18. *Δόξα σοι ὁ Θεός*] This is a fixed expression from ecclesiastical Greek that survives in modern Greek.

μπλέ

2ος ΚΑΛΟΓΕΡΟΣ: *Ζυγώνουν οἱ Τοῦρκοι.*

1ος ΚΑΛΟΓΕΡΟΣ: *Ἐγώ δέν πέφτω* ___ _____ ____. __ __ _______ ____;

ΜΑΡΙΑ: *Ἐλᾶτε μαζί μου.*

(*Οἱ δυό καλόγεροι στριμώχνονται μέσα στό θάλαμο. Ἀκούγονται θρῆνοι καί κραυγές* ___ ______.)

ΚΑΛΟΓΕΡΟΙ: *Γρήγορα!*

(Ἡ *Μαρία*, ____________, *παίρνει ἕναν ἀριθμό. Ὁ* _____________ *θάλαμος ὑψώνεται* ____-_____.)

2ος ΚΑΛΟΓΕΡΟΣ: *Τί εἶν' αὐτό;* ______;

ΜΑΡΙΑ: __! *Δέν ξέρω τί συμβαίνει. Ἡ μηχανή δέν δουλεύει* _______.

1ος ΚΑΛΟΓΕΡΟΣ: *Τί λές* ____;

2ος ΚΑΛΟΓΕΡΟΣ: *Εἴμαστε πάνω ἀπ' τή θάλασσα. Ἄν πέσουμε χαθήκαμε.*

ΜΑΡΙΑ: *Πέφτουμε* . . . __ __, _______!

(Ὁ *θάλαμος χτυπάει τά νερά* ___ _______ ____________ ___ _______ ________ ______.)

2ος ΚΑΛΟΓΕΡΟΣ: *Δόξα σοι ὁ Θεός, δέν πάθαμε τίποτε.* __ _ _______ ___ ___ _____ _______ ____!

Βοηθητικές ἑρμηνεῖες

1. *ζυγώνουν*] approach
5. *στριμώχνονται μέσα*] crowd themselves into, squeeze into, jam themselves into 6. *κραυγές*] cries, shouts
11. *συμβαίνει*] is happening, is going on, is taking place

18. *δέν πάθαμε τίποτε*] we haven't suffered anything, we haven't been hurt, nothing happened to us

---

Σημειώσεις

5. *στριμώχνονται*] The verb is also spelled with an upsilon and is seen in a slightly different form: *στρυμώνω* instead of *στριμώχνω*.
11. *συμβαίνει*] This verb is normally used only in the third person, singular and plural.
    Συμβαίνει κάτι σπουδαῖο. "Something important is happening."
    Συμβαίνουν πολλά πράγματα. "Many things are happening."
    The simple past tense is *συνέβη* (sometimes *συνέβηκε*) in the third person singular and *συνέβησαν* (sometimes *συνέβηκαν*) in the third person plural.
    As an impersonal verb, it is used only in the third person singular.
    Συμβαίνει κάποτε νά φεύγω νωρίς. "It sometimes happens that I leave early."
    For a full discussion of impersonal verbs, see Μιά *ματιά στή γραμματική*, below.
18. *πάθαμε*] The verb is *παθαίνω*. The simple past tense is *ἔπαθα*, etc.

μαῦρο

2ος ΚΑΛΟΓΕΡΟΣ: Ζυγώνουν οἱ Τοῦρκοι.
1ος ΚΑΛΟΓΕΡΟΣ: Ἐγώ δέν πέφτω στά χέρια τους. Τί θά κάνουμε τώρα;
ΜΑΡΙΑ: Ἐλᾶτε μαζί μου.

(Οἱ δυό καλόγεροι στριμώχνονται μέσα στό θάλαμο. Ἀκούγονται θρῆνοι καί κραυγές ἀπό μακριά.)

ΚΑΛΟΓΕΡΟΙ: Γρήγορα!

(Ἡ Μαρία, τρομοκρατημένη, παίρνει ἕναν ἀριθμό. Ὁ παραφορτωμένος θάλαμος ὑψώνεται ἀργά-ἀργά.)

2ος ΚΑΛΟΓΕΡΟΣ: Τί εἶν' αὐτό; Ἀραμπάς;
ΜΑΡΙΑ: Ἄχ! Δέν ξέρω τί συμβαίνει. Ἡ μηχανή δέν δουλεύει κανονικά.
1ος ΚΑΛΟΓΕΡΟΣ: Τί λές μωρέ;
2ος ΚΑΛΟΓΕΡΟΣ: Εἴμαστε πάνω ἀπ' τή θάλασσα. Ἄν πέσουμε χαθήκαμε.
ΜΑΡΙΑ: Πέφτουμε . . . Θεέ μου, βοήθεια!

(Ὁ θάλαμος χτυπάει τά νερά καί ἐπιπλέει ἀνεβοκατεβαίνοντας στά πελώρια ἀφρισμένα κύματα.)

2ος ΚΑΛΟΓΕΡΟΣ: Δόξα σοι ὁ Θεός, δέν πάθαμε τίποτε. Κι ὁ ἀραμπάς μας δέν μπάζει σταγόνα νερό!

Βοηθητικές ἑρμηνεῖες

8. *τρομοκρατημένη*] terrified, terrorized
9. *παραφορτωμένος*] overloaded
10. *ἀραμπάς*] wagon, ox-cart
12. *κανονικά*] normally, smoothly
16. *ἐπιπλέει*] floats, floats on the surface
    ἀνεβοκατεβαίνοντας] moving up and down
17. *πελώρια*] colossal, enormous
    ἀφρισμένα] frothy, white-capped
    κύματα] waves
19. *δέν μπάζει . . . νερό*] doesn't leak
    σταγόνα] drop

Σημειώσεις

9. *παραφορτωμένος*] one of the uses of the prefix *παρα-* is to indicate that something is excessive or overdone: *παραδουλεύω*, "to work excessively," "to overwork"
   For a detailed treatment of prefixes, see Μιά *ματιά στή γραμματική*, below.
12. *κανονικά*] Translated as "normal" or "regular" or even (loosely) "smooth," this word actually means "according to law or rule or norm." Τό *παιδί μεγαλώνει κανονικά*. "The child is growing normally." The Greek word gives us our English word "canonical," which means "consistent with the laws (canons, *κανόνες*) of the Church."
15. Θεέ *μου*] Θεέ is the regular vocative of Θεός. But sometimes the exclamation is shortened to Θέ *μου*.
16. *ἐπιπλέει*] simple past *ἐπέπλευσα*, simple future *θά ἐπιπλεύσω*, continuous past *ἐπέπλεα*

Synonyms or approximate synonyms / *Συνώνυμα ἤ περίπου συνώνυμα*

1. *ζυγώνουν*: *πλησιάζουν, κοντεύουν, σιμώνουν, προσεγγίζουν*
2. *πέφτω στά χέρια τους*: *γίνομαι δοῦλος τους, πέφτω θύμα τους, πιάνομαι, πιάνομαι αἰχμάλωτος*
9. *ὑψώνεται*: *ἀνεβαίνει*
   ἀργά-ἀργά: *σιγά-σιγά, ἀγάλια-ἀγάλια, μέ τό πάσο του, ἀβίαστα*
11. *τί συμβαίνει*: *τί γίνεται, τί τρέχει*
    δουλεύει: *ἐργάζεται*
12. *κανονικά*: *ὁμαλά, φυσικά*
13. *τί λές*: *τί ἐννοεῖς, τί θέλεις νά πεῖς*

14. εἴμαστε: βρισκόμαστε
ἄν πέσουμε χαθήκαμε: ἄν πέσουμε ἀλίμονό μας, ἄν πέσουμε τετέλεσται, ἄν πέσουμε κλάφτα Χαράλαμπε, ἄν πέσουμε τελείωσαν τά ψέματα
15. πέφτουμε: γκρεμιζόμαστε, καταρρέουμε
16. χτυπάει τά νερά: ἀναταράζει τά νερά
17. πελώρια: τεράστια, πολύ μεγάλα, γιγάντια, τιτάνια
18. δέν πάθαμε τίποτε: δέν μᾶς συνέβη τίποτε, δέν ἔγινε τίποτε
19. δέν μπάζει νερό: δέν παίρνει νερά

Ἐρωτήσεις

(νά ἀπαντήσετε χρησιμοποιώντας τά συνώνυμα ἤ περίπου συνώνυμα)

1. Τί κάνουν οἱ Τοῦρκοι ἐνῶ μιλοῦν οἱ καλόγεροι;
2. Τί λέει ὁ πρῶτος καλόγερος;
9. Πῶς ἀνεβαίνει ὁ θάλαμος;
11. Τί δέν ξέρει ἡ Μαρία;
11–12. Δουλεύει καλά ἡ μηχανή;
13. Τί ρωτάει ὁ πρῶτος καλόγερος;
14. Τί λέει ὁ δεύτερος καλόγερος;
15. Τί φωνάζει ἡ Μαρία;
16. Τί κάνει ὁ θάλαμος μέ τά νερά;
17. Ποῦ ἐπιπλέει;
18. Γιατί ὁ 2ος καλόγερος λέει "Δόξα σοι ὁ Θεός";
18–19. Παίρνει ὁ ἀραμπάς σταγόνα νερό;

Ἀσκήσεις

1. Ζυγώνουν οἱ Τοῦρκοι.
Ζυγώνουν οἱ Ἕλληνες.
Πλησιάζουν οἱ Ἕλληνες.
Πλησιάζουν οἱ στρατιῶτες.
Κοντεύουν οἱ στρατιῶτες.
Κοντεύουν οἱ Τοῦρκοι.
Ζυγώνουν οἱ Τοῦρκοι.

Teacher: 2 Ἐγώ δέν πέφτω στά χέρια τους.
Cue: πιάνομαι
Student: Ἐγώ δέν πιάνομαι.
Other cues: γίνομαι δοῦλος τους, πέφτω θύμα τους, πέφτω μέ τό ἔτσι θέλω, πέφτω χωρίς ἀγώνα, πέφτω στά χέρια τους

2–3. Τί θά κάνουμε τώρα;
ἀνοίξουμε
Τί θά ἀνοίξουμε τώρα;
γεμίσουμε, ἀρχίσουμε, ἀκούσουμε, παρακολουθήσουμε, κουβαλήσουμε, κάνουμε

4. Ἐλᾶτε μαζί μου.
Πετάξτε
Πετάξτε μαζί μου.
Χωθῆτε, Σκύψτε, Βγῆτε, Ἀκοῦστε, Ψάξτε, Κοιτάξτε, Ἐλᾶτε

5. Οἱ δυό καλόγεροι στριμώχνονται μέσα στό θάλαμο.
καφενεῖο
Οἱ δυό καλόγεροι στριμώχνονται μέσα στό καφενεῖο.
λεωφορεῖο, τραῖνο, ταξί, ἀεροπλάνο, ναό, ταχυδρομεῖο, σινεμά, θάλαμο

5–6. Ἀκούγονται θρῆνοι καί κραυγές ἀπό μακριά.
κλάματα καί φωνές
Ἀκούγονται κλάματα καί φωνές ἀπό μακριά.
ἐκρήξεις καί βροντές, ἀγόρια καί κορίτσια, μελίσσια καί πουλιά, αὐτοκίνητα καί τραῖνα, μπουζούκια καί μαντολίνα, σκυλιά καί γάτες, θρῆνοι καί κραυγές

8. Ἡ Μαρία τρομοκρατημένη παίρνει ἕναν ἀριθμό.
φοβισμένη
Ἡ Μαρία φοβισμένη παίρνει ἕναν ἀριθμό.
σαστισμένη, μπερδεμένη, στενοχωρημένη, ταραγμένη, ἀνήσυχη, κατάπληκτη, κουρασμένη, τρομοκρατημένη

8–9. Ὁ παραφορτωμένος θάλαμος ὑψώνεται ἀργά-ἀργά.
Ὁ ἄδειος θάλαμος ὑψώνεται ἀργά-ἀργά.
Ὁ ἄδειος θάλαμος ὑψώνεται γρήγορα-γρήγορα.
Ὁ γεμάτος θάλαμος ὑψώνεται γρήγορα-γρήγορα.
Ὁ γεμάτος θάλαμος ὑψώνεται κανονικά.
Ὁ παραφορτωμένος θάλαμος ὑψώνεται κανονικά.
Ὁ παραφορτωμένος θάλαμος ὑψώνεται ἀργά-ἀργά.

11. Ἄχ! Δέν ξέρω τί συμβαίνει.
τί γίνεται
Ἄχ! Δέν ξέρω τί γίνεται.
τί τρέχει, τί ἀκούγεται, τί καιρό κάνει, τί πειράζει, τί συμβαίνει

11–12. Ἡ μηχανή δέν δουλεύει κανονικά.
Ἡ μηχανή δέν δουλεύει καλά.
Τό αὐτοκίνητο δέν πάει καλά.
Τό αὐτοκίνητο δέν πάει γρήγορα.
Ὁ θάλαμος δέν ὑψώνεται γρήγορα.
Ὁ θάλαμος δέν ὑψώνεται κανονικά.
Ἡ μηχανή δέν δουλεύει κανονικά.

14. Εἴμαστε πάνω ἀπ' τή θάλασσα.
ἀπ' τό βουνό
Εἴμαστε πάνω ἀπ' τό βουνό.

ἀπ' τό χωριό, ἀπ' τήν πόλη, ἀπ' τήν Εὐρώπη, ἀπ' τή Γαλλία, ἀπ' τή λεωφόρο, ἀπ' τό πέλαγος, ἀπ' τή θάλασσα

14–15. Ἄν πέσουμε, Θεέ μου, χαθήκαμε.
Ἄν πέσουμε, Θεέ μου, ἀλίμονο.
Ἄν κατεβοῦμε, Θεέ μου, ἀλίμονο.
Ἄν κατεβοῦμε, Θεέ μου, βοήθεια.
Ἄν χτυπήσουμε τά νερά, Θεέ μου, βοήθεια.
Ἄν χτυπήσουμε τά νερά, Θεέ μου, χαθήκαμε.
Ἄν πέσουμε, Θεέ μου, χαθήκαμε.

16–17. Ὁ θάλαμος ἐπιπλέει ἀνεβοκατεβαίνοντας στά πελώρια ἀφρισμένα κύματα.
ἥσυχα
Ὁ θάλαμος ἐπιπλέει ἥσυχα στά πελώρια ἀφρισμένα κύματα.
σιγά-σιγά, γρήγορα, ὁμαλά, σίγουρα, φυσικά, κανονικά, ἴσια, εὔκολα, ἥσυχα

18–19. Ὁ ἀραμπάς μας δέν μπάζει σταγόνα νερό.
Τό πλοῖο
Τό πλοῖο μας δέν μπάζει σταγόνα νερό.
Τό βαπόρι, Ὁ θάλαμος, Τό αὐτοκίνητο, Τό σπίτι, Ὁ ἀραμπάς

Ἐρωτήσεις

1. Ποιοί ζυγώνουν ἐνῶ μιλοῦν οἱ καλόγεροι;
2. Ὁ 1ος καλόγερος εἶναι ἕτοιμος νά πέσει στά χέρια τῶν Τούρκων;
3. Τί κάνουν οἱ δυό καλόγεροι ὅταν ἡ Μαρία τούς λέει, "Ἐλᾶτε μαζί μου";
4. Τί ἀκούγονται ἀπό μακριά;
5. Πῶς αἰσθάνεται ἡ Μαρία ἀφοῦ πάρει τόν ἀριθμό πού θέλει;
6. Γιατί ὑψώνεται ἀργά-ἀργά ὁ θάλαμος;
7. Τί δέν ξέρει ἡ Μαρία;
8. Τί δέν δουλεύει κανονικά;

Γενικές ἐρωτήσεις

1. Τί κάνεις ὅταν βλέπεις ἕνα φίλο σου ἀπό μακριά;
2. Τί δέν κάνει ἕνας καλός καλόγερος ὅταν τόν πειράζει ὁ Σατανάς;
3. Πῶς πρέπει νά μπεῖς στό στάδιο γιά νά δεῖς ποδόσφαιρο ὅταν ὑπάρχει πολύς κόσμος;
4. Τί ἀκούγονται ὅταν πεθαίνει ἕνας καλός ἄνθρωπος;
5. Ποιά πράγματα σ' ἔχουν τρομοκρατήσει ἐσένα;
6. Τί θά πεῖ ἡ λέξη "παραφορτωμένος";
7. Τί συμβαίνει τώρα δά στή τάξη μας;
8. Πόσες ὧρες διαβάζεις κανονικά; Παραδιαβάζεις καμιά φορά;

9. Τί θά γίνει ἄν πέσουν στή θάλασσα;

10. Ποῦ χτυπάει ὁ θάλαμος;

11. Πῶς ἐπιπλέει ὁ θάλαμος;

12. Ποιά εἶναι ἀφρισμένα;

13. Τί δέ μπάζει ὁ ἀραμπάς;

9. Ἄν ἤσουν σ' ἕνα ἀεροπλάνο πού ἔπεφτε, τί θά φώναζες;

10. Τί κάνεις ὅταν θέλεις νά μπεῖς σ' ἕνα γραφεῖο;

11. Τί θά πεῖ ἡ λέξη "ἀνεβοκατεβαίνοντας";

12. Ποῦ βλέπουμε ἀφρισμένα κύματα;

13. Μπάζουν νερό τά παπούτσια σου;

Μιά ματιά στή γραμματική

I. IMPERSONAL VERBS / ΑΠΡΟΣΩΠΑ ΡΗΜΑΤΑ

A. When a verb is used in the third person singular without a subject, and only in this way, it is called an impersonal verb.

Πρέπει νά 'ρθεῖτε. "You must come." (= It is necessary [fitting, proper] that you come.)
Ἔπρεπε νά 'ρχόσασταν. "You ought to have come."
Χιονίζει ἔξω. "It's snowing outside."
Δέν μέ μέλει. "I don't care." (= It doesn't concern me. It doesn't matter to me.)

B. Many ordinary—i.e. personal—verbs may also function impersonally in the third person singular. Note that for such verbs the impersonal meaning is not always the same as the personal meaning. (Many of these verbs are "impersonal" only in the sense that they have a special use which is restricted to the third person singular, not in the sense that they lack a subject. We'll return to this problem in Flight IV, Part 2, when we consider the verb *ἐπιτρέπεται.*)

Personal: *Μπορῶ νά 'ρθῶ.* "I can come."
Impersonal: *Μπορεῖ νά 'ρθῶ.* "I might come." (= It is possible that I'll come.)
Μπορεῖ νά 'ρθοῦμε. "We might come." (= It is possible that we'll come.)

Personal: *Βρέχει τά ροῦχα πρίν νά τά σιδερώσει.* "She is dampening the clothes prior to ironing them."
Impersonal: *Βρέχει ἔξω.* "It's raining outside."

Personal: *Συγκρούσεις αὐτοκινήτων συμβαίνουν τακτικά στό δρόμο αὐτό.* "Automobile accidents take place regularly on this street."

Impersonal:	*Συνέβη νά μήν ἀρρωστήσω πέρυσι.* "It so happened that I didn't get sick last year."
Personal:	*Ὁ Γιάννης πειράζει αὐτό τό κορίτσι.* "John is bothering this girl."
Impersonal:	*Δέν πειράζει.* "It doesn't matter."
Personal:	*Γίνεται τό ψάρι.* "The fish is cooking."
Impersonal:	*Δέν γίνεται νά μᾶς ξεχάσει.* "It's unthinkable (impossible) that he'll forget us." *Ἄν γίνη καί πεθάνω, βοήθησε τή μάνα μου.* "If it so happens that I die, help my mother."
Personal:	*Ἡ γάτα μυρίζει τίς μπριζόλες.* "The cat is smelling the cutlets." (transitive) *Τό φαγητό μυρίζει θαυμάσια.* "The meal smells great." (intransitive)
Impersonal:	*Ἐδῶ μυρίζει.* "It smells here."
Personal:	*Τό ψυγεῖο κάνει πάγο.* "The refrigerator is making ice."
Impersonal:	*Κάνει παγωνιά σήμερα.* "It's freezing today."
Personal:	*Ὁ ἄρρωστος χρειάζεται βοήθεια.* "The patient needs help."
Impersonal:	*Χρειάζεται νά φύγω ἀμέσως.* "I have to leave immediately." (= It is necessary that I leave immediately.)
Personal:	*Ἀκούγεται μεγάλη θαλασσοταραχή.* "Heavy seas can be heard."
Impersonal:	*Ἀκούγεται ὅτι θά γίνει πάρτυ ἀπόψε.* "It's said (one hears, there's a rumor) that there will be a party tonight."

II. PREFIXES / ΠΡΟΘΕΜΑΤΑ

A. Greek is rich in prefixes. These change or intensify the meaning of the noun, verb, etc. to which they are attached. It is important to gain some idea of what they signify, since not all words formed with prefixes will be found in the dictionary.

B. Another problem is that the same prefix may have many different meanings. For example:

παρα-

1. denotes excess, intensity, augmentation

παραφορτώνω	to overload, overburden
παραφόρτωμα	the act of overloading
παρακοιμοῦμαι	to oversleep
παραμιλῶ, παραμιλάω	to be delirious, to babble, to rave

παραπίνω	to overdrink
παραμένω	to stay a long time, to stay too long
παρακάνω	to overdo

2. denotes proximity, being next to something

παραθαλάσσιος	by the sea
παραστέκομαι	to help or to support (someone), i.e. to stand by (someone)
παράλληλος	parallel (i.e. next to another)

3. denotes violation, infringement, overstepping

παραβλέπω	to overlook (i.e. to neglect to take care of, neglect to notice)
παράνομος	illegal, against the law
παρανομῶ	to break the law

C. In the past tense of verbs with prefixes where an augment is involved, the augment tends to come before the main part of the verb, and not before the prefix.

present tense	simple past tense
παραπίνω	*παραήπια, παράπια*
παραβλέπω	*παράβλεψα (παρα- + ἔβλεψα)*
συμβαίνει	*συνέβη, συνέβηκε*
ὑποφέρω	*ὑπέφερα, ὑπόφερα (ὑπο- + ἔφερα)*
ἀπομένω	*ἀπόμεινα (ἀπο- + ἔμεινα)*
ἐπιπλέω	*ἐπέπλευσα*
ἐπιτρέπω	*ἐπέτρεψα*

But this does not happen in every case.

προσθέτω	*(ἐ)πρόσθεσα* (but *προσέθεσα* also occurs)
προσέχω	*(ἐ)πρόσεξα*

D. Here are some other prefixes already encountered.

ξανα-

1. denotes repetition

ξαναχτίζω	to rebuild, build again
ξανακάνω	to re-do, remake

ἀπο- (*ἀφ-* before vowels with rough breathing)

1. denotes separation, distancing

ἀπογειώνομαι	to distance oneself from the earth, to take off (in an airplane)
ἀπέρχομαι	to go away, to leave, to depart

2. denotes residue, remainder

ἀποφάγια	leftovers, food remaining after a meal
ἀπομένω	to be left, to remain

3. denotes the completion of an action

ἀποτρώγω	to finish eating
ἀποτελειώνω	to finish completely

ξε-

1. denotes motion away from, outward, upward

ξεφεύγω	to escape, to slip away
ξεφυτρώνω	to spring up, to sprout
ξεπετάγομαι	to jump upwards, outwards
ξεθηκαρώνω	to unsheathe, to draw (a weapon) out of its sheath

2. denotes undoing, reversal

ξεκάνω	to undo, to kill
ξεμαθαίνω	to unlearn
ξεμεθῶ	to become sober ("un-drunk")

ἐκ- (ἐξ- before vowels)

1. denotes motion away from, out of

ἐξέρχομαι	to go out, to leave

εἰσ-

1. denotes motion into

εἰσέρχομαι	to go in, to enter

προς-

1. denotes motion toward

προσγειώνομαι	to approach the earth, to land (in an airplane)

ἀ- (ἀν- before vowels)

1. denotes absence

ἀνησυχία	uneasiness, worry, absence of tranquility
ἀνήσυχος	uneasy, worried
ἀνοησία	nonsense, absence of meaning
ἀσύγχρονος	asynchronous, not simultaneous

ἀρχι-

1. denotes leadership, preëminence

ἀρχιτέκτονας	architect (chief craftsman or builder)
ἀρχιμηχανικός	chief engineer

συν- (*συγ-* before *κ*, *γ*, *χ*; *συλ-* before *λ*; *συμ-* before *β*, *μ*, *π*, *φ*, *ψ*; *συρ-* before *ρ*)

1. denotes similarity, identity, simultaneity, togetherness

συνώνυμα	synonym, a word of like "name" (meaning)
συγκρούομαι	to clash, collide (i.e. to collide *with* something else)
συγχυσμένος	confused ("flowed together")
συμβαίνει	to happen ("to proceed with")
σύγχρονος	synchronous, simultaneous, contemporary
σύμμαχος	ally, fellow fighter
συμπάθεια	sympathy ("feeling with")
συλλαβή	syllable ("that which holds together")
συρροή	assembly, gathering ("a flowing together")

ἀντι- (*ἀνθ-* before vowels with rough breathing)

1. denotes substitution

ἀντίδωρο	bread distributed in place of the bread (literally, the "gift") of Holy Communion
ἀντικατάσταση	substitution, replacement
ἀντιγράφω	to copy
ἀντιβασιλέας	viceroy (official who substitutes for a king)
ἀντιπρόεδρος	vice-president, vice-chairman

2. denotes compensation or correspondence

ἀντίδωρο	gift given in return for another gift

3. denotes opposition, contrast

ἀνθελληνικός	hostile toward Greece or the Greeks, anti-hellenic
ἀντιφωνικός	antiphonal
ἀντίθεση	antithesis (contrasting thesis)

αὐτο-

1. denotes self

αὐτοκράτορας	emperor (i.e. one who rules by "self-power"; cf. "autocrat")
αὐτοκίνητο	automobile (i.e. something that moves by itself, without horses)

περι-

1. denotes circling, going round, going about

περιπλανιέμαι	to roam, wander about
περιβρέχω	to bathe or wet on all sides
περιβλέπω	to look all around

κατ(α)- (*καθ-* before vowels with rough breathing)

1. denotes downward direction or motion

κατεβαίνω (= *καταβαίνω*)	to go down, descend
καταβλέπω	to look downward

2. denotes augmentation of degree

κατάπληκτος	stupefied, amazed (i.e. extremely struck, hit)
καταβρέχω	to wet down entirely, completely, thoroughly
καθησυχάζω	to calm completely
κατακόκκινος	extremely red
κατακουρασμένος	extremely tired

ἀνα-

1. denotes upward direction or motion

ἀνεβαίνω (= *ἀναβαίνω*)	to go up, to ascend
ἀνεβοκατεβαίνω	to move up and down
ἀνακατεύω	to mix (i.e. to shake up and down)

ἐπι- (*ἐπ-* before vowels with smooth breathing, *ἐφ-* before vowels with rough breathing)

1. denotes being on something

ἐπιπλέω	to float (i.e. to sail on the surface)
ἔφιππος	mounted on horseback

ὑπο- (*ὑπ-* before vowels with smooth breathing, *ὑφ-* before vowels with rough breathing)

1. denotes being or moving beneath, under something, being submissive to something

ὑποχωρῶ	to retreat, give way, withdraw (i.e. to proceed away from something that threatens to dominate)
ὑπάλληλος	employee (i.e. someone under someone else)
ὑπότιτλος	subtitle
ὑφήλιος, ἡ	the world (i.e. everything under the sun)

Recognition drill for impersonal verbs

Some of the following sentences use impersonal verbs and some do not. After each sentence, place a check in the appropriate column. If the same verb can be construed as both personal and impersonal, check both columns.

	Impersonal	Personal
Αὐτός μπορεῖ νά μοῦ δώσει σαρδέλλες.		
Δέν πειράζει ἄν δέν ἔρθουν.		
Ὁ ἄνθρωπος χρειάζεται δουλειά.		
Συνέβη πολλές φορές νά πῶ ψέματα.		
Μπορεῖ νά πάρω σαρδέλλες ἀπ' αὐτόν.		
Μή μέ πειράζεις.		
Χρειάζεται νά δουλεύει κανείς στή ζωή.		
Συνέβη κάτι κακό σ' αὐτούς πού εἴπανε ψέματα.		

Matching drill for prefixes

Each word in column A has an opposite in column B. Match up the pairs of opposites by connecting each pair with a line, as shown in the example.

A	B
κάνω	κατεβαίνω
εἰσέρχομαι	ξεμαθαίνω
ἀνεβαίνω	ἀπογειώνομαι
ἥσυχος	ἀνήσυχος
μαθαίνω	ἐξέρχομαι
ἀσύγχρονος	ἄπιστος
πιστός	ξεκάνω
προσγειώνομαι	σύγχρονος

Transformation drill for adding prefixes

Δ. Ὁ μανάβης φορτώνει περισσότερο ἀπ' ὅ,τι πρέπει τό γαϊδούρι του.
Μ. Ὁ μανάβης παραφορτώνει τό γαϊδούρι του.

Δ. Τό παιδί κάνει ἀκόμη μιά φορά τό μάθημά του.
Μ. Τό παιδί ξανακάνει τό μάθημά του.

Δ. Ὅταν χάνομαι, πλανιέμαι γύρω στούς δρόμους.
Μ. Ὅταν χάνομαι, περιπλανιέμαι στούς δρόμους.

Δ. Ἐργαζόμαστε μαζί μέ ἄλλους.
Μ. Συνεργαζόμαστε.

Δ. Ὅταν δουλεύω πολύ, εἶμαι πάρα πολύ κουρασμένος.
Μ. Ὅταν δουλεύω πολύ, εἶμαι κατακουρασμένος.

TELEPHONE

Πτήση 3

Ἡ Γοργόνα κι ὁ Μέγας Ἀλέξανδρος

Δεύτερο μέρος

κόκκινο

(Ἔξαφνα ____ __ ___ _____ ἀκούγεται μεγάλη θαλασσοταραχή, ___ ____ _____ ________ __ _____ __ ____ __ ___ ____ ___. Γυρίζουν __ ____ ___ καί τί νά δοῦν; Ἕνα τέρας ______ ____ πάνω στά κύματα. __ __ ___ εἶναι ________ γυναίκα καί ___ __ ___ ___ ___ ψάρι, ___ ____. ___ ____ ___. Τοῦ πρώτου καλόγερου τοῦ κόπηκε ἡ ἀνάσα· _ ____ ______ _ ______ __ _____. _____, ὁ δεύτερος καλόγερος ___ __ ___. Τή γνώρισε __ ___ _____ καί περίμενε ἥσυχος.)

ΓΟΡΓΟΝΑ: ______, __ _ ______ ________;

2ος ΚΑΛΟΓΕΡΟΣ (__ ______): ___ ___ ________, ____ ___.

(____ ___. Ἡ Γοργόνα χαμογέλασε. ______ __ ____ __ __ ____ ___ __ ἡ θάλασσα ἔγινε λάδι. ___ _____ _____ __ ___ ____ ___ __ _____, __ ______ _______ ___ ______ __ ___. _ ______ _____ __ ἕνα ____ ἀεράκι ἄρχισε νά σπρώχνει τό θάλαμο στή στεριά.)

1ος ΚΑΛΟΓΕΡΟΣ (___________): _________! ______ ___ _____!

MARIA: ___ __ _________ _____ ___ ________, __ ____;

Βοηθητικές ἑρμηνεῖες

1. *θαλασσοταραχή*] heavy seas (literally: sea-disturbance, sea-agitation)
3. *τέρας*] monster
6. *κόπηκε ἡ ἀνάσα τοῦ πρώτου καλόγερου*] The first monk's heart skipped a beat. (Literally: The first monk's breath was cut [short].)
12. *γοργόνα*] mermaid

13. *ἔγινε λάδι*] became smooth as silk, smooth as glass (literally: became olive oil)
16. *σπρώχνει*] pushes *στή στεριά*] toward the land

Σημειώσεις

1. *ἔξαφνα*] The alternate forms *ἄξαφνα* and *ξαφνικά* are common. A less common alternate is *ξάφνου*.
3. *ἕνα τέρας*] This neuter noun is deceptive because the *-ας* ending makes it look like a masculine noun. The conjugation is the same as for *τό κρέας, τοῦ κρέατος*.
6. *κόπηκε*] simple past tense of *κόβομαι*, the mediopassive of *κόβω*.

μπλέ

(Ἔξαφνα ____ __ __ _____ *ἀκούγεται μεγάλη θαλασσοταραχή, σάν νἆταν* _____ *θεριόψαρο* __ _____ __ _____ __ __ _____ ___. *Γυρίζουν τά μάτια τους καί τί νά δοῦν; Ἕνα τέρας στέκεται* _____ *πάνω στά κύματα. Ὡς τή μέση εἶναι* ________ *γυναίκα καί ἀπό τή μέση καί κάτω ψάρι,* ___ _____. *Τήν εἶδαν ὅλοι. Τοῦ πρώτου καλόγερου τοῦ κόπηκε ἡ ἀνάσα· ἡ Μαρία ἀπόμεινε μ' ἀνοιχτό τό στόμα. Ὡστόσο, ὁ δεύτερος καλόγερος δέν τά 'χασε. Τή γνώρισε* __ __ _____ *καί περίμενε ἥσυχος.*)

ΓΟΡΓΟΝΑ: _______, *ζεῖ ὁ βασιλιάς Ἀλέξανδρος;*

2ος ΚΑΛΟΓΕΡΟΣ (__ ______): *Ζεῖ καί βασιλεύει,* ____ __.

(____ ____. *Ἡ Γοργόνα χαμογέλασε. Χάιδεψε τά νερά* __ __ _____ __ *καί ἡ θάλασσα ἔγινε λάδι.* ___ *ἄγγιξε* _____ *μέ τήν οὐρά της τό θάλαμο,* __ _______ _______ __ ______ __ ____. *Ἡ Γοργόνα φύσηξε κι ἕνα* ____ *ἀεράκι ἄρχισε νά σπρώχνει τό θάλαμο στή στεριά.*)

1ος ΚΑΛΟΓΕΡΟΣ (__________): _________! _____ __ _____!

ΜΑΡΙΑ: __ __ ________ _____ __ ________, __ ____;

Βοηθητικές ἑρμηνεῖες

2. *νἆταν = νά ἦταν* *θεριόψαρο*] sea monster ("monster-fish")
4. *στέκεται*] is standing
7. *ἀπόμεινε*] was left
   ὡστόσο] however
8. *δέν τά 'χασε = δέν τά ἔχασε*] didn't become confused, didn't lose his wits, kept his cool

10. *ζεῖ καί βασιλεύει*] he's alive and reigning
12. *χάιδεψε*] she caressed, she stroked
13. *ἄγγιξε*] she touched
14. *οὐρά*] tail

Σημειώσεις

2. *νἆταν*] When two words are written together like this, we have what is called crasis. Here, as in most cases of crasis, the vowel of the second word is lost and the vowel of the first word is retained. The vowel of the first syllable, though no longer the first letter of the word, nevertheless has a smooth breathing, as well as an accent. This shows that we are dealing with two words written as one. Examples: *νἆσαι* (*νά εἶσαι*), *μοὖπε* (*μοῦ εἶπε*), *νἄρθεις* (*νά ἔρθεις*). For further explanation see Μιά *ματιά στή γραμματική*.
4. *στέκεται*] The verb *στέκομαι* is irregular. The simple past is *στάθηκα*.
7. *ἀπόμεινε*] The verb is *ἀπομένω*. In the past tense, *ἀπο-* + *ἔμεινε* becomes *ἀπόμεινα*.
8. *τά 'χασε* = *τά ἔχασε*] Sometimes, two words are pronounced as one but not written as one. In this particular case—where the second vowel is lost and the first vowel is retained—we have what is called apheresis. Note that the lost vowel is replaced by an apostrophe. Examples: *ποῦ 'ναι* (*ποῦ εἶναι*), *νά 'ρθεις* (*νά ἔρθεις*), *νά 'ταν* (*νά ἦταν*), *νά 'σαι* (*νά εἶσαι*), *μοῦ 'πε* (*μοῦ εἶπε*). Where there is a choice between crasis and apheresis, demotic seems now to prefer apheresis.
10. *ζεῖ καί βασιλεύει*] This expression—which in the original context referring to Alexander the Great meant literally "he's alive and reigning"—is now used in everyday speech to apply to anyone, and to mean something like "he is hale and hearty," "he is flourishing," "he's never been better," etc.

μαῦρο*

(Ἔξαφνα πίσω ἀπ' τήν πρύμνη ἀκούγεται μεγάλη θαλασσοταραχή, σάν νἆταν κανένα θεριόψαρο κι ἔδερνε τά νερά μέ τήν οὐρά του. Γυρίζουν τά μάτια τους καί τί νά δοῦν; Ἕνα τέρας στέκεται ὄρθιο πάνω στά κύματα. Ὡς τή μέση εἶναι πεντάμορφη γυναίκα καί ἀπό τή μέση καί κάτω ψάρι, ὅλο λέπια. Τήν εἶδαν ὅλοι. Τοῦ πρώτου καλόγερου τοῦ κόπηκε ἡ ἀνάσα· ἡ

*Based on: Στράτη Μυριβήλη, Ὁ Ἀργοναύτης (παιδικό μυθιστόρημα), διασκευασμένο, στό Ἀναγνωστικόν Δ' Δημοτικοῦ τοῦ Γ. Α. Μέγα (Ἀθῆναι 1955)

Μαρία ἀπόμεινε μ' ἀνοιχτό τό στόμα. 'Ωστόσο, ὁ δεύτερος καλόγερος δέν τά 'χασε. Τή γνώρισε μέ τήν πρώτη καί περίμενε ἥσυχος.)

ΓΟΡΓΟΝΑ: Καπετάνιε, ζεῖ ὁ βασιλιάς 'Αλέξανδρος;

2ος ΚΑΛΟΓΕΡΟΣ (*μέ σιγουριά*): Ζεῖ καί βασιλεύει, κυρά μου.

(*Αὐτό ἦταν. 'Η Γοργόνα χαμογέλασε. Χάιδεψε τά νερά μέ τά χέρια της καί ἡ θάλασσα ἔγινε λάδι. Τότε ἄγγιξε ἁπαλά μέ τήν οὐρά της τό θάλαμο, κι ἀμέσως ξεφύτρωσε ἕνα κατάρτι μέ πανί. 'Η Γοργόνα φύσηξε κι ἕνα γλυκό ἀεράκι ἄρχισε νά σπρώχνει τό θάλαμο στή στεριά.*)

1ος ΚΑΛΟΓΕΡΟΣ (*μουρμουρίζοντας*): Εἰδωλολατρίες! Πράματα τοῦ Σατανᾶ!

ΜΑΡΙΑ: Καί τά τηγανισμένα ψάρια πού ζωντάνεψαν, τί εἶναι;

Βοηθητικές ἑρμηνεῖες

1. *πρύμνη*] stern (rear part of a boat)
2. *κανένα θεριόψαρο*] some sea-monster, some sea-monster or other
   ἔδερνε] was thrashing
4. *ὄρθιο*] upright *πεντάμορφη*] gorgeous, extremely beautiful (literally: 5-times beautiful)
5. *λέπια*] scales
8. *μέ τήν πρώτη*] at first glance, at once
10. *καπετάνιε*] captain (vocative)
13. *ἁπαλά*] gently, softly, delicately, smoothly
14. *ξεφύτρωσε*] sprouted out
15. *κατάρτι*] mast *πανί*] sail
17. *εἰδωλολατρίες*] idolatry (literally: idolatries), paganism
    πράματα = *πράγματα*

Σημειώσεις

1. *πρύμνη*] also *πρύμη* in demotic
2. *κανένα*] This indefinite adjective emphasizes imprecision. In this case, we don't know (yet!) precisely which sea-monster is involved. For further treatment of *κανένας*, *καμιά*, *κανένα* see Μιά *ματιά στή γραμματική*.
   ἔδερνε] Continuous past of the irregular verb *δέρνω*. The simple past is *ἔδειρα*.
3. *ὅλο*] should be construed as an adverb of degree, meaning "entirely [covered with]"

Συνώνυμα καί περίπου συνώνυμα

1. θαλασσοταραχή: φουρτούνα, τρικυμία, θύελλα, φουσκοθαλασσιά
2. ἔδερνε: βαροῦσε, χτυποῦσε, τάραζε
3. τέρας: θηρίο (θεριό)
4. πεντάμορφη: ὡραιότατη, ὀμορφότατη, πανώρια, πάρα πολύ ὄμορφη, νά τήν πιεῖς στό ποτήρι, σάν τό κρύο νερό
6. ἀνάσα: ἀναπνοή καλόγερου: μοναχοῦ
   τοῦ κόπηκε ἡ ἀνάσα τοῦ καλόγερου: τοῦ κόπηκαν τά ἤπατα τοῦ καλόγερου, τοῦ πῆγε τρεῖς καί μία τοῦ καλόγερου, πάγωσε ὁ καλόγερος, τρόμαξε ὁ καλόγερος, ἔχασε τή λαλιά του ὁ καλόγερος, κατουρήθηκε ὁ καλόγερος, τά 'χασε ὁ καλόγερος, χέστηκε ὁ καλόγερος, τά 'καν' ἀπάνω του ὁ καλόγερος
7. ἀπόμεινε μ' ἀνοιχτό τό στόμα: ἔμεινε ἄλαλη
   ὡστόσο: ὅμως, παρ' ὅλα αὐτά
8. μέ τήν πρώτη: ἀμέσως, στό πί καί φί, στό ἄψε σβῆσε, μεμιᾶς, μονομιᾶς
13. ἁπαλά: μαλακά, τρυφερά, γλυκά, ἤρεμα, ἥσυχα, σιγά-σιγά
16. σπρώχνει: σκουντάει

Ἐρωτήσεις

Νά ἀπαντήσετε χρησιμοποιώντας τά συνώνυμα ἤ τά περίπου συνώνυμα.

1. Τί ἀκούγεται πίσω ἀπ' τήν πρύμνη;
2. Τί ἔκανε τό θεριόψαρο;
3. Τί στέκεται ὄρθιο πάνω στά κύματα;
4. Τί εἶναι ὥς τή μέση;
6. Τί συνέβη στόν πρῶτο καλόγερο; Ἀπό ποιά ἑλληνική λέξη βγαίνει ἡ ἀγγλική λέξη "monk";
7. Πῶς ἔμεινε ἡ Μαρία; Τί θά πεῖ "ὡστόσο";
8. Πόσο γρήγορα γνώρισε τήν πεντάμορφη γυναίκα ὁ 2ος καλόγερος;
13. Πῶς ἄγγιξε τό θάλαμο ἡ Γοργόνα;
16. Τί ἄρχισε νά κάνει τό γλυκό ἀεράκι;

Ἀσκήσεις

1. Ἔξαφνα ἀκούγεται μεγάλη θαλασσοταραχή.
   Ἔξαφνα ἀκούγεται μεγάλη <u>τρικυμία</u>.
   <u>Ἀμέσως</u> ἀκούγεται μεγάλη τρικυμία.
   Ἀμέσως ἀκούγεται μεγάλη <u>φουρτούνα</u>.
   <u>Ἀπότομα</u> ἀκούγεται μεγάλη φουρτούνα.
   Ἀπότομα ἀκούγεται μεγάλη <u>θαλασσοταραχή</u>.
   <u>Ἔξαφνα</u> ἀκούγεται μεγάλη θαλασσοταραχή.

2. Σάν νἆταν κανένα θεριόψαρο κι ἔδερνε τά νερά.
   <u>καμιά Γοργόνα</u>

Σάν νἆταν καμιά Γοργόνα κι ἔδερνε τά νερά.
κανένα τέρας, κανένα θηρίο, κανένας Σατανάς, κανένα σκυλόψαρο, κανένας Ποσειδώνας, καμιά νεράιδα, κανένας Τρίτωνας, κανένα θεριόψαρο

2–3. Ἔδερνε τά νερά μέ τήν οὐρά του.
Ἔδερνε τά νερά μέ τά χέρια του.
Βαροῦσε τά νερά μέ τά χέρια του.
Βαροῦσε τά νερά μέ τό σῶμα του.
Χτυποῦσε τά νερά μέ τό σῶμα του.
Χτυποῦσε τά νερά μέ τήν οὐρά του.
Ἔδερνε τά νερά μέ τήν οὐρά του.

3. Γυρίζουν καί τί νά δοῦν;
τί ν' ἀκούσουν
Γυρίζουν καί τί ν' ἀκούσουν;
τί νά μυρίσουν, τί ν' ἀγγίξουν, τί νά ποῦν, τί νά βροῦν, τί νά χτυπήσουν, τί νά δοῦν

3–4. Ἕνα τέρας στέκεται ὄρθιο πάνω στά κύματα.
Ἕνα τέρας στέκεται ὄρθιο πάνω στή θάλασσα.
Ἕνα θεριό στέκεται ὄρθιο πάνω στή θάλασσα.
Ἕνα θεριό στέκεται ὄρθιο πάνω στά νερά.
Ἕνα θεριόψαρο στέκεται ὄρθιο πάνω στά νερά.
Ἕνα θεριόψαρο στέκεται ὄρθιο πάνω στά κύματα.
Ἕνα τέρας στέκεται ὄρθιο πάνω στά κύματα.

4–5. Ὥς τή μέση εἶναι πεντάμορφη γυναίκα.
ὀμορφότατη
Ὥς τή μέση εἶναι ὀμορφότατη γυναίκα.
ὡραιότατη, πανώρια, πάρα πολύ ὄμορφη, πάρα πολύ ἄσχημη, τερατόμορφη, πεντάμορφη

5–6. Τήν εἶδαν ὅλοι.
ἄκουσαν
Τήν ἄκουσαν ὅλοι.
μύρισαν, ἄγγιξαν, βρῆκαν, χτύπησαν, βάρεσαν, ἔδειραν, εἶδαν

6. Τοῦ πρώτου καλόγερου τοῦ κόπηκε ἡ ἀνάσα.
κόπηκε ἡ μιλιά
Τοῦ πρώτου καλόγερου τοῦ κόπηκε ἡ μιλιά.
πιάστηκε ἡ καρδιά, σφίχτηκε ἡ ψυχή, κόπηκαν τά ἤπατα, ἔτρεμαν τά χέρια, ἔτρεμαν τά πόδια, ἔτρεμε τό σῶμα, κόπηκε ἡ ἀνάσα

6–7. Ἡ Μαρία ἀπόμεινε μ' ἀνοιχτό τό στόμα.
ἔμεινε ἄλαλη
Ἡ Μαρία ἔμεινε ἄλαλη.

ἀπόμεινε μοναχή καί στενοχωρημένη, ἔμεινε σαστισμένη, ἔμεινε μπερδεμένη καί δέν ἤξερε τί νά κάνει, ἔμεινε συγχυσμένη, ἀπόμεινε μοναχή καί τρομοκρατημένη, ἀπόμεινε μ' ἀνοιχτό τό στόμα

7–8. Ὡστόσο ὁ δεύτερος καλόγερος δέν τά 'χασε.
τρίτος
Ὡστόσο ὁ τρίτος καλόγερος δέν τά 'χασε.
πέμπτος, ἔνατος, ὄγδοος, ἕκτος, ἕβδομος, δέκατος, τέταρτος, δεύτερος
Ὡστόσο ὁ δεύτερος καλόγερος δέν τά 'χασε.
Ὅμως ὁ δεύτερος καλόγερος δέν τά 'χασε.
Ὅμως ὁ δεύτερος καλόγερος δέν μπερδεύτηκε.
Παρ' ὅλ' αὐτά ὁ δεύτερος καλόγερος δέν μπερδεύτηκε.
Παρ' ὅλ' αὐτά ὁ δεύτερος καλόγερος δέν συγχύστηκε.
Ὡστόσο ὁ δεύτερος καλόγερος δέν συγχύστηκε.
Ὡστόσο ὁ δεύτερος καλόγερος δέν τά 'χασε.

8–9. Τή γνώρισε καί περίμενε ἥσυχος.
Τήν πλησίασε
Τήν πλησίασε καί περίμενε ἥσυχος.
Τή φώναξε, Τήν ἄκουσε, Τή χάιδεψε, Τήν ἔσπρωξε, Τή σκούντησε, Τή χτύπησε, Τή γνώρισε

10. Καπετάνιε, ζεῖ ὁ βασιλιάς Ἀλέξανδρος;
Καλόγερε
Καλόγερε, ζεῖ ὁ βασιλιάς Ἀλέξανδρος;
Κύριε, Μοναχέ, Πατέρα, Μητέρα, Ἀδερφέ, Μωρέ, Φίλε, Καπετάνιε

12. Ἡ Γοργόνα χαμογέλασε καί χάιδεψε τά νερά.
Ἡ Γοργόνα ζύγωσε καί χάιδεψε τά νερά.
Ἡ Γοργόνα ζύγωσε καί χτύπησε τά νερά.
Ἡ Γοργόνα στάθηκε καί χτύπησε τά νερά.
Ἡ Γοργόνα στάθηκε καί φύσηξε τά νερά.
Ἡ Γοργόνα χαμογέλασε καί φύσηξε τά νερά.
Ἡ Γοργόνα χαμογέλασε καί χάιδεψε τά νερά.

13. Ἡ Θάλασσα ἔγινε λάδι.
Τό πέλαγος
Τό πέλαγος ἔγινε λάδι.
Ὁ ὠκεανός, Τό νερό, Τό Αἰγαῖο, ὁ Ἀτλαντικός, Ὁ Πόντος, Ἡ Μαύρη Θάλασσα, Ἡ θάλασσα

13–14. Τότε ἄγγιξε ἁπαλά μέ τήν οὐρά της τό θάλαμο.
Τότε ἄγγιξε ἁπαλά μέ τήν οὐρά της τό πλοῖο.
Τότε ἔσπρωξε ἁπαλά μέ τήν οὐρά της τό πλοῖο.

Τότε ἔσπρωξε ἀπαλά μέ τήν οὐρά της τό καράβι.
Τότε στρίμωξε ἀπαλά μέ τήν οὐρά της τό καράβι.
Τότε στρίμωξε ἀπαλά μέ τήν οὐρά της τό θάλαμο.
Τότε ἄγγιξε ἀπαλά μέ τήν οὐρά της τό θάλαμο.

14–15. Τότε ξεφύτρωσε ἕνα κατάρτι μέ πανί.
ἕνα δεντράκι μέ φύλλα
Τότε ξεφύτρωσε ἕνα δεντράκι μέ φύλλα.
μιά λεμονιά μέ λεμόνια, μιά μηλιά μέ μῆλα, μιά πορτοκαλιά μέ πορτοκάλια, μιά ντοματιά μέ ντομάτες, μιά πιπεριά μέ πιπεριές, μιά τριανταφυλλιά μέ τριαντάφυλλα, ἕνα κατάρτι μέ πανί

15–16. Ἕνα γλυκό ἀεράκι ἄρχισε νά σπρώχνει τό θάλαμο.
Ἕνα μαλακό ἀεράκι ἄρχισε νά σπρώχνει τό θάλαμο.
Ἕνα μαλακό ἀεράκι ἄρχισε νά χαϊδεύει τό θάλαμο.
Ἕνα τρυφερό ἀεράκι ἄρχισε νά χαϊδεύει τό θάλαμο.
Ἕνα τρυφερό ἀεράκι ἄρχισε ν' ἀγγίζει τό θάλαμο.
Ἕνα ἀπαλό ἀεράκι ἄρχισε ν' ἀγγίζει τό θάλαμο.
Ἕνα ἀπαλό ἀεράκι ἄρχισε νά σπρώχνει τό θάλαμο.
Ἕνα γλυκό ἀεράκι ἄρχισε νά σπρώχνει τό θάλαμο.

Ἐρωτήσεις

1. Ἀπό ποῦ ἀκούγεται μεγάλη θαλασσοταραχή;
2. Μέ τί ἔδερνε τό θεριόψαρο τά νερά;
3. Τί βλέπουν ὅταν γυρίζουν τά μάτια τους οἱ καλόγεροι;
4. Τί κάνει τό τέρας;
5. Ὥς ποιό μέρος τοῦ σώματος εἶναι πεντάμορφη γυναίκα;
6. Τί εἶναι ἀπό τή μέση καί κάτω;
7. Ποιανοῦ κόπηκε ἡ ἀνάσα;
8. Γιατί ἀπόμεινε ἡ Μαρία μ' ἀνοιχτό τό στόμα;
9. Τά 'χασε ὁ δεύτερος καλόγερος;

Γενικές ἐρωτήσεις

1. Ποιό μέρος τοῦ πλοίου λέγεται "πρύμνη" καί ποιό "πλώρη";
2. Πῶς λέγεται τό πίσω μέρος τοῦ ψαριοῦ;
3. Ποιά τέρατα ἔχεις δεῖ στό σινεμά;
4. Σ' ἀρέσει νά στέκεσαι ἤ νά κάθεσαι στό λεωφορεῖο;
5. Ποιά εἶναι ἡ πιό ὄμορφη ἠθοποιός τοῦ σινεμά;
6. Πῶς λέγεται στά ἀγγλικά αὐτό πού εἶναι μισό πεντάμορφη γυναίκα καί μισό ψάρι;
7. Πότε κόβεται ἡ ἀνάσα σου;
8. Πῶς θ' ἀπόμενες ἄν ἔβλεπες μιά πορτοκαλιά μέ μπανάνες;
9. Τά χάνεις εὔκολα ὅταν δέν πᾶνε καλά τά πράγματα;

10. Πῶς περίμενε ὁ δεύτερος καλόγερος;	10. Ξέρεις μιά λέξη πού εἶναι τό ἀντίθετο τοῦ "ἥσυχος";
11. Τί ρωτάει ἡ Γοργόνα;	11. Ποιά κράτη τῆς Εὐρώπης ἔχουν ἀκόμα βασιλιά;
12. Τί ἀπαντάει ὁ δεύτερος καλόγερος;	12. Εἶναι σωστό ὅτι ζεῖ ἀκόμα ὁ Μέγας Ἀλέξανδρος;
13. Τί ἔκανε ἡ Γοργόνα μόλις ἄκουσε τήν ἀπάντηση;	13. Τί κάνει ἡ "Μόνα Λίζα" τοῦ Λεονάρδου ντά Βίντσι;
14. Τί τἄκανε τά νερά;	14. Τί τό κάνει ἡ μητέρα τό παιδί της;
15. Τί ἔγινε ἡ θάλασσα;	15. Ὅταν ἔχει φουρτούνα, ἡ θάλασσα εἶναι λάδι;
16. Τί τόν ἔκανε τό θάλαμο;	16. Στό μουσεῖο βλέπετε παντοῦ "Μήν ἀγγίζετε". Τί θά πεῖ στά ἀγγλικά;
17. Τί ξεφύτρωσε ἀμέσως;	17. Ποῦ ὑπάρχουν κατάρτια;
18. Τί ἔκανε ἡ Γοργόνα;	18. Φυσάει γλυκό ἀεράκι τό φθινόπωρο, τό χειμώνα, τήν ἄνοιξη ἤ τό καλοκαίρι;
19. Ποῦ τόν ἔσπρωξε τό θάλαμο τό ἀεράκι;	19. Σ' ἀρέσει νά σπρώχνεις, ἤ νά στέκεσαι στήν οὐρά, γιά νά πάρεις εἰσιτήριο γιά τό μάτς;

Μιά ματιά στή γραμματική

I. ELISION

A. Elision means the omission of a vowel in pronunciation. Sometimes the changed pronunciation is also reflected in writing.

More specifically, elision happens when a word ending with a vowel comes before a word beginning with a vowel. (A vowel can also sometimes be omitted when a word ending in a vowel comes before a word beginning with certain consonants, as in *ἀπ' τήν*, *μέσ' στίς* [*μές στίς*], *φέρ' τό*, etc., but this is called *ἀποκοπή*.)

B. If the two vowels have the same sound, and one is lost in pronunciation, the written form will usually assume that the first vowel is the one that is lost. The lost vowel is represented by an apostrophe.

γι' ἀπάντηση	(γιά ἀπάντηση)
*σ' ἐμένα	(σέ ἐμένα)

*However, the preferred spelling with first and second person personal pronouns now seems to be *σέ μένα, σέ σένα, σέ μᾶς, σέ σᾶς.*

τ' οὐρανοῦ	(τοῦ οὐρανοῦ)
τ' ὡραῖο παιδί	*(τό ὡραῖο παιδί)
τ' ἄλλα	(τά ἄλλα)
†μέσ' ἀπό ἐκεῖ	(μέσα ἀπό ἐκεῖ)
ἔρχετ' ἐκεῖνος	‡(ἔρχεται ἐκεῖνος)
κ' ἔμειναν	‡(καί ἔμειναν)

This type of elision, where the first vowel is lost and is replaced by an apostrophe, is called ἔκθλιψη (ἔκθλιψις in katharevousa).

C. If the two vowels do not have the same sound, the situation is more complicated.

1. Normally, α dominates all other vowels, ο dominates ου, ι and ε, ου dominates ι and ε, and ι usually dominates ε. The order of dominance is therefore α ο ου ι ε.

2. If the dominant vowel comes second, so that the first vowel is lost, we still may have ἔκθλιψη.

εἶν' ὁλόγιομη	(εἶναι ὁλόγιομη)
τ' ἀκουστικό	(τό ἀκουστικό)
§Τί εἶν' αὐτό;	(Τί εἶναι αὐτό;)

3. If, however, the dominant vowel comes first, so that the second vowel is lost,

a) the two words may be written with the apostrophe at the beginning of the second word

τά 'χασε	(τά ἔχασε)
θά 'σβηνε	(θά ἔσβηνε)
ποῦ 'ναι	(ποῦ εἶναι)
**νά 'ρθει	(νά ἔρθει)
μοῦ 'πε	(μοῦ εἶπε)
τό 'να	(τό ἕνα)
ἀπό 'κεῖ	(ἀπό ἐκεῖ)
μέσα 'δῶ	(μέσα ἐδῶ)

This is called ἀφαίρεση (ἀφαίρεσις in katharevousa).

b) or, the two words may often (but not always) be written together as a single, combined word

τἄχασε	(τά ἔχασε)
θἄσβηνε	(θά ἔσβηνε)

*Note that the vowels, though having the same sound, may be spelled differently.
†Also written: μές ἀπό ἐκεῖ (without an apostrophe).
‡More examples of vowels that have the same sound but are spelled differently.
§Usual pronunciation: τί 'ν' αὐτό.
**Also νά 'ρθεῖ.

ποὖναι	(*πού εἶναι*)
νἄρθει	(*νά ἔρθει*)
μοὖπε	(*μοῦ εἶπε*)
νἄταν	(*νά ἦταν*)
νἄσαι	(*νά εἶσαι*)
τὄνα	(*τό ἕνα*)

This is called *κράση* (*κρᾶσις* in katharevousa).

Note the retention of an apostrophe over the vowel of the first syllable, as a sign that we are dealing with two words written as one. (Some writers omit this, however, in cases where the crasis is very familiar and where no confusion can result: *νάταν*, *νάσαι*, *μοῦπε*.)

Crasis of this type (where the second vowel is lost) is normally restricted to cases where the accented vowel is in the first syllable of the newly combined word. Thus, in the alternative forms of elision with *νά ἔρθω*, *νἄρθω* may be written as a crasis, but *νά 'ρθῶ*, because the accent is on the last syllable, may not.

4. If two vowels with different sounds combine in such a way that both are lost and they are replaced by a new vowel, the resulting word must be treated as a crasis, no matter where the accent falls:

**τοὐλάχιστον*	(*τό ἐλάχιστον*)
**τοὐναντίον*	(*τό ἐναντίον*)
†*πὄχει*	(*πού ἔχει*)
†*μὄδωσε*	(*μοῦ ἔδωσε*)

5. Summary

Identical vowels

ἔκθλιψη: the first vowel is lost and is replaced by an apostrophe *μ' ἔπιασε*

Different vowels

ἔκθλιψη: the first vowel is lost and is replaced by an apostrophe *σ' αὐτόν*

ἀφαίρεση: the second vowel is lost and is replaced by an apostrophe *μοῦ 'δωσε*

κράση: a) the second vowel is lost and the two words are written as one *μοὔδωσε*

*These forms are so common that the crasis is rarely indicated in demotic: *τουλάχιστο*, *τουναντίον*.

†These forms are dialectal and/or poetic. The standard combinations are of course *ποὔχει* and *μοὔδωσε* (*πού 'χει*, *μοῦ 'δωσε*). In Flight IX, Part 1, we'll encounter Makriyannis saying *μὄκαμαν*, for example, instead of *μοῦ 'καμαν*.

b) a new vowel replaces the two vowels, and the two words are written as one
πὄχουν (dialectal)

II. THE INDEFINITE ADJECTIVE *κανένας* / ΤΟ ΑΟΡΙΣΤΟ ΕΠΙΘΕΤΟ "*κανένας*"

A. *κανένας*, an indefinite pronoun, also functions as an adjective.

(pronoun)	*Δέν εἶδες κανέναν;*	Didn't you see anyone?
(adjective)	*Δέν εἶδες κανένα θεριόψαρο;*	Didn't you see any sea-monster?

B. Inflection

1. Singular

masculine	feminine*	neuter
κανένας, †*κάνας*	*καμιά*, *καμία*	*κανένα*, †*κάνα*
κανενός, *κανενοῦ*	*καμιᾶς*, *καμιανῆς*	*κανενός*, *κανενοῦ*
κανένα(ν), †*κάνα(ν)*	*καμιά(ν)*, *καμία(ν)*	*κανένα*, †*κάνα*

2. There are no plural forms. The plural is supplied by *τίποτε* (*τίποτα*), uninflected.

Ἄκουσες τίποτε νέα;	Did you hear any news?
Εἶδες ἐκεῖ τίποτε φτηνά ροῦχα;	Did you see any cheap clothes there?
Μπορεῖς νά μοῦ φέρεις τίποτα ψιλά;	Can you bring me some change?

An indefinite plural can also be obtained with *καναδυό* (uninflected). *Ἦρθαν καναδυό φίλοι* (*καναδυό φίλες*, *καναδυό παιδιά*) *νά μᾶς δοῦν.*

C. Meaning

1. Depending on context, the adjective *κανένας* can be translated as "some," "any," "no," or simply "a."

2. When the sentence is affirmative, or a command, *κανένας*—and also the "plural" *τίποτε*—can usually be translated as "some," although in certain cases these indefinite adjectives will appear in Greek where English simply keeps the indefinite article "a" or "an." The adjective in all these cases increases the indefiniteness of the idea in question.

Καμιά φορά πάω μόνος στό σινεμά.	"Sometimes I go to the movies alone."

*The feminine forms are also spelled with *-μμ-*: *καμμιά*, etc.
†These forms are unstressed in pronunciation even though they are accented in writing.

Φέρε μου κανένα (κάνα) βιβλίο νά διαβάσω.	"Bring me a book to read."
Πές μας τίποτα νέα.	"Tell us some news."
Πές μας καμιά ὡραία ἱστορία.	"Tell us a (some) nice story."

3. When the sentence is negative, interrogative or conditional, *κανένας*—and also the "plural" *τίποτε*—can mean either "some," "any," or "a," depending on context and tone of voice.

Ὄχι, δέν ἔχω κανένα βιβλίο νά σοῦ φέρω.	"No, I don't have any book to bring you." ("No, I don't have a book to bring you.")
Θέλεις ν' ἀγοράσεις τίποτε φροῦτα;	"Do you want to buy any fruit?" ("Do you want to buy some fruit?")
Ἄν βρεῖς καμιά καλή κοπέλα, πές της νά μοῦ τηλεφωνήσει.	"If you find a nice girl, tell her to call me up." ("If you find some nice girl, tell her to call me up.")

Drills for the indefinite adjective *κανένας*

If the noun modified by an adjective is singular, make it and its accompanying indefinite adjective "plural"; if the noun is plural, make it and its accompanying indefinite adjective singular. Make any other necessary changes (e.g. in verbs).

Δ. *Ἔξαφνα ἀκούγεται θαλασσοταραχή σάν νἄταν κανένα θεριόψαρο.*
Μ. *Ἔξαφνα ἀκούγεται θαλασσοταραχή σάν νἄταν τίποτε θεριόψαρα.*

Δ. *Μπορεῖς νά μοῦ δώσεις τίποτε φροῦτα;*
Μ. *Μπορεῖς νά μοῦ δώσεις κανένα (κάνα) φροῦτο;*

Δ. *Μπορεῖς νά μοῦ βρεῖς τίποτε καλές ἐφημερίδες;*
Μ. *Μπορεῖς νά μοῦ βρεῖς καμιά καλή ἐφημερίδα;*

Δ. *Βλέπεις καμιά μέλισσα νά τριγυρίζει;*
Μ. *Βλέπεις τίποτε μέλισσες νά τριγυρίζουν;*

Δ. *Ἄναψε κανένα φῶς δίπλα στό θάλαμο;*
Μ. *Ἄναψαν τίποτε (καναδυό) φῶτα δίπλα στό θάλαμο;*

Δ. *Πῆρες τίποτε ἀριθμούς;*
Μ. *Πῆρες κανέναν (κάναν) ἀριθμό;*

Δ. Ἀποφάσισε ὁ αὐτοκράτορας νά μιλήσει μέ κανέναν ἀρχιτέκτονα;
Μ. Ἀποφάσισε ὁ αὐτοκράτορας νά μιλήσει μέ τίποτε ἀρχιτέκτονες;

Δ. Ξέρεις τή διεύθυνση κανενός καλοῦ γιατροῦ;
Μ. Ξέρεις τή διεύθυνση τίποτε καλῶν γιατρῶν;

Δ. Ξέρεις τή διεύθυνση καμιᾶς ἐκκλησίας;
Μ. Ξέρεις τή διεύθυνση τίποτε ἐκκλησιῶν;

Micrologue

Ὁ Μέγας Ἀλέξανδρος ἦταν πολύ ἄρρωστος καί ἦταν ἕτοιμος νά πεθάνει. Ἡ ἀδερφή του προσπάθησε νά κάνει τόν ἑτοιμοθάνατο ἀδερφό της ἀθάνατο, δίνοντάς του τό μαγικό νερό τῆς ἀθανασίας. Ὁ Ἀλέξανδρος ὅμως ἄλλαξε τά ποτήρια κι ἔτσι ἡ ἀδερφή ἔγινε ἀθάνατη ἐνῶ αὐτός πέθανε. Τότε ᾽κείνη τρελάθηκε· γύριζε στούς ὠκεανούς καί ρωτοῦσε ἄν ζεῖ καί βασιλεύει ὁ ἀδερφός της.

Βοηθητικές ἑρμηνεῖες

3. *ἀθανασίας*] of immortality
5. *ἐνῶ*] while, whereas
5. *τρελάθηκε*] went crazy

Ἐρωτήσεις

1. Ποιός ἦταν πολύ ἄρρωστος;
2. Ἦταν ἕτοιμος νά πεθάνει;
3. Τί προσπάθησε νά τόν κάνει ἡ ἀδερφή τόν ἑτοιμοθάνατο ἀδερφό της;
4. Πῶς ἤθελε νά τόν κάνει ἀθάνατο;
5. Ὅμως τί ἔκανε ὁ Ἀλέξανδρος;
6. Ποιά ἔγινε ἀθάνατη;
7. Ποιός πέθανε;
8. Τότε τί συνέβη στήν ἀδερφή του;
9. Ποῦ γύριζε;
10. Τί ρωτοῦσε;

Ἀνάγνωση

Ο ΑΛΕΞΑΝΔΡΟΣ ΚΙ' Η ΓΟΡΓΟΝΑ

Στίς 30 τοῦ Μάη τοῦ 323 π.Χ. ὁ Ἀλέξανδρος ἔνιωσε τά πρῶτα ρίγη. Τήν ἄλλη μέρα, τόν βρῆκε ἡ αὐγή μέ πολύ *πυρετό. Ἀπομεσήμερα 11 Ἰουνίου, οἱ γιατροί ἀνακοίνωσαν στήν πιστή ἀδερφή του, πώς δέν εἶχαν ἐλπίδα πιά. Ὁ Ἀλέξανδρος θά 'σβηνε, προτοῦ πέση ἡ νύχτα.*

— Τώρα εἶναι ἡ δική μου σειρά, συλλογίστηκε ἡ Κύνα, καί παρακάλεσε τούς γιατρούς νά βγοῦν ἀπ' τήν αἴθουσα καί νά τούς ἀφήσουν γιά λίγο μόνους.

— Διψῶ! Δός μου λίγο κρασί, ἀδερφή μου, ψιθύρισε ὁ ἄρρωστος. Βάλε καί στό δικό σου ποτήρι κι ἔλα νά πιοῦμε μαζύ.

Ξέκρινε τήν Κυνάνη νά στάζη στήν κούπα του, τή γεμάτη κρασί, μερικές ρανίδες ἀπ' τό ληκύθιο πού κρατοῦσε κλεισμένο μές στήν παλάμη της.

Χαμογέλασε μέ πικρία:

— Τό βρῆκε, φαίνεται, ἡ καλή μου ἡ Κύνα, τό φίλτρο τό μαγικό τῆς ἀθανασίας, εἶπε μέ τό νοῦ του. Μά ἐγώ δέν τῆς ζήτησα "νερωμένο" κρασί.

— Ἡ κούπα σου εἶν' ὁλόγιομη, ἀδερφέ μου, τοῦ εἶπε, κι ἀπόθεσε τό ποτήρι κοντά του. Νά κι ἡ δική μου.

— Τί θόρυβος εἶναι αὐτός; εἶπε ὁ Ἀλέξανδρος καί στράφηκε πρός τήν πόρτα . . . Κοίτα, Κυνάνη, κι ὕστερα ἔλα νά πιοῦμε.

Ὅταν γύρισε, ὁ Ἀλέξανδρος, μέ τήν κούπα στό χέρι, τῆς χαμογέλασε. Ποῦ νά καταλάβη ἡ δύστυχη πώς καθώς πῆγε κατά τήν πόρτα, ὁ ἄρρωστος ἄλλαξε τίς κοῦπες;

— Στήν ὑγειά σου, τῆς εἶπε, καί ρούφηξε τό κρασί.

— Θά ζῆς καί θά βασιλεύης μές στούς αἰῶνες, εἶπε σέ τόνο προφητικό ἡ πιστή ἀδερφή κι ἄδειασε αὐτή τό ποτήρι μέ τό νερό τῆς ἀθανασίας.

"Ὁ ἀνίκητος νίκησε τό θάνατο", σκέφτηκε χαρούμενη ἡ Κυνάνη. Μά ἐκεῖνος ἔσβηνε πιά. Ἔκλεισε τά μάτια κι ἀπόμεινε δίχως πνοή.

Πέθανε στά τριάντα τρία του χρόνια . . . Καί κεῖνο πού πόθησε ἡ Κύνα, ἔγινε, δίχως νά μεσολαβήση τό φίλτρο τό μαγικό. Ὁ Ἀλέξανδρος ἔγινε ἀθάνατος μέσα στούς αἰῶνες.

Ὅσο γιά τή μικρή Κύνα, σάν τόν εἶδε νεκρό τόν ἀγαπημένο αὐτό ἀδελφό, σάν εἶδε πώς πῆγαν χαμένοι οἱ κόποι της, ἔσβησε ὁ νοῦς της, παραλοΐστηκε κι ἔτρεχε παντοῦ γυρεύοντάς τον . . . Κι ὅλο ρωτοῦσε τό ἴδιο:

"Ζῆ ὁ βασιλιάς ὁ Ἀλέξανδρος;"

Μιά μέρα τρικυμισμένη εἶδε τή θάλασσα καί φαντάστηκε πώς ὁ ἀδελφός της εἶχε περάσει ἀντίκρυ, γυρίζοντας στήν

Ἑλλάδα. Κι ἔπεσε στά κύματα γιά νά τόν προφτάση. Ἐκεῖνα τήν τύλιξαν μά δέν βρῆκε τό θάνατο. Τό φίλτρο τό μαγικό πού κυλοῦσε μέσα στό αἷμα της, δέν τήν ἄφηνε νά πεθάνη. Καί λίγο λίγο τή μεταμόρφωσε σέ γοργόνα. Ἀπό τή μέση καί κάτω, κορμί ψαριοῦ, μέ οὐρά καί μέ λέπια πού φωσφορίζουνε μέσα στά κύματα κι ἀπ' τή μέση κι ἀπάνω κοπέλλα πεντάμορφη, μέ τό τρυφερό πρόσωπο τῆς μικρῆς Κύνας. Τά μάτια της ἀγναντεύουν τά πέλαγα. Κι ἄν ἀντικρύση κανένα καράβι, φτεροκοπᾶ ἡ καρδιά της ἀπό λαχτάρα μήν εἶναι ὁ Ἀλέξανδρος μέσα ἐκεῖ· ἀρμενίζει κατά τήν πλώρη του, βλέπει στό τιμόνι τόν καπετάνιο κι ἀνήσυχη τόν ρωτᾶ:

"Ζῆ ὁ βασιλιάς ὁ Ἀλέξανδρος;"

Μερικοί ναυτικοί τῆς λένε, πώς τώρα πιά, πάει, πέθανε 'κεῖνος. Χρόνια καί χρόνια ἔχουν περάσει.

Ὁ πόντος ἀνάβει τότε ἀπ' τή φωτιά τῶν ματιῶν της πού καῖνε ἀπό θυμό. Ἡ οὐρά της ἀγριεύει, καταχτυπᾶ, δέρνει τό νερό, τρικυμίζει τή θάλασσα, πνίγει τό καράβι. Κι ὁ καπετάνιος, πάει κι αὐτός . . .

Μά, χαρά στό σοφό καπετάνιο πού θά δώση γι' ἀπάντηση στήν πολύπαθη ἀδερφή, ὅ,τι λαχταρᾶ ἡ καρδιά της: "Ζῆ καί βασιλεύει!" Ἡ θάλασσα γίνεται τότε λάδι. Κι ἀντιλαλεῖ στίς στεριές καί στίς θάλασσες τό χαρούμενο μήνυμα: "Ὁ Ἀλέξανδρος ζῆ καί βασιλεύει".

Ἀπό: Σοφίας Μαυροειδῆ-Παπαδάκη, Ὁ Ἀλέξανδρος κι' ἡ γοργόνα (Ἀθῆναι, Μ. Πεχλιβανίδης), σελ. 178–184.

Βοηθητικές ἑρμηνεῖες

1. 30 Μάη = 30 Μαΐου] May 30th   ἔνιωσε] felt
2. ρίγη] shivers   αὐγή] dawn
3. ἀπομεσήμερα] on the afternoon (of)
   ἀνακοίνωσαν] announced
4. πιστή] faithful   ἐλπίδα] hope
5. προτοῦ = πρίν, πρίν νά] before   6. συλλογίστηκε] thought
7. αἴθουσα] room, chamber   9. ψιθύρισε] whispered
12. νά στάζη] to drip
13. ρανίδες = σταγόνες] drops   ληκύθιο] urn, jar, lecythus
14. παλάμη] palm
16. φαίνεται] it seems   φίλτρο] potion, philtre
17. νοῦ] mind   18. δέν . . . ζήτησα] did not ask . . . for
19. ὁλόγιομη] full   20. ἀπόθεσε] she placed

21. θόρυβος] noise
22. στράφηκε] he turned 25. δύστυχη] unfortunate one
27. ρούφηξε] gulped down 29. ἄδειασε] emptied
31. ἀνίκητος] undefeatable, invincible
νίκησε] defeated, vanquished
33. δίχως] without
35. πόθησε] desired μεσολαβήση] intervene
38. σάν] when νεκρό] dead
40. παραλοΐστηκε] she began to rave
41. γυρεύοντας] searching for ὅλο] continually, incessantly
43. φαντάστηκε] imagined 45. προφτάση] overtake
46. τήν τύλιξαν] wrapped her round, enwrapped her, swaddled her
47. κυλοῦσε] flowed
52. ἀγναντεύουν] survey, look out over, gaze out over
53. ἀντικρύση] confront φτεροκοπᾶ] flutters
53–54. ἀπό λαχτάρα] anxiously, yearningly
54. μήν] lest, in (fearful) anticipation that
ἀρμενίζει] she sails, navigates
55. πλώρη] prow τιμόνι] helm
58. ναυτικοί] sailors
61. καῖνε] are burning θυμό] anger
ἀγριεύει] grows furious, ferocious
64. σοφό] wise 65. πολύπαθη] much-suffering
67. ἀντιλαλεῖ] echoes 68. μήνυμα] message

Development

1. Compose and act out a short play, in Greek, based on lines 1–33. Find actors and actresses for all the roles: Alexander, the doctors, the sister.
2. Do a little outside reading on Alexander's career. Then discuss, in Greek, why you think Alexander switched glasses. (Would you have done the same?)
3. Explain, in Greek, why Alexander became immortal even without the magic potion.

ΠΡΑΣΙΝΟ ΦΩΣ

Πτήση 4

Τό Ἅγιον Ὄρος

Πρῶτο μέρος

κόκκινο

(___ _____ ____ ___ __ ὁ θάλαμος πλεύρισε __ ____ _______.)

2ος ΚΑΛΟΓΕΡΟΣ (____ _____): Πήδα γρήγορα ____ ________ __ ________ __ _____.

1ος ΚΑΛΟΓΕΡΟΣ (_______ ___ _____): Ρίξε μου τό σκοινί.

2ος ΚΑΛΟΓΕΡΟΣ: __ ____ ___ ___ ___ ___! Τί σκοινί ____ μοῦ ζητᾶς;

ΜΑΡΙΑ (________): __, πάρτε τό καλώδιο ___ ____ __ ______ ___.

ΑΚΟΥΣΤΙΚΟ (______, _____): Τί ἀριθμό θέλετε;

1ος ΚΑΛΟΓΕΡΟΣ: ___ __ ____ ___ ____ ____. __ ___ ______; (______ ___ ____ ___ ___. ______ ___ ______.)

ΑΚΟΥΣΤΙΚΟ (_________): Τί ἀ-ριθ-μό θέ-λε-τε; (___ _____) Μ' ἀκοῦτε; __ _-___-__ __-__-__;

1ος ΚΑΛΟΓΕΡΟΣ (______ ___ ___ ___ ____ ___ _______): ___ . . . , κάποια φωνή ἀκούω.

2ος ΚΑΛΟΓΕΡΟΣ (___ ____): Σιωπή! (___ _______) ___ ___ __ ___! . . . ___ _____ ________ ___ ___;

Βοηθητικές ἑρμηνεῖες

Τίτλος. Τό Ἅγιον Ὄρος] The Holy Mountain (= Mount Athos)

1. *πλεύρισε*] drew alongside
5. *σκοινί*] rope
7. *ζητᾶς;*] are you asking for?
8. *καλώδιο*] telephone cord
17. *σιωπή*] silence

Σημειώσεις

Τίτλος. Τό ὄρος] This ancient Greek word for "mountain" is retained in certain place names, in the adjective ὀρεινός, "mountain(ous)," and also in compounds such as ὀροσειρά, "mountain range," and ὀροπέδιο, "plateau." The plural is *τά ὄρη*. Do not confuse *τό ὄρος* with *ὁ ὅρος*, which means "condition," "rate," "limit."

3. *πήδα*] continuous imperative, singular, of *πηδῶ*
5. *ρίξε*] simple imperative, singular, of *ρίχνω*
8. *πάρτε*] simple imperative, plural, of *παίρνω*

μπλέ

(___ _____ _____ ____ ___ *ὁ θάλαμος πλεύρισε σέ μιάν ἀποβάθρα.*)

2ος ΚΑΛΟΓΕΡΟΣ (____ _____): Πήδα *γρήγορα* ___ _________ *νά κρατήσεις τό θάλαμο.*

1ος ΚΑΛΟΓΕΡΟΣ (_______ ____ ______): *Ρίξε μου τό σκοινί.*

2ος ΚΑΛΟΓΕΡΟΣ: ___ _____ _____ ____ ____ ____ ____! *Τί σκοινί* ____ *μοῦ ζητᾶς;*

ΜΑΡΙΑ (_________): __, *πάρτε τό καλώδιο καί κάντε τή δουλειά σας.*

ΑΚΟΥΣΤΙΚΟ (_______, _______): *Τί ἀριθμό θέλετε;*

1ος ΚΑΛΟΓΕΡΟΣ: *Πρός τό παρόν ὅλα πᾶνε καλά.* ___ ____ ______;

(______ ____ _____ _____ ____. ______ ____ ______.)

ΑΚΟΥΣΤΙΚΟ (__________): *Τί ἀ-ριθ-μό θέ-λε-τε;* (____ ______)

Μ' *ἀκοῦτε;* __ _-___-__ __-__-__;

1ος ΚΑΛΟΓΕΡΟΣ (_______ _____ ____ ____ ______ ____ ________): ____ . . . , *κάποια φωνή ἀκούω.*

2ος ΚΑΛΟΓΕΡΟΣ (*στόν πρῶτο*): *Σιωπή!* (*στό ἀκουστικό*) *Πάψε πιά κι ἐσύ! . . . Δέν ἀκοῦτε κουδουνίσματα ἐκεῖ πέρα;*

Βοηθητικές ἑρμηνεῖες

2. *ἀποβάθρα*] pier   8. *κουδουνίσματα*] tinkling (of bells)
11. *πρός τό παρόν*] for the present, for the time being

Σημειώσεις

8. *κάντε*] imperative, plural, of *κάνω*
11. *παρόν*] declined like a neuter participle in ancient Greek: *παρόν, παρόντος, παρόν, παρόντα, παρόντων, παρόντα*

17. *πάψε*] simple imperative, singular, of *παύω*
18. *πιά*] This is a difficult word to translate. In the expression *πάψε πιά* it is roughly equivalent to the American colloquial expression "already" as in "Stop, already!" *Πιά* indicates impatience or exasperation on the part of the speaker, as though he were saying (in this case), "Keep quiet, for God's sake!"

μαῦρο

(*Δέν πέρασε πολλή ὥρα κι ὁ θάλαμος πλεύρισε σέ μιάν ἀποβάθρα.*)

2ος ΚΑΛΟΓΕΡΟΣ (*στόν πρῶτο*): Πήδα γρήγορα καί προσπάθησε νά κρατήσεις τό θάλαμο.

1ος ΚΑΛΟΓΕΡΟΣ (*πηδώντας στή στεριά*): Ρίξε μου τό σκοινί.

2ος ΚΑΛΟΓΕΡΟΣ: Τά μυαλά σου καί μιά λύρα! Τί σκοινί μωρέ μοῦ ζητᾶς;

ΜΑΡΙΑ (*διστακτικά*): Νά, πάρτε τό καλώδιο καί κάντε τή δουλειά σας.

ΑΚΟΥΣΤΙΚΟ (*εὐγενικά, σιγανά*): Τί ἀριθμό θέλετε;

1ος ΚΑΛΟΓΕΡΟΣ: Πρός τό παρόν ὅλα πᾶνε καλά. Μά ποῦ εἴμαστε;

(*Ρίχνουν μιά ματιά γύρω τους. Ἡσυχία καί ἐρημιά.*)

ΑΚΟΥΣΤΙΚΟ (*ἐπιμένοντας*): Τί ἀ-ριθ-μό θέ-λε-τε; (*πιό δυνατά*) Μ' ἀκοῦτε; Τί ἀ-ριθ-μό θέ-λε-τε;

1ος ΚΑΛΟΓΕΡΟΣ (*κοιτάει γύρω του σάν χαζός καί ψιθυρίζει*): Σσς . . . , κάποια φωνή ἀκούω.

2ος ΚΑΛΟΓΕΡΟΣ (*στόν πρῶτο*): Σιωπή! (*στό ἀκουστικό*) Πάψε πιά κι ἐσύ! . . . Δέν ἀκοῦτε κουδουνίσματα ἐκεῖ πέρα;

Βοηθητικές ἑρμηνεῖες

5. *στεριά*] land, dry land, terra firma
6. *τά μυαλά σου καί μιά λύρα*] (more or less:) Cut the twaddle! Cut the bull! (said derisively to someone who talks nonsense)
8. *διστακτικά*] hesitatingly
10. *εὐγενικά*] politely   *σιγανά*] softly
12. *ἐρημιά*] lack of human habitation; desolation, a wasteland; no sign of life
13. *ἐπιμένοντας*] insisting   15. *ψιθυρίζει*] he whispers

Σημειώσεις

3. *προσπάθησε*] simple imperative, singular, of *προσπαθῶ*
15. *κοιτάει* = *κοιτάζει*

Συνώνυμα ἤ περίπου συνώνυμα

1. πλεύρισε: ἦρθε δίπλα, διπλάρωσε
2. ἀποβάθρα: προκυμαία, μῶλο, σκάλα, σανιδόσκαλα
4. κρατήσεις: βαστάξεις, συγκρατήσεις
5. ρίξε: πέταξε
6. Τά μυαλά σου καί μιά λύρα!: Ἄσε τίς σαχλαμάρες, καλέ!
11. Πρός τό παρόν: Γιά τήν ὥρα
15. σάν χαζός: σάν τρελλός, σάν ἀλλοπαρμένος
17. Σιωπή!: Σκασμός!, Σούτ!, Τσιμουδιά!, Κάνε μόκο!

17–18. Πάψε πιά: Σώπα πιά, Κλεῖσ' το πιά!, Βούλωσ' το!

Ἐρωτήσεις

Νά ἀπαντήσετε χρησιμοποιώντας τά συνώνυμα ἤ περίπου συνώνυμα.

1. Τί ἔκανε ὁ θάλαμος;
2. Ποῦ πλεύρισε;
4. Τί πρέπει νά προσπαθήσει νά κάνει ὁ 1ος καλόγερος;
5. Τί λέει ὁ 1ος καλόγερος στό 2ο πηδώντας στή στεριά;
6. Τί ἀπαντάει ὁ δεύτερος καλόγερος;
11. Λέει ὁ 1ος καλόγερος ὅτι ὅλα πᾶνε καλά γιά πάντα;
15. Πῶς κοιτάει ὁ 1ος καλόγερος γύρω του;
17. Τί λέει ὁ 2ος καλόγερος στόν 1ο καλόγερο;

17–18. Τί λέει ὁ 2ος καλόγερος στό ἀκουστικό;

Ἀσκήσεις

1. Ὁ θάλαμος πλεύρισε.
<u>ἦρθε δίπλα</u>
Ὁ θάλαμος ἦρθε δίπλα.
<u>διπλάρωσε</u>, <u>ἀπογειώθηκε</u>, <u>ἀνέβηκε</u>, <u>προσγειώθηκε</u>, <u>κατέβηκε</u>, <u>ταράχτηκε</u>, <u>ἐπέπλευσε</u>, <u>ἀνεβοκατέβηκε</u>, <u>πλεύρισε</u>

1–2. Ὁ θάλαμος πλεύρισε σέ μιάν ἀποβάθρα.
Ὁ θάλαμος πλεύρισε <u>σέ μιά σκάλα.</u>
<u>Τό καράβι</u> πλεύρισε σέ μιά σκάλα.
Τό καράβι πλεύρισε <u>σέ μιά προκυμαία.</u>
<u>Τό πλοῖο</u> πλεύρισε σέ μιά προκυμαία.
Τό πλοῖο πλεύρισε <u>σέ μιάν ἀποβάθρα.</u>
<u>Ὁ θάλαμος</u> πλεύρισε σέ μιάν ἀποβάθρα.

3. Πήδα γρήγορα καί κράτησε τό θάλαμο.
Πήδα γρήγορα <u>καί ρίξε τό σκοινί.</u>
<u>Πάψε πιά</u> καί ρίξε τό σκοινί.
Πάψε πιά <u>καί πάρε τό καλώδιο.</u>
<u>Σώπα πιά</u> καί πάρε τό καλώδιο.
Σώπα πιά <u>καί συγκράτησε τό πανί.</u>

Πήδα γρήγορα καί συγκράτησε τό πανί.
Πήδα γρήγορα καί κράτησε τό θάλαμο.

5. Ρίξε μου τό σκοινί.
Πέταξέ μου τό σκοινί.
Πέταξέ μου τ' ἀκουστικό.
Κράτα μου τ' ἀκουστικό.
Κράτα μου τό σχέδιο.
Ἄφησέ μου τό σχέδιο.
Ἄφησέ μου τό σκοινί.
Ρίξε μου τό σκοινί.

6–7. Τί σκοινί μοῦ ζητᾶς;
Τί ὥρα μοῦ ζητᾶς;
Τί ὥρα μοῦ εἶπες;
Τί καιρό μοῦ εἶπες;
Τί καιρό μοῦ ἔφερες;
Τί σκοινί μοῦ ἔφερες;
Τί σκοινί μοῦ ζητᾶς;

8–9. Δ. Πάρε τό καλώδιο καί κάνε τή δουλειά σου.
Μ. Πάρτε τό καλώδιο καί κάντε τή δουλειά σας.

Δ. Πάψε πιά καί ρίξε τό σκοινί.
Μ. Πάψτε πιά καί ρίξτε τό σκοινί.

Δ. Πήδα γρήγορα καί κράτα τό θάλαμο.
Μ. Πηδᾶτε γρήγορα καί κρατᾶτε τό θάλαμο.

Δ. Σώπα πιά καί βλέπε τή δουλειά σου.
Μ. Σωπᾶτε πιά καί βλέπετε τή δουλειά σας.

Δ. Ἀγόρασε μιά ἐφημερίδα καί δές τά νέα.
Μ. Ἀγοράστε μιά ἐφημερίδα καί δέστε τά νέα.

Δ. Κλεῖσε τέσσερις θέσεις καί τηλεφώνησέ μου.
Μ. Κλεῖστε τέσσερις θέσεις καί τηλεφωνῆστε μου.

Δ. Σήκωσε τό τραπέζι καί σβῆσε τά φῶτα.
Μ. Σηκῶστε τό τραπέζι καί σβῆστε τά φῶτα.

11. Πρός τό παρόν, ὅλα πᾶνε καλά.
Γιά τήν ὥρα, ὅλα πᾶνε καλά.
Γιά τήν ὥρα, ὅλα εἶναι ἐν τάξει.
Παρ' ὅλα αὐτά, ὅλα εἶναι ἐν τάξει.
Παρ' ὅλα αὐτά, ὅλα εἶναι ἀνακατεμένα.
Τώρα, ὅλα εἶναι ἀνακατεμένα.
Τώρα, ὅλα πᾶνε καλά.
Πρός τό παρόν, ὅλα πᾶνε καλά.

18. Δέν ἀκοῦτε κουδουνίσματα ἐκεῖ πέρα;
    φωνές
    Δέν ἀκοῦτε φωνές ἐκεῖ πέρα;
    βροντές, ἐκρήξεις, μέλισσες, τραγούδια, γέλια, κλάματα, καμπάνες, κουδουνίσματα

Ἐρωτήσεις

1. Πέρασε πολλή ὥρα πρίν πλευρίσει ὁ θάλαμος;
2. Λέει ὁ 2ος καλόγερος στόν 1ο νά πηδήξει σιγά;
3. Ποῦ πηδάει;
4. Τί τούς δίνει ἡ Μαρία διαταχτικά γιά τή δουλειά τους ἀντί γιά σκοινί;
5. Πῶς μιλάει τό ἀκουστικό στήν ἀρχή;
6. Τί βλέπουν ὅταν ρίχνουν μιά ματιά γύρω τους;
7. Πῶς μιλάει τό ἀκουστικό τήν 2η φορά;
8. Τί ψιθυρίζει ὁ 1ος καλόγερος;
9. Τί ὑποψιάζεται ὁ 2ος καλόγερος ὅτι ἀκούει ἐκεῖ πέρα;

Γενικές ἐρωτήσεις

1. Πόση ὥρα πέρασε ἀπό τότε πού ἔφαγες;
2. Στήν πόλη σου, τά ἀγοράκια πηδοῦν σκοινάκι ἤ μόνο τά κοριτσάκια;
3. Ἄν τό σπίτι σου καιγότανε θά πηδοῦσες ἀπ' τό παράθυρο;
4. Πῶς λέγεται αὐτό πού πηγαίνει ἀπό μιά λάμπα στόν τοῖχο ὥστε νά περάσει ὁ ἠλεκτρισμός;
5. Ὅταν ζητᾶς μιά χάρη ἀπό κάποιον, πῶς τοῦ μιλᾶς;
6. Ἕνα μέρος χωρίς κόσμο πῶς λέγεται;
7. Ὅταν κάποιος σοῦ λέει κάτι μέ τό ὁποῖο δέν συμφωνεῖς, ἐπιμένεις στήν ἰδέα σου;
8. Ὅταν δέν θέλεις νά σ' ἀκούσει ἡ παρέα, πῶς μιλᾶς στό διπλανό σου;
9. Ποῦ ἀκριβῶς βρίσκεται τό κουδούνι τοῦ σπιτιοῦ σου;

Μιά ματιά στή γραμματική

I. PARTICIPLES / ΜΕΤΟΧΕΣ

"Participle" is the name we give to that form of the verb that "participates" or "partakes" in other parts of speech. The Greek name, *μετοχή*, reflects this, as does the English name. A *μέτοχος* is a "shareholder," i.e. someone who *μετέχει*, "participates" or "shares in." Here are some examples in English:

-ing participle (active participle)

Going downtown, I met my friend. (Here, the participle "going" functions as an adverb modifying the verb "met.")

The going was rough. (Here, "going" functions as a noun.)
The going rate is twelve percent. (Here, "going" functions as an adjective modifying the noun "rate.")

-ed participle (passive participle)

... the half-fried fish ... (Here, the participle "fried" functions as an adjective modifying the noun "fish.")
Convinced by your arguments, he voted in favor. (Here, the entire participial phrase governed by the participle "convinced" functions adverbially, telling us why he voted, and thus modifying the verb.)

Greek participles have a similar flexibility. The Greek active participle partakes of the adverb; the Greek passive participle partakes of the adjective, adverb, and noun.

A. The active participle / *ἡ ἐνεργητική μετοχή*

1. Form

The active participle is easy to recognize, because it always ends in the fixed, uninflected form *-οντας* or *-ώντας*.

ἐπιμένοντας, πηδώντας

2. Spelling

The spelling is with *ο* when the ending is not accented, and with *ω* and an acute accent when the ending is accented.

First conjugation active verbs (i.e. those not ending in an accented *ῶ*) give *-οντας* participles

παύω: *παύοντας*

Second conjugation active verbs (i.e. those ending in accented *ῶ*) give *-ώντας* participles.

τραγουδῶ: *τραγουδώντας*

3. Mediopassive verbs

The active participle is normally formed only from active verbs. However, a few mediopassive verbs do form active participles, which are used chiefly in poetic language. This situation is rare, however.

κάθομαι: *κάθοντας* *στέκομαι*: *στέκοντας*
χαίρομαι: *χαίροντας*

Most of the "passive verbs" that form active participles are actually "deponent verbs"—i.e. those that look like mediopassive verbs but that function like active verbs in that they can govern an object. These participles, too, tend to be poetic or "rural."

αἰσθάνομαι: *αἰσθάνοντας*
ὀνειρεύομαι: *ὀνειρεύοντας*
χρειάζομαι: *χρειάζοντας*
σταυροκοπιέμαι: *σταυροκοπιώντας*
δέχομαι: *δέχοντας*
μεταχειρίζομαι: *μεταχειρίζοντας*
συλλογίζομαι: *συλλογίζοντας*

In the case of mediopassive verbs that have no active counterpart and that, unlike the examples above, cannot form active participles, the passive participles in -*όμενος* (-*ούμενος*, -*άμενος*, -*ήμενος*) can function like an active participle.

Θυμούμενος τίς ὡραῖες ὧρες μαζί σου, χαμογελῶ.
"Remembering the nice times with you, I smile."
Ὁ Καραγκιόζης (ἐξερχόμενος) εἶπε . . .
"Karaghiozis (coming out) said . . . "

(Note that these passive participles with active meaning end in -*όμενος*, -*ούμενος*, -*άμενος* or -*ήμενος* as opposed to -*μένος*. We shall deal with this again, in the section treating passive participles.)

4. Usage

a) The active participle conveys an action that occurs simultaneously with another action that is conveyed by the main verb in the accompanying clause. In other words, these participles, themselves "tenseless," adapt to any tense that happens to be in the sentence.

Present: *Τρέμοντας, σηκώνει τ' ἀκουστικό.* "Trembling she takes the phone off the hook."
Past: *Ἐπιμένοντας, τό ἀκουστικό εἶπε ξανά, "Τί ἀριθμό θέλετε;"* "Insisting, the receiver said once more, 'What number do you want?' "
Future: *Πηγαίνοντας αὔριο στήν Ἀθήνα, θά σᾶς ἀγοράσουμε τίποτα ροῦχα.* "Going to Athens tomorrow, we'll buy some clothes for you."

b) The active participle may govern an object, a prepositional phrase, an adverb, etc. In such cases, the group of words that is formed is called a participial phrase (*μετοχική φράση*).

Ἀνεβαίνοντας τά σκαλοπάτια, ἔπεσα. "Climbing the stairs, I fell."
ἀνεβοκατεβαίνοντας στά πελώρια κύματα . . . "bobbing up and down on the colossal waves . . . "

πηδώντας στή στεριά . . . "leaping onto dry land . . . "
ταξιδεύοντας μακριά . . . "traveling far . . . "

c) Whether used alone or in a participial phrase, the active participle has adverbial force.

Ἡ *γυναίκα ἦρθε τρέχοντας*. "The woman came at a run." (The participle tells us how the woman came—i.e. it modifies the verb *ἦρθε*.)
Πηγαίνοντας ἐκεῖ, θά βροῦμε λίγο ἡσυχία. "By going there, we'll find some peace." (The participial phrase tells us how we'll find some peace—i.e. it modifies the verb *θά βροῦμε*.)

(Note that an active participle is similar to an adverb in that neither is inflected.)

d) The negative is *μή* (*μήν*)

Μήν ἔχοντας πολλά χρήματα, δουλεύουμε δώδεκα ὧρες τήν ἡμέρα. "Not having much money, we are working twelve hours a day."

B. The passive participle / *ἡ παθητική μετοχή*

1. Form

Like the active participle, the passive participle is easy to recognize: it always ends either in *-μένος* or *-όμενος* (*-ούμενος*, *-άμενος*, *-ήμενος*). These endings, however, are fully inflected, unlike the fixed ending of the active participle. The passive participles are inflected just like adjectives in -ος.

οἱ σκουριασμένες πόρτες
ἡ πολιτισμένη ἀνθρωπότητα
τά μισοτηγανισμένα ψάρια
ὁ ἐγκαταλειμμένος θάλαμος
τοῦ μαρμαρωμένου βασιλιᾶ
τά χαρούμενα παιδιά
τῶν χαρούμενων παιδιῶν
στίς ἐρχόμενες ἑβδομάδες
ἡ στρατευόμενη ἐκκλησία

2. Spelling

The *-μένος* participles have one *μ* in most cases, but they have *-μμ-* in cases where the present stem of the verb ends in *π*, *β*, or *φ*—i.e. where the final consonant of the stem is a labial.

ἐγκαταλείπ-ω: *ἐγκαταλειμμένος*
στρίβ-ω: *στριμμένος*
γράφ-ω: *γραμμένος*

The accented ο in -*όμενος* participles is always ο, never *ω*. However, *ω* is the spelling when the sound "o" occurs before the ending in -*μένος* participles: *φαγωμένος*. Thus we have ο accented and *ω* unaccented, precisely the opposite of what happens with the active participles: *ʹ-οντας*, *-ώντας*.

3. Formation

   a) Participles in -*μένος* are normally formed from the stem of the mediopassive simple past. For example, the verb *τηγανίζομαι* gives *τηγανίστηκα* as the simple past. The stem is *τηγανισ-*. The passive participle is thus *τηγανισμένος*.

   This formula works in many cases:

ἀγαπιέμαι	*ἀγαπήθηκα*	*ἀγαπημένος*
παραφορτώνομαι	*παραφορτώθηκα*	*παραφορτωμένος*

   With certain types of verbs, however, an adjustment has to be made. For example, *ἀλλάζομαι* gives *ἀλλάχτηκα*, but the passive participle is *ἀλλαγμένος*. We'll learn some rules for these adjustments in Flight V, Part 1.

   b) Participles in -*όμενος* (-*ούμενος*, -*άμενος*, -*ήμενος*) are formed from the present stem of certain mediopassive and active verbs. For example, *ἐργάζομαι* gives *ἐργαζ-όμενος*, as in *ἐργαζόμενες γυναῖκες*, "working women."

   Compare the -*μένος* participle of the same verb, formed from the past stem. *Ἐργάσ-τηκα* gives *ἐργασμένος*, as in *ἐργασμένο πετσί*, "worked hide" (i.e. hide that has been processed, as in tanning).

   Whether the ending is -*όμενος*, -*ούμενος*, -*άμενος* or -*ήμενος* has to be learned in each individual case. *Τρέχω*, for example, gives *τρεχούμενος* and *τρεχάμενος*, *τρέμω* gives *τρεμάμενος*, *κάθομαι* gives *καθήμενος*.

4. Usage

   a) Participles in -*μένος* convey a state or an action that existed or was completed before another state or action indicated in the sentence.

   Σαστισμένη, ἡ Μαρία πῆρε τόν ἀριθμό 2951453. (Maria was already bewildered before she dialed the number.)
   Ὁ 2ος καλόγερος φτάνει λαχανιασμένος. (It is correct to translate this "The 2nd monk arrives panting," treating the participle as an adverbial. The more technically precise meaning, however, is that he was already out of breath by the

time he arrived. "He arrives winded" or "out of breath" would therefore be a possible translation, because it conveys the idea that the action of being winded was completed before the action of arriving.)

1) These participles may govern a prepositional phrase, an adverb, etc. The resulting group of words that is formed is called a participial phrase (*μετοχική φράση*).

   Ἡ Μαρία *τρομοκρατημένη ἀπό τούς θρήνους καί τίς κραυγές παίρνει ἕναν ἀριθμό.*
   Πολιτισμένη *τώρα, ἡ ἀνθρωπότητα προοδεύει.*

2) Whether used alone or in a participial phrase, participles in *-μένος* have either adjectival or adverbial force, depending on the individual sentence.

   Clearly adjectival:

   Ἀγοράσαμε *ἕνα σκουριασμένο αὐτοκίνητο.* "We bought a rusty (rusted) car."
   Ἀγοράσαμε *ἕνα αὐτοκίνητο σκουριασμένο ἀπό τήν ὑγρασία.* "We bought a car rusted by dampness."

   More adjectival than adverbial (?):

   Ὁ Αὐτοκράτορας, *ταραγμένος καί στενοχωρημένος, βγαίνει ἀπό τήν ἐκκλησία.* (The participles probably describe the emperor himself, but they could also be describing the way in which he leaves the church, and thus be more adverbial than adjectival, especially with the word order revised to: Ὁ Αὐτοκράτορας *βγαίνει ταραγμένος καί στενοχωρημένος ἀπό τήν ἐκκλησία.*)

   More adverbial than adjectival (?):

   Ὁ *καλόγερος φτάνει λαχανιασμένος.* (The participle tells us more about the action than about the person. How did the monk arrive? Breathlessly. Compare the English sentence "He arrives breathless." Here, too, "breathless" is adjectival in form but adverbial in meaning.)

3) The negative is *μή* (*μήν*).

   Τό *μή νερωμένο κρασί τό περιφρονοῦσαν οἱ ἀρχαῖοι.* "The ancients [i.e. ancient Greeks] scorned non-watered-down wine."

b) We have already seen that there is another group of participles in *-όμενος* (*-ούμενος, -άμενος, -ήμενος*) formed from the present stem of the verb. Like active participles, these participles convey an action that is in progress at the same time as another action conveyed by the verb of the main clause, as opposed to an action that was completed before that other action.

Compare the following:

-*οντας* participles (active)

*Κάθοντας** *ἐκεῖ, ὁ χωροφύλακας τούς ἄκουγε.* "Sitting there, the policeman listened to them." (The sitting occurs at the same time as the listening.)

-*όμενος* (-*ούμενος*, -*άμενος*, -*ήμενος*) participles (passive in form, active in meaning)

Καθήμενος ἐκεῖ, ὁ χωροφύλακας τούς ἄκουγε. (Again, the sitting occurs at the same time as the listening.)

as opposed to:

-*μένος* participles (passive)

Καθισμένος ἐκεῖ, τούς ἄκουγε. (Here, although we might still translate "Sitting there, he listened to them," the -*μένος* participle indicates that the first action was completed before the second action began. Thus "Seated there . . . " or even "Having sat down there . . . " would be a more accurate translation.)

1) These -*όμενος* participles can be adjectival, adverbial or nominal—i.e. act as adjectives, adverbs or nouns.

Adjectival:

τά τρεχάμενα νερά	"running water"
ὁ ἱπτάμενος θάλαμος	"the flying telephone booth"

Adverbial:

Ἐξερχόμενος ὁ Καραγκιόζης βάρεσε τόν Χατζηαβάτη.	"Coming out, Karaghiozis walloped Hatziavatis."
Βοηθούμενο ἀπό τή μητέρα του, τό μωρό περπάτησε.	"Helped by his mother, the infant walked."

Nominal:

τά χρειαζούμενα	"necessities"
τά βρισκόμενα	"findings"
τό περιεχόμενο	"contents"

*Remember that this particular form is "poetic," i.e. non-standard.

C. Summary of participial endings

	active in form	passive in form
past, present or future in meaning (formed from the present stem)	΄-οντας -ώντας	-όμενος -ούμενος -άμενος -ήμενος
past in meaning (formed from the simple past stem)	—	-μένος

II. IMPERATIVE MOOD / ΠΡΟΣΤΑΚΤΙΚΗ ΕΓΚΛΙΣΗ

In Flight I, part 2 we reviewed the difference between the true imperative, the periphrastic imperative, and exhortations with ἄς. Now we shall review the way in which the true imperative is formed.

A. True imperative, active voice

1. Continuous aspect / *ἐξακολουθητικός τρόπος*

The continuous imperative is formed from the continuous stem, seen in the present tense and also in the continuous past tense. The endings are different for first and second conjugation verbs.

a) For most first conjugation verbs, the endings are -*ε* for the singular (familiar) imperative, and -*ετε* for the plural (polite) imperative.

For example, the verb *ρίχνω* shows its continuous stem in the present tense (*ρίχν-ω*) and also in the continuous past (*ἔ-ριχν-α*). Adding the continuous imperative endings to this stem we get *ρίχνε* (singular) and *ρίχνετε* (plural) for the continuous imperative.

A very few first conjugation verbs behave differently. For example, *φεύγω* gives *φεύγα*, *φευγᾶτε*, and *τρέχω* gives *τρέχα*, *τρεχᾶτε*.

b) Second conjugation verbs.

1) For second conjugation verbs of the first class (conjugated -*ῶ*, -*ᾶς*, -*ᾶ* in the present indicative) the endings are -*α* for the singular (familiar) imperative, and -*ᾶτε* for the plural (polite) imperative.

The verb *ἀγαπῶ*, for example, shows its continuous stem in the present tense (*ἀγαπ-ῶ*) and also in the continuous past (*ἀγαπ-οῦσα*). Adding the continuous imperative endings to this stem we get *ἀγάπα* (singular) and *ἀγαπᾶτε* (plural) for the continuous imperative.

2) For second conjugation verbs of the second class (conjugated -ῶ, -εῖς, -εῖ in the present indicative) the endings are technically -ει for the singular (familiar) imperative, and -εῖτε for the plural (polite) imperative. However, most of these verbs seem now to behave, in the imperative, as though they belonged to the first class, especially in the singular.

The continuous imperative forms for *προσπαθῶ*, for example, are *προσπάθα* (singular) and *προσπαθᾶτε* or *προσπαθεῖτε* (plural). Similarly, *μιλῶ* gives *μίλα* and *μιλᾶτε*, with *μιλεῖτε* possible but now considered "fancy" or affected. Καλῶ, however, though giving *κάλα* in the singular, keeps *καλεῖτε* in the plural.

Note: Some of the singular imperatives in -α, though continuous in form, are simple in meaning. This is true of *πήδα*! for example. Thus another form, unmistakably continuous in meaning, is used by some speakers for certain second conjugation verbs. This form ends in -*αγε*: *πήδαγε*! *προσπάθαγε*! *πούλαγε*!

2. Simple aspect / *στιγμιαῖος τρόπος*

The simple imperative is formed from the simple stem, which is seen, of course, in the simple past tense. To this simple past stem, the ending -ε is added for the singular (familiar) imperative, and the ending -τε is added for the plural (polite) imperative.

a) Examples for first conjugation verbs

The verb *ρίχνω* gives *ἔριξα* as the simple past. The simple stem is -*ριξ*-. Thus the singular imperative is *ρίξε* and the plural imperative is *ρίξτε*.

In verbs with two syllables, the accent is on the next to last syllable of both imperatives, as shown. In verbs with three syllables, the imperatives are accented as in the following examples: δούλεψε, δουλέψτε.

b) Examples for second conjugation verbs, first and second class

The verb *ἀγαπῶ* gives *ἀγάπησα* as the simple past. The simple stem is *ἀγαπησ*-. Thus the singular imperative is *ἀγάπησε* and the plural imperative is *ἀγαπῆστε*.

The verb *προσπαθῶ* gives *προσπάθησα* as the simple past. The simple stem is -*προσπαθησ*-. Thus the singular imperative is *προσπάθησε* and the plural imperative is *προσπαθῆστε*.

B. True imperative, passive voice

1. Continuous aspect

Passive verbs have no continuous aspect in the true imperative. Periphrastic forms are used instead, e.g. *νά κρύβεσαι, νά κρύβεστε, νά ἀγαπιέσαι, νά ἀγαπιέστε.*

2. Simple aspect

In many cases, the simple passive imperative can be formed from the simple passive past. To this simple passive past stem the ending *-σου* is added for the singular (familiar) imperative and the ending *-θεῖτε* is added for the plural (polite) imperative (*-τεῖτε* after *σ, φ, χ*). The spellings *-θῆτε* and *-τῆτε* are also encountered. They are puristic.

a) Examples for first conjugation verbs

The verb *ἀπογειώνομαι* gives *ἀπογειώθηκα* as the simple past. We can consider the stem to be *ἀπογειω-*. Thus the singular imperative is *ἀπογειώσου* and the plural imperative is *ἀπογειωθεῖτε.*

The verb *μοιράζομαι* gives *μοιράστηκα* as the simple past. The singular imperative is *μοιράσου* and the plural imperative is *μοιραστεῖτε.*

Sometimes this system doesn't work for the singular imperative, and we have to go back to the stem of the simple active past, adding *-ου* as the ending. For example, *κρύβομαι* gives *κρύφτηκα* as the simple passive past. The plural imperative is *κρυφτεῖτε.* But the singular imperative is *κρύψου.* This comes from *-κρυψ-*, the stem of the simple active past *ἔκρυψα.* (What happens here, actually, is that the unpronounceable *-φσ-* of *κρύφσου* becomes *-ψ-*, giving *κρύψου.*)

b) Examples for second conjugation verbs

Follow the same procedure as with the first conjugation verbs.

Second conjugation, first class:

ἀγαπιέμαι gives *ἀγαπήθηκα.* The singular imperative is *ἀγαπήσου.* The plural imperative is *ἀγαπηθεῖτε.*

γεννιέμαι gives *γεννήθηκα.* The singular imperative is *γεννήσου.* The plural imperative is *γεννηθεῖτε.*

Second conjugation, second class:

κοιμοῦμαι gives *κοιμήθηκα.* The singular imperative is *κοιμήσου.* The plural imperative is *κοιμηθεῖτε.*

θυμοῦμαι gives θυμήθηκα. The singular imperative is θυμήσου. The plural imperative is θυμηθεῖτε.

C. Summary of imperative forms

	active		passive	
	singular	plural	singular	plural
1st conjugation				
continuous	γράφε	γράφετε	—	—
simple	γράψε	γράψτε	γράψου	γραφτεῖτε
	φόρτωσε	φορτῶστε	φορτώσου	φορτωθεῖτε
2nd conjugation				
continuous				
class 1	νίκα	νικᾶτε	—	—
class 2	πούλα	πουλᾶτε, πουλεῖτε	—	—
simple				
class 1	νίκησε	νικῆστε	νικήσου	νικηθεῖτε
class 2	πούλησε	πουλῆστε	πουλήσου	πουληθεῖτε

Drills for active participles

Δ. Ὅταν μπῆκα στό σπίτι, ἄκουσα μουσική.
Μ. Μπαίνοντας στό σπίτι, ἄκουσα μουσική.

Δ. Μόλις πήδησαν στή στεριά, ἔριξαν τό σκοινί.
Μ. Πηδώντας στή στεριά, ἔριξαν τό σκοινί.

Δ. Ὅταν θυμόμαστε τά παιδικά μας χρόνια, χαμογελᾶμε.
Μ. Θυμούμενοι τά παιδικά μας χρόνια, χαμογελᾶμε.

Δ. Ἐνῶ περπατῶ στούς δρόμους, τραγουδῶ.
Μ. Περπατώντας στούς δρόμους, τραγουδῶ.

Drills for passive participles in -όμενος

Δ. Ἡ μητέρα του τόν βοηθάει νά περπατήσει.
Μ. Βοηθούμενος ἀπό τή μητέρα του, περπατάει.

Δ. Ὁ Καραγκιόζης ἐξέρχεται καί βαράει τόν Χατζηαβάτη. (καθ)
Μ. Ἐξερχόμενος, ὁ Καραγκιόζης βαράει τόν Χατζηαβάτη. (καθ)

Δ. Τό παιδί πού ἐργάζεται τρώει πολύ.
Μ. Τό ἐργαζόμενο παιδί τρώει πολύ.

Δ. Τό νερό πού τρέχει εἶναι κρύο.
Μ. Τό τρεχάμενο νερό εἶναι κρύο.

Δ. Οἱ ἄνθρωποι πού χαίρονται εἶναι εὐτυχεῖς.
Μ. Οἱ χαρούμενοι ἄνθρωποι εἶναι εὐτυχεῖς.

Drills for passive participles in -*μένος*

Δ. Ἡ Μαρία τρομοκρατήθηκε ἀπό τίς βροντές καί ἔτρεξε σάν χαζή.
Μ. Ἡ Μαρία τρομοκρατημένη ἀπό τίς βροντές ἔτρεξε σάν χαζή.

Δ. Τό γαϊδουράκι παραφορτώθηκε ἀπό ξύλα καί δέν προχώρησε οὔτε ἕνα βῆμα.
Μ. Τό γαϊδουράκι παραφορτωμένο ἀπό ξύλα δέν προχώρησε οὔτε ἕνα βῆμα.

Δ. Τά μικρά παιδιά ἐγκαταλείφτηκαν ἀπό τή μάνα τους κ' ἔκλαιγαν.
Μ. Τά μικρά παιδιά ἐγκαταλειμμένα ἀπό τή μάνα τους ἔκλαιγαν.

Δ. Ὁ Κωνσταντῖνος μαρμαρώθηκε ὕστερ' ἀπ' τήν Ἅλωση καί περιμένει.
Μ. Ὁ Κωνσταντῖνος μαρμαρωμένος ὕστερ' ἀπ' τήν Ἅλωση περιμένει.

Δ. Ὅλη ἡ ἀνθρωπότητα ἐκπολιτίστηκε ἀπό τόν ἑλληνισμό καί ταξιδεύει ἀπό μακριά νά δεῖ τήν Ἑλλάδα.
Μ. Ὅλη ἡ ἀνθρωπότητα ἐκπολιτισμένη ἀπό τόν ἑλληνισμό ταξιδεύει ἀπό μακριά νά δεῖ τήν Ἑλλάδα.

Drills for true imperatives

In each case, give both the continuous and the simple imperative, wherever possible. In places where a true continuous imperative does not exist, use the periphrastic imperative.

Δ. Πηδᾶς γρήγορα.
Μ. Πήδα γρήγορα!
Μ. Πήδησε γρήγορα!

Δ. Προσπαθεῖς νά κρατήσεις τό θάλαμο.
Μ. Προσπάθα νά κρατήσεις τό θάλαμο!
Μ. Προσπάθησε νά κρατήσεις τό θάλαμο!

Δ. Παίρνετε τό καλώδιο.
Μ. Παίρνετε τό καλώδιο!
Μ. Πάρτε τό καλώδιο!

Δ. Παύεις κι ἐσύ.
Μ. Παῦε κι ἐσύ!
Μ. Πάψε κι ἐσύ!

Δ. Κοιμᾶσαι ἀμέσως.
Μ. Νά κοιμᾶσαι ἀμέσως!
Μ. Κοιμήσου ἀμέσως!

Δ. Κοιμάστε ἀμέσως.
Μ. Νά κοιμάστε ἀμέσως!
Μ. Κοιμηθεῖτε ἀμέσως!

Δ. Σταυροκοπιέσαι συχνά.
Μ. Νά σταυροκοπιέσαι συχνά!
Μ. Σταυροκοπήσου συχνά!

Δ. Σταυροκοπιέστε συχνά
Μ. Νά σταυροκοπιέστε συχνά!
Μ. Σταυροκοπηθεῖτε συχνά!

Δ. Σώζετε τόν ἑαυτό σας.
Μ. Σώζετε τόν ἑαυτό σας!
Μ. Σῶστε τόν ἑαυτό σας!

Δ. Περπατᾶτε σιγά.
Μ. Περπατᾶτε σιγά!
Μ. Περπατῆστε σιγά!

Πτήση 4

Τό Ἅγιον Ὄρος

Δεύτερο μέρος

κόκκινο

(________ __ ____ ____ __ __ _____ ___ ________, ___ προβάλλουν λίγο-λίγο τό κεφάλι, ὁ λαιμός, τό σῶμα καί ἡ οὐρά ἑνός μουλαριοῦ __________ __ ___. Πίσω __ __ ___ ἀκολουθοῦν ἕνα μπαστούνι, __ ___, __ ____ _____ καί μιά θεόρατη κοιλιά __________ ________.)

1ος ΚΑΛΟΓΕΡΟΣ (__ ________): Σωθήκαμε!

(____ ___ _____ __ __ _________, ___ ______ ______ __ _____ ___ ___ ________ ___ _________ _____.)

Ο ΠΑΧΥΣ: Ὕπαγε ὀπίσω μου Σατανᾶ.

2ος ΚΑΛΟΓΕΡΟΣ: _, ____, γιατί μᾶς διώχνεις; __ ______ ___ ______ __ _____ _______;

Ο ΠΑΧΥΣ: _______ _____ ___ ___ _____ ___ δέν ἐπιτρέπεται θηλυκό στό Ἅγιον Ὄρος;

ΟΙ ΔΥΟ ΚΑΛΟΓΕΡΟΙ (____): __ ____ ___; _____ ___ ____ ___; __ ______ ___ _______;

Ο ΑΓΙΟΡΕΙΤΗΣ: Ἡ γυναίκα πρέπει νά φύγει ἀμέσως. ___ _____ ___, ____ - _____ _______.

(Ἡ Μαρία ___ _____ τρέχει στήν ἀποβάθρα. ____ __ ________ ___ _____ ___ _____.)

ΑΚΟΥΣΤΙΚΟ (_____): __ _____ ___----;

ΜΑΡΙΑ (_____ __ ______): ___.

Βοηθητικές ἑρμηνεῖες

2. *προβάλλουν*] emerge, appear   3. *ἑνός μουλαριοῦ*] of a mule
4. *ἀκολουθοῦν*] follow   *μπαστούνι*] cane, walking stick
5. *θεόρατη*] huge, colossal   *κοιλιά*] belly

10. ὁ Παχύς] the fat one
Ὕπαγε ὀπίσω μου Σατανᾶ] Get thee behind me, Satan!
11. διώχνεις] expel, chase away
13. δέν ἐπιτρέπεται] is not allowed, is not permitted
14. θηλυκό] female
17. Ὁ Ἁγιορείτης] inhabitant of the Holy Mountain

Σημειώσεις

6. *σωθήκαμε*] past tense of *σώζομαι*
10. *Ὕπαγε ὀπίσω μου Σατανᾶ*] The monk is quoting the Gospel of Matthew 16.23, where Peter's hesitancy in accepting the need for Jesus' crucifixion provokes this response from Jesus. Here is the passage in the original Koine Greek of the New Testament, followed by two modern translations, one in katharevousa and one in demotic. Notice how close the modern Greek versions are to the original.

ΚΟΙΝΗ: Ἀπὸ τότε ἤρξατο ὁ Ἰησοῦς δεικνύειν τοῖς
ΚΑΘΑΡΕΥΟΥΣΑ: Ἀπὸ τότε ἤρχισεν ὁ Ἰησοῦς νά δεικνύῃ εἰς τοὺς
ΔΗΜΟΤΙΚΗ: Ἀπό τότε ἄρχισε ὁ Ἰησούς νά δείχνει στούς
From that time Jesus began to show

μαθηταῖς αὐτοῦ ὅτι δεῖ αὐτὸν ἀπελθεῖν εἰς Ἱεροσόλυμα
μαθητὰς αὐτοῦ ὅτι πρέπει νὰ ὑπάγῃ εἰς Ἱεροσόλυμα
μαθητές του ὅτι πρέπει νά φύγει καί νά πάει στήν Ἱερουσαλήμ,
his disciples that he must go to Jerusalem

καὶ πολλὰ παθεῖν ἀπὸ τῶν πρεσβυτέρων καὶ ἀρχιερέων καὶ
καὶ νὰ πάθῃ πολλὰ ἀπὸ τῶν πρεσβυτέρων καὶ ἀρχιερέων καὶ
νά πάθει πολλά ἀπό τούς πρεσβύτερους, τούς ἀρχιερεῖς καί
and suffer many things from the elders and chief priests and

γραμματέων καὶ ἀποκτανθῆναι, καὶ τῇ τρίτῃ ἡμέρᾳ ἐγερθῆναι.
γραμματέων, καὶ νὰ θανατωθῇ, καὶ τὴν τρίτην ἡμέραν νὰ ἀναστηθῇ.
τούς γραμματεῖς, νά θανατωθεῖ καί τήν τρίτη μέρα ν' ἀναστηθεῖ.
scribes, and be killed, and on the third day be raised.

καὶ προσλαβόμενος αὐτὸν ὁ Πέτρος ἤρξατο ἐπιτιμᾶν αὐτῷ
καὶ παραλαβὼν αὐτὸν ὁ Πέτρος ἤρχισε νὰ ἐπιτιμᾷ αὐτὸν
Καί τόν παρέλαβε ὁ Πέτρος καί ἄρχισε νά τόν ἐπιτιμᾶ
And Peter took him and began to rebuke him,

λέγων· ἵλεώς σοι, Κύριε· οὐ μὴ ἔσται σοι τοῦτο.
λέγων· ἵλεως εἰς σεαυτόν, Κύριε· δὲν θέλει γείναι τοῦτο εἴς σε.
λέγοντας: Λυπήσου τόν ἑαυτό σου Κύριε· δέν πρέπει νά γίνει αὐτό σ' ἐσένα.
saying, "God forbid, Lord! This shall never happen to you."

ὁ δὲ στραφεὶς εἶπε τῷ Πέτρῳ· ὕπαγε ὀπίσω μου,
ἐκεῖνος δὲ στραφεὶς εἶπε πρὸς τὸν Πέτρον· ὕπαγε ὀπίσω μου,
Ἐκεῖνος δέ γύρισε καί εἶπε στόν Πέτρο: πήγαινε πίσω μου,
But he turned and said to Peter, "Get behind me,

Σατανᾶ· σκάνδαλόν μου εἶ· ὅτι οὐ φρονεῖς τὰ τοῦ
Σατανᾶ· σκάνδαλόν μου εἶσαι· διότι δέν φρονεῖς τά τοῦ
Σατανά· εἶσαι σκάνδαλό μου· γιατί δέν σκέφτεσαι τά πράγματα τοῦ
Satan! You are a hindrance to me, for you are not on the side of

Θεοῦ, ἀλλὰ τὰ τῶν ἀνθρώπων.
Θεοῦ, ἀλλὰ τὰ τῶν ἀνθρώπων (British Bible Society, 1952).
Θεοῦ ἀλλά τῶν ἀνθρώπων (μετάφραση Χρήστου Ἀλεξίου).
God, but of men."

μπλέ

(Καρφώνουν τά μάτια τους σέ μιά στροφή ___ ________,
ὅπου προβάλλουν λίγο-λίγο τό κεφάλι, ὁ λαιμός, τό σῶμα
καί ἡ οὐρά ἑνός μουλαριοῦ __________ __ ____. Πίσω
ἀπ' τό ζῶο ἀκολουθοῦν ἕνα μπαστούνι, ἕνα χέρι, ἕνα μαῦρο
μανίκι καί μιά θεόρατη κοιλιά __________ καλόγερου.)

1ος ΚΑΛΟΓΕΡΟΣ (__ ________): Σωθήκαμε!

(Ὅλοι μαζί τρέχουν νά τόν χαιρετήσουν, ἀλλά ἐκεῖνος
σηκώνει τά χέρια του καί μουγκρίζει __ ________
_____.)

Ο ΠΑΧΥΣ: Ὕπαγε ὀπίσω μου Σατανᾶ.
2ος ΚΑΛΟΓΕΡΟΣ: _, _____, γιατί μᾶς διώχνεις; Δέ βλέπεις πώς
εἴμαστε κι ἐμεῖς καλόγεροι;
Ο ΠΑΧΥΣ: Καλόγεροι εἶστε καί δέν ξέρετε ὅτι δέν ἐπιτρέπεται
θηλυκό στό Ἅγιον Ὄρος;
ΟΙ ΔΥΟ ΚΑΛΟΓΕΡΟΙ (____): ___ ____ ____; Εἴμαστε στό Ἅγιον
Ὄρος; ___ ______ ___ ______;
Ο ΑΓΙΟΡΕΙΤΗΣ: Ἡ γυναίκα πρέπει νά φύγει ἀμέσως. ___ ____
___, ____ - ____ ______.

(Ἡ Μαρία ___ ______ τρέχει στήν ἀποβάθρα. ____ __
_______ καί πηδάει στό θάλαμο.)

ΑΚΟΥΣΤΙΚΟ (_____): __ _____
ΜΑΡΙΑ (_____ __ _____): ___.

Βοηθητικές ἑρμηνεῖες

1. *καρφώνουν*] they pin, they nail, they fix *στροφή*] turn, bend
4. *ζῶο*] animal, beast 5. *μανίκι*] sleeve
7. *χαιρετήσουν*] greet 8. *μουγκρίζει*] bellows, howls, roars

Σημειώσεις

12. *εἴμαστε κι ἐμεῖς*] Here, κι means "too" or "also": " . . . we too are . . . "

μαῦρο

(*Καρφώνουν τά μάτια τους σέ μιά στροφή τοῦ μονοπατιοῦ, ὅπου προβάλλουν λίγο-λίγο τό κεφάλι, ὁ λαιμός, τό σῶμα καί ἡ οὐρά ἑνός μουλαριοῦ καταφορτωμένου μέ ξύλα. Πίσω ἀπ' τό ζῶο ἀκολουθοῦν ἕνα μπαστούνι, ἕνα χέρι, ἕνα μαῦρο μανίκι καί μιά θεόρατη κοιλιά καλοθρεμμένου καλόγερου.*)

1ος ΚΑΛΟΓΕΡΟΣ (*μέ ἀνακούφιση*): Σωθήκαμε!

(*Ὅλοι μαζί τρέχουν νά τόν χαιρετήσουν, ἀλλά ἐκεῖνος σηκώνει τά χέρια του καί μουγκρίζει σάν ἀγριεμένος ταῦρος.*)

Ο ΠΑΧΥΣ: Ὕπαγε ὀπίσω μου Σατανᾶ.

2ος ΚΑΛΟΓΕΡΟΣ: Ἔ, πάτερ, γιατί μᾶς διώχνεις; Δέ βλέπεις πώς εἴμαστε κι ἐμεῖς καλόγεροι;

Ο ΠΑΧΥΣ: Καλόγεροι εἶστε καί δέν ξέρετε ὅτι δέν ἐπιτρέπεται θηλυκό στό Ἅγιον Ὄρος;

ΟΙ ΔΥΟ ΚΑΛΟΓΕΡΟΙ (*μαζί*): Στό Ἅγιον Ὄρος; Εἴμαστε στό Ἅγιον Ὄρος; Στό Περιβόλι τῆς Παναγίας;

Ο ΑΓΙΟΡΕΙΤΗΣ: Ἡ γυναίκα πρέπει νά φύγει ἀμέσως. Ὅσο μένει ἐδῶ, τόσο ὁ τόπος μολύνεται.

(*Ἡ Μαρία σάν ἀστραπή τρέχει στήν ἀποβάθρα. Λύνει τό ἀκουστικό καί πηδάει στό θάλαμο.*)

ΑΚΟΥΣΤΙΚΟ (*ἔξαλλα*): Τί ἀριθμό θέλ----;

ΜΑΡΙΑ (*χωρίς νά σκεφτεῖ*): 480.

Βοηθητικές ἑρμηνεῖες

1. *τοῦ μονοπατιοῦ*] of the path
3. *καταφορτωμένου*] loaded down exceedingly
5. *καλοθρεμμένου*] of [a] well-nourished
6. *ἀνακούφιση*] relief
8. *ἀγριεμένος*] infuriated
9. *ταῦρος*] bull
16. *περιβόλι*] garden, orchard
17–18. *ὅσο . . . τόσο*] the more . . . the more
18. *τόπος*] place, location, area, locality *μολύνεται*] is contaminated, is polluted
19. *λύνει*] she unties, releases, unhitches
20. *ἔξαλλα*] in a frenzy, beside herself, frantically

Σημειώσεις

3. *καταφορτωμένου*] In this case, the prefix *κατα-* denotes augmentation of degree. See Μιά *ματιά στή γραμματική*, Flight 3, Part 1.
5. *καλοθρεμμένου*] *καλο-*, "well," + the passive participle of *τρέφω*, "to nourish," "to feed"
6. *ἀνακούφιση*] plural: *ἀνακουφίσεις*

8–9. *σάν ἀγριεμένος ταῦρος*] Note that *σάν*, here, governs the nominative case of the noun, and that the article is omitted. The meaning is that the monk is bellowing as [though he were an] infuriated bull. Similarly, *τρέχω σάν λαγός* means that I am running as though I were a rabbit. In both instances a quality or action is shared. Bulls bellow; so does the monk. Rabbits run swiftly; so do I. Σ*άν*, here, acts like a coordinating. conjunction. If a comparison is desired, rather than a statement of a shared quality or action, then *σάν* is used as a preposition and it governs the accusative, with the article included: Μουγκρίζει *σάν ἕναν ταῦρο ἀγριεμένο*. Τρέχω *σάν ἕνα λαγό*. In these examples the meaning is "The monk bellows [in a manner that is] like a wild bull's bellowing." "I run [in a manner] like a rabbit's running" (i.e. with jerky motions, lopingly). Of course, the definite article may also be used. Περπατάει *σάν τή μητέρα της*.

Συνώνυμα ἤ περίπου συνώνυμα

1. *καρφώνουν τά μάτια τους*: *στυλώνουν τά μάτια τους*
2. *προβάλλουν*: *παρουσιάζονται, ἐμφανίζονται, φανερώνονται, βγαίνουν, ξεπροβάλλουν*
   λίγο-λίγο: κομμάτι-κομμάτι
4. *ἕνα μπαστούνι*: *μιά βέργα*
5. *θεόρατη*: πελώρια, *τεράστια*, κολοσσιαία, *γιγάντια*
   μιά κοιλιά: *ἕνα στομάχι, μιά γαστέρα, ἕνας σκεμπές*
   καλοθρεμμένου: εὐτραφέστατου, *παραθρεμμένου*
   καλόγερου: *μοναχοῦ*
6. *ἀνακούφιση*: *ξαλάφρωμα*
7. *χαιρετήσουν*: καλωσορίσουν
8. *μουγκρίζει*: *βρουχιέται*, οὐρλιάζει
   ἀγριεμένος: *ὀργισμένος, λυσσασμένος, μανιασμένος, ἔξαλλος*
11. *διώχνεις*: *κυνηγᾶς, ξαποστέλνεις, στέλνεις στό διάβολο*
16. *στό περιβόλι*: *στό μπαξέ, στόν κῆπο*
   Παναγίας: Παρθένας, Θεοτόκου
19. *στήν ἀποβάθρα*: *στό μῶλο* λύνει: *ξεδένει*
21. *ἔξαλλα*: *ἐκτός ἑαυτοῦ*
22. *νά σκεφτεῖ*: *νά συλλογιστεῖ*

Ἐρωτήσεις

Νά ἀπαντήσετε χρησιμοποιώντας τά συνώνυμα ἤ περίπου συνώνυμα.

1. Τί κάνουν ἡ Μαρία καί οἱ καλόγεροι ὅταν ἀκοῦν κουδουνίσματα;
2. Πῶς παρουσιάζεται τό μουλάρι;
4. Τί βλέπουν νά προβάλλει ἀπό 'κεῖ;
5. Τί ἀκολουθεῖ πίσω ἀπ' τό μουλάρι; Πῶς εἶναι ὁ καλόγερος;
6. Πῶς λέει "Σωθήκαμε!" ὁ πρῶτος καλόγερος;
7. Τί κάνουν ὕστερα οἱ καλόγεροι καί ἡ Μαρία;
8. Κι ὁ Παχύς τί κάνει;
11. Τί λέει ὁ δεύτερος καλόγερος ὅταν τόν ἀκούει;
16. Πῶς λέγεται ἀλλιῶς τό "περιβόλι";
19. Τί κάνει ἡ Μαρία ὅταν ἀκούει τόν Ἁγιορείτη καλόγερο νά μιλάει ἔτσι; Τί τό κάνει τ' ἀκουστικό ἡ Μαρία;
22. Πῶς παίρνει ἡ Μαρία τόν ἀριθμό;

Ἀσκήσεις

1\. Καρφώνουν τά μάτια τους στό κεφάλι.
στό λαιμό
Καρφώνουν τά μάτια τους στό λαιμό.
στό σῶμα, στήν οὐρά, στά πόδια, στ' αὐτιά, στήν κοιλιά, στό κεφάλι

1–3. Ἀπό μιά στροφή προβάλλει ἕνας καλόγερος μέ τό μουλάρι του.
ἕνας γέρος μέ τό γαϊδούρι του
Ἀπό μιά στροφή προβάλλει ἕνας γέρος μέ τό γαϊδούρι του.
ἕνα ἀγόρι μέ τό σκύλο του, ἕνα κορίτσι μέ τή γάτα του, μιά γυναίκα μέ τήν ἀγελάδα της, ἕνας Ἱσπανός ταυρομάχος μέ τόν ταῦρο του, ἕνας Ἰνδός μέ τόν ἐλέφαντά του, μιά γριά μέ τήν κότα της, ἕνας καλόγερος μέ τό μουλάρι του

3\. Τό μουλάρι εἶναι καταφορτωμένο μέ ξύλα.
Τό αὐτοκίνητο εἶναι καταφορτωμένο μέ ξύλα.
Τό αὐτοκίνητο εἶναι καταφορτωμένο μέ κόσμο.
Τό πλοῖο εἶναι καταφορτωμένο μέ κόσμο.
Τό πλοῖο εἶναι καταφορτωμένο μέ πράγματα.
Τό κάρο εἶναι καταφορτωμένο μέ πράγματα.
Τό κάρο εἶναι καταφορτωμένο μέ ξύλα.
Τό μουλάρι εἶναι καταφορτωμένο μέ ξύλα.

3–4. Πίσω ἀπ' τό ζῶο ἀκολουθεῖ ἕνας καλοθρεμμένος καλόγερος.
Πίσω ἀπ' τόν Πατριάρχη ἀκολουθεῖ ἕνας καλοθρεμμένος καλόγερος.
Πίσω ἀπ' τόν Πατριάρχη ἀκολουθεῖ μιά παχιά μέλισσα.
Πίσω ἀπ' τό παιδάκι ἀκολουθεῖ μιά παχιά μέλισσα.

Πίσω ἀπ' τό παιδάκι ἀκολουθεῖ ἕνα λυσσασμένο σκυλί.
Πίσω ἀπ' τό ζῶο ἀκολουθεῖ ἕνα λυσσασμένο σκυλί.
Πίσω ἀπ' τό ζῶο ἀκολουθεῖ ἕνας καλοθρεμμένος καλόγερος.

5. Ὁ Ἁγιορείτης εἶναι καλοθρεμμένος.
παχύς
Ὁ Ἁγιορείτης εἶναι παχύς.
εὐτραφέστατος, χοντρός, γεμάτος, αὐστηρός, ἅγιος, ἄγριος, καλοθρεμμένος

6. Ὁ πρῶτος καλόγερος λέει μέ ἀνακούφιση "Σωθήκαμε".
μέ ξαλάφρωμα
Ὁ πρῶτος καλόγερος λέει μέ ξαλάφρωμα "Σωθήκαμε".
ἔξαλλα, ἐκτός ἑαυτοῦ του, μέ σιγουριά, κάνοντας τό σταυρό του, μέ δέος, μέ εὐλάβεια, λαχανιασμένος, μέ ἀνακούφιση

7. Ὅλοι μαζί τρέχουν νά τόν χαιρετήσουν.
καλωσορίσουν
Ὅλοι μαζί τρέχουν νά τόν καλωσορίσουν.
σώσουν, διώξουν, κυνηγήσουν, ἀκολουθήσουν, χτυπήσουν, σηκώσουν, χαιρετήσουν

7–9. Κεῖνος σηκώνει τά χέρια του καί μουγκρίζει σάν ἀγριεμένος ταῦρος.
καί χορεύει σάν ἐλέφαντας
Κεῖνος σηκώνει τά χέρια του καί χορεύει σάν ἐλέφαντας.
καί τρέχει σάν ἄλογο, καί ψάλλει σάν ἄγγελος, καί προσεύχεται σάν ἅγιος, καί φωνάζει σάν γαϊδούρι, καί τραγουδάει σάν πουλί, καί κλαίει σάν μωρό, καί μουγκρίζει σάν ἀγριεμένος ταῦρος

11–12. Γιατί μᾶς διώχνεις; Εἴμαστε κι ἐμεῖς καλόγεροι.
Γιατί μᾶς κυνηγᾶς; Εἴμαστε κι ἐμεῖς καλόγεροι.
Γιατί μᾶς κυνηγᾶς; Εἴμαστε κι ἐμεῖς Ἕλληνες.
Γιατί μᾶς μαλώνεις; Εἴμαστε κι ἐμεῖς Ἕλληνες.
Γιατί μᾶς μαλώνεις; Εἴμαστε κι ἐμεῖς ἄνθρωποι.
Γιατί μᾶς πειράζεις; Εἴμαστε κι ἐμεῖς ἄνθρωποι.
Γιατί μᾶς πειράζεις; Εἴμαστε κι ἐμεῖς καλόγεροι.
Γιατί μᾶς διώχνεις; Εἴμαστε κι ἐμεῖς καλόγεροι.

13–14. Δέν ξέρετε ὅτι δέν ἐπιτρέπεται θηλυκό στό Ἅγιον Ὄρος;
πλούσιος στόν Παράδεισο
Δέν ξέρετε ὅτι δέν ἐπιτρέπεται πλούσιος στόν Παράδεισο;
ἄντρας στό χαρέμι, γυναίκα στό καφενεῖο, ψέμα στό σχολεῖο, ζῶο στό λεωφορεῖο, κάπνισμα στό θέατρο, γέλιο στή βιβλιοθήκη, θηλυκό στό Ἅγιον Ὄρος

17. Ἡ γυναίκα πρέπει νά φύγει.
ν' ἀκολουθήσει

Ἡ γυναίκα πρέπει ν' ἀκολουθήσει.
νά καταφορτώσει τό μουλάρι, νά χαιρετήσει τίς φιλενάδες της, νά σηκώσει τά χέρια της, νά ξέρει τήν ἀλήθεια, νά μένει ἐδῶ, νά κάνει τή δουλειά της, νά πάψει πιά τίς κουβέντες, νά φύγει

17–18. Ὅσο μένει ἐδῶ, τόσο ὁ τόπος μολύνεται.
βρωμίζει
Ὅσο μένει ἐδῶ, τόσο ὁ τόπος βρωμίζει.
λερώνεται, μυρίζει, χαλάει, ἀρρωσταίνει, ἀνησυχεῖ, λυπᾶται, βουίζει, μολύνεται

19. Ἡ Μαρία σάν ἀστραπή τρέχει στήν ἀποβάθρα.
πηγαίνει
Ἡ Μαρία σάν ἀστραπή πηγαίνει στήν ἀποβάθρα.
πηδάει, πετάει, προχωρεῖ, κολυμπάει, περπατάει, κατεβαίνει, ἀνεβαίνει, πηγαίνει

19–20. Ξεδένει τό ἀκουστικό καί πηδάει στό θάλαμο.
Ξεδένει τό σκοινί καί πηδάει στό θάλαμο.
Ξεδένει τό σκοινί καί πηδάει στό πλοῖο.
Λύνει τό καλώδιο καί πηδάει στό πλοῖο.
Λύνει τό καλώδιο καί πέφτει στόν ὠκεανό.
Ξεδένει τό ἀκουστικό καί πέφτει στόν ὠκεανό.
Ξεδένει τό ἀκουστικό καί πηδάει στό θάλαμο.

22. Παίρνει τόν ἀριθμό 480 χωρίς νά σκεφτεῖ.
(Ἐμεῖς)
Παίρνουμε τόν ἀριθμό 480 χωρίς νά σκεφτοῦμε.
Αὐτές, (Ἐσύ), (Ἐσεῖς), (Ἐγώ), Αὐτός

Ἐρωτήσεις

1. Ποῦ καρφώνουν τά μάτια τους ἡ Μαρία καί οἱ καλόγεροι;
2. Τί προβάλλει λίγο-λίγο ἀπό τή στροφή τοῦ μονοπατιοῦ;
3. Μέ τί εἶναι καταφορτωμένο τό μουλάρι;
4. Τί ἀκολουθεῖ πίσω ἀπό τό ζῶο;
5. Εἶναι πετσί καί κόκκαλο ὁ καλόγερος;
6. Τί κάνει ὁ καλόγερος ὅταν τρέχουν νά τόν χαιρετήσουν;

Γενικές ἐρωτήσεις

1. Τί τά κάνουμε τά καρφιά;
2. Ἀπό ποῦ προβάλλει ὁ ἥλιος;
3. Πότε καταφορτώνει κανείς τό αὐτοκίνητό του;
4. Τί σπουδές (μαθήματα) ἀκολουθεῖς;
5. Ἄν δέν φάει κανείς γιά πολύ καιρό, τί θά εἶναι;
6. Πῶς χαιρετᾶς ἕνα φίλο ὅταν ἔρθει στό σπίτι σου;

7. Πῶς μουγκρίζει ὁ καλόγερος;
8. Γιατί διώχνει τή Μαρία;
9. Τί πρέπει νά κάνει ἡ γυναίκα πού πηγαίνει στό Ἅγιον Ὄρος; Γιατί;
10. Πῶς τρέχει ἡ Μαρία;
11. Τί κάνει ἡ Μαρία ἅμα λύσει τ' ἀκουστικό;

7. Πότε μουγκρίζεις σάν ἀγριεμένος ταῦρος;
8. Γιατί διώχνει κανείς τή γάτα ἀπ' τό ψητό;
9. Ὅταν πάει κανείς στό σινεμά μέ τά παιδιά του καί δέν ἐπιτρέπεται ἡ εἴσοδος γιά παιδιά, τί κάνει;
10. Ὅταν ἀργήσεις γιά τό ραντεβού σου, τί κάνεις;
11. Πότε λύνεις τά παπούτσια σου;

Μιά ματιά στή γραμματική

I. MASCULINE NOUNS IN -ές, plural -έδες / ΑΡΣΕΝΙΚΑ ΟΥΣΙΑΣΤΙΚΑ ΣΕ -ές, ΠΛΗΘΥΝΤΙΚΟΣ -έδες

Many of these are Turkish. We introduced two in the synonyms for this lesson: ὁ *μπαξές*, "garden" and ὁ *σκεμπές*, "belly," "stomach." Some others are:

ὁ καφές	coffee
ὁ μεζές	snack, hors-d'oeuvres
ὁ κεφτές	meatball
ὁ πουρές	purée
ὁ τενεκές	tin can
ὁ καναπές	sofa
ὁ μιναρές	minaret

The declension is:

ὁ μπαξές	οἱ μπαξέδες
τοῦ μπαξέ	τῶν μπαξέδων
τόν μπαξέ	τούς μπαξέδες
μπαξέ	μπαξέδες

II. THE IRREGULAR VERB ἐπιτρέπω AND THE SEEMINGLY IMPERSONAL VERB ἐπιτρέπεται / ΤΟ ΑΝΩΜΑΛΟ ΡΗΜΑ ἐπιτρέπω ΚΑΙ ΤΟ ΔΗΘΕΝ ΑΠΡΟΣΩΠΟ ΡΗΜΑ ἐπιτρέπεται

In Flight III, Part 1 we examined various impersonal verbs (i.e. verbs that occur only in the third person singular and that do not have an expressed subject). We also saw that certain verbs, though not exclusively impersonal, can be used in this same impersonal manner in the third person singular.

An important verb in this second group is *ἐπιτρέπω*.

A. Personal use

Δέν ἐπιτρέπετε τήν εἴσοδο στούς μαθητές χωρίς χρήματα; Don't you allow students to enter free of charge?

The simple past tense is *ἐπέτρεψα*. Note that the augment comes between the prefix (*ἐπι-*) and the main part of the verb, as we saw in Flight III, Part 1. However, demotic tends to dispense with internal augments, especially when they are not accented. Thus the same speaker is likely to say *ἐπέτρεψα*, *ἐπέτρεψες*, *ἐπέτρεψε* and *ἐπέτρεψαν* with the augment, but *ἐπιτρέψαμε* and *ἐπιτρέψατε* without it.

Δέν ἐπιτρέψατε τήν εἴσοδο στούς μαθητές χωρίς χρήματα; Didn't you allow students to enter free of charge?

In the mediopassive voice, the simple past is *ἐπιτράπηκε* (3rd person singular) and *ἐπιτράπηκαν* (3rd person plural). But 3rd person katharevousa forms are still often heard: *ἐπετράπη* (singular), *ἐπετράπησαν* (plural). The passive does not seem to be used in the first and second persons.

Δέν ἐπιτράπηκε (ἐπετράπη) ἡ εἴσοδος στούς μαθητές χωρίς χρήματα; Weren't students allowed to enter free of charge? (Literally: Wasn't entrance allowed to students without money?)

Δέν ἐπιτράπηκαν (ἐπετράπησαν) τά μεγάφωνα ἐκεῖ μέσα. Megaphones were not allowed in there.

B. "Impersonal" use

When the verb occurs in the mediopassive voice, it often seems that it is being used impersonally, though it really is not. Compare the following two sentences:

Personal: *Δέν ἐπιτρέπεται ἡ εἴσοδος στούς μαθητές.*
"Impersonal": *Δέν ἐπιτρέπεται νά μπαίνουν οἱ μαθητές.*

In the first sentence, *εἴσοδος* is the subject of the passive verb *ἐπιτρέπεται*, which is clearly being used in the normal (personal) manner.

In the second sentence, which seems impersonal, the verb *ἐπιτρέπεται* actually has as its subject the entire *νά*-clause which follows. Compare the English equivalent: "For students to enter is not allowed." *Ἐπιτρέπεται* seems impersonal because, like a true impersonal verb, it can be used in this way only in the third person singular; but, unlike a true impersonal verb, it does have a subject.

Similarly, in the past tense:

Personal:	Δέν ἐπιτράπηκε ἡ εἴσοδος στούς μαθητές.
"Impersonal":	Δέν ἐπιτράπηκε νά μπαίνουν οἱ μαθητές.

C. Résumé of forms

1. Continuous aspect

	active	passive (3rd person)
present tense	ἐπιτρέπω	ἐπιτρέπεται
future tense	θά ἐπιτρέπω	θά ἐπιτρέπεται
subjunctive mood	νά ἐπιτρέπω	νά ἐπιτρέπεται
past tense	ἐπέτρεπα	ἐπιτρεπόταν, ἐπετρέπετο (καθ)
conditional construction	θά ἐπέτρεπα	θά ἐπιτρεπόταν, θά ἐπετρέπετο (καθ)
imperative mood	ἐπίτρεπε, ἐπιτρέπετε	—

2. Simple aspect

present tense	ἐπιτρέπω	ἐπιτρέπεται
future tense	θά ἐπιτρέψω	θά ἐπιτραπεῖ
subjunctive mood	νά ἐπιτρέψω	νά ἐπιτραπεῖ
past tense	ἐπέτρεψα	ἐπιτράπηκε, ἐπετράπη (καθ)
conditional construction	—	—
imperative	ἐπίτρεψε,	—
	ἐπιτρέψτε	—

present perfect tense	ἔχει ἐπιτραπεῖ
past perfect tense	εἶχε ἐπιτραπεῖ
future perfect tense	θά ἔχει ἐπιτραπεῖ
conditional perfect construction	θά εἶχε ἐπιτραπεῖ
active participle	ἐπιτρέποντας
passive participle	ἐπιτετραμμένος

III. THE IRREGULAR VERB *προβάλλω* / ΤΟ ΑΝΩΜΑΛΟ ΡΗΜΑ *προβάλλω*

A. The root -*βάλλ*- and various prefixes

The irregular root -*βαλλ*- (meaning "to throw" or "to put") is not used by itself in demotic, but it combines with various prefixes to form an important group of verbs.

προβάλλω	to emerge, project, appear
προσβάλλω	to insult
ἀναβάλλω	to postpone

ἐπιβάλλω	to impose
εἰσβάλλω	to invade
ἀποβάλλω	to reject
καταβάλλω	to pay, to pay down, to throw down, to overwhelm
περιβάλλω	to surround, to encircle
παραβάλλω	to compare
διαβάλλω	to slander
ὑποβάλλω	to submit (e.g. an application), to subject
ἀμφιβάλλω	to doubt, to hesitate (i.e. "to throw to and fro")

B. Corresponding nouns

Each of the above verbs forms a corresponding noun in the same way:

ἡ προβολή	projection (e.g. of a movie), prominence
ἡ προσβολή	insult
ἡ ἀναβολή	postponement
ἡ ἐπιβολή	imposition (e.g. of a tax)
ἡ εἰσβολή	invasion
ἡ ἀποβολή	rejection, abortion ("throwing off" of the foetus)
ἡ καταβολή	payment, down payment
ἡ περιβολή	garment (something that surrounds the body), fencing (round something) (Also of interest is *τό περιβάλλον*, surroundings, environment)
ἡ παραβολή	parable (i.e. a comparison, a "placing beside")
ἡ διαβολή	slander (Note that the devil, *ὁ διάβολος*, is so named because he is the quintessential slanderer.)
ἡ ὑποβολή	submission (e.g. of candidacy), subjection
ἡ ἀμφιβολία	doubt, hesitation

C. Inflection

There are two things to remember:

1. In the active voice, the present stem has -λλ-, while the simple past stem has -λ-.

προβάλλω	I emerge
πρόβαλα	I emerged (simple past)
πρόβαλλα	I was emerging (continuous past)

2. In the mediopassive voice, the root of the simple past is -βλη-.

προβλήθηκε it was projected

D. Résumé of forms

1. Continuous aspect

	active	passive
present tense	προβάλλω	προβάλλομαι
future tense	θά προβάλλω	θά προβάλλομαι
subjunctive mood	νά προβάλλω	νά προβάλλομαι
past tense	πρόβαλλα	προβαλλόμουν
conditional construction	θά πρόβαλλα	θά προβαλλόμουν
imperative mood	πρόβαλλε, προβάλλετε	—

2. Simple aspect

present tense	προβάλλω	προβάλλομαι
future tense	θά προβάλω	θά προβληθῶ
subjunctive mood	νά προβάλω	νά προβληθῶ
past tense	πρόβαλα	προβλήθηκα
conditional construction	—	—
imperative mood	πρόβαλε, προβάλετε	προβλήσου, προβληθεῖτε

present perfect tense	ἔχω προβληθεῖ
past perfect tense	εἶχα προβληθεῖ
future perfect tense	θά ἔχω προβληθεῖ
conditional perfect construction	θά εἶχα προβληθεῖ
active participle	προβάλλοντας
passive (perfect) participle	προβεβλημένος

Drills for the irregular verbs

Δ. Δέν ἐπιτρέπεται ἡ εἴσοδος στούς μαθητές.
Μ. Δέν ἐπιτράπηκε ἡ εἴσοδος στούς μαθητές.
Μ. Δέν θά ἐπιτραπεῖ ἡ εἴσοδος στούς μαθητές.

Δ. Δέν ἐπιτρέπονται μικρά παιδιά στό μουσεῖο.
Μ. Δέν ἐπιτράπηκαν μικρά παιδιά στό μουσεῖο.
Μ. Δέν θά ἐπιτραποῦν μικρά παιδιά στό μουσεῖο.

Δ. Προβάλλουν λίγο-λίγο τό κεφάλι κι ὁ λαιμός.
Μ. Πρόβαλαν λίγο-λίγο τό κεφάλι κι ὁ λαιμός.
Μ. Θά προβάλουν λίγο-λίγο τό κεφάλι κι ὁ λαιμός.

Δ. Προβάλλονται δύο ἔργα στό σινεμά.
Μ. Προβλήθηκαν δύο ἔργα στό σινεμά.
Μ. Θά προβληθοῦν δύο ἔργα στό σινεμά.

Δ. Τό *πάρτυ ἀναβάλλεται.*
M. Τό *πάρτυ ἀναβλήθηκε.*
M. Τό *πάρτυ θά ἀναβληθεῖ.*

Μικρόλογος

Ἡ μυθολογία μᾶς λέει ὅτι τό Ὄρος Ἄθως εἶναι ἕνα τεράστιο λιθάρι πού τό πέταξε στόν Ποσειδώνα ὁ γίγαντας Ἄθως. Ἄλλοι λένε ὅτι ὁ Ποσειδώνας πέταξε τό λιθάρι στό γίγαντα. Στή χριστιανική ἐποχή ὅταν ἡ Παναγία εἶδε τόν παράδεισο τοῦτο παρακάλεσε τό γιό της νά τῆς τόν δώσει. Ἔτσι ἔγινε ὁ Ἄθως τό Περιβόλι τῆς Παναγίας. Στή βυζαντινή ἐποχή ἦρθαν οἱ πρῶτοι μοναχοί. Ἀργότερα ὅμως γυναικόπαιδα μόλυναν τόν τόπο καί τάραξαν τή μοναστική ζωή. Ὁ Αὐτοκράτορας ἔδιωξε τά γυναικόπαιδα καί ἀπό τότε δέν ἐπιτρέπεται θηλυκό στό Ἅγιον Ὄρος.

Βοηθητικές ἑρμηνεῖες

2. *λιθάρι*] stone   4. *ἐποχή*] epoch, era
7. *γυναικόπαιδα*] women and children
8. *τάραξαν*] disturbed, troubled

Ἐρωτήσεις

1. Τί εἶναι τό Ὄρος Ἄθως κατά τή μυθολογία;
2. Ποιός πέταξε τό λιθάρι στόν Ποσειδώνα;
3. Συμφωνοῦν ὅλοι μ' αὐτό; Ἄλλοι τί λένε;
4. Στή χριστιανική ἐποχή ποιά εἶδε τόν παράδεισο τοῦτο;
5. Τί παρακάλεσε ἡ Παναγία τό γιό της;
6. Τί ἔγινε ὁ Ἄθως τότε;
7. Πότε ἦρθαν οἱ πρῶτοι μοναχοί;
8. Τί ἔκαναν ἀργότερα τά γυναικόπαιδα;
9. Τί τάραξαν τά γυναικόπαιδα;
10. Τί ἔκανε ὁ Αὐτοκράτορας;
11. Ἀπό τότε, τί δέν ἐπιτρέπεται;

Ἀνάγνωση

Στά χρόνια τοῦ μύθου, ὅταν οἱ γίγαντες πολεμοῦσαν τούς θεούς, ἕνας ἀπ' αὐτούς, ὁ Ἄθως, χούφτωσε ἕναν τεράστιον ὄγκο πέτρινο καί τόν κατάφερε τοῦ Ποσειδώνα. Τό θεόρατο λιθάρι γλίστρησε στή θάλασσα καί στάθηκε ἐκεῖ γιά πάντα. Εἶναι τό ὄρος Ἄθως. Ἄλλοι λένε πώς τό λιθάρι τό πέταξε ὁ Ποσειδώνας στόν γίγαντα καί πώς μάλιστα κάτω ἀπ' τό λιθάρι τοῦτο καταπλακώθηκε γιά πάντα ὁ καημένος ὁ Ἄθως.

Ὁ εὐαγγελιστής Ἰωάννης μέ τή Θεοτόκο περνοῦσαν μετά τήν Ἀνάσταση ἀπό τά μέρη τοῦ Ἄθω πηγαίνοντας νά χαιρετήσουν τόν Λάζαρο στήν Κύπρο. Ἀπότομη ὅμως ταραχή τοῦ πελάγου τούς ἐμπόδισε καί στάθηκαν σ' ἕνα λιμανάκι τοῦ ὄρους Ἄθω, θαυμάζοντας τόν παράδεισο τοῦτον. Ἡ Παρθένα μάλιστα τό ζήλεψε πολύ τό μέρος τοῦτο καί παρακάλεσε τόν ἀθάνατο τόν Γιό της νά τῆς τό χαρίσει. Κ' ἐκεῖνος ὑπάκουσε. Ἔτσι λοιπόν, ὁ ἐπίγειος αὐτός παράδεισος ἔγινε πιά ὁ Κῆπος, τό Περιβόλι, τῆς Παναγίας.

Ἡ ἱστορία τῶν πρώτων μοναχῶν τοῦ Ὄρους χάνεται στόν μύθο. Μέ τό πάρσιμο ὅμως τῆς Αἰγύπτου ἀπ' τούς Ἄραβες στόν ἕβδομον αἰώνα, κύματα μοναχῶν φαίνεται πώς πῆγαν στό Ὄρος. Ἡ προσευχή ἀνεβαίνει καί φτάνει ὥς τά πόδια τοῦ Θεοῦ καί καθώς οἱ αἰῶνες περνᾶνε ἁγιάζει μαζί μέ τούς ἁγίους του κι ὁ τόπος ὁ ἴδιος. Ὅμως, δύσκολα νά συνεχιστεῖ ἡ μοναστική ζωή. Ἦρθαν πρόσφυγες στό Ὄρος μέ τά γυναικόπαιδά τους ζητώντας καταφύγιο. Τό Ὄρος ἔτσι καταμολύνθηκε ἀπ' τήν κοσμοθάλασσα τούτη. Ταράχτηκε ἡ ψυχή τοῦ μοναχοῦ. Ἡ μοναστική ζωή ἔχασε τόν ρυθμό της. Ὁ τόπος δηλητηριαζότανε. Ὁ Αὐτοκράτορας ὁ Ἀλέξιος Α' Κομνηνός (1081–1118) εἶχε μεγάλο πρόβλημα νά λύσει. Ἀποφάσισε νά διώξει ὅλο τοῦτο τό πλῆθος πού μόλυνε τόν τόπο, ἀπαγορεύοντας μάλιστα τήν εἴσοδο θηλυκοῦ στό Περιβόλι τῆς Παρθένας. Ἔτσι ἔμεινε τό Ἅγιον Ὄρος μονάχα γιά τούς μοναχούς.

Ἀπό: Γ. Π. Κουρνούτου, Τό Ἅγιον Ὄρος (Ἱστορία καί θρῦλοι), Νέα Ἑστία, Χριστούγεννα 1963, σελ. 4, 6–8.

Βοηθητικές ἑρμηνεῖες

1. *μύθος*] myth *πολεμοῦσαν*] were waging war against
2. *χούφτωσε*] seized, grabbed (cf. *χούφτα* = fistful)
   ὄγκο] bulk, volume
3. *πέτρινο*] stony, of stone
   τόν κατάφερε τοῦ Ποσειδώνα] smacked Poseidon with it
4. *γλίστρησε*] slid 7. *καταπλακώθηκε*] was crushed
   καημένος] unfortunate, poor
8. *ὁ εὐαγγελιστής Ἰωάννης*] John the Evangelist
10. *Λάζαρο*] Lazarus *Κύπρο*] Cyprus
11. *λιμανάκι*] little harbor 12. *ζήλεψε*] coveted
13. *χαρίσει*] give, grant, present 14. *ὑπάκουσε*] obeyed
    ἐπίγειος] earthly

17. *πάρσιμο*] capture, taking (from *παίρνω*)
τῆς Αἰγύπτου] of Egypt 18. *φαίνεται*] it seems
20. *ἁγιάζει*] becomes holy, saintly, sanctified
22. *πρόσφυγες*] refugees 23. *καταφύγιο*] refuge, hideaway
κοσμοθάλασσα] sea of people, multitude
24. *ψυχή*] soul, psyche 25. *ρυθμό*] rhythm
δηλητηριαζότανε] was poisoned
26. *νά λύσει*] to solve (from *λύνω*, to untie, to solve)
28. *ἀπαγορεύοντας*] prohibiting, forbidding

Development

1. Find Mount Athos on a map and describe, in Greek, its exact location in relation to Athens.
2. Relate another myth involving Poseidon.
3. Describe what you consider an earthly paradise.
4. Debate the pros and cons of admitting women to the priesthood.

ΠΡΑΣΙΝΟ ΦΩΣ

LEPHONE
ΤΗΛΕΦΩ
TELEPHONE

Πτήση 5

Οἱ Θερμοπύλες

Πρῶτο μέρος

κόκκινο

(*Ὁ θάλαμος τραντάχτηκε* ___ ___ ____ ___ __ _____ ______. *Τότε σάν ὑδροπλάνο ἀποθαλασσώθηκε* ___ _____ ___ __ ___. *Σέ λίγο ἔφτασε πάνω ἀπό μιά χαράδρα. Συνένεσε* _____ __ _____ *νά εἶναι* ______ ___ *ἄντρες πολλοί.* ___ ________ *εἶδε ἡ Μαρία ἄλλους νά γυμνάζονται κι ἄλλους νά χτενίζονται.* _____ ___ ______ ____ ________ ___ _____.)

ΜΑΡΙΑ: *Τί γιορτάζετε,* ___ _____;

Ο ΑΡΧΗΓΟΣ ΤΟΥΣ (_____________): Γιορτάζουμε, _____ ___, *τή μάχη* ___ _____. _______ __ ________ ___ __ _______.

ΜΑΡΙΑ: __ ___, ___ ___; _____ _____ ___;

ΑΡΧΗΓΟΣ: ______ ________. Ἑτοιμαζόμαστε ____ ___ _____ ___ *νά ἀποκρούσουμε τούς Πέρσες. Γι' αὐτό πρέπει νά φύγεις ἀμέσως.*

ΜΑΡΙΑ: *Μά ποῦ βρίσκομαι;* ____ _____;

ΑΡΧΗΓΟΣ: Στίς Θερμοπύλες. _____ _ ______, _ _______.

ΜΑΡΙΑ (___ _____ ___): ____! _ _____ _ ________ ________ __ ____ _________ ___ ___ ____ _ _____ ________ ___ _____;

ΛΕΩΝΙΔΑΣ: _ ____ . . .

ΜΑΡΙΑ: __ __ __, _____ ___ _____ ___! _____ _____. ____ ______ ___ ___ _________.

ΛΕΩΝΙΔΑΣ: _ ____, ___ ___ _______ _____ _________ ___ ___ _________ ____ ______ ____.

(*Ἡ Μαρία τρομαγμένη ὅρμησε στό θάλαμο καί πῆρε τόν ἀριθμό 440.* ______ ____ _____ ___ ________ __ _____ _ ________ ___ ____ ___, _ ______ ___ _________ ______. ______, __ ______ _______ _______ __ _____ ____ __ __ ______. ___ ___ ______ ____ __ __ ________.)

Βοηθητικές ἑρμηνεῖες

Τίτλος. *Οἱ Θερμοπύλες*] Thermopylae
1. *τραντάχτηκε*] shook, jolted
2. *τότε*] then *ὑδροπλάνο*] seaplane, hydroplane
   ἀποθαλασσώθηκε] compare *ἀπογειώθηκε*
4. *χαράδρα*] ravine, gorge, gully *συνέπεσε*] it so happened
6. *ἄλλους . . . ἄλλους*] some . . . others
   νά γυμνάζονται] drilling, training
   νά χτενίζονται] combing their hair
9. *ἀρχηγός*] leader
14. *νά ἀποκρούσουμε*] to repel, to repulse
    τούς Πέρσες] the Persians *γι' αὐτό*] therefore
26. *τρομαγμένη*] frightened

Σημειώσεις

Τίτλος. *Οἱ Θερμοπύλες*] the literal meaning is "the Hot Gates"
1. *τραντάχτηκε*] simple past, mediopassive, of *τραντάζω*. The simple past, active, is *τράνταξα*, and the passive participle is *τρανταγμένος*.
4. *συνέπεσε*] simple past of the impersonal verb *συμπίπτει*, "it happens," "it occurs," "it chances"
14. *τούς Πέρσες*] inflected in demotic as follows: *ὁ Πέρσης, τοῦ Πέρση, τόν Πέρση, οἱ Πέρσες, τῶν Περσῶν, τούς Πέρσες*
26. *τρομαγμένη*] passive participle of *τρομάζω*. The simple past, active, is *τρόμαξα*. In most cases, when the stem of the simple past, mediopassive, ends in *χ*, the *χ* changes to *γ* in the mediopassive participle. Cf. *τραντάχ-τηκε*: *τρανταγμένος*, above, and also *ἀλλάχ-τηκα*: *ἀλλαγμένος*, *ἀνοίχ-τηκα*: *ἀνοιγμένος*. We'll learn additional rules in *Μιά ματιά στή γραμματική*.

μπλέ

(*῾Ο θάλαμος τραντάχτηκε μέ τόση δύναμη ὥστε τό κατάρτι ξεριζώθηκε. Τότε σάν ὑδροπλάνο ἀποθαλασσώθηκε* ___ _______ ____ __ ____. *Σέ λίγο ἔφτασε πάνω ἀπό μιά χαράδρα. Συνέπεσε* ______ __ ______ *νά εἶναι ἀραδιασμένοι ἐκεῖ ἄντρες πολλοί.* ___ __________ *εἶδε ἡ Μαρία ἄλλους νά γυμνάζονται κι ἄλλους νά χτενίζονται.* ______ ___ ______ ____ _________ ___ ______.)

ΜΑΡΙΑ: *Τί γιορτάζετε,* ___ ______;

Ο ΑΡΧΗΓΟΣ ΤΟΥΣ (__________): *Γιορτάζουμε,* ______ ___, *τή μάχη πού ἔρχεται.* _________ __ ________ ___ __ _______.

ΜΑΡΙΑ: __ ___, ___ ___; _____ _____ ____;

ΑΡΧΗΓΟΣ: Εἴμαστε Σπαρτιάτες. Ἑτοιμαζόμαστε ____ ___ _____ ___ νά ἀποκρούσουμε τούς Πέρσες. Γι' αὐτό πρέπει νά φύγεις ἀμέσως.

ΜΑΡΙΑ: Μά ποῦ βρίσκομαι; Ποιός εἶστε;

ΑΡΧΗΓΟΣ: Στίς Θερμοπύλες. Εἶμαι ὁ Λεωνίδας, _ _______.

ΜΑΡΙΑ (____ _____ ___): Ἀμάν! Ὁ ἴδιος ὁ στρατηγός Λεωνίδας __ ___ _________ πού μᾶς ἔλεγε ὁ κύριος Καρπούζας στό σχολεῖο;

ΛΕΩΝΙΔΑΣ: _ ____...

ΜΑΡΙΑ: Πώ πώ πώ, βρῆκα τόν μπελά μου! Αὐτός εἶναι. ____ ______ ___ ___ __________.

ΛΕΩΝΙΔΑΣ: _ ___, ____ ___ _______ _____ __________ ___ ___ _________ ____ _______ ____.

(Ἡ Μαρία τρομαγμένη ὅρμησε στό θάλαμο καί πῆρε τόν ἀριθμό 440. _____ ὅμως _____ ___ _________ __ _____ __ _________ ___ ____ ___, ὁ θάλαμος δέν λειτούργησε κανονικά. ______, __ ἔμεινε μετέωρος περίπου 50 μέτρα πάνω ἀπ' τό ἔδαφος. ___ ____ ______ ____ __ __ ________.)

Βοηθητικές ἑρμηνεῖες

1. *ὥστε*] that
2. *ξεριζώθηκε*] was uprooted, came out, was pulled out
7. *ἀραδιασμένοι*] lined up in a row
13. *Σπαρτιάτες*] Spartans
18. *ὁ ἴδιος ὁ στρατηγός Λεωνίδας*] General Leonidas himself, the very same General Leonidas
22. *πώ, πώ, πώ*] oh oh!, oh my!, oh la la!
    βρῆκα τόν μπελά μου] What an awful mess I'm in!, I'm in hot water! (literally: I've found my trouble.)
28. *δέν λειτούργησε*] did not function
29. *μετέωρος*] suspended in mid-air
    περίπου] approximately, about *μέτρα*] meters
30. *ἔδαφος*] ground, soil, terrain, land

Σημειώσεις

1. *ὥστε*] Depending on context, *ὥστε* is translated "so," "so that" or "that." See Μιά *ματιά στή γραμματική*, below, and also in Flight 5, Part 2.
13. *Σπαρτιάτες*] declined the same as ὁ Πέρσης, οἱ Πέρσες

29. *μετέωρος*] The neuter singular, *μετέωρον*, gives us our word meteor, i.e. a phenomenon in the air. Compare meteorology, the study of climate and other atmospheric phenomena.
30. *τό ἔδαφος*] declined as follows: *τό ἔδαφος, τοῦ ἐδάφους, τό ἔδαφος, τά ἐδάφη, τῶν ἐδαφῶν, τά ἐδάφη*

μαῦρο

(*Ὁ θάλαμος τραντάχτηκε μέ τόση δύναμη ὥστε τό κατάρτι ξεριζώθηκε. Τότε σάν ὑδροπλάνο ἀποθαλασσώθηκε καί τράβηξε πρός τό νότο. Σέ λίγο ἔφτασε πάνω ἀπό μιά χαράδρα. Συνέπεσε ἐκείνη τή στιγμή νά εἶναι ἀραδιασμένοι ἐκεῖ ἄντρες πολλοί. Ἐνῶ προσγειωνότανε εἶδε ἡ Μαρία ἄλλους νά γυμνάζονται κι ἄλλους νά χτενίζονται. Ἀσπίδες καί κοντάρια ἦταν ἀκουμπισμένα στά δέντρα.*)

ΜΑΡΙΑ: Τί γιορτάζετε, βρέ παιδιά;

Ο ΑΡΧΗΓΟΣ ΤΟΥΣ (*ἀξιοπρεπέστατος*): Γιορτάζουμε, κοπέλα μου, τή μάχη πού ἔρχεται. Πηγαίνουμε νά σκοτωθοῦμε καί νά σκοτώσουμε.

ΜΑΡΙΑ: Τί λές, καλέ μου; Γιορτή εἶναι αὐτή;

ΑΡΧΗΓΟΣ: Εἴμαστε Σπαρτιάτες. Ἑτοιμαζόμαστε κατά τόν τρόπο μας νά ἀποκρούσουμε τούς Πέρσες. Γι' αὐτό πρέπει νά φύγεις ἀμέσως.

ΜΑΡΙΑ: Μά ποῦ βρίσκομαι; Ποιός εἶστε;

ΑΡΧΗΓΟΣ: Στίς Θερμοπύλες. Εἶμαι ὁ Λεωνίδας, ὁ βασιλιάς.

ΜΑΡΙΑ (*στόν ἑαυτό της*): Ἀμάν! Ὁ ἴδιος ὁ στρατηγός Λεωνίδας μέ τούς τριακόσιους πού μᾶς ἔλεγε ὁ κύριος Καρπούζας στό σχολεῖο;

ΛΕΩΝΙΔΑΣ: Ὦ ξένη . . .

ΜΑΡΙΑ: Πώ πώ πώ, βρῆκα τόν μπελά μου! Αὐτός εἶναι. Τώρα θυμᾶμαι καί τήν περικεφαλαία.

ΛΕΩΝΙΔΑΣ: Ὦ ξένη, δῶσε τήν ἀγγελία στούς συμπατριῶτες μας ὅτι πειθαρχοῦμε στίς ἐντολές τους.

(*Ἡ Μαρία τρομαγμένη ὅρμησε στό θάλαμο καί πῆρε τόν ἀριθμό 440. Ἐπειδή ὅμως ξέχασε ἀπό συγκίνηση νά βάλει τό ἀκουστικό στή θέση του, ὁ θάλαμος δέν λειτούργησε κανονικά. Ἀνέβηκε, μά ἔμεινε μετέωρος περίπου 50 μέτρα πάνω ἀπ' τό ἔδαφος. Μιά φωνή βγαίνει μέσα ἀπ' τό ἀκουστικό.*)

Βοηθητικές ἑρμηνεῖες

3. *τράβηξε*] proceeded, headed
5. *ἐνῶ*] while
6. *ἀσπίδες*] shields
7. *κοντάρια*] spears *ἀκουμπισμένα*] leaning, propped against

9. *ἀξιοπρεπέστατος*] with utmost dignity
13. *τρόπο*] way, manner
21. *Ὦ ξένη*] O! stranger
23. *καί τήν περικεφαλαία*] even the helmet (or: the helmet, too)
24. *ἀγγελία*] message *συμπατριῶτες*] compatriots
25. *πειθαρχοῦμε*] obey *ἐντολές*] commands
27. *συγκίνηση*] emotion
30. *μέσα ἀπ'*] from inside, from within, out of

Σημειώσεις

9. *ἀξιοπρεπέστατος*] absolute superlative of *ἀξιοπρεπής*, "dignified"
19. *τούς τριακόσιους*] Note that the numerical adjective 300 agrees with the unstated noun *στρατιῶτες* (masculine accusative plural).
21, 24–25. *Ὦ ξένη* ...] Leonidas (anachronistically, of course) is reciting—in modern Greek—the famous epitaph written about the Spartans afterwards by the lyric poet Simonides, and given to us by Herodotus (VII, 228):

ὦ ξεῖν', ἀγγέλλειν Λακεδαιμονίοις ὅτι τῇδε
κείμεθα τοῖς κείνων ῥήμασι πειθόμενοι

O stranger, proclaim to the Lacedaemonians that here
we lie [in the grave], obeying their words.

Συνώνυμα ἤ περίπου συνώνυμα

1. *τραντάχτηκε*: *κλονίστηκε, σάλεψε, σείστηκε, συγκλονίστηκε, ταλαντεύτηκε, τρεμόπαιξε, τινάχτηκε, κουνήθηκε*
4. *χαράδρα*: *ρεματιά, φαράγγι*
. *συνέπεσε*: *συνέβη, ἔτυχε, ἔλαχε*
7. *κοντάρια*: *δόρατα, ἀκόντια, λόγχες*
ἀκουμπισμένα: *στηριγμένα, στημένα*
10. *τή μάχη*: *τόν ἀγώνα, τήν πάλη, τό πατιρντί*
12. *γιορτή*: *πανηγύρι, φέστα*
13. *κατά τόν τρόπο μας*: *κατά τή μέθοδό μας*
22. *βρῆκα τόν μπελά μου*: *τήν ἔπαθα*
27. *συγκίνηση*: *ταραχή, σπαραγμό, συγκλονισμό*

Ἐρωτήσεις

Νά ἀπαντήσετε χρησιμοποιώντας τά συνώνυμα ἤ περίπου συνώνυμα.

1. Γιατί ξεριζώθηκε τό κατάρτι;
4. Ποῦ ἔφτασε σέ λιγάκι ὁ θάλαμος; Ποιό εἶναι ἕνα συνώνυμο τοῦ "*συνέπεσε*";

7. Τί ἦταν στηριγμένα στά δέντρα;
10. Τί γιόρταζαν οἱ τριακόσιοι τοῦ Λεωνίδα;
12. Τί δέν μπορεῖ νά πιστέψει ἡ Μαρία;
13. Πῶς ἑτοιμάζονται οἱ Σπαρτιάτες;
22. Τί λέει ἡ Μαρία ὅταν ἀρχίζει ὁ Λεωνίδας τό λόγο του;
27. Γιατί ξέχασε ἡ Μαρία νά βάλει τό ἀκουστικό στή θέση του;

Ἀσκήσεις

1–2. Ὁ θάλαμος τραντάχτηκε μέ τόση δύναμη ὥστε τό κατάρτι ξεριζώθηκε.
Ἡ πρύμνη τραντάχτηκε μέ τόση δύναμη ὥστε τό κατάρτι ξεριζώθηκε.
Ἡ πρύμνη τραντάχτηκε μέ τόση δύναμη ὥστε τό πανί ἔπεσε.
Ἡ βάρκα τραντάχτηκε μέ τόση δύναμη ὥστε τό πανί ἔπεσε.
Ἡ βάρκα τραντάχτηκε μέ τόση δύναμη ὥστε τό σκοινί κόπηκε.
Ὁ θάλαμος τραντάχτηκε μέ τόση δύναμη ὥστε τό σκοινί κόπηκε.
Ὁ θάλαμος τραντάχτηκε μέ τόση δύναμη ὥστε τό κατάρτι ξεριζώθηκε.

2–3. Τότε σάν ὑδροπλάνο ἀποθαλασσώθηκε καί τράβηξε πρός τό νότο.
πρός τό βορρά
Τότε σάν ὑδροπλάνο ἀποθαλασσώθηκε καί τράβηξε πρός τό βορρά.
πρός τήν ἀνατολή, πρός τή δύση, πρός τά βορειοανατολικά, πρός τόν ἥλιο, πρός τά σύννεφα, πρός τά νοτιοδυτικά, πρός τ' ἄστρα, πρός τό Γαλαξία, πρός τό νότο

3–4. Σέ λίγο ἔφτασε πάνω ἀπό μιά χαράδρα.
μιά ρεματιά
Σέ λίγο ἔφτασε πάνω ἀπό μιά ρεματιά.
ἕνα φαράγγι, ἕνα βουνό, ἕνα πέλαγος, ἕνα μονοπάτι, ἕνα νησί, μιά πόλη, μιά χαράδρα

4–5. Συνέπεσε ἐκείνη τή στιγμή νά εἶναι ἀραδιασμένοι ἐκεῖ ἄντρες πολλοί.
νά τρανταχτεῖ ὁ θάλαμος
Συνέπεσε ἐκείνη τή στιγμή νά τρανταχτεῖ ὁ θάλαμος.
νά ξεριζωθεῖ τό κατάρτι, νά ἀποθαλασσωθεῖ σάν ὑδροπλάνο ὁ θάλαμος, νά φτάσει πάνω ἀπό μιά χαράδρα, νά δοῦν μιά θεόρατη κοιλιά καλοθρεμμένου καλόγερου, νά στυλώσουν τά μάτια τους σέ μιά στροφή τοῦ μονοπατιοῦ, νά εἶναι ἀραδιασμένοι ἐκεῖ ἄντρες πολλοί

5–6. Ἐνῶ προσγειωνότανε εἶδε ἄλλους νά γυμνάζονται κι ἄλλους νά χτενίζονται.
νά κλαῖν ... νά γελοῦν

Ἐνῶ προσγειωνότανε εἶδε ἄλλους νά κλαῖν κι ἄλλους νά γελοῦν.
νά περπατοῦν ... νά τρέχουν, νά κάθονται ... νά στέκονται, νά ἐργάζονται ... νά κοιμοῦνται, νά ἔρχονται ... νά φεύγουν, νά ψάχνουν ... νά βρίσκουν, νά κολυμποῦν ... νά ἐπιπλέουν, νά γυμνάζονται ... νά χτενίζονται

6–7. Ἀσπίδες καί κοντάρια ἦταν ἀκουμπισμένα στά δέντρα.
ἀφημένα στό ἔδαφος
Ἀσπίδες καί κοντάρια ἦταν ἀφημένα στό ἔδαφος.
σκουριασμένα στόν τόπο τῆς μάχης, σπασμένα ἐδῶ κι ἐκεῖ, χαλασμένα στόν ἀγώνα, ἐγκαταλειμμένα στίς Θερμοπύλες, ξεχασμένα στό πλοῖο, μαζεμένα στήν πλατεία, ἀκουμπισμένα στά δέντρα

9–10. Γιορτάζουμε, κοπέλα μου, τή μάχη πού ἔρχεται.
τή γιορτή
Γιορτάζουμε, κοπέλα μου, τή γιορτή πού ἔρχεται.
τό Πάσχα, τό γλέντι, τήν Πρωτοχρονιά, τήν Πρωτομαγιά, τή Μεγάλη Ἑβδομάδα, τήν 25η [εἰκοστή πέμπτη] Μαρτίου, τήν Κοίμηση τῆς Θεοτόκου, τήν ἡμέρα τοῦ Ἁγίου Δημητρίου, τή μάχη πού ἔρχεται

10. Πηγαίνουμε νά σκοτωθοῦμε καί νά σκοτώσουμε.
νά χτενιστοῦμε ... νά χτενίσουμε
Πηγαίνουμε νά χτενιστοῦμε καί νά χτενίσουμε.
νά γυμναστοῦμε ... νά γυμνάσουμε, νά ἑτοιμαστοῦμε ... νά ἑτοιμάσουμε, νά εὐχαριστηθοῦμε ... νά εὐχαριστήσουμε, νά δικαστοῦμε ... νά δικάσουμε, νά κοιμηθοῦμε ... νά κοιμίσουμε, νά ξεχαστοῦμε ... νά ξεχάσουμε, νά ἐξεταστοῦμε ... νά ἐξετάσουμε, νά σκοτωθοῦμε ... νά σκοτώσουμε

13–14. Ἑτοιμαζόμαστε κατά τόν τρόπο μας νά ἀποκρούσουμε τούς Πέρσες.
νά ξεριζώσουμε τό κατάρτι
Ἑτοιμαζόμαστε κατά τόν τρόπο μας νά ξεριζώσουμε τό κατάρτι.
νά λαβώσουμε τόν ξένο, νά ξαναχτίσουμε τήν Ἁγία Σοφία, νά ἀπαγορεύσουμε τήν εἴσοδο στό κοινό, νά ἐμποδίσουμε τούς Τούρκους, νά παρακολουθήσουμε τή λειτουργία, ν' ἀρχίσουμε τή μάχη, νά πλευρίσουμε τή βάρκα, ν' ἀποκρούσουμε τούς Πέρσες

14–15. Γι' αὐτό πρέπει νά φύγεις ἀμέσως.
νά ξεριζώσεις τό κατάρτι
Γι' αὐτό πρέπει νά ξεριζώσεις τό κατάρτι.
νά λαβώσεις τόν ξένο, νά ξαναχτίσεις τήν Ἁγία Σοφία, ν' ἀπαγορεύσεις τήν εἴσοδο στό κοινό, νά ἐμποδίσεις τούς Τούρκους, νά παρακολουθήσεις τή λειτουργία, νά ζωντανέψεις τή μάχη, νά

πλευρίσεις τή βάρκα, ν' ἀποκρούσεις τούς Πέρσες, νά φύγεις ἀμέσως

18–19. Εἶστε ὁ ἴδιος ὁ στρατηγός Λεωνίδας πού μᾶς ἔλεγε ὁ κύριος Καρπούζας;
ὁ ἴδιος ὁ ἀρχιτέκτονας ὁ Ἀνθέμιος
Εἶστε ὁ ἴδιος ὁ ἀρχιτέκτονας ὁ Ἀνθέμιος πού μᾶς ἔλεγε ὁ κύριος Καρπούζας;
ὁ ἴδιος ὁ Αὐτοκράτορας ὁ Ἰουστινιανός, ὁ ἴδιος ὁ μαρμαρωμένος βασιλιάς, ὁ ἴδιος ὁ Κωνσταντῖνος ὁ Παλαιολόγος, ἡ ἴδια ἡ γοργόνα ἡ πεντάμορφη, ὁ ἴδιος ὁ Μέγας Ἀλέξανδρος, ὁ ἴδιος ὁ Ἄθως ὁ γίγαντας, ὁ ἴδιος ὁ εὐαγγελιστής ὁ Ἰωάννης, οἱ ἴδιοι οἱ ἀξιοπρεπέστατοι ἀρχηγοί, οἱ ἴδιες οἱ ἀρχαῖες θεές, τό ἴδιο τό φοβερό τέρας, τά ἴδια τά φοβερά τέρατα, ὁ ἴδιος ὁ στρατηγός Λεωνίδας

23. Τώρα θυμᾶμαι καί τήν περικεφαλαία τοῦ στρατηγοῦ Λεωνίδα.
τήν κυψέλη τοῦ Ἀνθέμιου
Τώρα θυμᾶμαι καί τήν κυψέλη τοῦ Ἀνθέμιου.
τό "Ρωμαϊκό δίκαιο" τοῦ Ἰουστινιανοῦ, τή Χρυσόπορτα τοῦ μαρμαρωμένου βασιλιᾶ, τήν Κόκκινη Μηλιά τοῦ Κωνσταντίνου τοῦ Παλαιολόγου, τή λεπιδωτή οὐρά τῆς γοργόνας, τόν πυρετό τοῦ Μέγα Ἀλέξανδρου, τόν τεράστιο ὄγκο τοῦ γίγαντα Ἄθω, τό εὐαγγέλιο τοῦ Ἰωάννη, τήν ἀγγελία τοῦ ἀξιοπρεπέστατου ἀρχηγοῦ, τήν περικεφαλαία τοῦ στρατηγοῦ Λεωνίδα

24–25. Δῶσε τήν ἀγγελία ὅτι πειθαρχοῦμε στίς ἐντολές.
ψάχνουμε γιά τό σχέδιο τῆς Ἁγίας Σοφίας
Δῶσε τήν ἀγγελία ὅτι ψάχνουμε γιά τό σχέδιο τῆς Ἁγίας Σοφίας.
ζυγώνουν οἱ Τοῦρκοι, οἱ Τοῦρκοι πατοῦν τήν Πόλη, μολύνεται ὁ τόπος, χτενίζονται καί γυμνάζονται οἱ Σπαρτιάτες, τά ψάρια κάνουν παρέλαση, ὁ Μέγας Ἀλέξανδρος ζεῖ καί βασιλεύει, πειθαρχοῦμε στίς ἐντολές

26. Ἡ Μαρία τρομαγμένη ὅρμησε στό θάλαμο.
Ἡ Μαρία φορτωμένη ὅρμησε στό θάλαμο.
Ἡ Μαρία φορτωμένη ὅρμησε στό λεωφορεῖο.
Ἡ Μαρία κουρασμένη ὅρμησε στό λεωφορεῖο.
Ἡ Μαρία κουρασμένη ὅρμησε στό κρεββάτι.
Ἡ Μαρία λαχανιασμένη ὅρμησε στό κρεββάτι.
Ἡ Μαρία λαχανιασμένη ὅρμησε στό θάλαμο.
Ἡ Μαρία τρομαγμένη ὅρμησε στό θάλαμο.

27–29. Ἐπειδή ξέχασε νά βάλει τό ἀκουστικό, ὁ θάλαμος δέν λειτούργησε κανονικά.
νά κλείσει τήν πόρτα
Ἐπειδή ξέχασε νά κλείσει τήν πόρτα, ὁ θάλαμος δέν λειτούργησε κανονικά.

νά πάρει ἕναν ἀριθμό, νά ξεδέσει τό καλώδιο, νά σηκώσει τό ἀκουστικό, νά ἀνάψει τό φῶς, νά τόν ξεφορτώσει, νά τόν ἀδειάσει, νά βάλει τό ἀκουστικό

27. Ξέχασε ἀπό συγκίνηση.
Ξέχασε ἀπό φόβο.
Στάθηκε ἀπό φόβο.
Στάθηκε ἀπό τρόμο.
Πιάστηκε ἀπό τρόμο.
Πιάστηκε ἀπό κούραση.
Ξέχασε ἀπό κούραση.
Ξέχασε ἀπό συγκίνηση.

29. Ἔμεινε μετέωρος πάνω ἀπ᾽ τό ἔδαφος.
ἀπ᾽ τή γῆ
Ἔμεινε μετέωρος πάνω ἀπ᾽ τή γῆ.
ἀπ᾽ τό πέλαγος, ἀπ᾽ τό βουνό, ἀπ᾽ τό μονοπάτι, ἀπ᾽ τό νησί, ἀπ᾽ τό χωριό, ἀπ᾽ τήν πρωτεύουσα, ἀπ᾽ τό ἔδαφος

30–31. Μιά φωνή βγαίνει μέσα ἀπ᾽ τό ἀκουστικό.
Ἕνα βούισμα βγαίνει μέσα ἀπ᾽ τό ἀκουστικό.
Ἕνα βούισμα βγαίνει μέσα ἀπ᾽ τήν κυψέλη.
Μιά μέλισσα βγαίνει μέσα ἀπ᾽ τήν κυψέλη.
Μιά μέλισσα βγαίνει μέσα ἀπ᾽ τήν ἐκκλησία.
Ἕνας παπάς βγαίνει μέσα ἀπ᾽ τήν ἐκκλησία.
Ἕνας παπάς βγαίνει μέσα ἀπ᾽ τό σπίτι.
Μιά φωνή βγαίνει μέσα ἀπ᾽ τό σπίτι.
Μιά φωνή βγαίνει μέσα ἀπ᾽ τό ἀκουστικό.

Ἐρωτήσεις

1. Τί ξεριζώθηκε ὅταν τραντάχτηκε ὁ θάλαμος;
2. Πρός τά ποῦ τράβηξε ὁ θάλαμος ὅταν ἀποθαλασσώθηκε σάν ὑδροπλάνο;
3. Πότε ἔφτασε πάνω ἀπό μιά χαράδρα;
4. Τί συνέπεσε ἐκείνη τή στιγμή;
5. Πότε εἶδε ἡ Μαρία ἄλλους νά γυμνάζονται κι ἄλλους νά χτενίζονται;
6. Ποῦ ἦταν ἀκουμπισμένα οἱ ἀσπίδες καί τά κοντάρια;

Γενικές ἐρωτήσεις

1. Τί αἰσθάνεσαι ὅταν τραντάζεται τό ἀεροπλάνο στό ὁποῖο ταξιδεύεις;
2. Πρός τά ποῦ εἶναι τό σπίτι σου;
3. Πότε θ᾽ ἀρχίσει ὁ εἰκοστός πρῶτος αἰώνας;
4. Τί σπουδαῖο συνέπεσε νά δεῖς σήμερα;
5. Πόσες φορές γυμνάζεσαι καί πόσες φορές χτενίζεσαι κάθε μέρα;
6. Πότε ἀκουμποῦμε τό κεφάλι στό χέρι μας;

7. Ποῦ πηγαίνουν οἱ ἄντρες πού γιορτάζουν;
8. Τί ἑτοιμάζονται οἱ Σπαρτιάτες νά κάνουν κατά τόν τρόπο τους;
9. Ποῦ βρίσκεται ἡ Μαρία καί μέ ποιόν μιλάει;
10. Μέ πόσους στρατιῶτες εἶναι ὁ Λεωνίδας;
11. Τί ἀγγελία λέει ὁ Λεωνίδας νά δώσει ἡ Μαρία στούς συμπατριῶτες του;
12. Πῶς ὅρμησε στό θάλαμο ἡ Μαρία;
13. Γιατί ὁ θάλαμος δέν λειτούργησε κανονικά;
14. Ποῦ ἔμεινε μετέωρος ὁ θάλαμος;
15. Τί βγαίνει μέσα ἀπ' τό ἀκουστικό;

7. Ποῦ καί πῶς γιορτάζεις τήν Πρωτοχρονιά;
8. Πῶς ἑτοιμάζεις τά μαθήματά σου;
9. Ποῦ βρίσκεσαι αὐτή τή στιγμή καί μέ ποιόν μιλᾶς;
10. Πόσα λεπτά ἔχουν οἱ 5 ὧρες;
11. Τί ἀγγελία ἔδωσε ὁ ἄγγελος στόν Ἰωσήφ κατά τό Εὐαγγέλιο;
12. Τί κάνεις ὅταν ἔχεις ἀργήσει γιά τό ραντεβού σου;
13. Ὅταν δέν λειτουργεῖ τό τηλέφωνό σου, τί κάνεις;
14. Ἄν ἔπεφτες ἀπ' τό πέμπτο πάτωμα τοῦ σπιτιοῦ σου, τί θά πάθαινες;
15. Ὅταν δουλεύεις, τί βγαίνει ἀπό τό δέρμα σου;

Μιά ματιά στή γραμματική

I. SUBORDINATING CONJUNCTIONS THAT INTRODUCE ADVERBIAL CLAUSES / ΥΠΟΤΑΚΤΙΚΟΙ ΣΥΝΔΕΣΜΟΙ ΠΟΥ ΕΙΣΑΓΟΥΝ ΕΠΙΡΡΗΜΑΤΙΚΕΣ ΠΡΟΤΑΣΕΙΣ

A. Conjunctions

Conjunctions are words that "join together"—"con-join"—a pair of clauses, phrases or single words.

B. Subordinating conjunctions

Subordinating conjunctions do this joining together in a way that makes the part of the sentence following the conjunction subordinate or unequal, compared to the main part of the sentence. Since subordinating conjunctions join together only clauses, not phrases or single words, we can say that a subordinating conjunction joins together a main clause and a subordinate clause. The subordinate clause—i.e. the one that is introduced by the subordinating conjunction—is now dependent on the main clause; it can no longer stand alone to form a complete sentence by itself.

As an example, let's start with two separate sentences:

(1) *Ξέχασε νά βάλει τό ἀκουστικό στή θέση του.* She forgot to hang up the receiver.

(2) *῾Ο θάλαμος δέν λειτούργησε κανονικά.* The booth did not function normally.

If we place a subordinating conjunction in front of sentence (1), that "sentence" becomes a dependent clause—i.e. one that can no longer stand alone as a sentence, but that must depend on a main clause.

> *᾿Επειδή ξέχασε νά βάλει τό ἀκουστικό στή θέση του, . . .* Since she forgot to hang up the receiver . . .

When this subordinate clause is joined to a main clause, a workable sentence results:

> *῾Ο θάλαμος δέν λειτούργησε κανονικά ἐπειδή ξέχασε νά βάλει τό ἀκουστικό στή θέση του.* The booth did not function normally since she forgot to hang up the receiver.

The order of the clauses can be reversed, so that the dependent clause comes first:

> *᾿Επειδή ξέχασε νά βάλει τό ἀκουστικό στή θέση του, ὁ θάλαμος δέν λειτούργησε κανονικά.*

C. Subordinating conjunctions that introduce adverbial clauses

In the above example, the subordinate clause, *᾿Επειδή ξέχασε νά βάλει τό ἀκουστικό στή θέση του*, modifies the verb phrase of the main clause, *δέν λειτούργησε*. In other words, the clause functions as an adverb, telling us why the booth did not operate normally.

Subordinate clauses that tell us why, when, where, how, etc. are all adverbial. Each one is introduced by a subordinating conjunction of cause, time, place, manner, condition, result, etc.

Subordinating conjunctions that introduce adverbial clauses can be

simple—a single word

> *καθώς, ἐπειδή*

compound—several words that act as a single conjunction

> *ἐκεῖ πού, καί ἄς, ἄν καί*

correlative—pairs, with the first term in the main clause and the second item introducing the subordinate clause

> *τόσο . . . ὥστε, τότε . . . ὅταν*

Here are some examples we have encountered so far.

1. Time

Simple

Ἐνῶ προσγειωνότανε, εἶδε ἄλλους νά γυμνάζονται κι ἄλλους νά χτενίζονται.
Πρίν τελειώσει ἡ λειτουργία, ἀκούστηκε φωνή ἀπ' τόν οὐρανό.
Ὁ Ἀλέξανδρος θά 'σβηνε προτοῦ πέσει ἡ νύχτα.
Καθώς πῆγε ἡ Κύνα κατά τήν πόρτα, ὁ Ἀλέξανδρος ἄλλαξε τίς κοῦπες.
Μιά μέρα, ὅταν ἔρθει ἡ ὥρα, ὁ ἄγγελος θά ξεμαρμαρώσει τό βασιλιά.
Ὅσο γιά τή μικρή Κύνα, σάν τόν εἶδε νεκρό τόν ἀγαπημένο αὐτό ἀδελφό, ἔσβησε ὁ νοῦς της.
Δέν πέρασε πολλή ὥρα κι ὁ θάλαμος πλεύρισε σέ μιάν ἀποβάθρα.
Δέν πρόλαβε νά σώσει τό λόγο του καί τά ἑφτά ψάρια πηδοῦν ἕνα-ἕνα ἀπό τό τηγάνι ζωντανά.

Compound

Κ' ἐκεῖ πού ἕνας Ἀράπης σήκωσε τό σπαθί του νά χτυπήσει τό βασιλιά, ἦρθε ἄγγελος Κυρίου καί τόν . . . πῆγε σέ μιά σπηλιά βαθιά στή γῆ κάτω.

Correlative

Τότε θά τό πιστέψω, ὅταν ζωντανέψουν τά ψάρια.

With regard to the above, note the following:

a) The verb of the subordinate clause is in the simple subjunctive if the action involved is a single one (as opposed to continuous or repeated) in present or future time.

πρίν τελειώσει, προτοῦ πέσει, ὅταν ζωντανέψουν

This of course is true after any of the subordinating conjunctions, not just after those of time.

b) *σάν*—among its many usages—can be a subordinating conjunction meaning "when" or "as soon as."

c) *ἐκεῖ πού*, a compound conjunction, can mean "just as" or "the moment when."

d) *καί* is deceptive in colloquial Greek in that it does not always act as a coordinating conjunction, uniting equal clauses, but sometimes can act as a subordinating conjunction. In the example given, *καί* means "before." Compare the following, which are roughly equivalent:

Δέν πέρασε πολλή ὥρα καί ὁ θάλαμος πλεύρισε.
Δέν πέρασε πολλή ὥρα πρίν ὁ θάλαμος πλευρίσει.

e) *τότε ... ὅταν*, like other pairs of correlative subordinating conjunctions, has an adverb in the main clause and a subordinating conjunction at the beginning of the dependent clause.

2. Place

Simple

ὅπου—can be either indefinite or definite, depending on context.

Indefinite: *Πηγαίνετε ὅπου θέλετε.* Go wherever you wish.
Definite: *Προσγειωθήκαμε ὅπου σᾶς εἴπαμε.* We landed where we told you [we would land].

3. Concession

Compound

Κολυμποῦν κι ἄς εἶναι μισοτηγανισμένα.

Note that the compound conjunction *κι ἄς* is roughly equivalent to *μολονότι* or *ἄν καί*. Compare:

Κολυμποῦν μολονότι εἶναι μισοτηγανισμένα.
Κολυμποῦν ἄν καί εἶναι μισοτηγανισμένα.
Κολυμποῦν κι ἄς εἶναι μισοτηγανισμένα.

4. Reason or cause

Simple

Μιά φωνή τούς λέει νά σταματήσουν τήν ψαλμουδιά, γιατί εἶναι θέλημα Θεοῦ ἡ Πόλη νά τουρκέψει.
Ἐπειδή ξέχασε νά βάλει τό ἀκουστικό στή θέση του, ὁ θάλαμος δέν λειτούργησε κανονικά.

5. Supposition

Compound

Ἀκούγεται μεγάλη θαλασσοταραχή, σάν νἆταν κανένα θεριόψαρο.

Note that *σάν νά*—here a compound subordinating conjunction—can also introduce independent clauses, adding the idea of uncertainty to them:

Σάν νά ἦταν κανένα θεριόψαρο. It seemed to be some sea-monster.
Σάν νά εἶμαι ἄρρωστος. I think I'm ill.

6. Condition

Simple

Ἄν ἀντικρύσει κανένα καράβι, φτεροκοπᾶ ἡ καρδιά της.

7. Result

Simple

Ὁ θάλαμος τραντάχτηκε μέ τόση δύναμη ὥστε τό κατάρτι ξεριζώθηκε.

Note that this seems close to the correlative conjunction *τόσο . . . ὥστε*, but is different, since here the first element, *τόση*, is a declinable demonstrative adjective modifying *δύναμη*, whereas in the correlative form the first element is always the indeclinable adverb *τόσο*. An example of *ὥστε* used as a simple subordinating conjunction without this confusion would be: *Μᾶς μίλησε ρωσικά, ὥστε δέν καταλάβαμε τί ἤθελε νά πεῖ*, "He spoke Russian to us, so we didn't understand what he meant."

Note also that *ὥστε* as a subordinator introduces a result, as in the above examples. When used as a coordinator, it introduces a conclusion or deduction, as we shall see in the next lesson.

Correlative

Ἤμουν τόσο κουρασμένος ὥστε κοιμήθηκα ἀμέσως. I was so tired that I fell asleep immediately.

8. Proportion

Correlative

Ὅσο μένει ἐδῶ, τόσο ὁ τόπος μολύνεται.

The order of the elements here is fixed: *ὅσο . . . τόσο*. The meaning is "the more . . . the more." If the order is reversed, the meaning changes. *Τόσο . . . ὅσο* means "as . . . as" or "as much . . . as."

Δέν εἶναι τόσο πλούσιος ὅσο ὁ ἀδερφός του. He isn't as rich as his brother (is).

Πληρώνεται τόσο ὅσο τοῦ ἀξίζει. He is paid as much as he deserves.

When joining phrases or words, as opposed to clauses, *τόσο . . . ὅσο (καί)* means "both . . . and."

Ὁ λαός εἶχε χάσει κάθε ἐλευθερία ἐκφράσεως, τόσο στόν γραπτό λόγο, ὅσο καί στόν προφορικό. The people had lost every freedom of expression, both in the written word and in the oral (i.e. both in writing and in speaking).

II. FORMATION OF THE PASSIVE PARTICIPLE IN -μένος / ΣΧΗΜΑΤΙΣΜΟΣ ΤΗΣ ΠΑΘΗΤΙΚΗΣ ΜΕΤΟΧΗΣ ΣΕ -μένος

In Flight 4, Part 1, we learned that participles in -μένος are normally formed by adding -μένος to the stem of the passive simple past, but that for many verbs this rule does not work without some modification.

Certain types of verbs, though not following the rule exactly, do behave in a fairly predictable manner. In this lesson, we have seen that verbs which have a passive simple past stem ending in χ usually change the χ to γ in the passive participle.

ἀνοίγομαι: ἀνοίχτηκα: ἀνοιγμένος

Here are two other patterns:

Verbs having a passive simple past stem ending in -ευ usually drop the υ.

παντρεύομαι: παντρεύτηκα: παντρεμένος

Verbs having a passive simple past stem ending in -φ usually change this φ to μ, giving -μμ- in the passive participle.

γράφομαι: γράφτηκα: γραμμένος

Alas, these rules are not foolproof. For example, ἀπαγορεύω, although we would expect it to give ἀπαγορεμένος, actually gives ἀπαγορευμένος as its passive participle.

Drills for subordinating conjunctions that introduce adverbial clauses

Instructions: In each drill, you'll be given two sentences. Combine the two sentences into one, using a suitable conjunction from the list below. Be sure that your resulting sentence makes sense, and that you make all necessary changes (for example, putting verbs in the subjunctive mood where necessary).

ὥστε	προτοῦ
ἐνῶ	ὅπου
ἐπειδή	ἐκεῖ πού
τότε . . . ὅταν	ὅσο . . . τόσο
ὅταν	

Δ. Δέν πήγαμε ἔξω. Ἔβρεχε.
Μ. Δέν πήγαμε ἔξω ἐπειδή ἔβρεχε.

Δ. Γύρισε σπίτι γρήγορα, Μαρία. Πέφτει ἡ νύχτα.
Μ. Γύρισε σπίτι γρήγορα, Μαρία, προτοῦ πέσει ἡ νύχτα.

Δ. Θά κοιμηθῶ. Θά τελειώσω τά μαθήματά μου.
Μ. Θά κοιμηθῶ ὅταν θά τελειώσω τά μαθήματά μου.

Δ. Διάβαζα. Ἄκουγα ἄλλους νά μιλοῦν κι ἄλλους νά γελοῦν.
Μ. Ἐνῶ διάβαζα ἄκουγα ἄλλους νά μιλοῦν κι ἄλλους νά γελοῦν.

Δ. Ἔβγαινα ἀπ' τό σπίτι. Χτύπησε τό τηλέφωνο.
Μ. Ἐκεῖ πού ἔβγαινα ἀπ' τό σπίτι χτύπησε τό τηλέφωνο.

Δ. Θά τό πιστέψω. Τό βλέπω.
Μ. Τότε θά τό πιστέψω ὅταν τό δῶ.

Δ. Θά πάω ἐκεῖ. Θά μπορέσω νά ἡσυχάσω.
Μ. Θά πάω ἐκεῖ ὅπου θά μπορέσω νά ἡσυχάσω.

Δ. Θά μελετῶ τά ἑλληνικά. Νά μιλήσω μέ τή γιαγιά μου.
Μ. Θά μελετῶ τά ἑλληνικά ὥστε νά μιλήσω μέ τή γιαγιά μου.

Δ. Τρώω. Παχαίνω.
Μ. Ὅσο τρώω τόσο παχαίνω.

Drills for the formation of passive participles

Δ. Οἱ πόρτες σκούριασαν.
Μ. Οἱ πόρτες ἦταν σκουριασμένες.

Δ. Ὁ θάλαμος ἐγκαταλείφτηκε.
Μ. Ὁ θάλαμος ἦταν ἐγκαταλειμμένος.

Δ. Ἡ Μαρία τρομοκρατήθηκε.
Μ. Ἡ Μαρία ἦταν τρομοκρατημένη.

Δ. Ὁ θάλαμος παραφορτώθηκε.
Μ. Ὁ θάλαμος ἦταν παραφορτωμένος.

Δ. Τά ψάρια μισοτηγανίστηκαν.
Μ. Τά ψάρια ἦταν μισοτηγανισμένα.

Δ. Τό παιδί συγχύστηκε.
Μ. Τό παιδί ἦταν συγχυσμένο.

Δ. Τό κατάρτι ξεριζώθηκε.
Μ. Τό κατάρτι ἦταν ξεριζωμένο.

Δ. Ὁ θάλαμος τραντάχτηκε.
Μ. Ὁ θάλαμος ἦταν τρανταγμένος.

Δ. Τά ροῦχα ἀλλάζονταν.
Μ. Τά ροῦχα ἦταν ἀλλαγμένα.

Δ. Ἡ Μαρία ἀνακατεύεται ἐκεῖ πού δέν τή θέλουν.
Μ. Ἡ Μαρία εἶναι ἀνακατεμένη ἐκεῖ πού δέν τή θέλουν.

Δ. Ὁ ἀρχιτέκτονας στενοχωριέται.
Μ. Ὁ ἀρχιτέκτονας εἶναι στενοχωρημένος.

Δ. Οἱ καλόγεροι κουράζονται.
Μ. Οἱ καλόγεροι εἶναι κουρασμένοι.

Δ. Οἱ γιαγιάδες δέν μπερδεύονται μέ ξένες δουλειές.
Μ. Οἱ γιαγιάδες δέν εἶναι μπερδεμένες μέ ξένες δουλειές.

Δ. Τό σπίτι πουλιέται.
Μ. Τό σπίτι εἶναι πουλημένο.

Δ. Τά κύματα ἀφρίζουν.
Μ. Τά κύματα εἶναι ἀφρισμένα.

Δ. Τά κορίτσια πειράζονται.
Μ. Τά κορίτσια εἶναι πειραγμένα.

Δ. Τό κάπνισμα ἀπαγορεύεται ἐδῶ.
Μ. Τό κάπνισμα εἶναι ἀπαγορευμένο ἐδῶ.

Δ. Οἱ γυναῖκες διώχνονται ἀπό τό Ἅγιον Ὄρος.
Μ. Οἱ γυναῖκες εἶναι διωγμένες ἀπό τό Ἅγιον Ὄρος.

Δ. Οἱ Σπαρτιάτες γυμνάζονται.
Μ. Οἱ Σπαρτιάτες εἶναι γυμνασμένοι.

Δ. Οἱ ἀσπίδες ἀραδιάζονται στόν τοῖχο.
Μ. Οἱ ἀσπίδες εἶναι ἀραδιασμένες στόν τοῖχο.

ΤΗΛΕΦΩΝΟΝ

TELEPHONE
ΕΦΙΑΛΤΗΣ

Πτήση 5

Οἱ Θερμοπύλες

Δεύτερο μέρος

κόκκινο

ΦΩΝΗ: __ ______ ______ _____ _____ ___ _____; Μάχη γίνεται;

ΜΑΡΙΑ: Ναί, μάχη. ____ __ ______, ____, ______, ______ ___ ______.

ΦΩΝΗ (__ _________): Πές μου ὅ,τι βλέπεις, __ __ __ ___ __ __ _____.

ΜΑΡΙΑ (_____ ______ ___ _________ _________): Οἱ Σπαρτιάτες γυρίζουν ___ ______ ____, τάχα νά φύγουν. Οἱ βάρβαροι, ___ ____ _______ __ ______, _______ __ τούς καταδιώκουν __ ______. Ἀλλά οἱ Σπαρτιάτες, __ ______ ___ ____ _________, κάνουν ἐπιθετική στροφή ___ _______ _________ ______ _____. . . . _____! ____ ___ ______, __ ___ _____!

ΦΩΝΗ: Μίλα πιό ἀργά, _______. _____ _________.

ΜΑΡΙΑ: ____;

ΦΩΝΗ: Γιατί μαζεύω ὑλικό ___ ___ _______ ___ ___ _____ __ ____.

ΜΑΡΙΑ: __ __ _________. ___ ______ ___ _____ ___ _________ ___ ______ _ _______. __ __ __ _ _______.

ΦΩΝΗ: ____ ___ ____. Ἔχεις τήν τιμή νά μιλᾶς μέ τόν Ἡρόδοτο ___ ____. Συνέχισε λοιπόν ___ ___ __________ _______. _____ _______ ___ __ ________ __ _______ ___ _____ . . . _______ (__ __ __ ___ _______) ___ _____ _________ ___ __ __ _ _ _ _ _ _ _ ___ . . . . ___, ____· _____.

ΜΑΡΙΑ: Λοιπόν, _____ _______ __ ________. Βλέπω ἕνα σῶμα στρατοῦ ___ __________ __ __ _______ _________. . . Κάποιος προδότης, ______, τούς ἔχει δείξει ἕνα μονοπάτι ___ ______ ____ _________ ___ __ __ _____ . . .

Βοηθητικές ἑρμηνεῖες

5. *ὅ,τι*] what, whatever
8. *τάχα*] as though, supposedly *βάρβαροι*] barbarians
9. *τούς καταδιώκουν*] chase them away
11. *κάνουν ἐπιθετική στροφή*] turn around and take the offensive (literally: "make [an] offensive turn")
15. *ὑλικό*] material
19. *τιμή*] honor
Ἡρόδοτο] Herodotus
24–25. *σῶμα στρατοῦ*] army unit (*σῶμα* = body, corps; *στρατός* = army)
26. *προδότης*] traitor

Σημειώσεις

5. *ὅ,τι*] Don't confuse *ὅ,τι*, an indefinite relative pronoun, with *ὅτι*, a conjunction. Compare:
Πές *μου ὅ,τι θυμᾶσαι*. Tell me whatever you remember.
Πές *μου ὅτι θυμᾶσαι*. Tell me that you remember.
For the difference between *ὅ,τι* and *ὅποιο*, see Μιά *ματιά στή γραμματική*, Flight I, Part 2.
8. *τάχα = τάχατε, τάχατες*] an indeclinable adverb indicating that the apparent meaning is suspicious, or even the opposite of what is actually being said: Μοῦ *κάνει τάχα τό φίλο*, "He acts in a supposedly friendly way toward me" (i.e. he is really not a friend, he is shamming). Οἱ *Σπαρτιάτες γυρίζουν τίς πλάτες τους, τάχα νά φύγουν*, "The Spartans turn around, pretending to retreat."
βάρβαροι] A barbarian, for the Greeks, was any non-Greek; more precisely, anyone who did not speak Greek. Presumably, all foreign sounds were heard as "barbar" by the Greeks!
9. *καταδιώκουν*] The prefix *κατα-* here denotes augmentation of degree. See Flight III, Part 1. Frequently, in such cases, you will not find the whole, augmented word in the dictionary listed under *κατα-*. You must look up the main part of the word, without the prefix.
19. *Ἡρόδοτο*] Called by Cicero the father of history, Herodotus (?484–?425 B.C.) was indefatigable in the pursuit of historical materials and impartial in recording them. After 443 he was probably in the Athenian colony of Thurii in southern Italy, completing his great history of the Persian Wars. Our own story coalesces the dates 480 and 440; in reality, Herodotus—though perhaps writing about the

battle of Thermopylae in 440—was only a small boy or an infant when the battle actually took place in 480.

μπλέ

ΦΩΝΗ: *Τί ______ θόρυβος εἶναι αὐτός ___ ____; Μάχη γίνεται;*

ΜΑΡΙΑ: *Ναί, μάχη.* ____ __ ______, ___, _____, _____ ___ ______.

ΦΩΝΗ (__ ________): *Πές μου ὅ,τι βλέπεις,* __ __ __ ___ __ __ ____.

ΜΑΡΙΑ (_____ _____ ___ _______ ________): *Οἱ Σπαρτιάτες γυρίζουν τίς πλάτες τους, τάχα νά φύγουν. Οἱ βάρβαροι, σάν τούς βλέπουν νά φεύγουν, ἀρχίζουν νά τούς καταδιώκουν* __ ______. *Ἀλλά οἱ Σπαρτιάτες, τή στιγμή πού τούς πλησιάζουν, κάνουν ἐπιθετική στροφή* ___ ______ ________ _____ _____. . . . _____! ___ ___ _____, ___ ___ _____!

ΦΩΝΗ: *Μίλα πιό ἀργά,* ______. *Κρατῶ σημειώσεις.*

ΜΑΡΙΑ: *Γιατί;*

ΦΩΝΗ: *Γιατί μαζεύω ὑλικό γιά τήν Ἱστορία πού ἔχω σκοπό νά γράψω.*

ΜΑΡΙΑ: __ __ ________. ___ _____ ___ ____ ___ ________ ___ _____ _____ _ ______. ___ __ __ _ _______.

ΦΩΝΗ: _____ ____ ____. *Ἔχεις τήν τιμή νά μιλᾶς μέ τόν Ἡρόδοτο* ___ ____. *Συνέχισε λοιπόν καί μήν παραλείπεις τίποτε.* _____ _______ __ __ ______ __ ______ ___ _____ . . . ______ (__ __ __ ___ ______) ___ _____ ________ ___ __ __ __ __ __ __ __ ______ . . . . *Ἔλα, λέγε· γράφω.*

ΜΑΡΙΑ: *Λοιπόν,* ____ ______ __ ______. *Βλέπω ἕνα σῶμα στρατοῦ πού ξεκινάει ἀπ' τό Περσικό στρατόπεδο. . . . Κάποιος προδότης, φαίνεται, τούς ἔχει δείξει ἕνα μονοπάτι* ___ _____ ____ ________ ___ __ __ _____ . . .

Βοηθητικές ἑρμηνεῖες

1. *θόρυβος*] noise, tumult, turmoil
8. *γυρίζουν τίς πλάτες τους*] turn their backs
   σάν] when
13. *κρατῶ σημειώσεις*] I'm taking notes
15. *ἔχω σκοπό νά*] I intend to (*σκοπός* = aim, goal, purpose, intention)
20. *παραλείπεις*] omit, leave out
25. *ξεκινάει*] is setting out, is leaving
    στρατόπεδο] camp, encampment

Σημειώσεις

8. *πλάτες*] *πλάτη* = back; *πλάτες* (plural) = shoulder blades, scapulae. The idiom Μοῦ *γύρισε τήν πλάτη* = he gave me the cold shoulder

σάν] In this usage, *σάν* is a subordinating conjunction, equivalent to *ὅταν*. In similar constructions, this versatile word can also mean "if," depending on context. *Σάν θές, πήγαινε*, "If you want, go." We already know that it can be used as a preposition governing the accusative and meaning "in a manner similar to": Δουλεύει *σάν τόν πατέρα του*, "He works like his father." In addition, we know that it can act as a coordinator, in which case it is (most often) followed by the nominative, always with the article omitted. The meaning in this case is "like," "as" or "as though one were a . . . ": Δουλεύει *σάν σκλάβος*, "He works like a slave."

---

*μαῦρο**

ΦΩΝΗ: *Τί φρικτός θόρυβος εἶναι αὐτός πού ἀκούω;* Μάχη *γίνεται;*

ΜΑΡΙΑ: Ναί, *μάχη*. Μάχη *μέ ἀσπίδες, βέλη, σπαθιά, δόρατα καί μαστίγια.*

ΦΩΝΗ (*μέ ἐνθουσιασμό*): Πές *μου ὅ,τι βλέπεις, μέ τό νί καί μέ τό σίγμα.*

ΜΑΡΙΑ (*μιλάει γρήγορα σάν ἐκφωνητής ποδοσφαίρου*): Οἱ Σπαρτιάτες *γυρίζουν τίς πλάτες τους, τάχα νά φύγουν.* Οἱ *βάρβαροι, σάν τούς βλέπουν νά φεύγουν, ἀρχίζουν νά τούς καταδιώκουν μέ κραυγές.* Ἀλλά *οἱ Σπαρτιάτες, τή στιγμή πού τούς πλησιάζουν, κάνουν ἐπιθετική στροφή καί θερίζουν ἀναρίθμητο πλῆθος* Περσῶν. . . . Μπράβο! Γειά *σου Λεωνίδα, νά μοῦ ζήσεις!*

ΦΩΝΗ: Μίλα *πιό ἀργά, παρακαλῶ.* Κρατῶ *σημειώσεις.*

ΜΑΡΙΑ: Γιατί;

ΦΩΝΗ: Γιατί *μαζεύω ὑλικό γιά τήν* Ἱστορία *πού ἔχω σκοπό νά γράψω.*

ΜΑΡΙΑ: Μή *μέ κοροϊδεύετε.* Τήν *ἱστορία τῆς μάχης τῶν* Θερμοπυλῶν *τήν ἔγραψε κιόλας ὁ* Ἡρόδοτος. Μᾶς *τό 'πε ὁ δάσκαλος.*

ΦΩΝΗ: Καλά *σᾶς εἶπε.* Ἔχεις *τήν τιμή νά μιλᾶς μέ τόν* Ἡρόδοτο *τόν ἴδιο.* Συνέχισε *λοιπόν καί μήν παραλείπεις τίποτε.* Εἶναι *ὑποχρέωσή μου νά ἀναφέρω τό καθετί πού ἀκούω . . . μολονότι (νά σοῦ πῶ τήν ἀλήθεια) δέν εἶναι ὑποχρέωσή μου νά τά π ι σ τ έ ψ ω ὅλα* . . . . Ἔλα, *λέγε· γράφω.*

ΜΑΡΙΑ: Λοιπόν, *τώρα ἀνάβουν τά λυχνάρια.* Βλέπω *ἕνα σῶμα στρατοῦ πού ξεκινάει ἀπ' τό* Περσικό *στρατόπεδο.* . . . Κάποιος *προδότης, φαίνεται, τούς ἔχει δείξει ἕνα μονοπάτι πού φέρνει στίς* Θερμοπύλες *μέσ' ἀπ' τά βουνά* . . .

*Based (loosely!) on Herodotus, Book VII.

Βοηθητικές ἑρμηνεῖες

1. *φρικτός*] horrible, horrendous, hideous, vile
3. *βέλη*] arrows
4. *μαστίγια*] whips 5. *ἐνθουσιασμό*] enthusiasm
5–6. *μέ τό νί καί μέ τό σίγμα*] and don't forget to dot the i's and cross the t's (literally: with the *ν* and with the *σ*), i.e. in full detail
7. *ἐκφωνητής*] announcer *ποδοσφαίρου*] of football (i.e. soccer)
11. *θερίζουν*] mow down, reap *ἀναρίθμητο*] innumerable
12. *Γειά σου, Λεωνίδα, νά μοῦ ζήσεις*] Your health, Leonidas, live long for me (i.e. because I'm so proud of you). Health and long life to you! Hoorah for Leonidas! Three cheers for Leonidas!
17. *μή μέ κοροϊδεύετε*] stop kidding me
21. *ὑποχρέωση*] obligation, duty *ἀναφέρω*] refer to, report *τό καθετί*] everything 22. *μολονότι*] although
24. *λυχνάρια*] lamps, oil-lamps 27. *φέρνει*] leads

Σημειώσεις

1. *φρικτός*] also *φριχτός*
3. *βέλη*] inflection: *τό βέλος, τοῦ βέλους, τό βέλος, τά βέλη, τῶν βελῶν, τά βέλη*
4. *μαστίγια*] Whips may seem to us a strange weapon to use in battle. Actually, they were not used directly against the enemy, but rather by the Persian officers against their own men. Or so, at least, Herodotus tells us: *ὄπισθε γὰρ οἱ ἡγεμόνες τῶν τελέων ἔχοντες μάστιγας ἐρράπιζον πάντα ἄνδρα, αἰεὶ ἐς τὸ πρόσω ἐποτρύνοντες*, "from behind the leaders of the squadrons having whips flogged every man, always forward" (VII, 223).
   δόρατα] inflection: *τό δόρυ, τοῦ δόρατος, τό δόρυ, τά δόρατα, τῶν δοράτων, τά δόρατα*
5. *νί = νῦ*
7. *σάν ἐκφωνητής*] Compare *σάν ἀγριεμένος ταῦρος* (Flight 4, Part 2). In both cases, *σάν* acts as a coordinating conjunction. The meaning is really: "Maria speaks as [though she were] an announcer," i.e. in the capacity of an announcer. The English translation can be either "She speaks as an announcer does" or "She speaks like an announcer." Remember that Greek, in this usage, excludes the article after *σάν*, and follows *σάν* with the nominative case.
22. *μολονότι*] contracted from *μέ ὅλον ὅτι*
23. *π ι σ τ έ ψ ω*] Greek emphasizes a word by spacing out its letters in the manner shown. This is equivalent to our italics.

Συνώνυμα ἤ περίπου συνώνυμα

1. φρικτός θόρυβος: φρικτή φασαρία, μεγάλη ταραχή, φοβερός σαματάς, τρομακτικός σάλαγος, τρομερή κοσμοχαλασιά
5–6. μέ τό νί καί μέ τό σίγμα: λεπτομερειακῶς, μέ λεπτομέρειες
8. τάχα: δῆθεν
10. κραυγές: φωνές, ξεφωνητά, σκουξίματα, χουγιάσματα, οὐρλιαχτά
11. ἀναρίθμητο: ἀρίφνητο, πολυάριθμο, ἀμέτρητο, ἀλογάριαστο
15. ἔχω σκοπό νά: σκοπεύω νά
17. κοροϊδεύετε: γελᾶτε, περιπαίζετε, περιγελᾶτε, παίρνετε παίρνετε στό ψιλό, δουλεύετε
20. παραλείπεις: ἀποσιωπεῖς, παρασιωπεῖς
22. μολονότι: ἄν καί, καίτοι, ἀγκαλά

Ἐρωτήσεις

Νά ἀπαντήσετε χρησιμοποιώντας τά συνώνυμα ἤ περίπου συνώνυμα.

1. Τί ἀκούει ἡ Φωνή;
5–6. Πῶς θέλει ἡ Φωνή νά ἀκούει ὅ,τι βλέπει ἡ Μαρία;
8. Γιά πιό λόγο γυρίζουν οἱ Σπαρτιάτες τίς πλάτες τους;
10. Πῶς καταδιώκουν τούς Σπαρτιάτες οἱ βάρβαροι;
11. Πόσο πλῆθος Περσῶν θερίζουν οἱ Σπαρτιάτες;
15. Γιατί μαζεύει ὑλικό ὁ Ἡρόδοτος;
17. Τί λέει ἡ Μαρία στόν Ἡρόδοτο νά μήν τῆς κάνει;
20. Τί λέει ὁ Ἡρόδοτος στή Μαρία νά μήν κάνει;
22. Πές ἕνα συνώνυμο τοῦ "μολονότι". Πές μιά πρόταση (sentence) χρησιμοποιώντας τό συνώνυμο αὐτό.

Ἀσκήσεις

1. Τί φρικτός θόρυβος εἶναι αὐτός πού ἀκούω;
κραυγές
Τί φρικτές κραυγές εἶναι αὐτές πού ἀκούω;
μουσική, φωνές, φασαρία, γέλια, κλάματα, τραγούδι, ἀστεῖα, θόρυβος

3–4. Δ. Μάχη μέ ἀσπίδες.
Μ. Μάχη μέ ἀσπίδα.

Δ. Μάχη μέ βέλη.
Μ. Μάχη μέ βέλος.

Δ. Μάχη μέ σπαθιά.
Μ. Μάχη μέ σπαθί.

Δ. Μάχη μέ δόρατα.
Μ. Μάχη μέ δόρυ.

Δ. Μάχη μέ μαστίγια.
Μ. Μάχη μέ μαστίγιο.

Δ. Μάχη μέ κλάματα.
Μ. Μάχη μέ κλάμα.

Δ. Μάχη μέ κοντάρια.
Μ. Μάχη μέ κοντάρι.

Δ. Μάχη μέ ταραχές.
Μ. Μάχη μέ ταραχή.

Δ. Μάχη μέ ἀσπίδες.
Μ. Μάχη μέ ἀσπίδα.

5–6. Πές μου ὅ,τι βλέπεις, μέ τό νί καί μέ τό σίγμα.
μέ ἐνθουσιασμό
Πές μου ὅ,τι βλέπεις, μέ ἐνθουσιασμό.
μέ ὅλες τίς λεπτομέρειες, μέ προσοχή, μέ σιγουριά, μέ εὐγένεια, μέ εὐλάβεια, μέ ἀκρίβεια, μέ δέος, μέ τό νί καί μέ τό σίγμα

7. Μιλάει γρήγορα σάν ἐκφωνητής ποδοσφαίρου.
Μιλάει καθαρά σάν ἐκφωνητής ποδοσφαίρου.
Μιλάει καθαρά σάν καθηγητής πανεπιστημίου.
Μιλάει σιγανά σάν καθηγητής πανεπιστημίου.
Μιλάει σιγανά σάν παπάς χωριοῦ.
Μιλάει ἀξιοπρεπῶς σάν παπάς χωριοῦ.
Μιλάει ἀξιοπρεπῶς σάν δήμαρχος πολιτείας.
Μιλάει ζωντανά σάν δήμαρχος πολιτείας.
Μιλάει ζωντανά σάν ἐκφωνητής ποδοσφαίρου.
Μιλάει γρήγορα σάν ἐκφωνητής ποδοσφαίρου.

7–8. Οἱ Σπαρτιάτες γυρίζουν τίς πλάτες τους, τάχα νά φύγουν.
Οἱ Σπαρτιάτες γυρίζουν τό κεφάλι τους, τάχα νά φύγουν.
Οἱ Σπαρτιάτες γυρίζουν τό κεφάλι τους, τάχα νά ξεκινήσουν.
Οἱ Σπαρτιάτες γυρίζουν τό σῶμα τους, τάχα νά ξεκινήσουν.
Οἱ Σπαρτιάτες γυρίζουν τό σῶμα τους, τάχα νά ὑποχωρήσουν.
Οἱ Σπαρτιάτες γυρίζουν τίς πλάτες τους, τάχα νά ὑποχωρήσουν.
Οἱ Σπαρτιάτες γυρίζουν τίς πλάτες τους, τάχα νά φύγουν.

8–9. Οἱ βάρβαροι, σάν τούς βλέπουν, τούς καταδιώκουν.
κυνηγᾶν
Οἱ βάρβαροι, σάν τούς βλέπουν, τούς κυνηγᾶν.
κοροϊδεύουν, πλευρίζουν, καταπλακώνουν, πειράζουν, λαβώνουν, νικοῦν, ἀποκρούουν, καταδιώκουν

10–11. Τή στιγμή πού τούς πλησιάζουν, κάνουν ἐπιθετική στροφή.
Τή στιγμή πού τούς προφτάνουν, κάνουν ἐπιθετική στροφή.
Τή στιγμή πού τούς προφτάνουν, παίρνουν νέα ἐλπίδα.
Τή στιγμή πού τούς ζυγώνουν, παίρνουν νέα ἐλπίδα.
Τή στιγμή πού τούς ζυγώνουν, αἰσθάνονται μεγάλο φόβο.
Τή στιγμή πού τούς στριμώχνουν, αἰσθάνονται μεγάλο φόβο.
Τή στιγμή πού τούς στριμώχνουν, βγάζουν φριχτές φωνές.
Τή στιγμή πού τούς πλησιάζουν, βγάζουν φριχτές φωνές.
Τή στιγμή πού τούς πλησιάζουν, κάνουν ἐπιθετική στροφή.

11–12. Θερίζουν ἀναρίθμητο πλῆθος Περσῶν.
Σκοτώνουν ἀναρίθμητο πλῆθος Περσῶν.
Σκοτώνουν ἀναρίθμητο πλῆθος Σπαρτιατῶν.
Νικοῦν ἀναρίθμητο πλῆθος Σπαρτιατῶν.
Νικοῦν ἀναρίθμητο πλῆθος στρατιωτῶν.
Τρομοκρατοῦν ἀναρίθμητο πλῆθος στρατιωτῶν.

Τρομοκρατοῦν ἀναρίθμητο πλῆθος συμπατριωτῶν.
Θερίζουν ἀναρίθμητο πλῆθος συμπατριωτῶν.
Θερίζουν ἀναρίθμητο πλῆθος Περσῶν.

15–16. Μαζεύω ὑλικό γιά τήν Ἱστορία πού γράφω.
Μαζεύω σημειώσεις γιά τήν Ἱστορία πού γράφω.
Μαζεύω σημειώσεις γιά τό λόγο πού ἑτοιμάζω.
Μαζεύω ὀνόματα γιά τό λόγο πού ἑτοιμάζω.
Μαζεύω ὀνόματα γιά τή μάχη πού ἔρχεται.
Μαζεύω σπαθιά γιά τή μάχη πού ἔρχεται.
Μαζεύω σπαθιά γιά τό μουσεῖο πού γίνεται.
Μαζεύω ὑλικό γιά τό μουσεῖο πού γίνεται.
Μαζεύω ὑλικό γιά τήν Ἱστορία πού γράφω.

20. Συνέχισε λοιπόν καί μήν παραλείπεις τίποτε.
Συνέχισε λοιπόν καί μή μέ κοροϊδεύεις.
Μίλα πιό ἀργά καί μή μέ κοροϊδεύεις.
Μίλα πιό ἀργά καί μήν ἀποσιωπεῖς τίποτε.
Πές μου ὅ,τι βλέπεις καί μήν ἀποσιωπεῖς τίποτε.
Πές μου ὅ,τι βλέπεις καί μήν παραλείπεις τίποτε.
Συνέχισε λοιπόν καί μήν παραλείπεις τίποτε.

20–21. Εἶναι ὑποχρέωσή μου νά ἀναφέρω τό καθετί πού ἀκούω.
Ἔχω τήν τιμή νά ἀναφέρω τό καθετί πού ἀκούω.
Ἔχω τήν τιμή νά μιλάω μέ τόν ἀρχηγό τόν ἴδιο.
Εἶναι χαρά μου νά μιλάω μέ τόν ἀρχηγό τόν ἴδιο.
Εἶναι χαρά μου νά κρατῶ σημειώσεις.
Εἶναι ὑποχρέωσή μου νά κρατῶ σημειώσεις.
Εἶναι ὑποχρέωσή μου νά ἀναφέρω τό καθετί πού ἀκούω.

21–23. Τά ἀναφέρω ὅλα μολονότι δέν τά πιστεύω.
δέν εἶναι ἀλήθεια
Τά ἀναφέρω ὅλα μολονότι δέν εἶναι ἀλήθεια.
δέν σκοπεύω νά τά γράψω, θά μέ κοροϊδεύουν, θά μέ γελοῦν, θά βρῶ τόν μπελά μου, θέλουν ν' ἀποσιωπήσω μερικά, δέν εἶναι ὑποχρέωσή μου, δέν τά πιστεύω

24–25. Βλέπω ἕνα σῶμα στρατοῦ πού ξεκινάει.
μάχεται
Βλέπω ἕνα σῶμα στρατοῦ πού μάχεται.
προχωρεῖ, ἀγωνίζεται, πλησιάζει, σταματάει, εἶναι ἀναρίθμητο, συγκρούεται μ' ἕνα ἄλλο, τό βάζει στά πόδια, τά παρατάει καί φεύγει, ξεκινάει

26. Κάποιος προδότης τούς ἔχει δείξει ἕνα μονοπάτι.
Κάποιος Πέρσης τούς ἔχει δείξει ἕνα μονοπάτι.
Κάποιος Πέρσης τούς ἔχει δείξει ἕναν τρόπο.
Κάποιος ξένος τούς ἔχει δείξει ἕναν τρόπο.

Κάποιος ξένος τούς ἔχει δείξει ἕνα στρατόπεδο.
Κάποιος προδότης τούς ἔχει δείξει ἕνα στρατόπεδο.
Κάποιος προδότης τούς ἔχει δείξει ἕνα μονοπάτι.

26–27. Ἕνα μονοπάτι φέρνει στίς Θερμοπύλες μέσ' ἀπ' τά βουνά.
στή θάλασσα μέσ' ἀπ' τό χωριό
Ἕνα μονοπάτι φέρνει στή θάλασσα μέσ' ἀπ' τό χωριό.
στήν αὐλή μέσ' ἀπ' τόν κῆπο, στό ποτάμι μέσ' ἀπ' τά βουνά, στό ἐκκλησάκι μέσ' ἀπ' τό χωράφι, στόν Παράδεισο μέσ' ἀπ' τό Εὐαγγέλιο, στήν ἀξιοπρέπεια μέσ' ἀπ' τήν τιμή, στήν ἐλευθερία μέσ' ἀπ' τήν τόλμη καί τήν ἀρετή, στήν εὐτυχία μέσ' ἀπ' τήν ἀγάπη, στίς Θερμοπύλες μέσ' ἀπ' τά βουνά

Ἐρωτήσεις

1. Γιατί ἀκούγεται τόσο φρικτός θόρυβος;
2. Μέ τί μάχονται οἱ στρατιῶτες στίς Θερμοπύλες;
3. Τί λέει ἡ Φωνή μέ ἐνθουσιασμό, ἀκούγοντας τή Μαρία;
4. Σάν ποιόν περιγράφει τή μάχη ἡ Μαρία ὥστε νά ἐνθουσιάσει τόν πατέρα τῆς ἱστορίας;
5. Τί κάνουν οἱ Σπαρτιάτες πρίν ἀρχίσει ἡ μάχη;
6. Τί κάνουν οἱ βάρβαροι σάν βλέπουν τούς Σπαρτιάτες νά τρέχουν;
7. Πότε κάνουν ἐπιθετική στροφή οἱ Σπαρτιάτες;

Γενικές ἐρωτήσεις

1. Ρώτησε τόν κύριο δίπλα σου (τήν κυρία, τή δεσποινίδα) μήπως ἄκουσε κάποιο τρομακτικό θόρυβο στή ζωή του (της).
2. Πές στό συμμαθητή σου νά σοῦ πεῖ γιατί τά κράτη ἔχουν στρατιῶτες ἀκόμα καί σήμερα. Συμφωνεῖς μαζί του;
3. Ρώτησε τό διπλανό σου τί κάνει ὅταν ἐνθουσιάζεται; Ἐνθουσιάζεσαι κι ἐσύ κάποτε; Τί κάνεις τότε;
4. Ζήτησε ἀπό κάποιον νά σοῦ διαβάσει γρήγορα τήν περιγραφή τῆς μάχης σάν ἐκφωνητής ποδοσφαίρου.
5. Πές σ' ἕνα ἀπό τ' ἀγόρια γιατί δέν εἶναι εὐγενικό νά γυρίζει τίς πλάτες του ὅταν κάποιος τοῦ μιλάει.
6. Ρώτησε τή συμμαθήτριά σου ἄν ξέρει γιατί οἱ ἀρχαῖοι Ἕλληνες ὀνόμαζαν ὅλους τούς ξένους "βαρβάρους".
7. Ρώτα τόν συμμαθητή σου νά μᾶς πεῖ τί ἰδέα ἔχει γιά τόν πόλεμο. Συμφωνεῖς ἐσύ;

8. Γιατί ὁ Ἡρόδοτος ζητάει ἀπό τή Μαρία νά τοῦ μιλάει πιό ἀργά;
9. Τί ἔχει σκοπό νά γράψει ὁ Ἡρόδοτος;
10. Τί δέ θέλει ἡ Μαρία νά τῆς κάνει ὁ Ἡρόδοτος;
11. Μέ ποιόν ἔχει τήν τιμή νά μιλάει ἡ Μαρία;
12. Τί λέει ὁ Ἡρόδοτος στή Μαρία νά κάνει καί τί νά μήν κάνει;
13. Τί ὑποχρέωση ἔχει ὁ Ἡρόδοτος καί τί δέν ἔχει;
14. Τί ἀνάβουν οἱ Πέρσες τή νύχτα;
15. Τί βλέπει ἡ Μαρία νά ξεκινάει ἀπ' τό Περσικό στρατόπεδο;
16. Τί φαίνεται πώς ἔκανε ἕνας προδότης;

8. Γιατί ἕνας μαθητής πρέπει νά κρατάει σημειώσεις;
9. Ρώτησε τό συμμαθητή σου τί ἔχει σκοπό νά γίνει ὅταν τελειώσει τό πανεπιστήμιο (γυμνάσιο). Τί σκοπεύεις νά γίνεις ἐσύ;
10. Πές στόν ἀπέναντί σου νά μᾶς πεῖ ἄν τόν κοροΐδεψε κανένας στή ζωή του καί νά μᾶς πεῖ τήν ἱστορία μέ τό νί καί μέ τό σίγμα.
11. Εἶχες ποτέ σου τήν τιμή νά γνωρίσεις κανέναν ἀξιοπρεπῆ ἄνθρωπο; Πές μας τήν ἱστορία μέ κάθε λεπτομέρεια.
12. Γιά πόσα χρόνια σκοπεύεις νά συνεχίσεις τά ἑλληνικά; Γιατί;
13. Πιστεύεις τό καθετί πού διαβάζεις στίς ἐφημερίδες; Γιατί; (Γιατί ὄχι;)
14. Τί κάνεις πρῶτα ἀπ' ὅλα ὅταν μπεῖς σ' ἕνα σκοτεινό δωμάτιο;
15. Ξεκινᾶς γιά μεγάλο ταξίδι ὅταν δέν ἔχεις λεφτά; Γιατί ὄχι;
16. Ποιό σοῦ φαίνεται ὅτι εἶναι τό σπουδαιότερο πρόβλημα τῆς ἐποχῆς μας; Μολονότι τό ξέρεις, τί κάνεις (ἤ δέν κάνεις) γι' αὐτό;

Μιά ματιά στή γραμματική

I. COORDINATING CONJUNCTIONS / ΠΑΡΑΤΑΚΤΙΚΟΙ ΣΥΝΔΕΣΜΟΙ

A. Coordination versus subordination / *Παράταξη καί ὑπόταξη*

In Flight V, Part 1 we examined subordinating conjunctions, i.e. those that make the part of the sentence following the conjunction subordinate or unequal when compared to the main part of the sentence.

Ἀναφέρω τό καθετί μολονότι δέν τά πιστεύω ὅλα.
independent clause ↑ subordinate clause
subordinating conjunction

A coordinating conjunction does not do this. Instead, it unites two elements (words, phrases or clauses) in such a way that they remain coordinate or equal (paratactic).

Κάνουν στροφή καί θερίζουν πλῆθος Περσῶν.
—independent— clause ↑ —independent clause—
coordinating conjunction

If clauses are involved (as in the above examples), those joined by a coordinating conjunction can be separated into two separate sentences, whereas those joined by a subordinating conjunction cannot.

POSSIBLE: Κάνουν στροφή. Καί θερίζουν πλῆθος Περσῶν.
IMPOSSIBLE: Ἀναφέρω τό καθετί. Μολονότι δέν τά πιστεύω ὅλα.

B. Types of coordinating conjunctions

In examining subordinating conjunctions, we saw that they can be simple, compound or correlative. The same is true of coordinating conjunctions.

1. Simple

Οἱ οὐρανοί ἀνοίγουν καί γεμίζουν ἀστραπές.
Δέν μ' ἀγαπάει, οὔτε θέλει νά μέ βλέπει. She doesn't love me, nor does she even wish to see me.
Δέν θέλει νά γνωρίζει τήν ἀλήθεια, μήτε νά τήν ἀκούει. He doesn't want to recognize (know) the truth, nor even to hear it.
Θά φτάσει σέ μιά ὥρα ἤ θά μᾶς τηλεφωνήσει. He'll arrive in an hour or he'll telephone us.
Ἡ Μαρία πάτησε τό Ἅγιον Ὄρος, ἀλλά ἔπρεπε νά φύγει ἀμέσως.
Οἱ βάρβαροι τούς καταδιώκουν, μά οἱ Σπαρτιάτες κάνουν ἐπιθετική στροφή.
Ἀναφέρω τό κάθε τί, ὅμως δέν τά πιστεύω ὅλα.
Δέν μοῦ τό λέει ἐμένα, παρά πηγαίνει καί τό λέει σ' ἄλλους. He doesn't tell it to me, but goes and tells it to others. (*Παρά* is used only when a negative occurs in the preceding clause.)

Ὁ Κοραῆς *μελέτησε τά νέα ἑλληνικά· ὡστόσο δέν κατάλαβε τήν ἀξία τῆς φυσικῆς λαλιᾶς ἑνός λαοῦ.* Koraes studied modern Greek; nevertheless, he didn't understand the worth of the natural speech of a people.
Σέ *βοήθησα πολύ· δέν πρέπει λοιπόν νά μέ ξεχνᾶς.* I helped you a lot; thus, you ought not to forget me.
Σέ *βοήθησα πολύ· ὥστε δέν πρέπει νά μέ ξεχνᾶς.* I helped you a lot, so you ought not to forget me.
Ὁ *φοῦρνος δέ βγάζει αὔριο ψωμί· ὥστε καλά ἔκανες πού ἀγόρασες διπλάσιο.* The bakery isn't making bread tomorrow, so you did well to buy twice as much.

(Note that *ὥστε* in these examples is a coordinator. In Flight 5, Part 1 we saw its use as a subordinator. As a coordinator, *ὥστε* introduces a conclusion; as a subordinator, it introduces a result.)

Σέ *βοήθησα πολύ· ἐπομένως δέν πρέπει νά μέ ξεχνᾶς.* I helped you a lot; consequently, you ought not to forget me.
Εἶναι *πολύ ἀργά· ἄρα πρέπει νά φύγουμε.* It's very late; therefore, we must leave.
Ὁ *στ' αἰώνας ἦταν ἡ ἀκμή τῆς βυζαντινῆς τέχνης, ἦταν δηλαδή ὁ αἰώνας ὅπου χτίστηκε ἡ* Ἁγία Σοφία. The sixth century was the acme of Byzantine art; in other words, it was the century in which Hagia Sophia was built.

2. Compound

Εἶναι *πολύ ἀργά, γι' αὐτό πρέπει νά φύγουμε.* It's very late; therefore we must leave.
Εἶναι *πολύ ἀργά καί ὅμως δέν σηκώνονται νά φύγουν.* It is very late yet they aren't getting up to leave.
Εἶναι *ἕτοιμοι νά φύγουν, μόνο πού δέν μποροῦν νά βροῦνε ταξί.* They are ready to leave; [it's] only that they can't find a taxi.

3. Correlative

Καί *θέλει καί μπορεῖ.* He both wants to and can.
Οὔτε *θέλει οὔτε μπορεῖ.* He neither wants to nor can.
Μήτε *θέλει μήτε μπορεῖ.* He neither wants to nor can.
Ἤ *δέν θέλει ἤ δέν μπορεῖ.* Either he doesn't want to or he can't.
Εἴτε *δέν θέλει εἴτε δέν μπορεῖ.* Either he doesn't want to or he can't.
Γιά *δέν θέλει γιά δέν μπορεῖ.* Either he doesn't want to or he can't.
Ὄχι *μόνο δέν θέλει, ἀλλά καί δέν μπορεῖ.* Not only does he not want to, but he can't.

Ὄχι μόνο δέν τόν πλήρωσαν, παρά τόν γέλασαν κι ἀπό πάνω.
Not only did they not pay him, but they cheated him to boot.

C. Summary: grouping coordinating conjunctions according to meaning

1. Those that are copulative (*συμπλεκτικοί*)

simple: *καί, οὔτε, μήτε*
correlative: *καί . . . καί, οὔτε . . . οὔτε, μήτε . . . μήτε*

2. Those that are disjunctive (*διαζευκτικοί*)

simple: *ἤ*
correlative: *ἤ . . . ἤ, εἴτε . . . εἴτε, γιά . . . γιά*

3. Those that are contrastive (*ἀντιθετικοί*)

simple: *ἀλλά, μά, ὅμως, παρά, ὡστόσο*
compound: *καί ὅμως, μόνο πού*
correlative: *ὄχι μόνο . . . ἀλλά καί, ὄχι μόνο . . . παρά*

4. Those that are conclusive or deductive (*συμπερασματικοί*)

simple: *λοιπόν, ὥστε, ἄρα, ἑπομένως*
compound: *γι' αὐτό*

5. Those that are explanatory (*ἐπεξηγηματικοί*)

simple: *δηλαδή*

II. ADVERBS ENDING IN -*ως* OR -*ῶς* / ΕΠΙΡΡΗΜΑΤΑ ΣΕ -*ως* (-*ῶς*)

In demotic, most adverbs that are formed from adjectives end in -*α*(-*ά*). However, a few widely-used adverbs retain the puristic adverbial ending -*ως* (-*ῶς*). For example:

ἀσφαλῶς	certainly, surely
ἀμέσως	immediately, at once
ἐντελῶς	entirely
εὐτυχῶς	fortunately
δυστυχῶς	unfortunately

In some cases, both forms exist, with identical meanings:

λεπτομερειακά	*λεπτομερειακῶς*
ἰδιαίτερα	*ἰδιαιτέρως*
ἀντίθετα	*ἀντιθέτως*
ἀξιόπρεπα	*ἀξιοπρεπῶς*
βέβαια	*βεβαίως*
κακά	*κακῶς*

For stylistic reasons, a writer or speaker may prefer the form in -*ως* in certain contexts—for example, to avoid an adjacent adverb and adjective both ending in -*α*, or a situation where the adverb in -*α* might be mistaken for a neuter plural adjective:

Αὐτά τά παλικάρια θ' ἀφήσουν ὀνόματα ἰδιαιτέρως δοξασμένα. These stalwarts will leave names especially glorified. (instead of . . . *ὀνόματα ἰδιαίτερα δοξασμένα*)

In some cases where both forms exist, the meaning and/or usage is not the same:

ἀκριβά, expensively	*ἀκριβῶς*, exactly, precisely

Τό ἀγόρασες ἀκριβά. You paid too much for it. (literally: You bought it expensively.)
Τούς ἔθαψαν ἀκριβῶς ὅπου ἔπεσαν. They buried them exactly where they fell.

ἀμέσως, immediately (never *ἄμεσα* in this meaning)	*ἄμεσα*, directly (also *ἀμέσως* if no confusion results)

Θά τό κάνω ἀμέσως. I'll do it immediately.
Θά τό κάνω ἄμεσα. I'll do it directly (i.e. by direct rather than indirect means).
Οἱ ἀμέσως ἐνδιαφερόμενοι ἤμασταν ἐμεῖς οἱ δυό. We two were the ones directly interested.

Compare *ἔμμεσα* (*ἐμμέσως*), indirectly

Τό κάναμε ἔμμεσα. We did it indirectly.

τέλεια, perfectly	*τελείως*, completely

Τὄκανε τέλεια. He did it perfectly (i.e. without defect).
Τὄκανε τελείως. He did it completely (i.e. without omitting any part).

καλά, well, fine	*καλῶς*, well, welcome, fine (restricted to certain fixed expressions)

"*Τί κάνεις;*" "*Καλά.*" "How are you?" "Fine."
"*Καλῶς ὅρισες.*" "*Καλῶς σέ βρῆκα.*" "Welcome." "I'm glad to see you." (literally: "You came in well." "I found you well.")

III. NOUNS THAT SHIFT THEIR ACCENT TO THE FINAL SYLLABLE IN THE GENITIVE PLURAL / ΟΥΣΙΑΣΤΙΚΑ ΠΟΥ ΚΑΤΕΒΑΖΟΥΝ ΤΟΝ ΤΟΝΟ ΣΤΗ ΛΗΓΟΥΣΑ ΣΤΗ ΓΕΝΙΚΗ ΤΟΥ ΠΛΗΘΥΝΤΙΚΟΥ

Certain classes of nouns are tricky in that their genitive plurals are accented on the last syllable even though all other forms are accented on the second-from-last or third-from-last syllable.

These classes are:

Masculines ending in -ης, plural -ες

ὁ στρατιώτης οἱ στρατιῶτες
τοῦ στρατιώτη τῶν στρατιωτῶν
τό στρατιώτη τούς στρατιῶτες

Similarly: Σπαρτιάτης, συμπατριώτης, ναύτης, καθρέφτης, καλλιτέχνης, ἐπιβάτης, κτλ.

Masculines ending in -ας, plural -ες

In this class, all nouns of two syllables accented on the first syllable, and all nouns ending in -ίας, shift their accent in the genitive plural.

ὁ ἄντρας οἱ ἄντρες
τοῦ ἄντρα τῶν ἀντρῶν
τόν ἄντρα τούς ἄντρες

Similarly: μήνας, ἐπαγγελματίας

Feminines ending in -η, plural -ες

ἡ μύτη οἱ μύτες
τῆς μύτης τῶν μυτῶν
τή μύτη τίς μύτες

Similarly: Θερμοπύλες, ἀγάπη, νίκη, τέχνη, τύχη, κτλ.

Feminines ending in -α, plural -ες

In this class, all nouns ending in -ία (or -εία), and also many other nouns, shift their accent in the genitive plural.

ἡ θάλασσα οἱ θάλασσες
τῆς θάλασσας τῶν θαλασσῶν
τή θάλασσα τίς θάλασσες

Similarly: ὥρα, γλώσσα, γυναίκα, νύχτα, κυρία, φλόγα, βάρκα, γάτα, μέρα, καρέκλα, ἀλήθεια, μέλισσα, ἡσυχία, πλατεία, κτλ.

Neuters ending in -ι, plural -α

All of these shift the accent to the last syllable in the genitive plural and also in the genitive singular.

τό τραγούδι τά τραγούδια
τοῦ τραγουδιοῦ τῶν τραγουδιῶν
τό τραγούδι τά τραγούδια

Neuters ending in -ος, plural -η

τό κράτος τά κράτη
τοῦ κράτους τῶν κρατῶν
τό κράτος τά κράτη

Drills for coordinating conjunctions

The teacher will give a sentence using a coordinating conjunction. The student should repeat the sentence one or more times, using as many equivalent coordinating conjunctions as apply.

Δ. Δέν μαζεύω ὑλικό, οὔτε ἔχω σκοπό νά γράψω καμιά μελέτη.
Μ. Δέν μαζεύω ὑλικό, μήτε ἔχω σκοπό νά γράψω καμιά μελέτη.

Δ. Οἱ Πέρσες οὔτε γυμνάζονται οὔτε χτενίζονται.
Μ.

Δ. Ἤ θά σκοτώσουμε ἤ θά σκοτωθοῦμε.
Μ.
Μ.

Δ. Ὅλοι τόν χαιρετοῦν, ἀλλά 'κεῖνος μουγκρίζει.
Μ.
Μ.

Δ. Βρήκαμε σχέδιο, ἄρα μποροῦμε νά χτίσουμε τό σπιτάκι μας.
Μ.
Μ.

Combine each group of sentences into a single sentence using any one of the coordinating conjunctions that makes sense, and also changing the sentence in any other way that is necessary.

Δ. Πήδα γρήγορα. Προσπάθησε νά κρατήσεις τό σκοινί.
Μ.

Δ. Ἕνα τέρας στάθηκε ὄρθιο πάνω στό κύμα. Κόπηκε ἡ ἀνάσα μου.
Μ.

Δ. Ἡ Μαρία ἀπόμεινε μέ ἀνοιχτό τό στόμα. Ὁ δεύτερος καλόγερος δέν τά 'χασε.
Μ.

Δ. Δέν ξέρω τί συμβαίνει. Δέν μέ νοιάζει.
Μ.

Δ. Μιά μέλισσα στριφογυρίζει μέσα στό θάλαμο. Ἡ Μαρία μπαίνει μέσα.
Μ.

Δ. Νά ὑπάρχω; Νά μήν ὑπάρχω; Αὐτό εἶναι τό ζήτημα.
Μ.

Δ. Σκέφτομαι. Ὑπάρχω.
Μ.

Δ. Νυστάζω. Θά κοιμηθῶ.
Μ.

Use a pair of correlative conjunctions to make a single sentence out of the information supplied in each of the following groups.

Δ. Τό *παιδί αὐτό ἔχει ταλέντο πολύ.* Παίζει *πιάνο.* Χορεύει *ὡραῖα.*
Μ. Τό *παιδί αὐτό ἔχει ταλέντο πολύ—καί πιάνο παίζει καί χορεύει ὡραῖα.*

Δ. Δέν *ἔχω ὄρεξη.* Δέν *θέλω νά φάω.* Δέν *θέλω νά πιῶ.*
Μ. Δέν *ἔχω ὄρεξη· ἐπομένως οὔτε θέλω νά φάω οὔτε θέλω νά πιῶ.*

Δ. Ἡ *δουλειά πρέπει νά τελειώσει.* Θά *τήν κάνεις ἐσύ.* Ἤ *θά πληρώσω κάποιον ξένο.*
Μ. Ἡ *δουλειά πρέπει νά τελειώσει—εἴτε θά τήν κάνεις ἐσύ εἴτε θά πληρώσω κάποιον ξένο.*

Δ. Θά *σοῦ δώσω φαΐ.* Θά *σώσω τήν ψυχή σου.*
Μ. Ὄχι *μόνο θά σοῦ δώσω φαΐ, ἀλλά καί θά σώσω τήν ψυχή σου.*

Drills for adverbs ending in -ως or -ῶς

In each case, replace the underlined word or words with an equivalent adverb ending in -ως or -ῶς.

Δ. Πές *μου μέ λεπτομέρεια ὅ,τι βλέπεις.*
Μ. Πές *μου λεπτομερειακῶς ὅ,τι βλέπεις.*

Δ. Ὁ *ἀξιοπρεπής δάσκαλος μιλάει μέ ἀξιοπρέπεια.*
Μ. Ὁ *ἀξιοπρεπής δάσκαλος μιλάει ἀξιοπρεπῶς.*

Δ. Φύγε *χωρίς νά περιμένεις οὔτε μιά στιγμή.*
Μ. Φύγε *ἀμέσως.*

Δ. Μάλιστα, *ξέρω τή διεύθυνσή σου.*
Μ. Βεβαίως *ξέρω τή διεύθυνσή σου.*

Μικρόλογος Α′

Μεταξύ τῶν Ἑλλήνων στίς Θερμοπύλες ἦταν καί τριακόσιοι Σπαρτιάτες. Ὅταν οἱ Πέρσες τούς πλησίασαν, ἄρχισαν νά συσκέπτονται ἄν πρέπει νά φύγουν. Ὁ Λεωνίδας ὅμως εἶπε νά μείνουν στίς θέσεις τους. Ἕνας Πέρσης κατάσκοπος τούς εἶδε καί ἀνάφερε στόν Ξέρξη ὅσα εἶχε δεῖ. Δέν μποροῦσε ὁ Ξέρξης νά ἐξηγήσει τί συμβαίνει. Γι' αὐτό φώναξε τόν Δημάρατο καί τόν ἐρωτοῦσε γιά ὅλα. Ὁ Δημάρατος τοῦ ἀπάντησε: "Τό ἔθιμο τῶν Σπαρτιατῶν, ὅταν διακινδυνεύουν τή ζωή τους, εἶναι νά περιποιοῦνται τά μαλλιά τους."

Βοηθητικές ἑρμηνεῖες

1. *μεταξύ*] among (governs the genitive)
2. *νά συσκέπτονται* = *συν* + *σκέφτομαι*] to consult (with each other), to confer (about)

4. κατάσκοπος] spy 5. ἐξηγήσει] explain
6. ἐρωτοῦσε = ρωτοῦσε 7. ἔθιμο] custom
8. διακινδυνεύουν] they endanger, they risk
περιποιοῦνται] attend to, take care of

Ἐρωτήσεις

1. Πόσοι Σπαρτιάτες ἦταν μεταξύ τῶν Ἑλλήνων στίς Θερμοπύλες;
2. Γιατί ἄρχισαν νά συσκέπτονται ὅταν οἱ Πέρσες τούς πλησίασαν;
3. Τί τούς εἶπε ὁ Λεωνίδας;
4. Τί ἔκανε ἕνας Πέρσης κατάσκοπος;
5. Τί δέν μποροῦσε ὁ Ξέρξης νά ἐξηγήσει;
6. Τί ἐρωτοῦσε ὁ Ξέρξης τό Δημάρατο;
7. Ποιό ἦταν τό ἔθιμο τῶν Σπαρτιατῶν ὅταν διακινδύνευαν τή ζωή τους;

Ἀνάγνωση Α'

Οἱ Ἕλληνες πού περίμεναν τόν Πέρση σέ κεῖνο τό μέρος ἦταν τῶν Σπαρτιατῶν τριακόσιοι, . . . ἀπό τήν Κόρινθον τετρακόσιοι . . . καί ὀγδόντα Μυκηναῖοι . . . . Τά στρατιωτικά αὐτά σώματα εἶχαν τούς στρατηγούς τους, ἡ κάθε πόλη τόν δικό της, ἀλλά ἐκεῖνος πού εἶχε τό μεγαλύτερο κύρος καί πού ἦταν γενικός ἀρχιστράτηγος ὅλων, ἦταν ὁ Λακεδαιμόνιος Λεωνίδας. Τούς Ἕλληνες πού ἦταν στίς Θερμοπύλες, ὅταν ὁ Πέρσης πλησίασε, τούς ἔπιασε μεγάλος φόβος, καί ἄρχισαν νά συσκέπτονται, ἄν πρέπει νά φύγουν. Ὁ Λεωνίδας ὅμως ἐψήφισε νά μείνουν στίς θέσεις τους καί νά στείλουν ἀγγελιοφόρους στίς πόλεις νά τούς ζητήσουν νά στείλουν καί ἄλλες ἐπικουρίες τονίζοντας ὅτι αὐτοί εἶναι λίγοι νά ἀποκρούσουν τόν στρατόν τῶν Περσῶν.

Ἐνῶ ἐκεῖνοι συνεσκέπτονταν, ὁ Ξέρξης ἔστειλε ἕναν κατάσκοπο νά δεῖ πόσοι εἶναι καί τί κάνουν. Ἅμα πλησίασε στό στρατόπεδο ὁ κατάσκοπος συνέπεσε ἐκείνη τή στιγμή νά εἶναι ἀραδιασμένοι ἐκεῖ οἱ Λακεδαιμόνιοι. Ἄλλους ἔβλεπε νά γυμνάζονται, καί ἄλλους νά χτενίζονται. Γύρισε πίσω μέ ὅλη του τήν ἡσυχία, γιατί κανένας δέν τόν κατεδίωκε, μάλιστα οὔτε καί τοῦ ἔδωσαν σημασία. Γύρισε καί ἀνάφερε στόν Ξέρξη ὅσα εἶχε δεῖ.

Ἀκούγοντας αὐτά ὁ Ξέρξης δέν μποροῦσε νά ἐξηγήσει τί συμβαίνει, γιατί οἱ ἄνθρωποι αὐτοί ἑτοιμάζονταν νά σκοτωθοῦν καί νά σκοτώσουν ὅσους μπορέσουν. Φώναξε τόν Δημάρατο, πού ἦταν στό στρατόπεδό του. Ἦρθε ἐκεῖνος καί ὁ Ξέρξης τόν ἐρωτοῦσε γιά τό καθένα. Καί ὁ Δημάρατος τοῦ ἀπάντησε: "Μέ ἄκουσες καί πρῶτα, τόν καιρό πού ξεκινούσαμε ἐναντίον τῆς Ἑλλάδας. Ὅταν ὅμως μέ ἄκουσες, μέ πῆρες στό κορόιδο. Προσπαθῶ, βασιλιά, μέ κάθε τρόπο νά σοῦ λέγω πάντοτε τήν ἀλήθεια. Ἄκουσέ την ἄλλη μιά φορά. Οἱ ἄντρες αὐτοί ἦρθαν ἐδῶ, γιά νά μᾶς πολεμήσουν, ὥστε νά μήν περάσουμε, καί πρός τοῦτο ἑτοιμάζονται. Αὐτό εἶναι τό ἔθιμό τους: ὅταν πρόκειται νά διακινδυνεύσουν τή ζωή τους, τότε περιποιοῦνται τήν κόμη τους."

Βοηθητικές ἑρμηνεῖες

5. *κύρος*] authority
6. *ἀρχιστράτηγος*] commander-in-chief
   Λακεδαιμόνιος] Lacedaemonian (i.e. Spartan)
9. *ἐψήφισε*] voted 10. *ἀγγελιοφόρους*] messengers
11. *ἐπικουρίες*] reënforcements
    τονίζοντας] emphasizing, stressing
14. *ἅμα*] the moment when, as soon as

17–18. *μέ ὅλη του τήν ἡσυχία*] with complete ease, without being at all disturbed, entirely quietly, entirely peacefully

18–19. *οὔτε καί τοῦ ἔδωσαν σημασία*] they didn't even pay attention to him, they didn't even attach any importance to him

23. *Δημάρατο*] Demaratos was co-king of Sparta, 510–491 B.C. Forced to flee, he took refuge with King Darius of the Persians and developed a friendship with Darius's son and successor, Xerxes, whom he accompanied when the latter invaded Greece.
26. *ἐναντίον*] against (governs the genitive)
27. *μέ πῆρες στό κορόιδο*] you mocked me, laughed at me, ridiculed me
32. *πρόκειται*] it is a question of, it is time to (impersonal verb)
33. *κόμη* = *μαλλιά*

Μικρόλογος Β'

Θύμωσε ὁ Ξέρξης καί στέλνει ἐναντίον τῶν Σπαρτιατῶν αὐτούς πού τούς ὀνόμαζε Ἀθάνατους. Ὅμως οἱ Λακεδαιμόνιοι ἔδειξαν ὅτι γνώριζαν τήν τέχνη τοῦ πολέμου καί οἱ Ἀθάνατοι, ἐπειδή δέν μποροῦσαν νά κερδίσουν ἔδαφος, ἀποσύρονταν. Ὁ Ξέρξης ἀποροῦσε τί νά κάμει, ὅπου τότε παρουσιάστηκε ὁ Ἐφιάλτης. Αὐτός τοῦ ἐξήγησε γιά τό μονοπάτι τό ὁποῖο φέρνει στίς Θερμοπύλες. Ὁ βασιλιάς γεμάτος χαρά ἔστειλε ἕνα σῶμα στρατοῦ. Οἱ Ἕλληνες ὅταν ἄκουσαν γιά τήν κυκλωτική κίνηση τῶν Περσῶν ἄλλοι ἔφυγαν κι' ἄλλοι ἔμειναν μέ τό Λεωνίδα.

Βοηθητικές ἑρμηνεῖες

1. *θύμωσε*] got angry   3. *τέχνη*] art
4. *κερδίσουν*] gain   *ἀποσύρονταν*] withdrew
5. *ἀποροῦσε*] wondered
8–9. *κυκλωτική κίνηση*] encircling manoeuvre

Ἐρωτήσεις

1. Ποιούς ἔστειλε ὁ Ξέρξης ἐναντίον τῶν Σπαρτιατῶν;
2. Τί γνώριζαν οἱ Λακεδαιμόνιοι;
3. Τί ἔκαναν οἱ Ἀθάνατοι ὅταν δέν μποροῦσαν νά κερδίσουν ἔδαφος;
4. Πότε παρουσιάστηκε ὁ Ἐφιάλτης;
5. Τί ἐξήγησε ὁ Ἐφιάλτης στόν Ξέρξη;
6. Τί ἔκανε ὁ βασιλιάς γεμάτος χαρά ὅταν ἄκουσε τόν Ἐφιάλτη;
7. Τί ἔκαναν οἱ Ἕλληνες ὅταν ἄκουσαν γιά τήν κυκλωτική κίνηση τῶν Περσῶν;

Ἀνάγνωση Β'

Θύμωσε ὁ Ξέρξης καί στέλνει ἐναντίον τους τούς Μήδους καί τούς Κισσίους. Ἐπειδή ὅμως οἱ Μῆδοι συνετρίβονταν, τότε αὐτοί ἄρχισαν νά ὑποχωροῦν καί στή θέση τους προχώρησαν οἱ Πέρσες, αὐτοὶ πού ὁ βασιλέας τούς ὀνόμαζε Ἀθάνατους, μέ τήν πεποίθηση ὅτι γιά ἄντρες σάν αὐτούς ἀσφαλῶς ἡ νίκη θά ἦταν εὔκολη. Ὅμως τό ἴδιο συνέβη καί μ' αὐτούς. Ἐπειδή μάχονταν σέ χῶρο στενό μέ δόρατα κοντύτερα ἀπό αὐτά τῶν Ἑλλήνων, δέν μποροῦσαν νά ἐπωφεληθοῦν τῆς ἀριθμητικῆς τους ὑπεροχῆς. Οἱ Λακεδαιμόνιοι ἔδειξαν καί μέ ἄλλους τρόπους ὅτι γνώριζαν τήν τέχνη τοῦ πολέμου, καί πρό πάντων μέ τοῦτο: κάθε φορά πού γύριζαν τίς πλάτες, ὅτι τάχα ἐτρέπονταν εἰς φυγή, διατηροῦσαν τόν πυκνόν τους σχηματισμό. Καί οἱ βάρβαροι, σάν τούς ἔβλεπαν νά φεύγουν, ἄρχιζαν νά τούς καταδιώκουν μέ κραυγές καί μέ θόρυβο. Ἀλλά ἐκεῖνοι, τή στιγμή πού τούς πλησίαζαν, ἔκαναν ἐπιθετική στροφή καί θέριζαν ἀναρίθμητο πλῆθος Περσῶν. Τέλος οἱ Πέρσες, ἐπειδή δέν μποροῦσαν νά κερδίσουν καθόλου ἔδαφος, ἀποσύρονταν.

Ὁ Ξέρξης ἀποροῦσε τί νά κάμει, ὅπου τότε παρουσιάστηκε σέ αὐτόν ἕνας Μαλιεύς, ὁ Ἐφιάλτης. Αὐτός τοῦ ἐξήγησε γιά τό μονοπάτι τό ὁποῖο φέρνει στίς Θερμοπύλες μέσ' ἀπ' τό βουνό καί μ' αὐτόν τόν τρόπο ἔφερε τήν καταστροφή τῶν Ἑλλήνων. Ὁ βασιλιάς, ἐπειδή τοῦ ἄρεσαν ὅσα τοῦ ἔλεγε ὁ Ἐφιάλτης καί γεμᾶτος χαρά, ἔστειλε ἀμέσως τόν Ὑδάρνη μ' ἕνα σῶμα στρατοῦ. Εἶχαν ξεκινήσει ἀπό τό στρατόπεδο, τήν ὥρα πού ἀνάβουν τά λυχνάρια. Προχωροῦσαν ὅλην τή νύχτα.

Στούς Ἕλληνες, πού ἦταν στίς Θερμοπύλες, λιποτάκτες τούς ἔφεραν τήν εἴδηση γιά τήν κυκλωτικήν κίνηση τῶν Περσῶν. Τότε οἱ Ἕλληνες ἄρχισαν νά συσκέπτονται. Ἄλλοι δέν ἤθελαν νά ἐγκαταλείψουν τίς θέσεις τους, ἄλλοι ὅμως διαφώνησαν. Ἄλλοι ἔφυγαν, πῆραν τόν δρόμο ὁ καθένας γιά τήν πόλη του. Ἄλλοι εἶχαν πάρει τήν ἀπόφαση νά μείνουν μέ τό Λεωνίδα.

Λέγουν ὅμως ὅτι ὁ ἴδιος ὁ Λεωνίδας τούς ἔδιωξε ἀπό τό ἐνδιαφέρον του νά μή χαθοῦν. Πρός αὐτή τή γνώμη ἀποκλίνω κι ἐγώ, ὅτι ὁ Λεωνίδας τούς διάταξε νά φύγουν, γι' αὐτόν ὅμως θά ἦταν αἶσχος νά φύγει, ἐνῶ ἀντιθέτως ἄν ἔμενε ἐκεῖ, θά ἄφηνε ὄνομα δοξασμένο καί δέν θά μαυριζότανε καί τῆς Σπάρτης ἡ τιμή.

Βοηθητικές ἑρμηνεῖες

1. *Μήδους*] Medes   2. *Κισσίους*] Cissians
   συνετρίβονταν] were being defeated, destroyed (literally: torn apart, into pieces)
5. *πεποίθηση*] conviction, assurance   *ἀσφαλῶς*] surely, certainly
   νίκη] victory   *χῶρο*] space, place
8. *ἐπωφεληθοῦν*] take advantage of, benefit from (governs the genitive)
9. *ὑπεροχῆς*] superiority   10. *πρό πάντων*] above all
11–12. *ἐτρέπονταν εἰς φυγή*] were being put (turned) to flight
12. *διατηροῦσαν*] maintained, kept up (*διατηρῶ*)
   σχηματισμό] formation   16. *τέλος*] finally
17. *καθόλου*] any, not any at all   18. *κάμει* = *κάνει*
19. *ἕνας Μαλιεύς*] a man from Malis   23. *Ὑδάρνη*] Hydarnes
26. *λιποτάκτες*] deserters   27. *εἴδηση*] news
29. *ἐγκαταλείψουν*] abandon   *διαφώνησαν*] disagreed
31. *εἶχαν πάρει τήν ἀπόφαση*] had decided, had made the decision
33. *ἐνδιαφέρον*] interest   *γνώμη*] opinion
34. *ἀποκλίνω*] lean, incline   *διάταξε*] commanded (*διατάζω*)
35. *αἶσχος*] [a] disgrace   *ἀντιθέτως*] contrariwise
36. *δοξασμένο*] glorified
   δέν θά μαυριζότανε] would not be blackened

Μικρόλογος Γ'

Ὁ Ξέρξης ἔκανε ἐπίθεση. Οἱ Ἕλληνες, ἐπειδή ἤξεραν ὅτι τούς περιμένει ὁ θάνατος ἔβαζαν ὅλη τή δύναμή τους ἐναντίον τῶν βαρβάρων, μέ τήν τρέλλα τῆς ἀπελπισίας. Στή μάχη αὐτή ἔπεσε καί ὁ Λεωνίδας. Ἔγινε μιά φοβερή πάλη γιά τό πτῶμα του. Οἱ Ἕλληνες ἔδιωξαν τούς ἀντιπάλους τέσσερις φορές, ὥσπου ἔφτασαν ἐκεῖνοι μέ τόν Ἐφιάλτη. Τότε ἄρχισαν οἱ Ἕλληνες νά ὑποχωροῦν. Πῆγαν στήν εἴσοδο τῆς χαράδρας ὅπου κρατοῦσαν ἄμυνα μέ τά σπαθιά τους καί μέ τά χέρια τους καί μέ τά δόντια τους, ὥσπου οἱ βάρβαροι τούς κατάχωσαν μέ τά βλήματά τους.

Βοηθητικές ἑρμηνεῖες

1. *ἐπίθεση*] assault, attack
3. *τῆς ἀπελπισίας*] of despair
5. *πτῶμα*] corpse   *ἀντιπάλους*] opponents
8. *κρατοῦσαν ἄμυνα*] stood their ground (literally: maintained [a] defense)
9. *κατάχωσαν*] buried   10. *βλήματα*] missiles, projectiles

---

Ἐρωτήσεις

1. Τί ἔκανε ὁ Ξέρξης ἐναντίον τῶν Ἑλλήνων;
2. Γιατί οἱ Ἕλληνες ἔβαζαν ὅλη τή δύναμή τους ἐναντίον τῶν βαρβάρων;
3. Σέ ποιά μάχη ἔπεσε ὁ Λεωνίδας;
4. Γιά ποιό πράγμα ἔγινε φοβερή πάλη ἀνάμεσα στούς Ἕλληνες καί τούς Πέρσες;
5. Ποιούς ἔδιωξαν οἱ Ἕλληνες;
6. Πότε ἄρχισαν οἱ Ἕλληνες νά ὑποχωροῦν;
7. Τί ἔκαναν οἱ Ἕλληνες στήν εἴσοδο τῆς χαράδρας;
8. Τί τούς ἔκαναν οἱ βάρβαροι τούς Ἕλληνες;

Ἀνάγνωση Γ'

Ὁ Ξέρξης μέ τήν ἀνατολή τοῦ ἡλίου ἔκανε ἐπίθεση. Ἐπειδή οἱ Ἕλληνες ἤξεραν ὅτι τούς περιμένει ὁ θάνατος ἀπό ἐκείνους πού ἔκαναν τήν κυκλωτική κίνηση ἀπό τό βουνό, ἔβαζαν ὅλα τους τά δυνατά ἐναντίον τῶν βαρβάρων, μέ τήν τρέλλα τῆς ἀπελπισίας.

Ἀπό κείνη τή στιγμή τῶν περισσοτέρων τά δόρατα εἶχαν σπάσει, ἀλλά ξέκαναν τούς Πέρσες μέ τά σπαθιά. Στή μάχη αὐτή ἔπεσε καί ὁ Λεωνίδας καί μαζί μ' αὐτόν καί ἄλλοι Σπαρτιάτες. Αὐτῶν ἐγώ τά ἔμαθα τά ὀνόματα, ἔμαθα μάλιστα καί ὅλων τῶν τριακοσίων τά ὀνόματα. Μεταξύ τῶν Περσῶν καί τῶν Λακεδαιμονίων ἔγινε μιά ἄγρια πάλη γιά τό πτῶμα τοῦ Λεωνίδα, ὥσπου τέλος οἱ Ἕλληνες ἔσυραν τό σῶμα του πρός τό μέρος τους καί ἔτρεψαν εἰς φυγήν τούς ἀντιπάλους τέσσερες φορές. Αὐτό συνέχιζε, ὥσπου ἔφτασαν ἐκεῖνοι μέ τόν Ἐφιάλτη. Τότε ὁ ἀγῶνας ἄλλαξε. Ἄρχισαν οἱ Ἕλληνες νά ὑποχωροῦν. Πῆγαν καί ἔλαβαν θέσεις στήν εἴσοδο τῆς χαράδρας. Σέ κεῖνο τό μέρος κρατοῦσαν ἄμυνα μέ τά σπαθιά τους, σέ ὅσους ἔτυχε νά τούς μείνουν ἀκόμα, καί μέ τά χέρια τους καί μέ τά δόντια, ὥσπου οἱ βάρβαροι τούς κατάχωσαν μέ τά βλήματά τους.

Τέτοιον ἡρωισμό ἔδειξαν οἱ Λακεδαιμόνιοι. Πρός τιμή τῶν ἀνδρῶν αὐτῶν, πού τούς ἔθαψαν στό μέρος ἀκριβῶς ὅπου ἔπεσαν, ἐχάραξαν ἐπιγράμματα πού ἔλεγαν: "Ἐδῶ κάποτε πολεμοῦσαν μέ τριάντα μυριάδες τέσσερες χιλιάδες Πελοποννήσιοι". Τό ἐπίγραμμα αὐτό ἦταν βέβαια γιά ὅλους, ἰδιαιτέρως ὅμως γιά τούς Σπαρτιάτες εἶναι τοῦτο: "Ξένε, νά πεῖς στούς Λακεδαιμονίους, ὅτι εἴμαστε δῶ θαμμένοι πειθαρχώντας στίς ἐντολές τους".

Ἀπό: Ἡροδότου Ἱστορία Ἕβδομη, μετάφραση Εὐαγγέλου Πανέτσου (Ἀθῆναι, Ι. Ν. Ζαχαρόπουλου, 1959), κεφάλαια 202, 204–11, 213, 215–20, 223–25, 228 (διασκευασμένο).

Βοηθητικές ἑρμηνεῖες

4. *ἔβαζαν . . . τά δυνατά*] did their utmost
5. *τρέλλα*] folly, madness
7. *ξέκαναν* = *ξε-* + *κάνω*
11. *ἄγρια*] fierce
12. *ἔσυραν*] dragged (*σέρνω*)
13. *ἔτρεψαν εἰς φυγήν*] put to flight *τέσσερες* = *τέσσερις*
17. *ἔτυχε*] it chanced (*τυχαίνει*)
20. *τέτοιαν*] such *ἡρωισμό*] heroism
21. *ἔθαψαν*] buried (*θάπτω* = *θάφτω* = *θάβω*) *ἀκριβῶς*] precisely, exactly
22. (*ἐ*)*χάραξαν*] engraved, carved (*χαράζω*) *ἐπιγράμματα*] epigrams
23. *μυριάδες*] myriads, multitudes, tens of thousands
24. *ἰδιαιτέρως*] especially

Development

1. Explain, in Greek, what you would have done had you been in Leonidas's predicament.
2. Construct a short play using the characters and facts that you have read about in the passage from Herodotus but allowing yourself freedom to develop and invent. Possible characters:

Greeks:	Leonidas, other Spartans
	Corinthians, Myceneans
	Ephialtes
Persians and allies:	Xerxes, Demaratos, Hydarnes
	Medes, Cissians, a spy

3. Recite (and possibly memorize) this famous poem by Cavafy. Through discussion, try to define the precise interpretation that Cavafy gives to the familiar story of Leonidas and his 300, especially in the last four lines.

ΘΕΡΜΟΠΥΛΕΣ*

Τιμή σ' ἐκείνους ὅπου στήν ζωή των
ὥρισαν καί φυλάγουν Θερμοπύλες.
Ποτέ ἀπό τό χρέος μή κινοῦντες·
δίκαιοι κ' ἴσιοι σ' ὅλες των τές πράξεις,
ἀλλά μέ λύπη κιόλας κ' εὐσπλαχνία·
γενναῖοι ὁσάκις εἶναι πλούσιοι, κι ὅταν
εἶναι πτωχοί, πάλ' εἰς μικρόν γενναῖοι,
πάλι συντρέχοντες ὅσο μποροῦνε·
πάντοτε τήν ἀλήθεια ὁμιλοῦντες,
πλήν χωρίς μῖσος γιά τούς ψευδομένους.

Καί περισσότερη τιμή τούς πρέπει
ὅταν προβλέπουν (καί πολλοί προβλέπουν)
πώς ὁ Ἐφιάλτης θά φανεῖ στό τέλος,
κ' οἱ Μῆδοι ἐπί τέλους θά διαβοῦνε.

—Κ. Π. Καβάφης

Βοηθητικές ἑρμηνεῖες

1. ὅπου = πού τῶν = τους
2. ὥρισαν] have defined, have designated (simple past tense of ὁρίζω)
   φυλάγουν] guard, preserve
3. χρέος] duty κινοῦντες] moving, swerving, departing
4. δίκαιοι] just, righteous ἴσιοι] straight (i.e. honest)
   τές = τίς πράξεις] acts, doings

*Copyright Kyveli A. Singopoulo

5. *λύπη*] pity, sorrow (compare *λυποῦμαι*)
   εὐσπλαχνία] compassion
6. *γενναῖοι*] generous   *ὁσάκις*] whenever, as many times as
7. *πτωχοί* = *φτωχοί*] poor   *εἰς μικρόν*] in small ways
8. *συντρέχοντες*] assisting, helping (literally: running with . . .)
9. *ὁμιλοῦντες* = *μιλώντας*
10. *πλήν*] yet   *μῖσος*] hatred
    τούς ψευδομένους] those who lie, those who tell falsehoods
12. *προβλέπουν*] they foresee
13. *θά φανεῖ*] will appear (simple future of *φαίνομαι*)
14. *θά διαβοῦνε*] will cross over, i.e. will negotiate the pass (simple future of *διαβαίνω*)

ΠΡΑΣΙΝΟ ΦΩΣ

ΤΗΛΕΦΩΝΟΝ TELEPHONE

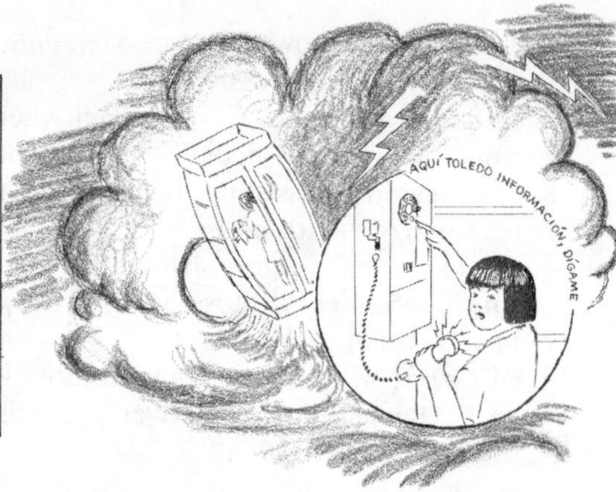
AQUÍ TOLEDO INFORMACIÓN, DÍGAME

Πτήση 6

Ὁ Γκρέκο

Πρῶτο μέρος

κόκκινο

(___ ___ ___, ___ __ _____, _____ ___ _____ ___ ___. __ _____ __ _____. Ἡ Μαρία, __ __ ___, πῆρε τόν ἀριθμό 14 9 1926.)

ΑΚΟΥΣΤΙΚΟ: Aquí Toledo información. Dígame.

ΜΑΡΙΑ: Τολέδο τῆς Ἱσπανίας;

(Μά δέν τέλειωσε τό λόγο της κι ὁ θάλαμος εἶχε ____ προσγειωθεῖ __ _____ στόν κῆπο τοῦ Μουσείου Γκρέκο. ____ _____, ____, ________. __ ____ _______, __-____ _____, __ _____ _______ _______. Μιά γριά _______ καθόταν στόν ἥλιο _____.)

ΜΑΡΙΑ: Γιαγιά, μιλᾶτε ἑλληνικά;

(Ἡ γριά __ ______ __ ________. __ ____ __ _______, __ _ ____ __ ___ ____ _____ ___. ___ τήν πῆρε ἀπ' τό χέρι _ ___, καί τήν ὁδήγησε μέσα στό Μουσεῖο κοντά σ' ἕναν ψηλό κύριο. ______ ______ _____ ______ ___ ________ __ __ ______ ____ ___ ___ __ ___ ______ __ ____. _ ___ ___ ______ ___ __ _____.)

ΓΡΙΑ: Señor Kazantzakis, Señor Kazantzakis.

ΜΑΡΙΑ: _____ _______, ____;

ΚΑΖΑΝΤΖΑΚΗΣ (____): _____.

ΜΑΡΙΑ: __ _____;

ΚΑΖΑΝΤΖΑΚΗΣ: _____.

ΜΑΡΙΑ: ____ ___ ____;

ΚΑΖΑΝΤΖΑΚΗΣ: _ _____.

ΜΑΡΙΑ: _____ ___ _____ _ _____;

Βοηθητικές ἑρμηνεῖες

Τίτλος. Ὁ Γκρέκο] El Greco
4. Aquí Toledo información. Dígame.] Toledo information here. Speak.
5. Ἱσπανίας] of Spain
7. τοῦ Μουσείου Γκρέκο] of the El Greco museum

Σημειώσεις

Τίτλος. Ὁ Γκρέκο] El Greco (c. 1541–1614), a Cretan named Domenikos Theotokopoulos, settled first in Venice, then in Rome, and finally (from 1577 onward) in Toledo. The name by which he is known—a mixture of Venetian dialect ("el") and standard Tuscan ("Greco")—means, simply, "the Greek." Note that the name is uninflected: ὁ Γκρέκο. τοῦ Γκρέκο, τό(ν) Γκρέκο.

7. τοῦ Μουσείου Γκρέκο] El Greco's home in Toledo has been preserved as a museum.

18. Καζαντζάκης] Nikos Kazantzakis (1883–1957) was a Cretan novelist, poet, dramatist and essayist who felt a great spiritual affinity for El Greco and called his autobiography "Report to Greco."

μπλέ

(___ ___ ___, ___ ___ ______, *χιλιάδες βέλη σκέπασαν τόν ἥλιο.* ___ ______ ___ ______. Ἡ Μαρία, *γιά νά σωθεῖ, πῆρε τόν ἀριθμό* 14 9 1926.)

ΑΚΟΥΣΤΙΚΟ: Aquí Toledo información. Dígame.

ΜΑΡΙΑ: Τολέδο τῆς Ἱσπανίας;

(*Μά δέν τέλειωσε τό λόγο της κι ὁ θάλαμος εἶχε* ______ *προσγειωθεῖ* ___ ______ *στόν κῆπο τοῦ Μουσείου Γκρέκο.* Κῆπος *ἥσυχος, ζεστός,* ________. ___ _____ ________, ___-_____ ______, ___ _____ _______ ______. Μιά *γριά ζαρωμένη καθόταν στόν ἥλιο* _____.)

ΜΑΡΙΑ: Γιαγιά, *μιλᾶτε ἑλληνικά;*

(Ἡ *γριά τήν κοίταξε* ___ _______. Τῆς *ἔκοψε ἕνα εἰσιτήριο, καί ἡ Μαρία τό 'χωσε στήν τσέπη της.* ____ *τήν πῆρε ἀπ' τό χέρι ἡ γριά, καί τήν ὁδήγησε μέσα στό* Μουσεῖο *κοντά σ' ἕναν ψηλό κύριο.* _______ _______ ______ _______ ____ ________ ___ ___ ____ ____ ____ ____ ___ ____ ______ ___ _____. _ ___ ___ ______ _____ ___ ___ ______.)

ΓΡΙΑ: Señor Kazantzakis, Señor Kazantzakis.

ΜΑΡΙΑ: Μιλᾶτε ἑλληνικά, *κύριε;*

ΚΑΖΑΝΤΖΑΚΗΣ (_____): Λιγάκι.

ΜΑΡΙΑ: Τί *βλέπετε;*
ΚΑΖΑΝΤΖΑΚΗΣ: *Πίνακες.*
ΜΑΡΙΑ: *Ποιός τούς ἔκανε;*
ΚΑΖΑΝΤΖΑΚΗΣ: *Ὁ Γκρέκο.*
ΜΑΡΙΑ: *Ποιός εἶν' αὐτός ὁ Γκρέκο;*

Βοηθητικές ἑρμηνεῖες

1. *σκέπασαν*] covered
10. *ζαρωμένη*] wrinkled, withered
13. *τό 'χωσε = τό ἔχωσε*
22. *πίνακες*] paintings

Σημειώσεις

12. *τῆς ἔκοψε ἕνα εἰσιτήριο*] Here, this idiom is best translated "she sold her a ticket." The literal meaning "she cut her a ticket" derives from the fact that most tickets in Greece are torn from a booklet. Compare: *Ἔκοψα εἰσιτήριο,* "I bought a ticket."

22. *πίνακες*] *ὁ πίνακας, τοῦ πίνακα, τόν πίνακα, οἱ πίνακες, τῶν πινάκων, τούς πίνακες*

μαῦρο

(*Τήν ἄλλη μέρα, κατά τό μεσημέρι, χιλιάδες βέλη σκέπασαν τόν ἥλιο. Ἕνα τρύπησε τό θάλαμο.* Ἡ Μαρία, *γιά νά σωθεῖ, πῆρε τόν ἀριθμό* 14 9 1926.)

ΑΚΟΥΣΤΙΚΟ: Aquí Toledo información. Dígame.
ΜΑΡΙΑ: *Τολέδο τῆς Ἱσπανίας;*

(*Μά δέν τέλειωσε τό λόγο της κι ὁ θάλαμος εἶχε κιόλας προσγειωθεῖ στό* Τολέδο *στόν κῆπο τοῦ* Μουσείου Γκρέκο. Κῆπος *ἥσυχος, ζεστός, ἀπεριποίητος.* Μιά *ροδιά ἀνθισμένη, δυό-τρεῖς συκιές, ἕνα ἀρχαῖο μαρμάρινο ἄγαλμα.* Μιά *γριά ζαρωμένη καθόταν στόν ἥλιο σκυφτή.*)

ΜΑΡΙΑ: *Γιαγιά, μιλᾶτε ἑλληνικά;*

(Ἡ *γριά τήν κοίταξε μέ συμπάθεια.* Τῆς *ἔκοψε ἕνα εἰσιτήριο, καί ἡ* Μαρία *τό 'χωσε στήν τσέπη της.* Τότε *τήν πῆρε ἀπ' τό χέρι ἡ γριά, καί τήν ὁδήγησε μέσα στό* Μουσεῖο *κοντά σ' ἕναν ψηλό κύριο.* Στεκόταν *μπροστά στούς πίνακες τόσο ἀπορροφημένος ἀπό τήν ὀμορφιά τους πού οὔτε κἄν πῆρε χαμπάρι τή* Μαρία. Ἡ *γριά τόν τράβηξε ἀπό τό σακάκι.*)

ΓΡΙΑ: Señor Kazantzakis, Señor Kazantzakis.
ΜΑΡΙΑ: *Μιλᾶτε ἑλληνικά, κύριε;*
ΚΑΖΑΝΤΖΑΚΗΣ (*κοφτά*): *Λιγάκι.*

ΜΑΡΙΑ: Τί βλέπετε;
ΚΑΖΑΝΤΖΑΚΗΣ: Πίνακες.
ΜΑΡΙΑ: Ποιός τούς ἔκανε;
ΚΑΖΑΝΤΖΑΚΗΣ: Ὁ Γκρέκο.
ΜΑΡΙΑ: Ποιός εἶν' αὐτός ὁ Γκρέκο;

Βοηθητικές ἑρμηνεῖες

2. *τρύπησε*] pierced, made a hole in
8. *ἀπεριποίητος*] neglected, not cared for
ροδιά] pomegranate tree *ἀνθισμένη*] in bloom, blossoming
9. *συκιές*] fig trees *ἄγαλμα*] statue
10. *σκυφτή*] bent over, bowed 15. *στεκόταν*] he was standing
16. *ἀπορροφημένος*] absorbed *κἄν*] even, hardly
16–17. *οὔτε . . . πῆρε χαμπάρι*] didn't notice, wasn't aware of, didn't consider
20. *κοφτά*] cuttingly, sharply, curtly

Σημειώσεις

8. *ἀπεριποίητος*] Compare the verb encountered in the Reading of the previous lesson: *περιποιοῦμαι*, "I care for," "I attend to." The passive participle, *περιποιημένος*, serves as the "positive" adjective: "cared for." The "negative" adjective is *ἀπεριποίητος*, "not cared for." Many other "positive-negative" adjective pairs behave in this way. For example:
ξυρισμένος, shaven *ἀξύριστος*, unshaven
πλυμένος, washed *ἄπλυτος*, unwashed
νικημένος, defeated *ἀνίκητος*, invincible

8–9. *ροδιά . . . συκιές*] Note the relationship between certain fruits and the trees that bear them. (We encountered this in a drill, earlier.)
τό ρόδι, pomegranate *ἡ ροδιά*, pomegranate tree
τό σύκο, fig *ἡ συκιά*, fig tree
τό μῆλο, apple *ἡ μηλιά*, apple tree
τό λεμόνι, lemon *ἡ λεμονιά*, lemon tree
τό πορτοκάλι, orange *ἡ πορτοκαλιά*, orange tree

10. *σκυφτή*] from *σκύβω*
16. *ἀπορροφημένος*] The root verb is *ροφῶ* (*καθ*), "to absorb," "to suck in," "to gulp down." We encountered this verb earlier, but in its demotic form, *ρουφῶ*.
20. *κοφτά*] from *κόβω*, "to cut"

Συνώνυμα ἤ περίπου συνώνυμα

2. νά σωθεῖ: νά περισωθεῖ, νά γλιτώσει
6. τό λόγο: τήν κουβέντα
7. στόν κῆπο: στό πάρκο
8. ἥσυχος: ἤρεμος
12. μέ συμπάθεια: μέ καλωσύνη
Τῆς ἔκοψε ἕνα εἰσιτήριο: Τῆς ἔβγαλε ἕνα εἰσιτήριο
14. τήν ὁδήγησε: τήν πῆγε
15. στούς πίνακες: στίς ζωγραφιές
16. ἀπορροφημένος ἀπό τήν ὀμορφιά: ἀφοσιωμένος ὁλότελα στήν ὀμορφιά, ἀπασχολημένος ἐντελῶς μέ τήν ὀμορφιά
16–17. πῆρε χαμπάρι: πρόσεξε, πῆρε εἴδηση, ἀντιλήφθηκε, ἀντελήφθη (καθ)

Ἐρωτήσεις

Νά ἀπαντήσετε χρησιμοποιώντας τά συνώνυμα ἤ περίπου συνώνυμα.

2. Γιατί πῆρε τόν ἀριθμό 14 9 1926 ἡ Μαρία;
6. Τί δέν τέλειωσε ἡ Μαρία;
7. Σέ ποιό μέρος ἀκριβῶς τοῦ Τολέδου προσγειώθηκε ὁ θάλαμος;
8. Πῶς ἦταν ὁ κῆπος τοῦ Μουσείου Γκρέκο στό Τολέδο;
12. Πῶς τήν κοίταξε τή Μαρία ἡ γριά πού καθόταν στόν ἥλιο;
12. Τί ἔκανε ἡ γριά μετά;
14. Ὅταν ἡ γριά πῆρε τή Μαρία ἀπ' τό χέρι, ποῦ τήν πῆγε;
15. Ποῦ στεκόταν ὁ ψηλός κύριος πού ἦταν μέσα στό Μουσεῖο;
16. Γιατί δέν πρόσεξε ὁ ψηλός κύριος τή Μαρία;

Ἀσκήσεις

1–2. Κατά τό μεσημέρι, χιλιάδες βέλη σκέπασαν τόν ἥλιο.
Κατά τό πρωί, χιλιάδες βέλη σκέπασαν τόν ἥλιο.
Κατά τό πρωί, χιλιάδες βέλη σκέπασαν τόν ὁρίζοντα.
Κατά τό βράδυ, χιλιάδες βέλη σκέπασαν τόν ὁρίζοντα.
Κατά τό βράδυ, χιλιάδες βέλη σκέπασαν τόν οὐρανό.
Κατά τό μεσημέρι, χιλιάδες βέλη σκέπασαν τόν οὐρανό.
Κατά τό μεσημέρι, χιλιάδες βέλη σκέπασαν τόν ἥλιο.

2. Δ. Ἕνα βέλος τρύπησε τό θάλαμο.
M. Πολλά βέλη τρύπησαν τό θάλαμο.

Δ. Ἕνα δόρυ τρύπησε τό θάλαμο.
M. Πολλά δόρατα τρύπησαν τό θάλαμο.

Δ. Ἕνα σπαθί τρύπησε τό θάλαμο.
M. Πολλά σπαθιά τρύπησαν τό θάλαμο.

Δ. Ἕνα βλῆμα τρύπησε τό θάλαμο.
M. Πολλά βλήματα τρύπησαν τό θάλαμο.

Δ. Μιά πέτρα τρύπησε τό θάλαμο.
Μ. Πολλές πέτρες τρύπησαν τό θάλαμο.
Δ. Ἕνα κοντάρι τρύπησε τό θάλαμο.
Μ. Πολλά κοντάρια τρύπησαν τό θάλαμο.

2–3. Ἡ Μαρία, γιά νά σωθεῖ, πῆρε ἕναν ἀριθμό.
γιά νά γλιτώσει
Ἡ Μαρία, γιά νά γλιτώσει, πῆρε ἕναν ἀριθμό.
γιά νά πειθαρχήσει, γιά νά μάθει, γιά νά προσέξει, γιά νά ἐξηγήσει, γιά νά ἐπωφεληθεῖ, γιά νά κοροϊδέψει, γιά νά ξαλαφρώσει, γιά νά ἡσυχάσει, γιά νά γλιτώσει

6–7. Δέν τέλειωσε τό λόγο της κι ὁ θάλαμος εἶχε κιόλας προσγειωθεῖ.
Δέν τέλειωσε τήν κουβέντα της κι ὁ θάλαμος εἶχε κιόλας προσγειωθεῖ.
Δέν τέλειωσε τήν κουβέντα της κι ὁ θάλαμος εἶχε κιόλας ἀπογειωθεῖ.
Δέν τέλειωσε τό τηλεφώνημά της κι ὁ θάλαμος εἶχε κιόλας ἀπογειωθεῖ.
Δέν τέλειωσε τό τηλεφώνημά της κι ὁ θάλαμος εἶχε κιόλας γίνει κομμάτια.
Δέν τέλειωσε τό λόγο της κι ὁ θάλαμος εἶχε κιόλας γίνει κομμάτια.
Δέν τέλειωσε τό λόγο της κι ὁ θάλαμος εἶχε κιόλας προσγειωθεῖ.

8. Κῆπος ἀπεριποίητος μέ μιά ροδιά ἀνθισμένη.
μέ δυό-τρεῖς συκιές
Κῆπος ἀπεριποίητος μέ δυό-τρεῖς συκιές.
μέ ἕνα ἀρχαῖο μαρμάρινο ἄγαλμα, μέ περιποιημένες μηλιές, μέ ζαρωμένα λεμόνια, μέ ὄμορφα πορτοκάλια, μέ πράσινες ντομάτες, μέ γλυκές φράουλες, μέ μιά ροδιά ἀνθισμένη

9–10. Μιά γριά ζαρωμένη καθόταν στόν ἥλιο.
Μιά γριά σκυφτή καθόταν στόν ἥλιο.
Μιά γριά σκυφτή καθόταν στό πάρκο.
Μιά γριά καλωσυνάτη καθόταν στό πάρκο.
Μιά γριά καλωσυνάτη καθόταν στόν κῆπο.
Μιά γριά συμπαθητική καθόταν στόν κῆπο.
Μιά γριά συμπαθητική καθόταν στόν ἥλιο.
Μιά γριά ζαρωμένη καθόταν στόν ἥλιο.

12. Τῆς ἔκοψε ἕνα εἰσιτήριο καί ἡ Μαρία τό 'χωσε στήν τσέπη.
Τῆς ἔβγαλε ἕνα εἰσιτήριο
Τῆς ἔβγαλε ἕνα εἰσιτήριο καί ἡ Μαρία τό 'χωσε στήν τσέπη.
Τῆς χάρισε ἕνα ρολόι, Τῆς ἀγόρασε ἕνα μῆλο, Τῆς ἔδωσε ἕνα δολλάριο, Τῆς ἔκοψε ἕνα σύκο, Τῆς πούλησε ἕνα σκόρδο, Τῆς ἔφερε ἕνα καλώδιο, Τῆς ἔκοψε ἕνα εἰσιτήριο

13–14. Τότε τήν πῆρε ἀπ' τό χέρι καί τήν ὁδήγησε μέσα στό Μουσεῖο.
Αὔριο
Αὔριο θά τήν πάρει ἀπ' τό χέρι καί θά τήν ὁδηγήσει μέσα στό Μουσεῖο.
Τώρα, Θέλει νά, Πρέπει νά, Ὅλη τή μέρα χτές, Ὅλη τή μέρα αὔριο, Προτοῦ φτάσουμε, Τότε

15. Στεκόταν μπροστά στούς πίνακες.
Καθόταν
Καθόταν μπροστά στούς πίνακες.
Κοιμόταν, Σκεφτόταν, Συλλογιζόταν, Ἐργαζόταν, Ὁρκιζόταν, Σταυροκοπιόταν, Ἐρχόταν, Στεκόταν

15–17. Ἦταν τόσο ἀπορροφημένος πού οὔτε κἄν πῆρε χαμπάρι τή Μαρία.
οὔτε κἄν πρόσεξε τήν ὥρα
Ἦταν τόσο ἀπορροφημένος πού οὔτε κἄν πρόσεξε τήν ὥρα.
οὔτε κἄν αἰσθάνθηκε τή μέλισσα, οὔτε κἄν εἶδε τά παντζούρια νά κλείνουν, οὔτε κἄν ἄκουσε τίς ἐκρήξεις, οὔτε κἄν μπόρεσε νά παρακολουθήσει τή λειτουργία, οὔτε κἄν πῆρε χαμπάρι τούς θρήνους καί τίς κραυγές, οὔτε κἄν πῆρε χαμπάρι τή Μαρία

17. Ἡ γριά τόν τράβηξε ἀπό τό σακάκι.
ἀπ' τά μαλλιά
Ἡ γριά τόν τράβηξε ἀπό τά μαλλιά.
ἀπ' τ' αὐτί, ἀπ' τή μύτη, ἀπ' τά γένια, ἀπ' τή μέση, ἀπ' τά πόδια, ἀπ' τούς ὤμους, ἀπ' τό σακάκι

Ἐρωτήσεις

1. Τί συνέβη τήν ἄλλη μέρα κατά τό μεσημέρι;
2. Τί ἦταν ἀπεριποίητο στό Τολέδο;
3. Τί ὑπῆρχε στόν κῆπο τοῦ Μουσείου τοῦ Τολέδο;
4. Πῶς ἦταν ἡ γριά καί ποῦ καθόταν;
5. Πῶς κοίταξε ἡ γριά τή Μαρία;
6. Ποῦ ἔχωσε τό εἰσιτήριό της ἡ Μαρία;

Γενικές ἐρωτήσεις

1. Ρώτησε τόν διπλανό σου τί κάνει κατά τό μεσημέρι.
2. Νά μᾶς περιγράψεις (describe) ἕναν κῆπο πού σ' ἀρέσει.
3. Ἔχεις φάει σύκα; Σ' ἄρεσαν; Ποῦ ὑπάρχουν μαρμάρινα ἀγάλματα;
4. Γιατί σ' ἀρέσει νά κάθεσαι στόν ἥλιο;
5. Γιά ποιούς αἰσθάνεσαι συμπάθεια;
6. Πές στήν πλαϊνή σου νά μᾶς περιγράψει τό καθετί πού ἔχει στήν τσέπη της.

7. Ποιόν πλησίασαν μπαίνοντας μέ τή γριά μέσα στό Μουσεῖο;	7. Γιατί κουραζόμαστε ὅταν βρισκόμαστε στό μουσεῖο;
8. Ἀπό τί ἦταν ἀπορροφημένος ὁ ψηλός κύριος;	8. Πότε εἶσαι ἀπορροφημένος ἀπό κάτι;
9. Τί δέν ἔκανε ὁ ψηλός κύριος;	9. Παίρνεις χαμπάρι τό τί γίνεται γύρω σου ὅταν εἶσαι ἀπορροφημένος ἀπό κάτι;
10. Τί τόν ἔκανε τόν ψηλό κύριο ἡ γριά;	10. Τί κάνεις ὅταν θέλεις νά σέ πάρει κάποιος χαμπάρι;
11. Πῶς ἀπαντάει ὁ Καζαντζάκης στή Μαρία;	11. Ὅταν βιάζεσαι καί κάποιος πού δέν σ' ἀρέσει σοῦ μιλάει, πῶς τοῦ ἀπαντᾶς;
12. Τί βλέπει ὁ Καζαντζάκης μέσα στό Μουσεῖο;	12. Πές στόν ἀπέναντί σου νά μᾶς περιγράψει ἕναν πίνακα πού τοῦ ἀρέσει.

Μιά ματιά στή γραμματική

I. WORD ORDER FOR ATTRIBUTIVE MODIFIERS / ΔΙΑΤΑΞΗ ΛΕΞΕΩΝ ΣΤΟΥΣ ΕΠΙΘΕΤΙΚΟΥΣ ΠΡΟΣΔΙΟΡΙΣΜΟΥΣ

A. Attributive versus predicative modifiers

1. Most simply, an attributive modifier is an adjective that comes—or at least can come—directly before the noun which it modifies. (Actually, the word *ἐπίθετο* derives from the ancient Greek verb *ἐπιτίθημι*, meaning "to place in front of" or "by" or "on" something.)

A predicative modifier, conversely, is an adjective that does not—and cannot—come directly before the noun which it modifies.

Attributive: *Μιά ζαρωμένη γριά καθόταν στόν ἥλιο.*
Predicative: *Μιά γριά καθόταν σκυφτή.*
Attributive: *Ἕνας ψηλός κύριος στεκόταν μπροστά στούς πίνακες.*
Predicative: *Ὁ καλόγερος λέει ὅτι τά ψάρια θά μείνουν ζωντανά.*

2. An attributive adjective can come either in the subject part of the sentence or in the predicate part. In the latter case it will modify a noun in the predicate.

Οἱ Σπαρτιάτες κάνουν ἐπιθετική στροφή.

A predicate adjective always comes in the predicate part of the sentence. Typically, it will modify a noun in the subject part and thus be a "complement"—i.e. a word that "completes" the meaning of the verb in the sentence. Such adjectives have adverbial force, as we saw earlier in the cases of passive participles used as adjectives.

Ἡ γριά καθόταν σκυφτή.
Ὁ θάλαμος ἔμεινε μετέωρος.

However, a predicate adjective can also modify a noun in the predicate. As always, such an adjective cannot come directly before this noun.

Ὁ Λεωνίδας εἶδε τό θάλαμο μετέωρο.
Ἡ Μαρία περίμενε μέ τό στόμα ἀνοιχτό.
Ἤθελε νά κάνει τόν ἀδερφό της ἀθάνατο.

If such adjectives are placed before the noun they modify, an article must intervene:

Ὁ Λεωνίδας εἶδε μετέωρο τό θάλαμο.
Ἡ Μαρία περίμενε μέ ἀνοιχτό τό στόμα.
Ἤθελε νά κάνει ἀθάνατο τόν ἀδερφό της.

B. Word order for a single attributive adjective

We have seen that an attributive adjective must be capable of being placed directly before the noun it modifies. Normally this is what happens. However, when a definite article is involved, this article may be repeated between the adjective and noun, for stylistic reasons: ὁ ψηλός ὁ κύριος· στούς καημένους τούς Μικρασιάτες. In addition, attributive adjectives are sometimes placed after their nouns, again for stylistic reasons. When this happens, certain rules apply:

1. If a definite article is involved, this article must be repeated before an attributive adjective that is placed after the noun it modifies.

   ὁ ψηλός κύριος: ὁ κύριος ὁ ψηλός
   τό μαγικό φίλτρο: τό φίλτρο τό μαγικό

2. If an indefinite article is involved, this article must not be repeated before an attributive adjective that is placed after the noun it modifies.

   μιά ἀνθισμένη ροδιά: μιά ροδιά ἀνθισμένη
   μιά ζαρωμένη γριά: μιά γριά ζαρωμένη

3. If no article is involved, then no article is used before an attributive adjective that is placed after the noun it modifies.

Τί φρικτός θόρυβος εἶναι αὐτός;
Τί θόρυβος φρικτός εἶναι αὐτός;

Ἦταν ἀραδιασμένοι ἐκεῖ πολλοί ἄντρες.
Ἦταν ἀραδιασμένοι ἐκεῖ ἄντρες πολλοί.

C. Word order for two or more attributive adjectives

When a noun is modified by two or more attributive adjectives, these can be placed either before it, before and after it, or after it.

Χούφτωσε ἕναν τεράστιον πέτρινο ὄγκο.
Χούφτωσε ἕναν τεράστιον ὄγκο πέτρινο.
Χούφτωσε ἕναν ὄγκο τεράστιο καί πέτρινο.
Χούφτωσε ἕναν ὄγκο τεράστιο, πέτρινο.

Ἕνα ἀρχαῖο μαρμάρινο ἄγαλμα ἦταν στόν κῆπο.
Ἕνα ἀρχαῖο ἄγαλμα μαρμάρινο ἦταν στόν κῆπο.
Ἕνα ἄγαλμα ἀρχαῖο καί μαρμάρινο ἦταν στόν κῆπο.
Ἕνα ἄγαλμα ἀρχαῖο, μαρμάρινο, ἦταν στόν κῆπο.

Μπήκαμε σ' ἕναν ἥσυχο, ζεστό, ἀπεριποίητο κῆπο.
Μπήκαμε σ' ἕναν ἥσυχο, ζεστό κῆπο, ἀπεριποίητο.
Μπήκαμε σ' ἕναν κῆπο ἥσυχο, ζεστό, ἀπεριποίητο.

Βλέπουν μιά πανώρια, πελεκητή ἐκκλησία.
Βλέπουν μιά πανώρια ἐκκλησία πελεκητή.
Βλέπουν μιά ἐκκλησία πανώρια, πελεκητή.

Ὁ Ἰουστινιανός προσπάθησε νά ἱδρύσει παγκόσμιο χριστιανικό κράτος.
Ὁ Ἰουστινιανός προσπάθησε νά ἱδρύσει παγκόσμιο κράτος χριστιανικό.
Ὁ Ἰουστινιανός προσπάθησε νά ἱδρύσει κράτος παγκόσμιο καί χριστιανικό.
Ὁ Ἰουστινιανός προσπάθησε νά ἱδρύσει κράτος παγκόσμιο, χριστιανικό.

II. PUNCTUATION OF ADJECTIVES / ΣΤΙΞΗ ΤΩΝ ΕΠΙΘΕΤΩΝ

A. Restrictive versus descriptive adjectives

1. When two or more adjectives are used, the punctuation depends on whether they are restrictive or descriptive.

   a) A restrictive adjective restricts or defines its noun in a way that is essential to an understanding of what the object actually is.

      ἕνας τηλεφωνικός θάλαμος

   b) A descriptive adjective is not essential to an understanding of what the object is; it simply describes the object, adding information not needed for a definition of the object.

ἕνας ψηλός κύριος
ἕνας ἥσυχος κῆπος

2. Descriptive adjectives come before restrictive ones

ἕνας τεράστιος πέτρινος ὄγκος
Not: ἕνας πέτρινος τεράστιος ὄγκος

ἕνας ἐγκαταλειμμένος τηλεφωνικός θάλαμος
Not: ἕνας τηλεφωνικός ἐγκαταλειμμένος θάλαμος

B. Punctuation rules when the adjectives precede their noun

1. Commas are used to separate descriptive adjectives

ἕνας ἥσυχος, ζεστός, ἀπεριποίητος κῆπος

2. Commas are not used between restrictive adjectives

ἕνα ἀρχαῖο μαρμάρινο ἄγαλμα

3. Commas are not used between a descriptive and a restrictive adjective

ἕνα ἐγκαταλειμμένο μαρμάρινο ἄγαλμα

C. Punctuation rules when the adjectives follow their noun

1. Descriptive adjectives are separated by commas

Βλέπουν μιά ἐκκλησία πανώρια, πελεκητή.

2. Restrictive adjectives are joined by *καί* or separated by commas

ἕνα ἄγαλμα ἀρχαῖο καί μαρμάρινο
ἕνα ἄγαλμα ἀρχαῖο, μαρμάρινο

3. *καί* may also be used between a descriptive and a restrictive adjective

Ὁ Ἰουστινιανός προσπάθησε νά ἱδρύσει ἕνα κράτος παγκόσμιο καί χριστιανικό.
Ὁ Ἰουστινιανός προσπάθησε νά ἱδρύσει ἕνα κράτος παγκόσμιο, χριστιανικό.

III. ADJECTIVES USED AS NOUNS / ΕΠΙΘΕΤΑ ΠΟΥ ΧΡΗΣΙΜΟΠΟΙΟΥΝΤΑΙ ΩΣ ΟΥΣΙΑΣΤΙΚΑ

Very often an adjective can be converted to a noun simply by placing an article before it. Here are some instances we have encountered so far:

Ποῦ νά καταλάβη ἡ δύστυχη πώς ὁ ἄρρωστος ἄλλαξε τίς κοῦπες;
Ὁ ἀνίκητος νίκησε τό θάνατο.
Ἀπό κείνη τή στιγμή τῶν περισσοτέρων τά δόρατα εἶχαν σπάσει.

Drills for classifying adjectives

Identify each adjective in the following sentences, saying in each case whether it is

a) attributive or predicative
b) restrictive or descriptive

1. Ἀνοίγει τίς σκουριασμένες πόρτες.
2. Βλέπουν μιά πανώρια ἐκκλησία πελεκητή.
3. Ὁ Αὐτοκράτορας ἀνήσυχος καί στενοχωρημένος βγαίνει ἀπ' τήν ἐκκλησία.
4. Εἶσαι τυχερή.
5. Σέ λίγο τά ψάρια θά 'ν' ἕτοιμα.
6. Ἐκεῖ μένει μαρμαρωμένος ὁ βασιλιάς μέχρι σήμερα.
7. Ἦταν πλῆθος ἀρίφνητο ἡ Τουρκιά.
8. Ἐπιπλέει στά πελώρια ἀφρισμένα κύματα.
9. Ἕνα τέρας στέκεται ὄρθιο στά κύματα.
10. Ἀπόμεινε μ' ἀνοιχτό τό στόμα.
11. Μιά μέρα τρικυμισμένη ἔπεσε ἡ ἀδερφή στή θάλασσα.
12. Σάν τόν εἶδε νεκρό τόν ἀγαπημένο ἀδελφό, ἔσβησε ὁ νοῦς της.
13. Δέν ζήτησε νερωμένο κρασί.
14. Φύσηξε ἕνα γλυκό ἀεράκι.
15. Ἡ πιστή ἀδερφή ἄδειασε τό ποτήρι πού εἶχε τό φίλτρο τό μαγικό.

Drills for re-arranging the word order of adjectives

The adjectives in most of the above sentences can be placed in a different order, but often certain other adjustments will have to be made. We can revise Sentence 1, for example, to: Ἀνοίγει τίς πόρτες τίς σκουριασμένες. Revise each of the other sentences in as many different ways as are possible. If the drill is done in writing, as well as orally, be sure to insert or omit commas, according to the rules learned in Μιά ματιά στή γραμματική.

Drills for converting adjectives to nouns

Δ. Μιά γριά ζαρωμένη καθόταν.
Μ. Μιά ζαρωμένη καθόταν.

Δ. Βγῆκαν καί ὅλοι οἱ στενοχωρημένοι χριστιανοί.
Μ. Βγῆκαν καί ὅλοι οἱ στενοχωρημένοι.

Δ. Ὁ τυχερός καλόγερος ἔχει ἑφτά ψάρια στό τηγάνι.
Μ. Ὁ τυχερός ἔχει ἑφτά ψάρια στό τηγάνι.

Δ. Ἕνας τρελλός ἄνθρωπος πήδηξε ἀπό τό παράθυρο.
Μ. Ἕνας τρελλός πήδηξε ἀπό τό παράθυρο.

Δ. Μιά ἀπεριποίητη κυρία πάντα μᾶς ἐνοχλεῖ.
Μ. Μιά ἀπεριποίητη πάντα μᾶς ἐνοχλεῖ.

Δ. Οἱ πολλοί ἄνθρωποι δέν θά πᾶνε στήν κόλαση.
Μ. Οἱ πολλοί δέν θά πᾶνε στήν κόλαση.

Drills for going from verbs to adjectives to nouns

Δ. Οἱ φίλοι κουράστηκαν καί πῆγαν στό κρεββάτι.
Μ. Οἱ κουρασμένοι φίλοι πῆγαν στό κρεββάτι.
Μ. Οἱ κουρασμένοι πῆγαν στό κρεββάτι.

Δ. Ὁ Γιάννης ἀρρώστησε καί πῆρε φάρμακα.
Μ. Ὁ ἄρρωστος Γιάννης πῆρε φάρμακα.
Μ. Ὁ ἄρρωστος πῆρε φάρμακα.

Δ. Ὁ πατέρας κοιμᾶται καί βλέπει ὄνειρα.
Μ. Ὁ κοιμούμενος πατέρας βλέπει ὄνειρα.
Μ. Ὁ κοιμούμενος βλέπει ὄνειρα.

Δ. Ὁ Κωνσταντῖνος μαρμαρώθηκε καί περιμένει ὥσπου νά ξαναπάρουμε τήν Πόλη.
Μ. Ὁ μαρμαρωμένος Κωνσταντῖνος περιμένει ὥσπου νά ξαναπάρουμε τήν Πόλη.
Μ. Ὁ μαρμαρωμένος περιμένει ὥσπου νά ξαναπάρουμε τήν Πόλη.

Δ. Ὁ Νίκος φοβήθηκε καί κρύφτηκε.
Μ. Ὁ φοβισμένος Νίκος κρύφτηκε.
Μ. Ὁ φοβισμένος κρύφτηκε.

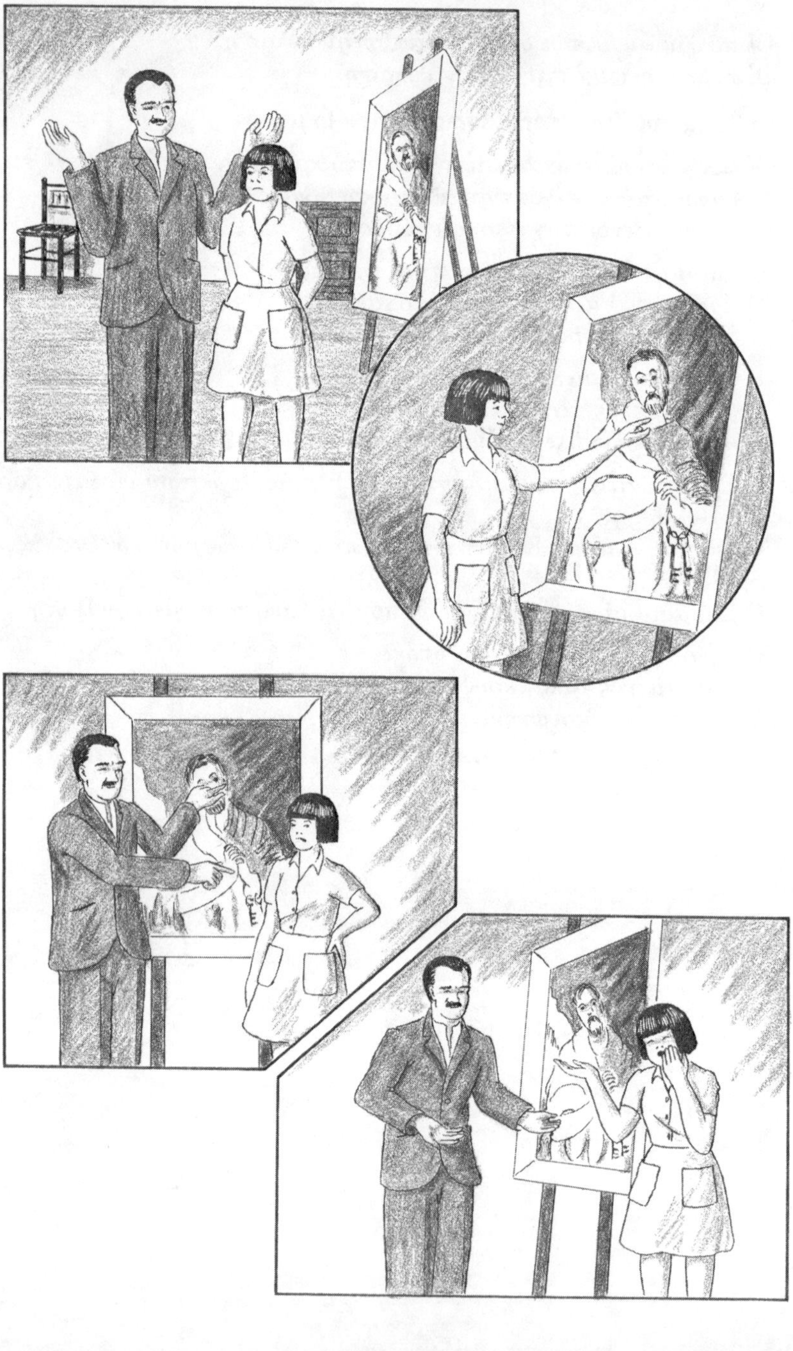

Πτήση 6

Ὁ Γκρέκο

Δεύτερο μέρος

κόκκινο

ΚΑΖΑΝΤΖΑΚΗΣ (__________): Κυριᾶκος Δομήνικος Θεοτοκόπουλος. . . . ______. __________ ___. . . . __________ ____ ______ __ ____. _ ___ ___ ____ ______, __ _____ ___ ____. ___ ______ ___ _____: "____ ____; ____ ____;" ____ ________: "__ ___ __ ____ ____ __ _____." ___ ____ ____ ____ ____ ___ __ _____ _____: "____ ______ __ ___ ____ __ ________."

ΜΑΡΙΑ: _____ _ _____ _____; Τί σώματα παρατεντωμένα εἶναι αὐτά; __ _______ ______;

ΚΑΖΑΝΤΖΑΚΗΣ: Ἄκου. Ἡ ἀγωνία τοῦ Γκρέκο εἶναι νά βρεῖ πίσω ἀπό τά φαινόμενα τήν οὐσία. __ _________ __ ____, __ __ _______ ___ __ __ _____ ___. _________ ____ ___________ ______ ___ _____. . . . Κατάλαβες;

ΜΑΡΙΑ: Λιγάκι.

ΚΑΖΑΝΤΖΑΚΗΣ: Συγχαρητήρια. . . . _ _____ _____ ______ __ ____ ___ _______ __ ______, _____ ____ __ __ __ ___ ___ __ ________ _ ____. Ὅσο κοιτάζεις τά πορτραῖτα τοῦ Γκρέκο νιώθεις νά σέ κυριεύει μεταφυσικός τρόμος. . . . ____ __ ______;

ΜΑΡΙΑ: ___.

ΚΑΖΑΝΤΖΑΚΗΣ: __ _______. . . . __ ___ ___ ____ ___ ______ ____ __ _____, ___________ __ ______ ______ __ _____, _______ __ ______ __ ______ __ __ _______. __ ___ ___ ____ _____. . . . _____, τώρα πού ἄκουσες τά σχόλιά μου, τί βλέπεις;

ΜΑΡΙΑ (_________): Πίνακες.

Βοηθητικές ἑρμηνεῖες

8. *παρατεντωμένα*] over-elongated, over-stretched
10. *ἀγωνία*] anxiety, anguish

11. *τά φαινόμενα*] phenomena, appearances
οὐσία] essence, substance
15. *συγχαρητήρια*] congratulations
18. *νιώθεις*] you feel
κυριεύει] overcome, conquer, seize, possess
μεταφυσικός] metaphysical *τρόμος*] fright
24. *σχόλια*] commentary, gloss, scholia, notes, remarks, annotations

---

Σημειώσεις

8. *παρατεντωμένα*] literally: over-extended, over-stretched. The verb is *τεντώνω*, to stretch
11. *τά φαινόμενα*] Note that the translation is "phenomena," not "the phenomena." For explanation, see Μιά *ματιά στή γραμματική*.
18. *μεταφυσικός*] The root meaning is "beyond (*μετα-*) the physical."

μπλέ

ΚΑΖΑΝΤΖΑΚΗΣ (*ἀναστενάζοντας*): Κυριᾶκος Δομήνικος Θεοτοκόπουλος. . . . Κρητικός. Συμπατριώτης μου. . . . Ἐγκαταστάθηκε στήν Ἰσπανία τό 1576. Ἡ ζωή του ἦταν παράξενη, τά λόγια του λίγα. ___ _____ ___ _____: "____ _____; _____ _____;" _____ _________: "___ ___ ___ ____ ____ ___ ______." ___ ____ ____ ____ ____ ____ ___ _____ ______: "_____ _______ ___ ___ _____ ___ _________."

ΜΑΡΙΑ: _____ _ _____ _____; Τί σώματα παρατεντωμένα εἶναι αὐτά; Τί μακρουλά πρόσωπα;

ΚΑΖΑΝΤΖΑΚΗΣ: Ἄκου. Ἡ ἀγωνία τοῦ Γκρέκο εἶναι νά βρεῖ πίσω ἀπό τά φαινόμενα τήν οὐσία. Νά τυραννήσει τό σῶμα, νά τό μακρύνει καί νά τό κάψει ὅλο. __________ ____ ___________ _______ ___ ______. . . . Κατάλαβες;

ΜΑΡΙΑ: Λιγάκι.

ΚΑΖΑΝΤΖΑΚΗΣ: Συγχαρητήρια. . . . Ὁ Γκρέκο λοιπόν ἔνιωθε τό σῶμα τοῦ ἀνθρώπου ὡς ἐμπόδιο, συνάμα ὅμως ὡς καί τό μόνο μέσο γιά νά ἐκφραστεῖ ἡ ψυχή. Ὅσο κοιτάζεις τά πορτραῖτα τοῦ Γκρέκο νιώθεις νά σέ κυριεύει μεταφυσικός τρόμος. . . . Μήπως σέ κουράζω;

ΜΑΡΙΑ: Ναί.

ΚΑΖΑΝΤΖΑΚΗΣ: Δέν πειράζει. . . . Τό φῶς στά ἔργα τοῦ Γκρέκο τρώει τά σώματα, _______ __ _____ _______ ___ _____, τεντώνει σά δοξάρι τά κορμιά κι ἄς σπάσουν. ___ ___ ___ _____ ______. . . . Λοιπόν, τώρα πού ἄκουσες τά σχόλιά μου, τί βλέπεις;

ΜΑΡΙΑ (*χασμουριέται*): Πίνακες.

Βοηθητικές ἑρμηνεῖες

1. *ἀναστενάζοντας*] sighing 2. *Κρητικός*] Cretan
ἐγκαταστάθηκε] he settled, he installed himself
3. *παράξενη*] strange, peculiar
9. *μακρουλά*] elongated, longish
11. *τυραννήσει*] torment, tyrannize 12. *μακρύνει*] lengthen
16. *ὡς*] as *ἐμπόδιο*] obstacle, hindrance
συνάμα] at the same time, together with this
μέσο] means 17. *ἐκφραστεῖ*] to be expressed
19. *μήπως*] Is it possible that . . . ? By any chance . . . ? Could it be that . . . ?
21. *ἔργα*] works
23. *σά* = *σάν* *δοξάρι*] bow
ἄς σπάσουν] no matter if they break (literally: let them break)
26. *χασμουριέται*] yawns

Σημειώσεις

2. *Κρητικός*] Do not confuse *Κρητικός*, "Cretan," with *κριτικός*, "critic."
2. *ἐγκαταστάθηκε*] simple past of *ἐγκαθίσταμαι*, the mediopassive of *ἐγκαθιστῶ*. The forms of this difficult verb are summarized in *Μιά ματιά στή γραμματική*.
3. *τό* 1576] Note that Greek has simple *τό* plus the year where English says "in 1576."
12. *μακρύνει*] simple subjunctive of *μακραίνω*. The simple past is *μάκρυνα*.

---

*μαῦρο**

ΚΑΖΑΝΤΖΑΚΗΣ (*ἀναστενάζοντας*): Κυριᾶκος Δομήνικος Θεοτοκόπουλος. . . . Κρητικός. Συμπατριώτης μου. . . . Ἐγκαταστάθηκε στήν Ἱσπανία τό 1576. Ἡ ζωή του ἦταν παράξενη, τά λόγια του λίγα. Ὅταν κάποιος τόν ρώτησε: "Ποῦθε ἦρθες; Γιατί ἦρθες;" αὐτός ἀποκρίθηκε: "Δέν ἔχω νά δώσω λόγο σέ κανένα." Μιά ἄλλη φορά πάλι εἶπε γιά τό Μιχαήλ Ἄγγελο: "Καλός ἄνθρωπος μά δέν ἤξερε νά ζωγραφίζει."

ΜΑΡΙΑ: Σάμπως ὁ Γκρέκο ἤξερε; Τί σώματα παρατεντωμένα εἶναι αὐτά; Τί μακρουλά πρόσωπα;

ΚΑΖΑΝΤΖΑΚΗΣ: Ἄκου. Ἡ ἀγωνία τοῦ Γκρέκο εἶναι νά βρεῖ πίσω ἀπό τά φαινόμενα τήν οὐσία. Νά τυραννήσει τό σῶμα, νά

*Based on: Νίκου Καζαντζάκη, Ταξιδεύοντας Ἱσπανία (Ἀθήνα, 1962), σελ. 84–91.

τό μακρύνει καί νά τό κάψει ὅλο. Περιφρονοῦσε τούς συνηθισμένους κανόνες τῆς τέχνης. . . . Κατάλαβες;

ΜΑΡΙΑ: Λιγάκι.

ΚΑΖΑΝΤΖΑΚΗΣ: Συγχαρητήρια. . . . 'Ο Γκρέκο λοιπόν ἔνιωθε τό σῶμα τοῦ ἀνθρώπου ὡς ἐμπόδιο, συνάμα ὅμως ὡς καί τό μόνο μέσο γιά νά ἐκφραστεῖ ἡ ψυχή. Ὅσο κοιτάζεις τά πορτραῖτα τοῦ Γκρέκο νιώθεις νά σέ κυριεύει μεταφυσικός τρόμος. . . . Μήπως σέ κουράζω;

ΜΑΡΙΑ: Ναί.

ΚΑΖΑΝΤΖΑΚΗΣ: Δέν πειράζει. . . . Τό φῶς στά ἔργα τοῦ Γκρέκο τρώει τά σώματα, ἀποσυνθέτει τά σύνορα κορμιοῦ καί ψυχῆς, τεντώνει σά δοξάρι τά κορμιά κι ἄς σπάσουν. Τό φῶς του εἶναι κίνηση. . . . Λοιπόν, τώρα πού ἄκουσες τά σχόλιά μου, τί βλέπεις;

ΜΑΡΙΑ (χασμουριέται): Πίνακες.

Βοηθητικές ἑρμηνεῖες

4. *ποῦθε* = *ἀπό ποῦ* 5. *ἀποκρίθηκε*] answered
   δέν ἔχω νά] I don't have to, I'm not obliged to
7. *νά ζωγραφίζει*] to paint 8. *σάμπως*] as if, as though
12. *περιφρονοῦσε*] scorned, disdained
    συνηθισμένους] customary, ordinary, usual
22. *ἀποσυνθέτει*] dissolves *σύνορα*] boundaries, frontiers

Σημειώσεις

4. *ποῦθε*] Also *πόθεν* (*καθ*). The suffix -*θε*(*ν*) gives the meaning of "from." Compare: *ὁλοῦθε* = *ὁλόθεν* (*καθ*), "from everywhere"
   κάτωθε(*ν*), "from below"
   πάνωθε(*ν*), "from above"
5. *ἀποκρίθηκε*] simple past of *ἀποκρίνομαι*

Συνώνυμα ἤ περίπου συνώνυμα

3. *παράξενη*: *ἀλλόκοτη, περίεργη, παράδοξη*
10. *νά βρεῖ*: *ν' ἀνακαλύψει, νά ἐφεύρει*
11. Νά *τυραννήσει*: Νά *βασανίσει*
12. *περιφρονοῦσε*: *καταφρονοῦσε, δέ λογάριαζε, δέν ἀπολόγιζε, ἔγραφε στά παλιά του τά παπούτσια*
    συνηθισμένους: *κοινούς*
15. *Συγχαρητήρια*: *Μπράβο*
16. *ἐμπόδιο*: *κώλυμα, φραγμό*

18. κυριεύει: καταλαμβάνει
22. ἀποσυνθέτει: διαλύει
24. τά σχόλια: τίς παρατηρήσεις

Ἐρωτήσεις

Νά ἀπαντήσετε χρησιμοποιώντας τά συνώνυμα ἤ περίπου συνώνυμα.

3. Πῶς ἦταν ἡ ζωή τοῦ Γκρέκο;
10. Ποιά εἶναι ἡ πρώτη ἀγωνία τοῦ Γκρέκο;
11. Ποιά εἶναι ἡ ἄλλη ἀγωνία του;
12. Τί τούς ἔκανε τούς κανόνες τῆς τέχνης ὁ Γκρέκο; Καταφρονοῦσε ὅλους τούς κανόνες αὐτούς;
15. Τί λέμε ἀντί "Συγχαρητήρια";
16. Πῶς ἔνιωθε τό σῶμα τοῦ ἀνθρώπου ὁ Γκρέκο;
18. Τί νιώθεις ὅσο κοιτάζεις τά πορτραῖτα τοῦ Γκρέκο;
22. Τί κάνει τό φῶς τά σύνορα κορμιοῦ καί ψυχῆς στά ἔργα τοῦ Γκρέκο;
24. Τί ἄκουσε ἡ Μαρία ἀπό τόν Καζαντζάκη;

Ἀσκήσεις

1\. Ἀναστενάζοντας, ἀπάντησε: Θεοτοκόπουλος.
Γελώντας, ἀπάντησε: Θεοτοκόπουλος.
Γελώντας, ἀπάντησε: Μιχαήλ Ἄγγελος.
Κλαίγοντας, ἀπάντησε: Μιχαήλ Ἄγγελος.
Κλαίγοντας, ἀπάντησε: Λεονάρδος ντά Βίντσι.
Ψιθυρίζοντας, ἀπάντησε: Λεονάρδος ντά Βίντσι.
Ψιθυρίζοντας, ἀπάντησε: Θεοτοκόπουλος.
Ἀναστενάζοντας, ἀπάντησε: Θεοτοκόπουλος.

2–3. Ἐγκαταστάθηκε στήν Ἱσπανία.
(Ἐμεῖς)
Ἐγκατασταθήκαμε στήν Ἱσπανία.
(Ἐγώ), (Ἐσεῖς), (Ἐσύ), (Αὐτές), (Αὐτός)

3–4. Ἡ ζωή του ἦταν παράξενη, τά λόγια του λίγα.
Ἡ ζωή του ἦταν δύσκολη, τά λόγια του λίγα.
Ἡ ζωή του ἦταν δύσκολη, τά λόγια του πικρά.
Ἡ ζωή του ἦταν ἄσχημη, τά λόγια του πικρά.
Ἡ ζωή του ἦταν ἄσχημη, τά λόγια του ἄγρια.
Ἡ ζωή του ἦταν παράξενη, τά λόγια του ἄγρια.
Ἡ ζωή του ἦταν παράξενη, τά λόγια του λίγα.

5\. Αὐτός ἀποκρίθηκε: Δέν ἔχω νά δώσω λόγο σέ κανένα.
σημασία
Αὐτός ἀποκρίθηκε: Δέν ἔχω νά δώσω σημασία σέ κανένα.
ἀπάντηση, δραχμή, φιλία, χέρι, προσοχή, ραντεβού, λόγο

6–7. Εἶπε γιά τό Μιχαήλ Ἄγγελο: Καλός ἄνθρωπος μά δέν ἤξερε νά ζωγραφίζει.
Εἶπε γιά τό Λεονάρδο ντά Βίντσι, καλός ἄνθρωπος μά δέν ἤξερε νά ζωγραφίζει.
Εἶπε γιά τό Λεονάρδο ντά Βίντσι, καλός ἄνθρωπος μά δέν ἤξερε νά σκέφτεται.
Εἶπε γιά τό Σωκράτη, καλός ἄνθρωπος μά δέν ἤξερε νά σκέφτεται.
Εἶπε γιά τό Σωκράτη, καλός ἄνθρωπος μά δέν ἤξερε νά φιλοσοφεῖ.
Εἶπε γιά τό Μιχαήλ Ἄγγελο, καλός ἄνθρωπος μά δέν ἤξερε νά φιλοσοφεῖ.
Εἶπε γιά τό Μιχαήλ Ἄγγελο, καλός ἄνθρωπος μά δέν ἤξερε νά ζωγραφίζει.

8–9. Τί σώματα παρατεντωμένα εἶναι αὐτά;
μακρουλά
Τί σώματα μακρουλά εἶναι αὐτά;
παχιά, καταφορτωμένα, ζαρωμένα, ἀρχαῖα, γέρικα, κοκκαλιάρικα, παρατεντωμένα

10–11. Ἡ ἀγωνία του εἶναι νά βρεῖ τήν οὐσία.
τήν ἀλήθεια
Ἡ ἀγωνία του εἶναι νά βρεῖ τήν ἀλήθεια.
τήν αἰτία, τό λόγο, τήν ὀμορφιά, τήν ψυχή, τήν πηγή, τήν οὐσία

11–12. Νά τυραννήσει τό σῶμα καί νά τό κάψει ὅλο.
Νά μακρύνει τό σῶμα καί νά τό κάψει ὅλο.
Νά μακρύνει τό σῶμα καί νά τό καταστρέψει ὅλο.
Νά παρατεντώσει τό σῶμα καί νά τό καταστρέψει ὅλο.
Νά παρατεντώσει τό σῶμα καί νά τό σπάσει ὅλο.
Νά τυραννήσει τό σῶμα καί νά τό σπάσει ὅλο.
Νά τυραννήσει τό σῶμα καί νά τό κάψει ὅλο.

12–13. Περιφρονοῦσε τούς συνηθισμένους κανόνες τῆς τέχνης.
τή συνηθισμένη βάση τῆς σπουδῆς τοῦ δικαίου
Περιφρονοῦσε τή συνηθισμένη βάση τῆς σπουδῆς τοῦ δικαίου.
τά συνηθισμένα σχέδια τῆς Ἁγίας Σοφίας, τή συνηθισμένη ἀνακοίνωση τῶν γιατρῶν, τούς συνηθισμένους νόμους τοῦ Ἁγίου Ὄρους, τούς συνηθισμένους κινδύνους τῆς μάχης, τή συνηθισμένη τιμή τοῦ εἰσιτηρίου, τούς συνηθισμένους κανόνες τῆς τέχνης

15–16. Ἔνιωθε τό σῶμα τοῦ ἀνθρώπου ὡς ἐμπόδιο.
ἀρχή
Ἔνιωθε τό σῶμα τοῦ ἀνθρώπου ὡς ἀρχή.
κώλυμα, τέλος, βάση, μέσο, οὐσία, θαῦμα θεοῦ, ἐμπόδιο

16–17. Τό ἔνιωθε συνάμα ὡς καί τό μόνο μέσο γιά νά ἐκφραστεῖ ἡ ψυχή.
ἡ ὀμορφιά
Τό ἔνιωθε συνάμα ὡς καί τό μόνο μέσο γιά νά ἐκφραστεῖ ἡ ὀμορφιά.
ἡ ἀγάπη, ἡ οὐσία, ἡ δύναμη, ἡ ζωή, ἡ ἐλπίδα, ἡ ψυχή

17–18. Ὅσο κοιτάζεις τά πορτραῖτα τοῦ Γκρέκο σέ κυριεύει μεταφυσικός τρόμος.
μεγάλη χαρά
Ὅσο κοιτάζεις τά πορτραῖτα τοῦ Γκρέκο σέ κυριεύει μεγάλη χαρά.
τρομερό δέος, ἀλλόκοτη εὐλάβεια, ἀπίστευτος φόβος, φοβερή ἀπελπισία, θρησκευτικός ἐνθουσιασμός, γλυκιά ἡσυχία, μεταφυσικός τρόμος

19. Μήπως σέ κουράζω;
πειράζω
Μήπως σέ πειράζω;
ἀνησυχῶ, κοροϊδεύω, ἐμποδίζω, πονῶ, γελῶ, σταματῶ, κουράζω

21–22. Τό φῶς στά ἔργα τοῦ Γκρέκο τρώει τά σώματα.
τά μάτια
Τό φῶς στά ἔργα τοῦ Γκρέκο τρώει τά μάτια.
τά ροῦχα, τό δέρμα, τίς πλάτες, τά πτώματα, τά κεφάλια, τά νεῦρα, τά σώματα

22. Ἀποσυνθέτει τά σύνορα κορμιοῦ καί ψυχῆς.
καρδιᾶς καί σκέψης
Ἀποσυνθέτει τά σύνορα καρδιᾶς καί σκέψης.
τραγωδίας καί κωμωδίας, φωτός καί σκοταδιοῦ, σώματος καί νοῦ, κλάματος καί γέλιου, πολέμου καί εἰρήνης, χαρᾶς καί πίκρας, μέρας καί νύχτας, χειμώνα καί ἄνοιξης, ὕπνου καί ξύπνου, κορμιοῦ καί ψυχῆς

23. Τεντώνει σά δοξάρι τά κορμιά κι ἄς σπάσουν.
κουραστοῦν
Τεντώνει σά δοξάρι τά κορμιά κι ἄς κουραστοῦν.
ἀγριέψουν, χαλάσουν, γίνουν κομμάτια, τυραννηθοῦν, πεθάνουν, πονέσουν, σπάσουν

23–24. Τό φῶς του εἶναι κίνηση.
Ἡ τέχνη του
Ἡ τέχνη του εἶναι κίνηση.
Ἡ ζωγραφική του, Ἡ ψυχή του, Τά χρώματά του, Οἱ ἰδέες του, Οἱ πίνακές του, Τά πορτραῖτα του, Τά σχέδιά του, Τό φῶς του

24–25. Τώρα πού ἄκουσες τά σχόλιά μου, τί βλέπεις;
Τώρα πού ἄκουσες τά σχόλιά μου, τί νομίζεις;
Τώρα πού ἄκουσες τήν κουβέντα μου, τί νομίζεις;

Τώρα πού ἄκουσες τήν κουβέντα μου, <u>τί λές</u>;
Τώρα πού ἄκουσες <u>τή γνώμη μου</u>, τί λές;
Τώρα πού ἄκουσες τή γνώμη μου, <u>τί βλέπεις</u>;
Τώρα πού ἄκουσες <u>τά σχόλιά μου</u>, τί βλέπεις;

Ἐρωτήσεις

1. Ἀπό ποῦ ἦταν ὁ Θεοτοκόπουλος;
2. Πού ἐγκαταστάθηκε;
3. Τί τόν ρώτησε κάποιος ὅταν ἔφτασε στήν Ἱσπανία;
4. Τί γνώμη εἶχε γιά τό Μιχαήλ Ἄγγελο;
5. Πῶς ζωγραφίζει τά σώματα καί τά πρόσωπα στούς πίνακές του ὁ Γκρέκο;
6. Πόσο κατάλαβε ἡ Μαρία τόν Καζαντζάκη;
7. Ποιό ἦταν, κατά τήν ἰδέα τοῦ Γκρέκο, τό μόνο μέσο γιά νά ἐκφραστεῖ ἡ ψυχή;
8. Στά ἔργα τοῦ Γκρέκο, τί τρώει τά σώματα;
9. Σάν τί τεντώνονται τά κορμιά;
10. Τί κάνει ἡ Μαρία στό τέλος;

Γενικές ἐρωτήσεις

1. Ρώτησε τόν διπλανό σου ἀπό ποῦ ἦρθαν οἱ γονεῖς του.
2. Σέ ποιόν αἰώνα ἐγκαταστάθηκε ἡ οἰκογένειά σου σ' αὐτό τό κράτος;
3. Πές μας ποιά ἦταν ἡ πιό χαζή ἐρώτηση πού σοῦ 'καναν σ' αὐτό τό βιβλίο.
4. Τί γνώμη ἔχεις γι' αὐτούς πού ἔγραψαν τό βιβλίο αὐτό;
5. Ζήτησε ἀπ' τόν διπλανό σου νά σέ περιγράψει.
6. Πές μας λιγάκι τί καταλαβαίνεις ἀπό τήν τέχνη τοῦ Γκρέκο.
7. Κατά τήν ἰδέα σου, ποιό εἶναι τό μόνο μέσο γιά μιά καλή ζωή; (Ἅμα τελειώσεις, ρώτησε καί τό διπλανό σου, κτλ.)
8. Τί σπουδαῖα ἔργα σκοπεύεις νά κάνεις στή ζωή σου;
9. Ὅταν δέν μπορεῖς νά φτάσεις κάτι, τί κάνεις;
10. Πότε χασμουριόμαστε;

Μιά ματιά στή γραμματική

I. THE ARTICLE / ΤΟ ΑΡΘΡΟ

Differences in usage between Greek and English

A. The definite article / Τό ὁριστικό ἄρθρο

Greek uses the definite article where English does not:

1. To express generality with plural nouns

   Kazantzakis says: Ἡ *ἀγωνία τοῦ Γκρέκο εἶναι νά βρεῖ πίσω ἀπό τά φαινόμενα τήν οὐσία.*

   A literal translation would give: "El Greco's anguish is to find the essence behind the phenomena." But idiomatic English would omit the definite article before "phenomena," giving: "El Greco's anguish is to find the essence behind phenomena."

   In English, we omit the definite article when we use a plural noun in a general sense.

   "Phenomena are not always observable."

   The article is retained when the plural is used in a specific rather than a general sense.

   "The phenomena that occurred last night were not observable."

   In Greek, unlike English, the definite article is used with plural nouns whose meaning is general.

   ... *πίσω ἀπό τά φαινόμενα* ...
   ... *ἡ ἀποσύνθεση τῶν μύθων* ... the dissolution of myths
   Οἱ *παπάδες στήν* Ἑλλάδα *ἔχουν γένια.* Priests in Greece have beards.

2. Greek also uses the definite article, where English does not, to express generality with abstract nouns and with singular non-countable nouns that indicate an entire class of people or things.

   Abstract nouns:

   Ὅλοι *ἀγαπᾶμε τήν ἀγάπη.* We all love love.
   Ἡ *τιμή εἶναι πολύτιμη.* Honor is precious.
   Ἡ *μοίρα εἶναι βαριά.* Fate is heavy.
   Ἡ *φτώχεια εἶναι μισητή.* Poverty is hateful.
   Ποιός *μπορεῖ στόν ἀέρα τῆς ἀγάπης νά ξεχωρίσει τήν ἀστραπή ἀπό τήν αἰωνιότητα;* Who is able in the atmosphere of love to distinguish the lightning flash from eternity?

   Entire class:

   Ἡ *ζάχαρη εἶναι γλυκιά.* Sugar is sweet.

   Note: All the above are non-countable in their abstract meanings: They either don't have plurals, or change meaning when made plural. With singular countable nouns, as opposed to these non-countable ones, English and Greek are similar; they use the definite article in the same way to convey the idea of an entire class.

Ἡ *πορτοκαλιά βγάζει φροῦτο πορτοκαλί.* The orange tree produces orange-colored fruit.

In both Greek and English, "the orange tree" means "all orange trees: the entire class of things called 'orange tree.'"

English and Greek are also similar in their treatment of abstract nouns, singular nouns indicating an entire class, or plural nouns indicating generality, when the following conditions are met in Greek:

a) the noun is in the accusative case

b) the noun is used in a partitive sense—in other words, in a way that limits its generality somewhat, so that the idea is of a general, unspecified thing that is nevertheless a part of some larger general, unspecified thing.

If such conditions are met, Greek does not use the definite article, and is thus similar to English.

Compare the following:

Partitive:

Οἱ *παπάδες στήν* Ἑ*λλάδα ἔχουν γένια.* (The word *γένια* is in the accusative and is non-specific; it also is used in a partitive sense, since Greek priests don't possess all the beards in the world but only one general portion of a larger general class of beards. Greek and English usage is similar.)

Non-partitive

Ἡ *ἀγωνία τοῦ* Γκρέκο *εἶναι νά βρεῖ πίσω ἀπό τά φαινόμενα τήν οὐσία.* (The word *φαινόμενα* is in the accusative and is non-specific. But it is not used in a partitive manner, since all phenomena are involved, and not just a smaller general class within a larger one. Thus Greek retains the definite article, and Greek and English usage is dissimilar.)

Here is another contrasting pair of sentences:

Partitive

Ὅ*λοι ἔχουμε ἀνάγκη ἀπό ἀγάπη.* (What we all need is obviously part of the world's full store of love. The abstract noun *ἀγάπη* is used in a partitive sense, and Greek, like English, dispenses with the definite article.)

Non-partitive

Ὅ*λοι ἀγαπᾶμε τήν ἀγάπη.* (What we all love is the entire concept of love, unrestricted in any way. Greek keeps the definite article and thus differs from English.)

Here are some further examples encountered in our text:

All the following nouns are clearly general in meaning, in the accusative case, and used in a partitive sense. Thus the definite article is not employed.

Βλέπω *πίνακες*.
Κρατῶ *σημειώσεις*.
Μαζεύω *ὑλικό*.

If these nouns were in the nominative case, naturally the definite article would be required:

Οἱ *πίνακες ἐξευγενίζουν τήν ἀνθρωπότητα.* Paintings ennoble mankind.
Οἱ *πλήρεις σημειώσεις βοηθοῦν τόν μαθητή.* Full notes help the student.
Τό *ὑλικό μαζεύεται δύσκολα.* Material is amassed with difficulty.

But compare a non-partitive example from the next lesson:

Βαρέθηκα *πιά τά ξένα.* I'm sick and tired of foreign parts.

(Τά *ξένα*, which functions as a plural noun indicating generality—it really means *τά ξένα μέρη*—is in the accusative case but is non-partitive in sense, because all foreign places are meant, and not just a smaller general class within a larger one. Thus Greek, unlike English, keeps the definite article.)

3. In Greek, the definite article, more easily than in English, transforms various parts of speech, and indeed entire phrases, into nouns or noun-phrases.

Phrases with infinitive

Ἡ *ἀγωνία τοῦ Γκρέκο εἶναι τό νά βρεῖ πίσω ἀπό τά φαινόμενα τήν οὐσία.* El Greco's anguish is the [process of] finding the essence behind phenomena.
Τό *νά κάψει τό σῶμα ἦταν ὁ σκοπός τοῦ Γκρέκο.* The burning up of the body was El Greco's aim.

Adjective

Εἶμαι *ὁ ἐνδιαφερόμενος.* I am the interested party.

Verb in indicative

Τό *πιστεύω μου θά σᾶς τό πῶ.* I'll tell you my credo.

4. Summary of other situations in which Greek uses the definite article when English does not.

a) before proper names (except in the vocative case)

Ὁ *Νίτσε ἦταν ὑπαρξιστής*. Nietzsche was an existentialist.

b) before an attributive adjective that is placed after its noun

Ἀνοίγει τίς πόρτες τίς σκουριασμένες. She is opening the rusty doors.

c) with nouns modified by demonstrative adjectives

αὐτός ὁ φιλόσοφος, ὁ φιλόσοφος αὐτός this philosopher

d) with nouns modified by possessive adjectives, weak or strong

Ἡ *γυναίκα μου, ἡ δικιά μου γυναίκα* my wife

B. The indefinite article / Τό *ἀόριστο ἄρθρο*

Situations in which Greek does not use this article where English does.

1. Greek tends to omit the indefinite article before singular nouns (alone or in noun phrases) with a clearly indefinite or general meaning, when such nouns are in the accusative.

Ὁ Ξέρξης *ξαπόλυσε ἐπίθεση*. Xerxes let loose an assault.
Ὁ Ἰουστινιανός *προσπάθησε νά ἱδρύση παγκόσμιο χριστιανικό κράτος*. Justinian attempted to found a worldwide Christian state.
Οἱ Σπαρτιάτες *θερίζουν ἀναρίθμητο πλῆθος* Περσῶν. The Spartans are mowing down an innumerable multitude of Persians.
Ἐκεῖ, *εἶδε ὄνειρο*. There, he had a dream.
Ἀπ' *ὅλα τά κορμιά μπορεῖς νά κάμεις δοξάρι*. From all bodies you can make a bow.

This omission of the indefinite article before nouns in the predicate sometimes happens even when the noun involved is not in the accusative case, especially after the verbs *εἶναι* or *γίνομαι*.

Ὁ Καζαντζάκης *πίστευε ὅτι ἦταν συγγενής μέ τόν* Γκρέκο. Kazantzakis believed that he was a relative of El Greco's.
Γ*ίνηκες ὄνειρο*. You became a dream.
Ν*ιώθεις νά σέ κυριεύει μεταφυσικός τρόμος*. You sense a metaphysical fright overcoming you.

2. Greek omits the indefinite article before nouns after *ὡς* or *σάν* used as a conjunction. (For *σάν*, see Flight IV, Part 2, *μαῦρο*.)

Kazantzakis says: Ὁ Γ*κρέκο ... ἔνιωθε τό σῶμα ... ὡς ἐμπόδιο*. An idiomatic translation would give, "El Greco sensed the body as an obstacle." Greek omits the article whereas English does not.

Other examples

Παρουσιάστηκε ὡς σωτήρας. He presented himself as a savior.
Τόν εἶδαν ὡς φίλο. They viewed him as a friend.

Similarly with the conjunction *σάν*:

Δουλεύει σάν σκύλος. He works like a dog.
Ἡ Μαρία μιλάει γρήγορα σάν ἐκφωνητής ποδοσφαίρου. Maria speaks rapidly like a [radio] announcer of a soccer match.

II. THE IRREGULAR VERB *ἐγκαθιστῶ* (*ἐγκαταστα ίνω*)

Many dictionaries will list the verb as *ἐγκαθίστημι*. But the prevalent form in demotic now seems to be *ἐγκαταστα ίνω*.

Continuous forms

ἐγκαθιστῶ, ἐγκαταστα ίνω	present tense	*ἐγκαθίσταμαι, ἐγκαταστα ίνομαι*
ἐγκαθιστοῦσα, ἐγκατάσταινα	past tense	*ἐγκατασταινόμουν*
θά ἐγκαταστα ίνω	future tense	*θά ἐγκαταστα ίνομαι*
νά ἐγκαταστα ίνω	subjunctive mood	*νά ἐγκαταστα ίνομαι*
θά ἐγκατάσταινα	conditional	*θά ἐγκατασταινόμουν*
ἐγκατάσταινε, ἐγκαταστα ίνετε	imperatives	—
ἐγκαταστα ίνοντας	active participle	—

Simple forms

ἐγκατάστησα	past tense	*ἐγκαταστάθηκα*
θά ἐγκαταστήσω	future tense	*θά ἐγκατασταθῶ*
νά ἐγκαταστήσω	subjunctive mood	*νά ἐγκατασταθῶ*
ἐγκατάστησε, ἐγκαταστῆστε	imperatives	*ἐγκαταστάσου, ἐγκατασταθεῖτε*
—	passive participle	*ἐγκαταστημένος, ἐγκατεστημένος*
ἔχω ἐγκαταστήσει	present perfect	*ἔχω ἐγκατασταθεῖ*

Drills for the use (and omission) of articles

Partitives

Teacher: *Τά βιβλία εἶναι ἀκριβά.*
Cue: *ἀγοράζω*
Student: *Ἀγοράζω ἀκριβά βιβλία.*

Ἡ δουλειά εἶναι σκληρή.
κανείς δέν διαλέγει
Κανείς δέν διαλέγει σκληρή δουλειά.

Οἱ τραγωδίες εἶναι ποιητικές.
ὁ Σοφοκλῆς ἔγραψε
Ὁ Σοφοκλῆς ἔγραψε ποιητικές τραγωδίες.

Ἡ κωμωδία εἶναι σατιρική.
ὁ Ἀριστοφάνης ἔγραψε
Ὁ Ἀριστοφάνης ἔγραψε σατιρική κωμωδία.

Non-partitives

Τά λουλούδια εἶναι ὄμορφα.
ἀγαπῶ
Ἀγαπῶ τά ὄμορφα λουλούδια.

Ἡ ἀλήθεια εἶναι πικρή.
ὑποφέρω ἀπό
Ὑποφέρω ἀπό τήν πικρή ἀλήθεια.

Ἡ ἐκκλησία εἶναι εὐσεβής.
ἐκτιμῶ
Ἐκτιμῶ τήν εὐσεβῆ ἐκκλησία.

Οἱ τραγωδίες εἶναι ποιητικές.
προτιμοῦμε
Προτιμοῦμε τίς ποιητικές τραγωδίες.

Ὁ πόλεμος εἶναι φρικτός.
ὅλοι φοβόμαστε
Ὅλοι φοβόμαστε τόν φρικτό πόλεμο.

Ἡ φτώχεια εἶναι καταστρεπτική.
κανείς δέν διαλέγει
Κανείς δέν διαλέγει τήν καταστρεπτική φτώχεια.

Drills for using the definite article to transform parts of a sentence into nouns or noun-phrases

Δ. Νά ἀποκρούσουν τούς Πέρσες ἦταν ὁ σκοπός τῶν Σπαρτιατῶν.
Μ. Τό *νά* ἀποκρούσουν τούς Πέρσες ἦταν ὁ σκοπός τῶν Σπαρτιατῶν.

Δ. Νά εἶναι κανείς κάτι εἶναι δύσκολο.
Μ. Τό *νά* εἶναι κανείς κάτι εἶναι δύσκολο.

Drills for the omission of the indefinite article in the predicate before singular nouns with a clearly indefinite or general meaning

Ἕνα πουρμπουάρ δίνεται στό γκαρσόνι.
πρέπει νά δίνουμε
Πρέπει νά δίνουμε πουρμπουάρ στό γκαρσόνι.

Τό αὐγό βάζεται στήν ὀμελέτα.
πρέπει νά βάζουμε
Πρέπει νά βάζουμε αὐγό στήν ὀμελέτα.

Μιά φωτιά κρατιέται ὅλον τό χειμώνα.
πρέπει νά κρατοῦμε
Πρέπει νά κρατοῦμε φωτιά ὅλον τό χειμώνα.

Μιά θεραπεία δέν βρέθηκε γιά τή γρίπη.
πρέπει νά βροῦμε
Πρέπει νά βροῦμε θεραπεία γιά τή γρίπη.

Μιά γυναίκα διαλέγεται τό Σάββατο, κι ὄχι τήν Κυριακή στήν ἐκκλησία.
πρέπει νά διαλέγουμε
Πρέπει νά διαλέγουμε γυναίκα τό Σάββατο βράδυ, κι ὄχι τήν Κυριακή στήν ἐκκλησία.

Drills for the irregular verb *ἐγκατασταίνω*

Ὁ Νίκος ἐγκατασταίνει τήν οἰκογένειά του στό χωριό.
αὔριο
Αὔριο ὁ Νίκος θά ἐγκαταστήσει τήν οἰκογένειά του στό χωριό.
Χτές, Θέλει, Ἄν εἶχε χρήματα, Γιά πολλά καλοκαίρια

Ἡ οἰκογένεια τοῦ Νίκου ἐγκατασταίνεται στό χωριό.
αὔριο
Αὔριο ἡ οἰκογένεια τοῦ Νίκου θά ἐγκατασταθεῖ στό χωριό.
Χτές, Ἔπρεπε, Ἄν εἶχε χρήματα, Γιά πολλά καλοκαίρια

Μικρόλογος Α'

Ὁ Καζαντζάκης πίστευε ὅτι ἦταν συγγενής μέ τόν Γκρέκο. Κι οἱ δυό ἦταν ἀπό τήν Κρήτη, καί ὅσο μεγάλωναν στήν ἡλικία τόσο καί πιό ἔξαλλοι γίνονταν. Πῆγε ὁ Καζαντζάκης στό Τολέδο τῆς Ἱσπανίας νά δεῖ τούς πίνακες τοῦ μεγάλου ζωγράφου. Ἐκεῖ, εἶδε ὄνειρο. Μιλοῦσε μέ τόν Γκρέκο. Τοῦ ζήτησε μιά προσταγή καί ὕστερα ἄρχισε νά τοῦ λέει τήν ἱστορία τῆς ζωῆς του, ν' ἀλαφρώσει. Ἤθελε ὁ Καζαντζάκης νά κάνει ὁ Γκρέκο τήν κρίση καί νά τοῦ δώσει τήν εὐχή του.

Βοηθητικές ἑρμηνεῖες

3. *ἡλικία*] age
5. *ὄνειρο*] (a) dream
6. *προσταγή*] command
9. *ἀλαφρώσει* = *ἐλαφρώσει*, from the verb *ἐλαφρώνω*] find relief, feel better, take a load off his mind
8. *νά κάνει κρίση*] to pass judgment, to render judgment, to judge
9. *εὐχή*] blessing

Ἐρωτήσεις

1. Τί πίστευε ὁ Καζαντζάκης γιά τόν ἑαυτό του;
2. Ἀπό ποῦ ἦταν ὁ Καζαντζάκης κι ὁ Γκρέκο;
3. Ὅσο μεγάλωναν στήν ἡλικία τί γίνονταν;
4. Γιατί πῆγε ὁ Καζαντζάκης στό Τολέδο;
5. Τί ὄνειρο εἶδε;
6. Τί τοῦ ζήτησε τοῦ Γκρέκο στό ὄνειρό του;
7. Τί ἄρχισε νά τοῦ λέει;
8. Γιατί;
9. Τί ἤθελε ὁ Καζαντζάκης νά κάνει γι' αὐτόν ὁ Γκρέκο;
10. Τί ἤθελε ὁ Καζαντζάκης νά τοῦ δώσει ὁ Γκρέκο;

Ἀνάγνωση Α'

Θέλω νά πιστεύω πώς ὑπάρχει κάποια συγγένεια ἀνάμεσα στό Γκρέκο καί σ' ἐμένα. Ὅσο ὁ Γκρέκο προχωροῦσε στήν ἡλικία τόσο γινότανε καί πιό ἔξαλλος. Τό ἴδιο κι' ἐγώ: Εἶναι ἡ Κρήτη πού βγαίνει. Γι' αὐτό γράφω σέ αὐτόν, στό συμπατριώτη μου. Τοῦ λέω:

Μιά μέρα πῆγα στό σπίτι σου στό Τολέδο, παππού, νά δῶ κι ἐγώ τούς ἁγίους σου πού ζωγράφισες. Ἄν φοροῦσες ἀκόμα τή σάρκα σου, θά σοῦ 'φερνα, παππού, μέλι καί πορτοκάλια ἀπό τήν Κρήτη. Μά εἶχες γίνει φλόγα. Ποῦ νά σέ βρῶ, πῶς νά σέ δῶ;

Ἔκλεισα τά μάτια κι ὁ ὕπνος μέ πῆρε. Ὁ ὕπνος μέ πῆρε κι εἶδα ὄνειρο. Ἤσουν ἐσύ, παππού, ἀπό τό ἀγαπημένο χῶμα τῆς Κρήτης, καί στέκουσουν μπροστά μου, ἄρχοντας αὐστηρός.

— Παππού ἀγαπημένε, εἶπα, δῶσ' μου μιάν προσταγή.

— Φτάσε ὅπου δέν μπορεῖς.

Ἦταν ἡ φωνή σου. Δέν εἶσαι ἐσύ ὁ ἀρχηγός ὁ ἀπροσκύνητος, ὁ ἀνέλπιδος, τῆς γενιᾶς μου; Δέν εἴμαστε ἐμεῖς οἱ πεινασμένοι, πού ἀφήναμε πίσω μας τήν καλοπέραση καί τή βεβαιότητα καί πᾶς ἐσύ μπροστά νά σπάσουμε τά σύνορα;

Στρατηγέ μου, τελεύει ἡ μάχη, κάνω τήν ἀναφορά μου. Θά σοῦ πῶ τόν ἀγώνα μου, ν' ἀλαφρώσω.

Ἄκουσε τό λοιπόν, Στρατηγέ, τήν ἀναφορά μου καί κάμε κρίση· ἄκουσε, παππού, τή ζωή μου, κι ἄν πολέμησα κι ἐγώ μαζί σου, ἄν δέ γύρισα ποτέ τήν πλάτη μου στόν ὀχτρό, δῶσε μου τήν εὐχή σου.

Βοηθητικές ἑρμηνεῖες

8. *σάρκα*] flesh 9. *φλόγα*] flame
13. *ἄρχοντας*] nobleman *στέκουσουν* = *στεκόσουν(α)*
17. *ὁ ἀπροσκύνητος*] unyielding, who refuses to capitulate, who won't give in (literally: "the un-submitting one")
ἀνέλπιδος] desperate, despairing, without hope
τῆς γενιᾶς μου] of my race
18. *καλοπέραση*] affluence, well-being
20. *τελεύει* = *τελειώνει*
22. *τό λοιπόν*] therefore 24. *ὀχτρό* = *ἐχθρό*] enemy, foe

Μικρόλογος Β'

Ὁ Γκρέκο δίσταζε γιατί εἶχε ἕνα βαρύ λόγο νά φανερώσει. Εἶπε στόν Καζαντζάκη ὅτι οἱ ψυχές εἶναι τριῶν λογιῶν καί ὅτι πρέπει νά διαλέξει. Αὐτός ὁ βαρύς λόγος τόν τίναξε ἀπό τόν ὕπνο.

Στά τελευταῖα χρόνια τῆς ζωῆς του, ὁ Καζαντζάκης θυμήθηκε τ' ὄνειρο αὐτό καί χαιρόταν πού διάλεξε καλά. Εἶχε ἀκολουθήσει τή βαριά προσταγή τοῦ συγγενῆ του. Δέν ἔκανε μονάχα ὅ,τι μπόρεσε, ἔκανε περισσότερο ἀπ' ὅ,τι μπόρεσε.

Ἡ προσταγή τοῦ Γκρέκο ἦταν:

— Φτάσε ὅπου δέν μπορεῖς.

Βοηθητικές ἑρμηνεῖες

1. *φανερώσει*] reveal, disclose
2. *τριῶν λογιῶν*] of three kinds, types (*λογῆς*, sg., *λογιῶν*, pl.) This noun exists only in the genitive. E.g.: *Κάθε λογῆς ἄνθρωπος ἦταν ἐκεῖ.* "Every kind of person was there."
4. *τίναξε*] shook

Ἐρωτήσεις

1. Γιατί ὁ Γκρέκο δίσταζε;
2. Πόσων λογιῶν εἶναι οἱ ψυχές;
3. Τί πρέπει νά κάνει ὁ Καζαντζάκης;
4. Τί τοῦ ἔκανε αὐτός ὁ βαρύς λόγος;
5. Πότε θυμήθηκε ὁ Καζαντζάκης τὄνειρο αὐτό;
6. Γιατί χαιρόταν ὁ Καζαντζάκης;

7. Τί εἶχε ἀκολουθήσει;
8. Ἔκανε ὁ Καζαντζάκης μονάχα ὅ,τι μπόρεσε;
9. Ποιά εἶναι ἡ προσταγή τοῦ Γκρέκο;

Ἀνάγνωση Β'

Δέν ἀποκρίθηκες. Κάτι μουρμούριζες. Κάποιο λόγο θά 'θελες νά πεῖς καί δίσταζες. Στό τέλος δέν κρατήθηκες:

— Θά πῶ ἕνα βαρύ λόγο.

Ἡ φωνή σου ἀκούστηκε βαριά πολύ, πικραμένη:

— Σοῦ φανερώνω τά πιό κρυφά μυστικά μου γιά νά ξέρεις· ἄν ἐγώ δέν προφτάσω τά ὅσα ἔχω στό νοῦ μου, ξακλούθα ἐσύ τόν ἀγώνα. Μοῦ δίνεις τό λόγο σου; Μπορεῖς; Δέ θά πεῖς: Καλή 'ναι ἡ καλοπέραση; Γιατί δέ μιλᾶς;

— Βαριά ἡ ἐντολή πού μοῦ δίνεις. Δέ γίνεται νά γλυκάνει λίγο τό χρέος τοῦ ἀνθρώπου;

— Γίνεται, μά ὄχι γιά σένα μήτε γιά μένα. Τριῶν λογιῶν εἶναι οἱ ψυχές, τριῶν λογιῶν οἱ προσευκές:
"α' Δοξάρι εἶμαι στά χέρια σου, Κύριε· τέντωσέ με νά μή σαπίσω·
"β' Μή μέ παρατεντώσεις, Κύριε, θά σπάσω·
"γ' Παρατέντωσέ με, κι ἄς σπάσω!
"Διάλεξε!

Ξύπνησα· τό Τολέδο ξυπνοῦσε. Ἄκουγα ἀκόμα τό λόγο πού μέ εἶχε γεμίσει τρομάρα καί μέ εἶχε τινάξει ἀπό τόν ὕπνο: Διάλεξε!

Παππού ἀγαπημένε, πόσος καιρός πέρασε ἀπό τή νύχτα ἐκείνη πού κοιμήθηκα στό Τολέδο κι ὀσμίστηκες πώς ἔφτασε ἕνας Κρητικός στή γειτονιά σου καί σηκώθηκες ἀπό τό μνῆμα σου, γίνηκες ὄνειρο κι ἦρθες καί μέ βρῆκες; Μιά ἀστραπή; τρεῖς αἰῶνες; Ποιός μπορεῖ στόν ἀέρα τῆς ἀγάπης νά ξεχωρίσει τήν ἀστραπή ἀπό τήν αἰωνιότητα; Πέρασε ἀπό τότε μιά ζωή· τά μαῦρα μαλλιά ἄσπρισαν. Χαίρουμουν πού ἔνιωθα μιά δύναμη πολύ πιό μεγάλη ἀπό τή δύναμή μου νά μέ ἀρματώνει μέ σαΐτα καί νά ρίχνει. Ὅλα τά κορμιά εἶναι ἅγια, γιατί ἀπ' ὅλα τά κορμιά μπορεῖς νά κάμεις δοξάρι· ὅλη μου τή ζωή ἤμουν ἕνα δοξάρι σέ ἀχόρταγα χέρια· πόσες φορές τ' ἀόρατα χέρια τέντωσαν, παρατέντωσαν τό δοξάρι καί τό ἄκουγα νά τρίζει νά σπάσει! Ἄς σπάσει! φώναζα· μέ εἶχες προστάξει, παππού, νά διαλέξω, διάλεξα.

Διάλεξα· καί τώρα ἡ μάχη σκολάζει. Ἔκαμα ὅ,τι μπόρεσα, παππού, περισσότερο, καθώς μου παράγγειλες, ἀπ' ὅ,τι μπόρεσα,

κι ἔρχουμαι τώρα πιά πού τέλεψε ἡ μάχη νά γίνω χῶμα δίπλα σου,
νά περιμένουμε μαζί κι οἱ δυό τή Δευτέρα Παρουσία.

Παππού, καλῶς σέ βρῆκα.

Ἀπό: Νίκου Καζαντζάκη, Ἀναφορά στόν Γκρέκο, σελίδες 19, 22–5, 601, 616–8, καί Εἰς μνήμην Καζαντζάκη, Νέα Ἑστία τόμ. 66, Χριστούγεννα 1959, σελ. 240.

Βοηθητικές ἑρμηνεῖες

5. *κρυφά*] hidden
6. *ξακλούθα = ἐξακολούθα*] continuous imperative of *ἐξακολουθῶ*
9. *δέ γίνεται;*] isn't it possible . . . ?
10. *χρέος*] duty 11. *μήτε*] nor
12. *προσευκές = προσευχές**
22. *ὀσμίστηκες*] you scented, smelled 23. *μνῆμα*] grave, tomb
24. *γίνηκες = ἔγινες* 25. *ξεχωρίσει*] distinguish, separate
26. *αἰωνιότητα*] eternity 27. *χαίρουμουν = χαιρόμουν(α)*
28. *νά μέ ἀρματώνει*] to arm me *σαΐτα = βέλος*
31. *ἀόρατα*] invisible 33. *εἶχες προστάξει*] you had commanded
35. *σκολάζει = σχολάζει** *= σχολάω = σχολνῶ*] is ending, is over
37. *ἔρχουμαι = ἔρχομαι*
38. *Δευτέρα Παρουσία*] Second Coming

Development

1. Bring in a picture of a public garden or park and describe fully everything you see there. (We think that you really have enough vocabulary now to do this well.)
2. Bring to class a reproduction of your favorite painting and describe it in detail, covering subject matter, colors, spatial relationships, special qualities, biographical information about the painter, and so forth.
3. Prepare a one-paragraph report, in Greek, on any of Kazantzakis's works that you have read.
4. Do some outside reading on El Greco and, bringing in a reproduction of one of his paintings, tell the class as much as you can about it.

ΠΡΑΣΙΝΟ ΦΩΣ

*Kazantzakis, along with certain other early, fervent demoticists, used kappa instead of chi in these words. This practice has now been rejected by most demoticists, who prefer the spelling that most accurately suggests pronunciation.

TELEPHONE
ΤΗΛΕΦΩΝΟΝ
La Bête
ΤΗΛΕΦΩΝΟΝ
ΤΗΛΕΦΩΝΟΝ
TELEPHONE

Πτήση 7

Ἡ *καθαρεύουσα*

Πρῶτο *μέρος*

κόκκινο

(_ __________ _______ __ _____ ____ _____ ____ _____ ___ _____ _______________ __ ____ ___ _____.)

ΜΑΡΙΑ (___ _______): *Βαρέθηκα πιά τά ξένα. Θέλω νά πάω στήν πατρίδα μου.*

ΑΚΟΥΣΤΙΚΟ: ¿Cómo dice?

ΜΑΡΙΑ: ______.

ΑΚΟΥΣΤΙΚΟ: _____ ____?

ΜΑΡΙΑ: Π *α τ ρ ί ς*.

ΑΚΟΥΣΤΙΚΟ: Bueno, París.

(___ _____ __ ____ "____" _______ ___ ______ _____.)

ΜΑΡΙΑ (__________): *Πάλι στήν ξενιτιά; Θέλω σ π ί τ ι μου*, ______ ___ ___ ___________ ___. _____, ___. _____;

(____ __________ ______ ______ ______ __________ ___ ______.)

ΣΟΦΟΣ ΛΟΓΙΟΣ: *Οἰκία λέγεται, δεσποινίς*, ___ _____.

ΜΑΡΙΑ: *Ἕλληνας εἶστε;*

ΣΟΦΟΣ ΛΟΓΙΟΣ: *Ἕλλην καλεῖται*, ___ _______. _____, _________ ___ ______ ____ _______. __ __ ______ __ ________ ___ _______, ___ __________ ___ ____ ______ ___;

ΜΑΡΙΑ (____ _____ ___): _ ______ ___ __ ___ ______ _ ______ _______.

(_______ __ _______.)

ΣΟΦΟΣ ΛΟΓΙΟΣ (_______ ____): ______ ______ ___ _________ ___ _______ _____ __ ___ _________ ___ __ ______ ______ ______. _______ ______ ______ ___ . . .

(Ὁ *σοφός λόγιος συνεχίζει* __ _______ ___, *ἐνῶ ἡ Μαρία* ___ __ ________ ___ ___ ___ *παίρνει* _______ *τόν ἀριθμό* 1824. *Ὁ θάλαμος ἀνεβαίνει* _____ *μέ τούς δυό του ἐπιβάτες.* _ _____, ________ ___ ____ ____ ______ ______, __________ __ _____.)

ΣΟΦΟΣ ΛΟΓΙΟΣ: . . . _______ _____ _____ __ _______ _____ ______ ___ ______ ______________. . . . (_ _______ _____ _______ _______ ___ ____________ _ ___ _________ _____.)

Βοηθητικές ἑρμηνεῖες

Τίτλος. *καθαρεύουσα*] puristic

3. *βαρέθηκα*] I'm fed up, I've had enough, I'm sick and tired. (Governs the accusative.)
4. *πατρίδα*] homeland, fatherland
5. ¿Cómo dice?] What did you say? (Spanish)
8. *πατρίς* (*καθαρεύουσα*) = *πατρίδα*
9. Bueno] Fine, O.K. (Spanish)
12. *ξενιτιά*] abroad, in foreign lands
14. *λόγιος*] man of letters *οἰκία* (*καθαρεύουσα*) = *σπίτι*
18. *καλεῖται* (*καθαρεύουσα*) = *λέγεται*
30. *ἐπιβάτες*] passengers

Σημειώσεις

Τίτλος. *καθαρεύουσα*] For a short explanation of puristic versus demotic, see the introductory pages to *Demotic Greek I.*

3. *βαρέθηκα*] from *βαριέμαι*, to become weary or disgusted or indifferent

---

μπλέ

(_ __________ _______ __ _____ ___ ____ ___ _____ __ ____ ______________ __ ___ ___ _____.)

ΜΑΡΙΑ (____ ________): *Βαρέθηκα πιά τά ξένα. Θέλω νά πάω στήν πατρίδα μου.*

ΑΚΟΥΣΤΙΚΟ: ¿Cómo dice?

ΜΑΡΙΑ: Πατρίδα.

ΑΚΟΥΣΤΙΚΟ: ¿Cómo dice?

ΜΑΡΙΑ: Π α τ ρ ί ς.

ΑΚΟΥΣΤΙΚΟ: Bueno, París.

(Καί ὥσπου νά πεῖς "τσάκ" βρέθηκε στό Καρτιέ Λατέν.)

ΜΑΡΙΑ (__________): Πάλι στήν ξενιτιά; Θέλω σ π ί τ ι μου, ______ ___ ___ __________ ___. _____, ___. _____;

("Ενας ________ σοφός λόγιος μπαίνει ________ στό θάλαμο.)

ΣΟΦΟΣ ΛΟΓΙΟΣ: Οἰκία λέγεται, δεσποινίς, ὄχι σπίτι.
ΜΑΡΙΑ: "Ελληνας εἶστε;
ΣΟΦΟΣ ΛΟΓΙΟΣ: "Ελλην καλεῖται, ὄχι "Ελληνας. Οἴμοι, καταστρέφει τὴν ὡραίαν ἡμῶν γλῶσσαν. Τί θὰ ἔλεγον οἱ ἀείμνηστοι ἡμῶν πρόγονοι, ___ ________ ___ ____ _____ ___;
ΜΑΡΙΑ (___ _____ ___): Ἡ μοίρα μου τό 'χει σήμερα ν' ἀκούγω διαλέξεις.

(Κλείνει τό τηλέφωνο.)

ΣΟΦΟΣ ΛΟΓΙΟΣ (______ ____): _____ _____ ___ ________ ___ ______ _____ __ ___ ______ ___ __ ______ ______ ______. _______ _____ _____ __ . . .

(Ὁ σοφός λόγιος συνεχίζει τό μονόλογό του, ἐνῶ ἡ Μαρία ___ __ _______ ___ ___ ___ παίρνει μηχανικά τόν ἀριθμό 1824. Ὁ θάλαμος ἀνεβαίνει _____ μέ τούς δυό του ἐπιβάτες. _ _____, ________ ___ _____ ____ ______ ______, ________ __ _____.)

ΣΟΦΟΣ ΛΟΓΙΟΣ: . . . _______ _____ _____ __ ______ _____ ______ ___ ______ ____________. . . .

(Ὁ θάλαμος _____ ______ _______ ___ προσγειώνεται σ' ἕνα ἡλιόλουστο νησί.)

Βοηθητικές ἑρμηνεῖες

3. *τά ξένα*] foreign parts (*ξένα μέρη*), foreign lands
10. *Καί ὥσπου νά πεῖς "τσάκ"*] as quick as a wink, in a twinkling, before you can say "Jack Robinson"
10–11. *Καρτιέ Λατέν*] Quartier Latin, Latin Quarter (in Paris)
18–20. *Οἴμοι . . . πρόγονοι*] Alas, she is destroying our beautiful language. What would our never-to-be-forgotten ancestors say?
21. *μοίρα*] fate, destiny
22. *διαλέξεις*] lectures
κλείνει τό τηλέφωνο] she hangs up, she puts down the receiver
28. *μηχανικά*] mechanically
35. *ἡλιόλουστο*] sun-bathed, sun-washed

Σημειώσεις

18–20. *Οἴμοι . . . πρόγονοι*] The demotic would be: *Ἀλίμονο, καταστρέφει τήν ὡραία μας γλώσσα. Τί θά ἔλεγαν οἱ ἀξέχαστοι πρόγονοί μας . . .*

μαῦρο

(Ὁ Καζαντζάκης κάρφωσε τή ματιά του πάνω στή Μαρία κι αὐτή τρομοκρατημένη τό ᾽βαλε στά πόδια.)

ΜΑΡΙΑ (στό τηλέφωνο): Βαρέθηκα πιά τά ξένα. Θέλω νά πάω στήν πατρίδα μου.

ΑΚΟΥΣΤΙΚΟ: ¿Cómo dice?

ΜΑΡΙΑ: Πατρίδα.

ΑΚΟΥΣΤΙΚΟ: ¿Cómo dice?

ΜΑΡΙΑ: Π α τ ρ ί ς.

ΑΚΟΥΣΤΙΚΟ: Bueno, París.

(Καί ὥσπου νά πεῖς "τσάκ" βρέθηκε στό Καρτιέ Λατέν.)

ΜΑΡΙΑ (ἀναστατωμένη): Πάλι στήν ξενιτιά; Θέλω σ π ί τ ι μου, σπιτάκι μου καί φτωχοκαλυβάκι μου. Σπίτι, λέω. Ἀκοῦς;

(Ἕνας περαστικός σοφός λόγιος μπαίνει ἀποφασιστικά στό θάλαμο.)

ΣΟΦΟΣ ΛΟΓΙΟΣ: Οἰκία λέγεται, δεσποινίς, ὄχι σπίτι.

ΜΑΡΙΑ: Ἕλληνας εἶστε;

ΣΟΦΟΣ ΛΟΓΙΟΣ: Ἕλλην καλεῖται, ὄχι Ἕλληνας. Οἴμοι, καταστρέφει τὴν ὡραίαν ἡμῶν γλῶσσαν. Τί θὰ ἔλεγον οἱ ἀείμνηστοι ἡμῶν πρόγονοι, ἐὰν ἐσηκώνοντο ἀπὸ τοὺς τάφους των;

ΜΑΡΙΑ (στόν ἑαυτό της): Ἡ μοίρα μου τό ᾽χει σήμερα ν᾽ ἀκούγω διαλέξεις.

(Κλείνει τό τηλέφωνο.)

ΣΟΦΟΣ ΛΟΓΙΟΣ (παίρνει φόρα): Πρῶτον ἔργον τοῦ κανονιστοῦ τῆς γλώσσης εἶναι νὰ τὴν καθαρίζῃ ἀπὸ τὰ ἀληθῶς ξενικὰ ὀνόματα· δεύτερον ἔργον εἶναι νὰ . . .

(Ὁ σοφός λόγιος συνεχίζει τό μονόλογό του, ἐνῶ ἡ Μαρία γιά νά σκοτώσει τήν ὥρα της παίρνει μηχανικά τόν ἀριθμό 1824. Ὁ θάλαμος ἀνεβαίνει ἀμέσως μέ τούς δυό του ἐπιβάτες. Ὁ λόγιος, βυθισμένος στό ὅραμα μιᾶς καθαρῆς γλώσσας, ἐξακολουθεῖ νά μιλάει.)

ΣΟΦΟΣ ΛΟΓΙΟΣ: . . . δεύτερον ἔργον εἶναι νὰ κανονίζῃ πολλὰ ὀνόματα καὶ ῥήματα βαρβαροκατάληκτα. . . .

(Ὁ θάλαμος κάνει μερικές στροφές καί προσγειώνεται σ᾽ ἕνα ἡλιόλουστο νησί.)

Βοηθητικές ἑρμηνεῖες

2. *τό 'βαλε στά πόδια*] took to her heels, made a dash for it
12. *ἀναστατωμένη*] in turmoil, stirred up
13. *φτωχοκαλυβάκι*] poor little hovel (*φτωχός* = poor; *καλύβα* = hut)
14. *περαστικός*] passing (i.e. someone passing by)
ἀποφασιστικά] resolutely, with determination, decisively
20. *ἐάν ... των*] if they rose from their tombs
24. *παίρνει φόρα*] he works up steam, he gathers momentum (literally: he takes impetus)
24–26. *Πρῶτον ... νά*] The first task of he who regulates language is to purge it of truly foreign nouns; the second task is to ...
30. *βυθισμένος*] plunged, submerged, sunk, immersed
ὅραμα] vision
32–33. *δεύτερον ... βαρβαροκατάληκτα*] the second task is to regulate [i.e. set right] many nouns and verbs that are inflected erroneously [i.e. that have "barbarian" endings]

Σημειώσεις

20. *ἐάν ... των*] the demotic would be: *ἄν σηκώνονταν ἀπ' τούς τάφους τους*
24–26. *Πρῶτον ... νά*] the demotic would be: *Τό πρῶτο ἔργο τοῦ κανονιστῆ τῆς γλώσσας εἶναι νά τήν καθαρίζει ἀπό τά ἀληθινά ξένα ὀνόματα· τό δεύτερο ἔργο εἶναι νά ...*
32–33. *δεύτερον ... βαρβαροκατάληκτα*] the demotic would be: *τό δεύτερο ἔργο εἶναι νά κανονίζει πολλά ὀνόματα καί ρήματα βαρβαροκατάληκτα*

Συνώνυμα ἤ περίπου συνώνυμα

3. *βαρέθηκα*: *μπούχτισα, ἀηδίασα, δέν ἀντέχω πιά*
12. *ἀναστατωμένη*: *ἀνάστατη, ἄνω κάτω*
14. *ἀποφασιστικά*: *ἀδίστακτα, τολμηρά*
21. *ἡ μοίρα*: *ἡ τύχη, τό ριζικό, τό γραφτό, τό γραμμένο τό πεπρωμένο, ἡ εἱμαρμένη*
28. *νά σκοτώσει τήν ὥρα*: *νά περάσει τήν ὥρα, νά φάει τήν ὥρα*
30. *βυθισμένος*; *πνιγμένος, βουλιαγμένος, καταποντισμένος*

Ἐρωτήσεις

Νά ἀπαντήσετε χρησιμοποιώντας τά συνώνυμα ἤ περίπου συνώνυμα.

3. *Τῆς ἄρεσαν τῆς Μαρίας τά ξένα;*
12. *Πῶς ἦταν ἡ Μαρία ὅταν βρέθηκε πάλι στήν ξενιτιά;*

14. Πῶς μπαίνει ὁ σοφός λόγιος στό θάλαμο;
21. Τί ἀναγκάζει τή Μαρία ν' ἀκούει διαλέξεις;
28. Γιατί παίρνει μηχανικά τόν ἀριθμό 1824 ἡ Μαρία;
30. Πῶς ἦταν ὁ σοφός λόγιος τήν ὥρα πού μιλοῦσε;

Ἀσκήσεις

1. Ὁ Καζαντζάκης κάρφωσε τή ματιά του πάνω στή Μαρία.
στά σώματα τά παρατεντωμένα
Ὁ Καζαντζάκης κάρφωσε τή ματιά του πάνω στά σώματα τά παρατεντωμένα.
στά μακρουλά πρόσωπα, στούς χρωματιστούς πίνακες, στούς πίνακες τούς χρωματιστούς, στά μαρμαρένια ἀγάλματα, σέ μιά καταπληκτικά ὄμορφη γυναίκα, σ' ἕνα ὄρθιο κατάρτι, σ' ἕνα τεντωμένο πανί, σ' ἕνα πανί τεντωμένο, στή Μαρία

1–2. Ἡ Μαρία τρομοκρατημένη τό 'βαλε στά πόδια.
ἄνοιξε τίς σκουριασμένες πόρτες
Ἡ Μαρία τρομοκρατημένη ἄνοιξε τίς σκουριασμένες πόρτες.
ἀνακάλυψε μιά μέλισσα στό θάλαμο, εἶδε τά μισοτηγανισμένα ψάρια νά πηδοῦν, γλίτωσε ἀπ' τήν Ἅλωση, εἶδε μεγάλη θαλασσοταραχή, ἄκουσε ὅτι δέν ἐπιτρέπεται θηλυκό στό Ἅγιον Ὅρος, θυμήθηκε τήν περικεφαλαία τοῦ Λεωνίδα, τό 'βαλε στά πόδια.

3. Βαρέθηκα πιά τά ξένα.
Μπούχτισα πιά τά ξένα.
Μπούχτισα πιά τό βιβλίο αὐτό.
Ξεφορτώθηκα πιά τό βιβλίο αὐτό.
Ξεφορτώθηκα πιά τήν καθαρεύουσα.
Βαρέθηκα πιά τήν καθαρεύουσα.
Βαρέθηκα πιά τά ξένα.

10–11. Καί ὥσπου νά πεῖς "τσάκ" βρέθηκε στό Καρτιέ Λατέν.
ἡ μέλισσα πέταξε μέ τ' ἀντίδωρο στά ποδαράκια
Καί ὥσπου νά πεῖς "τσάκ" ἡ μέλισσα πέταξε μέ τ' ἀντίδωρο στά ποδαράκια.
τά ψάρια ἔκαναν παρέλαση τό ἕνα πίσω ἀπ' τό ἄλλο, τά ψάρια ἔπεσαν στή Ζωοδόχο Πηγή, κόπηκε ἡ ἀνάσα τοῦ πρώτου καλόγερου, ξεφύτρωσε ἕνα κατάρτι μέ πανί, ἔριξε τό σκοινί, γύρισαν τίς πλάτες τους ἀντί νά ἀποκρούσουν τόν ἐχθρό, βρέθηκε στό Καρτιέ Λατέν.

12. Φώναξε ἀναστατωμένη: Πάλι στήν ξενιτιά;
Φώναξε ἀναστατωμένη: Ἕνα τέρας στέκεται στό κύμα.
Ψιθύρισε κρυφά: Ἕνα τέρας στέκεται στό κύμα.
Ψιθύρισε κρυφά: Ἡ Πόλη πέφτει.

Μουρμούρισε ψιθυριστά: Ἡ Πόλη πέφτει.
Μουρμούρισε ψιθυριστά: Πάλι στήν ξενιτιά;
Φώναξε ἀναστατωμένη: Πάλι στήν ξενιτιά;

14–15. Ἕνας περαστικός σοφός λόγιος μπαίνει ἀποφασιστικά στό θάλαμο.
Ἕνας ἀξιοπρεπέστατος αὐτοκράτορας
Ἕνας ἀξιοπρεπέστατος αὐτοκράτορας μπαίνει ἀποφασιστικά στό θάλαμο.
Ἕνας λαχανιασμένος καλόγερος, Μιά πεντάμορφη γοργόνα, Ἕνα παραφορτωμένο γαϊδούρι, Ἕνας ἑτοιμοθάνατος βασιλιάς, Ἕνας καλοχτενισμένος Σπαρτιάτης, Ἕνας φοβισμένος Πέρσης, Ἕνας ἐπικίνδυνος προδότης, Ἕνας μαρμαρωμένος βασιλιάς, Ἕνας σατανικός κατάσκοπος, Ἕνας σοφός λόγιος περαστικός, Ἕνας περαστικός σοφός λόγιος

21–22. Ἡ μοίρα μου τό 'χει ν' ἀκούω διαλέξεις.
Ἡ μοίρα μου τό 'χει νά βρίσκομαι στήν ξενιτιά.
Ἡ τύχη μου τό 'χει νά βρίσκομαι στήν ξενιτιά.
Ἡ τύχη μου τό 'χει νά βασανίζομαι.
Τό αἷμα μου τό 'χει νά βασανίζομαι.
Τό αἷμα μου τό 'χει νά ἀντικρύζω ἐχθρούς.
Ἡ μοίρα μου τό 'χει ν' ἀντικρύζω ἐχθρούς.
Ἡ μοίρα μου τό 'χει ν' ἀκούω διαλέξεις.

24–27. Ὁ Σοφός Λόγιος παίρνει φόρα καί συνεχίζει τό μονόλογό του.
Ὁ Σοφός Λόγιος παίρνει φόρα καί καθαρίζει ὅλα τά ξενικά ὀνόματα.
Ὁ Σοφός Λόγιος προχωρεῖ ἀποφασιστικά καί καθαρίζει ὅλα τά ξενικά ὀνόματα.
Ὁ Σοφός Λόγιος προχωρεῖ ἀποφασιστικά καί κανονίζει πολλά ρήματα βαρβαροκατάληκτα.
Ὁ Σοφός Λόγιος παίρνει φόρα καί κανονίζει πολλά ρήματα βαρβαροκατάληκτα.
Ὁ Σοφός Λόγιος παίρνει φόρα καί συνεχίζει τό μονόλογό του.

28–29. Γιά νά σκοτώσει τήν ὥρα της παίρνει μηχανικά τόν ἀριθμό 1824.
Γιά νά σκοτώσει τήν ὥρα της φαντάζεται ὅτι βρίσκεται στό φτωχοκαλυβάκι της.
Γιά νά φάει τήν ὥρα της φαντάζεται ὅτι βρίσκεται στό φτωχοκαλυβάκι της.
Γιά νά φάει τήν ὥρα της τρώει τά δάχτυλά της.
Γιά νά περάσει τήν ὥρα της τρώει τά δάχτυλά της.
Γιά νά περάσει τήν ὥρα της παίρνει μηχανικά τόν ἀριθμό 1824.
Γιά νά σκοτώσει τήν ὥρα της παίρνει μηχανικά τόν ἀριθμό 1824.

30–31. Δ. Ὁ σοφός λόγιος ἦταν βυθισμένος στό ὅραμα μιᾶς καθαρῆς γλώσσας.
Μ. Οἱ σοφοί λόγιοι ἦταν βυθισμένοι στό ὅραμα μιᾶς καθαρῆς γλώσσας.
Δ. Ὁ κουρασμένος μαθητής ἦταν βυθισμένος στό ὅραμα μιᾶς καθαρῆς γλώσσας.
Μ. Οἱ κουρασμένοι μαθητές ἦταν βυθισμένοι στό ὅραμα μιᾶς καθαρῆς γλώσσας.
Δ. Ὁ ἀπροσκύνητος συγγραφέας ἦταν βυθισμένος στό ὅραμα μιᾶς καθαρῆς γλώσσας.
Μ. Οἱ ἀπροσκύνητοι συγγραφεῖς ἦταν βυθισμένοι στό ὅραμα μιᾶς καθαρῆς γλώσσας.
Δ. Ὁ γερο-δάσκαλος ἦταν βυθισμένος στό ὅραμα μιᾶς καθαρῆς γλώσσας.
Μ. Οἱ γερο-δάσκαλοι ἦταν βυθισμένοι στό ὅραμα μιᾶς καθαρῆς γλώσσας.
Δ. Ὁ εὐλαβής Ἁγιορείτης ἦταν βυθισμένος στό ὅραμα μιᾶς καθαρῆς γλώσσας.
Μ. Οἱ εὐλαβεῖς Ἁγιορεῖτες ἦταν βυθισμένοι στό ὅραμα μιᾶς καθαρῆς γλώσσας.
Δ. Ὁ πισωδρομικός καθηγητής ἦταν βυθισμένος στό ὅραμα μιᾶς καθαρῆς γλώσσας.
Μ. Οἱ πισωδρομικοί καθηγητές ἦταν βυθισμένοι στό ὅραμα μιᾶς καθαρῆς γλώσσας.
Δ. Ὁ σχολαστικός γραμματέας ἦταν βυθισμένος στό ὅραμα μιᾶς καθαρῆς γλώσσας.
Μ. Οἱ σχολαστικοί γραμματεῖς ἦταν βυθισμένοι στό ὅραμα μιᾶς καθαρῆς γλώσσας.

31. Ὁ λόγιος ἐξακολουθεῖ νά μιλάει στούς ἐπιβάτες.
<u>νά καθαρίζει τή γλώσσα</u>
Ὁ λόγιος ἐξακολουθεῖ νά καθαρίζει τή γλώσσα.
<u>νά κουράζει τόν κόσμο</u>, <u>νά λέει τό ἴδιο</u>, <u>νά τά βάζει μέ τούς περαστικούς</u>, <u>νά σκοτώνει τή γλώσσα</u>, <u>νά καταστρέφει τή δημοτική</u>, <u>νά κοροϊδεύει τόν κόσμο</u>, <u>νά μιλάει στούς ἐπιβάτες</u>.

Ἐρωτήσεις

1. Τί ἔκανε ὁ Καζαντζάκης ὅταν εἶδε τή Μαρία νά χασμουριέται;
2. Τί ἔκανε ἡ Μαρία ὅταν τόν εἶδε ἔτσι;

Γενικές ἐρωτήσεις

1. Τί κάνεις ὅταν μιλᾶς μέ κάποιον καί χασμουριέται;
2. Ρώτα τό διπλανό σου τί θά ’κανε ἄν τόν πλησίαζε ἕνα τέρας.

3. Ὥσπου νά πεῖς "τσάκ" τί ἔγινε;

4. Πῶς λέγεται στήν καθαρεύουσα τό "σπίτι";

5. Πῶς λέγεται στήν καθαρεύουσα ὁ "Ἕλληνας";

6. Τί συνεχίζει νά κάνει ὁ σοφός λόγιος;

7. Ποιοί εἶναι οἱ ἐπιβάτες πού ταξιδεύουν μέ τόν θάλαμο;

8. Τί κάνει ὁ θάλαμος ἀνεβαίνοντας;

9. Ποῦ προσγειώνεται ὁ θάλαμος;

3. Πές στόν πλαϊνό σου νά μετρήσει ὥς τό 10 ὥσπου νά πῶ "τσάκ".

4. Πῶς λέγονται στ' ἀγγλικά οἱ ἀκόλουθες λέξεις: οἰκονομικός, οἰκουμενικός;

5. Ξέρεις κι ἄλλες γλῶσσες πού ἔχουν καθαρεύουσα καί δημοτική;

6. Ποιά εἶναι ἡ διαφορά μεταξύ διαλόγου καί μονολόγου;

7. Πῶς σ' ἀρέσει περισσότερο νά ταξιδεύεις, μέ ἀεροπλάνο, μέ τραῖνο ἤ μέ πύραυλο; Γιατί;

8. Πές στή διπλανή σου νά σηκωθεῖ, νά γυρίσει τίς πλάτες της πρός τό δάσκαλο καί νά κάνει δυό στροφές γύρω ἀπό τό τραπέζι.

9. Πές μας δυό ἡλιόλουστα νησιά πού ἔχεις δεῖ.

Μιά ματιά στή γραμματική

I. PURISTIC ADJECTIVES THAT ARE ENCOUNTERED IN DEMOTIC / ΕΠΙΘΕΤΑ ΤΗΣ ΚΑΘΑΡΕΥΟΥΣΑΣ ΠΟΥ ΤΑ ΣΥΝΑΝΤΟΥΜΕ ΚΑΙ ΣΤΗ ΔΗΜΟΤΙΚΗ

A. Adjectives in -ής, -ής, -ές

1. Although many of these have demotic equivalents, they still occur in their puristic form. Here are some examples:

δυστυχής (dem. δυστυχισμένος), unfortunate, unhappy
εὐτυχής (dem. εὐτυχισμένος), lucky, happy, satisfied
ἀξιοπρεπής (dem. ἀξιόπρεπος), dignified, proper, self-respecting
εὐλαβής (dem. εὐλαβητικός, εὐλαβικός), reverent, pious
εὐγενής (dem. εὐγενικός), noble, courteous
μεγαλοπρεπής (dem. μεγαλόπρεπος), majestic, magnificent, dignified
πολυπαθής (dem. πολύπαθος), much-suffering
διεθνής (dem. διεθνικός), international

2. The comparative ends in *-έστερος*

   ἀξιοπρεπέστερος, εὐγενέστερος

3. The absolute superlative ends in *-έστατος*

   ἀξιοπρεπέστατος, εὐγενέστατος

4. The adverb ends in *-ῶς*

   δυστυχῶς, εὐτυχῶς, ἀξιοπρεπῶς, εὐλαβῶς, εὐγενῶς, μεγαλοπρεπῶς, διεθνῶς

5. Inflection

masc.	*δυστυχής, δυστυχοῦς, δυστυχῆ, δυστυχεῖς, δυστυχῶν, δυστυχεῖς*
fem.	same as masculine
neut.	*δυστυχές, δυστυχοῦς, δυστυχές, δυστυχῆ, δυστυχῶν, δυστυχῆ*

B. Adjectives in *-ων, -ουσα, -ον*

These retain the form of ancient Greek participles. These participial endings survive in certain nouns made from adjectives:

ἡ καθαρεύουσα	puristic Greek
τό ἐνδιαφέρον	interest, concern

They also survive in at least two adjectives in common use:

παρών, παροῦσα, παρόν	present
ἐνδιαφέρων, ἐνδιαφέρουσα, ἐνδιαφέρον	interesting

We also encountered these forms in Cavafy's "Thermopylae" in Flight V, Part 2:

Ποτέ . . . μή κινοῦντες
πάλι συντρέχοντες ὅσο μποροῦνε
πάντοτε τήν ἀλήθεια ὁμιλοῦντες

All three of the above forms are plural masculine nominative participles, ancient style.

The comparative and superlative tend to be formed with *πιό*.

πιό ἐνδιαφέρων, ἡ πιό ἐνδιαφέρουσα

The inflection used by demotic speakers is:

masc.	*ἐνδιαφέρων, ἐνδιαφέροντος, ἐνδιαφέροντα, ἐνδιαφέροντες, ἐνδιαφερόντων, ἐνδιαφέροντες*
fem.	*ἐνδιαφέρουσα, ἐνδιαφέρουσας, ἐνδιαφέρουσα, ἐνδιαφέρουσες, ἐνδιαφερόντων (ἐνδιαφερουσῶν), ἐνδιαφέρουσες*
neut.	*ἐνδιαφέρον, ἐνδιαφέροντος, ἐνδιαφέρον, ἐνδιαφέροντα, ἐνδιαφερόντων, ἐνδιαφέροντα*

C. The irregular adjective *μέγας, μεγάλη, μέγα* (demotic *μεγάλος -η-ο*)

1. The puristic comparative is *μείζων, μείζουσα, μεῖζον* (inflected like *ἐνδιαφέρων*, above) but the demotic *μεγαλύτερος-η-ο* is much more common
2. The puristic superlative is *μέγιστος-η-ο*
3. The adverb is *μεγάλως*
4. Inflection

masc.	*μέγας, μεγάλου, μέγαν, μεγάλοι, μεγάλων, μεγάλους*
fem.	*μεγάλη, μεγάλης, μεγάλη, μεγάλες, μεγάλων, μεγάλες*
neut.	*μέγα, μεγάλου, μέγα, μεγάλα, μεγάλων, μεγάλα*

The vocative singular in the masculine is *μεγάλε*.

D. The irregular adjective *πολύς, πολλή, πολύ*

1. The comparative is *περισσότερος* or *πιό πολύς*
2. The superlative is *ὁ περισσότερος* or *ὁ πιό πολύς*
3. The adverb is *πολύ* (indeclinable, of course)
4. Inflection (the form in parentheses is rare)

masc.	*πολύς, (πολλοῦ), πολύ, πολλοί, πολλῶν, πολλούς*
fem.	*πολλή, πολλῆς, πολλή, πολλές, πολλῶν, πολλές*
neut.	*πολύ, (πολλοῦ), πολύ, πολλά, πολλῶν, πολλά*

E. Adjectives in *-ων, -ων, -ον*

1. At least four adjectives of this type are heard in demotic:

εὐγνώμων	grateful
ἀγνώμων	ungrateful
βασιλόφρων	royalist in politics
ἐθνικόφρων	nationalist in politics

2. The comparative and superlative are in *-έστερος* and *-έστατος*, added to the *-ον* ending, or with *πιό*

εὐγνωμονέστεροι, πιό εὐγνώμονες

3. The adverb ends in *-ως*

εὐγνωμόνως

4. Inflection

masc.	*εὐγνώμων, εὐγνώμονος, εὐγνώμονα, εὐγνώμονες, εὐγνωμόνων, εὐγνώμονες*
fem.	the same as for the masculine

neut. *εὔγνωμον, εὐγνώμονος, εὔγνωμον, εὐγνώμονα, εὐγνωμόνων, εὐγνώμονα*

II. REVIEW OF OTHER TYPES OF ADJECTIVES

A. Adjectives in -*ος*, -*η*, -*ο*

1. Examples

περαστικός, ἡλιόλουστος, ἥσυχος, ζεστός, ἀπεριποίητος, ἀνθισμένος, μαῦρος

2. Inflection

masc. *μαῦρος, μαύρου, μαῦρο, μαῦροι, μαύρων, μαύρους*
fem. *μαύρη, μαύρης, μαύρη, μαῦρες, μαύρων, μαῦρες*
neut. *μαῦρο, μαύρου, μαῦρο, μαῦρα, μαύρων, μαῦρα*

3. Comparatives

normally in -*ότερος*

sometimes in -*ώτερος* (if the previous syllable has *ε* or *ο* unless the *ε* or *ο* is followed by two or more consonants or by *ξ* or *ψ*, which really equal the two consonants *κσ* and *πσ*, respectively. But this katharevousa rule is no longer observed in today's demotic, which uses -ο- in all cases.)

ἡσυχότερος
νεότερος (sometimes *νεώτερος*)
γρηγορότερος (sometimes *γρηγορώτερος*)
ὀμορφότερος
ἐνδοξότερος

exceptions:

καλός: *καλύτερος*
μεγάλος: *μεγαλύτερος*
πρῶτος: *πρωτύτερος*
κοντός: *κοντύτερος* (also *κοντότερος*)

All adjectives constructed from passive participles in -*μένος* can form the comparative and superlative degrees only with *πιό*, not with the -*τερος* and -*τατος* endings

ἡ πιό ζαρωμένη γριά

B. Adjectives in -*ος*, -*α*, -*ο*

1. Examples

ὡραῖος, ἅγιος, τελευταῖος, ἀρχαῖος, τεράστιος, κολοσσιαῖος, γιγάντιος, ἐπίγειος, πελώριος, ὄρθιος, πανώριος, τέλειος, σπουδαῖος, παγκόσμιος, παλαιός, τίμιος

2. -ος adjectives fall into this category if the masculine singular form has an accented vowel immediately before the ending

   ἀρχαῖος

   or has an unaccented ι, ει, or οι immediately before the ending

   ὄρθιος, ἐπίγειος

   παλαιός (like its near-synonym in demotic, παλιός) also belongs in this group

3. Inflection

masc.	ὄρθιος, ὄρθιου, ὄρθιο, ὄρθιοι, ὄρθιων, ὄρθιους
fem.	ὄρθια, ὄρθιας, ὄρθια, ὄρθιες, ὄρθιων, ὄρθιες
neut.	ὄρθιο, ὄρθιου, ὄρθιο, ὄρθια, ὄρθιων, ὄρθια

4. Comparative and absolute superlative: in -ότερος, -ότατος

C. Adjectives in -ός, -ιά, -ό

This group is quite rare; but some adjectives in -ος, -η, -ο, and also the possessive adjective δικός μου, can be inflected in this way. We have encountered, for example, both

δικιά μας θά 'ναι and
ἡ δική μου σειρά

Some other adjectives that can have -ιά as well as -η in the feminine are: φτωχός, εὐγενικός, κακός, ἐλαφρός, θηλυκός, μαλακός

Inflection

masc.	γλυκός, γλυκοῦ, γλυκό, γλυκοί, γλυκῶν, γλυκούς
fem.	γλυκιά, γλυκιᾶς, γλυκιά, γλυκές, γλυκῶν, γλυκές
neut.	γλυκό, γλυκοῦ, γλυκό, γλυκά, γλυκῶν, γλυκά

Comparative and absolute superlative: in -ότερος, -ότατος (But γλυκός has γλυκύτερος as well as γλυκότερος.)

D. Adjectives in -ύς, -ιά, -ύ

1. This group is a small one, but it contains important adjectives pertaining to measurement.

βαθύς	deep, profound
ἐλαφρύς (also ἐλαφρός)	light
μακρύς	long
πλατύς	wide, broad
φαρδύς	wide, broad, ample
εὐρύς (fem. εὐρεῖα)	wide, broad, spacious
παχύς	fat
βαρύς	heavy

2. Inflection

   masc. *βαθύς, βαθιοῦ, βαθύ, βαθιοί, βαθιῶν, βαθιούς*
   fem. *βαθιά, βαθιᾶς, βαθιά, βαθιές, βαθιῶν, βαθιές*
   neut. *βαθύ, βαθιοῦ, βαθύ, βαθιά, βαθιῶν, βαθιά*

3. Comparative and absolute superlative

   in *-ύτερος, -ύτατος*

E. Adjectives in *-ής, -ιά, -ί*

1. This small group consists entirely of adjectives denoting color. For example:

θαλασσής	sea-blue
καφετής	coffee-colored
οὐρανής	azure, sky-blue
πορτοκαλής	orange-colored

2. Inflection

   masc. *οὐρανής, οὐρανιοῦ, οὐρανή, οὐρανιοί, οὐρανιῶν, οὐρανιούς*
   fem. *οὐρανιά, οὐρανιᾶς, οὐρανιά, οὐρανιές, οὐρανιῶν, οὐρανιές*
   neut. *οὐρανί, οὐρανιοῦ, οὐρανί, οὐρανιά, οὐρανιῶν, οὐρανιά*

III. ABSOLUTE SUPERLATIVE OF ADJECTIVES / ΑΠΟΛΥΤΟ ΥΠΕΡΘΕΤΙΚΟ ΤΩΝ ΕΠΙΘΕΤΩΝ

A. Degree [of comparison] of adjectives / Βαθμοί *τοῦ ἐπιθέτου*

There are three degrees of comparison

1. Absolute degree / *θετικός βαθμός*

   Αὐτός ὁ κύριος εἶναι ψηλός.

2. Comparative degree / *συγκριτικός βαθμός*

   Here, the adjective shows that its noun possesses a quality to a greater degree than does someone or something else.

   The comparative is formed with the special ending *-τερος-η-ο*, or with *πιό*, or sometimes (in informal speech) with both.

   Αὐτός ὁ κύριος εἶναι ψηλότερος ἀπό μένα.
   Αὐτός ὁ κύριος εἶναι πιό ψηλός ἀπό μένα.
   Αὐτός ὁ κύριος εἶναι πιό ψηλότερος ἀπό μένα. (colloquial)

3. Superlative degree / *ὑπερθετικός βαθμός*

   a) Relative superlative

   Here, the adjective shows that its noun possesses a quality to a greater degree than do all comparable persons or things.

The relative superlative is formed with ὁ plus the ending *-τερος-η-ο*, or with *ὁ πιό*, or sometimes (in informal speech) with both.

Αὐτός ὁ κύριος εἶναι ὁ ψηλότερος ἀπ' ὅλους.
Αὐτός ὁ κύριος εἶναι ὁ πιό ψηλός ἀπ' ὅλους.
Αὐτός ὁ κύριος εἶναι ὁ πιό ψηλότερος ἀπ' ὅλους. (colloquial)

b) Absolute superlative

Here, the adjective shows that its noun possesses a quality to an extremely high degree. No comparison with others is implied.

The absolute superlative is formed with the special ending *-τατος-η-ο*, or, in some special cases, with entirely different forms, as we'll see in the next section.

Αὐτός ὁ κύριος εἶναι ψηλότατος.

B. The absolute superlative

1. This is really an intensifier.

Compare:

relative:	*Ἦταν ὁ σοφώτατος λόγιος τῶν Ἑλλήνων.* (*καθ*) He was the wisest man-of-letters of the Greeks.
absolute:	*Ἦταν (ἕνας) σοφώτατος λόγιος.* He was a supremely wise man-of-letters.

2. So far we have encountered

Μεγαλειότατε!	Your [most majestic] majesty!
ἀξιοπρεπέστατος	with utmost dignity

3. Four important adjectives use an entirely different word for the absolute superlative as opposed to the relative superlative.

absolute degree	*καλός*	good
comparative degree	*καλύτερος*	better
relative superlative	*ὁ καλύτερος*	best
absolute superlative	*ἄριστος*	superlatively good

Similarly:

κακός	bad
χειρότερος	worse
ὁ χειρότερος	worst
κάκιστος	superlatively bad
μέγας (μεγάλος)	big
μεγαλύτερος	bigger
ὁ μεγαλύτερος	biggest
μέγιστος	superlatively big

λίγος	little, few
λιγότερος	less, fewer
ὁ λιγότερος	least, fewest
ἐλάχιστος	superlatively few

Drills for types of adjectives

Teacher: Ὁ καλός ἄντρας λέει τήν ἀλήθεια.
Cue: γυναίκα
Student: Ἡ καλή γυναίκα λέει τήν ἀλήθεια.
Other cues: παιδί, παιδιά, ἄντρες, γυναῖκες

Οἱ ἅγιοι ἄντρες λένε τήν ἀλήθεια.
γυναίκα
Ἡ ἅγια γυναίκα λέει τήν ἀλήθεια.
ἄντρες, γυναῖκες, παιδιά, παιδί

Ὁ γλυκός ἄντρας ἀγαπιέται.
γυναῖκες
Οἱ γλυκές γυναῖκες ἀγαπιοῦνται.
γυναίκα, παιδί, παιδιά, ἄντρες

Ὁ παχύς ἄντρας γελάει πολύ.
ἄντρες
Οἱ παχιοί ἄντρες γελοῦν πολύ.
γυναίκα, γυναῖκες, παιδί, παιδιά

Ἡ φαρδιά ὁδός ὁδηγεῖ στόν Ἅδη.
δρόμος
Ὁ φαρδύς δρόμος ὁδηγεῖ στόν Ἅδη.
μονοπάτι, δρόμοι, ὁδοί, μονοπάτια

Οἱ οὐρανοί εἶναι θαλασσιοί.
οὐρανός
Ὁ οὐρανός εἶναι θαλασσής.
θάλασσα, πέλαγος, θάλασσες, πελάγη

Ὁ εὐλαβής ἄντρας δέν λέει ψέματα.
παιδί
Τό εὐλαβές παιδί δέν λέει ψέματα.
παιδιά, ἄντρες, γυναῖκες, γυναίκα

Ὁ ἐνδιαφέρων πρόλογος διαβάζεται εὔκολα.
ἱστορίες
Οἱ ἐνδιαφέρουσες ἱστορίες διαβάζονται εὔκολα.
ἔργο, ἔργα, πρόλογοι, ἱστορία

Ὁ πολύς θόρυβος μᾶς πειράζει.
θόρυβοι
Οἱ πολλοί θόρυβοι μᾶς πειράζουν.
φασαρία, φασαρίες, βουΐσμα, βουΐσματα

Ὁ Μέγας Ἀλέξανδρος εἶναι ἐνδιαφέρων.
Οἱ . . . αὐτοκράτορες
Οἱ μεγάλοι αὐτοκράτορες εἶναι ἐνδιαφέροντες.
Οἱ . . . ἱστορίες, Τό . . . μυστήριο, Τά . . . μυστήρια, Ἡ . . . ζωγραφιά

Οἱ βασιλόφρονες κύριοι ἀγαπᾶν τό βασιλιά.
κύριος
Ὁ βασιλόφρων κύριος ἀγαπᾶ τό βασιλιά.
Οἱ κυρίες, Ἡ κυρία, Τό παιδί, Τά παιδιά

Ἀγοράσαμε δυό ὡραῖα βάζα πορτοκαλιά.
ἕνα ὡραῖο βάζο
Ἀγοράσαμε ἕνα ὡραῖο βάζο πορτοκαλί.
δυό ὡραῖες ζωγραφιές, μιά ὡραία ζωγραφιά, δυό ὡραίους καναπέδες, ἕναν ὡραῖο καναπέ

Drills for the comparative and superlative of adjectives

Δ. Ἡ Κλεοπάτρα εἶναι 10 χρονῶν. Ἡ Παναγιώτα εἶναι 12 χρονῶν.
Μ. Ἡ Παναγιώτα εἶναι μεγαλύτερη ἀπό τήν Κλεοπάτρα.
Μ. Ἡ Παναγιώτα εἶναι πιό μεγάλη ἀπό τήν Κλεοπάτρα.

Δ. Ὁ Νίκος ἔχει 100 δραχμές. Ἡ Μαρία ἔχει 70 δραχμές. Τά ἄλλα παιδιά τῆς τάξης δέν ἔχουν τίποτε.
Μ. Ὁ Νίκος εἶναι ὁ πλουσιότερος (ὁ πιό πλούσιος) στήν τάξη.

Δ. Τό α' ἄγαλμα εἶναι ἀπό τό ε' αἰώνα π.Χ. Τό β' ἄγαλμα εἶναι ἀπό τό γ' αἰώνα.
Μ. Τό α' ἄγαλμα εἶναι ἀρχαιότερο (πιό ἀρχαῖο) ἀπό τό β' ἄγαλμα.

Δ. Ὁ ἀμερικανικός καφές ἔχει 1–2 κουταλιές ζάχαρη. Ὁ ἑλληνικός καφές ἔχει 2–3.
Μ. Ὁ ἑλληνικός καφές εἶναι γλυκύτερος (πιό γλυκός) ἀπό τόν ἀμερικανικόν καφέ.

Δ. Τό ἄσπρο πουκάμισο κάνει 350 δραχμές. Τό κίτρινο κάνει 620 δραχμές.
Μ. Τό κίτρινο πουκάμισο εἶναι ἀκριβότερο (πιό ἀκριβό) ἀπό τό ἄσπρο.

Δ. Ὁ Δημοσθένης εἶναι πάρα πολύ καλός μηχανικός. Ὁ Θεμιστοκλής εἶναι καλός. Ὁ Ξενοφῶν εἶναι ἔτσι κ' ἔτσι.
Μ. Ὁ Δημοσθένης εἶναι ὁ καλύτερος (ὁ πιό καλός) μηχανικός.

Δ. Τόν Αὔγουστο κάνει φοβερή ζέστη. Τόν Ὀκτώβριο δέν κάνει πολύ ζέστη.
Μ. Ὁ Αὔγουστος εἶναι ζεστότερος ἀπό τόν Ὀκτώβριο.

ΤΗΛΕΦΩΝΟΝ
TELEPHONE
OIKIA!

Πτήση 7

Ἡ καθαρεύουσα

Δεύτερο μέρος

κόκκινο

ΣΟΦΟΣ ΛΟΓΙΟΣ: . . . _ ___ _____ ______ - - - - - -, _ ___ - - - - - - - -, _ ______ - - - - - - - - - -.

(Ἕνας νέος __ _____ __ πλησιάζει.)

ΝΕΟΣ: __, ____, ________ __ ________ __ _____ __ __ __ __ - - - - - - - - - - -. Γιατί διορθώνετε τίς ὡραῖες μας λέξεις;

ΣΟΦΟΣ ΛΟΓΙΟΣ: ____ ______ ______ _ ____ _ _____ ___ __ ____ _________;

ΝΕΟΣ: __ ______, ___ ____ _ _______ ___ _____ _ ____, __ _____ __ _____ __ _____ __. _ ______ __ _____, __ __, __________ –

ΜΑΡΙΑ: Πιό σιγά, μαζώνεται κόσμος.

ΝΕΟΣ: Δέ μέ μέλει· _ ______. . . . _ _______ _____ –

ΣΟΦΟΣ ΛΟΓΙΟΣ (μόλις τώρα καταλαβαίνοντας πώς δέν βρίσκεται πιά στό Παρίσι): ______, ____ __ _______ __ __ _____ ποῦ εὑρίσκομαι, παρακαλῶ;

ΝΕΟΣ: Στή Ζάκυνθο.

ΣΟΦΟΣ ΛΟΓΙΟΣ: Καί εἰς ποῖον __ __ ____ _ ὁμιλῶ;

ΝΕΟΣ: Μέ λένε Διονύσιο Σολωμό. __ __;

ΣΟΦΟΣ ΛΟΓΙΟΣ: Ἐγὼ ὀνομάζομαι Ἀδαμάντιος Κοραῆς.

ΣΟΛΩΜΟΣ: __, _____. . . . Καλά τό κατάλαβα. Ἄς μαζωχθεῖ ____ ὁ λαός __ ______ ____ __ νά σᾶς ἀκούσει πῶς μιλᾶτε.

ΚΟΡΑΗΣ: Ἐμεῖς οἱ λόγιοι θέλει σηκώσουμε τοὺς στύλους τῆς γλώσσης. . . . Ἐσεῖς, δεσποινίς, _ __ _____ _______ __ ______ __ __ ____ _____ __ ______, τί ἰδέαν ἔχετε ___ ___;

ΜΑΡΙΑ: Τί ἰδέα νά ᾿χω, ___ ____ ___; _ _________ _ __ ________ ___. _____ __ __ _________ _ _ _______ _______! ____ ____, - - - - –

ΚΟΡΑΗΣ: ____!

ΣΟΛΩΜΟΣ: __, __ ____ - ____ __.

Βοηθητικές ἑρμηνεῖες

5. διορθώνετε] correct
12. μαζώνεται = μαζεύεται
13. δέ μέ μέλει] that doesn't concern me; I don't care
16. εὑρίσκομαι = βρίσκομαι
17. Ζάκυθο = Ζάκυνθο] Zacynthus
18. εἰς ποῖον = σέ ποιόν ὁμιλῶ = μιλῶ
21. μαζωχθεῖ = μαζωχτεῖ = μαζευτεῖ
24. θέλει = θά στύλους] pillars

Σημειώσεις

13. *μέλει*] an impersonal verb used only in the third person singular. The past tense is *ἔμελε*. Note how the idiom works.

Δέ μέ μέλει.	I don't care.
Δέ σέ μέλει.	You don't care.
Δέ μᾶς μέλει.	We don't care.

17. *Ζάκυθο*] The Ionian island *ἡ Ζάκυνθος* is also known in English as Zante. It is one of the group called the Heptanesus (the "Seven Islands"): *ἡ Ἑπτάνησος (καθαρεύουσα), τά Ἑφτάνησα (δημοτική)*. Note that most islands are feminine in grammatical gender even when they have masculine-looking endings. An exception is ὁ Πόρος.
19. *Διονύσιος Σολωμός*] Greek poet (1798–1857) born on Zacynthus; among the first to choose to write in demotic rather than katharevousa. His "Dialogue" (in prose) is a pioneering defense of demotic not only in theory but also in practice, since it is written in the language it defends. Solomos is the author of the words used in the Greek national anthem.
20. *Ἀδαμάντιος Κοραῆς*] Greek philologist and revolutionary propagandist (1748–1833), resident in Paris. While Greece was still under Turkish rule (i.e. until the Revolution broke out in 1821), Korais campaigned to awaken the Greek people to their ancient heritage of freedom. Because he wanted modern Greeks to think and act more like their illustrious ancestors, he felt that demotic must be "corrected" or "purified" so that it might bear greater resemblance to the Attic Greek of the Golden Age. The artificial language he developed—katharevousa—is a compromise between

Attic and demotic. For over a century it was the official language of the Greek state.

μπλέ

ΣΟΦΟΣ ΛΟΓΙΟΣ: . . . Τὸ *παιδὶ λέγεται καλύτερα π α ι δ ί ο ν,* ___ ____ ________, *τὸ κρεββάτι κ ρ ε β β ά τ ι ο ν.*

(Ἕνας νέος τόν ἀκούει καί πλησιάζει.)

ΝΕΟΣ: Ἐγώ, *πάντως, αἰσθάνομαι πιό ἀναπαυτικά στό κρεβάτι μου καί ὄχι στό κ ρ ε β β ά τ ι ο ν.* Γιατί *διορθώνετε τίς ὡραῖες μας λέξεις;*

ΣΟΦΟΣ ΛΟΓΙΟΣ: _____ ________ ________ __ _____ __ _____ ____ ___ _____ ___________;

ΝΕΟΣ: __ ________, ____ _____ __ _________ ____ ______ _ ______, __ ______ ___ ______ ___ ______ ___. _ ________ ___ _______, ___ ___, ____________ —

ΜΑΡΙΑ: Πιό *σιγά, μαζώνεται κόσμος.*

ΝΕΟΣ: Δέ *μέ μέλει· ἄς μαζωχθεῖ. . . .* _ ________ _____ —

ΣΟΦΟΣ ΛΟΓΙΟΣ (*μόλις τώρα καταλαβαίνοντας πώς δέν βρίσκεται πιά στό* Παρίσι): Συγγνώμην, *ἔχετε τὴν εὐγένειαν νὰ μοῦ εἰπῆτε ποῦ εὑρίσκομαι, παρακαλῶ;*

ΝΕΟΣ: Στή Ζάκυνθο.

ΣΟΦΟΣ ΛΟΓΙΟΣ: Καί *εἰς ποῖον ἔχω τὴν τιμὴν νὰ ὁμιλῶ;*

ΝΕΟΣ: Μέ *λένε* Διονύσιο Σολωμό. Καί *σᾶς;*

ΣΟΦΟΣ ΛΟΓΙΟΣ: Ἐγὼ *ὀνομάζομαι* Ἀδαμάντιος Κοραῆς.

ΣΟΛΩΜΟΣ: ___, ______. . . . Καλά *τό κατάλαβα.* Ἄς *μαζωχθεῖ λοιπόν ὁ λαός τῆς* Ἑλλάδας *ὅλης γιά νά σᾶς ἀκούσει πῶς μιλᾶτε.*

ΚΟΡΑΗΣ: Ἐμεῖς *οἱ λόγιοι θέλει σηκώσουμε τοὺς στύλους τῆς γλώσσης. . . .* Ἐσεῖς, *δεσποινίς,* ___ ___ _____ _________ ___ ___ ______ ___ ___ _____ ______ ___ _______, *τί ἰδέαν ἔχετε* ____ _____;

ΜΑΡΙΑ: Τί *ἰδέα νά 'χω,* ____ _____ _____; Μέ *ξεκουφάνατε μέ τίς ἑλληνικοῦρες σας.* Ἀφῆστε *πιά τίς σαχλαμάρες κι ἄς μιλήσουμε ἑλληνικά!* Σπίτι *θέλω, σ π ί τ ι* —

ΚΟΡΑΗΣ: Οἰκία!

ΣΟΛΩΜΟΣ: Ἄχ, *μοῦ πονεῖ ἡ ψυχή μου.*

Βοηθητικές ἑρμηνεῖες

4. *ἀναπαυτικά*] at ease
15. *εὐγένεια(ν)*] courtesy *εἰπῆτε* = *πεῖτε*
28. *ξεκουφάνατε*] you've been chewing my ear off (literally: you've deafened me)
29. *ἑλληνικοῦρες*] (more-or-less) fancy Greek

Σημειώσεις

4. *ἀναπαυτικά*] Note that after *αἰσθάνομαι*, "I feel," Greek requires an adverb whereas English uses the adjective. Compare English "I feel good" (not "well") with Greek *αἰσθάνομαι καλά* (not *καλός*).

4–5. *κρεβάτι . . . κρεββάτιον*] Demotic tends to eliminate double consonants that are not reflected in pronunciation. Thus we spell this with -*β*- instead of -*ββ*-. Both forms are seen, however, in demotic—that is, *κρεβάτι* and *κρεββάτι*. The same is true for *σακάκι* and *σακκάκι*.

15. *συγγνώμην*] This is seen as both *συγνώμη* and *συγγνώμη* in demotic. In this case, the single versus double consonant does reflect a change in pronunciation, and both spellings are used because both pronunciations are heard.

28. *ξεκουφάνατε*] simple past tense of *ξεκουφαίνω*.

---

*μαῦρο**

ΣΟΦΟΣ ΛΟΓΙΟΣ: . . . *Τὸ παιδὶ λέγεται καλύτερα π α ι δ ί ο ν, τὸ μάτι ὀ μ μ ά τ ι ο ν, τὸ κρεββάτι κ ρ ε β β ά τ ι ο ν.*

(*Ἕνας νέος τόν ἀκούει καί πλησιάζει.*)

ΝΕΟΣ: *Ἐγώ, πάντως, αἰσθάνομαι πιό ἀναπαυτικά στό κρεβάτι μου καί ὄχι στό κ ρ ε β β ά τ ι ο ν. Γιατί διορθώνετε τίς ὡραῖες μας λέξεις;*

ΣΟΦΟΣ ΛΟΓΙΟΣ: *Ὁποίαν εὐγένειαν ἠμποροῦν νὰ ἔχουν αἱ λέξεις ἡμῶν ἐὰν εἶναι διεφθαρμέναι;*

ΝΕΟΣ: *Τήν εὐγένειαν, ὁπού εἶχαν οἱ ἑλληνικές πρίν γράψει ὁ Ὅμηρος, πού ἔγραψε τίς λέξεις τοῦ καιροῦ του. Ἡ εὐγένεια τῶν γλωσσῶν, σοῦ λέω, Σοφολογιώτατε —*

ΜΑΡΙΑ: *Πιό σιγά, μαζώνεται κόσμος.*

ΝΕΟΣ: *Δέ μέ μέλει· ἄς μαζωχθεῖ. . . . Ἡ εὐγένεια ἔλεγα —*

ΣΟΦΟΣ ΛΟΓΙΟΣ (*μόλις τώρα καταλαβαίνοντας πώς δέν βρίσκεται πιά στό Παρίσι*): *Συγγνώμην, ἔχετε τὴν εὐγένειαν νὰ μοῦ εἰπῆτε ποῦ εὑρίσκομαι, παρακαλῶ;*

ΝΕΟΣ: *Στή Ζάκυθο.*

ΣΟΦΟΣ ΛΟΓΙΟΣ: *Καί εἰς ποῖον ἔχω τὴν τιμὴν νὰ ὁμιλῶ;*

ΝΕΟΣ: *Μέ λένε Διονύσιο Σολωμό. Καί σᾶς;*

ΣΟΦΟΣ ΛΟΓΙΟΣ: *Ἐγὼ ὀνομάζομαι Ἀδαμάντιος Κοραῆς.*

ΣΟΛΩΜΟΣ: *Ἆαα, μάλιστα. . . . Καλά τό κατάλαβα. Ἄς μαζωχθεῖ λοιπόν ὁ λαός τῆς Ἑλλάδας ὅλης γιά νά σᾶς ἀκούσει πῶς μιλᾶτε.*

ΚΟΡΑΗΣ: *Ἐμεῖς οἱ λόγιοι θέλει σηκώσουμε τοὺς στύλους τῆς γλώσσης. . . . Ἐσεῖς, δεσποινίς, μὲ τὴν ὁποίαν*

*Based on Δ. Σολωμοῦ, *Διάλογος* (written sometime between 1823 and 1825)· Α. Κοραῆ, *Ἄτακτα*, τόμ. Δ' (Παρίσιοι, 1832), σελ. η'–θ'· Γιάννη Σταυρακάκη, *Ὁ Λεξιθήρας*.

ἐταξίδευσα ἀπὸ τὴν Γαλλίαν εἰς τὴν νῆσον ταύτην τῆς Ζακύνθου, τί ἰδέαν ἔχετε περὶ αὐτοῦ;

ΜΑΡΙΑ: *Τί ἰδέα νά 'χω, μωρέ κύριε Κοραῆ; Μέ ξεκουφάνατε μέ τίς ἑλληνικοῦρες σας. Ἀφῆστε πιά τίς σαχλαμάρες κι ἄς μιλήσουμε ἑλληνικά! Σπίτι θέλω, σ π ί τ ι —*

ΚΟΡΑΗΣ: *Οἰκία!*

ΣΟΛΩΜΟΣ: *Ἄχ, μοῦ πονεῖ ἡ ψυχή μου.*

Βοηθητικές ἑρμηνεῖες

4. *Πάντως*] at any rate
7–8. *Ὁποίαν ... διεφθαρμέναι;*] What nobility can our words have if they are corrupted?
9. *ὁπού* = *πού*
10. *Ὅμηρος*] Homer
26. *ἐταξίδευσα* = *ταξίδεψα*
    τὴν νῆσον = *τό νησί*
    ταύτην = *αὐτή*
27. *περὶ αὐτοῦ* = *σχετικά μ' αὐτό, γι' αὐτό*] concerning that, regarding that

---

Σημείωση

7–8. *Ὁποίαν ... διεφθαρμέναι;*] The demotic would be: *Ποιά εὐγένεια μποροῦν νά ἔχουν οἱ λέξεις μας ἄν εἶναι διαφθαρμένες* [*ἤ διεφθαρμένες*]; The passive participle *διεφθαρμένος* is from *διαφθείρω*, "to corrupt," "to deprave." The simple pasts are *διέφθειρα* (active) and *διαφθάρηκα* (passive). The corresponding noun is *ἡ διαφθορά*, "corruption," "depravity."

Συνώνυμα ἤ περίπου συνώνυμα

12. *μαζώνεται: συγκεντρώνεται, συνάζεται, συναθροίζεται, συρρέει*
13. *δέ μέ μέλει: δέ μέ νοιάζει, δέ μοῦ καίγεται καρφί, δέ δίνω πεντάρα, δέ δίνω δίφραγκο, δέ δίνω φράγκο, δέ δίνω δεκάρα*
24. *σηκώσουμε: στηρίξουμε*

Ἐρωτήσεις

Νά ἀπαντήσετε χρησιμοποιώντας τά συνώνυμα ἤ περίπου συνώνυμα.

12. *Γιατί λέει "Πιό σιγά" ἡ Μαρία στούς δυό πού διαφωνοῦν;*
13. *Γιατί λέει ὁ νέος, "Ἄς μαζωχθεῖ ὁ λαός τῆς Ἑλλάδας";*
24. *Τί σκοπεύουν νά κάνουν οἱ λόγιοι γιά τή γλώσσα;*

Ἀσκήσεις

3. Ἕνας νέος τόν ἀκούει καί πλησιάζει.
   <u>διστάζει</u>
   Ἕνας νέος τόν ἀκούει καί διστάζει.
   <u>ἀνησυχεῖ</u>, <u>κάνει στροφή</u>, <u>ταράζεται</u>, <u>βαριέται</u>, <u>ἀναστατώνεται</u>, <u>τό βάζει στά πόδια</u>, <u>διστάζει</u>

4–5. Αἰσθάνομαι πιό ἀναπαυτικά στό κρεβάτι μου.
   <u>ξεκούραστα</u>
   Αἰσθάνομαι πιό ξεκούραστα στό κρεβάτι μου.
   <u>ἥσυχα</u>, <u>σίγουρα</u>, <u>ὑπέροχα</u>, <u>καλά</u>, <u>εὐτυχισμένα</u>, <u>ζεστά</u>, <u>ἀναπαυτικά</u>

5–6. Γιατί διορθώνετε τίς ὡραῖες μας λέξεις;
   <u>τίς σπουδαῖες μας ἀγγελίες</u>
   Γιατί διορθώνετε τίς σπουδαῖες μας ἀγγελίες;
   <u>τά ἐνδιαφέροντά μας μηνύματα</u>, <u>τίς σωστές μας ἑρμηνεῖες</u>, <u>τίς σοφές μας ὁμιλίες</u>, <u>τίς ἅγιες μας κουβέντες</u>, <u>τά ὑπέροχά μας ποιήματα</u>, <u>τίς πολυάριθμές μας ἱστορίες</u>, <u>τά γλυκά μας τραγούδια</u>, <u>τίς ὡραῖες μας λέξεις</u>

13. Δέ μέ μέλει, ἄς μαζωχθεῖ.
   <u>ἄς συγκεντρωθεῖ</u>
   Δέ μέ μέλει, ἄς συγκεντρωθεῖ.
   <u>ἄς τουρκέψει</u>, <u>ἄς σκοτωθεῖ</u>, <u>ἄς χαθεῖ</u>, <u>ἄς παντρευτεῖ</u>, <u>ἄς μαρμαρωθεῖ</u>, <u>ἄς καεῖ</u>, <u>ἄς μαζωχθεῖ</u>

15–16. Συγνώμη, ἔχετε τήν εὐγένεια νά μοῦ πεῖτε ποῦ βρίσκομαι;
   <u>Παρακαλῶ</u>, ἔχετε τήν εὐγένεια νά μοῦ πεῖτε ποῦ βρίσκομαι;
   Παρακαλῶ, ἔχετε <u>τήν καλωσύνη νά μοῦ δείξετε τό δρόμο</u>;
   <u>Μέ συγχωρεῖτε</u>, ἔχετε τήν καλωσύνη νά μοῦ δείξετε τό δρόμο;
   Μέ συγχωρεῖτε, ἔχετε <u>τόν καιρό νά μέ βοηθήσετε</u>;
   <u>Συγνώμη</u>, ἔχετε τόν καιρό νά μέ βοηθήσετε;
   Συγνώμη, ἔχετε <u>τήν εὐγένεια νά μοῦ πεῖτε ποῦ βρίσκομαι</u>;

21–22. Ἄς συγκεντρωθεῖ ὁ λαός νά σᾶς ἀκούσει.
   Ἄς <u>ἔρθει</u> ὁ λαός νά σᾶς ἀκούσει.
   Ἄς ἔρθει ὁ λαός <u>νά σᾶς κρίνει</u>.
   <u>Ἄς μαζευτεῖ</u> ὁ λαός νά σᾶς κρίνει.
   Ἄς μαζευτεῖ ὁ λαός <u>νά σᾶς χειροκροτήσει</u>.
   <u>Ἄς συγκεντρωθεῖ</u> ὁ λαός νά σᾶς χειροκροτήσει.
   Ἄς συγκεντρωθεῖ ὁ λαός <u>νά σᾶς ἀκούσει</u>.

28–29. Μέ ξεκουφάνατε μέ τίς ἑλληνικοῦρες σας.
   <u>σαχλαμάρες</u>
   Μέ ξεκουφάνατε μέ τίς σαχλαμάρες σας.
   <u>πολυλογίες</u>, <u>ἀνοησίες</u>, <u>κοροϊδίες</u>, <u>φωνές</u>, <u>κραυγές</u>, <u>ἱστορίες</u>, <u>ἑλληνικοῦρες</u>

Ἐρωτήσεις

1. Τί κάνει ὁ νέος ὅταν ἀκούει τόν σοφό λόγιο;
2. Πῶς αἰσθάνεται ὁ νέος στό κρεβάτι του;
3. Τί τίς κάνει ὁ λόγιος τίς ὡραῖες λέξεις;
4. Τί καταλαβαίνει ἐπιτέλους ὁ σοφός λόγιος;
5. Ποῦ βρίσκονται ὁ λόγιος, ὁ νέος καί ἡ Μαρία;
6. Πῶς τόν λένε τό νέο;
7. Πῶς ὀνομάζεται ὁ σοφός λόγιος;
8. Τί θέλει ὁ Σολωμός νά κάνει ὁ λαός τῆς Ἑλλάδας;
9. Τί ἰδέα ἔχει ἡ Μαρία σχετικά μέ τίς ἑλληνικοῦρες τοῦ Κοραῆ;
10. Ποιά λέξη φωνάζει ὁ Κοραῆς στό τέλος;
11. Τί λέει ὁ Σολωμός μόλις ἀκούσει τή λέξη "οἰκία";

Γενικές ἐρωτήσεις

1. Πότε καί γιατί σέ πλησιάζουν οἱ φίλοι σου;
2. Ρώτα τό διπλανό σου ποῦ αἰσθάνεται ἀναπαυτικά;
3. Τί κάνει ὁ δάσκαλος ὅταν κάνεις λάθη;
4. Πόσες ξένες γλῶσσες καταλαβαίνεις καί πόσες μιλᾶς; Ποιές εἶναι;
5. Ποῦ βρίσκεται ἡ Ζάκυνθος;
6. Ὥς ποιά ἡλικία λεγόμαστε νέοι; Συμφωνεῖτε μεταξύ σας;
7. Ὀνόμασέ μας 2–3 σοφούς πού θαυμάζεις.
8. Μπορεῖς νά μᾶς ἐξηγήσεις τή διαφορά λαοῦ καί ἀριστοκρατίας;
9. Γιατί οἱ νέοι ἀγαποῦν τή μουσική ρόκ-ἐντ-ρόλ, πού ξεκουφαίνει τούς μεγάλους;
10. Ρώτα τό διπλανό σου καί ὁ διπλανός σου τό διπλανό του, κτλ., νά μᾶς ποῦν τήν πιό ἀγαπημένη τους ἑλληνική λέξη.
11. Πότε καί γιατί σοῦ πονεῖ ἡ ψυχή σου;

Μιά ματιά στή γραμματική

I. ABSTRACT NOUNS / ΑΦΗΡΗΜΕΝΑ ΟΥΣΙΑΣΤΙΚΑ

A. Derived from adjectives / Παράγωγα ἀπό ἐπίθετα

In English, we can form abstract nouns from adjectives by adding special suffixes. Two of the suffixes most commonly employed for this purpose in English are -ness and -ity. Thus:

The adjective "happy" gives the abstract noun "happiness," meaning the state of being happy.

The adjective "sane" gives the abstract noun "sanity," meaning the state of being sane. ("Saneness" is also possible.)

Greek operates in the same way.

1. One of the suffixes most commonly employed for the purpose of conveying a state or quality, in Greek, is *-ότητα* (*-ύτητα**). Thus:

   The adjective *πνευματικός*, "spiritual," gives the abstract noun *ἡ πνευματικότητα*, "spirituality," the state or quality of being spiritual.

   Note: The puristic forms *-ότης* and *-ύτης* are also seen, especially in technical scientific contexts or in fixed expressions. They are usually the forms encountered in older dictionaries.

ἡ βαρύτης	gravity
ἡ ταχύτης	velocity
ἡ Αὐτοῦ Ἁγιότης	His Holiness (i.e. the Pope)
ἡ Αὐτοῦ Μεγαλειότης ὁ Βασιλεύς	His Majesty the King

2. Another suffix used in Greek to create abstract nouns from adjectives is *-οσύνη*. Thus:

   The adjective *ἀγράμματος*, "illiterate," gives the abstract noun *ἡ ἀγραμματοσύνη*, "illiteracy," i.e. the state or quality of being illiterate.

   The adjectives *δίκαιος* (*δίκιος*), "just," gives the abstract noun *ἡ δικαιοσύνη*, "justice."

B. Derived from nouns / *Παράγωγα ἀπό οὐσιαστικά*

1. When the suffix *-οσύνη* is used with a noun, the resulting abstraction can have a collective meaning. The corresponding English suffix is often -dom.

   ἡ χριστιανοσύνη, Christendom, i.e. Christians (*οἱ Χριστιανοί*) collectively; the totality of Christians in the world; (also) Christianity in the sense of behavior or belief fitting for a Christian e.g. Ἡ *χριστιανοσύνη τοῦ Δεσπότη εἶναι ἀμφίβολη*. "The Bishop's Christianity is doubtful."

   ἡ ρωμιοσύνη, "modern Greekdom," i.e. modern Greeks (*οἱ Ρωμιοί*) collectively; Hellenism during the Turkish occupation; the Greek race (usually with overtones of bravery, fortitude, etc.)

*Adjectives ending in *-ύς* form their abstract nouns with *-ύτητα* instead of *-ότητα*:

ταχύς, "fast," gives *ἡ ταχύτητα*, "swiftness," "rapidity," "speed," "velocity," "gear" (in the sense of "first gear," "second gear," etc. in driving a car).

βαρύς, "heavy," gives *ἡ βαρύτητα*, "weight," "weightiness," "seriousness," "severity," "gravity."

2. The suffix -*ισμός*

a) can also give a collective meaning to a noun

ὁ ἑλληνισμός, Greeks (*οἱ Ἕλληνες*) collectively

b) can indicate a theory, belief, or practice connected with a certain group. English often retains the Greek ending: -ism.

ὁ χριστιανισμός, Christianity; the religion practiced by *οἱ Χριστιανοί*

ὁ ἰουδαϊσμός, Judaism; the religion practiced by *οἱ Ἰουδαῖοι*

ὁ ἀνθρωπισμός, good behavior, humaneness, politeness, dignity, tenderness, humanism

ὁ οὑμανισμός, the study of classical antiquity as practiced by humanists

ὁ δημοτικισμός, demoticism (i.e. what is believed and practiced by demoticists)

ὁ κομ(μ)ουνισμός, communism (i.e. what is believed and practiced by communists)

C. Derived from verbs / *Παράγωγα ἀπό ρήματα*

1. The suffix -*μός* is used to create abstract nouns that indicate the process or result of certain actions. Thus:

ἀττικίζω, "to speak like an ancient Athenian" (i.e. in Attic dialect), gives *ἀττικισμός*, "Atticism," a word or expression taken from, or resembling, the Attic dialect; more generally, language that attempts to imitate ancient Attic

ἀρχαΐζω, "to archaize," "to imitate the ancients," gives *ἀρχαϊσμός*, "archaism" (in language), also (more generally) "imitation of the ancients"

κατατρέχω, "to persecute," "to oppress," gives *κατατρεγμός*, "persecution," "oppression"

2. The suffix -*σιμο* (-*ξιμο*, -*ψιμο*) is used for the same purpose. This will be treated in Flight IX, Part 2.

Drills for abstract nouns

Substitution drills. Replace the underlined cue with an appropriate abstract noun.

Δ. *Τό Πάσχα εἶναι ἡ μεγαλύτερη γιορτή <u>ὅλων τῶν χριστιανῶν τοῦ κόσμου</u>.*

Μ. *Τό Πάσχα εἶναι ἡ μεγαλύτερη γιορτή τῆς χριστιανοσύνης.*

Δ. Τό νά μήν ξέρει κανείς γράμματα εἶναι μεγάλος μπελάς.
Μ. Ἡ ἀγραμματοσύνη εἶναι μεγάλος μπελάς.

Δ. Τό ἀνθρώπινο γένος κατάγεται ἀπό τά ζῶα.
Μ. Ἡ ἀνθρωπότητα κατάγεται ἀπό τά ζῶα.

Δ. Ἡ μέλετη τῆς κλασσικῆς ἀρχαιότητας ἔχει βοηθήσει πολύ τήν ἀνθρωπότητα.
Μ. Ὁ οὐμανισμός ἔχει βοηθήσει πολύ τήν ἀνθρωπότητα.

Δ. Στά παλαιά χρόνια, οἱ Ἕλληνες εἶχαν ἐξουσία στό Αἰγαῖο Πέλαγος.
Μ. Στήν ἀρχαιότητα, οἱ Ἕλληνες εἶχαν ἐξουσία στό Αἰγαῖο Πέλαγος.

Δ. Τό νά 'μαστε ἀποφασιστικοί μᾶς βοηθάει ν' ἀντικρύζουμε τή ζωή.
Μ. Ἡ ἀποφασιστικότητα μᾶς βοηθάει ν' ἀντικρύζουμε τή ζωή.

Δ. Ὁ δικηγόρος πάντα ζητάει δίκαιη κρίση γιά τόν πελάτη του.
Μ. Ὁ δικηγόρος πάντα ζητάει δικαιοσύνη γιά τόν πελάτη του.

Δ. Οἱ χριστιανοί πιστεύουν ὅτι οἱ ἅγιοι ζοῦν αἰώνια.
Μ. Οἱ χριστιανοί πιστεύουν ὅτι οἱ ἅγιοι ζοῦν στήν αἰωνιότητα.

Δ. Οἱ πίνακες τοῦ Γκρέκο μᾶς δείχνουν τί θά πεῖ ὡραῖο.
Μ. Οἱ πίνακες τοῦ Γκρέκο μᾶς δείχνουν τί θά πεῖ ὡραιότητα.

Definitions: In each case, supply the word which is being defined.

1. τό ν' ἀρχαΐζει κανείς
2. τό νά μιλάει ἤ νά γράφει κανείς τήν ἀρχαία ἀττική διάλεκτο
3. τό νά πιστεύει κανείς στή δημοτική γλώσσα
4. ὅλοι οἱ Ρωμιοί σ' ὅλο τόν κόσμο
5. ἡ φιλοσοφία καί τό πιστεύω τοῦ Βούδα

Μικρόλογος Α'

Τρεῖς φορές ἡ λόγια παράδοση προσπάθησε νά κυριαρχήσει στό γραφτό λόγο.

Ἡ πρώτη φορά ἦταν στήν ἀρχαία ἐποχή στή Ρώμη καί ὕστερα καί στήν Κωνσταντινούπολη.

Τή δεύτερη φορά πού φανερώθηκε ἡ παράδοση αὐτή ἦταν στήν ἀναγέννηση τῶν βυζαντινῶν αὐτοκρατόρων.

Τήν τρίτη φορά παρουσιάστηκε στήν ἀρχή τοῦ 19ου αἰώνα, πού εἶναι ἡ ὥρα τοῦ Σολωμοῦ. Στήν ἴδια ἐποχή ὁ Κοραῆς, ἄν καί καταλαβαίνει τή σημασία τῆς νέας ἑλληνικῆς γλώσσας, περιμένει τήν ἀνάσταση τοῦ γένους ἀπό τά ἀρχαῖα ἑλληνικά.

Βοηθητικές ἑρμηνεῖες

1. *λόγια*] learned *παράδοση*] tradition
   κυριαρχήσει] dominate, rule, reign
2. *γραφτό* = *γραπτό*
5. *ἀναγέννηση*] renaissance, rebirth
7. 19ου = *δεκάτου ἐνάτου*

Ἐρωτήσεις

1. Τί *φανερώνεται τρεῖς φορές στήν ἱστορία τῆς ἑλληνικῆς γλώσσας;*
2. Τί *προσπάθησε νά κάνει ἡ λόγια παράδοση;*
3. Ποῦ *καί πότε παρουσιάστηκε τήν πρώτη φορά ἡ λόγια παράδοση;*
4. Πότε *φανερώθηκε τή δεύτερη φορά;*
5. Πότε *παρουσιάστηκε τήν τρίτη φορά;*
6. Τίνος *ἦταν ἡ ὥρα στήν ἀρχή τοῦ* 19ου *αἰώνα;*
7. Στήν *ἴδια ἐποχή, τί κατάλαβε ὁ* Κοραῆς;
8. Τί *περίμενε ὁ* Κοραῆς;

Ἀνάγνωση Α'

Τρεῖς φορές ὥς τά σήμερα ἡ λόγια παράδοση δοκίμασε νά κυριαρχήση στό γραφτό λόγο.

Τήν πρώτη φορά ἡ λόγια παράδοση ξεθηκάρωσε μέ τόν ἀττικισμό τοῦ 1ου αἰώνα π.Χ. στή Ρώμη. Ὕστερα ἀπό τό 330 μ.Χ., ὅταν ἡ Κωνσταντινούπολη γίνηκε πρωτεύουσα τοῦ ρωμαϊκοῦ κράτους, ἡ Ἐκκλησία ἀναγκάζεται νά ἀκολουθήση τό γλωσσικό τύπο τῆς ἑλληνικῆς παιδείας. Ὁ ἀττικισμός ἐμπόδισε τή γραφτή διαμόρφωση τῆς τότε ζωντανῆς λαλιᾶς, αὐτῆς πού ὀνομάστηκε κ ο ι ν ή, καί πού τή βλέπουμε νά γράφεται στούς πάπυρους καί στά Εὐαγγέλια.

Τή δεύτερη φορά ἡ λόγια παράδοση φανερώνεται μέ τήν ἀναγέννηση τῶν Κομνηνῶν καί τῶν Παλαιολόγων, ἀπό τόν 11ο ὥς τό 15ο αἰώνα.

Τήν τρίτη φορά ἡ λόγια παράδοση παρουσιάστηκε τό 19ο αἰώνα, τήν ὥρα πού πηγαίναμε νά διαμορφώσουμε τή γραφτή κοινή γλώσσα μας, ὄχι τώρα τήν κ ο ι ν ή, ἀλλά τή νέα ἑλληνική γλώσσα. Εἶναι ἡ κρίσιμη ὥρα τοῦ Σολωμοῦ.

Ὁ Κοραῆς (1748–1833) διακρίνει πρῶτος τή σημασία πού μπορεῖ νά πάρη ἡ σπουδή τῆς νέας ἑλληνικῆς γλώσσας. Δέ μπορεῖ ὡστόσο νά νιώση ἐκεῖνο πού κρύβεται πίσω *ἀπό τίς ἀπόπειρες πού γίνονται, σέ Ἀνατολή καί σέ Δύση, γιά νά βάλουν οἱ ἄνθρωποι στό χαρτί τή φυσική μιλιά τους. Ὁ Κοραῆς δέν καταλαβαίνει σέ βάθος τήν πνευματικότητα τῆς Ὀρθόδοξης Ἐκκλησίας καί τό βυζαντινό πολιτισμό. Τόν πνευματικό πολιτισμό ἀπάνω στόν ὁποῖο χρειάζεται ἀναγκαστικά ἐμεῖς νά στηριζόμαστε γιά νά προχωρήσουμε, ὁ Κοραῆς δέν τόν βλέπει πουθενά. Τήν ἀνάσταση τοῦ γένους τήν περιμένει ἀπό τά ἀρχαῖα ἑλληνικά συγγράμματα. Ὡστόσο ὁ ἴδιος αὐτός ἄνθρωπος καταλάβαινε καί τό ἔβαζε στό χαρτί πώς "ἡμεῖς ἔχομεν χρείαν μεγάλην νά γράφωμεν εἰς τήν γλῶσσαν, εἰς τήν ὁποίαν καί νοοῦμεν". Μυστήριο.*

Βοηθητικές ἑρμηνεῖες

1. *δοκίμασε*] attempted
3. *ξεθηκάρωσε*] unsheathed (its weapons)
4. *ἀττικισμό*] Atticism
7. *τύπο*] form, model *παιδείας*] of . . . education
8. *διαμόρφωση*] formation *λαλιᾶς*] of . . . speech
9. *κοινή*] "koine," the "common" Greek of the Hellenistic period
12. *Κομνηνῶν*] of the Comnenos (dynasty), of the Comneni
Παλαιολόγων] of the Palaiologos (dynasty), of the Palaiologi
19. *σπουδή*] study
20. *ὡστόσο*] however *κρύβεται*] hides, is hidden
21. *ἀπόπειρες*] attempts 22. *φυσική*] natural
23. *μιλιά*] speech
24. *πνευματικότητα*] spirituality
29. *συγγράμματα*] writings 31. *χρείαν*] need
32. *νοοῦμεν*] (katharevousa) we think, we comprehend

Μικρόλογος Β′

Ὁ Σολωμός χτύπησε τόν Κοραῆ στό Διάλογο, *λέγοντας ὅτι ὁ ἄνθρωπος ἔχει ἀνάγκη νά γράψη τή γλώσσα πού λαλεῖ. Ἀρνιέται τή διόρθωση τῆς γλώσσας μέ βάση τά ἀρχαῖα ἑλληνικά. Ἀντιθέτως, αὐτός ἔχει ὡς βάση τήν τωρινή λαλιά. Ἄν καί δέ σπούδασε οὔτε ἔγραψε τήν ἱστορία τῆς ἑλληνικῆς γλώσσας, πῆρε μιά θέση μέσα στήν ἱστορία της, ἐπειδή ἔγραψε ὁ ἴδιος στή δημοτική. Ὁ* Διάλογος *τοῦ Σολωμοῦ εἶναι τό πρῶτο πρότυπο γιά τόν ἑλληνικό πεζό λόγο.*

Βοηθητικές ἑρμηνεῖες

3. *ἀρνιέται*] he refuses, he denies
8. *πεζό*] prose

Ἐρωτήσεις

1. Σέ ποιό ἔργο χτύπησε ὁ Σολωμός τόν Κοραῆ;
2. Γιατί;
3. Ποιά βάση ἀρνιέται ὁ Σολωμός γιά τή διόρθωση τῆς γλώσσας;
4. Ποιά βάση προτιμᾶ;
5. Ἔγραψε ἤ σπούδασε τήν ἱστορία τῆς ἑλληνικῆς γλώσσας ὁ Σολωμός;
6. Γιατί πῆρε μιά θέση στήν ἱστορία τῆς γλώσσας;
7. Τί εἶναι ὁ Δ ι ά λ ο γ ο ς γιά τόν ἑλληνικό πεζό λόγο;

Ἀνάγνωση Β′

Ὁ Σολωμός χτύπησε τόν Κοραῆ στό Δ ι ά λ ο γ ο δίχως νά τόν ξεχωρίση ἀπό τούς Σοφολογιότατους. Στό ρώτημα τοῦ Σοφολογιότατου μέσα στό Δ ι ά λ ο γ ο: "Γνωρίζεις τά Ἑλληνικά;" ὁ Ποιητής ἀποκρίνεται μέ τό ρώτημα: "Γνωρίζεις τούς Ἕλληνας;"—"Ὅτι ὁ ἄνθρωπος κάνει τά φῶτα κι ὄχι τά φῶτα τόν ἄνθρωπον", θά πῆ ὁ ἀγράμματος Μακρυγιάννης. Τά Ἑλληνικά γιά τό Σοφολογιότατο εἶναι ἡ ἀρχαία ἑλληνική γλώσσα. Ὁ Ποιητής βάζει τά πράγματα στή θέση τους. Ὁ ἄνθρωπος ἔχει ἀνάγκη νά γράψη τή γλώσσα πού λαλεῖ.

Ὁ Σολωμός ἀρνιέται τή "διόρθωσιν τῆς γλώσσης" καί βροντοφωνάζει: "Ἡ βάση εἰς τήν ὁποίαν πρέπει νά καλλωπίσουμε τή γλώσσα μας . . . εἶναι ἡ τωρινή. . . . Ἔλα στό νοῦ σου, στοχάσου πόσο κακό κάνει ἡ γλώσσα πού γράφετε. . . . "

Ὁ Σολωμός δέ σπούδασε ἤ δέν ἔγραψε τήν ἱστορία τῆς ἑλληνικῆς γλώσσας, ἀλλά μέ τή γραφή του πῆρε μιά θέση μέσα στήν ἱστορία της. Ἔδωσε μιά γιά πάντα τόν τύπο τῆς γραφτῆς γλώσσας. Ἡ γλώσσα του εἶναι ὁ χρυσός κανόνας. Μέ τό Δ ι ά λ ο γ ο ἔχουμε τό πρῶτο (1824) πρότυπο γιά τόν ἑλληνικό πεζό λόγο. Ὁ Σολωμός κατάλαβε πώς ἡ γραφτή γλώσσα χρειάζεται νά εἶναι γραφτή διατύπωση τῆς προφορικῆς καί ἔγραψε μέ βάση τή ζωντανή ἤ σημερινή κοινή, πού ἔχει μαζεμένο ἀπό κάτω της ὁλόκληρο τόν *τρισχιλιόχρονο πλοῦτο μιᾶς ἀπό τίς βασικότερες γλῶσσες τῆς γῆς.*

Ἀπό: Ζήσιμου Λορεντζάτου, Γιά τό Σολωμό: *τή λύρα τή δίκαιη* (Ἀθήνα, Ἴκαρος, 1974), σελ. 160–66, 168–69, 171, 173, 175–77, 179, 181, 190, 193–95. Translated as "Solomos' *Dialogos* and Dante" in Zissimos Lorenzatos, *The Lost Center and Other Essays in Greek Poetry* (Princeton, 1980), pp. 156–180.

Βοηθητικές ἑρμηνεῖες καί Σημειώσεις

5. Even Solomos used katharevousa forms on occasion. The demotic is of course *τούς Ἕλληνες*.
7. *Μακρυγιάννης*] a general in the Revolutionary War who later taught himself to write so that he could set down his memoirs. We shall meet him in person in Flight IX.
13. *καλλωπίσουμε*] beautify, adorn
14. *ἔλα στό νοῦ σου*] come to your senses
    στοχάσου] consider, think (simple imperative of *στοχάζομαι*)
22. *διατύπωση*] formulation
23. *προφορικῆς*] of the spoken, of the oral (compare *προφορά*, "pronunciation") 24. *ὁλόκληρο*] all, the whole
25. *πλοῦτο*] wealth (singular: *ὁ πλοῦτος*, plural: *τά πλούτη*)

Development

1. The following Greek words are cognates of English words. For each,
   a) determine the precise meaning, and
   b) compose a sentence, in Greek, that uses the word in a way that displays the meaning clearly.
   τό τηλέφωνο, ὁ φιλόσοφος, ὁ πολύγλωσσος, ὁ μονόλογος, μηχανικά, τό πανόραμα, ὁ παιδίατρος, ὁ νεολογισμός, ὁ λεξικογράφος, ὁ μικρόκοσμος, ἡ ὁμιλία, ἡ ἰδέα, ἡ ψυχή, ὁ φυσικός, ἡ καταστροφή, ὁ ὁρίζοντας, ἡ χρονολογία
2. Read and discuss the following excerpt from Solomos's "Dialogue." Unknown words will be found in the glossary at the end of the book.

ΦΙΛΟΣ. Ὁ *σοφολογιώτατος ἔρχεται κατά μᾶς.*

ΠΟΙΗΤΗΣ. *Καλῶς τά δέχθηκες μέ τήν ὑπομονή σου. Ἐγώ δέν θέλω λόγια μ' αὐτόν. Κοίτα πῶς τρέχει! Τό πηγούνι του σηκώνει τήν* ἄκρη, ὡσάν νά ἤθελε νά ἑνωθῇ μέ τήν μύτη. Ὦ, νά ἐγένονταν ἡ ἕνωσις καί, τόσον σφιχτή, πού νά μήν μπορῇ πλέον ν' ἀνοίξῃ τό στόμα του, διά νά φωτίσῃ τό Γένος!

ΣΟΦΟΛΟΓΙΩΤΑΤΟΣ. Ἔφαγα τόν κόσμο, φίλτατε, διά νά σ' εὕρω· ἔτρεχα, ὅπως εἶναι τό χρέος ἑνός καλοῦ πατριώτου νά τρέχῃ, ὅταν εἶναι εἰς κίνδυνον ἡ δόξα τοῦ Γένους· ἕνα βιβλίο θέλει τυπωθῇ ὀγλήγορα γραμμένο εἰς τήν γλῶσσα τοῦ λαοῦ τῆς Ἑλλάδας, ὁπού λέγει κακό διά τούς σοφούς καί μοῦ κακοφαίνεται.

ΦΙΛΟΣ. Διατί σοῦ κακοφαίνεται;

ΣΟΦΟΛ. Διατί πολλά μυαλά εἶναι σωστά καί πολλά ὄχι· καί ὅσα δέν εἶναι σωστά ἠμποροῦν νά πατηθοῦν. Εἶναι τόσοι χρόνοι ὁπού σπουδάζω διά τό κοινόν ὄφελος τῆς πατρίδος μου καί δέν ἐπεθυμοῦσα νά ἔβγουν ἄλλοι νά μοῦ τυφλώσουν τούς ἀνθρώπους. Ἦλθα σ' ἐσέ, ὁπού εἶσαι σοφός καί σύ, διά νά ἑνωθοῦμε μέ ὅσους συλλογιζόμαστε καλά καί νά καταπλακώσουμε αὐτόν τόν βάρβαρον συγγραφέα.

ΦΙΛΟΣ. Καί ποῖος εἶναι ὁ συγγραφεύς;

ΣΟΦΟΛ. Δέν μοῦ εἶπαν τ' ὄνομά του· μοῦ εἶπαν πώς εἶναι ἕνας νέος, ὁ ὁποῖος διά τήν κοινήν γλῶσσα βαστάει πάντα τό σπαθί στό χέρι καί ἀπό τήν μάνιτα τήν μεγάλη, ἠμποροῦμε νά ποῦμε πώς ἐγκαταστάθηκε ἄλλος Αἴας μαστιγοφόρος.

ΠΟΙΗΤΗΣ. Λοιπόν, πάρε τά μέτρα σου, μή λάχῃ καί στό θυμό του σκοτώσῃ πρόβατα καί αὐτός καί ἐντροπιασθῇ.

ΣΟΦΟΛ. Ἄς ἐντροπιασθῇ· δι' αὐτόν δέν μέ μέλει· μέ μέλει γιά τό κοινόν ὄφελος.

ΠΟΙΗΤΗΣ. Καί τί ὄφελος;

ΣΟΦΟΛ. Ἡ γλῶσσα σοῦ φαίνεται λίγη ὠφέλεια; μέ τήν γλῶσσαν θά διδάξῃς τό κάθε πρᾶγμα· λοιπόν πρέπει νά διδάξῃς πρῶτα τές ὀρθές λέξες.

ΠΟΙΗΤΗΣ. Σοφολογιώτατε, τές λέξες ὁ συγγραφεύς δέν τές διδάσκει, μάλιστα τές μαθαίνει ἀπό τοῦ λαοῦ τό στόμα· αὐτό τό ξέρουν καί τά παιδιά.

ΣΟΦΟΛ. (μέ μεγάλη φωνή). Γνωρίζεις τά ἑλληνικά, κύριε; Τά γνωρίζεις, τά ἐσπούδαξες ἀπό μικρός;

ΦΙΛΟΣ. Ἀδέλφια, μήν ἀρχινᾶτε νά φωνάζετε, διατί βρισκόμαστε εἰς τόν δρόμο καί ἡ ἀληθινή σοφία λέει τό δίκαιόν της μέ μεγαλοπρέπεια, καί χωρίς θυμούς.

ΣΟΦΟΛ. (Χαμηλώνοντας τήν φωνήν καί προσπαθώντας νά φανῇ μεγαλόπρεπος). Ἀλήθεια, φίλε· ἔτσι ἔκανε καί ὁ Σωκράτης.

ΠΡΑΣΙΝΟ ΦΩΣ

ΤΗΛΕΦΩΝΟΝ

Πτήση 8

Ἡ Μικρασιατική Καταστροφή

Πρῶτο μέρος

κόκκινο

ΜΑΡΙΑ: ___, θέλω τό σπίτι μου, ___ ___ ___ ___ ___ ___
___; ___ ___ ___ ___ ___ ___; . . . ___
___, ἄς πάρω ἕναν ἄλλο ἀριθμό, ___ ___,___ ___ ___
___. ___ — ___ ___.

(Ὁ πύραυλος ___ ___ ___ ___· πέρασε πάνω
ἀπ' τήν Πελοπόννησο, ___ ___ ___ ___ ___
___, ___ ___ ___ ___ ___, ___
___ ___ ___ ___ ___ ___ καί βγῆκε στά ἀνοιχτά
τοῦ Αἰγαίου. ___ ___ ___ ___ ___ ___ ___ ___
___. ___, ἡ Μαρία εἶδε ___ ___ ___ ___
___ φλόγες πυρκαγιᾶς. Κατεβαίνοντας στή Μυτιλήνη
___ ___ ___ ___ ___ ___ ___ ___,
___ ___ ___ ___ ___, ___ ___, ___ ___ ___.
___ ___, ___ ___, ___ ___ βρέθηκε δίπλα σ' ἕναν
παπά ___ ___ ___ ___, ___ ___ ___
___ ___ ___ ___ ___ ___ ___. ___
___ ___ ___ ___ ___ ___:)

ΧΩΡΙΑΤΕΣ: ___ ___. . . ___ ___ ___ ___ . . .

ΜΑΡΙΑ (___ ___): Πάτερ, τί βλέπουν τά μάτια μου; ___
___ ___ ___ ___ ___ ___ ___ ___ ___ ___ ___
___ ___ ___;

ΠΑΠΑΣ: ___; ___ ___ ___, ___ ___;

ΜΑΡΙΑ (___ ___ ___ ___): ___ ___, ___ ___ ___.
___ ___ ___ ___.

ΠΑΠΑΣ (___): ___, ἡ Σμύρνη θά καίγεται, ___ ___
___ ___ ___ ___. ___, ___ ___! ___ ___ ___
___ ___ ___ ___ ___ ___ ___ ___ ___ ___
___ ___ ___ ___ ___ ___ ___ ___.

Βοηθητικές ἑρμηνεῖες

Τίτλος. Ἡ *Μικρασιατική Καταστροφή*] the Asia Minor Disaster
5. *πύραυλος*] rocket
6. Πελοπόννησο] Peloponnese (Peloponnesus, Peloponnesos)
8. *στά ἀνοιχτά*] in the open sea, in the offing
11. *πυρκαγιᾶς*] of a conflagration
Μυτιλήνη] Mytilini (Lesvos, Lesbos)
25. Σμύρνη] Smyrna
θά καίγεται] must be burning (i.e. it is a logical inference that Smyrna is burning)

Σημείωση

Τίτλος. Ἡ Μικρασιατική Καταστροφή] The attempt by Greece (1919–1922) to gain control over Smyrna and its hinterland, an area heavily populated by Greeks, though part of Turkey, ended in utter defeat. In September 1922 the Turks burned Smyrna; the Greeks throughout Anatolia escaped (those who could!) to nearby Greek islands such as Chios and Mytilini, and thence to mainland Greece. Thus ended aeons of Greek habitation of Asia Minor.
6. Πελοπόννησο] Note that ἡ Πελοπόννησος is feminine although the ending looks masculine. Literally, Peloponnesos means "the island of Pelops."
11. Μυτιλήνη] large island in the Aegean, off the coast of Turkey; the ancient Lesbos. Mytilini is also the name of the chief town.
25. Σμύρνη] Smyrna was the center of Greek cultural and commercial life in Asia Minor until the Disaster of 1922. It is now called Izmir.
θά καίγεται] For this use of the "future tense" to show logical inference, see Μιά *ματιά στή γραμματική*.

μπλέ

ΜΑΡΙΑ: ___, *θέλω τό σπίτι μου, μά πῶς νά ὁδηγήσω αὐτόν τόν πύραυλο;* Ποιό *εἶναι* _____ *τό μυστικό του;* . . . _____ _____, *ἄς πάρω ἕναν ἄλλο ἀριθμό,* __ _,__ _____ __ ________. Λοιπόν — 139 1922.

(Ὁ *πύραυλος* ______ ____ ___ ______· *πέρασε πάνω ἀπ' τήν* Πελοπόννησο, ________ ___ ______ ___ ___ ____, - _____ ________ ____ _______, _____ ____ __ __ ____ ____ ______ *καί βγῆκε στά ἀνοιχτά τοῦ* Αἰγαίου. _____ ___ ___ _____ ___ _____ ____ __ ____. Ξαφνικά, *ἡ* Μαρία *εἶδε μαῦρα σύννεφα καπνοῦ καί* ______ *φλόγες πυρκαγιᾶς.* Κατεβαίνοντας *στή* Μυτιλήνη *διέκρινε ___ ψαρόβαρκες πού ἐρχόντανε _ _ ___, _ _ ___ ___ ___, _ ___, ___ ___ ___. Στό νησί, ___ ___, ἡ Μαρία βρέθηκε δίπλα σ' ἕναν παπά μέσα σέ πλῆθος χωριάτες, ___ ___ ___ ___ _ ___ ___ ___ ___ ___. Ἕνας λόγος γύριζε ἀπό στόμα σέ στόμα:)*

ΧΩΡΙΑΤΕΣ: *Οἱ πρόσφυγοι. . . . _ ___ _ _ ___ . . .*

ΜΑΡΙΑ (___ ___): *Πάτερ, τί βλέπουν τά μάτια μου; Τί συμβαίνει ἐδῶ καί τί ἦταν οἱ φλόγες καί οἱ καπνοί πού εἶδα στό δρόμο;*

ΠΑΠΑΣ: *___; ___ _ ποῦ, παιδί μου;*

ΜΑΡΙΑ (___ _ _ ___): *___ ___, πρός τό νότο. Μιά ___ πολιτεία καίγεται.*

ΠΑΠΑΣ (___): *___, ἡ Σμύρνη θά καίγεται, _ ___ _ _ ___ ___. _, ___ ___! Ἡ καταστροφή ___ αὐτή εἶναι ἡ μεγαλύτερη πού μᾶς ἔχει συμβεῖ ἀπό τότε πού χάσαμε τήν Πόλη ___ ___ ___ ___.*

Βοηθητικές ἑρμηνεῖες

15. *χωριάτες*] peasants   18. *πρόσφυγοι*] refugees

Σημειώσεις

12. *διέκρινε*] past tense of *διακρίνω*. Note the internal, accented augment: *έ*.
15. *πλῆθος χωριάτες*] Note the accusative *χωριάτες* instead of what we might expect, namely the genitive *χωριατῶν*. On this, see *Μιά ματιά στή γραμματική*.
18. *πρόσφυγοι*] Normally, the plural is *οἱ πρόσφυγες*, the singular being *ὁ πρόσφυγας*. The form *πρόσφυγοι* is used by Stratis Myrivilis in his "*Ἡ παναγιά ἡ γοργόνα*" (p. 30), the novel from which our narration is adapted.

μαῦρο

ΜΑΡΙΑ: *Ἄχ, θέλω τό σπίτι μου, μά πῶς νά ὁδηγήσω αὐτόν τόν πύραυλο; Ποιό εἶναι ἄραγε τό μυστικό του; . . . Τέλος πάντων, ἄς πάρω ἕναν ἄλλο ἀριθμό, κι ὅ,τι βρέξει ἄς κατεβάσει. Λοιπόν* — 139 1922.

(Ὁ πύραυλος τράβηξε πρός τήν Ἀνατολή· πέρασε πάνω ἀπ' τήν Πελοπόννησο, προσπέρασε τήν Κόρινθο καί τήν Ἀθήνα, ἡ ὁποία ἐξαφανίστηκε στόν ὁρίζοντα, ἔφτασε

πάνω ἀπ᾽ τή μύτη τῆς Εὔβοιας καί βγῆκε στά ἀνοιχτά τοῦ Αἰγαίου. Κοντά στή Χίο ἔκανε μιά στροφή πρός τό βορρά. Ξαφνικά, ἡ Μαρία εἶδε μαῦρα σύννεφα καπνοῦ καί πελώριες φλόγες πυρκαγιᾶς. Κατεβαίνοντας στή Μυτιλήνη διέκρινε κάτι ψαρόβαρκες πού ἐρχόντανε μέ τά κουπιά, ἤ μ᾽ ἕνα γυναικεῖο ροῦχο, ἤ σεντόνι, σηκωμένο γιά πανί. Στό νησί, στό μόλο, ἡ Μαρία βρέθηκε δίπλα σ᾽ ἕναν παπά μέσα σέ πλῆθος χωριάτες, πού κοίταζαν καί περίμεναν νά δώσουν ἕνα χέρι στούς ἐρχόμενους. Ἕνας λόγος γύριζε ἀπό στόμα σέ στόμα:)

ΧΩΡΙΑΤΕΣ: Οἱ *πρόσφυγοι. . . .* Οἱ *πρόσφυγοι ἀπ᾽ τ᾽* Ἀϊβαλί . . .

ΜΑΡΙΑ (*στόν παπά*): Πάτερ, *τί βλέπουν τά μάτια μου;* Τί *συμβαίνει ἐδῶ καί τί ἦταν οἱ φλόγες καί οἱ καπνοί πού εἶδα στό δρόμο;*

ΠΑΠΑΣ: Φλόγες; Πρός *τά ποῦ, παιδί μου;*

ΜΑΡΙΑ (*δείχνοντας μέ τό δάχτυλο*): Ἐκεῖ *πέρα, πρός τό νότο.* Μιά *μεγάλη πολιτεία καίγεται.*

ΠΑΠΑΣ (*ἀπελπισμένος*): Θεέ *μου, ἡ* Σμύρνη *θά καίγεται, ἡ* Σμύρνη *καί τό βιός μας.* Ἄχ, *καημένη ρωμιοσύνη!* Ἡ *καταστροφή μας αὐτή εἶναι ἡ μεγαλύτερη πού μᾶς ἔχει συμβεῖ ἀπό τότε πού χάσαμε τήν* Πόλη *ἐδῶ καί* 500 *χρόνια.*

Βοηθητικές ἑρμηνεῖες

2. *ἄραγε*] I wonder 2–3. *τέλος πάντων*] anyway, in any case
3–4. *κι ὅ,τι βρέξει ἄς κατεβάσει*] and come what may (literally: and whatever rains let it come down)
5. *τράβηξε*] proceeded, headed 6. *προσπέρασε*] left behind
7. *ἐξαφανίστηκε*] disappeared 8. *μύτη*] tip, nose
Εὔβοιας] of Euboea (Evia, Evvoia) 9. *Χίο*] Chios
12. *κάτι*] some, several, a few *κουπιά*] oars
14. *μόλο* = *μῶλο*
26. *τό βιός*] wealth, fortune, worldly goods
ρωμιοσύνη] (loosely:) modern Greek civilization, Hellenism; (more precisely): the totality of modern Greeks in the world
28. *ἐδῶ καί* 500 *χρόνια*] 500 years ago

Σημειώσεις

2. *ἄραγε* = *ἄραγες*] This word indicates uncertainty. It is translated "I wonder if" or "Could it be that . . . ?" *Ἄραγε ζῇ ἤ πέθανε στά ξένα;* "I wonder if he's alive." "I wonder whether he died in foreign parts." Πῆρε *ἄραγες τά χρήματα πού τοῦ ᾽στειλα;* "I wonder if he received the money I sent him."

8. *Εὔβοιας*] Evia is the largest Greek island in the Aegean.
9. *Χίο*] Ἡ *Χίος* is an island in the Aegean near Turkey and directly west of Smyrna.
12. *κάτι*] used here as an indeclinable adjective.
    Compare: Βλέπω *κάτι ἀνθρώπους*.
    Βλέπω *κάτι πλοῖα*.
18. *Ἀϊβαλί*] This was another center of Greek population in Asia Minor, until the Disaster. It is now called Ayvalik.
26. *τό βιός*] Don't confuse this with *ὁ βίος*, "life."
    ρωμιοσύνη] The modern Greek often calls himself a *Ρωμιός* as opposed to a Hellene. As "Romios" he is the inheritor of the Byzantine tradition begun when Constantinople became the "new Rome," the eastern rival to old Rome. Collectively, modern Greek civilization—especially when this Christian Byzantine inheritance is being stressed rather than the inheritance from ancient Greece—is termed *ρωμιοσύνη*. The word also refers to the totality of the modern Greek people. For the use of the suffix *-οσύνη*, see *Μιά ματιά στή γραμματική* in the preceding lesson.

Συνώνυμα ἤ περίπου συνώνυμα

3–4. *κι ὅ,τι βρέξει ἄς κατεβάσει*: *κι ὅ,τι ἔχει νά γίνει ἄς γίνει*
8. *μύτη*: *ἄκρη, αἰχμή*
26. *τό βιός*: *ἡ περιουσία*

Ἐρωτήσεις

Νά *ἀπαντήσετε χρησιμοποιώντας τά συνώνυμα ἤ περίπου συνώνυμα*.

3–4. Τί *λέει* ἡ Μαρία *ὅταν ἀποφασίσει πιά νά πάρει ἕναν ἄλλον ἀριθμό*;
8. Πάνω *ἀπό ποιό μέρος* τῆς Εὔβοιας *ἔφτασε* ἡ Μαρία;
26. Τί *καίγεται μαζί μέ τή* Σμύρνη;

Ἀσκήσεις

2. Ποιό *εἶναι ἄραγε τό μυστικό του*;
   Ποιό *εἶναι ἄραγε* τό ὄνομά του;
   Γιατί ἄλλαξε *ἄραγε τό ὄνομά του*;
   Γιατί ἄλλαξε *ἄραγε* τό ροῦχο του;
   Πῶς βρῆκε *ἄραγε τό ροῦχο του*;
   Πῶς βρῆκε *ἄραγε* τό μυστικό του;
   Ποιό εἶναι *ἄραγε τό μυστικό του*;
4–5. Ἄς *πάρω ἕναν ἄλλο ἀριθμό, κι ὅ,τι βρέξει ἄς κατεβάσει.*
   Ἄς πῶ τήν ἀλήθεια
   Ἄς *πῶ τήν ἀλήθεια, κι ὅ,τι βρέξει ἄς κατεβάσει.*

Ἄς συγκρουστοῦμε μέ τόν ἐχθρό, Ἄς μαζευτεῖ ὁ λαός, Ἄς γιορτάσουμε τή μάχη πού 'ρχεται, Ἄς στείλουμε λόγο, Ἄς ἐκφραστοῦμε κατά τή μέθοδό μας, Ἄς τραβήξουμε πρός τήν ξενητειά, Ἄς πάρω ἕναν ἀριθμό

6. Ὁ πύραυλος προσπέρασε τήν Κόρινθο.
ἐξαφανίστηκε στόν ὁρίζοντα
Ὁ πύραυλος ἐξαφανίστηκε στόν ὁρίζοντα.
ἔφτασε πάνω ἀπ' τή μύτη τῆς Εὔβοιας, βγῆκε στά ἀνοιχτά τοῦ Αἰγαίου, ἔκανε μιά στροφή πρός τό βορρά, προσγειώθηκε σ' ἕναν πλανήτη, χάθηκε στόν οὐρανό, τριγύρισε τή γῆ, πέρασε μέσα ἀπό τά σύννεφα, συγκρούστηκε καί καταστράφηκε στό Ὄρος Ἄθως, προσπέρασε τήν Κόρινθο

11–12. Κατεβαίνοντας, διέκρινε κάτι ψαρόβαρκες.
κάτι φλόγες
Κατεβαίνοντας, διέκρινε κάτι φλόγες.
μιά πυρκαγιά, μαῦρα σύννεφα καπνοῦ, βάρκες μέ κουπιά, ἕνα σεντόνι σηκωμένο γιά πανί, πλῆθος χωριάτες, ἕνα γυναικεῖο ροῦχο σηκωμένο γιά πανί, κάτι ψαρόβαρκες

16. Περίμεναν νά δώσουν ἕνα χέρι στούς ἐρχόμενους.
στούς πρόσφυγες
Περίμεναν νά δώσουν ἕνα χέρι στούς πρόσφυγες.
στούς δύστυχους, στούς χωριάτες, στούς καημένους, στούς φτωχούς, στούς χριστιανούς, στούς νησιῶτες, στούς ἑτοιμοθάνατους, στά γυναικόπαιδα, στούς πρόσφυγες

23–24. Ἡ Μαρία δείχνει μέ τό δάχτυλο τήν πολιτεία πού καίγεται.
τόν πύραυλο πού καταστράφηκε
Ἡ Μαρία δείχνει μέ τό δάχτυλο τόν πύραυλο πού καταστράφηκε.
τό ἀεροπλάνο πού ἐξαφανίστηκε στόν ὁρίζοντα, τή Σμύρνη πού καταστρέφεται, κάτι ψαρόβαρκες πού ἐρχόντανε μέ τά κουπιά, κάτι φλόγες καί καπνούς, τή μύτη τῆς Εὔβοιας, πελώριες φλόγες πυρκαγιᾶς, ἕναν παπά στό μῶλο, τήν πολιτεία πού καίγεται

25. Θεέ μου, ἡ Σμύρνη θά καίγεται.
Θεέ μου, τό βιός μας θά καίγεται.
Θεέ μου, τό βιός μας θά καταστρέφεται.
Θεέ μου, ἡ περιουσία μας θά καταστρέφεται.
Θεέ μου, ἡ περιουσία μας θά χάνεται.
Θεέ μου, ἡ ρωμιοσύνη θά χάνεται.
Θεέ μου, ἡ ρωμιοσύνη θά καίγεται.
Θεέ μου, ἡ Σμύρνη θά καίγεται.

26–28. Ἡ καταστροφή αὐτή εἶναι ἡ μεγαλύτερη πού ἔχει συμβεῖ ἐδῶ καί 500 χρόνια.

Ἡ παρέλαση αὐτή εἶναι ἡ μεγαλύτερη πού ἔχει συμβεῖ ἐδῶ καί 500 χρόνια.
Ἡ παρέλαση αὐτή εἶναι ἡ μεγαλύτερη πού ἔχει γίνει ἐδῶ καί 3 αἰῶνες.
Ἡ συμφορά αὐτή εἶναι ἡ μεγαλύτερη πού ἔχει γίνει ἐδῶ καί 3 αἰῶνες.
Ἡ συμφορά αὐτή εἶναι ἡ μεγαλύτερη πού ἔχει πέσει στόν τόπο μας ἐδῶ καί 10 μῆνες.
Ἡ ἀρρώστια αὐτή εἶναι ἡ μεγαλύτερη πού ἔχει πέσει στόν τόπο μας ἐδῶ καί 10 μῆνες.
Ἡ ἀρρώστια αὐτή εἶναι ἡ μεγαλύτερη πού ἔχει συμβεῖ ἐδῶ καί 500 χρόνια.
Ἡ καταστροφή αὐτή εἶναι ἡ μεγαλύτερη πού ἔχει συμβεῖ ἐδῶ καί 500 χρόνια.

28. Μάθαμε τά νέα ἐδῶ καί 5 ὧρες.
ἐδῶ καί 2 μέρες
Μάθαμε τά νέα ἐδῶ καί 2 μέρες.
ἐδῶ καί 5 λεπτά, ἐδῶ καί 4 ἑβδομάδες, ἐδῶ καί 1 μῆνα, ἐδῶ καί 40 δευτερόλεπτα, ἐδῶ καί 1 ὥρα, ἐδῶ καί 1 δεκαπενθήμερο, ἐδῶ καί 5 ὧρες

Ἐρωτήσεις

1. Τί δέν ξέρει νά ὁδηγήσει ἡ Μαρία;
2. Τί ζητάει νά μάθει γιά τόν πύραυλο ἡ Μαρια;
3. Πρός τά ποῦ τράβηξε ὁ πύραυλος;
4. Τί εἶδε ξαφνικά ἡ Μαρία πάνω ἀπό τή Χίο;
5. Κατεβαίνοντας, τί διέκρινε;
6. Στό μῶλο τοῦ νησιοῦ, ἀνάμεσα σέ ποιούς βρέθηκε ἡ Μαρία;
7. Τί ἔκαναν οἱ χωριάτες αὐτοί;

Γενικές ἐρωτήσεις

1. Πές μου πῶς νά ὁδηγήσω αὐτοκίνητο. (Ὁ δάσκαλος νά κάνει μέ κινήσεις τό καθετί πού λέει ὁ μαθητής.)
2. Πῶς τά λέμε τά μυστικά μας, ψιθυρίζοντας ἤ βροντοφωνάζοντας;
3. Πές μας πρός τά ποῦ θά τραβήξεις μόλις τελειώσει τό μάθημα.
4. Ὅταν ξαφνικά δεῖς μιά πυρκαγιά, τί κάνεις;
5. Πῶς λέγεται αὐτός πού ψαρεύει;
6. Ρώτα τόν διπλανό σου ἄν τοῦ ἀρέσει περισσότερο νά ψαρεύει μές ἀπό βάρκα ἤ ἀπ' τό μῶλο;
7. Οἱ χωριάτες μένουν στό χωριό. Οἱ ἀστική μάζα, ποῦ μένει;

8. Τί λόγος γύριζε ἀπό στόμα σέ στόμα;
9. Ποιά ἦταν ἡ μεγάλη πολιτεία πού καιγόταν;
10. Πόσα χρόνια εἶχε νά συμβεῖ τέτοια μεγάλη καταστροφή;

8. Πές μας γιατί εἶναι τρομερό νά γίνει κανείς πρόσφυγας;
9. Ὀνόμασέ μας μερικές πολιτεῖες πού κάηκαν.
10. Κατά τή γνώμη σου, ποιά ἦταν ἡ μεγαλύτερη καταστροφή τῆς ἱστορίας; Γιατί; Ἐδῶ καί πόσα χρόνια συνέβη ἡ καταστροφή αὐτή;

Μιά ματιά στή γραμματική

I. *θά* + VERB TO INDICATE LOGICAL INFERENCE

Logical inference may be expressed in English by means of "must" + a verb in sentences like:

There must be some mistake.
He must have gone.

Greek expresses the same idea by means of *θά* + verb.

Ἡ Σμύρνη θά καίγεται. Smyrna must be burning.

The context in which the sentence occurs will indicate that logical inference is intended, rather than future time.

The verb-form following *θά* may be continuous subjunctive, simple past, continuous past, present perfect, past perfect. Here are some examples:

Continuous subjunctive

Τήν πῆγε μέσα. Θά τῆς τό λέει τώρα. He took her inside. He must be telling her [about it] now.

Simple past

Θά τῆς τό εἶπε χτές. He must have told her [about] it yesterday.

Continuous past

Τά φῶτα τοῦ σπιτιοῦ τους ἦταν σβησμένα. Ὅλοι θά κοιμόνταν. The lights in their home were out. Everyone must have been asleep.

Present perfect

Θά τόν ἔχω γνωρίσει τόν κύριο αὐτό κάποτε, ἀλλά δέν τόν θυμᾶμαι τώρα. I must have met that gentleman sometime, but I don't remember him now.

Past perfect

Θά σᾶς εἶχαν πέσει ἐκεῖ πέρα τά γάντια σας. Your gloves must have fallen over there.

The negative is δέ(ν).

Δέ θά τό κατάλαβες. You must not have understood it.

II. ACCUSATIVES IN PLACE OF GENITIVES OR PREPOSITIONAL PHRASES

A. After certain expressions indicating a large amount of something, that "something" can be in the accusative case instead of the expected genitive. Generally, speakers who retain the genitive do so because they wish to employ a "fancier" Greek.

Ἦταν ἕνα πλῆθος αὐτοκίνητα ἐκεῖ.
Ἦταν ἕνα πλῆθος αὐτοκινήτων ἐκεῖ.

Βρέθηκε μέσα σέ πλῆθος χωριάτες.
Βρέθηκε μέσα σέ πλῆθος χωριατῶν.

Similarly, after certain expressions indicating a large amount of something, that something can be expressed by a noun in the accusative, instead of by an expected prepositional phrase.

In the following examples, either an accusative or a prepositional phrase is possible.

Εἶδαν ἕνα μουλάρι καταφορτωμένο ξύλα.
Εἶδαν ἕνα μουλάρι καταφορτωμένο μέ ξύλα.

Οἱ οὐρανοί γεμίζουν ἀστραπές καί βροντές.
Οἱ οὐρανοί γεμίζουν μέ ἀστραπές καί βροντές.

Γέμισε τό λεωφορεῖο ἐπιβάτες.
Γέμισε τό λεωφορεῖο μέ ἐπιβάτες.

Εἴμαστε γεμάτοι ἐλπίδες.
Εἴμαστε γεμάτοι μέ ἐλπίδες.

Εἶναι γεμάτο νερό τό ποτήρι.
Εἶναι γεμάτο μέ νερό τό ποτήρι.

Τό δωμάτιο ἦταν γεμάτο κόσμο.
Τό δωμάτιο ἦταν γεμάτο μέ κόσμο.

Τό βάζο εἶναι φορτωμένο λουλούδια.
Τό βάζο εἶναι φορτωμένο μέ λουλούδια.

B. The same substitution of the accusative for an expected genitive or prepositional phrase occurs after most expressions of measure, small as well as large. In English we say "a glass *of* water," but in Greek we say *ἕνα ποτήρι νερό*. Similarly:

ἕνα μικρό μπουκάλι κρασί
ἕνα κουταλάκι ζάχαρη
*ἕνα φλιτζανάκι καφέ**
ἕνα πακέτο τσιγάρα
ἕνα κουτί σπίρτα
ἕνα κιλό πατάτες
δέκα γαλόνια βενζίνη
ἕνα ζευγάρι παπούτσια
ἕνα κομματάκι ψωμί
ἕνα πιάτο σούπα

In all these cases, the first noun is an indicator of size or amount while the noun immediately following, in the accusative, is an ingredient. If the second noun were in the genitive rather than the accusative, or in the accusative after *ἀπό*, it would indicate what the first object was made of, not what it contained. Compare:

ἕνα κουτί ξύλα	a box of wood (i.e. filled with wood)
ἕνα κουτί ξύλου†	a box of wood (i.e. made of wood)
ἕνα κουτί ἀπό ξύλο	a box of wood (i.e. made of wood)
ἕνα πιάτο πηλό	a plate of clay (i.e. filled with clay)
ἕνα πιάτο πηλοῦ†	a plate of clay (i.e. made of clay)
ἕνα πιάτο ἀπό πηλό	a plate of clay (i.e. made of clay)

Drills for logical inference

Translate:

Δ. Certainly Chrysanthi must have gotten married.
M. *Ἀσφαλῶς ἡ Χρυσάνθη θά παντρεύτηκε.*

Δ. Certainly I must have sent you the letter.
M. *Ἀσφαλῶς θά σοῦ ἔστειλα τό γράμμα.*

Δ. Certainly you must have seen them in Athens.
M. *Ἀσφαλῶς θά τούς εἶδες στήν Ἀθήνα.*

Δ. Certainly they must have returned by bus.
M. *Ἀσφαλῶς θά γύρισαν μέ τό λεωφορεῖο.*

Δ. Certainly all the houses must be burning now.
M. *Ἀσφαλῶς ὅλα τά σπίτια θά καίγονται τώρα.*

Δ. Certainly she must be sleeping now.
M. *Ἀσφαλῶς θά κοιμᾶται τώρα.*

*Compare with *ἕνα φλιτζανάκι τοῦ καφέ*, which means "a (small) coffee cup."
†These expressions with the genitive are rather forced, and should be avoided. The more natural way of indicating what an object is made of is to use *ἀπό* followed by the accusative.

Δ. Certainly he must have been sleeping when we arrived.
Μ. *Ἀσφαλῶς θά κοιμόταν ὅταν φτάσαμε.*

Δ. Certainly you must not have remembered the number.
Μ. *Ἀσφαλῶς δέ θά θυμόσουν τόν ἀριθμό.*

Drills for accusatives in place of expected genitives or prepositional phrases

Translate:

Δ. The vase was full of flowers.
Μ. *Τό βάζο ἦταν γεμάτο λουλούδια.*

Δ. We need six kilos of olive oil
Μ. *Χρειαζόμαστε ἕξι κιλά λάδι.*

Δ. I am loaded with troubles.
Μ. *Εἶμαι φορτωμένος βάσανα.*

Δ. A multitude of women encircled me.
Μ. *Μέ τριγύρισαν ἕνα πλῆθος γυναῖκες.*

Δ. Bring me a cup of tea with two teaspoonsful of sugar.
Μ. *Φέρε μου ἕνα φλιτζάνι τσάϊ μέ δυό κουταλάκια ζάχαρη.*

Πτήση 8

Ἡ Μικρασιατική Καταστροφή

Δεύτερο μέρος

κόκκινο

(Οἱ βάρκες ἄραζαν ______ ______ ___ ____. Ἔβγαιναν ἄντρες, γυναῖκες, μωρά, ἀνακατωμένοι. ___ _____ ____ ____ _____, ___ _____ _____ ______. Κοιτοῦσαν γύρω μέ κόκκινα μάτια _____ ___ ___ _____. Εἶχανε τούς λαβωμένους τους μαζί, _____ ___ ____ ______. _____ ___ _____ ___.

Μιά γριά, μόλις βγῆκε στό μόλο ____ ______, ______. _____ __ ____ ___ ____ ___ ____, _____ _____ __ ___ __ ἔκλαψε κράζοντας δυνατά ___ ________. Τότες πολλοί ἄρχισαν νά κλαῖνε γύρω της. _ ____ ____ ___ _______ _____ __ ________. Ἡ σιωπή εἶχε σπάσει.

___ _____ __ _____ ___ _______ _____ __________ ___ _____. Ὁ παπάς ______ __ _____ __ ___ _____. _____ ______ ___ ___ __ ἄρχισε νά μιλάει.)

ΠΑΠΑΣ: ________ ___! Πάει πιά ἡ Μεγάλη Ἰδέα. Κλαῖνε οἱ καμπάνες τῆς Ἁγιά-Σοφιᾶς. . . . Ὅμως ὁ Θεός εἶναι μεγάλος. Ἡ Ἑλλάδα ζεῖ καί θά ζεῖ. ___ ___ ______ _______ ___ ___ ________ ____ ___ ___ ____ _____ ___ __ ____ ___ _____. . . . __ _______ _____ ________ ___ _____ ___, ___ _____, _____ ___ ____ _______ ___ ___ ______ ___ ______. __ __ _____ ______ ___, ____ ___ ___ __ ________. . . . _ _______ __ _____ ___ ____ ___ _____. _ ______ __ _____ ____ _________. . . . ____ ___ _ ______. . . . ___ __ ______ ___.

Βοηθητικές ἑρμηνεῖες

1. *ἄραζαν*] anchored, moored
2. *μωρά*] infants

3. *κοιτοῦσαν* = *κοίταζαν*
9. *κράζοντας*] crying, yelling, screaming

Σημειώσεις

16. Μεγάλη 'Ιδέα] The "Great Idea" was the idea that all areas in and around the eastern Mediterranean inhabited by large concentrations of Greeks—e.g. Macedonia, Thrace, Crete, Anatolia (Smyrna and its hinterland), Cyprus, Constantinople—might be incorporated into the Greek state. By 1922, the Great Idea had been realized for Crete and for parts of Macedonia and Thrace. It obviously had not been realized for Anatolia, not to mention Constantinople or Cyprus. "The Great Idea," wrote Ion Dragoumis, one of its major proponents, "is a memory which has remained, thrusting itself deep into the soul of the Greeks and nestling there since 1453, when the Turks took Constantinople. It is the memory that the Greeks, with Constantinople as their capital, ruled the East in former times." ('Ο Νουμᾶς, October 11, 1909, p. 6.)

μπλέ

(Οἱ βάρκες ἄραζαν φορτωμένες δυστυχία καί φρίκη. Ἔβγαιναν ἄντρες, γυναῖκες, μωρά, ἀνακατωμένοι. ___ ___ ___ ___ ___, ___ ___ ___. *Κοιτοῦσαν γύρω μέ κόκκινα μάτια πρησμένα ἀπό τήν ἀγρύπνια. Εἴχανε τούς λαβωμένους τους μαζί,* ___ ___ ___ ___. *Κανένας δέν ἔκλαιγε πιά.*

Μιά γριά, μόλις βγῆκε στό μόλο ___ ___, *γονάτισε.* ___ ___ ___ ___ ___ ___ ___ ___, *φίλησε χάμου τή γῆς κι ἔκλαψε κράζοντας δυνατά* ___ ___. *Τότες πολλοί ἄρχισαν νά κλαῖνε γύρω της.* ___ ___ ___ ___ ___ ___ ___ ___. *Ἡ σιωπή εἶχε σπάσει.*

Ὅλοι ἔτρεξαν νά δώσουν μιά παρηγοριά στούς κατατρεγμένους τῆς μοίρας. Ὁ παπάς ___ ___ ___ ___ ___ ___. ___ ___ ___ ___ ___ *ἄρχισε νά μιλάει.)*

ΠΑΠΑΣ: *Χριστιανοί μου! Πάει πιά ἡ Μεγάλη Ἰδέα. Κλαῖνε οἱ καμπάνες τῆς Ἁγιά-Σοφιᾶς. . . . Ὅμως ὁ Θεός εἶναι μεγάλος. Ἡ Ἑλλάδα ζεῖ καί θά ζεῖ.* ___ ___ ___ ___ ___ ___ ___ ___ ___ ___ ___ ___ ___ ___ ___ ___ ___ ___. . . . ___ ___ ___ ___ ___ ___ ___, ___ ___, ___ ___ ___ ___ ___ ___ ___ ___ ___. ___ ___ ___ ___, ___ ___ ___ ___ ___. . . . ___ ___ ___ ___ ___.

_ ______ _ _____ ____ ________. . . . ____ ____ _

______. . . . _____ _ ______ ___.

Βοηθητικές ἑρμηνεῖες

4. *πρησμένα*] swollen
   ἀγρύπνια] lack of sleep, sleeplessness
8. *γονάτισε*] kneeled *φίλησε*] kissed
9. *χάμου* = *χάμω*] down below (literally: on the ground)
13. *παρηγοριά* = *παρηγορία*] consolation, comfort
    κατατρεγμένους] oppressed, persecuted

Σημειώσεις

1. *φορτωμένες δυστυχία*] Remember that Greek, in an expression like this, can leave out the expected preposition *μέ* between the two words. See Μιά *ματιά στή γραμματική* for Flight VIII, Part 1.
9. *τή γῆς*] See Μιά *ματιά στή γραμματική*.
13. *κατατρεγμένους*] The verb is *κατατρέχω*.

μαῦρο*

(Οἱ βάρκες ἄραζαν φορτωμένες δυστυχία καί φρίκη. Ἔβγαιναν ἄντρες, γυναῖκες, μωρά, ἀνακατωμένοι. Τά πρόσωπά τους ἦταν ἄπλυτα, τά δόντια σφιχτά κλειδωμένα. Κοιτοῦσαν γύρω μέ κόκκινα μάτια πρησμένα ἀπό τήν ἀγρύπνια. Εἴχανε τούς λαβωμένους τους μαζί, βγάλανε καί κάτι σκοτωμένους. Κανένας δέν ἔκλαιγε πιά.

Μιά γριά, μόλις βγῆκε στό μόλο ἔκανε μετάνοια, γονάτισε. Χάιδεψε τό χῶμα μέ τά ξερά της χέρια, φίλησε χάμου τή γῆς κι ἔκλαψε κράζοντας δυνατά σάν ἀγριοπούλι. Τότες πολλοί ἄρχισαν νά κλαῖνε γύρω της. Ἡ Μαρία χλωμή ἀπό συγκίνηση κόντευε νά λιγοθυμήσει. Ἡ σιωπή εἶχε σπάσει.

Ὅλοι ἔτρεξαν νά δώσουν μιά παρηγοριά στούς κατατρεγμένους τῆς μοίρας. Ὁ παπάς βάσταξε τή Μαρία νά μήν πέσει. Ὕστερα στράφηκε στό λαό κι ἄρχισε νά μιλάει.)

ΠΑΠΑΣ: Χριστιανοί μου! Πάει πιά ἡ Μεγάλη Ἰδέα. Κλαῖνε οἱ καμπάνες τῆς Ἁγιά-Σοφιᾶς. . . . Ὅμως ὁ Θεός εἶναι μεγάλος.

*Based on: Στράτη Μυριβήλη, Ἡ *παναγιά ἡ γοργόνα* (Ἀθήνα, Κολλάρος, 1967), σελ. 30–33· Γιώργου Θεοτοκᾶ, *Ἀργώ*, τόμ. Α' (Ἀθήνα, Κολλάρος), σελ. 152–53, 168· Γρηγορίου Δαφνῆ, Ἡ Ἑλλάς *μεταξύ δύο πολέμων*, 1928–1940, τόμ Α' (Ἀθήνα, Ἴκαρος, 1955), σελ. 5–6.

Ἡ Ἑλλάδα ζεῖ καί θά ζεῖ. Ὅλοι μαζί νιώθουμε κλεισμένη μέσα στή φαρμακωμένη ψυχή μας τήν εὐθύνη καί τό χρέος τῆς φυλῆς. . . . Ἄς βολέψουμε τούς δυστυχισμένους στά σπίτια μας, στά μαγαζιά, ἀκόμα καί στίς ἀποθῆκες καί στίς καλύβες τῶν χωραφιῶν. Κι ἄς τούς φέρουμε φαΐ, ρακί καί καφέ νά ψυχοπιάσουν. . . . Ὁ γιατρός θά δένει τίς πληγές· ἡ Ἐκκλησία θά θάφτει τούς πεθαμένους. . . . Πάει πιά ἡ Ἀνατολή. . . . Ἐμεῖς τή δουλειά μας.

Βοηθητικές ἑρμηνεῖες

3. *ἄπλυτα*] unwashed 7. *μετάνοια*] obeisance, prostration
8. *ξερά*] dry, leathery, crusty
9. *ἀγριοπούλι* = *ἄγριο* + *πουλί* 10. *χλωμή*] pale
11. λιγοθυμήσει = λιποθυμήσει] faint, lose consciousness
19. *φαρμακωμένη*] embittered, poisoned *εὐθύνη*] responsibility
20. *φυλῆς*] of the race
βολέψουμε] accommodate, settle comfortably
21. *ἀκόμα καί*] even *ἀποθῆκες*] storerooms, warehouses
22. *ρακί* (neuter) = *ρακή* (feminine)] raki
23. *νά ψυχοπιάσουν* = *ψυχοπιαστοῦν*] that they may revive (literally: catch soul) *πληγές*] wounds
24. *πάει πιά*] all done with, finished

Σημειώσεις

7. *ἔκανε μετάνοια*] Devout Greek Orthodox do obeisance before icons by kneeling and sometimes by also touching the ground with their foreheads, repeatedly.
20. *τῆς φυλῆς*] The word means "race," literally, but Greeks use it as a synonym for "a nation," "a people." Here, the priest obviously means the duty of the Greek people.
22. *ρακί*] Raki is a strong, aromatic liquor flavored with mastic or other spices. When flavored with anise it is called *οὖζο*.
23. *ψυχοπιάσουν*] Greeks say *φεύγει ἡ ψυχή* when someone dies. Conversely, they say *κρατάει τήν ψυχή μέ τά δόντια* when someone is clinging to life. When someone *ψυχοπιάνει* or *ψυχοπιάνεται*, he gains strength, revives, recovers. The mediopassive form now seems to be the most common.
24. *πάει πιά ἡ Ἀνατολή*] *πάει πιά*, here, and also *πάει* in similar expressions, really functions like an impersonal verb; a proper translation would be "It's all over with Anatolia." Compare *Πάει αὐτός*, "It's all over with him."

Συνώνυμα ἤ περίπου συνώνυμα

5. λαβωμένους: πληγωμένους, τραυματισμένους, χτυπημένους
7. στό μόλο: στόν κυματοθραύστη, στό μουράγιο, στήν προκυμαία
9. δυνατά: γοερά, σπαραχτικά
20. τῆς φυλῆς: τοῦ ἔθνους, τοῦ γένους
    ἄς βολέψουμε: ἄς τακτοποιήσουμε

Ἐρωτήσεις

Νά ἀπαντήσετε χρησιμοποιώντας τά συνώνυμα ἤ περίπου συνώνυμα.

5. Ποιούς εἶχαν οἱ πρόσφυγες μαζί τους;
7. Ποῦ βγῆκε μιά γριά;
9. Πῶς ἔκλαψε ἡ γριά πού βγῆκε στό μῶλο;
20. Τί εὐθύνη λέει ὁ παπάς πώς ἔχουν οἱ Ἕλληνες χριστιανοί αὐτή τήν ὥρα τῆς καταστροφῆς;
20. Τί πρέπει νά τούς κάνουν τούς δυστυχισμένους πρόσφυγες;

Ἀσκήσεις

1. Οἱ βάρκες ἄραζαν φορτωμένες δυστυχία καί φρίκη.
   εὐτυχία καί χαρά
   Οἱ βάρκες ἄραζαν φορτωμένες εὐτυχία καί χαρά.
   γέλια καί κλάματα, θρήνους καί κραυγές, ἐλπίδα καί ὄνειρο, θόρυβο καί ἀνησυχία, φωνές καί φασαρία, τραγούδι καί μουσική, μουγγρίσματα καί ἀναστεναγμούς, βάσανα καί ἀπελπισία, δυστυχία καί φρίκη

2–3. Τά πρόσωπά τους ἦταν ἄπλυτα.
   Τά δόντια τους ἦταν ἄπλυτα.
   Τά δόντια τους ἦταν σφιχτά κλειδωμένα.
   Τά χέρια τους ἦταν σφιχτά κλειδωμένα.
   Τά χέρια τους ἦταν ἄπλυτα.
   Τά πρόσωπά τους ἦταν ἄπλυτα.

3–4. Κοιτοῦσαν γύρω μέ κόκκινα μάτια.
   πρησμένα
   Κοιτοῦσαν γύρω μέ πρησμένα μάτια.
   ἄγρυπνα, κουρασμένα, δυστυχισμένα, εὐτυχισμένα, βασανισμένα, ἄγρια, ἀπελπισμένα, κλαμένα, κόκκινα

7. Μιά γριά, μόλις βγῆκε στό μόλο, ἔκανε μετάνοια.
   Ἕνας πρόσφυγας, μόλις βγῆκε στό μόλο, ἔκανε μετάνοια.
   Ἕνας πρόσφυγας, μόλις βγῆκε στό μόλο, γονάτισε.
   Ἕνας Μικρασιάτης, μόλις βγῆκε στό μόλο, γονάτισε.
   Ἕνας Μικρασιάτης, μόλις βγῆκε στό μόλο, χάιδεψε τό χῶμα.
   Μιά γριά, μόλις βγῆκε στό μόλο, χάιδεψε τό χῶμα.
   Μιά γριά, μόλις βγῆκε στό μόλο, ἔκανε μετάνοια.

9. Ἔκλαψε κράζοντας δυνατά σάν ἀγριοπούλι.
σάν λαβωμένο σκυλί
Ἔκλαψε κράζοντας δυνατά σάν λαβωμένο σκυλί.
σάν τραυματισμένος στρατιώτης, σάν πληγωμένη μάνα, σάν πεινασμένο μωρό, σάν προδομένη γυναίκα, σάν ἐγκαταλειμμένο παιδάκι, σάν χτυπημένος ἐλέφαντας, σάν ἀγριοπούλι

10–11. Ἡ Μαρία χλωμή ἀπό συγκίνηση κόντευε νά λιγοθυμήσει.
Ἡ Μαρία χλωμή ἀπό φόβο κόντευε νά λιγοθυμήσει.
Ἡ Μαρία χλωμή ἀπό φόβο κόντευε νά πεθάνει.
Ἡ Μαρία χλωμή ἀπό ἀγωνία κόντευε νά πεθάνει.
Ἡ Μαρία χλωμή ἀπό ἀγωνία κόντευε νά λιγοθυμήσει.
Ἡ Μαρία χλωμή ἀπό συγκίνηση κόντευε νά λιγοθυμήσει.

13–14. Ὅλοι ἔτρεξαν νά δώσουν μιά παρηγοριά στούς κατατρεγμένους τῆς μοίρας.
στούς δυστυχισμένους πρόσφυγες
Ὅλοι ἔτρεξαν νά δώσουν μιά παρηγοριά στούς δυστυχισμένους πρόσφυγες.
στά ἀγρυπνισμένα γυναικόπαιδα, στόν καταδιωγμένο λαό, στούς πληγωμένους τούς στρατιῶτες, στούς καημένους τούς Μικρασιάτες, στά ἄρρωστα παιδιά, στό ταραγμένο πλῆθος, στούς κατατρεγμένους τῆς μοίρας

16. Πάει πιά ἡ Μεγάλη Ἰδέα.
ἡ ἐλπίδα
Πάει πιά ἡ ἐλπίδα.
ἡ χαρά, ἡ ζωή, ὁ πλοῦτος, ἡ φτώχεια, ἡ εὐτυχία, ἡ δυστυχία, ἡ Ἀνατολή, ἡ δικαιοσύνη, τό βιός μας, ἡ Μεγάλη Ἰδέα

Ἐρωτήσεις

1. Πῶς ἄραζαν οἱ βάρκες στό μῶλο τοῦ νησιοῦ;
2. Πῶς ἦταν τά πρόσωπα καί τά δόντια τῶν προσφύγων;
3. Γιατί τά μάτια τους ἦταν κόκκινα καί πρησμένα;
4. Τί ἔκανε ἡ γριά μόλις βγῆκε στήν προκυμαία;

Γενικές ἐρωτήσεις

1. Κατά τή γνώμη σου, ποιά ἦταν ἡ φρικτότερη δυστυχία πού ἔγινε στήν ἱστορία τῆς Ἑλλάδας καί ποιά στήν ἱστορία τῆς ἀνθρωπότητας;
2. Νά μᾶς περιγράψεις τό πρόσωπο ἑνός ἀγωνιζόμενου καί δυστυχισμένου ἀνθρώπου.
3. Πότε συνήθως ἀγρυπνᾶς; Πῶς αἰσθάνεσαι τήν ἄλλη μέρα;
4. Καταλαβαίνεις ἀκριβῶς γιατί ἡ γριά φίλησε τό χῶμα;

5. Ἀπό τί ἦταν χλωμή ἡ Μαρία;
6. Τί ἔτρεξαν νά δώσουν οἱ Μυτιληνιοί στούς κατατρεγμένους ἀπ' τή μοίρα πρόσφυγες;
7. Σέ ποιόν στράφηκε ὁ παπάς, καί γιατί;
8. Γιατί κλαῖνε οἱ καμπάνες τῆς 'Αγιά-Σοφιᾶς;
9. Τί ζητάει ὁ παπάς νά φέρουν στούς δυστυχισμένους πρόσφυγες καί γιατί;
10. Τί θά κάνει ὁ γιατρός;
11. Τί θά κάνει ἡ ἐκκλησία;
12. Τί θά κάνουν οἱ ἄλλοι στό τέλος;

5. Πῶς αἰσθάνεσαι ὅταν κοντεύεις νά λιγοθυμήσεις;
6. Τί παρηγοριά θά ἔδινες σ' ἕνα στενοχωρημένο φίλο σου;
7. Πῶς θά αἰσθανόσουν ἄν ἔπρεπε νά μιλήσεις σέ ἕνα τεράστιο πλῆθος ἀνθρώπων;
8. Γιά ποιόν λόγο οἱ ἐκκλησίες χτυποῦν τίς καμπάνες;
9. Ὅταν εἶσαι κατακουρασμένος, τί προτιμᾶς νά ἔχεις γιά νά ψυχοπιαστεῖς;
10. Ποιό εἶναι τό χρέος καί ἡ εὐθύνη τοῦ γιατροῦ;
11. Ποιό εἶναι τό χρέος καί ἡ εὐθύνη τῆς ἐκκλησίας;
12. Ποιά δουλειά σκέφτεσαι νά κάνεις στή ζωή σου; Γιατί; Ποιό εἶναι τό χρέος καί ἡ εὐθύνη τοῦ κάθε ἀνθρώπου;

Μιά ματιά στή γραμματική

I. THE NOUN *ἡ γῆ*

In the singular, this noun can behave normally:

ἡ γῆ, τῆς γῆς, τή γῆ(ν)

However, demotic also uses the following inflection, which tends to be "poetic," "literary," or "folksy":

ἡ γῆς, τῆς γῆς, τή γῆς

The plural has a different meaning, namely "fields" (i.e. of cultivated land).

οἱ γαῖες, τῶν γαιῶν, τίς γαῖες

Ἀσκήσεις

Supply the correct form of the noun *γῆ* (*γῆς*). If two forms are possible, supply both.

1. Ἄς πάει τούτη ἡ __________ πού θά μᾶς φάει.
2. Πῆρα τήν πλάκα πεθερά, τή μαύρη __________ γυναίκα.
3. Θέλω νά χτίσω σπίτι, μά δέν ἔχω __________.

4. Ἐσεῖς εἶστε τό ἁλάτι τῆς ________.
5. Ἦταν ἡ ἕκτη ὥρα καί ἔγινε σκοτάδι σ' ὅλη τή ________.

Μικρόλογος Α'

Σαράντα χρόνια ὕστερα ἀπό τήν πυρκαγιά τῆς Σμύρνης, ἕνας πρόσφυγας, πού μένει τώρα στήν Ἀθήνα, θυμᾶται τήν ἱστορία του.

"Ἦταν ἡ τρίτη κάν ἡ τετάρτη μέρα πού εἶχε μπεῖ ὁ τουρκικός στρατός. Ἡ πολιτεία λούφαζε. Ὁ Τοῦρκος μᾶς λογάριαζε προδότες γιατί εἴχαμε σηκώσει τ' ἅρματα ἐνάντια στήν Τουρκία. Προσφυγιά εἶχε κατέβει ἀπό τό ἐσωτερικό γιά νά γλιτώσει, γιατί πίστευε πώς ὁ ἑλληνικός στρατός θά κράταγε τήν πολιτεία. Ἀλλά, ἀπ' ὅλους αὐτούς πού περιμένανε τή σωτηρία τους, ἄλλοι σκοτωθήκανε κι ἄλλοι πνιγήκανε. Καί ὅσοι περισσέψανε, τούς κουβαλήσανε ἐδῶ."

Βοηθητικές ἑρμηνεῖες

4. *κάν* = *ἤ*
5. *λούφαζε*] was cowering (from fear), was silent and apprehensive
6. *λογάριαζε*] considered, accounted, regarded
   ἐνάντια = *ἐναντίον*
7. *τό ἐσωτερικό*] the interior
8. *θά κράταγε* = *θά κρατοῦσε*
10. *σωτηρία*] salvation
11. *περισσέψανε*] were left over

Ἐρωτήσεις

1. Ὕστερα ἀπό πόσα χρόνια ὁ πρόσφυγας λέει τήν ἱστορία του;
2. Τί ἔκανε ἡ πολιτεία τρεῖς ἤ τέσσερις μέρες μετά πού μπῆκε ὁ τουρκικός στρατός;
3. Γιατί οἱ Τοῦρκοι λογάριαζαν τούς Ἕλληνες τῆς Σμύρνης προδότες;
4. Ἀπό ποῦ εἶχε κατέβει προσφυγιά;
5. Γιατί μαζεύτηκε στήν πόλη;
6. Τί πίστευαν οἱ πρόσφυγες αὐτοί πώς θά ἔκανε ὁ ἑλληνικός στρατός;
7. Ποιά ἦταν ἡ μοίρα τῶν προσφύγων πού περίμεναν τή σωτηρία τους ἀπό τόν ἑλληνικό στρατό κατεβαίνοντας στήν πόλη;
8. Τί τούς ἔκαναν ὅσους περισσέψανε;

Ἀνάγνωση Α'

Καλῶς τονε... Τί; Ἄ; γράφεις βιβλία. Χάρηκα πολύ. Κάτσε, λοιπόν.... Γράφεις ἕνα βιβλίο γιά κείνη τή χαμένη πολιτεία καί μοῦ ζητᾶς νά σ' ἁρμηνέψω. Ἄκουσε. Πᾶνε ἀπό τότε κάπου σαράντα χρόνια, σωστά σαράντα χρόνια....

Τί φτιάνω τώρα; Τήν ἴδια δουλειά πού ἔκανα κι ἐκεῖ, μά στό δικό μου τό μπαξέ. Μπαξεβάνης. Νά τό γράψεις κι αὐτό: Ὁ Γιακουμής ὁ Μπαξεβάνης. Ὄμορφη γῆς. Καί σέ μιάν ἄκρη τοῦ μπαξέ, εἴτανε τό σπιτάκι μας. Μπορεῖ ὄχι πολύ πιό μεγάλο ἀπό τούτη τήν καλύβα, μά χτισμένο μέ ξερολιθιά, ὄχι μέ τενεκέδες....

Λοιπόν, ἄν θυμᾶμαι καλά, εἴτανε ἡ τρίτη κάν ἡ τετάρτη μέρα πού εἶχε μπεῖ ὁ τούρκικος στρατός. Ἡ πολιτεία λούφαζε. Πολλοί χάσανε τή ζωή τους, πολλοί θά τή χάνανε ἀκόμα, πόλεμος εἴτανε, ἔχθρητα—κ' οἱ δικοί μας εἶχανε κάψει τούρκικα χωριά στήν ὑποχώρηση, πόλεμος εἴτανε, ὁ ἄνθρωπος γίνεται θερίο. Γινήκανε κι ἄλλοι σκοτωμοί. Βλέπεις, ὁ Τοῦρκος μᾶς λογάριαζε προδότες, εἴχαμε σηκώσει τ' ἄρματα ἐνάντια στήν πατρίδα—ἐνάντια στήν Τουρκία. Καί τώρα, τρίτη κάν τέταρτη μέρα πού εἶχε μπεῖ ὁ τούρκικος στρατός, ἡ πολιτεία λούφαζε μές στό κακό της ὄνειρο, μέσα στή θλίψη. Μά οἱ φοῦρνοι βγάζανε ψωμί. Καί πέρα, πολύ μακριά, ἕνα μπουμπουνητό, κάτι σά μπασαβιόλα—ἄ μέ καταλαβαίνεις.

Ἐκεῖνο τό πρωί, λοιπόν, πρωτοβγῆκε ξανά καί μιά δικιά μας ἐφημερίδα. Πρώτη καί τελευταία φορά. Ἤγραφε πώς οἱ Τοῦρκοι εἶναι καλοί ἀνθρῶποι—ἄκου, ἄκου! αὐτές πού τρία χρόνια μᾶς πιπιλίζανε τό μυαλό γιά λευτεριά καί δόξα, γιά Πόλη καί Ἅγια Σοφιά, καί στέλνανε τόν Τοῦρκο στήν Κόκκινη Μηλιά—νά καταγίνομε στά εἰρηνικά μας ἔργα, γράφανε, κάτω ἀπό τήν προστασία καί τή δικαιοσύνη τῆς τούρκικιας πατρίδας—ἄκου, ἄκου. Τά διάβαζε ὁ κοσμάκης, ἀνοίγανε παράθυρα, χαμογελούσανε γυναῖκες—φαρμακωμένα, βέβαια, μά ὡστόσο χαμογελούσανε—ξεπορτίζανε παιδιά. Κάποια ὀνείρατα εἴχανε χαθεῖ, μά ὀνείρατα εἶν' εὔκολο νά ξαναφτιάξεις.

Ξεπόρτισα, λοιπόν, ἐκεῖνο τό πρωί. Μερικά μαγαζιά εἴτανε ἀνοιχτά, ὄχι πολλά, μπορεῖ ἕνα στά τρία. Μά οἱ φοῦρνοι βγάζανε ψωμί. Μιά Φράγκισσα μοῦ φώναξε ἀπ' τό μπαλκόνι: Γιακουμή, γύρισε στό σπίτι σου, τό καλό πού σοῦ θέλω, δέν εἶναι ὥρα γιά παληκαριές. Μαντάμ, τῆς λέω, πάω νά ξουριστῶ. Κι ἀλήθεια, εἶχα τεσσάρω μερῶ γένεια. Βγῆκα στό Κιαί. Πήχτρα ὁ κόσμος. Προσφυγιά πού εἶχε κατέβει ἀπό τό ἐσωτερικό γιά νά γλιτώσει.

Εἴχανε κατέβει προσφυγιά στήν πολιτεία γιά νά γλιτώσουν τή ζωή τους. Βλέπεις, πιστεύανε πώς ὁ ἑλληνικός στρατός θά κράταγε τήν πολιτεία.... Λοιπόν, οὗλος αὐτός ὁ κόσμος στοιβαγμένος στό μουράγιο. Ἄντροι, γέροι, γριές καί γυναικόπαιδα, πού εἴχανε παρατήσει τά καλά τους καί τώρα ἐκεῖ μεροβραδιάζονταν, ἐκεῖ πλαγιάζανε. . . . Μέρα, χαρά Θεοῦ. Τέλη Αὐγούστου. Ἀρχές Σεπτέμβρη μέ τό καινούριο. Δυό τρεῖς μπαρμπέρηδες εἴχανε στήσει ἀπό μιά καρέγλα καί ξουρίζανε. Τό 'δα μέ τά μάτια μου. Ὅπως θές ἐξήγησέ τό.

Ὄξω, στ' ἀνοιχτά, εἴτανε τέσσερα πέντε ξένα βασιλικά. Γιά προστασία, λέγανε . . . Τώρα, μή γελάσεις γι αὐτό πού θά σοῦ πῶ: ἀπ' οὗλοι αὐτοί, ἐκεῖ μπροστά μου, πού περιμένανε τή σωτηρία τους ἀπ' τά βασιλικά, ἄλλοι σκοτωθήκανε κι ἄλλοι πνιγήκανε. Τήν ἴδια βραδυά. Καί ὅσοι περισσέψανε, τίς κουβαλήσανε στήν ξενητειά. Ἐδῶ.

Βοηθητικές ἑρμηνεῖες

2. *κάτσε* = *κάθισε*
3. *ἁρμηνέψω* = *ὁρμηνέψω*] usually means "to advise," (= *συμβουλεύω*), but here the meaning is "to tell" (you about it), "to give (you) guidance." The base verb is *ἑρμηνεύω*, "to interpret."
5. *φτιάνω* = *κάνω*
6. *μπαξεβάνης* = *αὐτός πού φτιάνει τό μπαξέ, τόν κῆπο*
8. *μπορεῖ*] it might (be), maybe
9. *ξερολιθιά*] literally: dry stone (construction using stones only, without mortar or mud; dry wall construction)
   τενεκέδες] literally: large tin containers (cut up and used to construct the walls and roofs of refugee hovels in Athens and elsewhere)
13. *ἔχθρητα*] compare *ἐχθρός*
14. *ὑποχώρηση*] compare *ὑποχωρῶ* *γινήκανε* = *ἔγιναν*
19. *θλίψη*] sadness, sorrow, affliction, mourning
20. *μπουμπουνητό* = *βροντή* *μπασαβιόλα*] bass fiddle
   ἅ = *ἄν*
23. *ἤγραψε* = *ἔγραψε*
24. *ἄκου*] continuous imperative, singular, of *ἀκούω*
25. *πιπιλίζανε τό μυαλό γιά*] chewed off our ears about, exhausted us by harping on (literally: they sucked our brain . . .)
   λευτεριά = *ἐλευθερία*] freedom
27. *καταγίνομε* = *καταγινόμαστε*] attend (to), occupy ourselves (with)
29. *κοσμάκης*] the man in the street, the common man; ordinary men (i.e. all those who may be thought of as "the man in the street")
30. *ξεπορτίζανε* = *ἔβγαιναν* (*ἀπό τήν πόρτα*)
35. *Φράγκισσα*] originally: French woman. But here this presumably means a non-Greek-Orthodox woman, probably a Roman Catholic, whose ancestors had come from any of the countries of Western Europe. ("French woman" would be *Φραντσέζα*.)

36. *τό καλό πού σοῦ θέλω*] for your own sake
37. *παληκαριές*] rash acts, foolhardiness, recklessness (unwarranted bravery). Also spelled *παλικαριές*, *παλληκαριές*.
μαντάμ] madam *νά ξουριστῶ* = *νά ξυριστῶ*] to get a shave
38. *τεσσάρω μερῶ* = *τεσσάρων ἡμερῶν*
γένεια = *γένια* (singular: *τό γένι*)
Κιαί = Quai (French)] quay, embankment along the waterfront
πήχτρα ὁ κόσμος] there was a dense crowd, a thickly-packed multitude
42. οὗλος = ὅλος
στοιβαγμένος] packed, crowded, piled up, stowed
43. *ἄντροι* = *ἄντρες*
44. *παρατήσει*] abandoned *τά καλά τους* = *τό βιός τους*
μεροβραδιάζονταν] spent day and night
45. *πλαγιάζανε*] lay down, slept
χαρά Θεοῦ] gorgeous, beautiful (said of the weather)
46. *μέ τό καινούριο* = *μέ τό καινούριο ἡμερολόγιο*] by the new calendar (In 1923 Greece switched from the Julian to the Gregorian calendar. Old-style dates fall about two weeks behind the new-style ones; the Smyrna fire began on August 31, 1922, old style, which is September 13, 1922, new style.)
στήσει] set up
47. *καρέγλα* = *καρέκλα*
ἀπό μιά καρέγλα] one chair each (each barber set up one chair only)
48. *θές* = *θέλεις* 49. *ὄξω* = *ἔξω*
βασιλικά = *βασιλικά καράβια*] ships of the Royal British Navy, or of the Royal Greek Navy, and by extension all warships.
50. *προστασία*] protection
51. *ἀπ' οὗλοι αὐτοί*] dialectical equivalent for *ἀπ' ὅλους αὐτούς*
53. *βραδυά* = *βραδιά*] the period from sundown to bedtime; evening
τίς] In the Smyrna dialect, this pronoun is equivalent to the Athenian *τούς*. It is often spelled *τσῆ* or *τσή*. The antecedent is *ὅσοι*.
ξενητειά = *ξενιτιά*

Μικρόλογος Β′

Στήν Ἀρμενιά, δέν ἀπόμεινε ρουθούνι. Βλέπεις, πηγαίνανε κι αὐτοί γιά τή Μεγάλη τους Ἰδέα. Μερικοί εἴχανε καταφέρει νά μποῦνε σέ βάρκες. Φωνάζανε γλιτῶστε μας ἀλλά οἱ Ἐγγλέζοι τούς πετάγανε στή θάλασσα.

Σκοτώσανε καί τό δεσπότη οἱ Τοῦρκοι.

Ἔξω, ἡσυχία. Ψυχή στό δρόμο. Εἶδα μιά γυναίκα νά μαζεύει τά ροῦχα. Πέφτουνε καπνιές, μοῦ λέει.

Ἦταν νωρίς, μά κουτσοφάγαμε τό βραδινό μας μέ τή γυναίκα μου καί ὕστερα πλαγιάσαμε, ἀνυποψίαστοι.

Κουβέντιασα μέ τή γυναίκα μου, κουβέντες σπιτικές. Ἔπειτα τῆς μίλησα γιά τίς καπνιές. . . . Σέ λίγο μᾶς πῆρε ὁ ὕπνος.

Βοηθητικές ἑρμηνεῖες

1. Ἀρμενιά = Ἀρμενική συνοικία] Armenian quarter
   δέν ἀπόμεινε ρουθούνι = σκοτώθηκαν ὅλοι] (literally: not a nostril remained)
4. Ἐγγλέζοι = Ἄγγλοι   5. δεσπότη] bishop
6. ψυχή στό δρόμο] not a soul in the street
7. καπνιές] soot, particles of soot
8. κουτσοφάγαμε τό βραδινό μας] had a snack for, nibbled at, our evening meal (literally: "lamely-ate our evening meal")
9. ἀνυποψίαστοι] unsuspecting   11. ἔπειτα = ὕστερα

Ἐρωτήσεις

1. Ποῦ δέν ἀπόμεινε ρουθούνι;
2. Γιά ποιό σκοπό πολεμοῦσαν κι οἱ Ἀρμένιοι;
3. Ποῦ κατάφεραν νά μποῦν μερικοί Ἀρμένιοι;
4. Τί φωνάζανε καί τί τούς ἔκαναν οἱ Ἐγγλέζοι;
5. Τί τόν ἔκαναν τό δεσπότη οἱ Τοῦρκοι;
6. Πῶς ἦταν ἔξω ἀπό τά σπίτια;
7. Τί ἔκανε μιά γυναίκα;
8. Τί εἶπε ἡ γυναίκα αὐτή στό μπαξεβάνη;
9. Ἄν καί ἦταν νωρίς τί ἔκανε ὁ μπαξεβάνης μέ τή γυναίκα του;
10. Πῶς πλάγιασαν;
11. Τί κουβέντιασε μέ τή γυναίκα του ὁ μπαξεβάνης;
12. Γιά τί πράμα τῆς μίλησε ἔπειτα;
13. Τί συνέβη στό τέλος;

Ἀνάγνωση Β′

Μέ τρώγανε τά γένεια μου. Ἕνα μπαρμπεριό εἴτανε ἀνοιχτό καί μπῆκα. Ὅσο μέ ξούριζε ὁ μπαρμπέρης, μοῦ κουβέντιαζε μουρμουριστά. Στήν Ἀρμενιά, μοῦ λέει, δέν ἀπόμεινε ρουθούνι. Βλέπεις, πηγαίνανε κι αὐτοί γιά τή Μεγάλη τους Ἰδέα, γιά τή Μεγάλη Ἀρμενία. Εἴχανε πάει στόν ἑλληνικό στρατό. Καμπόσοι, μοῦ λέει ὁ μπαρμπέρης, εἴχανε καταφέρει νά μποῦνε σέ βάρκες. Πλευρίσανε τά ἐγγλέζικα βασιλικά, φωνάζανε ἀμάν, ρίχτε τή σκάλα, ρίχτε μας σκοινιά, γλιτῶστε μας. Τούς ἀποδιώχνανε. Καί ὅσοι δοκιμάζανε ν' ἁρπαχτοῦν ἀπό τήν κρεμασμένη ἀνεμόσκαλα, οἱ Ἐγγλέζοι τήν τινάζανε καί τούς πετάγανε στή θάλασσα. . . . Αὐτά καί ἄλλα μοῦ 'λεγε ὁ μπαρμπέρης, κι ἐγώ κούναγα τό κεφάλι μου, μή ξέροντας τί ν' ἀποκριθῶ.

Γύρισα στό σπίτι μου μέ δυό ψωμιά. Στό δρόμο μέ σταματάει ἕνας ζαπτιές: ντούρ! Τεσκερέ, μοῦ λέει αὐτός, τά χαρτιά σου. Δέν ξέρω πῶς μοῦ 'ρθε καί τοῦ λέω: μπέν κατολίκ. Μ' ἄφησε νά περάσω. Ἔνιωσα τό αἷμα νά ξαναφεύγει ἀπό τ' ἀφτιά μου καί νά γυρίζει πίσω στήν καρδιά. Λίγο ἔλειψε νά τοῦ φωνάξω: βρέ, εἶμαι Ρωμιός, Ἕλληνας, σκότωσέ με! . . .

Στό σπίτι, βρῆκα τήν Κατερίνα μου νά βράζει χόρτα πού τά 'χε μαζέψει ἀπό τό μπαξέ. Εἴτανε πρωτοβαρεμένη, πέντε μηνῶ. Τίποτα δέ μέ ρώτησε.

— Ἔξω ἡσυχία, τῆς λέω.

Γύρισε καί μέ κοίταξε.

— Μέ γειά, μοῦ λέει χαμογελαστά.

— Τί πρᾶμα;

— Νά, πού ξουρίστηκες.

Χάδεψα τό πηγούνι μου καί ὕστερα λέω:

— Σκοτώσανε τό δεσπότη.

— Θεός σχωρέσ' τονε, μοῦ λέει — μά σάν ἔπιασε νά κόβει τό ψωμί, τό χέρι της τρεμούλιαζε.

Σάν ἀποφάγαμε, θά 'τανε περασμένες δυό ἡ ὥρα. Ἡ γυναίκα μου πλάγιασε. Εἶπε πώς σά θά σηκωνότανε τ' ἀπόγεμα, θά 'πλενε τά πιάτα. Θέλησα νά ξεστρώσω τό τραπέζι, γιά νά τή βοηθήσω, μιά κ' εἴτανε βαρεμένη, μά ἡ Κατερίνα μοῦ λέει, ἄσε το, ἔλα πλάγιασε κοντά μου καί κράτα μου τό χέρι. Τήν πῆρε ὁ ὕπνος. Τῆς κράταγα τό χέρι. Κοίταγα τό ταβάνι κι ἔκανα σχέδια γιά τό μέλλον. Γιά τό γιό πού θά μοῦ 'δινε.

Σηκώθηκα, φόρεσα τά παπούτσια μου . . . Οὖλα, ἐκείνης τῆς μέρας, τά 'χω στό νοῦ μου ζωντανά. Μόνο ἀπό τή νύχτα κι ἔπειτα δέν εἶμαι σίγουρος γιά τίποτα.

Ἔξω, ἡσυχία. Ψυχή στό δρόμο. Βγαίνοντας, εἶδα τή γυναίκα τοῦ πλαϊνοῦ μου νά μαζεύει τά ροῦχα ἀπό τό σκοινί. Πέφτουνε καπνιές, μοῦ λέει, δέν ξέρω ἀπό ποῦ, καί μοῦ τά λερώνουνε. . . . Πέφτανε καπνιές.

Τέλη Αὐγούστου, κονταίνουνε οἱ μέρες. Νωρίς, μά κουτσοφάγαμε τό βραδινό μας μέ τήν Κατερίνα, τί νά κάναμε, καί ὕστερα, τί ἄλλο νά κάναμε, πλαγιάσαμε, ἀνυποψίαστοι.

Ἄλλες μέρες, τέτοια ὥρα, καθόμασταν ὄξω, ἐρχότανε κανένας γείτονας, καμμιά γειτόνισσα, ἡ Κατερίνα κάτι ἔπλεκε γιά τό μωρό μας, ἕνα καλτσάκι. Μά ἐκείνη τή μέρα, τί νά κάναμε, πλαγιάσαμε νωρίς. Μόλις πού βράδιαζε. Κουβέντιασα μέ τήν Κατερίνα γιά τοῦτο καί γιά κεῖνο, πῶς ἀργήσανε τά πρωτοβρόχια, κουβέντες σπιτικές. Ὕστερα τῆς εἶπα πώς ἤκλαιγε ὁ Ἐπαμεινώντας γιά τή συφορά τοῦ ἔθνους. Τῆς μίλησα καί γιά τίς καπνιές. . . . Μᾶς πῆρε ὁ ὕπνος.

Βοηθητικές ἑρμηνεῖες

1. *τρώγανε*] itched
5. *καμπόσοι* = *κάμποσοι*] quite a few
7. *ἐγγλέζικα* = *ἀγγλικά*
8. *ἀποδιώχνανε* = *ἔδιωχναν μακριά*
9. *ν' ἁρπαχτοῦν ἀπό*] to seize, to grab hold of
   κρεμασμένη] hanging, suspended *ἀνεμόσκαλα*] rope ladder
10. *πετάγανε* = *πετοῦσαν*
11. *κούναγα* = *κουνοῦσα*] shook
14. *ζαπτιές* = *χωροφύλακας* *ντούρ*!] stop!, halt! (Turkish)
    τεσκερέ] identification card (Turkish)
15. *μπέν κατολίκ*] I (am) Catholic (Turkish)
16. *ἀφτιά* = *αὐτιά*
17. *λίγο ἔλειψε νά*] I almost, I came close to, I was on the verge of (literally: it lacked a little to)
19. *βράζει*] boil, boiling *χόρτα*] dandelion greens
20. *πρωτοβαρεμένη, πέντε μηνῶ*] five months pregnant with (her) first child
22. *ὄξω* = *ἔξω*
24. *μέ γειά*] enjoy (it) in good health
27. *χάδεψα* = *χάιδεψα* *πηγούνι*] chin
29. *σχωρέσ' τονε*] God have mercy on his soul (literally: God forgive him). Other forms: *συγχώρεσέ τον*, *συχώρεσέ τον*, *σχώρα τον*, *συχώρα τον*
    ἔπιασε νά] began to
31. *ἀποφάγαμε*] we finished eating
33. *ξεστρώσω τό τραπέζι*] clear the table
36. *μέλλον*] future
45. *κονταίνουνε*] grow short
49. *ἔπλεκε*] knitted

53. ἤκλαιγε = ἔκλαιγε
54. συφορά = συμφορά] calamity

Μικρόλογος Γ′

Κάτι μας ξύπνησε μέσα στή νύχτα. Ἡ κάψα; οἱ φωνές; Ἀνθρῶποι βγαίνανε ἀπό τά σπίτια, κοιτάζανε ψηλά. Ἡ φωτιά ξεπεταγότανε ἀπ᾽ τά παράθυρα. Ὁ καπνός ἀνέβαινε κόκκινος.

Ξαφνικά εἶδα ἕνα πλῆθος ἀνθρώπων. Τραβάγανε μπροστά. Καμπόσοι σηκώνανε στή ράχη τους παπποῦδες καί γιαγιάδες.

Βιαζότανε τώρα ἡ φωτιά. Καθώς κοιτάζαμε, μιά φλόγα ξεπήδησε ἀπό μιά σκεπή, μιάν ἄλλη κεῖθε, μιάν ἄλλη δῶθε. Ὕστερα λαμπάδιασε τό πεῦκο τοῦ μπαξέ μας.

Βοηθητικές ἑρμηνεῖες

1. κάψα = μεγάλη ζέστη
2. ἀνθρῶποι] a common variant, in dialects and folk speech, for ἄνθρωποι
6. ράχη] back
8. ξεπήδησε] emerged, rose up (ξεπηδῶ)

8–9. μιάν ἄλλη κεῖθε, μιάν ἄλλη δῶθε = μιά ἄλλη (φλόγα ξεπήδησε) ἀπό ᾽κεῖ, μιά ἄλλη (ξεπήδησε) ἀπό ᾽δῶ] *μιάν* is nominative in both cases, and should be *μιά*. The speaker has added a final *-ν* because of the vowel in the next word.

9. λαμπάδιασε] became a torch, sent forth flames, burst into flame
πεῦκο] pine tree

Ἐρωτήσεις

1. Πότε ξύπνησαν ὁ μπαξεβάνης κι ἡ γυναίκα του;
2. Τί τούς ξύπνησε;
3. Ἀπό ποῦ βγαίνανε οἱ ἄνθρωποι καί ποῦ κοιτάζανε;
4. Τί ξεπεταγότανε ἀπό τά παράθυρα;
5. Τί ἀνέβαινε;
6. Τί εἶδε ὁ μπαξεβάνης ξαφνικά;
7. Ποῦ τραβάγανε οἱ ἄνθρωποι;
8. Τί ἔκαναν καμπόσοι;
9. Βιαζότανε ἡ φωτιά ἤ προχωροῦσε σιγά;

10. Τί συνέβη καθώς κοιτάζανε;
11. Τί λαμπάδιασε;

Ἀνάγνωση Γ'

Κάτι μᾶς ξύπνησε μέσα στή νύχτα. Ἡ κάψα; Οἱ φωνές; Σκυλιά οὐρλιάζανε. Ἡ φωτιά εἴτανε μακριά. Μᾶς χώριζε πάνω ἀπό ἕνα μίλι ἀκόμα. Ἕνα σύννεφο σκέπαζε τό μισό οὐρανό. Ἄνθρωποι βγαίνανε ἀπό τά σπίτια, κοιτάζανε ψηλά, μαζώνονταν ἐδῶ κι ἐκεῖ, φωνάζανε, ξαναμπαίνανε στά σπίτια τους καί πάλι ξαναβγαίνανε, φωνάζανε, κοιτάζανε ψηλά. Εἶχε σηκωθεῖ σορόκος, ὄχι δυνατός, ὅσο χρειαζότανε γιά νά τό γλεντᾶ ἡ φωτιά. Δέ βιαζότανε, σίγουρη γιά τόν ἑαυτό της. Χωνότανε στά σπίτια, ξεπεταγότανε ἀπ' τά παράθυρα. Ὁ καπνός ἀνέβαινε κόκκινος. Στεκόμουνα στό μπαξέ μου. Ὄμορφος μπαξές, ποτιστικός. Τώρα ποτίζω τοῦτες τίς δυό γλάστρες.

Σιγά-σιγά, πῆρε τ' ἀφτί μου ἕνα βουητό. Καί ξαφνικά, μπουκάρανε ἀπ' τά σοκάκια κοπάδι ἀνθρῶποι. Σκυφτοί, μ' ἀγριεμένα μοῦτρα, τραβάγανε μπροστά.

— Βρέ παιδιά, ποῦ πᾶτε;

Δέν ἀποκρίνονταν, μόνο τραβάγανε μπροστά. Ἄλλοι σηκώνανε στή ράχη τους παπποῦδες καί γιαγιάδες. Δυό, εἴχανε πλέξει τά χέρια τους καί κουβαλάγαν ἕνα γέρο πετσί καί κόκκαλο, μέ τό πηγούνι του ἀκουμπιστά στό στῆθος. Ἕνας παπάς ὁδήγαγε μπροστά ἕνα δεύτερο κοπάδι.

— Ἀμάν, ποῦ πᾶτε, βρέ παιδιά;

Ἀμάν ἀμάν! ἡ φωτιά τούς εἶχε κάψει τή μιλιά.

Βρῆκα τήν Κατερίνα καθιστή σέ μιά καρέγλα. Βαρεμένη πέντε μηνῶ. Τό μοῦτρο της εἶταν τσαλακωμένο. Δέν αἰσθάνεσαι καλά; Τίποτα, μοῦ λέει, ἕνα πονάκι, φαίνεται πώς κλωτσάει τό μωρό. Δέ θέλησε νά ξαναπλαγιάσει. . . .

Βιαζότανε τώρα ἡ φωτιά. Ἔδινε χέρι κι ὁ σορόκος καί ἡ φωτιά σαλτάριζε. Βγῆκε ἡ Κατερίνα καί ἦρθε πλάϊ μου. Κάθισε στό κατώφλι. Πονᾶς; Δέν εἶναι τίποτα, κλωτσάει τό μωρό. Καί νά, καθώς κοιτάζαμε, μιά φλόγα ξεπήδησε ἀπό μιά σκεπή, μιάν ἄλλη κεῖθε, μιάν ἄλλη δῶθε, ἅρπαξε μιά βελέντζα ἐδῶ, ἕνα στρῶμα ἐκεῖ, ὕστερα λαμπάδιασε τό πεῦκο τοῦ μπαξέ μας.

— Μήν τρέχεις, εἶπε ἡ Κατερίνα, τό παιδί.

Τή σήκωσα στά χέρια βαρεμένη πέντε μηνῶ, σταμάτησα ἑκατό δρασκελιές πιό πέρα, στό χωραφάκι, τήν ἀπόθεσα χάμω, πλαγιαστή, δέ βαστάω πιά, μοῦ λέει, βογγοῦσε, μούγγριζε, τρίζανε τά δόντια της, πονάω, πονάω, ἐκεῖ ἀπόβαλε τό γιό μας, εἴτανε γιός, τό 'δα

στή φλόγα τοῦ σπιτιοῦ, κ' ἡ γῆς ρούφηξε οὗλο της τό αἷμα . . .
Παιδούλα, ὀνειρευότανε τήν εὐτυχία ἡ Κατερίνα.

Ἀπό τό *μυθιστόρημα τοῦ* Κοσμᾶ Πολίτη, "Στοῦ Χατζηφράγκου: *τά σαραντάχρονα μιᾶς χαμένης πολιτείας*" (Ἀθήνα, 1963), *σελ.* 168–88, "Πάροδος" (*περικοπή*)

Βοηθητικές ἑρμηνεῖες

2. *μᾶς χώριζε*] separated us (from it)
3. *μίλι*] mile 6. *σορόκος*] sirocco (a hot south-east wind)
10. *ποτιστικός*] a vegetable garden (i.e. a garden that needs to be watered, as opposed to, say, an orchard or a melon field)
 ποτίζω] I water
11. *γλάστρες*] flower pots
12. *βουητό*] noise, clamor, uproar
13. *μπουκάρανε*] issued, emerged, burst forth, rushed out
 σοκάκια] lanes, alleyways *κοπάδι*] flock
14. *μοῦτρα = πρόσωπα* 17. *πλέξει*] interlaced, knit
18. *κουβαλάγαν = κουβαλοῦσαν* 19. *στῆθος*] breast
24. *τσαλακωμένο = ζαρωμένο*] creased 25. *κλωτσάει*] is kicking
28. *σαλτάριζε = πηδοῦσε* (*σαλτάρω*) 29. *κατώφλι*] threshold
31. *βελέντζα*] floccati blanket (a shaggy, very heavy blanket)
 στρῶμα] mattress
35. *δρασκελιές*] paces
 ποτίζω] I water
37. *ἀπόβαλε*] aborted (i.e. had a miscarriage)
39. *παιδούλα*] as a small child, when she was a tiny girl
 εὐτυχία] happiness, good fortune

Development

1. Learn to sing the following popular song of the 1970s:

Η ΣΜΥΡΝΗ

Ἡ Σμύρνη, μάνα, καίγεται
καίγεται καί τό βιός μας.
Ὁ πόνος μας δέν λέγεται
δέν γράφεται ὁ καημός μας.

II

Ρωμιοσύνη, Ρωμιοσύνη
δέν θά ἡσυχάσεις πιά.
Ἕνα χρόνο ζεῖς εἰρήνη
καί τριάντα στή φωτιά.

III

Ἡ Σμύρνη, μάνα, χάνεται
τά ὄνειρά μας πᾶνε.
Στά πλοῖα, ὅποιος πιάνεται
κι οἱ φίλοι τόν χτυπᾶνε.

Βοηθητικές ἑρμηνεῖες

3. *πόνος*] pain, suffering
   δέν λέγεται] cannot be stated, is inexpressible
4. *καημός*] chagrin, grief

---

2. Complete the following stanza on the theme of the Asia Minor catastrophe:

   Ἡ Σμύρνη, μάνα, καίγεται

   καίγεται καί ἡ ζωή μας.

   ________________ ἔρχεται

   ______________ ἡ φυλή μας.

3. Compose your own four-line stanza on a similar theme.
4. Ask your teacher to read, in Greek and English, George Seferis's moving poem on the plight of Asia Minor refugees, *Μυθιστόρημα* Η′, "*Μά τί γυρεύουν οἱ ψυχές μας ταξιδεύοντας.*"

ΠΡΑΣΙΝΟ ΦΩΣ

Ἡ Σμύρνη Μάνα Καίγεται

Words by Pythagoras

Music by A. Kaldaras

(From the album ΜΙΚΡΑ ΑΣΙΑ, P.I. Records DP1–501, music by Apostolos Kaldaras, lyrics by Pythagoras)

ΤΗΛΕΦΩΝΟΝ
ΓΕΝΙΚΟΣ ΑΡΧΗΓΟΣ
ΤΗΣ ΕΚΤΕΛΕΣΤΙΚΗΣ ΔΥΝΑΜΕΩΣ
ΠΕΛΟΠΟΝΝΗΣΟΥ ΚΑΙ ΣΠΑΡΤΗΣ

Πτήση 9

Ὁ Μακρυγιάννης

Πρῶτο μέρος

κόκκινο

(Ἡ Μαρία ______ ________ ____ ______ ____ ______. __
____ προσγειώνεται στό Ἄργος. ____________ _____ τρυπώνει
σ' ἕνα γραφεῖο, πού ἡ πινακίδα του λέει: "Γενικός Ἀρχηγός
___ ___________ ________ ___________ ___ _______".
______ _____ ______ ____ ___ __ ____________ _________
____ ______ ________ ____ _ ____ ______ ______ ____ _____
____ ____________ __ _________ _____ _____ _______ ___
___ ____ __________.

_ ______ ______ _______ _______ ___ ____ ___ ___ ____:)

ΑΡΧΗΓΟΣ: ______ ___ ___ ______, _______;
ΜΑΡΙΑ: __ _________ ____ ____ ______. ____ ____ ______
____.____ __ __ ______ __ _______ ____ _____.
ΑΡΧΗΓΟΣ: ___ ______ ___ _____, ____ _ _______ ____ ______
_____ ______. ______ ______ __ ___ _______, ____. . .
Γιατί μέ κοιτάζεις ἔτσι, κορίτσι μου; Μέ φοβᾶσαι;
ΜΑΡΙΑ: Τί νά φοβηθῶ; Ἔχουν δεῖ πολλά τά μάτια μου.
ΑΡΧΗΓΟΣ: Ὀλωνῶν μας τά μάτια ἔχουν δεῖ πολλά. Ἐμένα πού
μέ βλέπεις, ______ ___ ____ ______ ἤμουν στήν Ἀκρόπολη
___ ______ καί μέ ντουφέκισαν οἱ Τοῦρκοι, _____ _________
__ ___ ___ ____. ___ ______ ____ ________ ____ __ ________
____ _____. _____ _____. __ ________ ________ _______ ____.
_________ ___ _____ ___ ___ _____ ____ _______ ____ ____
____. . . Δέν τό διηγιέμαι γιά νά σέ τρομάξω, ἀλλά γιά
νά ξέρεις πόσα ἔπραξα στόν Ἀγώνα τῆς λευτεριᾶς μας. _
_______ ____ ___ _______ _____ _ ________ ______ ___ ___.
___, ___ _________ __ __________ _____ ___ ___ ______
____ _______ _____ _______, __ ______ ____ _____-______,
___ ______, __ _________, __ _______ ______—
ΜΑΡΙΑ: ___ ______; ______ ___ ___ __________; . . . ___
______ . . . ________ ___ ___ ______ . . . __ __ _______.

ΑΡΧΗΓΟΣ (_____ __ ___ ____ _____): . . . __ _____, ____,
___ _____ ___ _____ __ _ ___ _____, __ _______
_ ______ ____, __ ___ ______ __ ___ ______ __
_______ . . . __ ___ __ ____, __ ____ _
_ ____.

Βοηθητικές ἑρμηνεῖες

Τίτλος. Ὁ Μακρυγιάννης] Makriyannis
3. *πινακίδα*] notice-board, placard
Γενικός Ἀρχηγός] Commandant (literally: General Commander)
19. *ντουφέκισαν* = *τουφέκισαν*] fired at, shot (with a rifle)
23. *δέν τό διηγιέμαι*] I don't relate it, recount it, narrate it
24. *ἔπραξα*] I did

Σημειώσεις

Τίτλος. Ὁ Μακρυγιάννης] General Makriyannis (1797–1864) fought in the Greek Revolution, remained active in national politics thereafter, and wrote Memoirs that are considered a classic of modern Greek prose. Illiterate, he had himself taught to write so that he could record his experiences.
2. *τό Ἄργος*] In 1829, after the Revolution, Argos became the site of the Fourth National Assembly.
23. *διηγιέμαι*] a deponent verb; see Μιά *ματιά στή γραμματική*, Flight II, Part 1.
24. *ἔπραξα*] simple past tense of *πράττω*

μπλέ

(Ἡ Μαρία _____ ______ __ _____ __ _____. _
___ *προσγειώνεται στό Ἄργος.* _______ ____ *τρυπώνει*
σ' ἕνα γραφεῖο, πού ἡ πινακίδα του λέει: "Γενικός Ἀρχηγός
__ ______ _____ _______ __ _____".
____ _____ _____ ___ __ _ _______ _______
__ _____ ______ ___ - ___ _____ _____ __ ____
___ _______ _ ______ _____ ____ _____ __
_ ___ ______.
_ _____ _____ _____ __ ___ __ __ ___:)

ΑΡΧΗΓΟΣ: ____ _ __ _____, ______;
ΜΑΡΙΑ: _ _______ __ __ _____. ___ __ _____
__.___ _ __ _____ _ _____ ___ ____.

ΑΡΧΗΓΟΣ: ___ ___ ___ ___, ___ _ ___ ___ ___ ___ ___. ___ ___ ___ ___ ___, ___. . . . *Γιατί μέ κοιτάζεις ἔτσι, κορίτσι μου; Μέ φοβᾶσαι;*

ΜΑΡΙΑ: *Τί νά φοβηθῶ; Ἔχουν δεῖ πολλά τά μάτια μου.*

ΑΡΧΗΓΟΣ: *Ὁλωνῶν μας τά μάτια ἔχουν δεῖ πολλά. Ἐμένα πού μέ βλέπεις,* ___ ___ ___ ___ *ἤμουν στήν Ἀκρόπολη* ___ ___ *καί μέ ντουφέκισαν οἱ Τοῦρκοι,* ___ ___ ___ ___ ___ ___. ___ ___ ___ ___ ___ ___ ___ ___. *Τότε ἔπεσα. Οἱ ἄνθρωποι πατοῦσαν ἀπάνου μου.* ___ ___ ___ ___ ___ ___ ___ ___ ___ ___ ___. . . . *Δέν τό διηγιέμαι γιά νά σέ τρομάξω, ἀλλά γιά νά ξέρεις πόσα ἔπραξα στόν Ἀγώνα τῆς λευτεριᾶς μας. Ἡ πατρίδα τοῦ κάθε ἀνθρώπου καί ἡ θρησκεία εἶναι τό πᾶν.* ___, ___ ___ ___ ___ ___ ___ ___ ___ ___ ___ ___ ___, ___ ___ ___ ___-___, ___ ___, ___ ___, ___ ___ ___–

ΜΑΡΙΑ: ___ ___; ___ ___ ___ ___; . . . ___ ___ . . . ___ ___ ___ ___ . . . ___ ___ ___.

ΑΡΧΗΓΟΣ (___ ___ ___ ___ ___): . . . ___ ___, ___, ___ ___ ___ ___ ___ ___ ___ ___, ___ ___ ___ ___ ___, ___ ___ ___ ___ ___ ___ ___ ___ . . . *Ὅλα αὐτά πού ἀκοῦς, ἔχω σκοπό νά τά γράψω.*

Βοηθητικές ἑρμηνεῖες

21. *πατοῦσαν*] trampled
25. *θρησκεία*] religion
τό πᾶν] all, everything, everything that matters, the essential thing, what is most important

---

Σημείωση

25. *τό πᾶν*] see *Μιά ματιά στή γραμματική*

μαῦρο

(*Ἡ Μαρία φεύγει κλαίγοντας καί μπαίνει στό θάλαμο. Σέ λίγο προσγειώνεται στό Ἄργος. Ἀναστατωμένη ἀκόμα τρυπώνει σ' ἕνα γραφεῖο, πού ἡ πινακίδα του λέει: "Γενικός Ἀρχηγός τῆς Ἐκτελεστικῆς Δυνάμεως Πελοποννήσου καί Σπάρτης". Ἀχτίδες ἡλίου περνοῦν μέσα ἀπό τά μισοκλεισμένα παντζούρια καί πέφτουν διαγωνίως πάνω σ' ἕνα σκυφτό κεφάλι πού εἶναι τόσο περιτριγυρισμένο μέ κατάχρυση σκόνη ὥστε μοιάζει σάν νά ἔχει φωτοστέφανο.*

Ὁ Γενικός Ἀρχηγός ἀφήνει τήν πένα του καί λέει:)

ΑΡΧΗΓΟΣ: Μπορῶ νά σᾶς βοηθήσω, δεσποινίς;

ΜΑΡΙΑ: Μέ συγχωρεῖτε πού σᾶς ἐνοχλῶ. Πῆρα τόν ἀριθμό 262.1829 μέ τήν ἐλπίδα νά γυρίσω στήν Ἀθήνα.

ΑΡΧΗΓΟΣ: Ἐδῶ εἶναι τό Ἄργος, ἀλλά ὁ ἀριθμός πού πήρατε εἶναι σωστός. Σήμερα ἔχουμε 26 τοῦ Φλεβάρη, 1829. . . . Γιατί μέ κοιτάζεις ἔτσι, κορίτσι μου; Μέ φοβᾶσαι;

ΜΑΡΙΑ: Τί νά φοβηθῶ; Ἔχουν δεῖ πολλά τά μάτια μου.

ΑΡΧΗΓΟΣ: Ὁλωνῶν μας τά μάτια ἔχουν δεῖ πολλά. Ἐμένα πού μέ βλέπεις, πρίν ἀπό τρία χρόνια ἤμουν στήν Ἀκρόπολη τῶν Ἀθηνῶν καί μέ ντουφέκισαν οἱ Τοῦρκοι, τούς ντουφέκισα κι ἐγώ στό σωρό. Μοῦ δίνουν μιά ντουφεκιά καί μέ πληγώνουν στό λαιμό. Τότε ἔπεσα. Οἱ ἄνθρωποι πατοῦσαν ἀπάνου μου. Κιντύνεψα νά πεθάνω ἀπ' τό πάτημα πού μὄκαμαν στό σῶμα μου. . . . Δέν τό διηγιέμαι γιά νά σέ τρομάξω, ἀλλά γιά νά ξέρεις πόσα ἔπραξα στόν Ἀγώνα τῆς λευτεριᾶς μας. Ἡ πατρίδα τοῦ κάθε ἀνθρώπου καί ἡ θρησκεία εἶναι τό πᾶν. Ἄχ, νά μπορούσαμε νά κατεβαίναμε στόν Ἅδη νά ἰδοῦμε τούς παλιούς τούς Ἕλληνες, νά βροῦμε τόν γερο-Σωκράτη, τόν Πλάτωνα, τό Θεμιστοκλῆ, τό λεβέντη Λεωνίδα—

ΜΑΡΙΑ: Τό Λεωνίδα; Αὐτόν πού ὅλο χτενίζεται; . . . Μιά στιγμή . . . Μοὔδωσε κι ἕνα μήνυμα . . . μά τό ξέχασα.

ΑΡΧΗΓΟΣ (δίχως νά τῆς δώσει σημασία): . . . νά βροῦμε, ἔλεγα, τούς παλιούς τούς Ἕλληνες καί νά τούς εἰποῦμε, ὅτι ἀναστήθηκαν οἱ ἀπόγονοί τους, πού ἦταν σβησμένοι ἀπό τόν κατάλογο τῆς ἀνθρωπότητας . . . Ὅλα αὐτά πού ἀκοῦς, ἔχω σκοπό νά τά γράψω.

Βοηθητικές ἑρμηνεῖες

4. *τῆς Ἐκτελεστικῆς Δυνάμεως Πελοποννήσου καί Σπάρτης*] of the Executive Power (Authority) of (the) Peloponnese and Sparta
5. *ἀχτίδες*] rays
6. *διαγωνίως*] diagonally
7. *τόσο . . . ὥστε*] so (much) . . . that
   περιτριγυρισμένο] surrounded
   κατάχρυση] extremely golden
   μοιάζει] it resembles
8. *φωτοστέφανο*] halo
9. *πένα*] pen
11. *ἐνοχλῶ*] I disturb, I annoy, I bother
20. *σωρό*] pile, heap, mass (i.e. a great many)
    πληγώνουν] they wound
22. *κιντύνεψα*] I was in danger (= *κινδύνεψα*)
    πάτημα] trampling

26. Ἅδη] Hades
27. παλιούς = παλαιούς] ancient, old
28. λεβέντη = παλικάρι] brave, virile, handsome young man
31. δίχως νά τῆς δώσει σημασία] without paying attention to her
33. ἀπόγονοι] descendants

Σημείωση

7. κατάχρυση] κατα- (intensifying prefix) + χρυσή, "golden"
22. μὄκαμαν = μοῦ 'καμαν] an example of the type of crasis where two different vowels combine and are replaced by a different vowel, as explained in Μιά ματιά στή γραμματική, Flight III, Part 1.

Συνώνυμα ἤ περίπου συνώνυμα

7. κατάχρυση: ὁλόχρυση, μαλαματένια
11. ἐνοχλῶ: πειράζω
16. Ἔχουν δεῖ πολλά τά μάτια μου: Ἔχω περάσει πολλά
28. λεβέντη: παλικάρι, ἥρωα

Ἐρωτήσεις

Νά ἀπαντήσετε χρησιμοποιώντας τά συνώνυμα ἤ περίπου συνώνυμα.

7. Τί περιτριγυρίζει τό σκυφτό κεφάλι τοῦ Γενικοῦ Ἀρχηγοῦ;
11. Γιατί ἡ Μαρία ζητᾶ συγγνώμη ἀπό τόν Ἀρχηγό;
16. Γιατί ἡ Μαρία δέν φοβᾶται τόν Ἀρχηγό;
28. Πῶς τόν χαρακτηρίζει ὁ Ἀρχηγός τόν Λεωνίδα;

Ἀσκήσεις

2–3. Τρυπώνει σ' ἕνα γραφεῖο, πού ἡ πινακίδα λέει: "Γενικός Ἀρχηγός".
Τρυπώνει σ' ἕνα γραφεῖο, πού ἡ πινακίδα λέει: "'Ησυχία".
Τρυπώνει σέ μιά βιβλιοθήκη, πού ἡ πινακίδα λέει: "'Ησυχία".
Τρυπώνει σέ μιά βιβλιοθήκη, πού ἡ πινακίδα λέει: "Μήν καπνίζετε".
Τρυπώνει σ' ἕνα νοσοκομεῖο, πού ἡ πινακίδα λέει: "Μήν καπνίζετε".
Τρυπώνει σ' ἕνα νοσοκομεῖο, πού ἡ πινακίδα λέει: "Γενικός Ἀρχηγός".
Τρυπώνει σ' ἕνα γραφεῖο, πού ἡ πινακίδα λέει: "Γενικός Ἀρχηγός".

7. Εἶναι περιτριγυρισμένος μέ κατάχρυση σκόνη.
μέ ἄγριες μέλισσες

Εἶναι περιτριγυρισμένος μέ ἄγριες μέλισσες.
μέ πυκνόν καπνό, μέ κόκκινες φλόγες, μέ λαβωμένους πρόσφυγες, μέ παλαιούς φίλους, μέ σωστούς λεβέντες, μέ φοβισμένα γυναικόπαιδα, μέ κατάχρυση σκόνη

7–8. Μοιάζει σάν νά ἔχει φωτοστέφανο.
πληγή
Μοιάζει σάν νά ἔχει πληγή.
ἀπογόνους, δυσκολίες, κάποια θλίψη, βάσανα, ὑποχρεώσεις, πλούτη, μυαλό, χρέη, φωτοστέφανο

6–8. Εἶναι τόσο περιτριγυρισμένος μέ κατάχρυση σκόνη ὥστε μοιάζει σάν νά ἔχει φωτοστέφανο.
Εἶναι τόσο περιτριγυρισμένος μέ ἀχτίδες ἡλίου ὥστε μοιάζει σάν νά ἔχει φωτοστέφανο.
Εἶναι τόσο περιτριγυρισμένος μέ ἀχτίδες ἡλίου ὥστε μοιάζει σάν νά ἔχει μαλαματένια ροῦχα.
Εἶναι τόσο περιτριγυρισμένος μέ φλόγες πυρκαγιᾶς ὥστε μοιάζει σάν νά ἔχει μαλαματένια ροῦχα.
Εἶναι τόσο περιτριγυρισμένος μέ φλόγες πυρκαγιᾶς ὥστε μοιάζει σάν νά ἔχει φωτοστέφανο.
Εἶναι τόσο περιτριγυρισμένος μέ κατάχρυση σκόνη ὥστε μοιάζει σάν νά ἔχει φωτοστέφανο.

21–22. Οἱ ἄνθρωποι μέ πατοῦσαν συνέχεια καί κιντύνεψα νά πεθάνω.
τουφέκιζαν
Οἱ ἄνθρωποι μέ τουφέκιζαν συνέχεια καί κιντύνεψα νά πεθάνω.
ἄφηναν πληγωμένο, χτυποῦσαν στό κεφάλι, τραβοῦσαν στίς πέτρες, βασάνιζαν, βαροῦσαν, ἄφηναν χωρίς νερό, πατοῦσαν

23. Δέν τό διηγιέμαι γιά νά σέ τρομάξω.
φοβίσω
Δέν τό διηγιέμαι γιά νά σέ φοβίσω.
ἀπελπίσω, συγκινήσω, στενοχωρήσω, λυπήσω, ἀνακουφίσω, ἀναστατώσω, τρομάξω

24. Θέλω νά ξέρεις πόσα ἔπραξα στόν Ἀγώνα τῆς λευτεριᾶς μας.
στή μάχη τῶν Θερμοπυλῶν
Θέλω νά ξέρεις πόσα ἔπραξα στή μάχη τῶν Θερμοπυλῶν.
στήν Ἅλωση τῆς Κωνσταντινουπόλεως, στήν πάλη ἐναντίον τῆς καθαρεύουσας, στήν ὑποχώρηση τῆς Σμύρνης, στήν ἀπαγόρευση τοῦ θηλυκοῦ ἀπό τό Ἅγιον Ὄρος, στό χτίσιμο τῆς Ἁγίας Σοφίας, στήν ἐποχή τοῦ Μέγα Ἀλεξάνδρου, στόν Ἀγώνα τῆς λευτεριᾶς μας

24–25. Ἡ πατρίδα καί ἡ θρησκεία εἶναι τό πᾶν.
ἡ εἰλικρίνεια καί ἡ καλωσύνη
Ἡ εἰλικρίνεια καί ἡ καλωσύνη εἶναι τό πᾶν.

ἡ δημοκρατία καί ἡ ἐλευθερία, ἡ εἰρήνη καί ἡ ἀγάπη, ἡ ὑγεία καί ἡ εὐτυχία, ἡ πίστη καί τό δέος, ἡ ἐλπίδα καί ἡ ἀγάπη, ὁ ἐνθουσιασμός καί ἡ δύναμη, ἡ φιλία καί ἡ ἁρμονία, ἡ πατρίδα καί ἡ θρησκεία

Μιά ματιά στή γραμματική

I. THE PURISTIC ADJECTIVE *πᾶς, πᾶσα, πᾶν*, "every," "all"

Certain forms of this adjective survive in demotic, especially the neuter singular *πᾶν* and the neuter plural *πάντα*, in expressions such as the following:

Ἡ *θρησκεία εἶναι τό πᾶν.*	Religion is all.
Τά *πάντα εἶναι μάταια.*	All is futile.

Note that in both of the above expressions the adjective has been "converted into a noun" by the addition of a preceding article.

In addition, the singular and plural of the neuter genitive survive in certain fixed expressions:

πρό παντός (also *προπαντός*)	above all
πρό πάντων (also *προπάντων*)	above all
τέλος πάντων	anyway, in any case; after all; at last

Ἀσκήσεις

Recite the declension, in the neuter singular and plural, of the puristic adjective *πᾶς*.

	singular	plural
nominative		
genitive		
accusative		

ΕΜΕΙΣ
ΕΓΩ

Πτήση 9

Ὁ Μακρυγιάννης

Δεύτερο μέρος

κόκκινο

ΜΑΡΙΑ: Εἶστε λοιπόν συγγραφέας;

ΑΡΧΗΓΟΣ: Τί συγγραφέας, παιδί μου; Ἐγώ ἔμαθα γράμματα εἰς τά γεράματα ___ ___ ___ __ _____ __ ______, ____ ___ ___ ___ ____ ____ ____ __ ______. ____ ____ ___ _____ ______ _____ __ ____. ____ _______, ___ __ ____, ____ ______ ______, ___ __ ___ ____ ___ ____ ______ ________ ___ ___ ____ ___ ___ ____ ___ _ _____ _____ __ _______ ___ ______.

ΜΑΡΙΑ: Γράφετε λοιπόν τό βίο σας . . . ___ _____ _______ ___ ______. . . . _! __ _____ _ _______ ________.

ΜΑΚΡΥΓΙΑΝΝΗΣ: Μάλιστα.

ΜΑΡΙΑ: Ξέρετε ὅτι ὁ Σεφέρης σᾶς ἐκτιμοῦσε σάν τόν πιό σπουδαῖο πεζογράφο τῆς νεοελληνικῆς λογοτεχνίας; ___ ___ ____ _ _____ ___.

ΜΑΚΡΥΓΙΑΝΝΗΣ: _____; ___ ___ ___ ___ _____. . . . Δέν μέ πολυενδιαφέρει ἡ λογοτεχνία. ___ _______ __ _______ _____ ____ ____ __ ___ __ _____ __ _____ __ _____. Ἕνα πράμα μέ παρακίνησε _ _____ νά γράψω, ὅτι τούτην τήν πατρίδα τήν ἔχουμε ὅλοι μαζί, ___ ____ ___ _____ ___ _______ ___ _____ ___ _______ ___ ________. __ ___ ____ ___ _ _____ "___", ____ _ ______. _____ ____ __ _____ _ _____ "___"; ____ _______ _____ ___. ___ ___ __________, ___ __ ____ "____". ______ ___ __ "_____" __ ___ ___ __ "___". . . . ___ ______ ___ ___ ___ ____ _______, ____ ___ _____ __ __ ___ _____. _____ __ _______ ___ __ ___ ___ ___ __ ___ ___. __ ___ ____ ___ ___ ____. ______ ____. _____ _______—

ΜΑΡΙΑ: ______, ______. _______ ___ _____ ___ _____: "_ ____, ___ ___ ______ _____—"

ΜΑΚΡΥΓΙΑΝΝΗΣ (__ _____): __ _____, _____ __. __ __ __ _____ __ _______ __ ____ __. ____ ____ . . . ________.

Βοηθητικές ἑρμηνεῖες

1. *συγγραφέας*] writer
2. *ἔμαθα γράμματα*] I learned to read and write (literally: I learned letters)
3. *γεράματα*] old age 9. *τό βίο*] life, biography
12. *ἐκτιμοῦσε*] esteemed, valued
13. *πεζογράφο*] prose writer *λογοτεχνία*] literature
18. *παρακίνησε*] induced, incited, prompted

Σημειώσεις

2. *γράμματα*] can also mean "letters" in the sense of "mail"
9. *τό βίο*] this is masculine: *ὁ βίος*. Remember not to confuse it with the neuter *τό βιός*, "worldly possessions," "goods."
12. *Σεφέρης*] George Seferis (1900–1971), Greek poet, essayist and diplomat, awarded the Nobel Prize for Literature in 1963. Seferis's lecture on Makriyannis (1943) helped to spark a revival of interest in the general's *Memoirs*.

μπλέ

ΜΑΡΙΑ: *Εἶστε λοιπόν συγγραφέας;*

ΑΡΧΗΓΟΣ: *Τί συγγραφέας, παιδί μου; Ἐγώ ἔμαθα γράμματα εἰς τά γεράματα* __ ___ ___ __ _____ __ ______, ____ __ ___ __ ____ _____ ____ __ ______. *Ἤμουν φτωχός καί πλῆθος δουλειές ἔκανα νά ζήσω.* ___ ______, *ἐδῶ στ' Ἄργος,* ___ _____ _____, __ __ __ ____ __ ___ ______ *περικαλοῦσα τόν ἕναν φίλο καί τόν ἄλλο καί μ' ἔμαθαν ἐτοῦτα τά γράμματα πού βλέπετε.*

ΜΑΡΙΑ: *Γράφετε λοιπόν τό βίο σας . . . καί μάθατε γράμματα στά γεράματα. . . . Ἄ! θά εἶστε ὁ Στρατηγός Μακρυγιάννης.*

ΜΑΚΡΥΓΙΑΝΝΗΣ: *Μάλιστα.*

ΜΑΡΙΑ: *Ξέρετε ὅτι ὁ Σεφέρης σᾶς ἐκτιμοῦσε σάν τόν πιό σπουδαῖο πεζογράφο τῆς νεοελληνικῆς λογοτεχνίας;* ___ __ ___ _ ______ ___.

ΜΑΚΡΥΓΙΑΝΝΗΣ: _____; ___ __ __ __ _____. . . . *Δέν μέ πολυενδιαφέρει ἡ λογοτεχνία.* __ _____ __ ______ ____ __ ______ __ __ __ ____ __ _____ __ ____. *Ἕνα πράμα μέ παρακίνησε* _ ____ *νά γράψω, ὅτι τούτην τήν πατρίδα τήν ἔχουμε ὅλοι μαζί, καί σοφοί καί ἀμαθεῖς καί πλούσιοι καί φτωχοί καί πολιτικοί καί στρατιωτικοί. Νά μήν λέγει οὔτε ὁ δυνατός "ἐγώ", οὔτε ὁ ἀδύνατος.* _____ ____ __ _____ _ ______ "___"; ____ _________ _____ ___. ____ ____ __________ ______, ____ __ ____ "_____". ______ ___ __ "_____" __ ___ ___ __ "___". . . . *Μοῦ δῶσαν ἀφορμή ὅλα αὐτά νά μάθω γράμματα, ὥστε τήν ἀλήθεια νά τήν εἰπῶ γυμνή. Πρέπει νά γράφονται καί τά καλά μας καί τά κακά μας. Κι ἐγώ ἔκαμα λάθη καί κάνω· ἄνθρωπος εἶμαι.* _____ _________—

ΜΑΡΙΑ: ______, ______. __ _______ __ ______ ___ ______: "_ ___, ___ ___ ______ _____—"

ΜΑΚΡΥΓΙΑΝΝΗΣ (___ _______): ___ _______, ______ ___. ___ __ __ ______ __ _________ __ ______ ___. _____ _____. . . ________.

Βοηθητικές ἑρμηνεῖες

7. *περικαλοῦσα* = *παρακαλοῦσα*
19. *ἀμαθεῖς*] (the) ignorant, illiterate, uneducated
20. *πολιτικοί*] politicians, statesmen
21. *οὔτε . . . οὔτε*] neither . . . nor *δυνατός*] strong *ἀδύνατος*] weak 25. *δῶσαν* = *ἔδωσαν*
26. *εἰπῶ* = *πῶ* *γυμνή*] naked 27. *ἔκαμα* = *ἔκανα*

Σημειώσεις

19. *ἀμαθεῖς* (sg. *ὁ ἀμαθής*, pl. *οἱ ἀμαθεῖς*)] a puristic adjective in -*ής*, -*ής*, -*ές*, used here as a noun.
20. *πολιτικοί*] can also mean "civilians"
27. *ἔκαμα*] This is used by some speakers for the simple past, as distinguished from *ἔκανα*, the continuous past. For such speakers, the simple stem *καμ*- also gives, of course, *θά κάμω* and *νά κάμω* (simple) as distinguished from *θά κάνω* and *νά κάνω* (continuous). But other speakers use only *καν*-, in all situations.

---

*μαῦρο**

ΜΑΡΙΑ: *Εἶστε λοιπόν συγγραφέας;*

ΑΡΧΗΓΟΣ: *Τί συγγραφέας, παιδί μου; Ἐγώ ἔμαθα γράμματα εἰς τά γεράματα καί κάνω αὐτό τό γράψιμο τό ἀπελέκητο,*

*Based on: Στρατηγοῦ Μακρυγιάννη Ἀπομνημονεύματα (Ἀθήνα, Γαλαξία, 1965), σελ. 89, 265–267, 341, 517–518.

ὅτι δέν εἶχα τόν τρόπο ὄντας παιδί νά σπουδάξω. Ἤμουν φτωχός καί πλῆθος δουλειές ἔκανα νά ζήσω. Τώρα τελευταῖα, ἐδῶ στ' Ἄργος, ὅπου καθόμουν ἄνεργος, γιά νά μήν τρέχω εἰς τούς καφενέδες περικαλοῦσα τόν ἕναν φίλο καί τόν ἄλλο καί μ' ἔμαθαν ἐτοῦτα τά γράμματα πού βλέπετε.

ΜΑΡΙΑ: Γράφετε λοιπόν τό βίο σας . . . καί μάθατε γράμματα στά γεράματα. . . . Ἄ! θά εἶστε ὁ Στρατηγός Μακρυγιάννης.

ΜΑΚΡΥΓΙΑΝΝΗΣ: Μάλιστα.

ΜΑΡΙΑ: Ξέρετε ὅτι ὁ Σεφέρης σᾶς ἐκτιμοῦσε σάν τόν πιό σπουδαῖο πεζογράφο τῆς νεοελληνικῆς λογοτεχνίας; Μᾶς τό εἶπε ὁ δάσκαλός μας.

ΜΑΚΡΥΓΙΑΝΝΗΣ: Σεφέρης; Ποτέ μου δέν τόν ἄκουσα. . . . Δέν μέ πολυενδιαφέρει ἡ λογοτεχνία. Ὅσα σημειώνω τά σημειώνω γιατί δέν ὑποφέρνω νά βλέπω τό ἄδικο νά πνίγει τό δίκιο. Ἕνα πράμα μέ παρακίνησε κ' ἐμένα νά γράψω, ὅτι τούτην τήν πατρίδα τήν ἔχουμε ὅλοι μαζί, καί σοφοί καί ἀμαθεῖς καί πλούσιοι καί φτωχοί καί πολιτικοί καί στρατιωτικοί. Νά μήν λέγει οὔτε ὁ δυνατός "ἐγώ", οὔτε ὁ ἀδύνατος. Ξέρεις πότε νά λέγει ὁ καθείς "ἐγώ"; Ὅταν ἀγωνιστεῖ μόνος του. Ὅταν ὅμως ἀγωνίζονται πολλοί, τότε νά λένε "ἐμεῖς". Εἴμαστε εἰς τό "ἐμεῖς" κι ὄχι εἰς τό "ἐγώ". . . . Μοῦ δῶσαν ἀφορμή ὅλα αὐτά νά μάθω γράμματα, ὥστε τήν ἀλήθεια νά τήν εἰπῶ γυμνή. Πρέπει νά γράφονται καί τά καλά μας καί τά κακά μας. Κι ἐγώ ἔκαμα λάθη καί κάνω· ἄνθρωπος εἶμαι. Ὅποιος στοχάζεται—

ΜΑΡΙΑ: Σταθεῖτε, παρακαλῶ. Τό θυμήθηκα τό μήνυμα τοῦ Λεωνίδα: "Ὦ ξένη, δῶσε τήν ἀγγελία στούς—"

ΜΑΚΡΥΓΙΑΝΝΗΣ (τήν διακόπτει): Δέν πειράζει, κορίτσι μου. Ἔλα νά σέ βοηθήσω νά ξαναβρεῖς τό σπίτι σου. Εἶσαι λίγο . . . κουρασμένη.

Βοηθητικές ἑρμηνεῖες

3. *γράψιμο*] writing *ἀπελέκητο*] crude, unchiseled
4. *ὄντας παιδί*] when I was a child (literally: being a child)
6. *ἄνεργος*] inactive, idle, unemployed (on a fairly permanent basis)
7. *καφενέδες* = *καφενεῖα*
15. *ποτέ μου*] never in my life
    δέν τόν ἄκουσα] did I ever hear of him
16. *ὅσα σημειώνω*] all that I set down, write down, note
17. *ὑποφέρνω* = *ὑποφέρω* *τό ἄδικο*] injustice
21. *λέγει* = *λέει*
22. *καθείς* = *καθένας* *ἀγωνιστεῖ*] he struggles
    μόνος του] by himself
29. *σταθεῖτε*] wait, stop 31. *διακόπτει*] interrupts

Σημειώσεις

4. *ὅτι*] The meaning here is "because." Compare puristic *διότι* (= demotic *γιατί*).
   ὄντας] active participle of *εἶμαι*
   σπουδάξω] The more "acceptable" form, now, seems to be *σπουδάσω*. Similarly, *σπούδασα* is considered more acceptable than *σπούδαξα*.
15. *ποτέ μου*] compare *ποτέ σου*, "never in your life" *ποτέ του*, "never in his life"
16. *ὅσα*] neuter plural with the word *πράγματα* implied: *ὅσα* (*πράγματα*) *σημειώνω* . . . , as many (things) as I set down. Don't confuse the declinable relative pronoun *ὅσος-η-ον* with the indeclinable conjunction *ὅσο(ν)*.
22. *καθείς*] The usual form in demotic is *καθένας*. *Καθείς* exists of course only in the masculine nominative. Compare *κανείς* / *κανένας*. *Κανείς* persists in standard demotic but *καθείς* seems to have fallen out of use.
   μόνος του] compare *μόνος μου*, "by myself," *μόνος σου*, "by yourself," etc.
29. *σταθεῖτε*] polite or plural imperative (simple) of *στέκομαι*. The familiar, singular imperative is *στάσου*.

Συνώνυμα ἤ περίπου συνώνυμα

16. πολυενδιαφέρει: πολυνοιάζει
17. ὑποφέρ(ν)ω: ἀντέχω
26. τά καλά μας: τά προτερήματά μας, τίς ἀρετές μας, τά πλεονεκτήματά μας
27. τά κακά μας: τά ἐλαττώματά μας, τά μειονεκτήματά μας

Ἐρωτήσεις

Νά ἀπαντήσετε χρησιμοποιώντας τά συνώνυμα ἤ περίπου συνώνυμα.

16. Τί ἰδέα ἔχει ὁ Μακρυγιάννης γιά τή λογοτεχνία;
17. Γιατί σημειώνει ὁ Μακρυγιάννης ὅσα σημειώνει;

26–27. Τί πρέπει νά γράφονται ἀπό τούς συγγραφεῖς;

Ἀσκήσεις

4. Δέν εἶχα τόν τρόπο ὄντας παιδί νά σπουδάσω.
   Δέν εἶχα <u>τά χρήματα</u> ὄντας παιδί νά σπουδάσω.
   Δέν εἶχα τά χρήματα ὄντας παιδί <u>νά μελετήσω</u>.
   Δέν εἶχα <u>τά μέσα</u> ὄντας παιδί νά μελετήσω.
   Δέν εἶχα τά μέσα ὄντας παιδί <u>νά γλεντήσω</u>.

Δέν εἶχα τόν τρόπο ὄντας παιδί νά γλεντήσω.
Δέν εἶχα τόν τρόπο ὄντας παιδί νά σπουδάσω.

6–7. Γιά νά μήν τρέχω στά καφενεῖα ἔμαθα γράμματα.
Γιά νά μή γυρίζω στούς δρόμους ἔμαθα γράμματα.
Γιά νά μή γυρίζω στούς δρόμους ἔγραψα ἱστορίες.
Γιά νά μήν κάθομαι ἄνεργος ἔγραψα ἱστορίες.
Γιά νά μήν κάθομαι ἄνεργος μάζεψα δημοτικά τραγούδια.
Γιά νά μήν τρέχω στά καφενεῖα μάζεψα δημοτικά τραγούδια.
Γιά νά μήν τρέχω στά καφενεῖα ἔμαθα γράμματα.

12–13. Ὁ δάσκαλός μας σᾶς ἐκτιμοῦσε σάν σπουδαῖο πεζογράφο.
Ὁ δάσκαλός μας σᾶς λογάριαζε σάν σπουδαῖο πεζογράφο.
Ὁ δάσκαλός μας σᾶς λογάριαζε σάν ὑπέροχο ζωγράφο.
Ὁ δάσκαλός μας σᾶς ἔβλεπε σάν ὑπέροχο ζωγράφο.
Ὁ δάσκαλός μας σᾶς ἔβλεπε σάν μεγάλο στρατηγό.
Ὁ δάσκαλός μας σᾶς ἐκτιμοῦσε σάν μεγάλο στρατηγό.
Ὁ δάσκαλός μας σᾶς ἐκτιμοῦσε σάν σπουδαῖο πεζογράφο.

15–16. Δέν μέ πολυενδιαφέρει ἡ λογοτεχνία.
Δέν μέ πολυνοιάζει ἡ λογοτεχνία.
Δέν μέ πολυνοιάζει τί θά πεῖ ὁ κόσμος.
Δέν μέ πολυφοβίζει τί θά πεῖ ὁ κόσμος.
Δέν μέ πολυφοβίζει ἡ μοίρα μου.
Δέν μέ πολυενδιαφέρει ἡ μοίρα μου.
Δέν μέ πολυενδιαφέρει ἡ λογοτεχνία.

17. Δέν ὑποφέρω νά βλέπω τό ἄδικο νά πνίγει τό δίκιο.
Δέν ἀντέχω νά βλέπω τό ἄδικο νά πνίγει τό δίκιο.
Δέν ἀντέχω νά βλέπω τό κακό νά πνίγει τό καλό.
Δέν μοῦ πολυαρέσει νά βλέπω τό κακό νά πνίγει τό καλό.
Δέν μοῦ πολυαρέσει νά βλέπω τό ψέμα νά πνίγει τήν ἀλήθεια.
Δέν ὑποφέρω νά βλέπω τό ψέμα νά πνίγει τήν ἀλήθεια.
Δέν ὑποφέρω νά βλέπω τό ἄδικο νά πνίγει τό δίκιο.

21. Νά μή λέει οὔτε ὁ δυνατός "ἐγώ", οὔτε ὁ ἀδύνατος.
ὁ σοφός . . . ὁ ἀμαθής
Νά μή λέει οὔτε ὁ σοφός "ἐγώ", οὔτε ὁ ἀμαθής.
ὁ πλούσιος . . . ὁ φτωχός, ὁ πολιτικός . . . ὁ στρατιωτικός, ὁ δάσκαλος . . . ὁ μαθητής, ὁ ἀρχηγός . . . ὁ κοσμάκης, ὁ γονιός . . . τό παιδί, ὁ δυνατός . . . ὁ ἀδύνατος

24–26. Μοῦ δῶσαν ἀφορμή νά μάθω γράμματα, ὥστε νά πῶ τήν ἀλήθεια.
Μοῦ δῶσαν ἀφορμή νά μελετήσω πολλά, ὥστε νά πῶ τήν ἀλήθεια.
Μοῦ δῶσαν ἀφορμή νά μελετήσω πολλά, ὥστε νά ζήσω καλύτερα.
Μοῦ δῶσαν ἀφορμή νά κερδίσω πολλά, ὥστε νά ζήσω καλύτερα.
Μοῦ δῶσαν ἀφορμή νά κερδίσω πολλά, ὥστε νά μήν τρέχω στά καφενεῖα.

Μοῦ δῶσαν ἀφορμή <u>νά μάθω γράμματα</u>, ὥστε νά μήν τρέχω στά καφενεῖα.
Μοῦ δῶσαν ἀφορμή νά μάθω γράμματα, <u>ὥστε νά πῶ τήν ἀλήθεια</u>.

Ἐρωτήσεις	**Γενικές ἐρωτήσεις**
1. Πότε ἔμαθε ὁ Μακρυγιάννης γράμματα;	1. Ρώτα τό διπλανό σου πότε ἄρχισε νά μαθαίνει γράμματα.
2. Γιατί δέν σπούδασε ὄντας παιδί;	2. Τί δουλειές ἔκανες τά καλοκαίρια ὅταν δέν πήγαινες σχολεῖο;
3. Τί ἔκαμε ὅταν καθόταν ἄνεργος στ' Ἄργος;	3. Ρώτα τή διπλανή σου τί θά ἔκανε ἄν πάντα καθόταν ἄνεργη.
4. Γιατί τόν ἐκτιμοῦσε ὁ Σεφέρης;	4. Μίλησέ μας λίγο γιά ἕναν πεζογράφο πού ἐκτιμᾶς.
5. Γιατί ὁ Μακρυγιάννης δέν ἄκουσε ποτέ του τό Σεφέρη;	5. Σέ ποιόν αἰώνα θά προτιμοῦσες νά ζῇς;
6. Τί παρακίνησε τό Μακρυγιάννη νά γράψει;	6. Χρειάζονται, κατά τή γνώμη σας, οἱ στρατιωτικοί; οἱ πολιτικοί; οἱ παπάδες; οἱ ψαράδες; οἱ δικηγόροι; οἱ γιατροί; οἱ δάσκαλοι αὐτουνοῦ τοῦ βιβλίου; Γιατί;
7. Πότε λέει ὁ καθένας "ἐγώ" καί πότε λέει "ἐμεῖς";	7. Κατά τή γνώμη σας ποῦ εἴμαστε τώρα, στό "ἐγώ" ἤ στό "ἐμεῖς", καί γιατί;
8. Γιατί ἔμαθε γράμματα ὁ Μακρυγιάννης;	8. Νομίζεις ὅτι ἡ ἀλήθεια πρέπει πάντα νά λέγεται γυμνή; Γιατί;

Μιά ματιά στή γραμματική

I. ABSTRACT NOUNS DERIVED FROM VERBS (continued) / ΑΦΗΡΗΜΕΝΑ ΟΥΣΙΑΣΤΙΚΑ ΠΑΡΑΓΩΓΑ ΑΠΟ ΡΗΜΑΤΑ (*συνέχεια*)

The suffix -*σιμο* (-*ξιμο*, -*ψιμο*) is used to create abstract nouns that indicate the process or result of certain actions. Thus it serves the same function as the suffix -*μος* which we encountered in Flight VII, Part 2.

The verb *γράφω*, "to write," gives *τό γράψιμο*, "writing."
The verb *χάνω*, "to lose," gives *τό χάσιμο*, "loss."
The verb *τρέχω*, "to run," gives *τό τρέξιμο*, "running," "race," "flow."

Other examples:

τό κάψιμο (from the simple stem of *καίω*), burn, scald
τό βράσιμο (from the simple stem of *βράζω*), boiling, bubbling up, excitement
τό βρέξιμο (from the simple stem of *βρέχω*), wetting, damping
τό πάρσιμο (from the simple stem of *παίρνω*), taking, capture

It should be obvious that the -*ξιμο* form is used when the simple stem ends in -*ξ*-, and that the -*ψιμο* form is used when the simple stem ends in -*ψ*-. Perhaps a simpler way to look at it would be to say that the suffix is normally -*σιμο* but that its initial -*σ*- is dropped when the suffix is added to a stem ending in -*σ*-, -*ξ*- (= *κσ*) or -*ψ*- (= *πσ*).

ψάχνω	*ψαξ-*	*τό ψάξιμο*
πνίγω	*πνιξ-*	*τό πνίξιμο*
καίω	*καψ-*	*τό κάψιμο*
γράφω	*γραψ-*	*τό γράψιμο*
χάνω	*χασ-*	*τό χάσιμο*

The inflection is as follows:

τό γράψιμο	*τά γραψίματα*
τοῦ γραψίματος	*τῶν γραψιμάτων*
τό γράψιμο	*τά γραψίματα*

Ἀσκήσεις

Transformation drills. Restate each of the teacher's sentences in another way, replacing verbal phrases with appropriate abstract nouns, and making any other changes that are necessary. We give possible answers.

Δ. Τό *νά γράφω μέ κουράζει πολύ.*
Μ. Τό *γράψιμο μέ κουράζει πολύ.*

Δ. Τό *νά ρίχνουμε λάδι στή φωτιά δέ βοηθάει καθόλου.*
Μ. Τό *ρίξιμο λαδιοῦ στή φωτιά δέ βοηθάει καθόλου.*

Δ. *Ὅταν πῆραν τήν* Πόλη, *ἦταν μιά ἀπ' τίς μεγαλύτερες καταστροφές τοῦ ἑλληνισμοῦ.*
Μ. Τό *πάρσιμο τῆς* Πόλης *ἦταν μιά ἀπ' τίς μεγαλύτερες καταστροφές τοῦ ἑλληνισμοῦ.*

Δ. *Ὅταν ἔχασαν τήν* Πόλη, *ἦταν τρομερό γιά τή ρωμιοσύνη.*
Μ. Τό *χάσιμο τῆς* Πόλης *ἦταν τρομερό γιά τή ρωμιοσύνη.*

Δ. Τίς *πληγές θά τίς δέσουν οἱ γιατροί.*
Μ. Τό *δέσιμο τῶν πληγῶν θά τό κάνουν οἱ γιατροί.*

Δ. Τούς *πεθαμένους θά τούς θάψει ἡ* Ἐκκλησία.
Μ. Τό *θάψιμο τῶν πεθαμένων θά τό κάνει ἡ* Ἐκκλησία.

Δ. Τό *νά πλέκουμε εἶναι χαρά.*
Μ. Τό *πλέξιμο εἶναι χαρά.*

Μικρόλογος Α′

Ὁ στραγηγός Μακρυγιάννης ὅταν ἦταν παιδί ἦταν φτωχός. Ὁ πατέρας του ἦταν τσοπάνης. Ἤθελε νά σπουδάσει, μά δέν εἶχε τήν εὐκαιρία. Γι' αὐτό ἦταν ἀγράμματος. Ὕστερα ἀπ' τήν Ἐπανάσταση, ὄντας ἄνεργος, στ' Ἄργος, πήγαινε ἀπό φίλο σέ φίλο γιά νά τοῦ μάθουν γράμματα, ὥστε νά γράψει τό βίο του. Δέν ἄντεχε νά βλέπει τό ἄδικο νά πνίγει τό δίκιο. Ἄν καί ἀγράμματος δέν ἦταν ἕνας ἀκαλλιέργητος βάρβαρος. Τό ἐναντίον: ἦταν μιά ἀπό τίς πιό μορφωμένες ψυχές τοῦ ἑλληνισμοῦ.

Βοηθητικές ἑρμηνεῖες

2. *τσοπάνης*] shepherd
4. *τήν Ἐπανάσταση*] the Revolution (of 1821)
7. *ἄντεχε*] continuous past of *ἀντέχω*. The simple past would be *ἄντεξε*.
8. *ἀκαλλιέργητος*] uncultivated
9. *τό ἐναντίον*] on the contrary 10. *μορφωμένες*] educated

Ἐρωτήσεις

1. Τί ἦταν ὁ Μακρυγιάννης ὅταν ἦταν παιδί;
2. Τί δουλειά ἔκανε ὁ πατέρας του;
3. Γιατί δέν σπούδασε;
4. Πότε ἦταν στ' Ἄργος;
5. Γιατί πήγαινε ἀπό φίλο σέ φίλο;
6. Τί ἤθελε νά γράψει;
7. Τί δέν ἄντεχε νά βλέπει;
8. Τί δέν ἦταν ἄν καί ἀγράμματος;
9. Τί κατόρθωσε καί ἦταν;

Ἀνάγνωση Α′

Ἀπό τά '26, πού ἔπεσαν στά χέρια μου τά Ἀπομνημονεύματα, ὥς τά σήμερα, δέν πέρασε μήνας χωρίς νά ξαναδιαβάσω λίγες σελίδες τους, δέν πέρασε ἑβδομάδα χωρίς νά συλλογιστῶ αὐτή τήν τόσο ζωντανή ἔκφραση.

Ὁ Μακρυγιάννης στάθηκε ὁ πιό ταπεινός ἀλλά καί ὁ πιό σταθερός διδάσκαλός μου. Ἀκοῦστε τον:

“Κι ὅσα σημειώνω τά σημειώνω γιατί δέν ὑποφέρνω νά βλέπω τό ἄδικο νά πνίγει τό δίκιο. Γιά κεῖνο ἔμαθα γράμματα στά γεράματα καί κάνω αὐτό τό γράψιμο τό ἀπελέκητο, ὅτι δέν εἶχα τόν τρόπον ὄντας παιδί νά σπουδάξω.”

Τό χειρόγραφο αὐτό, ὁ Μακρυγιάννης τό ἀρχίζει στίς 26 Φεβρουαρίου 1829, τριάντα δύο περίπου χρονῶ, στό Ἄργος, ὅπου τόν βρίσκουμε “Ἀρχηγό τῆς Ἐκτελεστικῆς δύναμης τῆς Πελοπόννησος καί Σπάρτης”.

Ὁ Μακρυγιάννης ἦταν ἀγράμματος. Ἤτανε παιδί μιᾶς φτωχῆς οἰκογένειας τσομπάνηδων. Δέν εἶχε τούς τρόπους νά πάει σέ δάσκαλο, μᾶς λέει. Ἤξερε λίγο γράψιμο, ἀλλά εἶναι ζήτημα ἄν μπόρεσε ποτέ του νά διαβάσει ἄλλο τίποτε ἐκτός ἀπό τά ἴδια του γραφτά. “Γράψιμο ἀπελέκητο” τό ὀνομάζει.

Στό Ἄργος, ὁ Μακρυγιάννης, “γιά νά μήν τρέχει στούς καφενέδες”, παρακαλοῦσε τόν ἕνα καί τόν ἄλλο φίλο νά τοῦ μάθουν κάτι περισσότερο ἀπό τά γράμματα πού ἤξερε. Αἰσθάνεται συχνά πολύ ταπεινός γιά τήν ἀμάθειά του.

Ἔτσι ὅπως μᾶς φανερώνεται ὁ Μακρυγιάννης, βλέπουμε πώς ἄν ἦταν ἀγράμματος, δέν ἦταν ἕνας ἀκαλλιέργητος βάρβαρος. Ἦταν ἀκριβῶς τό ἐναντίον: ἦταν μιά ἀπό τίς πιό μορφωμένες ψυχές τοῦ ἑλληνισμοῦ. Καί ἡ μόρφωση πού δηλώνει ὁ Μακρυγιάννης εἶναι ἡ ψυχική περιουσία μιᾶς φυλῆς.

Βοηθητικές ἑρμηνεῖες

2. *Ἀπομνημονεύματα*] Memoirs
4. *ἔκφραση*] expression
5. *στάθηκε*] has proved to be
   ταπεινός] humble
6. *σταθερός*] steady, constant, steadfast
12. *χειρόγραφο*] manuscript
14–15. *Ἀρχηγό . . . Σπάρτης*] Seferis quotes Makriyannis exactly here, rather than giving the title in the katharevousa version that we saw previously in our narration.
17. *τσομπάνηδων = τσοπάνηδων*] Seferis uses both forms in the same essay.
19. *εἶναι ζήτημα ἄν*] it's doubtful whether
   ἄλλο τίποτε] anything else
20. *ἐκτός ἀπό*] beside, except, besides
30. *δηλώνει*] declares, makes known, makes public

Μικρόλογος Β′

Ὁ στρατηγός Μακρυγιάννης ἀγαποῦσε τά ἔργα τῆς ἀρχαίας τέχνης. Ὅταν χάλασαν τόν Πόρο, κάτι στρατιῶτες πῆραν δυό ἀγάλματα καί ἤθελαν νά τά πουλήσουν σέ κάτι Εὐρωπαίους. Ὁ Μακρυγιάννης τούς εἶπε νά μήν τό καταδεχτοῦν νά βγοῦν τά ἀγάλματα ἀπό τήν πατρίδα. "Γι' αὐτά πολεμήσαμε", τούς εἶπε. Δέν μιλάει ἕνας σοφολογιώτατος παρά ἕνας πολεμιστής γεμάτος πληγές πού ἀγωνίστηκε, θύμωσε, ἀλλά ἔμεινε ὀρθός ὥς τό τέλος. Εἶναι ἕνας ἀπ' τούς πιό σημαντικούς πεζογράφους τῆς νεοελληνικῆς λογοτεχνίας.

Βοηθητικές ἑρμηνεῖες

5. *καταδεχτοῦν*] accept, deign, tolerate
8. *ὀρθός*] upright 9. *σημαντικούς*] significant

Ἐρωτήσεις

1. Τί ἀγαποῦσε ὁ στρατηγός Μακρυγιάννης;
2. Τί ἔγινε ὅταν χάλασαν τόν Πόρο;
3. Τί ἤθελαν νά τά κάνουν οἱ στρατιῶτες τά ἀγάλματα;
4. Τί δέν ἤθελε ὁ Μακρυγιάννης νά καταδεχτοῦν;
5. Τί τούς εἶπε ὁ Μακρυγιάννης, γιά νά μήν πουλήσουν τ' ἀγάλματα;
6. Ποιός θά περίμενε κανείς νά μιλάει μ' αὐτά τά λόγια;
7. Ποιός μιλάει;
8. Τί ἔκανε αὐτός ὁ πολεμιστής;
9. Πῶς ἔμεινε ὥς τό τέλος;
10. Τί εἶναι ὁ Μακρυγιάννης σάν συγγραφέας;

Ἀνάγνωση Β′

Σᾶς ἔλεγα πώς ὁ Μακρυγιάννης εἶναι ἀπό τίς πιό μορφωμένες ψυχές τοῦ νέου ἑλληνισμοῦ. Εἶναι ἀποκαλυπτικό ὅταν μᾶς δίνει τήν εὐκαιρία νά ἰδοῦμε ἀπό κοντά πῶς ἡ δημοτική εὐαισθησία ἀγαπᾶ τά ἔργα τῆς ἀρχαίας τέχνης.

"Εἶχα δυό ἀγάλματα" σημειώνει. "Ὅταν χάλασαν τόν Πόρο, τά 'χαν πάρει κάτι στρατιῶτες, καί στ' Ἄργος θά τά πουλοῦσαν κάτι Εὐρωπαίων. Πῆρα τούς στρατιῶτες, τούς μίλησα: Αὐτά, καί δέκα χιλιάδες τάλαρα νά σᾶς δώσουνε, νά μήν τό καταδεχτεῖτε νά βγοῦν ἀπό τήν πατρίδα μας. Γι' αὐτά πολεμήσαμε".

Καταλαβαίνετε. Δέ μιλᾶ ὁ Λόρδος Μπάιρον, μήτε ὁ ἀρχαιολόγος. Μιλᾶ ἕνας γιός τσοπάνηδων μέ τό σῶμα γεμάτο πληγές. "Γι' αὐτά πολεμήσαμε". Δεκαπέντε ἀκαδημίες δέν ἀξίζουν τήν κουβέντα αὐτοῦ τοῦ ἀνθρώπου.

Θά ἤθελα τώρα, προτοῦ τελειώσω, νά συνοψίσω τή γνώμη μου γιά τήν ἀξία τοῦ βιβλίου τοῦ Μακρυγιάννη. Ὁ Μακρυγιάννης εἶναι ὁ πιό σημαντικός πεζογράφος τῆς νέας Ἑλληνικῆς Λογοτεχνίας. Πολέμησε, ἀγωνίστηκε, πίστεψε, θύμωσε. Ἀλλά ἔμεινε—ὅπως βγαίνει ἀπό τό γράψιμό του τό ἀπελέκητο—πάντα ὀρθός ὥς τό τέλος: ἄνθρωπος στό ὕψος τοῦ ἀνθρώπου. Δέν ἔγινε μήτε ὑπεράνθρωπος μήτε σκουλήκι.

Ὁ δεύτερος λόγος πού πιστεύω πώς ὁ Μακρυγιάννης εἶναι ὁ πιό σημαντικός πεζογράφος μας, εἶναι γιατί τόν νομίζω σάν ἕνα μεγάλο διδάσκαλο τῆς γλώσσας μας. Ποτέ δέν ξανακούσαμε στήν Ἑλλάδα μιά τόσο ἁδρή φωνή.

Αὐτά εἶχα νά σᾶς πῶ γιά τόν Μακρυγιάννη, πού ἔρχεται νά μᾶς πεῖ μέ τή φωνή πολλῶν ἀνθρώπων, καί ὄχι ἑνός μονάχα, τί εἴμαστε καί πῶς εἴμαστε κι ἐμεῖς οἱ ἴδιοι.

Ἀπό: Γιώργου Σεφέρη, "Ἕνας Ἕλληνας—Ὁ Μακρυγιάννης", Δοκιμές, Γ' ἔκδοση (Ἀθήνα, Ἴκαρος, 1974), πρῶτος τόμος, σελ. 229–34, 237–8, 240, 253–4, 256, 258, 261.

Βοηθητικές ἑρμηνεῖες

2. *ἀποκαλυπτικό*] revelatory, revealing
4. *εὐαισθησία*] sensibility, sensitivity
9. *τάλαρα = τάλιρα, τάλληρα*] talers, thalers (coins worth 5 drachmas)
15. *δέν ἀξίζουν*] are not worth
16. *συνοψίσω*] summarize
22. *ὑπεράνθρωπος*] superman
23. *σκουλήκι*] worm
27. *ἁδρή*] robust, fully-developed

Development

1. Makriyannis learned to write because he felt compelled to speak the naked truth to his countrymen. Can you articulate any goals

that your education will enable you to achieve? Prepare some notes in Greek and be ready to speak for a minimum of three minutes on this topic in class—in Greek, of course.

2. The following poem by George Seferis has two voices. Students should pair up, each pair rehearsing the poem and then reciting it before the class, antiphonally.

Ο ΓΥΡΙΣΜΟΣ ΤΟΥ ΞΕΝΙΤΕΜΕΝΟΥ

"Παλιέ μου φίλε τί γυρεύεις;
χρόνια ξενιτεμένος ἦρθες
μέ εἰκόνες πού ἔχεις ἀναθρέψει
κάτω ἀπό ξένους οὐρανούς
μακριά ἀπ' τόν τόπο τό δικό σου".

"Γυρεύω τόν παλιό μου κῆπο·
τά δέντρα μοῦ ἔρχουνται ὥς τή μέση
κι' οἱ λόφοι μοιάζουν μέ πεζούλια
κι' ὅμως σάν εἴμουνα παιδί
ἔπαιζα πάνω στό χορτάρι
κάτω ἀπό τούς μεγάλους ἴσκιους
κι' ἔτρεχα πάνω σέ πλαγιές
ὥρα πολλή λαχανιασμένος".

"Παλιέ μου φίλε ξεκουράσου
σιγά σιγά θά συνηθίσεις·
θ' ἀνηφορίσουμε μαζί
στά γνώριμά σου μονοπάτια
θά ξαποστάσουμε μαζί
κάτω ἀπ' τό θόλο τῶν πλατάνων
σιγά σιγά θά 'ρθοῦν κοντά σου
τό περιβόλι κι' οἱ πλαγιές σου".

"Γυρεύω τό παλιό μου σπίτι
μέ τ' ἀψηλά τά παραθύρια
σκοτεινιασμένα ἀπ' τόν κισσό
γυρεύω τήν ἀρχαία κολόνα
πού κοίταζε ὁ θαλασσινός.
Πῶς θές νά μπῶ σ' αὐτή τή στάνη;
οἱ στέγες μοῦ ἔρχουνται ὥς τούς ὤμους
κι' ὅσο μακριά καί νά κοιτάξω
βλέπω γονατιστούς ἀνθρώπους
λές κάνουνε τήν προσευχή τους".

"Παλιέ μου φίλε δέ μ' ἀκοῦς;
σιγά-σιγά θά συνηθίσεις
τό σπίτι σου εἶναι αὐτό πού βλέπεις
κι' αὐτή τήν πόρτα θά χτυπήσουν
σέ λίγο οἱ φίλοι κι' οἱ δικοί σου
γλυκά νά σέ καλωσορίσουν".

"Γιατί εἶναι ἀπόμακρη ἡ φωνή σου;
σήκωσε λίγο τό κεφάλι
νά καταλάβω τί μοῦ λές
ὅσο μιλᾶς τ' ἀνάστημά σου
ὁλοένα πάει καί λιγοστεύει
λές καί βυθίζεσαι στό χῶμα".

"Παλιέ μου φίλε συλλογίσου
σιγά-σιγά θά συνηθίσεις
ἡ νοσταλγία σοῦ ἔχει πλάσει
μιά χώρα ἀνύπαρχτη μέ νόμους
ἔξω ἀπ' τή γῆς κι' ἀπ' τούς ἀνθρώπους".

"Πιά δέν ἀκούω τσιμουδιά
βούλιαξε κι' ὁ στερνός μου φίλος
παράξενο πῶς χαμηλώνουν
ὅλα τριγύρω κάθε τόσο
ἐδῶ διαβαίνουν καί θερίζουν
χιλιάδες ἅρματα δρεπανηφόρα".

Ἀπό τό ΗΜΕΡΟΛΟΓΙΟ ΚΑΤΑ-
ΣΤΡΩΜΑΤΟΣ, Α'

Βοηθητικές ἑρμηνεῖες

Τίτλος. *γυρισμός*] return *τοῦ ξενιτεμένου*] of the exile
2. *ξενιτεμένος*] living abroad, living as an expatriate
3. *ἀναθρέψει*] reared, brought up, nursed, nurtured
8. *λόφοι*] hills
πεζούλια] low walls used by people to sit on
9. *σάν*] when
10. *χορτάρι*] grass
11. *ἴσκιους*] shadows 12. *πλαγιές*] slopes
16. *ἀνηφορίσουμε*] climb 17. *γνώριμα*] familiar
18. *ξαποστάσουμε*] rest 19. *θόλο* dome, canopy
τῶν πλατάνων] of the plane trees
23. *ἀψηλά* = *ψηλά* *παραθύρια* = *παράθυρα*
24. *κισσό*] ivy
27. *στάνη*] sheep pen, sheepfold
31. *λές*] you might say, it would seem that (cf. line 43, below)
33. *συνηθίσεις*] you'll become accustomed
38. *ἀπόμακρη*] distant
41. *ἀνάστημα*] stature, height
42. *ὁλοένα*] continually *λιγοστεύει*] decreases
43. *λές καί*] you (i.e. someone) would say that; as though
46. *νοσταλγία*] nostalgia *πλάσει*] fashioned, created

47. *χώρα*] country *ἀνύπαρχτη*] non-existent
50. *στερνός*] last, final
52. *τριγύρω*] round about, around here
κάθε τόσο] frequently, every so often
54. *ἅρματα*] chariots
δρεπανηφόρα] sickle-bearing (the ancient Persians sometimes attached sickles to the wheels of their war-chariots)

ΠΡΑΣΙΝΟ ΦΩΣ

TELEP
ΤΗΛΕΦΩ

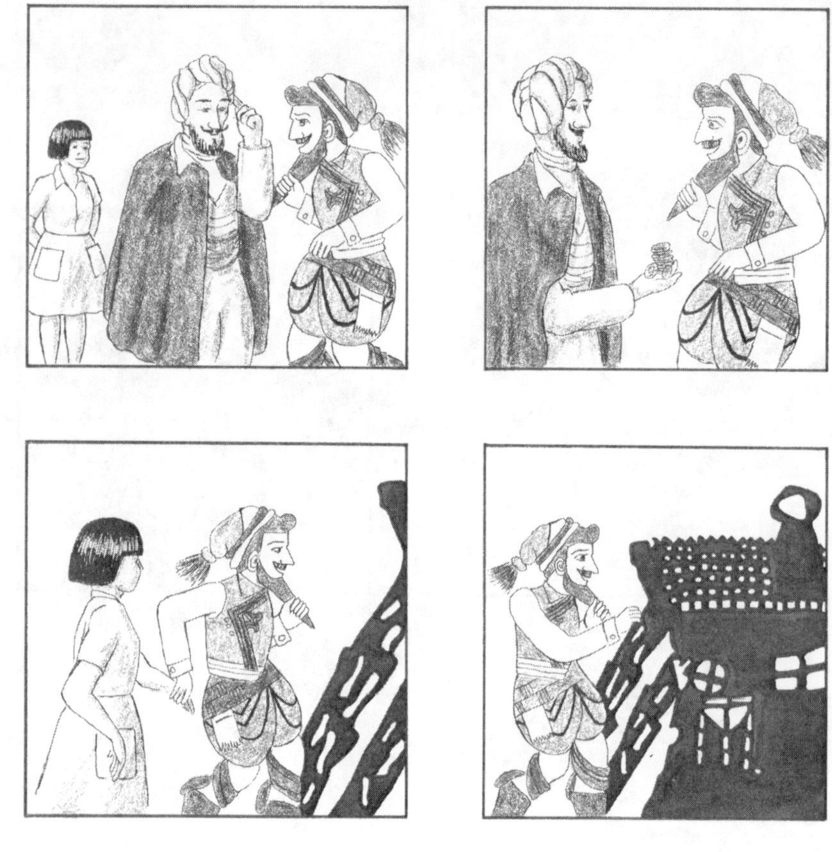

Πτήση 10

Ὁ Καραγκιόζης γιατρομηχανικός

Πρώτο μέρος

κόκκινο

(Ὁ Μακρυγιάννης μέ τή Μαρία _______ ___ __ _____ ___ συναντοῦν τόν Χατζηαβάτη, ___ _____ ________.)

ΧΑΤΖΗΑΒΑΤΗΣ: __ ____ ____ _____
__ ____ ______
___ ______ _____
____ _ ________.

(_____ ___ ________.) ___ ________, _____ ______ ___. Τί κάνετε; ___ __ ________;

ΜΑΚΡΥΓΙΑΝΝΗΣ: ____ __ _______ ___ _____ ___. _____ ___ __ __ __. Ἐγώ εἶμαι μιά χαρά, _____ __ __________ ___. ___ ___ __ _____;

ΧΑΤΖΗΑΒΑΤΗΣ: ___ __ __ ____, _____ ___; ___ _____ __ __ ____ ____, ____ ___ ______ _____. ________ ____ ____, ___ __ _____ ___ ____ ____.

ΜΑΚΡΥΓΙΑΝΝΗΣ: ___ ________, _____ _______, ______. __ ___ ______. __ __ ______ ___ ____, ____ ___ _____ _____.

ΧΑΤΖΗΑΒΑΤΗΣ: ___ _________, _____ ___. _____ __ __ _____ ______ ___ __ ________.

ΜΑΚΡΥΓΙΑΝΝΗΣ: _____ __ _____, _______, ___ ______ __ __ ___ __.

ΧΑΤΖΗΑΒΑΤΗΣ: _____, _____, _______.

ΜΑΚΡΥΓΙΑΝΝΗΣ: Ἄκουσε, _____. Ἡ κοπελίτσα αὐτή θέλει νά γυρίσει στό σπίτι της.

ΧΑΤΖΗΑΒΑΤΗΣ: ___ _ __;

ΜΑΚΡΥΓΙΑΝΝΗΣ: ____ _____.

ΧΑΤΖΗΑΒΑΤΗΣ (στή Μαρία): _____ ______ ___, πῶς ἦρθες ἐδῶ;

ΜΑΡΙΑ: ___ μέ τόν τηλεφωνικό μου θάλαμο ___ _____ __ ____ ____, __ ___ ____ _____ ______ __ ____ ___ ___ ____.

ΧΑΤΖΗΑΒΑΤΗΣ: Ἀμ' *τί—;*

ΜΑΚΡΥΓΙΑΝΝΗΣ (_______ ______ ____ _____ ____): Βλέπεις βρέ *Χατζηαβάτη μου, ξεβιδώθηκε.* ______ ___ ___ _________ ___ ___ _____ _____. ____ _______ ___ _______ ______ __ __ _______ __ ______ ___ _________! _____ ____ *γνωρίζεις κανένα γιατρό καλό νά τήν ξαναβιδώσει πάλι;* ___ ___ __________ __ ____ __ _____, _ _____ ____ ___ ________ ____.

ΧΑΤΖΗΑΒΑΤΗΣ: ___ ________, ______ ___. _____ _____ __ _______ _______ _______, __ ______ ____, *θά σᾶς βρῶ τόν κατάλληλο ἄνθρωπο.* _______ _______ ____ ___________ ___.

ΜΑΚΡΥΓΙΑΝΝΗΣ: _____ ______ ____ _____ _______ _____ _______. _____ ___.

ΧΑΤΖΗΑΒΑΤΗΣ (*στή Μαρία*): *Ἔλα, ψυχή μου, νά ρωτήσουμε τό φίλο μου τόν Καραγκιόζη.* __ _ ______ ___. (_________ _____ _____ ____ _____.) ___ _________, _____ _____, ___; (__________ ___ ______.) ___ _______ _____ ___ ____ ___ ____ _____, _____ ____ _____ _____ ____. _____, ___ _____ ____ ___, ____ _______.

ΚΑΡΑΓΚΙΟΖΗΣ (_____ ____ ____ ______): __ _______, ___; ____ ____ ___ ___ _____ ____.

ΧΑΤΖΗΑΒΑΤΗΣ: _____ ___ ____ ___.

ΚΑΡΑΓΚΙΟΖΗΣ (__________): ___ _______, ___ _________; ____ ___ ___ ___ _____.

ΧΑΤΖΗΑΒΑΤΗΣ: __, _______ ___ ___ ___ ___ ______ ___ _____, __________ ___. ___ ______ _______ ___ ______.)

Βοηθητικές ἑρμηνεῖες

Τίτλος. *γιατρομηχανικός*] physician-engineer

2. *συναντοῦν*] meet, encounter
11. *μιά χαρά*] just fine, in the pink of health
32. Ἀμ' *τί;* = Ἀμέ *τί (νόμισες);*] (roughly) Sure! What did you expect!? (sarcastically)
34. *ξεβιδώθηκε*] she's nuts (literally: she's come unscrewed)
37. *ξαναβιδώσει*] cure her (literally: screw her together again)
42. *κατάλληλο*] appropriate, suitable, right

Σημειώσεις

Τίτλος. *ὁ Καραγκιόζης*] Karaghiozis is the chief character of the Greek shadow theater, a folk art performed with puppets manipulated behind a lighted screen.

1–2. Ὁ *Μακρυγιάννης μέ τή Μαρία συναντοῦν*] In this idiomatic construction Greek uses a plural verb where English would use a singular one. Similarly: Πήγαμε μέ τή Χρυσάνθη στό σινεμά would be, in literal translation, "We went with Chrysanthi to the movies"; yet this really means "I went with Chrysanthi to the movies" or "I took Chrysanthi to the movies" or "Chrysanthi and I went to the movies."

24. *κοπελίτσα*] *-ίτσα* is one of many diminutives used as a way of expressing tenderness. See Μιά *ματιά στή γραμματική*.

μπλέ

(Ὁ Μακρυγιάννης μέ τή Μαρία _________ ___ __
______ ___ συναντοῦν τόν Χατζηαβάτη, ___ ______
__________.)
ΧΑΤΖΗΑΒΑΤΗΣ: __ _____ _____ _____
__ _____ ________
___ _______ ______
_____ _ _________.
(_____ ___ _________.) ___ _________, _____
_______ ___. Τί κάνετε; Πῶς τά καλοπερνᾶτε;
ΜΑΚΡΥΓΙΑΝΝΗΣ: _____ ___ _______ ___ _____ ___. _____
___ __ __ __. Ἐγώ εἶμαι μιά χαρά, _____ __
___________ ___. Ἐσύ πῶς τά περνᾶς;
ΧΑΤΖΗΑΒΑΤΗΣ: ___ __ __ ____, _____ ___; Ἀπό ὑγεία
ἄς τά λέμε καλά, ἀλλά ἀπό δουλειά τίποτα. ________
_____ ____, ___ __ _____ ____ ____ ____.
ΜΑΚΡΥΓΙΑΝΝΗΣ: __ ________, _____ _______, _______. __
___ _______. Θά σέ βοηθήσω καί τώρα, ἀφοῦ δέν ἔχεις
δουλειά.
ΧΑΤΖΗΑΒΑΤΗΣ: ___ __________, _____ ___. _____ __
__ _____ _______ ___ __ _________.
ΜΑΚΡΥΓΙΑΝΝΗΣ: _____ __ _____, ________, ___ ______ __
__ ___ __.
ΧΑΤΖΗΑΒΑΤΗΣ: ____, ____, _______.
ΜΑΚΡΥΓΙΑΝΝΗΣ: Ἄκουσε, λοιπόν. Ἡ κοπελίτσα αὐτή θέλει
νά γυρίσει στό σπίτι της.
ΧΑΤΖΗΑΒΑΤΗΣ: Ποῦ 'ν' το;
ΜΑΚΡΥΓΙΑΝΝΗΣ: Στήν Ἀθήνα.
ΧΑΤΖΗΑΒΑΤΗΣ (στή Μαρία): _____ ______ ___, πῶς ἦρθες ἐδῶ;
ΜΑΡΙΑ: Ἦρθα μέ τόν τηλεφωνικό μου θάλαμο καί μπορῶ νά
φύγω ἔτσι, μά δέν ξέρω ποιόν ἀριθμό νά πάρω γιά
τήν Ἀθήνα.
ΧΑΤΖΗΑΒΑΤΗΣ: Ἀμ' τί—;
ΜΑΚΡΥΓΙΑΝΝΗΣ (_______ ______ ___ ____ ___): Βλέπεις βρέ
Χατζηαβάτη μου, ξεβιδώθηκε. ______ __ __ _______ ___
___ _____ ____. ____ ______ ___ _____ _____ __
__ ______ __ ______ ___ ________! Μπάς καί γνωρίζεις

κανένα γιατρό καλό νά τήν ξαναβιδώσει πάλι; ___ ___ ___ ___ ___ ___, ___ ___ ___ ___ ___ ___.

ΧΑΤΖΗΑΒΑΤΗΣ: ___ ___, ___ ___. ___ ___ ___ ___ ___ ___, ___ *ἔννοια σας, θά σᾶς βρῶ τόν κατάλληλο ἄνθρωπο. Γυρίστε ἥσυχος στά συγγράμματά σας.*

ΜΑΚΡΥΓΙΑΝΝΗΣ: Φεύγω λοιπόν ___ ___ ___ ___ ___. Ἀντίο σας.

ΧΑΤΖΗΑΒΑΤΗΣ (*στή Μαρία*): Ἔλα, *ψυχή μου, νά ρωτήσουμε τό φίλο μου τόν Καραγκιόζη. Νά ἡ καλύβα του.* (___ ___ ___ ___ ___.) Βρέ Καραγκιόζη, *μέσα εἶσαι, βρέ;* (___ ___ ___.) ___ ___ ___ ___ ___ ___ ___ ___, ___ ___ ___ ___ ___. ___, ___ ___ ___ ___ ___, *ἔλα γρήγορα.*

ΚΑΡΑΓΚΙΟΖΗΣ (___ ___ ___ ___): ___ ___, ___; ___ ___ ___ ___ ___ ___.

ΧΑΤΖΗΑΒΑΤΗΣ: ___ ___ ___ ___.

ΚΑΡΑΓΚΙΟΖΗΣ (*ἐξερχόμενος*): Τί *φωνάζεις, ρέ* Χατζηαβάτη; ___ ___ ___ ___ ___.

ΧΑΤΖΗΑΒΑΤΗΣ: ___, *στάσου νά σοῦ πῶ* ___ ___ ___ ___, ___ ___. (Τοῦ *ἐξηγεῖ μυστικά τί τρέχει.*)

Βοηθητικές ἑρμηνεῖες

9. Πῶς *τά καλοπερνᾶτε*] How are you getting along? How're you doing?
17. *ἀφοῦ*] since 26. *ποῦ 'ν' το;* = *ποῦ εἶναι αὐτό;*
36. *μπάς καί*] could it be that . . . ? Do you by any chance . . . ?
41. *ἔννοια σας*] don't worry 44. *ἀντίο*] good-bye
54. *ρέ* = *βρέ* 57. *τί τρέχει*] what's going on, what's happening

---

Σημειώσεις

36. *μπάς καί*] This is used in questions in a way similar to *μήπως*. Both convey the idea of "by any chance." Μήπως *τόν εἶδες;* Did you see him by any chance? Μπάς *καί τόν εἶδες;* Did you see him by any chance?
41. *ἔννοια*] also spelled *ἔγνοια* to distinguish this use from *ἔννοια* meaning "conception," "notion," "meaning"
54. *ἐξερχόμενος*] In the published versions of the Karaghiozis plays, the stage directions are typically in stilted katharevousa, as if the artists were trying in this way to assert their respectability. More accurately, the stage directions contain a few puristic elements mixed in with demotic, forming what the Greeks call a *ρωσική σαλάτα.*

μαῦρο

(Ὁ Μακρυγιάννης μέ τή Μαρία ἐξερχόμενοι ἀπό τό γραφεῖο του συναντοῦν τόν Χατζηαβάτη, πού ἔρχεται τραγουδώντας.)

ΧΑΤΖΗΑΒΑΤΗΣ: *Τά πάντα εἶναι μάταια*
τά πάντα ματαιότης
ἕνα λουλούδι ψεύτικο
εἶναι ἡ ἀνθρωπότης.

(Βλέπει τόν Μακρυγιάννη.) *Σᾶς καλημερίζω, ἀφέντη Στρατηγέ μου. Τί κάνετε; Πῶς τά καλοπερνᾶτε;*

ΜΑΚΡΥΓΙΑΝΝΗΣ: *Καλῶς τόν Χατζηαβάτη τόν φίλον μου. Χρόνια ἔχω νά σέ δῶ. Ἐγώ εἶμαι μιά χαρά, γράφω τά ἀπομνημονεύματά μου. Ἐσύ πῶς τά περνᾶς;*

ΧΑΤΖΗΑΒΑΤΗΣ: *Πῶς νά τά περνῶ, ἀφέντη μου; Ἀπό ὑγεία ἄς τά λέμε καλά, ἀλλά ἀπό δουλειά τίποτα. Τριγυρίζω ἀπάνω κάτω, γιά νά βγάλω ἕνα ξερό ψωμί.*

ΜΑΚΡΥΓΙΑΝΝΗΣ: *Βρέ Χατζηαβάτη, εἶσαι ἀπελπισία, καημένε. Μά δέν πειράζει. Θά σέ βοηθήσω καί τώρα, ἀφοῦ δέν ἔχεις δουλειά.*

ΧΑΤΖΗΑΒΑΤΗΣ: *Σᾶς ὑπερευχαριστῶ, ἀφέντη μου. Πέτρα νά μή βρεθεῖ μπροστά σας νά σκοντάψετε.*

ΜΑΚΡΥΓΙΑΝΝΗΣ: *Ἄφησε τά ξόρκια, Χατζηαβάτη, καί πρόσεξε τί θά σοῦ πῶ.*

ΧΑΤΖΗΑΒΑΤΗΣ: *Παρών, ἀκούω, διατάξατε.*

ΜΑΚΡΥΓΙΑΝΝΗΣ: *Ἄκουσε, λοιπόν. Ἡ κοπελίτσα αὐτή θέλει νά γυρίσει στό σπίτι της.*

ΧΑΤΖΗΑΒΑΤΗΣ: *Ποῦ 'ν' το;*

ΜΑΚΡΥΓΙΑΝΝΗΣ: *Στήν Ἀθήνα.*

ΧΑΤΖΗΑΒΑΤΗΣ (*στή Μαρία*): *Λοιπόν ψυχούλα μου, πῶς ἦρθες ἐδῶ;*

ΜΑΡΙΑ: *Ἦρθα μέ τόν τηλεφωνικό μου θάλαμο καί μπορῶ νά φύγω ἔτσι, μά δέν ξέρω ποιόν ἀριθμό νά πάρω γιά τήν Ἀθήνα.*

ΧΑΤΖΗΑΒΑΤΗΣ: *Ἀμ' τί—;*

ΜΑΚΡΥΓΙΑΝΝΗΣ (*ψιθυρίζει μυστικά στό φίλο του*): *Βλέπεις βρέ Χατζηαβάτη μου, ξεβιδώθηκε. Πρέπει νά μέ γλιτώσεις ἀπό τόν μπελά αὐτό. Λέει κιόλας πώς φέρνει μήνυμα ἀπ' τό Λεωνίδα τό Βασιλιά τῶν Σπαρτιατῶν! Μπάς καί γνωρίζεις κανένα γιατρό καλό νά τήν ξαναβιδώσει πάλι; Ἄν μέ ξεφορτώσεις ἀπ' αὐτό τό βάρος, ὁ κόπος σου θά πληρωθεῖ καλά.*

ΧΑΤΖΗΑΒΑΤΗΣ: *Σᾶς εὐχαριστῶ, ἀφέντη μου. Δέν ξέρω ἄν ὑπάρχει τέτοιος γιατρός, μά ἔννοια σας, θά σᾶς βρῶ τόν κατάλληλο ἄνθρωπο. Γυρίστε ἥσυχος στά συγγράμματά σας.*

ΜΑΚΡΥΓΙΑΝΝΗΣ: *Φεύγω λοιπόν καί σοῦ εὔχομαι καλές δουλειές. Ἀντίο σας.*

ΧΑΤΖΗΑΒΑΤΗΣ (*στή Μαρία*): *Ἔλα, ψυχή μου, νά ρωτήσουμε τό φίλο μου τόν Καραγκιόζη. Νά ἡ καλύβα του.* (Πλησιάζει στήν πόρτα καί χτυπᾶ.) Βρέ Καραγκιόζη, μέσα εἶσαι, βρέ; (Ἐξακολουθεῖ νά χτυπᾶ.) Ἔλα ματάκια μου νά σοῦ πῶ δυό λόγια, εἶναι γιά καλό δικό σου. Τρέξε, τό καλό πού σοῦ θέλω, ἔλα γρήγορα.

ΚΑΡΑΓΚΙΟΖΗΣ (*μέσα ἀπό τήν καλύβα*): Τί φωνάζεις, βρέ; Ἄντε φύγε ἀπ' τά μάτια μου.

ΧΑΤΖΗΑΒΑΤΗΣ: Ἔβγα νά σοῦ πῶ.

ΚΑΡΑΓΚΙΟΖΗΣ (*ἐξερχόμενος*): Τί φωνάζεις, ρέ Χατζηαβάτη; Φύγε νά μή σέ δείρω.

ΧΑΤΖΗΑΒΑΤΗΣ: Μή, στάσου νά σοῦ πῶ κι ἔπειτα μέ βαρᾶς, Καραγκιοζάκι μου. (*Τοῦ ἐξηγεῖ μυστικά τί τρέχει.*)

Βοηθητικές ἑρμηνεῖες

4. *μάταια*] vain, futile
5. *ματαιότης* = *ματαιότητα*] vanity, futility
6. *ψεύτικο*] false, artificial, cheap
7. *ἀνθρωπότης* = *ἀνθρωπότητα*] mankind, humanity
8. *ἀφέντη*] master, boss
10. *καλῶς*] welcome to, hello to
15. *βγάλω ἕνα ξερό ψωμί*] earn a meager living (literally: produce a dry crust, a stale piece of bread)
20. *σκοντάψετε*] stumble over
21. *ξόρκια*] magic formulas
23. διατάξατε (καθ) = διατάξτε (imperative of διατάζω)
35. *κιόλας*] in addition, also
43. *εὔχομαι*] wish 51. *ἄντε*] come on, let's go
53. *ἔβγα*] come out 55. *δείρω*] beat, thrash

Σημειώσεις

5. *ματαιότης*] The demotic equivalent is *ματαιότητα*. The ending -*ότητα* gives a generic or abstract meaning to the word to which it is affixed. For example, we form the word for the abstract concept "mankind," *ἀνθρωπότητα*, by adding the "abstract suffix" -*ότητα* to *ἄνθρωπ-ος*.
15. *βγάλω ἕνα ξερό ψωμί*] the basic idiom is *βγάζω τό ψωμί μου*, "to earn a living"
21. *ξόρκια*] The "learned" equivalent is *ἐξορκισμοί*, which of course gives us "exorcisms" in English, i.e. formulas and/or ceremonies meant to deliver a person from devils or evil spirits.
43. *εὔχομαι*] a deponent verb, i.e. one that exists only in the passive form but is active in meaning and thus takes an object

51. ἄντε] an interjection conveying the idea of "get moving"; also heard as ἄιντε.
53. ἔβγα] singular imperative of βγαίνω
55. νά ... δείρω] simple subjunctive of δέρνω. The passive participle is δαρμένος and the simple past, mediopassive, is δάρθηκα. The simple past, active, is of course ἔδειρα.

Συνώνυμα ἤ περίπου συνώνυμα

10–11. χρόνια ἔχω νά σέ δῶ: χρόνια καί ζαμάνια ἔχω νά σέ δῶ
19. ὑπερευχαριστῶ: εὐγνωμονῶ
23. διατάξτε: προστάξτε, στίς διαταγές σας, στίς προσταγές σας

Ἐρωτήσεις

Νά ἀπαντήσετε χρησιμοποιώντας τά συνώνυμα ἤ περίπου συνώνυμα.

10–11. Πόσον καιρό ἔχει ὁ Μακρυγιάννης νά δεῖ τό Χατζηαβάτη;
19. Τί ἀπαντάει ὁ Χατζηαβάτης ὅταν ὁ Μακρυγιάννης τοῦ λέει ὅτι θά τόν βοηθήσει;
23. Ὅταν ὁ Μακρυγιάννης τοῦ λέει νά προσέξει τί θά τοῦ πεῖ, τί ἀπαντάει ὁ Χατζηαβάτης;

Ἀσκήσεις

4–5. Τά πάντα εἶναι μάταια, τά πάντα ματαιότητα.
ὁμαλά
Τά πάντα εἶναι ὁμαλά, τά πάντα ὁμαλότητα.
νόμιμα, μυστικά, καθαρά, ταπεινά, μάταια

6–7. Ἕνα λουλούδι ψεύτικο εἶναι ἡ ἀνθρωπότητα.
ἕνα ὄνειρο ἄσχημο
Ἕνα ὄνειρο ἄσχημο εἶναι ἡ ἀνθρωπότητα.
ἕνα χάος σωστό, μιά θάλασσα φουρτουνιασμένη, ἕνας Χριστός σταυρωμένος, ἕνας Προμηθέας βασανισμένος, ἕνα φῶς ἐφήμερο, ἕνα λουλούδι ψεύτικο

13–14. Ἀπό ὑγεία καλά, ἀπό δουλειά τίποτα.
Ἀπό ὑγεία καλά, ἀπό χρήματα τίποτα.
Ἀπό δύναμη καλά, ἀπό χρήματα τίποτα.
Ἀπό δύναμη καλά, ἀπό τύχη τίποτα.
Ἀπό μόρφωση καλά, ἀπό τύχη τίποτα.
Ἀπό μόρφωση καλά, ἀπό δουλειά τίποτα.
Ἀπό ὑγεία καλά, ἀπό δουλειά τίποτα.

14–15. Τριγυρίζω ἀπάνω κάτω, γιά νά βγάλω ἕνα ξερό ψωμί.
μιά δραχμή
Τριγυρίζω ἀπάνω κάτω, γιά νά βγάλω μιά δραχμή.

λίγα λεφτά, ἕνα δολλάριο, δυό τάλιρα, τρεῖς πεντάρες, κάτι ψιλά, ἕνα ξεροκόμματο, ἕνα ξερό ψωμί

17–18. Θά σέ βοηθήσω, ἀφοῦ δέν ἔχεις δουλειά.
οἰκογένεια
Θά σέ βοηθήσω, ἀφοῦ δέν ἔχεις οἰκογένεια.
γιούς, γονεῖς, χρήματα, ἐλπίδα, ὑγεία, γείτονες, γιατρό, δουλειά

21–22. Ἄφησε τά ξόρκια καί πρόσεξε τί θά σοῦ πῶ.
Ἄφησε τίς σαχλαμάρες καί πρόσεξε τί θά σοῦ πῶ.
Ἄφησε τίς σαχλαμάρες καί πρόσεξε τί θά σοῦ γράψω.
Ἄφησε τ' ἀστεῖα καί πρόσεξε τί θά σοῦ γράψω.
Ἄφησε τ' ἀστεῖα καί πρόσεξε τί θά σοῦ διηγηθῶ.
Ἄφησε τά ψέματα καί πρόσεξε τί θά σοῦ διηγηθῶ.
Ἄφησε τά ψέματα καί πρόσεξε τί θά σοῦ πῶ.
Ἄφησε τά ξόρκια καί πρόσεξε τί θά σοῦ πῶ.

34–35. Πρέπει νά μέ γλιτώσεις ἀπ' αὐτόν τό μπελά.
αὐτήν τή συμφορά
Πρέπει νά μέ γλιτώσεις ἀπ' αὐτήν τή συμφορά.
αὐτήν τήν ἀνησυχία, αὐτήν τήν πυρκαγιά, αὐτήν τή φτώχεια, αὐτήν τή θλίψη, αὐτήν τήν τρικυμία, αὐτήν τή δυστυχία, αὐτόν τό μπελά

35. Λέει κιόλας πώς φέρνει μήνυμα.
θά ξεφορτώσει τό πλοῖο
Λέει κιόλας πώς θά ξεφορτώσει τό πλοῖο.
ζεῖ σέ μιά καλύβα, εἶναι γιά καλό δικό μου πού ἦρθε, θά μοῦ πεῖ ἕνα μυστικό, θά μοῦ ἐξηγήσει τί τρέχει, θά μέ δείρει, φέρνει μήνυμα

36–37. Μπάς καί γνωρίζεις κανένα γιατρό;
Μπάς καί ξέρεις κανένα γιατρό;
Μπάς καί ξέρεις κανένα μηχανικό;
Μπάς καί εἶδες κανένα μηχανικό;
Μπάς καί εἶδες κανέναν παιδίατρο;
Μπάς καί γνωρίζεις κανέναν παιδίατρο;
Μπάς καί γνωρίζεις κανένα γιατρό;

41–42. Ἔννοια σας, καί θά σᾶς βρῶ τόν κατάλληλο ἄνθρωπο.
τόν κατάλληλο τίτλο
Ἔννοια σας, καί θά σᾶς βρῶ τόν κατάλληλο τίτλο.
τόν κατάλληλο πίνακα, τήν κατάλληλη εὐχή, τά κατάλληλα ξόρκια, τήν κατάλληλη ἔκφραση, τόν κατάλληλο συγγραφέα, τό κατάλληλο φάρμακο, τήν κατάλληλη θεραπεία, τόν κατάλληλο ἄνθρωπο

56–57. Στάσου νά σοῦ πῶ τί τρέχει.
τί σοῦ εὔχομαι

Στάσου νά σοῦ πῶ τί σοῦ εὔχομαι.
τί θέλω νά σέ ρωτήσω, ποιός εἶναι μέσα, δυό λόγια, ἄν ὑπάρχει τέτοιος γιατρός, γιατί θά σέ δείρω, κι ἔπειτα μέ βαρᾶς, τί μπελά βρῆκα, γιατί ἐξακολουθεῖ νά γελάει, τί ἔπαθα χθές τό βράδυ, τί τρέχει

Ἐρωτήσεις

1. Πῶς παρουσιάζεται ὁ Χατζηαβάτης;
2. Κατά τό τραγούδι τοῦ Χατζηαβάτη, τί εἶναι ἡ ἀνθρωπότητα;
3. Γιατί τριγυρίζει ὁ Χατζηαβάτης ἀπάνω κάτω;
4. Γιατί ὁ Μακρυγιάννης θά βοηθήσει τό Χατζηαβάτη;
5. Τί θέλει ἡ κοπελίτσα;
6. Τί δέν ξέρει νά πάρει ἡ Μαρία;
7. Ποιός ξεβιδώθηκε κατά τή γνώμη τοῦ Μακρυγιάννη;
8. Ποιός μπορεῖ νά ξαναβιδώσει τή Μαρία;
9. Φεύγοντας, τί εὐχήθηκε ὁ Μακρυγιάννης τοῦ Χατζηαβάτη;
10. Τί θέλει νά ἐξηγήσει μυστικά ὁ Χατζηαβάτης στόν Καραγκιόζη;

Γενικές ἐρωτήσεις

1. Πῶς μπῆκες στήν τάξη σήμερα;
2. Μέ δυό λόγια, πές μας τί γνώμη ἔχεις γιά τήν ἀνθρωπότητα;
3. Πῶς σκοπεύεις νά βγάζεις τό ψωμί σου στό μέλλον;
4. Τί θά ἔκανες ἄν ἕνας φίλος σου δέν εἶχε δουλειά;
5. Θέλεις ἐσύ νά γυρίσεις στό σπίτι σου; Ποῦ εἶναι;
6. Πέστε ὁ ἕνας στόν ἄλλο, μέ τή σειρά, τόν ἀριθμό τοῦ τηλεφώνου τοῦ σπιτιοῦ σας.
7. Πές μας ποιός εἶναι ὁ πιό ξεβιδωμένος δάσκαλός σου καί γιατί;
8. Νομίζεις ὅτι οἱ ψυχίατροι μποροῦν καί θεραπεύουν τούς ξεβιδωμένους; Μέ ποιό τρόπο;
9. Τί εὐχή θά ἔδινες σ' ἕνα φίλο σου ἄν ἦταν ἄρρωστος;
10. Μπορεῖς νά μᾶς ἐξηγήσεις γιατί θέλεις νά βγάζεις τό ψωμί σου ὅπως μᾶς εἶπες νωρίτερα;

Μιά ματιά στή γραμματική

I. DIMINUTIVES / ΥΠΟΚΟΡΙΣΤΙΚΑ Η ΧΑΙΔΕΥΤΙΚΑ

A. Certain diminutive suffixes are used to indicate smallness, endearment and/or tenderness.

Thus Makriyannis refers to Maria as *κοπελίτσα*, not *κοπέλα*, and Hatziavatis addresses her as *ψυχούλα μου* instead of *ψυχή μου*. In both of these cases, the diminutives indicate tenderness and endearment as well as smallness.

Often, the diminutive indicates simply how much the speaker likes something, and has nothing to do with smallness.

Δῶσε μου ἕνα καφεδάκι, παρακαλῶ.

In the above expression, the speaker may be using the diminutive simply out of politeness. Indeed, the diminutive can take the place of "please."

Μοῦ δίνεις λιγάκι νεράκι;

Sometimes a diminutive ending can convey scorn or condescension.

Δέ μέ μέλει ἄν ἔλθουν τ' ἀνθρωπάκια αὐτά! I don't care if those [insignificant] people come.

B. Some of the commonest diminutive endings are:

-*άκι* (the most common; used with masculine, feminine and neuter nouns, transforming the masculines and feminines into neuters)

ὁ ἄνθρωπος	τό ἀνθρωπάκι
ἡ γάτα	τό γατάκι
τό παιδί	τό παιδάκι
οἱ ἄνθρωποι	τά ἀνθρωπάκια
οἱ γάτες	τά γατάκια
τά παιδιά	τά παιδάκια

-*ίτσα* (used with feminine nouns)

ἡ καρέκλα	ἡ καρεκλίτσα
ἡ Ἑλένη	ἡ Ἑλενίτσα

-*ούλης* (used with masculine nouns)

ὁ ἀδερφός	ὁ ἀδερφούλης
ὁ παππούς	ὁ παππούλης
ὁ φτωχός	ὁ φτωχούλης

-*ούλα* (used with feminine nouns)

ἡ κοντή	ἡ κοντούλα
ἡ δραχμή	ἡ δραχμούλα
οἱ δραχμές	οἱ δραχμοῦλες

-*ούλι* (rare; used with neuter nouns)

τό σακί	τό σακούλι
τό ὄμορφο	τό ὀμορφούλι
τό κρυφτό	τό κρυφτούλι
τό καημένο	τό καημενούλι

-ούδι (rare; used with masculine or neuter nouns, transforming the masculine into neuter)

ὁ ἄγγελος	τό ἀγγελούδι
τό μυαλό	τό μυαλούδι

C. Sometimes two diminutive endings are seen on the same word

τό ἀγγελουδάκι	(ἀγγελούδι + -άκι)
τό μυαλουδάκι	(μυαλούδι + -άκι)

Ἀσκήσεις

Convert each of the words in parentheses to a diminutive by adding an appropriate diminutive ending.

(Μιά γαϊδούρα) _______________ καί (ἕνας σκύλος) _______________ προχωροῦσαν σ' ἕνα (δρόμο) _____________. Ἔξαφνα ἀντίκρυσαν πάνω στό χῶμα ἕνα (γράμμα) _____________. Τό γαϊδουράκι ἄνοιξε τό (φάκελλο) _______________ καί ἄρχισε νά τό διαβάζει μέ τή (μύτη) _______________ κοντά στό (χαρτί) _____________. Τό σκυλάκι ἄκουγε προσεχτικά, ὥστε νά μή χάσει (λέξη) _____________. Καθετί ὅμως πού διάβαζε τό γαϊδουράκι ἔλεγε γιά (λιβάδια) _______________ καί γιά (κριθάρι) _____________. "Νά πᾶς πιό κάτω μήπως βρεῖς νά λέει κάτι καί γιά (κρέατα) _______________ ἤ (κόκκαλα) _______________", εἶπε τό σκυλάκι. "Δέ λέει τίποτε γιά αὐτά πού ζητᾶς", εἶπε τό γαϊδουράκι. "Τότε ἄφησέ το χάμω, ὅπου τό βρήκαμε. Δέ μᾶς χρειάζεται", εἶπε τό σκυλάκι.

Πάντα μᾶς ἐνδιαφέρει
ὅταν κάτι μᾶς συμφέρει.

NON TELEPHONE

Πτήση 10

Ὁ Καραγκιόζης γιατρομηχανικός

Δεύτερο μέρος

κόκκινο

ΚΑΡΑΓΚΙΟΖΗΣ: Θέλεις λοιπόν νά σᾶς συστήσω κανένα γιατρό ___ _ _________ _____ ___ ____ _________;

ΧΑΤΖΗΑΒΑΤΗΣ: ___ ___, _______ ___. Γνωρίζεις κανέναν;

ΚΑΡΑΓΚΙΟΖΗΣ (_______ __ ____ __ ___ ______): ___ ______ ___ _______, γιατί γυρεύεις νά πάρεις ξένο, ἀφοῦ ξέρεις ὅτι ἐγώ χρόνια εἶμαι γιατρός;

ΧΑΤΖΗΑΒΑΤΗΣ: _____, ________ ___; _____ _______ __ __________ ____ __________;

ΚΑΡΑΓΚΙΟΖΗΣ: ______. Νά τά ἐργαλεῖα μου. ______. (______ ___ _______ __ ___ _____ ___.)

ΧΑΤΖΗΑΒΑΤΗΣ: __ ___ ___, _____, ποιά θεραπεία θά τῆς κάνεις ______, ___ ___ _____ __ _________ ___;

ΚΑΡΑΓΚΙΟΖΗΣ: ___ ___ νά τῆς κάνουμε κλύσμα ___ __ ___ ______ __ ______, ___ __ _____ ____ __ ______ ___.

ΧΑΤΖΗΑΒΑΤΗΣ: Βρέ Καραγκιόζη, _____ ___ ___ __ ___ _______ ___ ______ __ ______. _____, __________ ___, λυπήσου τη.

ΚΑΡΑΓΚΙΟΖΗΣ: Σκάσε ἐσύ. ____ ___ _______ ___ ______ __ _________ ___; (Στή Μαρία) ___ __, __________ ___, __ __ _______. Τί ἔχεις λοιπόν; ____.

ΜΑΡΙΑ: Δέν ἔχω τίποτε, ______ ___. _____ ______ ______ _________ ____ ____ ________ ___ ______, ___ ______ _____ ___ ____ ______. ___ ___ _______, ___ ___. Μονάχα κουράστηκα πιά καί θέλω τό σπιτάκι μου. Ὅμως ___ ____ __ ______ ______. _____ δέν ἔμαθα νά διευθύνω τόν πύραυλό μου. _____ ____ ______.

ΚΑΡΑΓΚΙΟΖΗΣ: Βλέπεις, βρέ Χατζηαβάτη, ___ _____, ___ ___ ______ _______ _ ____. _________ _ _______ ____. ___ __ _________ ___ __ _________ ___ ___ ____ ___ ______ ___ ___; Δέν θέλει λοιπόν γιατρό ἤ κοπελίτσα, μηχανικό θέλει __ ________ ___ _______ ___.

ΧΑΤΖΗΑΒΑΤΗΣ: ____, __ ποῦ νά βρεθεῖ;

ΚΑΡΑΓΚΙΟΖΗΣ: ____ ____ __ ____;
ΧΑΤΖΗΑΒΑΤΗΣ: ____.
ΚΑΡΑΓΚΙΟΖΗΣ: Ἐγώ, ρέ ξόανο, τί δουλειά κάνω; Δέν εἶμαι
μηχανικός; ____ ____;
ΧΑΤΖΗΑΒΑΤΗΣ: __ ______, __ ______, __ ____ __
___ ____ __ ____ __ ______. ____ __ ____
___ ____.
ΚΑΡΑΓΚΙΟΖΗΣ: _ ___ ____, __ ____. __ _____ __ _____
__; (Στή Μαρία) __ δεῖξε μου τό θάλαμό σου, βρέ κορίτσι
μου, νά τόν διορθώσω. (______ ___ ____.) ____ _
________ _______ __ __ __ ______ __ ___
_,__ ____ __ _ _________ __ _,__ ____. Γιά νά δῶ
τό τέρας αὐτό. ____ _ ____ ___ _____ __. (____ __
_____ __ ______.) __, ___ ____ ____. ____.
___, __ __ _______ __ _____, __ _____ __ __
___ ___. (Παίρνει τό ἀκουστικό, ἕτοιμος νά τό κοιτάξει . . .)
ΑΚΟΥΣΤΙΚΟ: Τί ἀριθμό θέλετε;
ΚΑΡΑΓΚΙΟΖΗΣ: __, _____ __, ______. (____ _ ______
__ ________.)
ΑΚΟΥΣΤΙΚΟ: __ ____ ____;
ΜΑΡΙΑ: ____ ____.
ΑΚΟΥΣΤΙΚΟ: __ ____. ____.
ΜΑΡΙΑ (______ _____ __ __ ____ _ _________ ___ __
____ ____): __ ______ ____ ___;
ΑΚΟΥΣΤΙΚΟ: __ _____ ___. __ _____ _____;
ΜΑΡΙΑ (________): __.___.

Βοηθητικές ἑρμηνεῖες

1. *συστήσω*] recommend
9. *ἐργαλεῖα*] tools, instruments
13. *κλύσμα*] enema
17. *σκάσε*] shut up!
24. *διευθύνω*] steer, direct, drive
34. *ξόανο*] blockhead
43. *γιά νά δῶ*] let me see

Σημειώσεις

1. *συστήσω*] The demotic verb is *συστήνω* or the more colloquial *συσταίνω*, but many speakers still use the puristic form *συνιστῶ*. The simple past, active, is *σύστησα*. The simple past, passive, is *συστήθηκα*. The passive participle is *συστημένος*. See Μιά ματιά στή γραμματική.
43. *γιά νά δῶ*] This idiomatic expression is hard to translate. It is somewhat close to "Just you let me see . . . " or "Can I see . . . ?" or "Do let me see, please."

μπλέ

ΚΑΡΑΓΚΙΟΖΗΣ: Θέλεις λοιπόν νά σᾶς συστήσω κανένα γιατρό ___ _ _________ _____ ___ ____ _________;

ΧΑΤΖΗΑΒΑΤΗΣ: ___ ___, _______ ___. Γνωρίζεις κανέναν;

ΚΑΡΑΓΚΙΟΖΗΣ (σηκώνει τό χέρι νά τόν δείρει): ___ ______ ___ _______, γιατί γυρεύεις νά πάρεις ξένο, ἀφοῦ ξέρεις ὅτι ἐγώ χρόνια εἶμαι γιατρός;

ΧΑΤΖΗΑΒΑΤΗΣ: Σοβαρά, Καραγκιόζη μου; Εἶσαι εἰδικός νά ξαναβιδώνεις τούς ξεβιδωμένους;

ΚΑΡΑΓΚΙΟΖΗΣ: Μάλιστα. Νά τά ἐργαλεῖα μου. _____. (Βγάζει ἕνα βιδολόγο ἀπ' τήν τσέπη του.)

ΧΑΤΖΗΑΒΑΤΗΣ: __ ___ ___, _____, ποιά θεραπεία θά τῆς κάνεις ______, ___ ___ _____ __ _________ ___;

ΚΑΡΑΓΚΙΟΖΗΣ: Ἐγώ λέω νά τῆς κάνουμε κλύσμα καί νά τῆς κόψουμε τά μαλλιά, γιά νά πάρει ἀέρα τό κεφάλι της.

ΧΑΤΖΗΑΒΑΤΗΣ: Βρέ Καραγκιόζη, αὐτά πού λές ἄν τά κάνουμε στό κορίτσι θά πεθάνει. _____, ___________ ___, λυπήσου τη.

ΚΑΡΑΓΚΙΟΖΗΣ: Σκάσε ἐσύ. ____ ___ _______ ___ ______ __ ________ ___; (Στή Μαρία) ___ __, ___________ ___, __ __ ______. Τί ἔχεις λοιπόν; ____.

ΜΑΡΙΑ: Δέν ἔχω τίποτε, γιατρέ μου. Ἔκανα μεγάλο ταξίδι ἀεροπορικῶς μέσα στόν τηλεφωνικό μου θάλαμο, πού πετάει μόλις πάρω ἕναν ἀριθμό. ___ ___ ______, ___ ___. Μονάχα κουράστηκα πιά καί θέλω τό σπιτάκι μου. Ὅμως δέν ξέρω τό σωστόν ἀριθμό. ____ δέν ἔμαθα νά διευθύνω τόν πύραυλό μου. ____ ____ ___ ______.

ΚΑΡΑΓΚΙΟΖΗΣ: Βλέπεις, βρέ Χατζηαβάτη, ___ _____, δέν τῆς ἔστριψε καθόλου ἡ βίδα. _______ _ ______ ___. ___ __ _________ ___ __ ________ ___ ___ ____ ___ ______ ____ ____; Δέν θέλει λοιπόν γιατρό ἡ κοπελίτσα, μηχανικό θέλει __ ________ ___ ______ ___.

ΧΑΤΖΗΑΒΑΤΗΣ: ___, __ ποῦ νά βρεθεῖ;

ΚΑΡΑΓΚΙΟΖΗΣ: ______ _____ ___ _______;

ΧΑΤΖΗΑΒΑΤΗΣ: ______.

ΚΑΡΑΓΚΙΟΖΗΣ: Ἐγώ, ρέ ξόανο, τί δουλειά κάνω; Δέν εἶμαι μηχανικός; _____ ____;

ΧΑΤΖΗΑΒΑΤΗΣ: __ ________, __ ________, __ _____ ___ ___ ____ ___ ____ ___ ________. Νόμιζα πώς εἶσαι μόνο γιατρός.

ΚΑΡΑΓΚΙΟΖΗΣ: Τό ἴδιο κάνει, βρέ βλάκα. ___ ______ __ _______ ___; (Στή Μαρία) Γιά δεῖξε μου τό θάλαμό σου, βρέ κορίτσι μου, νά τόν διορθώσω. (_______ ___ _____.) ____ _ ________ ______ ___ ___ ___ _______ __ ____ _,__ ____ __ _ __________ __ _,__ _____. Γιά νά δῶ τό τέρας αὐτό. Πρῶτα ν' ἀκούσω τήν καρδιά του. (Βάζει τό βιδολόγο σάν στηθοσκόπιο.) Μπά, δέν ἀκούω τίποτα. Ψόφησε.

Τώρα, γιά νά ἐξακριβώσω τή διάγνωση, ἄς ἐξετάσω καί τό αὐτί του. (Παίρνει τό ἀκουστικό, ἕτοιμος νά τό κοιτάξει . . .)

ΑΚΟΥΣΤΙΚΟ: Τί ἀριθμό θέλετε;

ΚΑΡΑΓΚΙΟΖΗΣ: Ὤχ, Παναγία μου, ἀναστήθηκε. (Ἀφήνει τ' ἀκουστικό καί ἐξαφανίζεται.)

ΑΚΟΥΣΤΙΚΟ: Τί ἀριθμό θέλετε;

ΜΑΡΙΑ: Θέλω Ἀθήνα.

ΑΚΟΥΣΤΙΚΟ: Ἐδῶ Ἀθήνα. Μιλᾶτε.

ΜΑΡΙΑ (ξαφνικά θυμᾶται τί τῆς εἶπε ὁ Μακρυγιάννης γιά τό σωστόν ἀριθμό): Τί ἡμερομηνία ἔχετε ἐκεῖ;

ΑΚΟΥΣΤΙΚΟ: 25 Ἰουνίου 1982. Τί ἀριθμό θέλετε;

ΜΑΡΙΑ (θριαμβευτικά): 256.1982.

Βοηθητικές ἑρμηνεῖες

7. *σοβαρά*] seriously, really *εἰδικός*] specialist
10. *βιδολόγο*] screwdriver 21. *ἀεροπορικῶς*] by air
26–27. *δέν τῆς ἔστριψε . . . ἡ βίδα*] she doesn't have a screw loose (i.e. she's not off her rocker); literally: "the screw didn't turn on her" or "her screw didn't turn"
39. *τό ἴδιο κάνει*] it's the same thing, there's no difference; literally: "it makes the same"
39. *βλάκα*] jerk, idiot, half-wit
45. *στηθοσκόπιο*] stethoscope
ψόφησε] it croaked, it's dead, it has kicked the bucket
46. *ἐξακριβώσω*] verify *διάγνωση*] diagnosis
49. *ἀναστήθηκε*] it's come back to life, it's resurrected
55. *ἡμερομηνία*] date
57. *θριαμβευτικά*] triumphantly

Σημειώσεις

10. *βιδολόγο*] Karaghiozis is using the standard form, which is masculine: *ὁ βιδολόγος*. A neuter variant exists: *τό βιδολόγι*. A common synonym is *τό κατσαβίδι*.
14. *γιά νά πάρει ἀέρα τό κεφάλι της*] This statement is even sillier than it seems, because it plays the literal meaning of the words against the idiomatic meaning, which is "so that she can get a swelled head," i.e. become conceited. In its commonest form, the idiom would be: *γιά νά πάρουν τά μυαλά της ἀέρα*.
21. *ἀεροπορικῶς*] commonly used on letters to mean "via air mail"
37. *νόμιζα πώς εἶσαι*] Notice that Greek does not require what in English is called "sequence of tenses in indirect speech." English,

here, would have "I thought you *were* only a doctor" whereas Greek has, in effect, "I thought you are only a doctor." See *Μιά ματιά στή γραμματική*.

40. *γιά δεῖξε*] Compare *γιά νά δῶ* in line 43. In both instances, *γιά* is a particle conveying exhortation.

45. *ψόφησε*] The verb *ψοφῶ*, when it means literally "to die," is normally used only for animals. When it is applied to humans, the meaning is either fancifully hyperbolic—as in *ψοφῶ τῆς πείνας*, "I'm dying of hunger," *ψοφῶ γιά λίγη μουσική*, "I'm dying for some music"—or downright malicious, as in *Ψόφησε ὁ Χίτλερ*, "Hitler croaked." If you say that some human being *ψόφησε* (instead of *πέθανε*) you are showing your hatred or scorn for that person.

49. *ἀναστήθηκε*] simple past of *ἀνασταίνομαι*, "to be resurrected," "to be revived," "to be raised from the dead." The simple past, active, is *ἀνάστησα*. The passive participle is *ἀναστημένος*. See *Μιά ματιά στή γραμματική*.

μαῦρο*

ΚΑΡΑΓΚΙΟΖΗΣ: *Θέλεις λοιπόν νά σᾶς συστήσω κανένα γιατρό πού ν' ἀνασταίνει ἀκόμα καί τούς πεθαμένους;*

ΧΑΤΖΗΑΒΑΤΗΣ: *Ναί ναί, ματάκια μου. Γνωρίζεις κανέναν;*

ΚΑΡΑΓΚΙΟΖΗΣ (*σηκώνει τό χέρι νά τόν δείρει*): *Βρέ τοῦβλο τοῦ Ἄτλαντος, γιατί γυρεύεις νά πάρεις ξένο, ἀφοῦ ξέρεις ὅτι ἐγώ χρόνια εἶμαι γιατρός;*

ΧΑΤΖΗΑΒΑΤΗΣ: *Σοβαρά, Καραγκιόζη μου; Εἶσαι εἰδικός νά ξαναβιδώνεις τούς ξεβιδωμένους;*

ΚΑΡΑΓΚΙΟΖΗΣ: *Μάλιστα. Νά τά ἐργαλεῖα μου. Ἕτοιμα.* (*Βγάζει ἕνα βιδολόγο ἀπ' τήν τσέπη του.*)

ΧΑΤΖΗΑΒΑΤΗΣ: *Δέ μοῦ λές, γιατρέ, ποιά θεραπεία θά τῆς κάνεις αὐτηνῆς, πού τῆς σάλεψε τό μυαλουδάκι της;*

ΚΑΡΑΓΚΙΟΖΗΣ: *Ἐγώ λέω νά τῆς κάνουμε κλύσμα καί νά τῆς κόψουμε τά μαλλιά, γιά νά πάρει ἀέρα τό κεφάλι της.*

ΧΑΤΖΗΑΒΑΤΗΣ: *Βρέ Καραγκιόζη, αὐτά πού λές ἄν τά κάνουμε στό κορίτσι θά πεθάνει. Ἔλεος, Καραγκιοζάκι μου, λυπήσου τη.*

ΚΑΡΑΓΚΙΟΖΗΣ: *Σκάσε ἐσύ. Μπάς καί νομίζεις δέν κατέχω τό ἐπάγγελμά μου;* (*Στή Μαρία*) *Ἔλα 'δῶ, κατεργαρούλα μου, νά σέ ἐξετάσω. Τί ἔχεις λοιπόν; Λέγε.*

ΜΑΡΙΑ: *Δέν ἔχω τίποτε, γιατρέ μου. Ἔκανα μεγάλο ταξίδι ἀεροπορικῶς μέσα στόν τηλεφωνικό μου θάλαμο, πού πετάει μόλις πάρω ἕναν ἀριθμό. Δέν ἔχω τίποτε, σᾶς λέω. Μονάχα κουράστηκα πιά καί θέλω τό σπιτάκι μου. Ὅμως δέν ξέρω*

*Freely based on various Karaghiozis plays published in three volumes by Ἐκδόσεις Ἑρμῆς under the title: Ὁ Καραγκιόζης (edited by Γ. Ἰωάννου).

τό σωστόν ἀριθμό. Ἀκόμα δέν ἔμαθα νά διευθύνω τόν πύραυλό μου. Πάει ὅπου τοῦ καπνίσει.

ΚΑΡΑΓΚΙΟΖΗΣ: Βλέπεις, βρέ Χατζηαβάτη, βρέ βλάκα, δέν τῆς ἔστριψε καθόλου ἡ βίδα. Τετράγωνη ἡ λογική της. Δέν θά κουραζόσουν ἐσύ ἄν πετοῦσες ἀπό μιά ἄκρη τοῦ κόσμου στήν ἄλλη; Δέν θέλει λοιπόν γιατρό ἡ κοπελίτσα, μηχανικό θέλει νά διορθώσει τόν πύραυλό της.

ΧΑΤΖΗΑΒΑΤΗΣ: Καλά, μά ποῦ νά βρεθεῖ;

ΚΑΡΑΓΚΙΟΖΗΣ: Ψάχνεις λοιπόν γιά μηχανικό;

ΧΑΤΖΗΑΒΑΤΗΣ: Βεβαίως.

ΚΑΡΑΓΚΙΟΖΗΣ: Ἐγώ, ρέ ξόανο, τί δουλειά κάνω; Δέν εἶμαι μηχανικός; Παπάς εἶμαι;

ΧΑΤΖΗΑΒΑΤΗΣ: Σοῦ ὁρκίζουμαι, βρέ Καραγκιόζη, πώς πρώτη μου φορά ἀκούω ὅτι εἶσαι καί μηχανικός. Νόμιζα πώς εἶσαι μόνο γιατρός.

ΚΑΡΑΓΚΙΟΖΗΣ: Τό ἴδιο κάνει, βρέ βλάκα. Δέν βλέπεις τό βιδολόγο μου; (Στή Μαρία) Γιά δεῖξε μου τό θάλαμό σου, βρέ κορίτσι μου, νά τόν διορθώσω. (Προχωροῦν στό θάλαμο.) Εἶμαι ὁ διασημότερος μηχανικός ἐδῶ καί σοῦ ὑπόσχομαι νά κάνω ὅ,τι μπορῶ νά σ' ἐξυπηρετήσω σέ ὅ,τι θέλεις. Γιά νά δῶ τό τέρας αὐτό. Πρῶτα ν' ἀκούσω τήν καρδιά του. (Βάζει τό βιδολόγο σάν στηθοσκόπιο.) Μπά, δέν ἀκούω τίποτα. Ψόφησε. Τώρα, γιά νά ἐξακριβώσω τή διάγνωση, ἄς ἐξετάσω καί τό αὐτί του. (Παίρνει τό ἀκουστικό, ἕτοιμος νά τό κοιτάξει . . .)

ΑΚΟΥΣΤΙΚΟ: Τί ἀριθμό θέλετε;

ΚΑΡΑΓΚΙΟΖΗΣ: Ὤχ, Παναγία μου, ἀναστήθηκε. (Ἀφήνει τ' ἀκουστικό καί ἐξαφανίζεται.)

ΑΚΟΥΣΤΙΚΟ: Τί ἀριθμό θέλετε;

ΜΑΡΙΑ: Θέλω Ἀθήνα.

ΑΚΟΥΣΤΙΚΟ: Ἐδῶ Ἀθήνα. Μιλᾶτε.

ΜΑΡΙΑ (*ξαφνικά θυμᾶται τί τῆς εἶπε ὁ Μακρυγιάννης γιά τό σωστόν ἀριθμό*): Τί ἡμερομηνία ἔχετε ἐκεῖ;

ΑΚΟΥΣΤΙΚΟ: 25 Ἰουνίου 1982. Τί ἀριθμό θέλετε;

ΜΑΡΙΑ (*θριαμβευτικά*): 256.1982.

Βοηθητικές ἑρμηνεῖες

2. *ἀνασταίνει*] resurrect
4–5. *τοῦβλο τοῦ Ἄτλαντος*] blockhead (literally: brick of Atlas)
12. *σάλεψε τό μυαλουδάκι της*] went soft in the head, has gone off her rocker (literally: her tiny brain has rocked, stirred, tottered)
16. *Ἔλεος*] mercy
17. *κατέχω*] possess extensive knowledge of, know well
ἐπάγγελμα] profession, trade
18. *κατεργαρούλα*] sly one
25. *πάει ὅπου τοῦ καπνίσει*] it goes wherever it feels like

27. *τετράγωνη ἡ λογική της*] her reason is intact, she is in command of her senses (literally: her logic is firm, square, foursquare)
42. *ὁ διασημότερος*] the most celebrated, well-known, famous
ὑπόσχομαι] promise
43. *ἐξυπηρετήσω*] serve, be useful

Σημειώσεις

4. *τοῦβλο*] can be used alone (without *τοῦ Ἄτλαντος*) to mean "idiot" in the sense either of an uneducated, ignorant person or a naturally stupid one.
12. *μυαλουδάκι*] *μυαλό*, "brain," plus not one but two diminutive endings: -*ούδι* and -*άκι*
18. *κατεργαρούλα*] The usual feminine of *κατεργάρης* is *κατεργάρισσα*. The form *κατεργαρούλα* is both feminine and diminutive.
25. *Πάει ὅπου τοῦ καπνίσει*] Compare *κάνει ὅ,τι τοῦ καπνίσει*, "he does whatever he feels like," Μοῦ *κάπνισε νά λείψω χθές, καί ἔλειψα*, "I felt like being absent yesterday, and I was absent." Καπνίζω (literally) means "to smoke."
42. *ὑπόσχομαι*] the simple past is *ὑποσχέθηκα* and the corresponding noun is *ὑπόσχεση*.

Συνώνυμα ἤ περίπου συνώνυμα

10. *βιδολόγο*: *κατσαβίδι*
26–27. *δέν τῆς ἔστριψε καθόλου ἡ βίδα*: *δέν σάλεψε καθόλου τό λογικό της, δέν ζουρλάθηκε καθόλου, δέν τρελλάθηκε καθόλου*
27. *τετράγωνη ἡ λογική της*: *τά 'χει τετρακόσια*
42. *ὁ διασημότερος*: *ὁ πιό ξακουστός*

Ἐρωτήσεις

Νά ἀπαντήσετε χρησιμοποιώντας τά συνώνυμα ἤ περίπου συνώνυμα.

10. Ποιό ἐργαλεῖο βγάζει ὁ Καραγκιόζης ἀπ' τήν τσέπη του;
26–27. Πιστεύει ὁ Καραγκιόζης ὅτι ξεβιδώθηκε τό μυαλό τῆς Μαρίας; Τί λέει λοιπόν στόν Χατζηαβάτη;
27. Ποιάν ἰδέα ἔχει ὁ Καραγκιόζης γιά τή λογική τῆς Μαρίας;
42. Ὅταν προχωροῦν πρός τό θάλαμο, τί λέει ὁ Καραγκιόζης γιά τόν ἑαυτό του;

Ἀσκήσεις

1. **Δ.** Θέλετε νά σᾶς συστήσω κανένα γιατρό;
   Μ. Μοῦ συστήσατε κιόλας ἕναν.

Δ. *Θέλετε νά σᾶς ἀναστήσω κανέναν πεθαμένο;*
Μ. Μ' *ἀναστήσατε κιόλας ἕναν.*

Δ. *Θέλετε νά σᾶς γνωρίσω κανένα μηχανικό;*
Μ. Μοῦ *γνωρίσατε κιόλας ἕναν.*

Δ. *Θέλετε νά σᾶς ξαναβιδώσω καμιά βίδα;*
Μ. Μοῦ *ξαναβιδώσατε κιόλας μία.*

Δ. *Θέλετε νά σᾶς κάνω κανένα κλύσμα;*
Μ. Μοῦ *κάνατε κιόλας ἕνα.*

Δ. *Θέλετε νά σᾶς διορθώσω κανέναν πύραυλο;*
Μ. Μοῦ *διορθώσατε κιόλας ἕναν.*

Δ. *Θέλετε νά σᾶς βρῶ κανέναν κατεργάρη;*
Μ. Μοῦ *βρήκατε κιόλας ἕναν.*

5–6. Γιατί *γυρεύεις ἄλλον, ἀφοῦ ξέρεις ὅτι εἶμαι γιατρός;*
μηχανικός
Γιατί *γυρεύεις ἄλλον, ἀφοῦ ξέρεις ὅτι εἶμαι μηχανικός;*
ἀρχιτέκτονας, φαρμακοποιός, ὀδοντογιατρός, ὁδηγός, ἀστυνόμος, στρατιώτης, μηχανικός

7–8. Σοβαρά, *εἶσαι εἰδικός νά ξαναβιδώνεις τούς ξεβιδωμένους;*
νά διδάσκεις τούς ἀγράμματους
Σοβαρά, *εἶσαι εἰδικός νά διδάσκεις τούς ἀγράμματους;*
νά θεραπεύεις τούς λαβωμένους, νά σώζεις τούς πνιγμένους, ν' ἀράζεις βάρκες, ν' ἀραδιάζεις ψέματα, νά γλεντᾶς στά γεράματα, νά καταδιώκεις καί τούς κατεργάρηδες καί τίς κατεργάρισσες, νά διδάσκεις τούς ἀγράμματους

11–12. Ποιά *θεραπεία θά κάνεις;*
(*τῆς* Μαρίας)
Ποιά *θεραπεία θά τῆς κάνεις αὐτηνῆς;*
(*τοῦ* Χατζηαβάτη)
Ποιά *θεραπεία θά τοῦ κάνεις αὐτουνοῦ;*
(*τῶν παιδιῶν*)
Ποιά *θεραπεία θά τούς κάνεις αὐτωνῶν;*
(*τῶν γυναικῶν*)
Ποιά *θεραπεία θά τούς κάνεις αὐτωνῶν;*

16. Σάλεψε *τό μυαλουδάκι της.* Ἔλεος, λυπήσου *τη.*
Ἔχασα τά ἐργαλεῖα μου.
Ἔχασα τά ἐργαλεῖα μου. Ἔλεος, λυπήσου *με.*
Δέν βρίσκεται ὁ βιδολόγος του. Τούς τραυματίσαν οἱ Τοῦρκοι. *Ἔχουνε δεῖ πολλά τά μάτια τους. Σάλεψε τό μυαλουδάκι της.*

21–22. Ὁ *θάλαμός μου πετάει μόλις πάρω ἕναν ἀριθμό.*
Ὁ *θάλαμός μου ἀπογειώνεται μόλις πάρω ἕναν ἀριθμό.*

Ὁ θάλαμός μου ἀπογειώνεται μόλις ἀνοίξω τήν πόρτα.
Ὁ θάλαμός μου σαλεύει μόλις ἀνοίξω τήν πόρτα.
Ὁ θάλαμός μου σαλεύει μόλις ἀκουμπήσω τό κατώφλι.
Ὁ θάλαμός μου πετάει μόλις ἀκουμπήσω τό κατώφλι.
Ὁ θάλαμός μου πετάει μόλις πάρω ἕναν ἀριθμό.

37–38. Νόμιζα πώς εἶσαι μόνο γιατρός.
ξαναβιδώνεις μόνο τίς κοπέλλες
Νόμιζα πώς ξαναβιδώνεις μόνο τίς κοπέλλες.
ἐξετάζεις μόνο τίς κατεργαροῦλες, κόβεις τά μαλλιά σου γιά νά πάρει ἀέρα τό κεφάλι σου, ταξιδεύεις μόνο ἀεροπορικῶς, γυρεύεις μόνο ξένο γιατρό, εἶσαι μόνο συγγραφέας, εἶσαι μόνο γιατρός

40–41. Γιά δεῖξε μου τό θάλαμό σου νά τόν διορθώσω.
Γιά νά δῶ τό θάλαμό σου νά τόν διορθώσω.
Γιά νά δῶ τό τέρας αὐτό ν' ἀκούσω τήν καρδιά του.
Γιά φέρε μου τό τέρας αὐτό ν' ἀκούσω τήν καρδιά του.
Γιά φέρε μου τό στηθοσκόπιο νά ἐξετάσω καί τό αὐτί του.
Γιά δεῖξε μου τό στηθοσκόπιο νά ἐξετάσω καί τό αὐτί του.
Γιά δεῖξε μου τό θάλαμό σου νά τόν διορθώσω.

45. Κοίταξε τά τέρατα αὐτά πού ψόφησαν.
Κοίταξε τά ἄλογα αὐτά πού ψόφησαν.
Κοίταξε τά ἄλογα αὐτά πού σκόνταψαν.
Κοίταξε τά μουλάρια αὐτά πού σκόνταψαν.
Κοίταξε τά μουλάρια αὐτά πού ἀρρώστησαν.
Κοίταξε τά ζῶα αὐτά πού ἀρρώστησαν.
Κοίταξε τά ζῶα αὐτά πού ψόφησαν.
Κοίταξε τά τέρατα αὐτά πού ψόφησαν.

57. Ἡ Μαρία θριαμβευτικά θυμᾶται τί τῆς εἶπε ὁ Μακρυγιάννης.
φωνάζει τό σωστόν ἀριθμό
Ἡ Μαρία θριαμβευτικά φωνάζει τό σωστόν ἀριθμό.
ἀνακαλύπτει τό μυστικό, λέει 256.1982, καταλαβαίνει πῶς νά διευθύνει τό θάλαμό της, τελειώνει τήν ἱστορία της, μᾶς γλιτώνει πιά ἀπό τό βάσανο αὐτοῦ τοῦ βιβλίου

Ἐρωτήσεις

1. Τί εἴδους γιατρό ζητάει ὁ Χατζηαβάτης;
2. Γιατί σηκώνει τό χέρι του ὁ Καραγκιόζης;
3. Γιά τί πράμα εἶναι εἰδικός ὁ Καραγκιόζης;

Γενικές ἐρωτήσεις

1. Ἄν ἦσουν ἄρρωστος θά ἤθελες τόν Καραγκιόζη γιά γιατρό; Γιατί;
2. Πότε σηκώνεις τό χέρι σου νά δείρεις κάποιον;
3. Πές στό διπλανό σου νά μᾶς πεῖ σέ τί πράγματα εἶναι εἰδικός.

4. Τί θεραπεία θέλει ὁ Καραγκιόζης νά κάνει στή Μαρία;
5. Τί θά πάθαινε ἡ Μαρία ἄν τῆς ἔκαναν κλύσμα καί τῆς ἔκοβαν τά μαλλιά;
6. Ἀφοῦ δέν τῆς ἔστριψε τῆς Μαρίας ἡ βίδα καί δέν χρειάζεται γιατρό, τί χρειάζεται;
7. Πῶς βάζει τό βιδολόγο ὁ Καραγκιόζης; Ποῦ;
8. Τί νομίζει ὁ Καραγκιόζης ὅταν βάζει τό "στηθοσκόπιό" του στήν καρδιά τοῦ τέρατος;
9. Τί λέει ὁ Καραγκιόζης ὅταν ἀκούει τό ἀκουστικό;
10. Πῶς βρίσκει ἡ Μαρία τό μυστικό γιά νά διευθύνει τό θάλαμο καί τί εἶναι τό μυστικό αὐτό;

4. Ἄν εἶχες πονοκέφαλο, τί θεραπεία θά σοῦ ἔκανε ὁ γιατρός;
5. Τί θά πάθαινε ἕνα μικρό παιδί ἄν ἔπαιρνε πάρα πολλές ἀσπιρίνες;
6. Ἀπό ὅλα τά ἐπαγγέλματα πού ξέρεις ποιό νομίζεις ὅτι εἶναι τό πιό σπουδαῖο; Γιατί;
7. Γιατί χρησιμοποιοῦμε τό βιδολόγο;
8. Ρώτησε τό διπλανό σου νά μᾶς περιγράψει ἕνα τέρας ἀπό τή μυθολογία.
9. Πές μας ἀκριβῶς τί πρόσθεσε τό τηλέφωνο στόν πολιτισμό.
10. Ἄν σοῦ ἔδινε κάποιος τήν εὐκαιρία νά διαλέξεις ἕναν ἀριθμό πού θά σέ πήγαινε πίσω ἤ μπροστά στήν ἱστορία, ποιόν θά διάλεγες; Γιατί αὐτόν καί ὄχι κάποιον ἄλλον;

Μιά ματιά στή γραμματική

I. INDIRECT SPEECH / ΠΛΑΓΙΟΣ ΛΟΓΟΣ

A. The difference between direct speech (*εὐθύς λόγος*) and indirect (or reported) speech (*πλάγιος λόγος*) is shown in:

Ὁ Καραγκιόζης εἶπε, "Εἶμαι μόνο γιατρός." (Direct speech)
Ὁ Χατζηαβάτης νόμιζε πώς ὁ Καραγιόζης εἶναι μόνο γιατρός. (Indirect or reported speech)

B. English and Greek handle indirect speech differently with regard to back-shifting of tenses.

1. In English, there is normally a back-shift of tense in verbs in the reported speech when the reporting verb is in the past tense. This does not normally happen in Greek. Thus in English the example above would be translated:

Karaghiozis said, "I am only a doctor."
Hatziavatis thought that Karaghiozis was only a doctor.

Because the reporting verb ("thought") is in the past tense, the present tense of the verb ("am") in the direct speech is back-shifted to past tense ("was") in the indirect speech in English.

Another example:

"Ἔχεις κανένα σκεπαστό καλάθι γιά τή γάτα μου;" (Direct)
Μέ ρώτησε ἄν ἔχω κανένα σκεπαστό καλάθι γιά τή γάτα της. (Indirect or reported speech)

"Do you have a covered basket for my cat?"
She asked me if I had a covered basket for her cat.

In English, the verb in the reported speech ("have") is back-shifted to "had"; in the pair of Greek sentences a similar back-shifting does not take place.*

II. THE IRREGULAR VERB *συνιστῶ/συστήνω* / ΤΟ ΑΝΩΜΑΛΟ ΡΗΜΑ *συνιστῶ/συστήνω*

The form *συσταίνω*, which is more colloquial, is also encountered. Many speakers retain *συνιστῶ* for the sense of "to recommend" while using *συστήνω* in the sense of "to introduce" (one person to another). Other speakers use *συστήνω* to mean both "to recommend" and "to introduce." In demotic, the simple forms of all three verbs—*συνιστῶ*, *συστήνω* and *συσταίνω*—are identical. It's the continuous forms that differ in certain instances.

Continuous forms

Active		Passive
συνιστῶ	present tense	*συνιστᾶμαι*
συστήνω	present tense	*συστήνομαι*
σύστηνα	past tense	*συστηνόμουν*
θά συστήνω	future tense	*θά συστήνομαι*
νά συστήνω	subjunctive mood	*νά συστήνομαι*
θά σύστηνα	conditional	*θά συστηνόμουν*
σύστηνε, συστήνετε	imperatives	—
συστήνοντας	active participle	—
συσταίνω	present tense	*συσταίνομαι*
σύσταινα	past tense	*συσταινόμουν*

*It is true that Greek sometimes back-shifts in indirect speech introduced by reporting verbs in the past. But it is not required to do so in sentences like the above, and in this respect differs from English.

θά συσταίνω	future tense	θά συσταίνομαι
νά συσταίνω	subjunctive mood	νά συσταίνομαι
θά σύσταινα	conditional	θά συσταινόμουν
σύσταινε, συσταίνετε	imperatives	—
συσταίνοντας	active participle	

Simple forms

σύστησα*	past tense	συστήθηκα†
θά συστήσω	future tense	θά συστηθῶ
νά συστήσω	subjunctive mood	νά συστηθῶ
σύστησε, συστῆστε	imperatives	συστήσου, συστηθεῖτε
—	passive participle	συστημένος‡
ἔχω συστήσει	present perfect	ἔχω συστηθεῖ

III. THE IRREGULAR VERB ἀνασταίνω / ΤΟ ΑΝΩΜΑΛΟ ΡΗΜΑ ἀνασταίνω

Continuous forms

ἀνασταίνω	present tense	ἀνασταίνομαι
ἀνάσταινα	past tense	ἀνασταινόμουν
θά ἀνασταίνω	future tense	θά ἀνασταίνομαι
νά ἀνασταίνω	subjunctive mood	νά ἀνασταίνομαι
θά ἀνάσταινα	conditional	θά ἀνασταινόμουν
ἀνάσταινε, ἀνασταίνετε	imperatives	—
ἀνασταίνοντας	active participle	—

Simple forms

ἀνάστησα	past tense	ἀναστήθηκα§
θά ἀναστήσω	future tense	θά ἀναστηθῶ
νά ἀναστήσω	subjunctive mood	νά ἀναστηθῶ
ἀνάστησε, ἀναστῆστε	imperatives	ἀναστήσου, ἀναστηθεῖτε
—	passive participle	ἀναστημένος
ἔχω ἀναστήσει	present perfect	ἔχω ἀναστηθεῖ

*συνέστησα in katharevousa

†συνέστην, συνέστης, συνέστη, συνέστημεν, συνέστητε, συνέστησαν (or συνεστάθην, etc.) in katharevousa

‡The neuter passive participle συστημένο has an additional, specialized meaning when used in connection with mail, where it is the equivalent of the English term "registered." The Greek expression seems to have been modeled on the French "recommandée."

§ἀνέστην, ἀνέστης, ἀνέστη, ἀνέστημεν, ἀνέστητε, ἀνέστησαν, the simple past tense of the puristic ἀνίσταμαι, survives in fixed expressions such as Χριστός ἀνέστη! ("Christ is risen!" "Christ has been resurrected.") and in the famous Easter hymn Χριστός ἀνέστη ἐκ νεκρῶν.

Drills for indirect speech

Convert the following statements to indirect speech, using the reporting verbs given in the cues.

Δ. Ποῦ εἶναι τά γυαλιά μου;
Cue Μᾶς ρώτησε
Μ. Μᾶς ρώτησε ποῦ εἶναι τά γυαλιά του.

Τί ἀριθμό θέλεις;
Μέ ρώτησε
Μέ ρώτησε τί ἀριθμό θέλω.

Ψάχνεις γιά μηχανικό;
Μέ ρώτησε
Μέ ρώτησε ἄν ψάχνω γιά μηχανικό.

Πήγαμε στήν Ἀκρόπολη.
Μᾶς εἴπανε
Μᾶς εἴπανε ὅτι πῆγαν στήν Ἀκρόπολη.

Ἔχω ἄλλη δουλειά αὐτή τή στιγμή.
Εἶπε
Εἶπε ὅτι ἔχει ἄλλη δουλειά ἀυτη τή στιγμή.

Ἔχω πληρώσει τό λογαριασμό.
Νόμιζε
Νόμιζε ὅτι ἔχει πληρώσει τό λογαριασμό.

Θέλεις νά σοῦ συστήσω κανένα γιατρό;
Μέ ρώτησε
Μέ ρώτησε ἄν θέλω νά μοῦ συστήσει κανένα γιατρό.

Εἶμαι ἐνθουσιασμένος ἀπό τή χώρα σας.
Εἶπε
Εἶπε ὅτι εἶναι ἐνθουσιασμένος ἀπό τή χώρα μας.

Drills for the irregular verb *συνιστῶ/συστήνω.*

Teacher: Μᾶς συνιστᾶ (he recommends) ἕναν καλό γιατρό.
Cue: Αὔριο
Student: Αὔριο θά μᾶς συστήσει ἕναν καλό γιατρό.
Other cues: Χτές, Θέλει, Ἄν μποροῦσε, Χίλιες φορές πέρυσι

Μᾶς συνιστᾶται (is being recommended) ἕνας καλός γιατρός.*
Αὔριο

*The passive tends to be avoided in such expressions. The more normal way of saying this would be: Μᾶς *συνιστοῦν ἕναν καλό γιατρό.* "A good doctor is being recommended to us." (Literally: "They are recommending a good doctor to us.")

Αὔριο θά μᾶς συστηθεῖ ἕνας καλός γιατρός.
Χτές, Ἄν ἦταν δυνατό, Χίλιες φορές πέρυσι

Translate from Greek into English (we offer possible answers):

Δ. Θέλω νά στείλω τό γράμμα αὐτό συστημένο.
Μ. I want to send this letter by registered mail.

Δ. Ὅποτε δέ μέ συστήνουν οἱ ἄλλοι, αὐτοσυστήνομαι.
Μ. Whenever others don't introduce me, I introduce myself.

Δ. Ἐγώ σοῦ συνιστῶ νά μήν τοῦ συστήνεις τίς φίλες σου.
Μ. I recommend to you (advise you) not to introduce your girlfriends to him.

Δ. Ὁ ἰατρός τοῦ συνέστησε νά μήν τρώει πάχος.
Μ. The doctor advised him not to eat fat.

Δ. Τόν συστήνει στούς γονεῖς της;
Μ. Is she introducing him to her parents?

Δ. Συστηθήκατε;
Μ. Have you been introduced?

Δ. Μοῦ τήν σύστησαν σάν καλή γραμματέα.
Μ. She was recommended to me as a good secretary.

Δ. Δέ μέ σύστησαν ποτέ στόν ἀρχιστράτηγο.
Μ. I've never been introduced to the commander-in-chief.

Now reverse the process, translating from English back into Greek.

Drills for the irregular verb ἀνασταίνω.

Ὁ Θεός ἀνασταίνει τό Χριστό.
Σέ τρεῖς μέρες
Σέ τρεῖς μέρες ὁ Θεός θά ἀναστήσει τό Χριστό.
Προσπαθεῖ, Ἄν μποροῦσε, Χτές

Ὁ Χριστός ἀνασταίνεται.
Χτές
Χτές ὁ Χριστός ἀναστήθηκε (ἀνέστη).
Αὔριο, Ἄν ἦταν δυνατό, Προσπαθεῖ

Μικρόλογος Α′

Τό θέατρο τῶν σκιῶν ἄρχισε στήν Κίνα. Σιγά σιγά ὁ σοβαρός του χαρακτήρας ἔγινε κωμικός καί μάλιστα αἰσχρός, ἐπειδή τό ἀκροατήριό του ἦταν μόνο ἄντρες. Ὅταν ὅμως παρουσιάστηκε στήν Ἑλλάδα, πήγαιναν καί γυναῖκες. Λένε ὅτι ὁ Μακρυγιάννης, μιά φορά, ἔβγαλε τίς γυναῖκες ἔξω καί διάταξε τόν καραγκιοζοπαίκτη νά πεῖ ἐκεῖνα πού ἤξερε, μαζί μέ τίς αἰσχρολογίες. Μπροστά ὅμως στόν ἑλληνικό κόσμο ὁ αἰσχρός αὐτός χαρακτήρας δέν μπόρεσε νά διατηρηθεῖ, γιατί παρακολουθοῦσαν τίς παραστάσεις καί οἱ γυναῖκες.

Βοηθητικές ἑρμηνεῖες

1. *τῶν σκιῶν*] of shadows *Κίνα*] China
2. *αἰσχρός*] obscene
3. *ἀκροατήριο*] audience

4–5. *λένε ὅτι*] it's said that (literally: they say that)

6. *καραγκιοζοπαίκτη*] Karaghiozis-player, puppeteer
7. *αἰσχρολογίες*] obscenities
8. *διατηρηθεῖ*] be preserved (from *διατηροῦμαι*, mediopassive of *διατηρῶ*)

Ἐρωτήσεις

1. Ποῦ ἄρχισε τό θέατρο τῶν σκιῶν;
2. Τί ἔγινε ὁ σοβαρός του χαρακτήρας;
3. Γιατί ἔγινε καί αἰσχρός;
4. Τί συνέβη ὅταν παρουσιάστηκε στήν Ἑλλάδα;
5. Τί λένε ὅτι ἔκανε ὁ Μακρυγιάννης;
6. Γιατί δέν μπόρεσε νά διατηρηθεῖ ὁ αἰσχρός χαρακτήρας τοῦ Καραγκιόζη στήν Ἑλλάδα;

Ἀνάγνωση Α'

Ἡ Κίνα εἶναι ἡ πηγή τοῦ θεάτρου τῶν σκιῶν. Τό θέατρο αὐτό εἶχε στήν ἀρχή σοβαρό χαρακτήρα. Ἀπό τήν Κίνα, τό θέατρο τῶν σκιῶν, μέ ὅλο του τό σοβαρό χαρακτήρα, πῆγε στήν Ἰνδοκίνα καί τίς Ἰνδίες. Ἡ τελική ἀλλαγή τοῦ θεάτρου τῶν σκιῶν ἀπό σοβαρό σέ κωμικό χαρακτήρα, ἴσως νά ἔγινε ἀπό τούς Τούρκους. Πάντως, τόν 16ο αἰώνα τό θέατρο τῶν σκιῶν εἶναι γνωστό σέ ὅλη τήν Τουρκία καί ὁ καραγκιόζης τῶν Τούρκων εἶχε γίνει ἕνας αἰσχρολόγος, τόν ὁποῖον ὅμως ὁ λαός ἀγαποῦσε μέ μανία.

Πότε ὅμως πρωτοπαρουσιάζεται ὁ καραγκιόζης στόν ἑλληνικό κόσμο; Πρίν ἤ μετά τόν Ἀγώνα τῆς ἐλευθερίας; Ὑπάρχει ἕνα ἀνέκδοτο πού ρίχνει ἴσως κάποιο φῶς. Κάποτε ὁ Μακρυγιάννης μέ τά παλληκάρια του εἶχαν εἰσέλθει σ' ἕνα καραγκιόζη, πού τό ἀκροατήριό του ἦταν γυναῖκες καί ἄντρες καί ὁ καραγκιόζης παράλειπε τίς αἰσχρολογίες. Ὁ Μακρυγιάννης ἔβγαλε τίς γυναῖκες ἔξω καί διάταξε τόν καραγκιοζοπαίκτη νά πεῖ κεῖνα πού ἤξερε.

Τό ἐπεισόδιο αὐτό πρέπει νά συνέβη πολύ κοντά στά χρόνια τοῦ Ἀγώνα. Κι ἄν εἶναι ἔτσι, ὁ ἑλληνικός καραγκιόζης δέν μπορεῖ νά εἶχε παρουσιαστεῖ μόλις τότε, θά εἶχε κιόλας κάμποση ζωή. Φαίνεται πώς πρίν ἀκόμη ἀπό τόν Ἀγώνα, ὁ Μακρυγιάννης εἶχε γνωρίσει τόν τούρκικο καραγκιόζη, πού εἶχε αἰσχρολογικό χαρακτήρα, ὁ ὁποῖος ἐξηγεῖται ἀπό τοῦτο, ὅτι ὁ κόσμος του εἶναι μόνο ἀπό ἄντρες. Μπροστά ὅμως στό ἑλληνικό κοινό, ὁ χαρακτήρας αὐτός δέν μπόρεσε νά διατηρηθεῖ, ἐπειδή τίς παραστάσεις τίς παρακολουθοῦσαν καί γυναῖκες.

Ὁ ἑλληνικός καραγκιόζης προσπάθησε νά γίνει καθρέφτης τῆς νεοελληνικῆς πραγματικότητας. Γι' αὐτό, σιγά σιγά ἐξαφανίστηκαν ὅσα τούρκικα πρόσωπα δέν ἔλεγαν τίποτε στό ἑλληνικό κοινό. Τά δύο σπουδαιότερα πρόσωπα πού ἔμειναν εἶναι ὁ Καραγκιόζης καί ὁ Χατζηαβάτης. Ποιός εἶναι ὁ χαρακτήρας τῶν προσώπων αὐτῶν;

Βοηθητικές ἑρμηνεῖες

26. *τό κοινό*] the public 30. *καθρέφτης*] mirror
31. *πρόσωπα*] personae, characters, figures

Μικρόλογος Β'

Ὁ Καραγκιόζης εἶναι ἕνας φτωχός μά αἰώνια κεφάτος ἄνθρωπος τοῦ λαοῦ. Εἶναι ἄσχημος, κοντός, μέ κεφάλι χοντρό, πρόσωπο ζαρωμένο, μάτια κόκκινα σάν τή φωτιά, αὐτιά γαϊδάρου, στόμα σάν πηγάδι, χείλη κρεμασμένα καί μύτη χονδρή.

Ἄν καί δέν ξέρει καλά καμιά τέχνη ἀνακατεύεται παντοῦ καί τά κάνει θάλασσα. Στό τέλος γυρίζει στήν καλύβα του πεινασμένος καί πολύ δαρμένος. Αὐτή ἡ αἰώνια πείνα του εἶναι τό ἀληθινότερο βάσανο τοῦ ἑλληνικοῦ λαοῦ.

Βοηθητικές ἑρμηνεῖες

1. *κεφάτος*] good-humored, jovial, high-spirited
4. *πηγάδι*] well, cistern 7. *παντοῦ*] everywhere

Ἐρωτήσεις

1. Τί εἶναι ὁ Καραγκιόζης;
2. Εἶναι ὄμορφος ὁ Καραγκιόζης;
3. Εἶναι ψηλός; Τί εἶναι;
4. Πέστε: Τί κεφάλι ἔχει ὁ Καραγκιόζης; τί πρόσωπο; τί μάτια; τί αὐτιά; τί στόμα; τί χείλη; τί μύτη;
5. Πόσες τέχνες ξέρει καλά;
6. Ποῦ ἀνακατεύεται;
7. Πῶς γυρίζει στό τέλος στήν καλύβα του;
8. Ποιό εἶναι τό ἀληθινότερο βάσανο τοῦ ἑλληνικοῦ λαοῦ;

Ἀνάγνωση Β'

Ὁ Καραγκιόζης: Εἶναι ἕνας φτωχός μά αἰώνια κεφάτος ἄνθρωπος τοῦ λαοῦ, πού ζεῖ μέ τήν οἰκογένειά του σέ μιά μεγάλη σύγχρονη ἑλληνική πόλη. Τό σπίτι του εἶναι μιά καλύβα.

Στέκεται ὁ Πασάς ἀπορημένος καί λέει:

— Ἐδῶ μένεις, Καραγκιόζη;
— Ἐδῶ, πασά μου.
— Μά αὐτό τό σπίτι δέν ἔχει στέγη, Καραγκιόζη.
— Δέν πειράζει, παίρνουμε καθαρόν ἀέρα.
— Καί ὅταν βρέχει, τί κάνετε, Καραγκιόζη;
— Ὅταν βρέχει, βγαίνουμε ἔξω.
— Καί γιατί βγαίνετε ἔξω;
— Γιά νά βρεχόμαστε στά καλά . . .

Κανείς δέ θυμᾶται ἄνθρωπο πιό ἄσχημο. Κοντός, ἔχει ἕνα κεφάλι χονδρό, πρόσωπο ζαρωμένο καί τετράγωνο, μάτια κόκκινα σάν τή φωτιά, αὐτιά γαϊδάρου, στόμα σάν πηγάδι, μέ χείλη κρεμασμένα σάν τ' ἀλόγου, καί μύτη χονδρή.

Ὁ Καραγκιόζης δέν ξέρει καλά καμιά τέχνη. Εἶναι ὅμως ἕτοιμος ν' ἀνακατευτεῖ παντοῦ. Ἀπό αὐτόν τό χαρακτήρα του, νά χώνεται σέ ὅλες τίς δουλειές, ἔχουν γεννηθεῖ ἕνα σωρό κωμωδίες. Φυσικά τίς δουλειές αὐτές πάντα τίς κάνει θάλασσα, καί τέλος, δαρμένος πολύ, γυρίζει στήν καλύβα του πεινασμένος ὅσο καί πρῶτα. Αὐτή ἡ αἰώνια πεῖνα του εἶναι τό ἀληθινότερο βάσανο τοῦ ἑλληνικοῦ λαοῦ.

Τό σπουδαιότερο μήνυμά του μπροστά στήν ἀπελπισία τῆς νεοελληνικῆς ζωῆς εἶναι τό αἰώνιο κέφι του.

Ὁ Χατζηαβάτης: Κάνει τόν μεσίτη στόν ἄρχοντα. Προσπαθεῖ νά τοῦ βρεῖ ἀνθρώπους γιά διάφορες δουλειές, καί τελικά πηγαίνει στόν Καραγκιόζη, ὁ ὁποῖος παίρνοντας κάθε δουλειά, τά θαλασσοποιεῖ. Παρ' ὅλα αὐτά ὁ ἄρχοντας δέ χάνει τήν ἐμπιστοσύνη του πρός τόν Χατζηαβάτη, πάντα τόν προτιμᾶ καί πάντα τόν πληρώνει γιά τίς μεσιτεῖες του.

Σέ πολλά ἔργα ὁ Χατζηαβάτης παρουσιάζεται σά φρόνιμος ἄνθρωπος, πού ἀγωνίζεται νά βγάλει τό ψωμί του.

Ὁ καραγκιόζης εἶναι θεατρικό δημιούργημα τοῦ ἑλληνικοῦ λαοῦ. Εἶναι ἔργο δουλεμένο ἀπό πάρα πολλούς ἀνθρώπους, ἀπό τόν λαό ὁλόκληρο.

Ἀπό: Γιώργου Ἰωάννου, Ὁ Καραγκιόζης, τόμος πρῶτος (Ἀθήνα, Ἐκδόσεις Ἑρμῆς, 1974), σελ. ιδ', ιε', κ', κα', νδ', νε', νστ', νζ', νη', ξζ', ξη', πβ' (διασκευασμένο).

Βοηθητικές ἑρμηνεῖες

5. Πασάς] Pasha
27. *κέφι*] good humor, joviality, cheerfulness, good disposition
28. *μεσίτη*] middle-man, go-between, broker
32. *παρ' ὅλα αὐτά*] despite all that, despite everything
    ἐμπιστοσύνη] confidence

Development

1. Write your own Karaghiozis skit, observing the conventions of characterization and plot that you have encountered in this chapter. Possible titles:
   Ὁ Καραγκιόζης δάσκαλος τῆς νεοελληνικῆς γλώσσας
   Ὁ Καραγκιόζης ἀρχιτέκτονας τῆς Ἁγίας Σοφίας
   Ὁ Καραγκιόζης στήν Ἀμερική (Αὐστραλία, Ἀγγλία)
   Ὁ Καραγκιόζης πιλότος
   Ὁ Καραγκιόζης ἀστροναύτης
2. The description of the Greek shadow theater spoke of the eternal *κέφι* and the eternal *βάσανο* of Greek experience. On the basis of what you have learned in this book, write an essay on one of these, on the other, or on both.

ΠΡΑΣΙΝΟ ΦΩΣ

ΤΗΛΕΦΩΝΟΝ
TELEPHONE
ΑΚΑΔΗ
ΙΠΠΟΚ

Τέρμα

Τελειώνει ἡ περιπέτεια

(Ἡ Μαρία ἀκούει τό τηλέφωνο νά χτυπάει μιά . . . δυό . . . τρεῖς . . . τέσσερις φορές. . . . Τά φῶτα τῶν σπιτιῶν ἀνάβουν, τά φῶτα τοῦ δρόμου ἀνάβουν κι αὐτά, ὅλα μαζί. Οἱ ἀστραπές καί οἱ βροντές ἔχουν πάψει πιά.

Τότε ἡσυχάζει ἀπ' τήν ταραχή της καί μιλάει στόν πατέρα της.)

ΠΑΤΕΡΑΣ: Λέγετε.

ΜΑΡΙΑ: Πατέρα, δέ θά πιστέψεις τό τί ἔπαθα.

ΠΑΤΕΡΑΣ: Ποῦ βρίσκεσαι, βρέ παιδί μου, τέτοιαν ὥρα; Ἔπρεπε νά ἤσουν σπίτι ἀπό καιρό.

ΜΑΡΙΑ: Δέ φταίω 'γώ. Μ' ἔπιασε ἡ φουρτούνα καί προσπάθησα νά σοῦ τηλεφωνήσω, μά ξαφνικά κάτι ἀπίστευτο μοῦ συνέβη. Ὁ θάλαμος μεταμορφώθηκε σέ πύραυλο καί —

ΠΑΤΕΡΑΣ: Μήν τό κουνήσεις οὔτε βῆμα! Ἔρχομαι νά σέ πάρω. Ποῦ εἶσαι ἀκριβῶς;

ΜΑΡΙΑ (κοιτάζει τίς ἀπέναντι πινακίδες τῶν δρόμων): Γωνία Ἀκαδημίας καί Ἱπποκράτους.

ΠΑΤΕΡΑΣ: Σέ δέκα λεπτά θά εἶμαι ἐκεῖ.

* * * * *

ΜΑΡΙΑ (στό αὐτοκίνητο): Πατέρα, δέ θά πιστέψεις τίς περιπέτειές μου. Κάθε φορά πού ἔπαιρνα ἕναν ἀριθμό ὁ θάλαμος μέ πήγαινε σέ μιά ἄλλη ἐποχή τῆς ἱστορίας. Μέ πῆγε στήν Πόλη καί τή στιγμή πού βρῆκαν οἱ ἀρχιτέκτονες τό σχέδιο τῆς Ἁγίας Σοφίας καί τήν ὥρα τῆς Ἅλωσης. Φεύγοντας μέ δυό καλόγερους, θά πνιγόμασταν στή θάλασσα, ἄν δέν μᾶς ἔσωνε μιά γοργόνα. Μέ διώξανε ἀπ' τό Ἅγιον Ὄρος γιατί εἴμουνα, λέει, γυναίκα. Ἔγινα ἐκφωνήτρια τῆς Μάχης τῶν Θερμοπυλῶν καί εἶπα τά ὅσα εἶδα στόν τρελο-Ἡρόδοτο. (Ἄχ, μωρέ, ξέχασα νά τοῦ δώσω τό μήνυμα τοῦ Λεωνίδα!) Ὕστερα μέ ξεκούφανε ἕνας πολυλογάς στό Τολέδο γιά κάποιον ζωγράφο δευτέρας τάξεως.

Στό Παρίσι ἕνας σοφός λόγιος στριμώχτηκε στό θάλαμο καί μοῦ 'φαγε τ' αὐτιά γιά "οἰκίες" καί "ὀμμάτια". Ἔπειτα εἶδα τή Σμύρνη νά καίγεται. Προσπάθησα τότε νά γυρίσω στήν Ἀθήνα, ἀλλά βρέθηκα στό Ἄργος καί κουβέντιασα μέ τό Μακρυγιάννη. Μετά μπερδεύτηκα μέ κάποιον γιατρομηχανικό πού τόν λέγανε Καραγκιόζη.

ΠΑΤΕΡΑΣ: Τί εἶναι αὐτές οἱ σαχλαμάρες, παιδί μου;

ΜΑΡΙΑ: Σοῦ ὁρκίζομαι, πατέρα, ὅλα εἶναι ἀλήθεια.

ΠΑΤΕΡΑΣ: Καλά, καλά, κορίτσι μου, ἡσύχασε τώρα. Θά φωνάξουμε τό γιατρό κι ὅλα θά πᾶνε μιά χαρά.

ΜΑΡΙΑ: Λόγο τιμῆς πατέρα —

ΠΑΤΕΡΑΣ: Ἄκου, Μαρία, ἐγώ ξέρω λίγο ἀπό ψυχολογία. Τό μυαλό εὔκολα μᾶς γελάει, προπάντων ὅταν μᾶς κυριεύει μεγάλος φόβος. Ἡ φαντασία ταξιδεύει σέ φανταστικά μέρη. Ὁ ἄνθρωπος δέν μπορεῖ πιά νά ξεχωρίσει τήν πραγματικότητα ἀπό τή φαντασία.

(Σιγά-σιγά ὁ πατέρας μέ τά λόγια του ἔκανε τή Μαρία νά πιστέψει ὅτι ὅλες οἱ περιπέτειές της ἦταν φανταστικές.)

ΜΑΡΙΑ (*κατακουρασμένη*): Ναί, πατέρα. Τώρα αἰσθάνομαι ἄσχημα. Θά πάω λοιπόν στό κρεβάτι καί θά περιμένω τό γιατρό. Ἄχ, τί καλά πού ὅλα ἦταν ψέματα!

* * * * *

(Ἡ Μαρία στήν κρεβατοκάμαρά της ἑτοιμαζόμενη νά κοιμηθεῖ βγάζει τή φούστα της. Τήν ἴδια στιγμή πέφτει ἀπ' τήν τσέπη της ἕνα χαρτάκι, πού μένει, χωρίς νά τό προσέξει, στό πάτωμα . . .)

Βοηθητικές ἑρμηνεῖες

Τίτλος. *τέρμα*] terminus

8. *λέγετε*] (on the telephone) yes, hello, go ahead, speak

11. *ἀπό καιρό*] a long time ago

12. *Δέ φταίω 'γώ*] "It's not my fault." "I'm not to blame." (simple past: *ἔφταιξα*)

19. *Ἱπποκράτους*] (of) Hippocrates (Street) (genitive singular, ancient Greek form, of *Ἱπποκράτης*)

24–25. *καί . . . καί*] both . . . and

28. *λέει*] (impers.) so it seems, it's said, apparently
ἐκφωνήτρια] announcer, speaker

32. *πολυλογάς*] blabbermouth, chatterbox

41. *καλά*] fine, O.K.

46. *φαντασία*] imagination
φανταστικά] imaginary

52–53. *αἰσθάνομαι ἄσχημα*] I don't feel well
55. *κρεβατοκάμαρα*] bedroom
56. *φούστα*] skirt

ΤΕΛΟΣ ΚΑΙ Τῼ ΘΕῼ Η ΔΟΞΑ

Table of Irregular Verbs Encountered in the Text

The order of forms is as follows (provided that the forms exist):

Active: present indicative, simple past, simple subjunctive, present perfect

Passive: present indicative, simple past, simple subjunctive, present perfect, participle

Alternative forms are in parentheses.
Additional forms, when inserted, are labeled in English.

ἀναβάλλω, ἀνέβαλα, etc. (see βάλλω)

ἀνασταίνω, ἀνάστησα, νά ἀναστήσω, ἔχω ἀναστήσει, ἀνασταίνομαι, ἀναστήθηκα, νά ἀναστηθῶ, ἔχω ἀναστηθεῖ, ἀναστημένος-η-ο

ἀνατρέφω (see τρέφω)

ἀνεβαίνω, ἀνέβηκα, νά ἀνέβω (ἀνεβῶ), ἔχω ἀνέβει (ἀνεβεῖ), imp.: ἀνέβα-ἀνεβεῖτε, ἀνεβασμένος-η-ο

ἀντιλαμβάνομαι, ἀντιλήφτηκα (ἀντελήφθηκα), νά ἀντιληφτῶ, ἔχω ἀντιληφτεῖ, ἀντειλημμένος-η-ο

ἀποβάλλω, ἀπόβαλα, etc. (see βάλλω)

ἀποθέτω, ἀπόθεσα, etc. (see θέτω)

ἀπομένω, ἀπόμεινα, etc. (see μένω)

ἀποτρώγω, ἀπόφαγα, etc. (see τρώγω)

ἀρέσω, cont. past: ἄρεζα (ἄρεσα), ἄρεσα, νά ἀρέσω, ἔχω ἀρέσει

ἀφήνω, ἄφησα (ἀφῆκα), νά ἀφήσω, ἔχω ἀφήσει, imp.: ἄφησε (ἄσε, ἄσ')-ἀφῆστε (ἄστε), ἀφήνομαι, ἀφέθηκα, νά ἀφεθῶ, ἔχω ἀφεθεῖ, ἀφημένος-η-ο

βάζω, ἔβαλα, νά βάλω, ἔχω βάλει, βάλομαι, βάλθηκα, βαλμένος-η-ο

-βαίνω (see ἀνεβαίνω, κατεβαίνω, διαβαίνω, συμβαίνει)

βάλλω (mostly with prefixes), ἔβαλα, νά βάλω, ἔχω βάλει, βάλλομαι, βλήθηκα, νά βληθῶ, ἔχω βληθεῖ, -(βε)βλημένος-η-ο

βαραίνω, βάρυνα, νά βαρύνω, ἔχω βαρύνει, βαρεμένος-η-ο

βαριέμαι, βαρέθηκα, νά βαρεθῶ, ἔχω βαρεθεῖ

βαρῶ, βάρεσα, νά βαρέσω, ἔχω βαρέσει, βαρέθηκα, βαρεμένος-η-ο

βαστῶ, βάστασα (βάσταξα), νά βαστάσω (βαστάξω), ἔχω βαστάξει (βαστάσει), βαστιέμαι, βαστάχτηκα (βαστήχτηκα), νά βασταχτῶ (βαστηχτῶ), ἔχω βασταχτεῖ (βαστηχτεῖ), βασταγμένος-η-ο (βαστηγμένος-η-ο)

βγάζω, ἔβγαλα, νά βγάλω, ἔχω βγάλει, βγάλθηκα, βγαλμένος-η-ο

βγαίνω, βγῆκα, νά βγῶ, ἔχω βγεῖ, imp: ἔβγα (βγές)-βγεῖτε, βγαλμένος-η-ο

βλέπω, εἶδα, νά δῶ, ἔχω δεῖ, simple imp.: δές-δεῖτε (δέστε), βλέπομαι, εἰδώθηκα, νά ἰδωθῶ, ἔχω ἰδωθεῖ, ἰδωμένος-η-ο (but προβλέπω gives πρόβλεψα, νά προβλέψω, ἔχω προβλέψει)

βρέχω, ἔβρεξα, νά βρέξω, ἔχω βρέξει, βρέχομαι, βράχηκα, νά βραχῶ, ἔχω βραχεῖ, βρεμένος-η-ο (βρεγμένος-η-ο)

βρίσκω, βρῆκα (ηὗρα), νά βρῶ, ἔχω βρεῖ, simple imp.: βρές-βρεῖτε, βρίσκομαι, βρέθηκα, νά βρεθῶ, ἔχω βρεθεῖ γελῶ, γέλασα, νά γελάσω, ἔχω γελάσει, γελιέμαι, γελάστηκα, νά γελαστῶ, ἔχω γελαστεῖ, γελασμένος-η-ο

γέρνω, ἔγειρα, νά γείρω, ἔχω γείρει, γερμένος-η-ο

γίνομαι, ἔγινα (γίνηκα), νά γίνω (γενῶ), ἔχω γίνει, γινωμένος-η-ο

δέρνω, ἔδειρα, νά δείρω, ἔχω δείρει, δέρνομαι, δάρθηκα, νά δαρθῶ, ἔχω δαρθεῖ, δαρμένος-η-ο

διαβαίνω, διάβηκα, νά διαβῶ, ἔχω διαβεῖ, simple imp.: διάβα-διαβεῖτε

διαφθείρω (see φθείρω)

διδάσκω, δίδαξα, νά διδάξω, ἔχω διδάξει, διδάσκομαι, διδάχτηκα, νά διδαχτῶ, ἔχω διδαχτεῖ, διδαγμένος-η-ο

δίνω, ἔδωσα (ἔδωκα), νά δώσω, ἔχω δώσει, δίνομαι, δόθηκα, νά δοθῶ, ἔχω δοθεῖ, δοσμένος-η-ο

διψῶ, δίψασα, νά διψάσω, ἔχω διψάσει, διψασμένος-η-ο

ἐγκαθιστῶ, ἐγκατάστησα (see ἐγκατασταίνω for additional forms)

ἐγκατασταίνω, ἐγκατάστησα, νά ἐγκαταστήσω, ἔχω ἐγκαταστήσει, ἐγκατασταίνομαι, ἐγκαταστάθηκα, νά ἐγκατασταθῶ, ἔχω ἐγκατασταθεῖ, ἐγκαταστημένος-η-ο (ἐγκατεστημένος-η-ο)

εἶμαι, cont. past: ἤμουν (ἤμουνα), active participle: ὄντας

ἐπιπλέω, ἐπέπλευσα (ἐπίπλευσα), νά ἐπιπλεύσω, ἔχω ἐπιπλεύσει

ἐπιτρέπω, ἐπέτρεψα (ἐπίτρεψα), νά ἐπιτρέψω, ἔχω ἐπιτρέψει, ἐπιτράπηκα, νά ἐπιτραπῶ, ἔχω ἐπιτραπεῖ, ἐπιτετραμμένος-η-ο

ἔρχομαι, ἦρθα, νά ἔρθω ('ρθῶ), ἔχω ἔρθει, imp.: ἔλα-ἐλᾶτε

εὔχομαι, εὐχήθηκα, νά εὐχηθῶ, ἔχω εὐχηθεῖ

ἐφευρίσκω, ἐφεύρηκα (ἐφεύρηκα), νά ἐφεύρω, ἔχω ἐφεύρει, ἐφευρίσκομαι, ἐφευρέθηκα, νά ἐφευρεθῶ, ἔχω ἐφευρεθεῖ

ἔχω, cont. past: εἶχα, cont. subj.: νά ἔχω, cont. imp.: ἔχε-ἔχετε, active participle, ἔχοντας

θέλω, cont. past: ἤθελα, θέλησα, νά θελήσω, ἔχω θελήσει, θελημένος-η-ο

θέτω, ἔθεσα, νά θέσω, ἔχω θέσει, τέθηκα, (with prefixes) -θεμένος-η-ο

κάθομαι, κάθισα (ἔκατσα), νά καθίσω, ἔχω καθίσει, imp.: κάθισε (κάτσε)-καθίστε

καίω, ἔκαψα, νά κάψω, ἔχω κάψει, καίομαι (καίγομαι), κάηκα, νά καῶ, ἔχω καεῖ, καμένος-η-ο

καλῶ, κάλεσα, νά καλέσω, ἔχω καλέσει, καλοῦμαι, καλέστηκα, νά καλεστῶ, ἔχω καλεστεῖ, καλεσμένος-η-ο

κάνω, cont. past: ἔκανα, ἔκαμα (ἔκανα), cont. subj.: νά κάνω, νά κάμω, ἔχω κάμει, καμωμένος-η-ο

καταλαβαίνω, κατάλαβα, νά καταλάβω, ἔχω καταλάβει

καταλαμβάνω, κατέλαβα, νά καταλάβω, ἔχω καταλάβει, καταλαμβάνομαι, καταλήφτηκα (κατελήφθηκα), νά καταληφτῶ, ἔχω καταληφτεῖ, κατειλημμένος-η-ο

καταστρέφω (see στρέφω)

καταφρονῶ, καταφρόνησα (-εσα), ἔχω καταφρονήσει (-έσει), καταφρονιέμαι, καταφρονήθηκα (-έθηκα), νά καταφρονηθῶ (-εθῶ), ἔχω καταφρονηθεῖ (-εθεῖ), καταφρονημένος-η-ο (-εμένος-η-ο)

κατεβαίνω, κατέβηκα, νά κατέβω (κατεβῶ), ἔχω κατέβει (κατεβεῖ), imp.: κατέβα-κατεβεῖτε, κατεβασμένος-η-ο

κλαίω, ἔκλαψα, νά κλάψω, ἔχω κλάψει, simple imp.: κλάψε (κλάφτα)-κλάψτε, κλαίομαι (κλαίγομαι), κλαύτηκα (κλάφτηκα), νά κλαυτῶ (κλαφτῶ), ἔχω κλαυτεῖ (κλαφτεῖ), κλαμένος-η-ο κοιμοῦμαι, κοιμήθηκα, νά κοιμηθῶ, ἔχω κοιμηθεῖ, κοιμισμένος-η-ο

λαβαίνω, ἔλαβα, νά λάβω, ἔχω λάβει

λαμβάνω, ἔλαβα, νά λάβω, ἔχω λάβει, λαμβάνομαι, λήφτηκα, νά ληφτῶ, ἔχω ληφτεῖ, (-εἰλημμένος-η-ο)

λαχαίνω, ἔλαχα, νά λάχω, ἔχω λάχει

λέω (λέγω), εἶπα, νά πῶ, ἔχω πεῖ, simple imp.: πές-πεῖτε (πέστε), λέγομαι, εἰπώθηκα, νά εἰπωθῶ, ἔχω εἰπωθεῖ, εἰπωμένος-η-ο

μαθαίνω, ἔμαθα, νά μάθω, ἔχω μάθει, μαθαίνομαι, μαθεύτηκα, μαθημένος-η-ο

μακραίνω, μάκρυνα, νά μακρύνω, ἔχω μακρύνει, (with prefix) -μακρύνθηκα, -μακρυσμένος-η-ο

μένω, cont. past: ἔμενα, ἔμεινα, νά μείνω, ἔχω μείνει

μεταλαβαίνω, μετάλαβα, etc. (see λαβαίνω)

μολύνω, (cont. stem serves also for simple forms) μόλυνα, νά μολύνω, ἔχω μολύνει, μολύνομαι, μολύνθηκα, νά μολυνθῶ, ἔχω μολυνθεῖ, μολυσμένος-η-ο

μπαίνω, μπῆκα, θά μπῶ, ἔχω μπεῖ, simple imp.: ἔμπα (μπές)-μπεῖτε, μπασμένος-η-ο

μπορῶ, μπόρεσα, νά μπορέσω

ντρέπομαι, ντράπηκα, νά ντραπῶ, ἔχω ντραπεῖ, ντροπιασμένος-η-ο

ξεχνῶ, ξέχασα, νά ξεχάσω, ἔχω ξεχάσει, ξεχνιέμαι, ξεχάστηκα, θά ξεχαστῶ, ἔχω ξεχαστεῖ, ξεχασμένος-η-ο

παθαίνω, ἔπαθα, νά πάθω, ἔχω πάθει, παθημένος-η-ο

παίρνω, πῆρα, νά πάρω, ἔχω πάρει, παίρνομαι, πάρθηκα, παρμένος-η-ο

παραγγέλνω, παράγγειλα, νά παραγγείλω, ἔχω παραγγείλει, παραγγέλνομαι, παραγγέλθηκα, νά παραγγελθῶ, ἔχω παραγγελθεῖ, παραγγελμένος-η-ο

παρακαλῶ, παρακάλεσα, νά παρακαλέσω, ἔχω παρακαλέσει

παρασταίνω, παράστησα, νά παραστήσω, ἔχω παραστήσει, παρασταίνομαι, παραστάθηκα, νά παρασταθῶ, ἔχω παρασταθεῖ, παραστημένος-η-ο

πάω (see πηγαίνω)

πεινῶ, πείνασα, νά πεινάσω, ἔχω πεινάσει, πεινασμένος-η-ο

περιμένω, περίμενα, νά περιμένω, ἔχω περιμένει

περνῶ, πέρασα, νά περάσω, ἔχω περάσει, περνιέμαι, περάστηκα, νά περαστῶ, ἔχω περαστεῖ, περασμένος-η-ο

πετῶ, πέταξα, νά πετάξω, ἔχω πετάξει, πετιέμαι, πετάχτηκα, νά πεταχτῶ, ἔχω πεταχτεῖ, πεταμένος-η-ο (πεταγμένος-η-ο)

πέφτω, ἔπεσα, νά πέσω, ἔχω πέσει, πεσμένος-η-ο

πηγαίνω (πάω), πῆγα, νά πάω, ἔχω πάει, imp.: πήγαινε-πηγαίνετε (πᾶτε), πηγεμένος-η-ο (παημένος-η-ο)

πίνω, ἤπια, νά πιῶ, ἔχω πιεῖ, simple imp.: πιές-πιεῖτε (πιέστε, πιέτε), πίνομαι, πιώθηκα, νά πιωθῶ, ἔχω πιωθεῖ, πιωμένος-η-ο

πλανῶ, πλάνεσα, νά πλανέσω, ἔχω πλανέσει, πλανιέμαι, πλανήθηκα, νά πλανηθῶ, ἔχω πλανηθεῖ, πλανημένος-η-ο

πλένω, ἔπλυνα, νά πλύνω, ἔχω πλύνει, πλένομαι, πλύθηκα, νά πλυθῶ, ἔχω πλυθεῖ, πλυμένος-η-ο

πλέω, ἔπλευσα, νά πλεύσω, ἔχω πλεύσει

πονῶ, πόνεσα, νά πονέσω, ἔχω πονέσει, πονεμένος-η-ο

προβάλλω, πρόβαλα, etc. (see βάλλω)

προδίνω (see δίνω)

προλαβαίνω, πρόλαβα, νά προλάβω, ἔχω προλάβει

προσβάλλω, πρόσβαλα, etc. (see βάλλω)

προσθέτω, πρόσθεσα, νά προσθέσω, ἔχω προσθέσει, προστέθηκα, προσθεμένος-η-ο

ρουφῶ, ρούφηξα, νά ρουφήξω, ἔχω ρουφήξει, ρουφιέμαι, ρουφήχτηκα, νά ρουφηχτῶ, ἔχω ρουφηχτεῖ, ρουφηγμένος-η-ο

σέρνω, ἔσυρα, νά σύρω, ἔχω σύρει, σέρνομαι, σύρθηκα, νά συρθῶ, ἔχω συρθεῖ, συρμένος-η-ο

στέκομαι, στάθηκα, νά σταθῶ, ἔχω σταθεῖ, simple imp.: στάσου-σταθεῖτε

στέλνω, ἔστειλα, νά στείλω, ἔχω στείλει, στέλνομαι, στάλθηκα, νά σταλθῶ, ἔχω σταλθεῖ, σταλμένος-η-ο

στενοχωρῶ, στενοχώρησα (-εσα), νά στενοχωρήσω (-έσω), ἔχω στενοχωρήσει (-έσει), στενοχωριέμαι, στενοχωρήθηκα (-έθηκα), νά στενοχωρηθῶ (-εθῶ), ἔχω στενοχωρηθεῖ (-εθεῖ), στενοχωρημένος-η-ο (-εμένος-η-ο)

στρέφω, ἔστρεψα, νά στρέψω, ἔχω στρέψει, στρέφομαι, στράφηκα, νά στραφῶ, ἔχω στραφεῖ, στραμμένος-η-ο (-στρεμμένος-η-ο)

συγχέω, σύγχυσα, νά συγχύσω, ἔχω συγχύσει, συγχέομαι, συγχύστηκα, νά συγχυστῶ, ἔχω συγχυστεῖ, συγχυσμένος-η-ο (as adj.: συγκεχυσμένος-η-ο)

συγχωρῶ, συγχώρησα (-εσα), νά συγχωρήσω (-έσω), ἔχω συγχωρήσει (-έσει), συγχωριέμαι, συγχωρήθηκα (-έθηκα), νά συγχωρηθῶ (-εθῶ), ἔχω συγχωρηθεῖ (-εθεῖ), συγχωρημένος-η-ο (-εμένος-η-ο)

συμβαίνει, συνέβηκε (συνέβη), ———, ἔχει συμβεῖ

συμπίπτει, συνέπεσε, ———, ἔχει συμπέσει

συστήνω (συνιστῶ), σύστησα, νά συστήσω, ἔχω συστήσει, συστήνομαι, συστήθηκα, νά συστηθῶ, ἔχω συστηθεῖ, συστημένος-η-ο

σχολνῶ, σχόλασα, νά σχολάσω, ἔχω σχολάσει, σχολασμένος-η-ο

σωπαίνω, σώπασα, νά σωπάσω, ἔχω σωπάσει, simple imp.: σώπα (σώπασε)-σωπάστε, σωπασμένος-η-ο

τραβῶ, τράβηξα, νά τραβήξω, ἔχω τραβήξει, τραβιέμαι, τραβήχτηκα, νά τραβηχτῶ, ἔχω τραβηχτεῖ, τραβηγμένος-η-ο

τρέπω, ἔτρεψα, νά τρέψω, ἔχω τρέψει, τρέπομαι, τράπηκα, νά τραπῶ, ἔχω τραπεῖ, (with prefixes) -(τε)-τραμμένος-η-ο

τρέφω, ἔθρεψα, νά θρέψω, ἔχω θρέψει, τρέφομαι, τράφηκα, νά τραφῶ, ἔχω τραφεῖ, θρεμμένος-η-ο

τρώγω (τρώω), ἔφαγα, νά φάω (φάγω), ἔχω φάει (φάγει), simple imp.: φάε (φάγε)-φᾶτε (φάγετε), τρώγομαι, φαγώθηκα, νά φαγωθῶ, ἔχω φαγωθεῖ, φαγωμένος-η-ο

τυχαίνω, ἔτυχα, νά τύχω, ἔχω τύχει, (with prefixes) -τυχημένος-η-ο

ὑπάρχω, ὑπῆρξα, νά ὑπάρξω, ἔχω ὑπάρξει

ὑποβάλλω, ὑπόβαλα (ὑπέβαλα), etc. (see βάλλω)

ὑπόσχομαι, ὑποσχέθηκα, νά ὑποσχεθῶ, ἔχω ὑποσχεθεῖ, ὑποσχεμένος-η-ο

φαίνομαι, φάνηκα, νά φανῶ, ἔχω φανεῖ, (with prefix) -φανισμένος-η-ο

φεύγω, ἔφυγα, νά φύγω, ἔχω φύγει

φθείρω, cont. and simple past: ἔφθειρα, νά φθείρω, ἔχω φθείρει, φθείρομαι, φθάρηκα, νά φθαρῶ, ἔχω φθαρεῖ, φθαρμένος-η-ο

φοβοῦμαι (φοβᾶμαι), φοβήθηκα, νά φοβηθῶ, ἔχω φοβηθεῖ, φοβισμένος-η-ο

φορῶ, φόρεσα, νά φορέσω, ἔχω φορέσει, φοριέμαι, φορέθηκα, νά φορεθῶ, ἔχω φορεθεῖ, φορεμένος-η-ο φταίω, cont. past: ἔφται(γ)α-ἔφταιγες-ἔφταιγε, ἔφταιξα, νά φταίξω, ἔχω φταίξει

χαίρομαι, χάρηκα, νά χαρῶ, ἔχω χαρεῖ

χαμογελῶ, χαμογέλασα, νά χαμογελάσω, ἔχω χαμογελάσει

χορταίνω, χόρτασα, νά χορτάσω, ἔχω χορτάσει, χορτασμένος-η-ο

ψάλλω, cont. past: ἔψαλλα, ἔψαλα, cont. subj.: νά ψέλνω, νά ψάλω, ἔχω ψάλει, ψάλθηκα, ψαλμένος-η-ο

Table of Nouns

Wherever possible, we have retained the system of categorization used in the Grammar at the end of *Demotic Greek I*. Numbers after the sign § refer to the sections in that Grammar. The order of listing in each category is, of course, the usual one of:

singular: nominative, genitive, accusative, vocative
plural: nominative, genitive, accusative, vocative

Masculines

m1 sg. -ος pl. -οι §3.411

ὁ οὐρανός, τοῦ οὐρανοῦ, τόν οὐρανό, οὐρανέ, οἱ οὐρανοί, τῶν οὐρανῶν, τούς οὐρανούς, οὐρανοί

ὁ δρόμος, τοῦ δρόμου, τό δρόμο, δρόμε, οἱ δρόμοι, τῶν δρόμων, τούς δρόμους, δρόμοι

ὁ ἄγγελος, τοῦ ἀγγέλου, τόν ἄγγελο, ἄγγελε, οἱ ἄγγελοι, τῶν ἀγγέλων, τούς ἀγγέλους, ἄγγελοι

m1a

ὁ καλόγερος, τοῦ καλόγερου, τόν καλόγερο, καλόγερε, οἱ καλόγεροι, τῶν καλόγερων, τούς καλόγερους

m2 sg. -ας pl. -ες §3.412

ὁ ἄρχοντας, τοῦ ἄρχοντα, τόν ἄρχοντα, ἄρχοντα, οἱ ἄρχοντες, τῶν ἀρχόντων, τούς ἄρχοντες, ἄρχοντες

ὁ ἐπαγγελματίας, τοῦ ἐπαγγελματία, τόν ἐπαγγελματία, ἐπαγγελματία, οἱ ἐπαγγελματίες, τῶν ἐπαγγελματιῶν, τούς ἐπαγγελματίες, ἐπαγγελματίες

ὁ ἄντρας, τοῦ ἄντρα, τόν ἄντρα, ἄντρα, οἱ ἄντρες, τῶν ἀντρῶν, τούς ἄντρες, ἄντρες

m3 sg. -ας pl. -αδες §3.4121

ὁ ψαράς, τοῦ ψαρᾶ, τόν ψαρά, ψαρά, οἱ ψαράδες, τῶν ψαράδων, τούς ψαράδες, ψαράδες

m4 sg. -έας pl. -εῖς §3.413

ὁ βασιλέας, τοῦ βασιλέα, τό βασιλέα, βασιλέα, οἱ βασιλεῖς, τῶν βασιλέων, τούς βασιλεῖς, βασιλεῖς

m5 sg. -ης pl. -ες §3.414

ὁ ἐπιβάτης, τοῦ ἐπιβάτη, τόν ἐπιβάτη, ἐπιβάτη, οἱ ἐπιβάτες, τῶν ἐπιβατῶν, τούς ἐπιβάτες, ἐπιβάτες

ὁ πολεμιστής, τοῦ πολεμιστῆ, τόν πολεμιστή, πολεμιστή, οἱ πολεμιστές, τῶν πολεμιστῶν, τούς πολεμιστές, πολεμιστές

m6 sg. -ής pl. αἱ (καθ) §3.4141

ὁ καθηγητής, τοῦ καθηγητοῦ, τόν καθηγητήν, καθηγητά, οἱ καθηγηταί, τῶν καθηγητῶν, τούς καθηγητάς, καθηγηταί

m7 sg. -της pl. -ες or -άδες §3.4142

ὁ ἀφέντης, τοῦ ἀφέντη, τόν ἀφέντη, ἀφέντη, οἱ ἀφέντες (ἀφεντάδες), τῶν ἀφέντων (ἀφεντάδων), τούς ἀφέντες (ἀφεντάδες), ἀφέντες (ἀφεντάδες)

m8 sg. -ης pl. -ηδες §3.415

ὁ καφετζής, τοῦ καφετζῆ, τόν καφετζή, καφετζή, οἱ καφετζῆδες, τῶν καφετζήδων, τούς καφετζῆδες, καφετζῆδες

ὁ Κοραῆς, τοῦ Κοραῆ, τόν Κοραῆ, Κοραῆ, οἱ Κοραῆδες, τῶν Κοραήδων, τούς Κοραῆδες, Κοραῆδες

ὁ παππούλης, τοῦ παππούλη, τόν παππούλη, παππούλη, οἱ παππούληδες, τῶν παππούληδων, τούς παππούληδες, παππούληδες

m9 sg. -ής pl. -εῖς §3.416

ὁ συγγενής, τοῦ συγγενῆ, τό συγγενή, συγγενή, οἱ συγγενεῖς, τῶν συγγενῶν, τούς συγγενεῖς, συγγενεῖς

m10 sg. -ές pl. -έδες §3.417

ὁ τενεκές, τοῦ τενεκέ, τόν τενεκέ, οἱ τενεκέδες, τῶν τενεκέδων, τούς τενεκέδες, τενεκέδες

m11 sg. -ούς pl. -οῦδες §3.418

ὁ παππούς, τοῦ παπποῦ, τόν παππού, παππού, οἱ παπποῦδες, τῶν παππούδων, τούς παπποῦδες, παπποῦδες

m12 indeclinable §3.4361

ὁ Γκρέκο, τοῦ Γκρέκο, τό Γκρέκο, Γκρέκο, οἱ Γκρέκο, τῶν Γκρέκο, τούς Γκρέκο, ———

m13 sg. -ος pl. -οι (masc.) and -ια (neuter) §3.31

ὁ λόγος, τοῦ λόγου, τό λόγο, λόγε, οἱ λόγοι (τά λόγια), τῶν λόγων (τῶν λόγων), τούς λόγους (τά λόγια), λόγοι (λόγια)

ὁ χρόνος, τοῦ χρόνου, τό χρόνο, χρόνε, οἱ χρόνοι (τά χρόνια) τῶν χρόνων (τῶν χρονῶν), τούς χρόνους (τά χρόνια), χρόνοι (χρόνια)

m13a sg. -ης pl. -ηδες and -άδες

ὁ Ἀράπης, τοῦ Ἀράπη, τόν Ἀράπη, Ἀράπη, οἱ Ἀράπηδες (Ἀραπάδες), τῶν Ἀράπηδων (Ἀραπάδων), τούς Ἀράπηδες (Ἀραπάδες), Ἀράπηδες (Ἀραπάδες)

m14 miscellaneous: puristic or ancient

ὁ βασιλεύς, τοῦ βασιλέως, τόν βασιλέα, ὦ βασιλεῦ, οἱ βασιλεῖς, τῶν βασιλέων, τούς βασιλεῖς, ὦ βασιλεῖς

ὁ Ξενοφῶν, τοῦ Ξενοφῶντος, τόν Ξενοφῶντα, ὦ Ξενοφῶν, οἱ Ξενοφῶντες, τῶν Ξενοφώντων, τούς Ξενοφῶντας, ὦ Ξενοφῶντες

ὁ Ἱπποκράτης, τοῦ Ἱπποκράτους, τόν Ἱπποκράτην, ὦ Ἱπποκράτη, οἱ Ἱπποκράται, τῶν Ἱπποκρατῶν, τούς Ἱπποκράτας, ὦ Ἱπποκράται

ὁ Αἴας, τοῦ Αἴαντος, τόν Αἴαντα, ὦ Αἴας, οἱ Αἴαντες, τῶν Αἰάντων, τούς Αἴαντας, ὦ Αἴαντες

ὁ Ἄτλας, τοῦ Ἄτλαντος, τόν Ἄτλαντα, ὦ Ἄτλας, οἱ Ἄτλαντες, τῶν Ἀτλάντων, τούς Ἄτλαντας, ὦ Ἄτλαντες

ὁ Ἄθως, τοῦ Ἄθω (Ἄθωνος), τόν Ἄθων, ὦ Ἄθως, ———

ὁ Ἕλλην, τοῦ Ἕλληνος, τόν Ἕλληνα, ὦ Ἕλλην, οἱ Ἕλληνες, τῶν Ἑλλήνων, τούς Ἕλληνας, ὦ Ἕλληνες

Feminines

f1 sg. -α pl. -ες §3.421

ἡ ταχύτητα, τῆς ταχύτητας, τήν ταχύτητα, ταχύτητα, οἱ ταχύτητες, τῶν ταχυτήτων, τίς ταχύτητες, ταχύτητες

ἡ ἐλπίδα, τῆς ἐλπίδας, τήν ἐλπίδα, ἐλπίδα, οἱ ἐλπίδες, τῶν ἐλπίδων, τίς ἐλπίδες, ἐλπίδες

f2 sg. -α pl. -ες (-ῶν in gen. pl.) §3.4211

ἡ μηλιά, τῆς μηλιᾶς, τή μηλιά, μηλιά, οἱ μηλιές, τῶν μηλιῶν, τίς μηλιές, μηλιές

ἡ ὥρα, τῆς ὥρας, τήν ὥρα, ὥρα, οἱ ὧρες, τῶν ὡρῶν, τίς ὧρες, ὧρες

ἡ μέλισσα, τῆς μέλισσας, τή μέλισσα, μέλισσα, οἱ μέλισσες, τῶν μελισσῶν, τίς μέλισσες, μέλισσες

f3 sg. -ά pl. -άδες §3.422

ἡ γιαγιά, τῆς γιαγιᾶς, τή γιαγιά, γιαγιά, οἱ γιαγιάδες, τῶν γιαγιάδων, τίς γιαγιάδες, γιαγιάδες

f4 sg. -η pl. -ες §3.423

ἡ ψυχή, τῆς ψυχῆς, τήν ψυχή, ψυχή, οἱ ψυχές, τῶν ψυχῶν, τίς ψυχές, ψυχές

ἡ νίκη, τῆς νίκης, τή νίκη, νίκη, οἱ νίκες, τῶν νικῶν, τίς νίκες, νίκες

ἡ κούραση, τῆς κούρασης, τήν κούραση, κούραση, οἱ κούρασες, ———, τίς κούρασες, κούρασες

f5 sg. -η pl. -εις §3.424

ἡ πτήση, τῆς πτήσης, τήν πτήση, πτήση, οἱ πτήσεις, τῶν πτήσεων, τίς πτήσεις, πτήσεις

ἡ ἀνάσταση, τῆς ἀνάστασης, τήν ἀνάσταση, ἀνάσταση, οἱ ἀναστάσεις, τῶν ἀναστάσεων, τίς ἀναστάσεις, ἀναστάσεις

f5a sg. -ις pl. -εις (καθ) §3.424

ἡ πόλις, τῆς πόλεως, τήν πόλιν, ὦ πόλι, οἱ (αἱ) πόλεις, τῶν πόλεων, τίς (τάς) πόλεις, ὦ πόλεις

ἡ ἀνάστασις, τῆς ἀναστάσεως, τήν ἀνάστασιν, ὦ ἀνάστασι, οἱ (αἱ) ἀναστάσεις, τῶν ἀναστάσεων, τίς (τάς) ἀναστάσεις, ὦ ἀναστάσεις

f6 sg. -ού pl. -οῦδες §3.425

ἡ πολυλογού, τῆς πολυλογοῦς, τήν πολυλογού, πολυλογού, οἱ πολυλογοῦδες, τῶν πολυλογούδων, τίς πολυλογοῦδες, πολυλογοῦδες

f7 sg. -ος pl. -οι §3.426

ἡ Αἴγυπτος, τῆς Αἰγύπτου, τήν Αἴγυπτο, Αἴγυπτο, οἱ Αἴγυπτοι, τῶν Αἰγύπτων, τίς Αἰγύπτους, Αἴγυπτοι

ἡ λεωφόρος, τῆς λεωφόρου, τή λεωφόρο, λεωφόρο, οἱ λεωφόροι, τῶν λεωφόρων, τίς λεωφόρους, λεωφόροι

f8 sg. -ίς pl. -ίδες (καθ) §3.427

ἡ δεσποινίς, τῆς δεσποινίδος, τήν δεσποινίδα, δεσποινίς, οἱ (αἱ) δεσποινίδες, τῶν δεσποινίδων, τίς (τάς) δεσποινίδας, δεσποινίδες

f9 indeclinable §3.4362

ἡ γῆς, τῆς γῆς, τή γῆς

f10 miscellaneous and puristic

ἡ ταχύτης, τῆς ταχύτητος, τήν ταχύτητα, ὦ ταχύτης, οἱ (αἱ) ταχύτητες, τῶν ταχυτήτων, τίς (τάς) ταχύτητας, ὦ ταχύτητες

ἡ γῆ, τῆς γῆς, τή γῆ, γῆ, οἱ γαῖες, τῶν γαιῶν, τίς γαῖες, γαῖες

ἡ Ἑλλάς, τῆς Ἑλλάδος, τήν Ἑλλάδα, ὦ Ἑλλάς, οἱ (αἱ) Ἑλλάδες, τῶν Ἑλλάδων, τίς (τάς) Ἑλλάδας, ὦ Ἑλλάδες
αἱ Ἀθῆναι, τῶν Ἀθηνῶν, τάς Ἀθήνας, ὦ Ἀθῆναι
ἡ γραμματέας, τῆς γραμματέα, τή γραμματέα, γραμματέα, οἱ γραμματεῖς, τῶν γραμματέων, τίς γραμματεῖς, γραμματεῖς

Neuters

n1 sg. -ο pl. -α §3.431

τό νερό, τοῦ νεροῦ, τό νερό, νερό, τά νερά, τῶν νερῶν, τά νερά, νερά
τό πεῦκο, τοῦ πεύκου, τό πεῦκο, πεῦκο, τά πεῦκα, τῶν πεύκων, τά πεῦκα, πεῦκα
τό δάχτυλο, τοῦ δάχτυλου, τό δάχτυλο, δάχτυλο, τά δάχτυλα, τῶν δάχτυλων, τά δάχτυλα, δάχτυλα

n1a

τό θέατρο, τοῦ θεάτρου, τό θέατρο, θέατρο, τά θέατρα, τῶν θεάτρων, τά θέατρα, θέατρα

n2 sg. -ι pl. -α §3.432, 3.4321(b)

τό ψωμί, τοῦ ψωμιοῦ, τό ψωμί, ψωμί, τά ψωμιά, τῶν ψωμιῶν, τά ψωμιά, ψωμιά
τό κατάρτι, τοῦ καταρτιοῦ, τό κατάρτι, κατάρτι, τά κατάρτια, τῶν καταρτιῶν, τά κατάρτια, κατάρτια
τό ρολόι, τοῦ ρολογιοῦ, τό ρολόι, ρολόι, τά ρολόγια, τῶν ρολογιῶν, τά ρολόγια, ρολόγια (γ is inserted in gen. sg. and everywhere in plural whenever a vowel precedes the ending -ι, but see n11 for πρωί)

n3 sg. -υ pl. -α §3.4321(a)

τό βράδυ, τοῦ βραδιοῦ, τό βράδυ, βράδυ, τά βράδια, τῶν βραδιῶν, τά βράδια, βράδια
But δάκρυ keeps the υ throughout:
τό δάκρυ, τοῦ δακρύου, τό δάκρυ, δάκρυ, τά δάκρυα, τῶν δακρύων, τά δάκρυα, δάκρυα

n4 sg. -μα pl. -ματα §3.433

τό σῶμα, τοῦ σώματος, τό σῶμα, σῶμα, τά σώματα, τῶν σωμάτων, τά σώματα, σώματα
τό ἄγαλμα, τοῦ ἀγάλματος, τό ἄγαλμα, ἄγαλμα, τά ἀγάλματα, τῶν ἀγαλμάτων, τά ἀγάλματα, ἀγάλματα

n5 sg. -σιμο (-ξιμο, -ψιμο) pl. -σίματα (-ξίματα, -ψίματα) §3.433

τό πάρσιμο, τοῦ παρσίματος, τό πάρσιμο, πάρσιμο, τά παρσίματα, τῶν παρσιμάτων, τά παρσίματα, παρσίματα
τό πνίξιμο, τοῦ πνιξίματος, etc.
τό γράψιμο, τοῦ γραψίματος, etc.

n6 γάλα and δόρυ §3.4331

τό γάλα, τοῦ γάλατος (γάλακτος), τό γάλα, γάλα, τά γάλατα, τῶν γαλάτων (γαλάκτων), τά γάλατα, γάλατα
τό δόρυ, τοῦ δόρατος, τό δόρυ, δόρυ, τά δόρατα, τῶν δοράτων, τά δόρατα, δόρατα

n7 sg. -ος pl. -η §3.434

τό βέλος, τοῦ βέλους, τό βέλος, βέλος, τά βέλη, τῶν βελῶν, τά βέλη, βέλη
τό ἔδαφος, τοῦ ἐδάφους, τό ἔδαφος, ἔδαφος, τά ἐδάφη, τῶν ἐδαφῶν, τά ἐδάφη, ἐδάφη

n8 κρέας, τέρας and ἧπαρ §3.435

τό κρέας, τοῦ κρέατος, τό κρέας, κρέας, τά κρέατα, τῶν κρεάτων, τά κρέατα, κρέατα
τό τέρας, τοῦ τέρατος, τό τέρας, τέρας, τά τέρατα, τῶν τεράτων, τά τέρατα, τέρατα
τό ἧπαρ, τοῦ ἥπατος, τό ἧπαρ, ἧπαρ, τά ἥπατα, τῶν ἡπάτων, τά ἥπατα, ἥπατα

n9 φῶς §3.435

τό φῶς, τοῦ φωτός, τό φῶς, φῶς, τά φῶτα, τῶν φώτων, τά φῶτα, φῶτα

n10 indeclinable §3.436

τό φίλμ, τοῦ φίλμ, etc.
τό Πάσχα, τοῦ Πάσχα, etc.

n11 miscellaneous

τό πᾶν, τοῦ παντός, τό πᾶν, πᾶν, τά πάντα, τῶν πάντων, τά πάντα, πάντα
τό πρωί, τοῦ πρωινοῦ, τό πρωί, πρωί, τά πρωινά, τῶν πρωινῶν, τά πρωινά, πρωινά
τό βιός, τοῦ βιοῦ, τό βιός, ———, (no plural)

n12 sg. -ον pl. -οντα cf. §8.268

τό μέλλον, τοῦ μέλλοντος, τό μέλλον, μέλλον, τά μέλλοντα, τῶν μελλόντων, τά μέλλοντα, μέλλοντα
τό παρόν, τοῦ παρόντος, τό παρόν, παρόν, τά παρόντα, τῶν παρόντων, τά παρόντα, παρόντα

Greek-English Glossary

For an index of words and expressions discussed in the text, see p. xii.

For an English-Greek glossary of grammatical terms, see p. 422.

For a table of irregular verbs encountered in the text, see p. 362.

For a table of noun categories, see p. 367. In the glossary, these categories are indicated in parentheses as follows: (m1), (m2), etc., (f1), (f2), etc., (n1), (n2), etc., where "m," "f" and "n" stand for "masculine," "feminine" and "neuter," respectively, and where each number signifies a different category of inflection.

Abbreviations used in the glossary:

acc.	accusative case	*καθ*	katharevousa
adj.	adjective	lit.	literally
adv.	adverb	m.	masculine gender
cont.	continuous	n.	neuter gender
dep.	deponent verb	nom.	nominative case
dim.	diminutive	partic.	participle
f.	feminine gender	pers.	person
gen.	genitive case	pl.	plural number
imp.	imperative mood	sg.	singular number
impers.	impersonal verb	subj.	subjunctive
indec.	indeclinable	voc.	vocative case
irr.	irregular verb		

A′ the first; one, first
ἅ = *ἄν*
ἀβίαστος-η-ο without haste
ἀγάλια-ἀγάλια very slowly; very gently
ἄγαλμα, τό statue (n4)
ἀγάπη, ἡ love (f4)
ἀγαπημένος-η-ο beloved, dear
ἀγαπητός-ή-ό beloved, dear
ἀγαπιέμαι to be loved, to love one another
ἀγαπῶ to love
ἀγγελία, ἡ message (f2)
ἀγγελιοφόρος, ὁ messenger (m1)
ἄγγελος, ὁ angel; messenger (m1)
ἀγγελουδάκι, τό (double dim. of *ἄγγελος*) (n2)
ἀγγελούδι, τό (dim. of *ἄγγελος*) (n2)
ἀγγίζω to touch
Ἀγγλία, ἡ England (f2)
ἀγγλικά, τά English (language) (n1, pl. only)
ἀγγλικός-ή-ό English
Ἄγγλος, ὁ Englishman (m1)
ἀγελάδα, ἡ cow (f1)
ἁγιάζω to sanctify, to make or become holy
Ἁγιορείτης, ὁ monk living on the Holy Mountain (m5)
ἅγιος, ὁ saint (m1)
ἅγιος, ἅγια (ἁγία), ἅγιο holy
ἁγιότης, ἡ (*καθ*) holiness (f10)
ἀγκαλά although
ἀγναντεύω to survey; to gaze out over
ἀγνώμων-ων-ον ungrateful
ἀγοράζω to buy
ἀγόρι, τό boy (n2)
ἀγραμματοσύνη, ἡ illiteracy (f4)
ἀγράμματος, ὁ illiterate person (m1)

ἀγράμματος-η-ο illiterate
ἀγριεμένος-η-ο infuriated
ἀγριεύω to grow furious or ferocious
ἀγριοπούλι, τό wild bird (n2)
ἄγριος-α-ο fierce; savage; furious
ἀγρύπνια, ἡ lack of sleep, sleeplessness; vigilance (f2)
ἀγρυπνισμένος-η-ο not having slept
ἄγρυπνος-η-ο sleepless; vigilant
ἀγρυπνῶ to lie awake; to keep vigil
ἀγώνας, ὁ struggle, contest; match (m2)
Ἀγώνας, ὁ the Greek War of Independence, 1821ff. (m2)
ἀγωνία, ἡ anguish, anxiety, agony (f2)
ἀγωνίζομαι to struggle, to fight, to try hard
ἀγωνιζόμενος, ὁ struggling person, struggler (m1)
ἀδειάζω to empty, to drain
ἄδειος-α-ο empty
ἀδέλφια, τά brothers and sisters, siblings (n2, pl. only)
ἀδελφός, ὁ brother (m1)
ἀδερφάκι, τό (dim. of ἀδερφός or ἀδερφή) (n2)
ἀδερφή, ἡ sister (f4, but gen. pl. is τῶν ἀδερφάδων)
ἀδερφός, ὁ brother (m1)
ἀδερφούλης, ὁ (dim. of ἀδερφός) (m8)
Ἅδης, ὁ Hades (m5)
ἀδιάκοπος-η-ο incessant, continual
ἄδικο, τό injustice, wrong (n1)
ἀδίστακτος-η-ο unhesitant
ἁδρός-ή-ό robust, fully-developed, ripe; abundant
ἀδύνατος, ὁ weak person (m1)
ἀδύνατος-η-ο impossible; weak, feeble; skinny
ἀείμνηστος-η-ο ever-memorable, unforgettable, worthy of being remembered
ἀεράκι, τό (dim. of ἀέρας) breeze (n2)
ἀέρας, ὁ air; wind (m3, but pl. ἀέρηδες)
ἀεροπλάνο, τό airplane (n1)
ἀεροπορικῶς by air; via air mail
ἀηδιάζω to get tired of, to be disgusted with; to loathe
ἀθανασία, ἡ immortality (f2)
ἀθάνατος-η-ο immortal
Ἀθήνα, ἡ Athens (f2)
Ἀθῆναι, αἱ (καθ) Athens (f10)
Ἄθως, ὁ Athos (m14)
Αἴας, ὁ Aias, Ajax (m14)
Ἀϊβαλί, τό Aivaly (n2)
Αἰγαῖο Πέλαγος, τό Aegean Sea (n7, n1a)
Αἴγυπτος, ἡ Egypt (f7)
αἴθουσα, ἡ room, chamber, hall (f2)
αἷμα, τό blood (n4)
ἄιντε come on, let's go, get moving
αἰσθάνομαι to feel (dep.)
αἶσχος, τό disgrace, shame, infamy (n7)
αἰσχρολογία, ἡ obscenity, indecency, smutty talk (f2)
αἰσχρολογικός-ή-ό obscene, lewd
αἰσχρολόγος, ὁ lewd foul-mouthed person (m1)
αἰσχρός-ή-ό obscene; disgraceful
αἰτία, ἡ cause, reason, motive (f2)
αἰτιατική, ἡ accusative (in grammar) (f4)
αἰχμάλωτος, ὁ captive, prisoner of war (m1)
αἰχμή, ἡ point (f4)
αἰώνας, ὁ century, age, era (m2)
αἰώνιος-α-ο eternal, everlasting
αἰωνιότητα, ἡ eternity (f1)
ἀκαδημία, ἡ academy (f2)
ἀκαλλιέργητος-η-ο uncultivated
ἀκμή, ἡ acme, highest point (f4)
ἀκολουθῶ to follow; to attend
ἀκόμα still; yet; too; more
ἀκόμα καί even
ἀκόμη still; yet; too; more
ἀκόντιο, τό javelin, dart (n1)
ἀκούγομαι to be heard, to be audible
ἀκούγοντας (from ἀκούω)
ἀκουμπιστός-ή-ό supported, leaning
ἀκουμπῶ to lean, to rest, to prop (against); to touch
ἀκουστικό, τό receiver (of a telephone) (n1)
ἀκούω to hear; to hear of
ἄκρη, ἡ edge, end, tip (f4)
ἀκριβά expensively
ἀκρίβεια, ἡ exactness, precision; expensiveness, high price (f2)
ἀκριβός-ή-ό expensive
ἀκριβῶς exactly, precisely
ἀκροατήριο, τό audience; auditorium (n1)

Ἀκρόπολη, ἡ Acropolis (f5)
ἄλαλος-η-ο speechless, mute; stunned
ἀλάτι, τό salt (n2)
ἀλαφρώνω to find relief, to feel better, to take a load off one's mind; to relieve
Ἀλέξανδρος, ὁ Alexander (m1)
ἀλεύρι, τό flour (n2)
ἀλήθεια, ἡ truth (f2)
ἀληθινά truly
ἀληθινός-ή-ό true, authentic
ἀληθινότερος-η-ο truer
ἀληθῶς (καθ) truly
ἀλίμονο alas!, woe!
ἀλίμονό μου woe is me
ἀλλά but
ἀλλαγή, ἡ change, modification (f4)
ἀλλαγμένος-η-ο changed, exchanged
ἀλλάζομαι to change oneself, to change one's clothes
ἀλλάζω to change; to exchange
ἄλλαξα (from ἀλλάζω)
ἀλλάχτηκα (from ἀλλάζομαι)
ἀλλιῶς otherwise; differently
ἄλλοι ... ἄλλοι some ... others
ἀλλόκοτος-η-ο peculiar, queer
ἀλλοπαρμένος-η-ο crazy, unbalanced
ἄλλος-η-ο other; another; next
ἄλλο τίποτε anything else
ἀλογάριαστος-η-ο incalculable; inconsiderate
ἄλογο, τό horse (n1a)
ἅλωση, ἡ conquest, capture; fall (f5)
ἅλωσις, ἡ (καθ) conquest, capture; fall (f5a)
Ἅλωσις (or Ἅλωση), ἡ the Fall of Constantinople, May 29, 1453 (f5a)
ἅμα as soon as; when
ἀμάθεια, ἡ illiteracy; ignorance (f2)
ἀμαθής, ὁ uneducated person (m9)
ἀμαθής-ής-ές uneducated; ignorant
ἀμάν for mercy's sake; alas
ἀμελῶ to neglect, to forget; to be careless about
ἀμερικανικός-ή-ό American
Ἀμερική, ἡ America, the U.S.A. (f4)
ἄμεσα directly
ἀμέσως at once, immediately
ἀμέ τί (sarcastic) sure!, what did you expect!?
ἀμέτρητος-η-ο immeasurable, countless
ἀμολιέμαι to give myself free rein, to let myself loose
ἀμ' τί (sarcastic) sure!, what did you expect!?
ἄμυνα, ἡ defense, resistance (f2)
ἀμφιβάλλω to doubt; to hesitate
ἀμφιβολία, ἡ doubt; hesitation (f2)
ἀμφίβολος-η-ο doubtful, ambiguous
ἄν if
ἀναβάλλομαι to be postponed (irr.)
ἀναβάλλω to postpone (irr.)
ἀναβλήθηκα (from ἀναβάλλομαι)
ἀναβολή, ἡ postponement (f4)
ἀνάβω to light, to turn on
ἀναγέννηση, ἡ renaissance, rebirth (f5)
ἀναγκάζομαι to be forced, to be compelled
ἀναγκάζω to require, to compel
ἀναγκαστικά necessarily, by force
ἀνάγκη, ἡ need (f4)
ἀνάγνωση, ἡ reading, act of reading (f5)
ἀναγνωστικό, τό reader, primer
ἀναζητῶ to search for; to investigate
ἀναθρέψει (from ἀνατρέφω)
ἀνακαλύπτω to detect, to find out, to discover
ἀνακατεύομαι to be mixed up with; to interfere
ἀνακατεύω to mix, to blend; to shuffle
ἀνακατωμένος-η-ο (from ἀνακατώνομαι)
ἀνακατώνομαι to be mixed up with; to interfere
ἀνακοινώνω to announce
ἀνακοίνωση, ἡ announcement; communication (f5)
ἀνακουφίζω to relieve, to soothe
ἀνακούφιση, ἡ relief, soothing; mitigation (f5)
ἀνάμεσα between
ἀναμμένος-η-ο lighted, burning
ἀναπαυτικά (adv.) at ease, comfortably
ἀναπνοή, ἡ breath; respiration (f4)
ἀναρίθμητος-η-ο innumerable
ἀνάσα, ἡ breath (f1)
ἀνασταίνομαι to be restored to life, to be resurrected (irr.)
ἀνασταίνω to revive, to resurrect (irr.)
ἀνάσταση, ἡ resurrection (f5)
ἀνάστατος-η-ο upset; upside down, confused
ἀναστατωμένος-η-ο disturbed, in turmoil, topsy-turvy

ἀναστατώνομαι to be upset, to be turned topsy-turvy
ἀναστατώνω to upset, to turn topsy-turvy
ἀναστεναγμός, ὁ sigh, groan (m1)
ἀναστενάζω to sigh; to groan
ἀναστήθηκα (from *ἀνασταίνομαι*)
ἀναστηθῶ (from *ἀνασταίνομαι*)
ἀναστηλώνω to revive, to restore
ἀνάστημα, τό height, stature (n4)
ἀναστημένος-η-ο (from *ἀνασταίνομαι*)
ἀνάστησα (from *ἀνασταίνω*)
ἀναταράζω to stir up, to stir
ἀνατολή, ἡ east; sunrise (f4)
ἀνατρέφω to rear, to raise, to bring up; to educate (irr.)
ἀναφέρω to refer to; to report
ἀναφορά, ἡ report, account (f2)
ἀναφορικός-ή-ό relative, relating to
ἀναχώρηση, ἡ departure; starting point (f5)
ἀνάψει (from *ἀνάβω*)
ἄνδρας, ὁ man; husband (m2)
ἀνέβα (from *ἀνεβαίνω*)
ἀνεβαίνω to ascend, to go up, to climb (irr.)
ἀνεβῆτε (from *ἀνεβαίνω*)
ἀνεβοκατεβαίνω to move up and down; to fluctuate
ἀνέκδοτο, τό anecdote (n1)
ἀνέλπιδος-η-ο without hope, despairing
ἀνεμόσκαλα, ἡ rope ladder (f1)
ἄνεργος-η-ο inactive, idle, unoccupied; unemployed
ἀνέστη (καθ) (from *ἀνίσταμαι*) = *ἀναστήθηκε*
ἀνέστην (καθ) (from *ἀνίσταμαι*) = *ἀναστήθηκα*
ἀνησυχία, ἡ uneasiness, worry (f2)
ἀνήσυχος-η-ο anxious, uneasy
ἀνησυχῶ to disturb, to make uneasy, to worry
ἀνηφορίζω to climb, to ascend
ἀνθελληνικός-ή-ό anti-hellenic
ἀνθίζω to blossom; to flourish
ἀνθρωπάκι, τό (dim. of *ἄνθρωπος*) small insignificant person (n2)
ἀνθρώπινος-η-ο human
ἀνθρωπισμός, ὁ good behavior; humaneness; humanism (m1)
ἀνθρῶποι, οἱ = *ἄνθρωποι* (m1)
ἄνθρωπος, ὁ person, man, human being (m1)
ἀνθρωπότης, ἡ (καθ) mankind, humanity (f10)
ἀνθρωπότητα, ἡ mankind, humanity (f1)
ἀνίκητος-η-ο undefeated; invincible
ἀνίσταμαι (καθ) (= *ἀνασταίνομαι*) to be resurrected
ἄν καί although
ἀνοησία, ἡ stupidity, nonsense (f2)
ἀνοίγομαι to confide very much to someone; (of ships) to sail in open waters
ἀνοίγω to open
ἄνοιξη, ἡ spring (the season) (f4)
ἀνοιχτά, τά open sea, offing (n1, pl. only)
ἀνοιχτός-ή-ό open; gaping
ἄντε come on, let's go, get moving
ἀντελήφθην (καθ) (from *ἀντιλαμβάνομαι*)
ἄντεξα (from *ἀντέχω*)
ἄντεχα (from *ἀντέχω*)
ἀντέχω to endure, to withstand
ἀντί instead of
ἀντιβασιλέας, ὁ viceroy, regent (m4)
ἀντί γιά instead of
ἀντιγράφω to copy
ἀντίδωρο, τό consecrated bread
ἀντίθεση, ἡ opposition, contrast, antithesis (f5)
ἀντίθεση, ἡ antithesis (f5)
ἀντίθετα contrariwise
ἀντιθετικός-ή-ό contrastive (grammar); antithetical
ἀντίθετο, τό opposite (n1)
ἀντιθέτως contrariwise
ἀντικατάσταση, ἡ substitution
ἀντίκρυ opposite
ἀντικρύζω to confront
ἀντιλαλῶ to echo, to resound
ἀντιλαμβάνομαι to perceive, to notice, to observe; to apprehend (dep.) (irr.)
ἀντιλήφθηκα (from *ἀντιλαμβάνομαι*)
ἀντίο good-bye
ἀντίπαλος, ὁ opponent, enemy (m1a)
ἀντιπρόεδρος, ὁ vice-president; vice-chairman (m1)
ἀντιφωνικός-ή-ό antiphonal
ἄντρας, ὁ man; husband (m2)
ἀντωνυμία, ἡ pronoun (f2)

ἀνύπαρχτος-η-ο non-existent
ἀνυποψίαστος-η-ο unsuspecting
ἄνω κάτω upside down; upset, confused
ἀνώμαλος-η-ο irregular; abnormal, anomalous
ἄνω τελεία, ἡ semicolon (f1)
ἄξαφνα suddenly
ἀξέχαστος-η-ο unforgettable; unforgotten
ἀξία, ἡ worth, value, merit (f2)
ἀξίζω to deserve; to be worthy; to be worth
ἀξιόπρεπα with dignity, decorously
ἀξιοπρέπεια, ἡ dignity (f2)
ἀξιοπρεπέστατος-η-ο with utmost dignity
ἀξιοπρεπής-ής-ές dignified, decorous, proper, self-respecting
ἀξιόπρεπος-η-ο dignified, decorous, proper, self-respecting
ἀξιοπρεπῶς with dignity, decorously
ἀξύριστος-η-ο unshaven
ἀόρατος-η-ο invisible
ἀόριστος-η-ο indefinite
ἀπαγορευμένος-η-ο prohibited, forbidden
ἀπαγορεύομαι to be forbidden
ἀπαγόρευση, ἡ prohibition, ban (f5)
ἀπαγορεύω to prohibit, to forbid
ἁπαλός-ή-ό gentle, delicate, smooth
ἀπάνου = ἀπάνω
ἀπάντηση, ἡ answer, reply (f5)
ἀπαντῶ to answer, to reply
ἀπάνω on, upon
ἀπασχολοῦμαι to be occupied, to be engaged
ἀπελέκητος-η-ο crude, unchiseled
ἀπελπίζω to distress, to drive to despair
ἀπελπισία, ἡ despair (f2)
ἀπελπισμένος-η-ο despairing, without hope
ἀπέναντι opposite
ἀπεριποίητος-η-ο neglected, not attended to
ἀπέρχομαι to go away, to depart (irr.)
ἀπίστευτος-η-ο incredible, beyond belief
ἄπιστος-η-ο unfaithful, faithless; unbelieving
ἁπλός-ή-ό simple; easy; naive; single
ἄπλυτος-η-ο unwashed
ἀπό from; of; by; than
ἀποβάθρα, ἡ wharf, quay, landing stage; gangway; railway platform (f1)
ἀπόβαλα (from ἀποβάλλω)
ἀποβάλλω to reject; to have a miscarriage; to cast off (irr.)
ἀποβολή, ἡ rejection; abortion, miscarriage (f4)
ἀπογειώνομαι to take off (of airplanes)
ἀπόγεμα, τό afternoon (n4)
ἀπογευματινός-ή-ό afternoon
ἀπόγονος, ὁ descendant, offspring (m1)
ἀποδιώχνω to drive away, to push aside
ἀποθαλασσώνομαι to take off from the sea
ἀπόθεσα (from ἀποθέτω)
ἀποθετικός-ή-ό deponent (in grammar)
ἀποθέτω to place, to lay down; to deposit (irr.)
ἀποθήκη, ἡ storeroom, warehouse, depot, storage place (f4)
ἀποκαλυπτικός-ή-ό revelatory, revealing; apocalyptic
ἀποκλίνω to lean, to incline
ἀποκοπή, ἡ act of cutting off; apocope (grammar) (f4)
ἀποκρίνομαι to answer, to reply
ἀποκρούω to repel, to repulse
ἀπολογοῦμαι to defend oneself; to apologize
ἀπόλυτος-η-ο absolute
ἀπόμακρος-η-ο distant, far away
ἀπόμεινα (from ἀπομένω)
ἀπομένω to remain; to be left (irr.)
ἀπομεσήμερα (adv.) in the afternoon
ἀπομνημονεύματα, τά memoirs (n4)
ἀπόπειρα, ἡ attempt, try (f1)
ἀπορημένος-η-ο (from ἀπορῶ) at a loss, bewildered; surprised
ἀπορροφηγμένος-η-ο absorbed, engrossed
ἀπορροφημένος-η-ο absorbed, engrossed
ἀπορροφοῦμαι to be absorbed (in), to be engrossed (in)
ἀπορῶ to wonder, to be at a loss
ἀποσιωπῶ to pass over in silence; to ignore; to neglect to mention
ἀποσύνθεση, ἡ dissolution, disintegration (f5)
ἀποσυνθέτω to dissolve, to disintegrate, to decompose
ἀποσύρομαι to withdraw, to retreat

ἀποτελειώνω to finish completely
ἀπότομα abruptly
ἀπότομος-η-ο abrupt, sudden; gruff
ἀποτρώγω to finish eating (irr.)
ἀπόφαγα (from ἀποτρώγω)
ἀποφάγι, τό leftover food (n2)
ἀπόφαση, ἡ decision (f5)
ἀποφασίζω to decide
ἀποφασιστικός-ή-ό resolute, decisive
ἀποφασιστικότητα, ἡ resoluteness, decisiveness (f1)
ἀπόψε tonight
ἀπροσκύνητος-η-ο unyielding, unbending
ἀπρόσωπος-η-ο impersonal
ἄρα therefore
Ἄραβας, ὁ Arab (m2)
ἄραγε Could it be that . . . ?, I wonder (if)
ἄραγες Could it be that . . . ?, I wonder (if)
ἀραδιάζομαι to be lined up; to be enumerated
ἀραδιάζω to line up, to enumerate
ἀραδιασμένος-η-ο lined up in a row; enumerated
ἀράζω to anchor, to moor
ἀραμπάς, ὁ wagon, ox-cart (m3)
Ἀράπης, ὁ Negro (pl. Ἀράπηδες); Egyptian Arab (pl. Ἀραπάδες) (m13a)
ἀργά slowly
ἀργά-ἀργά very very slowly
Ἀργοναύτης, ὁ Argonaut (m5)
ἀργοπορῶ to be late; to delay; to linger
Ἄργος, τό Argos (town) (n7)
ἀργότερα later
ἀργῶ to be late
Ἀργώ, ἡ Argo (ship in which the Argonauts sailed)
ἀρέσει (impers.) (+ gen.) it pleases (irr.)
ἀρετή, ἡ virtue, merit (f4)
ἄρθρο, τό article (n1)
ἀριθμητική, ἡ arithmetic (f4)
ἀριθμός, ὁ number (m1)
ἀριστερός-ή-ό left, left-hand; left-wing
ἀριστοκρατία, ἡ aristocracy (f2)
ἄριστος-η-ο superlatively good
Ἀριστοφάνης, ὁ Aristophanes (m8)
ἀρίφνητος-η-ο innumerable
ἅρμα, τό war-chariot (ancient); tank (modern) (n4)
ἅρματα, τά arms, weapons (n4)
ἀρματώνω to arm, to equip
Ἀρμενιά, ἡ Armenian district (f2)
ἀρμενίζω to sail, to navigate
ἀρμενικός-ή-ό Armenian
Ἀρμένιος, ὁ Armenian (person) (m1)
ἁρμηνεύω = ὁρμηνεύω to advise; to guide
ἁρμονία, ἡ harmony, concord (f2)
ἀρνιέμαι to refuse; to deny; to reject (dep.)
ἁρπάζομαι (+ ἀπό) to seize, to grab hold of
ἁρπάζω to seize, to grasp, to clutch
ἁρπαχτοῦν (from ἁρπάζομαι)
ἀρρωσταίνω to become ill; to sicken
ἀρρώστησα (from ἀρρωστῶ or ἀρρωσταίνω)
ἀρρώστια, ἡ illness, disease (f2)
ἄρρωστος-η-ο ill, sick
ἀρρωστῶ to become ill; to sicken
ἀρσενικός-ή-ό masculine, male
ἀρχάγγελος, ὁ archangel (m1)
ἀρχαΐζω to archaize
ἀρχαῖοι, οἱ ancient Greeks (m1)
ἀρχαιολόγος, ὁ archaeologist (m1)
ἀρχαῖος-αία-αῖο ancient
ἀρχαιότητα, ἡ antiquity (f1)
ἀρχαϊσμός, ὁ archaism (m1)
ἀρχή, ἡ beginning; principle; authority; rule (f4)
ἀρχηγός, ὁ leader (m1)
ἀρχιερέας, ὁ high priest, chief priest (m4)
ἀρχίζω to begin
ἀρχιμηχανικός, ὁ chief engineer (m1)
ἀρχινῶ to begin, to commence
ἀρχιστράτηγος, ὁ commander-in-chief (m1)
ἀρχιτέκτονας, ὁ architect (m2)
ἀρχιτεκτονική, ἡ architecture (f4)
ἄρχοντας, ὁ nobleman, aristocrat, wealthy man, village leader, archon (m2)
ἄς (+ subj.) let (him, etc.); may (he, etc.)
ἄσε! (from ἀφήνω) stop!, leave off!
Ἀσία, ἡ Asia (f2)
ἄσκημα (adv.): αἰσθάνομαι ἄσχημα I feel sick, I don't feel well
ἄσκηση, ἡ exercise, drill (f5)
Ἀσκληπιός, ὁ Asclepius (m1)
ἀσπίδα, ἡ shield (f1)

ἀσπιρίνη, ἡ aspirin (f4)
ἀσπρίζω to turn white; to whiten; (of hair) to turn gray
ἄσπρος-η-ο white
ἀστεῖο, τό joke (n1)
ἀστικός-ή-ό urban, city, civic, civil
ἀστραπή, ἡ lightning (f4)
ἀστραπόβροντο, τό thunder and lightning (n1)
ἀστράφτει (impers.) lightning is flashing
ἄστρο, τό star (n1)
ἀστροναύτης, ὁ astronaut (m5)
ἀστυνόμος, ὁ police officer (m1)
ἀσύγχρονος-η-ο not simultaneous
ἀσφαλῶς certainly, surely
ἄσχημος-η-ο ugly; bad, vile
ἄτακτος-η-ο unruly, disorderly
Ἀτλαντικός Ὠκεανός, ὁ Atlantic Ocean (i.e. the "Atlas Ocean")
Ἄτλαντος (καθ) (gen. sg. of Ἄτλας)
Ἄτλας, ὁ (καθ) Atlas (m14)
ἀττικίζω to speak in the ancient Attic dialect
ἀττικισμός, ὁ Atticism (m1)
ἀττικός-ή-ό Attic
αὐγή, ἡ dawn (f4)
αὐγό, τό egg (n1)
Αὔγουστος, ὁ August (m1)
αὐλή, ἡ courtyard, yard (f4)
αὔριο tomorrow
αὐστηρός-ή-ό strict, severe, stern
Αὐστραλία, ἡ Australia (f2)
αὐτί, τό ear (n2)
αὐτοκίνητο, τό automobile, car (n1)
αὐτοκράτορας, ὁ emperor (m2)
αὐτοσυστήνομαι to introduce oneself
αὐτός-ή-ό he, she, it, they; this, these
Αὐτοῦ Ἁγιότης, ἡ His Holiness (the Pope) (f10)
Αὐτοῦ Μεγαλειότης ὁ Βασιλεύς, ἡ His Majesty the King (f10)
ἀφαίρεση, ἡ apheresis (grammar) (f5)
ἀφαίρεσις, ἡ (καθ) apheresis (grammar) (f5a)
ἀφέντης, ὁ master, boss, employer, owner (m7)
ἀφετηρία, ἡ starting point, commencement (f2)
ἀφημένος-η-ο (from ἀφήνω) left
ἀφήνω to leave, to let, to let go of; to allow, to permit (irr.)
ἀφηρημένος-η-ο abstract; absent-minded
ἄφιξη, ἡ arrival (f5)
ἀφορμή, ἡ occasion, motive, reason, opportunity (f4)
ἀφοσιωμένος-η-ο devoted, attached
ἀφοσιώνομαι to dedicate oneself to, to devote oneself to (dep.)
ἀφοῦ after, when, at the time when; since
ἀφρίζω to foam, to froth; to be enraged
ἀφρισμένος-η-ο foamy, frothy, white-capped; enraged
Ἀφροδίτη, ἡ Aphrodite (f4)
ἀφτί, τό = αὐτί ear (n2)
ἄχ! ach!, oh!, ah!
ἀχόρταγος-η-ο insatiable, voracious; greedy
ἀχτίδα, ἡ ray, beam (f1)
ἄψε σβῆσε, τό twinkling, flash (lit: turn on! turn off!)
ἄψε σβῆσε, τό: στό ἄψε σβῆσε at once, lickety split
ἀψηλός-ή-ό = ψηλός-ή-ό high, tall

β′ two, second
Βαγγέλιο, τό Gospel (n1)
βάζο, τό vase (n1)
βάζομαι to be put, to be placed; to place oneself (irr.)
βάζω to place, to put; to set; to impose (irr.)
βάζω: τά βάζω μέ to quarrel with
βάζω τά δυνατά μου to do one's utmost, to do one's best
βάζω: τό βάζω στά πόδια to take to one's heels
βαθμός, ὁ degree (m1)
βάθος, τό depth; bottom; background (n7)
βαθύς-ιά-ύ deep
βανίλλια, ἡ vanilla (kind of sweet) (f2)
βαπόρι, τό steamboat, ship (n2)
βαραίνω to put on weight, to be weighted down; to weigh upon; to annoy (irr.)
βαρβαροκατάληκτος-η-ο erroneously inflected
βάρβαρος, ὁ barbarian, savage (m1)
βαρέθηκα (from βαριέμαι)
βαρεμένη-ες pregnant
βαρεμένος-η-ο (from βαραίνω)
βάρεσα (from βαρῶ)

βαριέμαι to be fed up with, to be sick and tired of (dep.) (irr.)
βάρκα, *ἡ* rowboat (f1)
βάρος, *τό* weight, burden, load (n7)
βαρύς-ιά-ύ heavy; grievous
βαρύτης, *ἡ* (*καθ*) weight, weightiness; seriousness, severity; gravity (f10)
βαρύτητα, *ἡ* weight, weightiness; seriousness, severity; gravity (f1)
βαρῶ to beat, to thrash, to punch; to sound (irr.)
βασανίζομαι to torment or torture oneself; to be tormented or tortured
βασανίζω to torment, to torture; to pester
βασανισμένος-η-ο tormented, troubled
βάσανο, *τό* trouble, ordeal, torture (n1)
βάση, *ἡ* basis (f4)
βασικός-ή-ό basic, fundamental, essential
βασιλέας, *ὁ* king (m4)
βασιλεύς, *ὁ* (*καθ*) king (m14)
βασιλεύω to reign, to rule
βασιλιάς, *ὁ* king (m3)
βασιλικό, *τό* warship (of the royal navy) (n1)
βασιλικός-ή-ό royal; royalist
βασιλόφρων-ων-ον royalist
βάσταξα (from *βαστῶ*)
βαστάξω (from *βαστῶ*)
βαστάω = *βαστῶ*
βαστῶ to hold, to carry; to keep; to endure, to be able to go on (irr.)
βγάζω to take off, to remove; to draw out, to extract; to emit; to earn; to publish; to buy or sell (a ticket) (irr.)
βγαίνω to go out, to come out (irr.)
βγῶ (from *βγαίνω*)
βέβαια certainly, assuredly, of course
βεβαιότητα, *ἡ* certainty (f1)
βεβαίως certainly, assuredly, of course
βελέντζα, *ἡ* floccati blanket (f2)
βέλος, *τό* arrow (n7)
βενζίνη, *ἡ* gasoline, petrol, fuel (f4)
βέργα, *ἡ* stick, rod, switch (f2)
Βερσαλλίες, *οἱ* Versailles (f2)
βῆμα, *τό* step, stride (n4)
βιάζομαι to be in a hurry
βιβλίο, *τό* book (n1)
βιβλιοθήκη, *ἡ* library; bookcase (f4)
βίδα, *ἡ* screw (f2)
βίδα: *μοῦ 'στριψε ἡ βίδα* to have a screw loose, to be off one's rocker
βιδολόγι, *τό* screwdriver (n2)
βιδολόγος, *ὁ* screwdriver (m1)
βιδώνω to screw a screw
βίος, *ὁ* life; existence; biography (m1)
βιός, *τό* wealth, fortune, worldly goods (n11)
βλάκας, *ὁ* jerk, idiot, fool, half-wit (m2)
βλαμμένος-η-ο psychologically disturbed; crazy; harmed, injured
βλάφτω to harm, to injure
βλέπω to see (irr.)
βλῆμα, *τό* missile, projectile, bullet, shell (n4)
βογγῶ to groan, to moan; to boom
βοήθεια, *ἡ* help (f2)
βοηθητικός-ή-ό helpful, helping
βοηθῶ to help
βολεύω to accommodate; to settle comfortably; to cope, to make do
βορειοανατολικός-ή-ό northeastern
βορράς, *ὁ* north (m3)
Βούδας, *ὁ* Buddha (m2)
βουητό, *τό* noise, clamor, uproar (n1)
βουίζω to buzz, to boom
βούισμα, *τό* buzzing, buzz (n4)
βουλιαγμένος-η-ο submerged, sunk
βουλιάζω to plunge into water, to submerge, to sink; to ruin
βουλώνω to seal, to plug; to close up
βούλωσ' το! shut up!
βουνό, *τό* mountain (n1)
βούρτσα, *ἡ* brush, hairbrush (f1)
βραδιά, *ἡ* evening; the period from sundown to bedtime (f2)
βραδιάζει (impers.) it is getting dark, night is falling
βραδινό, *τό* evening meal, dinner (n1)
βράδυ, *τό* evening (n3)
βραδυά, *ἡ* = *βραδιά* (f2)
βράζω to boil; to stew
βράσιμο, *τό* boiling, bubbling up; excitement (n5)
βρέ (untranslatable vocative)
βρέθηκα (from *βρίσκομαι*)
βρέξιμο, *τό* wetting, damping (n5)
βρέχει (impers.) it is raining
βρέχει: *ὅ,τι βρέξει ἄς κατεβάσει* come what may!
βρέχομαι to be wetted, to get wet (irr.)

βρέχω to dampen, to moisten (irr.)
βρῆκα (from βρίσκω)
βρίσκομαι to be found, to be located; to be (irr.)
βρισκόμενα, τά findings (n1)
βρίσκω to find (irr.)
βροντή, ἡ thunder (f4)
βρόντος, ὁ loud noise; thunder (m1)
βροντοφωνάζω to shout thunderously
βρουχιέμαι to roar
βροχή, ἡ rain (f4)
βρωμίζω to become dirty; to make dirty
βυζαντινός-ή-ό Byzantine
Βυζάντιο, τό Byzantium (n1)
βυθίζομαι to dive, to go under, to be submerged
βυθίζω to plunge; to sink

γ′ three, third
γάιδαρος, ὁ ass, donkey; jackass, fool (m1)
γαϊδούρα, ἡ she-ass, female donkey (f1)
γαϊδουράκι, τό donkey (little or young) (n2)
γαϊδούρι, τό donkey (n2)
γαῖες, οἱ fields, plots of cultivated land (f10)
Γαλαξίας, ὁ Milky Way, Galaxy (m2)
Γαλλία, ἡ France (f1)
γαλόνι, τό gallon (n2)
γάντι, τό glove (n2)
γαστέρα, ἡ belly, stomach (f1)
γάτα, ἡ cat (f.) (f2)
γατάκι, τό (dim. of γάτα or γάτος) kitten (n2)
γάτος, ὁ tomcat (m1)
γειά: μέ γειά enjoy (it) in good health (a wish given to someone who has just acquired something)
γειά σου hello, hi; goodbye
γείτονας, ὁ neighbor (male) (m2)
γειτονιά, ἡ neighborhood, district (f2)
γειτόνισσα, ἡ neighbor (female) (f2)
γελάω (= γελῶ) to laugh; to deceive, to trick (irr.)
γελιέμαι to be deceived; to be mistaken (irr.)
γέλιο, τό laughter (n1)
γελῶ to laugh; to deceive, to trick (irr.)
γεμάτος-η-ο filled, full, loaded; full (of), filled (with)
γεμίζω to fill, to fill up; to be filled
γένεια, τά = τά γένια beard (n2)
γένι, τό beard (n2)
γένια, τά whiskers, beard (n2)
γενιά, ἡ generation; race, nation, people (f2)
γενική, ἡ genitive (in grammar) (f4)
γενικός-ή-ό general
γενναῖος-αία-αῖο generous; brave
γεννιέμαι to be born
γένος, τό race; nation; lineage; gender (grammar) (n7)
γεράματα, τά old age (n4, pl. only)
γέρικος-η-ο senile; elderly, aged
γερο- (indeclinable prefix) old, beloved old, venerable
γερο-δάσκαλος, ὁ venerable old teacher (m1)
γέρος, ὁ old man (m1)
γῆ, ἡ earth; soil (f10)
γῆς, ἡ earth; soil (f9, no plural)
γιά (+ verbal; particle of exhortation) please, do, do please, let
γιά for; about
γιαγιά, ἡ grandmother (f3)
γιά . . . γιά either . . . or
γιά: γιά νά δῶ do let me see please; can I see?
γιά νά in order to, so that
Γιάννης, ὁ John (m8)
γιατί why?; because
γιατρομηχανικός, ὁ physician-engineer (m1)
γιατρός, ὁ doctor, physician (m1)
γι' αὐτό therefore
γίγαντας, ὁ giant (m2)
γιγάντιος-α-ο gigantic
γιερός-ή-ό (= ἱερός) sacred, holy
γίνεται (impers.) it is possible
γίνηκα = ἔγινα (from γίνομαι)
γίνομαι to become; to happen, to occur (dep.) (irr.)
γιορτάζω to celebrate
γιορτή, ἡ celebration, festival (f4)
γιός, ὁ son (m1)
Γιῶργος, ὁ George (m1)
γκαρσόνι, τό waiter (n2)
Γκρέκο, ὁ El Greco (c.1541–1614) (m12)
γκρεμίζομαι to be thrown down; to collapse
γλάστρα, ἡ flower pot (f2)
γλεντάω to have a good time, to make merry; to enjoy

γλέντι, τό party, festival, amusement (n2)
γλεντῶ to have a good time, to make merry; to enjoy
γλιστρῶ to slide, to slip
γλιτώνω to set free; to free oneself, to escape, to be saved
γλυκαίνω to sweeten; to alleviate
γλυκάνει (from *γλυκαίνω*)
γλυκός-ιά-ό sweet; gentle
γλυκότερος-η-ο sweeter
γλυκύτερος-η-ο sweeter
γλώσσα, ἡ tongue; language; flounder, sole (fish) (f2)
γλωσσικός-ή-ό linguistic
γνώμη, ἡ opinion; advice (f4)
γνωρίζω to recognize; to know; to be acquainted with; to acquaint (someone) with
γνώριμος-η-ο familiar, well-known
γνωστός-ή-ό known, familiar
γοερός-ή-ό mournful, woeful
γονατίζω to kneel
γονατιστός-ή-ό kneeling
γονεῖς, οἱ (sg. *γονέας*) parents (m4)
γονιός, ὁ (pl. *γονιοί* or *γονεῖς*) sire, genitor, father, parent (m1,4)
γοργόνα, ἡ mermaid (f1)
γράμμα, τό letter; piece of mail (n4)
γράμματα, τά letters; reading and writing (n4)
γραμματέας, ὁ, ἡ secretary; scribe (biblical) (m4, f10)
γραμματική, ἡ grammar (f4)
γραμμένο, τό destiny, fate; that which is written (n1)
γραμμένος-η-ο fated, destined, written, bound to happen
γραπτός-ή-ό written (as opposed to oral)
γραφεῖο, τό office; desk (n1)
γραφή, ἡ writing (f4)
γράφομαι to be recorded, to be written
γραφτό, τό destiny, fate (n1)
γραφτός-ή-ό = *γραπτός-ή-ό*
γράφω to write
γράψιμο, τό writing; penmanship; the act of writing; a piece of writing (n5)
γρήγορα quickly
γρήγορα-γρήγορα very quickly
γρήγορα: *στά γρήγορα* on the double
Γρηγόριος, ὁ Gregory (m1)
γριά, ἡ old lady (f1)
γρικῶ to hear
γρίπη, ἡ influenza, flu, grippe (f4)
γυαλιά, τά eyeglasses (n2)
γυμνάζομαι to be trained, to train oneself; to exercise
γυμνάζω to train or drill (someone)
γυμνάσιο, τό high school (n1)
γυμνασμένος-η-ο trained, drilled, exercised
γυμνός-ή-ό naked, bare, unclothed; plain
γυναίκα, ἡ woman; wife (f2)
γυναικεῖος-εία-εῖο female, womanly, woman's
γυναικόπαιδα, τά women and children (n1)
γυρεύω to search for
γυρίζω to saunter, to wander; to turn
γυρισμός, ὁ return (m1)
γύρω around, about
γωνία, ἡ corner (f2)

δ' four, fourth
δά indeed, just; at this instant
'δα: *τό 'δα* = *τό εἶδα*
δάκρυ, τό tear (n3, but keeping *υ* throughout)
δακρύζω to shed tears, to weep
δακρυσμένος-η-ο tearful, lachrymose
δάρθηκα (from *δέρνομαι*)
δαρμένος-η-ο (from *δέρνομαι*) beaten, thrashed
δασκάλα, ἡ teacher (f.) (f1)
δάσκαλος, ὁ teacher, master (m1)
δάσος, τό forest (n7)
Δαφνί, τό: *γιά τό Δαφνί* crazy (n2)
δάχτυλα: *τρώω τά δάχτυλά μου* to bite one's fingernails
δάχτυλο, τό finger (n1)
δέ not
δεῖ (from *βλέπω*)
δείξει (from *δείχνω*)
δείρω (from *δέρνω*)
δεῖτε (from *βλέπω*)
δείχνω to show, to indicate; to prove
δέκα ten
δεκαεφτά seventeen
δεκαπενθήμερο, τό fortnight (n1)
δεκαπέντε fifteen
δεκάρα, ἡ coin (obsolete) = 1/10 drachma (f1)
δέκατος-η-ο tenth

δέκατος ἔνατος, δέκατη ἔνατη, δέκατο ἔνατο nineteenth
δέν not
δέντρο, τό tree (n1)
δεντρούλι, τό (dim. of δέντρο) (n2)
δένω to bind, to tie; to bandage
δεξιός-ά-ό right, right-hand; right-wing; skillful, dexterous
δέος, τό religious awe (n7)
δέρμα, τό skin (n4)
δέρνομαι to be thrashed; to lament, to beat one's breast (irr.)
δέρνω to thrash, to beat, to lash (irr.)
δές (from βλέπω)
δέσιμο, τό: γιά δέσιμο crazy (lit.: for tying up) (n5)
δέσποινα, ἡ ruling lady, mistress of the household (f1)
Δέσποινα, ἡ the Virgin Mary, Our Lady (f1)
δεσποινίδα, ἡ young lady (unmarried) (f1)
δεσποινίς, ἡ Miss (f8)
δεσπότης, ὁ bishop, prelate (pl. δεσποτάδες); despot (pl. δεσπότες) (m7)
δέστε (from βλέπω)
δευτέρα (καθ) second (f.)
Δευτέρα Παρουσία, ἡ Second Coming, Second Advent, Parousia (f2)
δευτερόλεπτο, τό second (of time) (n1)
δεύτερος-η-ο second
δέχθηκα (from δέχομαι)
δέχομαι to receive, to accept, to consent; to acknowledge (dep.)
δῆθεν (adv. and indec. adj.) seeming, seemingly, ostensible, ostensibly, so-called
δηλαδή in other words, that is, i.e.
δηλητηριάζομαι to be poisoned, to poison oneself
δηλώνω to declare, to make known
δήμαρχος, ὁ mayor (m1)
Δημήτριος, ὁ Dimitrios (m1)
δημιούργημα, τό creation; creature (n4)
δημοκρατία, ἡ democracy (f2)
Δημοσθένης, ὁ Demosthenes (m8)
δημοτική, ἡ demotic (f4)
δημοτικισμός, ὁ demoticism (m1)
δημοτικός-ή-ό demotic, of the people
διά (καθ) = γιά for
διά νά (καθ) = γιά νά in order to
διαβάζω to read; to study
διαβαίνω to cross over, to traverse (irr.)
διαβάλλω to slander (irr.)
διαβολή, ἡ slander (f4)
διάβολος, ὁ devil (m1)
διάγνωση, ἡ diagnosis; discernment (f5)
διαγωνίως diagonally
διαζευκτικός-ή-ό disjunctive (grammar)
διακινδυνεύω to endanger, to risk
διακόπτω to interrupt; to suspend; to disconnect
διάκος, ὁ deacon (m1)
διακρίνω to discern, to distinguish
διαλέγομαι to be chosen
διαλέγω to choose; to sort
διάλεκτος, ἡ dialect (f7)
διάλεξη, ἡ lecture (f5)
διάλογος, ὁ dialogue; conversation (m1)
διαλύω to decompose; to disperse; to melt, to dissolve
διαμορφώνω to form, to shape
διαμόρφωση, ἡ formation, shaping (f5)
διάσημος-η-ο celebrated, famous
διασκευασμένος-η-ο adapted
διαταγή, ἡ command, order (f4)
διατάζω to command, to order, to arrange, to dispose
διάταξη, ἡ disposition, arrangement, order, layout (f5)
διατάξτε (from διατάζω)
διατηρηθεῖ (from διατηροῦμαι)
διατηροῦμαι to be preserved, to be maintained
διατηρῶ to preserve, to maintain
διατί (καθ) = γιατί why?; because
διατύπωση, ἡ formulation, framing (f5)
διαφθάρηκα (from διαφθείρομαι)
διαφθαρμένος-η-ο corrupted, depraved; bribed, vicious
διαφθείρομαι to be corrupted, to be depraved (irr.)
διαφθείρω to corrupt, to deprave; to violate; to bribe (irr.)
διαφθορά, ἡ corruption, depravity (f2)
διαφορά, ἡ difference (f2)
διάφορος-η-ο various, diverse; dissimilar
διαφωνῶ to disagree
διδάσκαλος, ὁ teacher (m1)
διδάσκω to teach (irr.)

διεθνής-ής-ές international
διεθνικός-ή-ό international
διέκρινα (from διακρίνω)
διεύθυνση, ή address (f5)
διευθύνω to direct, to steer, to drive; to address
διεφθαρμένος-η-ο corrupted, depraved; bribed, vicious
διέφθειρα (from διαφθείρω)
διηγιέμαι to narrate, to relate (dep.)
δικάζομαι to be judged; to be sentenced
δικάζω to judge; to sentence
δίκαιο, τό law, justice; right (n1)
δικαιοσύνη, ή justice, fairness, righteousness (f4)
δίκαιος-α-ο just, righteous
δικηγόρος, ό, ή lawyer (m1, f7)
δίκιο, τό = τό δίκαιο (n1)
δίκιος-α-ο just, fair, righteous
δικός-ή(ιά)-ό μου, σου, του . . . mine, yours, his, etc.
δίνομαι to give oneself; to be given (irr.)
δίνω to give (irr.)
δίνω: δέν δίνω πεντάρα (δίφραγκο, φράγκο, δεκάρα) to not give a damn, to not care, to not give two cents
Διονύσιος, ό Dionysius, Denis (m1)
διορθώνω to correct, to repair
διόρθωση, ή correction, repair, patching up (f5)
διότι (καθ) because
δίπλα next to, beside
διπλανή, ή neighbor (f.), female person next to you (f4)
διπλανός, ό neighbor (m.), male person next to you (m1)
διπλανός-ή-ό neighboring, adjacent
διπλαρώνω to come side by side with, to come alongside
διπλάσιος-α-ο double, twofold
διπλός-ή-ό double
διστάζω to hesitate; to waver
διστακτικός-ή-ό hesitant
δίφραγκο, τό two-drachma coin (obsolete) (n1)
δίχως without
δίψα, ή thirst (f2)
διψάω to be thirsty (irr.)
διψῶ to be thirsty (irr.)
διώχνω to expel, to drive out, to chase; to persecute
δοκιμάζω to attempt, to try; to test; to taste
δοκιμή, ή essay; test; try (f4)
δολλάριο, τό dollar (n1)
δόντι, τό tooth (n2)
δόξα, ή glory; praise (f1)
δοξάζω to glorify, to praise
δοξάρι, τό bow (weapon); rainbow; violin bow (n2)
δοξασμένος-η-ο glorified, honored
δόρατα, τά (pl. of δόρυ)
δόρυ, τό lance, javelin, spear (n6)
δός (from δίνω)
δουλειά, ή job, work (f2)
δουλεμένος-η-ο worked
δουλεύω to work, to toil; to have a job; to be in working condition; to mock (someone)
δοῦλος, ό slave; servant (m1)
δραματουργός, ό playwright (m1)
δρασκελιά, ή stride, pace; a stepping over (f2)
δραχμή, ή drachma (f4)
δραχμούλα, ή (dim. of δραχμή) (f1)
δρεπανηφόρος-η-ο sickle-bearing
δρόμος, ό street, road; way, journey (m1)
δυνάμεως (καθ) (gen. sg. of δύναμις)
δύναμη, ή strength, power, efficacy, force (f5)
δύναμις, ή (καθ) power, force; authority (f5a)
δυναμίτης, ό dynamite (m8)
δυνατά, τά: βάζω τά δυνατά μου to do one's utmost, to do one's best
δυνατός, ό strong person (m1)
δυνατός-ή-ό loud; strong
δυό two
δύο two
δύο-δύο two by two, two at a time, by twos
δυό-τρεῖς two or three
δυό φορές twice
δύση, ή west; sunset (f4)
δυσκολία, ή difficulty (f2)
δύσκολος-η-ο difficult
δυστυχής-ής-ές unfortunate, unhappy
δυστυχία, ή misfortune, adversity, misery (f2)
δυστυχισμένος, ό unfortunate person (m1)
δυστυχισμένος-η-ο unfortunate, unhappy

δύστυχος, ὁ unfortunate one (m1)
δύστυχος-η-ο unfortunate
δυστυχῶς unfortunately
δώδεκα twelve
δῶθε = ἀπό 'δῶ from here
δωμάτιο, τό room (n1)
δώσει (from δίνω)

ἔ! hey!
ε' five, fifth
ἐάν = ἄν if
ἑαυτός μου, σου, του . . . ὁ myself, yourself, himself, etc.
ἔβαλα (fom βάζω)
ἔβγα (from βγαίνω)
ἔβγαλα (from βγάζω)
ἑβδομάδα, ἡ week (f1)
ἕβδομος-η-ο seventh
ἐγγλέζικος-η-ο English
Ἐγγλέζος, ὁ Englishman (m1)
ἐγένονταν = γινόταν
ἐγκαθίσταμαι (καθ) to install oneself, to establish oneself, to settle (irr.)
ἐγκαθίστημι (anc. Gk.) to install, to establish, to settle (irr.)
ἐγκαθιστῶ to install, to establish, to settle (irr.)
ἐγκαταλειμμένος-η-ο abandoned
ἐγκαταλείπω to abandon
ἐγκαταστάθηκα (from ἐγκαθίσταμαι or ἐγκατασταίνομαι)
ἐγκατασταίνομαι to install oneself, to establish oneself, to settle (irr.)
ἐγκατασταίνω to install, to establish, to settle (irr.)
ἐγκατάστησα (from ἐγκαθιστῶ or ἐγκατασταίνω)
ἔγκλιση, ἡ mood (in grammar); inclination (f5)
ἐγκυκλοπαίδεια, ἡ encyclopedia (f1)
ἔγνοια, ἡ = ἔννοια care, concern, worry (f2)
ἐγώ I (nom.)
ἔδαφος, τό ground, soil, terrain, land (n7)
ἔδειρα (from δέρνω)
ἐδῶ here
ἐδῶ καί (+ indication of elapsed time) ago
ἔθαψα (from θάφτω)
ἔθιμο, τό custom (n1)
ἐθνικόφρων-ων-ον nationalist
ἔθνος, τό nation (n7)

εἶδα (from βλέπω)
εἴδηση, ἡ news, notice, information (f5)
εἰδικός, ὁ specialist (m1)
εἰδικός-ή-ό special, particular, specific
εἶδος, τό kind, type (n7)
εἰδωλολατρία, ἡ idolatry; paganism (f2)
εἰκόνα, ἡ icon; image, picture (f1)
εἴκοσι twenty
εἰκοστός-ή-ό twentieth
-ειλημμένος-η-ο (καθ) (combining form used for passive partic. of λαβαίνω)
εἰλικρίνεια, ἡ sincerity; frankness (f2)
εἶμαι to be (irr.)
εἱμαρμένη, ἡ fate, destiny, lot, doom (f4)
εἰπῆτε (καθ) = πεῖτε (from λέγω)
εἰποῦμε = ποῦμε (from λέγω)
εἰρήνη, ἡ peace (f4)
εἰρηνικός-ή-ό peaceful
εἰς (καθ) in, into, to, at, by, on
εἰσάγω to introduce; to insert
εἰσβάλλω to invade (irr.)
εἰσβολή, ἡ invasion (f4)
εἰσέλθει (from εἰσέρχομαι)
εἰσέρχομαι (καθ) to go in, to enter (irr.)
εἰσιτήριο, τό ticket (n1)
εἴσοδος, ἡ entrance (f7)
εἴτε . . . εἴτε either . . . or
ἐκ (καθ) (+ gen.) from, out of, of, among, by
ἔκ. = ἔκδοση edition (f5)
ἔκαμα (simple past of κάνω)
ἑκατό one hundred
ἔκαψα (from καίω)
ἔκδοση, ἡ edition (f5)
ἐκεῖνος-ἐκείνη-ἐκεῖνο that one; those; he, she, it; they
ἐκεῖ πού where; just as, the moment when
ἔκθλιψη, ἡ elision (f5)
ἔκθλιψις, ἡ (καθ) elision (f5a)
ἐκκλησάκι, τό chapel (n2)
ἐκκλησία, ἡ church (f2)
ἔκλαψα (from κλαίω)
ἔκοψα (from κόβω)
ἐκπολιτίζω to civilize; to refine
ἔκρηξη, ἡ explosion (f5)
ἔκρηξις, ἡ (καθ) explosion (f5a)
ἐκτελεστικός-ή-ό executive
ἐκτιμῶ to esteem, to value

ἐκτός (+ gen.) beside; except; besides
ἐκτός ἀπό beside; except; besides
ἐκτός ἑαυτοῦ beside himself, frantic
ἕκτος-η-ο sixth
ἐκφράζομαι to express oneself, to be expressed
ἐκφράσεως (καθ) (gen. sg. of ἔκφρασις) of expression
ἔκφραση, ἡ expression (f5)
ἐκφωνητής, ὁ announcer; speaker (male) (m5)
ἐκφωνήτρια, ἡ announcer; speaker (female) (f2)
ἔλα (from ἔρχομαι)
ἔλαβα (from λαβαίνω or λαμβάνω)
ἐλᾶτε (from ἔρχομαι)
ἐλάττωμα, τό fault, defect, blemish (n4)
ἐλαφρός-ή(ιά)-ό light, lightweight; gentle, mild
ἐλαφρύς-ιά-ύ light, lightweight; gentle, mild
ἐλαφρώνω to find relief, to feel better, to take a load off one's mind; to relieve
ἔλαχε (impers., from λαχαίνει) it happened, it occurred
ἐλάχιστος-η-ο least; very small
ἐλάχιστος-η-ο superlatively few; least; slightest; minimum
ἔλεγον (καθ) = ἔλεγαν (also = ἔλεγα)
ἔλειψα (from λείπω)
Ἑλένη, ἡ Helen (f4)
Ἑλενίτσα, ἡ (Ἑλένη + suffix of endearment) (f1)
ἔλεος, τό mercy, pity, alms (n7)
ἐλευθερία, ἡ freedom (f2)
ἐλέφαντας, ὁ elephant (m2)
ἑλικόπτερο, τό helicopter (n1)
Ἑλλάδα, ἡ Greece (f1)
Ἑλλάς, ἡ (καθ) = Ἑλλάδα (f10)
Ἕλλην, ὁ (καθ) (m14) = Ἕλληνας Greek, Hellene (m2)
Ἕλληνας, ὁ Greek (man), Hellene (m2)
ἑλληνικά, τά Greek language (n1, pl. only)
ἑλληνικός-ή-ό Greek, Hellenic
ἑλληνικοῦρα, ἡ fancy Greek, affectedly elegant Greek (f1)
ἑλληνισμός, ὁ hellenism (all Greeks collectively) (m1)
ἐλπίδα, ἡ hope (f1)
ἐμεῖς we (nom.)
ἔμελε (impers., from μέλει)
ἔμμεσα indirectly
ἐμμέσως indirectly
ἐμπιστοσύνη, ἡ confidence, reliance (f4)
ἐμποδίζω to hinder, to impede, to prevent
ἐμπόδιο, τό obstacle, hindrance (n1)
ἐμφανίζομαι to come into sight, to appear; to present oneself
ἕνα-ἕνα one by one, one at a time
ἐνάντια (adv.) against, counter to
ἐναντίον contrary, opposite
ἐναντίος-α-ο opposite, contrary
ἐναντίον: τό ἐναντίον (adv.) on the contrary
ἕνας one (m.)
ἔνατος-η-ο ninth
ἐνδιαφέρει (3rd pers. and impers.) (it) matters, (it) is important
ἐνδιαφέρον, τό interest, concern (n12)
ἐνδιαφέρομαι (γιά) to be interested (in), to care (about)
ἐνδιαφερόμενος, ὁ interested (person) (m1)
ἐνδιαφέρον, τό interest, concern (n12)
ἐνδιαφέρων-ουσα-ον interesting
ἐνδοξότερος-η-ο more glorious
ἐνεργητικός-ή-ό active; energetic
ἐνθουσιάζομαι to become enthusiastic
ἐνθουσιασμένος-η-ο enthusiastic, enthused
ἐνθουσιασμός, ὁ enthusiasm (m1)
ἑνικός-ή-ό singular
ἔνιωθα (from νιώθω)
ἔνιωσα (from νιώθω)
ἐννιά nine
ἔννοια, ἡ care, concern, worry; conception, notion; meaning (f2)
ἔννοια σου (σας) don't worry
ἐννοῶ to mean, to have in mind; to understand
ἐνοχλῶ to disturb, to bother, to inconvenience
ἐν τάξει O.K., fine, in order
ἐντελῶς entirely
ἐντολή, ἡ command (f4)
ἐντροπιάζομαι to be put to shame, to be humiliated, to be disgraced
ἐνῶ while
ἑνώνομαι to be united; to be joined together

ἕνωσις, ἡ (καθ) union, joining; league (f5a)
ἐξ (before vowels) (+ gen.) from, out of
ἐξακολουθητικός-ή-ό continuous
ἐξακολουθῶ to continue, to keep on
ἐξακριβώνω to verify; to ascertain; to clarify
ἔξαλλος-η-ο excited, beside oneself, frantic
ἐξαφανίζομαι to disappear, to vanish, to perish; to be destroyed
ἔξαφνα suddenly
ἐξέρχομαι (καθ) to go out, to exit (irr.)
ἐξερχόμενος-η-ο (καθ) coming out, exiting
ἐξετάζομαι to examine oneself; to be examined
ἐξετάζω to examine
ἐξευγενίζω to ennoble; to refine, to civilize
ἐξήγηση, ἡ explanation, elucidation (f5)
ἐξηγοῦμαι to be explained; to explain oneself, to give an explanation
ἐξηγῶ to explain
ἐξήντα sixty
ἔξι six
ἐξορκισμός, ὁ exorcism (m1)
ἐξουσία, ἡ power, authority; sovereignty (f1)
ἐξυπηρετῶ to serve
ἔξω out, outside
ἐξωτερικός-ή-ό abroad, external
ἐπάγγελμα, τό profession, trade, craft, vocation (n4)
ἐπαγγελματίας, ὁ professional person (m2)
ἔπαθα (from παθαίνω)
ἐπανάσταση, ἡ revolution (f5)
Ἐπανάσταση, ἡ the Greek Revolution of 1821 (f5)
ἐπάνω above; upstairs
ἐπάνω τελεία, ἡ semicolon (f2)
ἐπεθυμοῦσα = ἐπιθυμοῦσα (from ἐπιθυμῶ)
ἐπειδή since, because
ἐπεισόδιο, τό incident; episode; conflict (n1)
ἔπειτα afterwards, next; besides, moreover
ἐπεξηγηματικός-ή-ό explanatory
ἐπέπλευσα (from ἐπιπλέω)
ἐπετράπη (καθ) (from ἐπιτρέπεται)
ἐπέτρεπα (from ἐπιτρέπω)
ἐπέτρεψα (from ἐπιτρέπω)
ἐπιβάλλω to impose (irr.)
ἐπιβάτης, ὁ passenger (m5)
ἐπιβολή, ἡ imposition (f4)
ἐπίγειος-α-ο earthly, terrestrial
ἐπίγραμμα, τό epigram (n4)
ἐπίθεση, ἡ assault, attack, offensive (f5)
ἐπιθετικός-ή-ό offensive, aggressive; adjectival; attributive
ἐπίθετο, τό adjective (n1)
ἐπιθυμία, ἡ desire, wish; lust (f2)
ἐπιθυμῶ to desire; to crave; to lust after
ἐπικίνδυνος-η-ο dangerous
ἐπικουρία, ἡ reënforcement, aid (f2)
ἐπιμένω to insist; to persist
ἔπιπλα, τά furniture (n1a)
ἐπιπλέω to float (irr.)
ἐπίρρημα, τό adverb (n4)
ἐπιρρηματικός-ή-ό adverbial
ἐπίσης also, in addition, too
ἐπιτέλους at last
ἐπί τέλους = ἐπιτέλους at last
ἐπιτετραμμένος-η-ο permitted, allowed
ἐπιτίθημι (ancient Greek) to place on, by, or in front of something
ἐπιτιμῶ to rebuke, to blame
ἐπιτράπηκε (from ἐπιτρέπεται)
ἐπιτρέπεται (impers.) it is permitted (irr.)
ἐπιτρέπω to permit, to authorize (irr.)
ἔπλεκα (from πλέκω)
ἑπομένως consequently
ἐπουράνια, τά heavens, sky (n1)
ἐποχή, ἡ era, epoch, age (f4)
ἔπραξα (from πράττω)
ἔπρεπε (impers.) should, ought; it was fitting, it was proper
ἐπρόκειτο (from πρόκειται)
Ἑπτάνησος, ἡ (καθ) Heptanesus (f7)
ἐπωφελοῦμαι (+ gen.) to benefit from, to take advantage of
ἐργάζομαι to work, to labor; to have a job; to be in good working condition (dep.)
ἐργαζόμενος-η-ο working, employed
ἐργαλεῖο, τό tool, implement, instrument (n1)
ἐργασμένος-η-ο worked, processed
ἐργάτης, ὁ laborer, worker (m5)
ἔργο, τό work (n1)

ἐρημιά, ἡ wasteland, wilderness, situation devoid of life (f2)
ἔριξα (from ρίχνω)
ἑρμηνεία, ἡ translation; interpretation (f2)
ἑρμηνεύω to interpret; to translate
Ἑρμῆς, ὁ Hermes (m8, but also gen. sg. Ἑρμοῦ)
ἔρχομαι to come (dep.) (irr.)
ἐρχόμενος-η-ο coming, next
ἔρχουμαι = ἔρχομαι
ἐρώτηση, ἡ question (f5)
ἐρωτῶ to question, to ask
ἐσειόντανε (from σειέμαι)
ἐσεῖς you (nom. pl.)
ἐσέ (καθ) = ἐσένα, σένα you (acc. sg.)
ἐσπούδαξα (from σπουδάζω)
ἑστία, ἡ hearth; home (f2)
ἑστιατόριο, τό restaurant (n1)
ἐσύ you (nom. sg.)
ἔσυρα (from σέρνω)
ἐσωτερικό, τό interior (n1)
ἐσωτερικός-ή-ό domestic; internal
ἐταξίδευσα (καθ) = ταξίδεψα
ἑτοιμάζομαι to make oneself ready, to prepare
ἑτοιμάζω to make ready, to prepare
ἑτοιμοθάνατος-η-ο moribund, dying
ἕτοιμος-η-ο ready
ἐτοῦτος-ἐτούτη-ἐτοῦτο = τοῦτος-τούτη-τοῦτο
ἐτρέπονταν (from τρέπομαι)
ἔτρεψα (from τρέπω)
ἔτσι thus, so
ἔτσι κ' ἔτσι so so, so and so
ἔτυχε (impers., from τυχαίνει) it so happened, it chanced
Εὐαγγέλιο, τό Gospel (n1)
εὐαγγελιστής, ὁ evangelist (m5)
εὐαισθησία, ἡ sensibility, sensitivity (f2)
Εὔβοια, ἡ Euboea, Evia, Evvoia (f1)
εὐγένεια, ἡ politeness, courtesy; nobility (f2)
εὐγενής-ής-ές noble; courteous, polite
εὐγενικός-ή(ιά)-ό polite, courteous; noble
εὐγενῶς nobly, courteously
εὐγνωμονῶ to be grateful, to be thankful
εὐγνωμόνως gratefully
εὐγνώμων-ων-ον grateful
εὐθύνη, ἡ responsibility; liability (f4)
εὐθύς-εῖα-ύ direct, straight
εὐκαιρία, ἡ opportunity; occasion (f2)
εὔκολος-η-ο easy
εὐλάβεια, ἡ devoutness, piety; respect (f2)
εὐλαβής-ής-ές devout, pious; respectful
εὐλαβητικός-ή-ό reverent, pious
εὐλαβικός-ή-ό reverent, pious
εὑρίσκομαι = βρίσκομαι
εὐρύς-εῖα-ύ wide, broad; spacious
εὕρω (καθ) = βρῶ
Εὐρωπαῖος, ὁ European (m1)
Εὐρώπη, ἡ Europe (f4)
εὐσεβής-ής-ές pious, devout, reverent; respectful
εὐσπλαχνία, ἡ compassion (f2)
εὐτραφέστατος-η-ο (superl. of εὐτραφής) extremely well fed, extremely portly, corpulent
εὐτυχής-ής-ές happy, fortunate
εὐτυχία, ἡ happiness, good fortune (f2)
εὐτυχισμένος-η-ο lucky; happy; satisfied
εὐτυχῶς fortunately
εὐχαριστηθῶ (from εὐχαριστοῦμαι)
εὐχαριστοῦμαι to be content with, to be satisfied
εὐχαριστῶ to satisfy, to give pleasure; to thank
εὐχή, ἡ blessing, prayer; wish (f4)
εὐχήθηκα (from εὔχομαι)
εὔχομαι to wish, to hope; to pray (dep.) (irr.)
ἐφεύρει (from ἐφευρίσκω)
ἐφευρίσκω to discover; to invent, to contrive (irr.)
ἐφημερίδα, ἡ newspaper (f1)
ἐφήμερος-η-ο ephemeral, fleeting
Ἐφιάλτης, ὁ Ephialtes (traitor at Thermopylae) (m8)
ἔφιππος-η-ο mounted on horseback
ἔφκιασα (from φκιάνω)
ἑφτά seven
ἔφταιξα (from φταίω)
Ἑφτάνησα, τά Heptanesus
ἔφτιαξα (from φτιάχνω)
ἔφτιασα (from φτιάνω)
ἐχάραξα (from χαράζω)
ἔχθρα, ἡ = ἔχθρητα, ἐχθρότητα hostility, enmity, hate (f2)
ἔχθρητα, ἡ = ἔχθρα hostility, enmity, hate (f2)

ἐχθρός, ὁ enemy, opponent, foe (m1)
ἐχθρότητα, ἡ hostility, enmity, hate (f1)
ἔχοντας having
ἔχω to have (irr.)
ἔχω νά to have to, to be obliged to, must, need to

ζ' seven, seventh
Ζάκυθος, ἡ Zacynthus, Zante (f7)
Ζάκυνθος, ἡ Zacynthus, Zante (f7)
ζαμάνι, τό (Turkish) a long long time (n2)
ζαπτιές, ὁ (Turkish) policeman (m10)
ζαρώνω to shrivel, to wrinkle, to become lined; to huddle
ζάχαρη, ἡ sugar (f4)
ζαχαροπλαστεῖο, τό pastry shop; sweet shop (n1)
ζερβά (adv.) to the left
ζέστη, ἡ warmth; heat (f4)
ζεστός-ή-ό warm
ζευγάρι, τό pair, couple (n2)
ζηλεύω to envy, to be jealous of; to covet
ζήσω (from ζῶ)
ζήτημα, τό matter, point, problem, question (n4)
ζήτημα: εἶναι ζήτημα ἄν it's doubtful whether
ζητῶ to seek, to ask for
ζουρλάθηκα (from ζουρλαίνομαι)
ζουρλαίνομαι to become crazy, to go out of one's mind
ζουρλός-ή-ό insane; wild, maniacal
ζυγώνω to draw near
ζῶ to live, to be alive
ζωγραφιά, ἡ painting (f2)
ζωγραφίζω to paint
ζωγραφική, ἡ art of painting (f4)
ζωγράφος, ὁ, ἡ painter (m1,f7)
ζωή, ἡ life (f4)
ζωντανεύω to revive; to come back to life
ζωντανός-ή-ό alive, living; brisk, alert, lively
ζῶο, τό animal, beast; brute (n1)
ζωοδόχος-ος-ον life-receiving

η' eight, eighth
ἤ or
ἤ . . . ἤ either . . . or
ἡγεμόνας, ὁ leader (m2)
ἤγραψα = ἔγραψα
ἤθελα (from θέλω)
ἠθοποιός, ὁ, ἡ actor, actress (m1, f7)
ἤκλαιγα = ἔκλαιγα
ἠλεκτρισμός, ὁ electricity (m1)
ἡλικία, ἡ age (length of life) (f2)
ἡλιόλουστος-η-ο sunbathed, sunwashed
ἥλιος, ὁ sun (m1)
ἡμέρα, ἡ day (f2)
ἡμερολόγιο, τό calendar; log; diary (n1)
ἡμερομηνία, ἡ date (f2)
ἡμερῶν (ἡμερῶ) days old
ἠμπορῶ (καθ) = μπορῶ
ἡμῶν (καθ) our, of us
ἤξερα (from ξέρω)
ἧπαρ, τό liver (pl. ἥπατα) (n8)
ἥπατα, τά: μοῦ κόπηκαν τά ἥπατα I became paralyzed with fear (n8)
ἤρεμος-η-ο calm, placid
Ἡρόδοτος, ὁ Herodotus (m1)
ἤρχισα (καθ) = ἄρχισα
ἥρωας, ὁ hero (m2)
ἡρωισμός, ὁ heroism (m1)
ἥσυχα quiet!, quietly
ἡσυχάζω to calm, to pacify; to become calm; to take a rest
ἡσυχία, ἡ tranquility, calm, stillness, quiet (f2)
ἥσυχος-η-ο calm, tranquil, quiet
ἡττήθηκα (from ἡττῶμαι)
ἡττῶμαι to be defeated

θ' nine, ninth
θά (indicates future)
θά πεῖ (it) means
θάβω to bury
θάλαμος, ὁ booth, chamber (m1)
θάλασσα, ἡ sea (f2)
θάλασσα: τά κάνω θάλασσα to make a mess of things
θαλασσής-ιά-ί sea-blue (color)
θαλασσινός, ὁ mariner, seaman (m1)
θαλασσοποιῶ: τά θαλασσοποιῶ to make a mess of things
θαλασσοταραχή, ἡ heavy seas, storm at sea (f4)
θαμμένος-η-ο (from θάβω [θάφτω, θάπτω]) buried
θάνατος, ὁ death (m1)
θανατώνομαι to be killed, to be put to death
θάπτω to bury

θαῦμα, τό miracle (n4)
θαυμάζω to admire, to wonder at
θαυμάσιος-α-ο marvelous
θάφτω to bury
θάψιμο, τό burial, burying (n5)
Θέ μου my God!
θεά, ἡ goddess (f2)
θεατρικός-ή-ό theatrical
θέατρο, τό theater (n1a)
Θεέ μου my God!
θέλει (καθ) (sometimes used in katharevousa in place of θά, to form the future tense)
θέλημα, τό will, desire, wish (n4)
θέλω to want (irr.)
Θεμιστοκλῆς, ὁ Themistocles (m8)
θεονήστικος-η-ο with an extremely empty stomach
θεόρατος-η-ο huge, colossal
Θεός, ὁ God (m1)
Θεοτοκόπουλος, ὁ Domenicos Theotocopoulos (El Greco) (m1)
Θεοτόκος, ἡ the Virgin Mary (f7)
θεραπεία, ἡ cure, therapy, treatment; concern, care (f2)
θεραπεύω to cure; to treat
θερίζω to mow down; to reap
θερίο, τό = θεριό (n1)
θεριό, τό (= θηρίο) monster; wild beast (n1)
θεριόψαρο, τό sea-monster (n1)
Θερμοπύλες, οἱ Thermopylae (f4)
θές = θέλεις
θέση, ἡ place; seat; job; position (f5)
θετικός-ή-ό positive; absolute (grammar)
Θεῷ, τῷ (dative case) to God
θηλυκός-ή(ιά)-ό feminine
θηρίο, τό monster; wild beast (n1)
Θιός, ὁ = Θεός, ὁ God (m1)
θλίψη, ἡ sadness, sorrow, affliction, mourning (f4)
θόλος, ὁ dome; canopy; vault; rotunda (m1)
θόρυβος, ὁ noise
θρεμμένος-η-ο (from τρέφω) fed, nourished
θρῆνος, ὁ lamentation, wailing (m1)
θρησκεία, ἡ religion (f2)
θρησκευτικός-ή-ό religious
θριαμβευτικός-ή-ό triumphant
θρῦλος, ὁ legend, fable (m1)
θύελλα, ἡ hurricane, gale, storm (f2)
θύμα, τό victim; dupe; sacrifice (n4)
θυμᾶμαι to remember (dep.)
θυμός, ὁ anger (m1)
θυμοῦμαι to remember (dep.)
Θυμούμενος-η-ο remembering
θυμώνω to grow angry
θύρα, ἡ door, gate
θωρῶ to look, to see

ι' 10, 10th
ια' 11, 11th
ἰατρός, ὁ = γιατρός medical doctor, physician (m1)
ιβ' 12, 12th
ιδ' 14, 14th
ἰδέα, ἡ idea (f2)
ἰδιαίτερα especially
ἰδιαιτέρως especially
ἴδιο, τό: τό ἴδιο κάνει there's no difference, it amounts to the same thing (n1)
ἴδιος-α-ο same
ἰδοῦμε (from βλέπω, = δοῦμε)
ἱδρύω to found, to establish
ἱδρώτας, ὁ sweat (m2)
ιε' 15, 15th
Ἱεροσόλυμα, τά Jerusalem (n1)
ἱερός-ή(ά in puristic)-ό holy, sacred
Ἱερουσαλήμ, ἡ Jerusalem (f9)
Ἰησοῦς, ὁ Jesus (m11, no plural)
Ἴκαρος, ὁ Icarus (m1)
Ἰνδίες, οἱ India (f2)
Ἰνδοκίνα, ἡ Indochina (f1)
Ἰνδός, ὁ Indian (m1)
Ἰουδαῖος, ὁ Jew (m1)
ἰουδαϊσμός, ὁ Judaism (m1)
Ἰούνιος, ὁ June (m1)
Ἰουστινιάνειος-α-ο Justinian (adj.)
Ἰουστινιανός, ὁ Justinian (m1)
Ἱπποκράτης, ὁ Hippocrates (m5)
Ἱπποκράτους (καθ) (gen. sg. of Ἱπποκράτης) (m14)
ἵπταμαι (καθ) to fly
ἱπτάμενος-η-ο in flight, flying
ἴσιος-α-ο straight, level; equal; honest
ἴσκιος, ὁ shadow, shade (m1)
Ἱσπανία, ἡ Spain (f2)
Ἱσπανός, ὁ Spaniard (m1)
ἱστορία, ἡ history; story (f2)
ἱστορικός, ὁ historian (m1)
ἴσως perhaps, maybe
Ἰωάννης, ὁ John (m8)
Ἰωσήφ, ὁ Joseph (m12)

κ' 20, 20th
κα' 21, 21st
καβάλλα (adv.) on horseback; astride, straddling
Καβάφης, ὁ C. P. Cavafy, the Alexandrian-Greek poet (1863–1933) (m8)
Καζαντζάκης, ὁ Nikos Kazantzakis, the Cretan novelist (1883–1957) (m8)
κάηκα (from *καίγομαι*)
καημένο, τό unfortunate [child, thing, etc.] (n1)
καημένος-η-ο unfortunate, poor, hapless
καημενούλι, τό (dim. of *τό καημένο*) (n2)
καημός, ὁ chagrin, grief (m1)
καθαρεύουσα, ἡ puristic Greek (f1)
καθαρίζω to clean; to clarify
καθαριότητα, ἡ cleanliness; purity (f1)
καθαρός-ή-ό clear, clean
κάθε every, each
καθείς = *καθένας* (nom. sg. only)
καθένας-καθεμιά-καθένα each one, everyone, everybody; anyone
καθετί (also: *κάθε τί*) everything
κάθε τόσο frequently; every so often
καθηγητής, ὁ professor; high school teacher (m5)
καθησυχάζω to calm completely
καθίζω to seat
κάθισα (from *κάθομαι* or *καθίζω*)
καθισμένος-η-ο seated
καθίστε (from *κάθομαι*)
καθιστός-ή-ό seated, sitting
καθόλου any; at all; not at all
κάθομαι to remain; to sit (dep.) (irr.)
κάθομαι στά κάρβουνα to be on pins and needles
καθρέφτης, ὁ mirror (m5)
καθυστερῶ to be late; to make overdue; to delay
καθώς how; as; just as; in whatever way
καί and; also, too
καί ἄς even though, although
καί . . . καί both . . . and
καίγομαι to be burned; to burn oneself; to be on fire (irr.)
καίγω to burn; to be very hot (irr.)
καινούριος-α-ο new; recent; unused
καίομαι to be burned; to burn oneself; to be on fire (irr.)
καιρός, ὁ time; weather (m1)
καιρός: *ἀπό καιρό* a long time ago
καίτοι although
καίω to burn; to be very hot (irr.)
κακά badly
κάκιστος-η-ο superlatively bad
κακό, τό evil; defect (n1)
κακός-ή(ιά)-ό bad, evil
κακοφαίνεται (impers.) (+ gen.) it displeases (dep.)
κακῶς badly
καλά well, fine
καλά: *στά καλά μου/σου/του* . . . sane; in good shape mentally or physically
καλά: *τά καλά* goods, possessions, belongings (n1, pl. only)
καλάθι, τό basket (n2)
καλέ (untranslatable vocative)
καλεῖται (from *καλοῦμαι*)
καλημέρα goodday, hello
καλημερίζω to wish good morning, to say good morning
καλησπέρα good evening, good afternoon
καλλιτέχνης, ὁ artist (m5)
καλλωπίζω to beautify, to adorn, to decorate
καλό, τό good; good quality (n1)
καλό: *τό καλό πού σοῦ θέλω* for your own sake (n1)
καλόγερος, ὁ monk, friar (m1a)
καλοθρεμμένος-η-ο well-nourished
καλοκαίρι, τό summer (n2)
καλοπέραση, ἡ affluence, well-being (f4)
καλοπερνῶ to get along well, to be doing fine, to lead a comfortable existence (irr.)
καλός-ή-ό good
καλοῦμαι to be named, to be called; to be invited (irr.)
καλοχτενισμένος-η-ο well-combed, well-groomed
κάλτσα, ἡ stocking, sock (f2)
καλτσάκι, τό (dim. of *κάλτσα*) (n2)
καλύβα, ἡ hut, hovel, shanty, cabin (f2)
καλύτερος-η-ο better
καλῶ to call; to invite; to summon (irr.)
καλώδιο, τό telephone cord, electrical wire (n1)
καλῶς well, fine; welcome

καλῶς (+ name or pronoun) hello, welcome to
καλῶς ἦρθες/ἤρθατε welcome
καλῶς ὅρισες/ὁρίσατε welcome
καλωσορίζω to welcome
καλωσυνάτος-η-ο kindly, humane
καλωσύνη, ἡ kindness, humaneness (f4)
κάμε (from *κάνω*)
κάμει (from *κάνω*)
καμένος-η-ο burned; consumed
καμιά not any, no one (f.)
καμπάνα, ἡ bell (of a church) (f1)
κάμποσος-η-ο enough, some, quite a few
κἄν even, hardly
κάν = *ἤ* or
καναδυό two or three, a few, some
καναπές, ὁ sofa, couch (m10)
κάνας (unstressed form of *κανένας*)
κανείς (nom. sg. only) anyone, someone; a person
κανένας-καμιά-κανένα any, some; anyone, someone
κανόνας, ὁ law, canon, regulation, rule (m2)
κανονίζω to regulate, to set right, to adjust; to arrange
κανονικός-ή-ό regular; normal; according to norm
κανονιστής, ὁ regulator, one who sets right or adjusts (m5)
κάνω to do; to make (irr.)
κάνω: τί κάνεις/κάνετε how are you?
καπελάκι, τό (dim. of *καπέλο*) (n2)
καπέλο, τό hat (n1)
καπετάνιος, ὁ captain (m1)
καπνιά, ἡ soot (f2)
καπνίζει (impers.): *μοῦ καπνίζει* it comes into my head, I feel like
καπνίζω to smoke
κάπνισμα, τό smoking (n4)
καπνός, ὁ smoke (m1)
κάποιος-α-ο someone, somebody
κάποτε sometime; now and then; formerly
κάπου somewhere, anywhere; sometimes; about, around, approximately
κάπως somehow; somewhat
καράβι, τό ship, boat (n2)
Καραγκιόζης, ὁ Karaghiozis (hero of Greek shadow-theater)
καραγκιοζοπαίκτης, ὁ Karaghiozis puppeteer (m5)
κάρβουνο, τό lighted coal, piece of coal (n1)
καρδιά, ἡ heart (f2)
καρέγλα, ἡ = *καρέκλα* (f2)
καρέκλα, ἡ chair (f2)
καρεκλίτσα, ἡ (dim. of *καρέκλα*) (f1)
κάρο, τό cart (n1)
καρτερῶ to wait patiently
Καρτιέ Λατέν, τό (French) Quartier Latin (in Paris) (n10)
καρφί, τό nail (n2)
καρφί: δέν μοῦ καίγεται καρφί to not give a hang, to be completely indifferent
καρφώνω to nail; to pin; to fix
κατά toward; according to
καταβάλλω to pay down; to overwhelm (irr.)
καταβῆτε (from *κατεβαίνω*)
καταβλέπω to look downward
καταβολή, ἡ down payment (f4)
καταβρέχω to wet down or wet completely (irr.)
καταγίνομαι to attend (to), to occupy oneself (with) (irr.)
κατάγομαι to be descended (from)
καταδέχομαι to accept, to deign, to tolerate (dep.)
καταδιωγμένος-η-ο persecuted; pursued
καταδιώκω to chase away, to pursue; to persecute
κατακόκκινος-η-ο extremely red
κατακουρασμένος-η-ο extremely tired
καταλαβαίνω to understand (irr.)
καταλάβω (from *καταλαβαίνω*)
καταλαμβάνω to take possession of; to seize, to occupy (irr.)
κατάλληλος-η-ο appropriate, suitable, right
κατάλογος, ὁ catalogue, list, directory; menu (m1)
καταμολύνομαι to be extremely contaminated (irr.)
καταπλακώνομαι to be crushed
καταπλακώνω to crush, to overwhelm
καταπληκτικός-ή-ό amazing, astonishing, astounding
κατάπληκτος-η-ο amazed, astonished, dumfounded
καταποντισμένος-η-ο submerged; sunk
καταρρέω to fall down; to collapse

κατάρτι, τό mast (n2)
κατασκευάζω to construct; to fabricate
κατάσκοπος, ὁ spy (m1)
καταστρεπτικός-ή-ό catastrophic, destructive, ruinous
καταστρέφομαι to be ruined, to be destroyed (irr.)
καταστρέφω to destroy, to ruin; to spoil (irr.)
καταστροφή, ἡ disaster, catastrophe (f4)
κατάστρωμα, τό deck (of a ship) (n4)
κατατρεγμένος-η-ο (from κατατρέχω) oppressed, persecuted
κατατρεγμός, ὁ persecution, oppression (m1)
κατατρέχω to persecute, to oppress
καταφέρνω to manage, to succeed; to arrange
καταφέρω to strike, to deal (a blow, injury, etc.)
καταφορτωμένος-η-ο loaded down exceedingly
καταφορτώνω to load exceedingly
καταφρονῶ to disdain, to despise (irr.)
καταφύγιο, τό refuge, hideaway (n1)
κατάχρυσος-η-ο extremely golden
καταχτυπῶ to strike vigorously
καταχώνω to bury deeply beneath earth or something else
κατέβα (from κατεβαίνω)
κατεβάζω (simple past: κατέβασα) to lower, to bring down
κατεβαίνω to descend, to go down (irr.)
κατεδίωκα (from καταδιώκω)
κατειλημμένος-η-ο occupied, taken
κατεργάρης, ὁ rascal, rogue, sly one (male) (m8)
κατεργάρισσα, ἡ sly one (f.); hussy, slut (f2)
κατεργαρούλα, ἡ (dim. of κατεργάρισσα) (f1)
Κατερίνα, ἡ Katherine (f1)
κατέχω to know well, to possess extensive knowledge of; to possess, to hold
κάτι something; some, several, a few
κατολίκ, ὁ (Turkish) Roman Catholic (m12)
κατορθώνω to succeed, to manage; to accomplish
κατουρήθηκα (from κατουριέμαι)
κατουριέμαι to urinate upon oneself, to wet one's pants
κατσαβίδι, τό screwdriver (n2)
κάτσε = κάθισε (imperative)
κάτω down
κάτω ἀπό beneath, underneath
κάτωθε from below
κατώφλι, τό threshold (n2)
καφεδάκι, τό cup of coffee (n2)
καφενεῖο, τό coffee-house (n1)
καφενές, ὁ = καφενεῖο (m10)
καφές, ὁ coffee (m10)
καφετζής, ὁ coffee-house keeper (m8)
καφετής-ιά-ί coffee-colored
κάψα, ἡ burning heat (f2)
κάψιμο, τό burn, scald (n5)
κάψου (from καίγομαι)
καῶ (from καίγομαι)
'κεῖ = ἐκεῖ there
κεῖθε = ἀπό 'κεῖ from there
κεῖνος-κείνη-κεῖνο that, those; he, she; the former
κερδίζω to gain; to earn; to win
κερήθρα, ἡ honeycomb (f1)
κερί, τό candle (n2)
κεφάλαιο, τό chapter; capital funds, assets (n1)
κεφάλι, τό head (n2)
κεφάλι, τό: παίρνει τό κεφάλι μου ἀέρα to get a swelled head, to become conceited (n2)
κεφάτος-η-ο good-humored, jovial, high-spirited, playful
κέφι, τό good humor, joviality, good disposition, playfulness (n2)
κεφτές, ὁ meatball (m10)
κῆπος, ὁ garden (m1)
κηρήθρα, ἡ honeycomb (f1)
κι = καί and
κι ἄν (adds indefiniteness)
κι ἄς even though
κιαί, τό (French) quai, quay (n10)
κιλό, τό kilo, kilogram (n1)
Κίνα, ἡ China (f1)
κινδυνεύω to be in danger, to risk; to endanger
κίνδυνος, ὁ danger (m1)
κίνηση, ἡ motion; gesture; traffic; activity; manoeuvre (f5)
κινοῦντες moving, swerving
κιόλας already; indeed; also, in addition; instantly
Κίσσιοι, οἱ Cissians (m1)

κισσός, ὁ ivy (m1)
κίτρινος-η-ο yellow
κλαίγομαι to complain, to grumble (irr.)
κλαίγοντας (from κλαίω)
κλαίω to weep, to cry (irr.)
κλάμα, τό crying, lamentation (n4)
κλαμένος-η-ο tear-stained, tear-filled
κλασικός-ή-ό classical
κλάφτα (= κλάψε) weep, cry (imp.)
κλάψω (from κλαίω)
κλειδωμένος-η-ο locked; clenched
κλειδώνω to lock
κλείνω to shut, to close; to reserve (a seat); to hang up (a telephone receiver)
κλεισμένος-η-ο closed
Κλεοπάτρα, ἡ Cleopatra (f1)
κλητική, ἡ vocative (grammar) (f4)
κλίση, ἡ inflection (f5)
κλονίζομαι to be shaken; to totter
κλύσμα, τό enema (n4)
κλωτσῶ to kick
κόβομαι to cut oneself; to break; to be broken or interrupted or cut
κόβω to cut, to interrupt; to pick (fruit); to buy or sell (a ticket)
κοιλιά, ἡ belly, pot-belly (f2)
κοιμάστε (from κοιμοῦμαι)
κοίμηση, ἡ sleeping (f5)
Κοίμηση τῆς Θεοτόκου, ἡ Feast of the Assumption of the Blessed Virgin Mary (August 15)
κοιμίζω to put to sleep; to hoodwink
κοιμοῦμαι to sleep (dep.) (irr.)
κοιμούμενος, ὁ sleeper, sleeping one (m1)
κοινή, ἡ koine Greek (the "common" language used in the New Testament) (f4)
κοινό, τό the public (n1)
κοινός-ή-ό common
κοίτα (from κοιτάζω)
κοίταγα = κοιτοῦσα = κοίταζα
κοιτάζω to look at; to pay attention to; to look
κοιτῶ (= κοιτάζω) to look at; to see; to pay attention to
κοκκαλιάρικος-η-ο bony; skinny
κόκκαλο, τό bone (n1)
Κόκκινη Μηλιά, ἡ mythical location where Turks expelled from Constantinople will be confined (f2)
κόκκινος-η-ο red
κόλαση, ἡ hell; punishment (f4)
κολόνα, ἡ column, pillar (f1)
κολοσσιαῖος-αία-αῖο colossal
κολυμβητής, ὁ swimmer (m5)
κολυμπῶ to swim
κόμη, ἡ hair (of the head) (f4)
κομμάτι, τό bit, piece; fragment (n2)
κομμάτι-κομμάτι bit by bit, piece by piece
Κομνηνός, ὁ Comnenus (family name of several Byzantine emperors) (m1)
κομουνισμός, ὁ communism
κόνισμα, τό icon (n4)
κοντά next, beside; near
κονταίνω to shorten, to grow shorter
κοντάρι, τό spear (n1)
κοντεύω to come near; to be about (to), to be hair's breadth (from)
κοντή, ἡ short girl or woman (f4)
κοντός-ή-ό short; brief
κοντότερος-η-ο shorter (height)
κοντούλα, ἡ (dim. of ἡ κοντή) (f1)
κοντύτερος-η-ο shorter (distance or length)
κοπάδι, τό flock, pack, herd (n2)
κοπέλα, ἡ girl (f1)
κοπελίτσα, ἡ (κοπέλα + suffix of endearment) sweet little girl (f1)
κοπέλλα, ἡ girl (f1)
κόπος, ὁ effort, toil (m1)
Κοραῆς, ὁ Adamantios Koraes (1748–1833)
Κόρινθος, ἡ Corinth (f7)
κορίτσι, τό girl (n2)
κορμί, τό body; trunk (n2)
κοροϊδεύω to deride, to mock, to scoff at; to deceive
κοροϊδία, ἡ banter, mockery; deceit (f2)
κορόιδο, τό laughing stock, dupe, ridiculous person (n1)
κοσμάκης, ὁ (often sarcastic) the man in the street, the common man, the lower orders of society (m8)
κοσμοθάλασσα, ἡ multitude, sea of people (f2)
κόσμος, ὁ people; everyone; society; world (m1)
κοσμοχαλασιά, ἡ hubbub; disturbance (f2)

κότα, ἡ chicken, hen (f2)
κοτόπουλο, τό chicken (n1)
κουβαλάγανε = κουβαλοῦσαν (from κουβαλῶ)
κουβαλῶ to carry, to transport
κουβάς, ὁ bucket, pail (m3)
κουβέντα, ἡ conversation (f1)
κουβεντιάζω to converse, to chat; to discuss
κουδούνι, τό door-bell; (small) bell (n2)
κουδούνισμα, τό ringing of bells; tinkling, clinking (n4)
κουζουλός-ή-ό insane; wild; stupid
κουλούρι, τό roll (with sesame seeds) (n2)
κούναγα = κουνοῦσα (from κουνῶ)
κουνιέμαι to be tossed; to move
κουνούπι, τό mosquito (n2)
κουνῶ to shake, to move
κούπα, ἡ cup (f1)
κουπί, τό oar (n2)
κουράζομαι to become tired
κουράζω to weary, to tire out; to bore
κούραση, ἡ fatigue, tiredness (f4)
κουρασμένος-η-ο tired, fatigued
κουραστικός-ή-ό tiresome
κουρτίνα, ἡ curtain, drape (f1)
κουταλάκι, τό teaspoon; teaspoonful (n2)
κουταλιά, ἡ spoonful (f2)
κουτί, τό box (n2)
κουτσός-ή-ό lame, crippled
κουτσοτρώγω to eat very little, slowly (irr.)
κοφτά curtly, cuttingly, sharply
κράζω to cry out, to yell; to call
κράση, ἡ crasis (grammar) (f5)
κρασί, τό wine (n2)
κρᾶσις, ἡ (καθ) crasis (grammar) (f5a)
κράτα (from κρατῶ)
κράταγα = κρατοῦσα (from κρατῶ)
κρατιέμαι to be maintained; to maintain oneself; to control oneself; to restrain oneself
κράτος, τό state; rule (n7)
κρατῶ to hold, to keep; to last
κραυγή, ἡ cry, outcry, shout (f4)
κρέας, τό meat (n8)
κρεβάτι, τό bed (n2)
κρεβατοκάμαρα, ἡ bedroom (f1)
κρεββάτι, τό bed (n2)
κρεββάτιον, τό (καθ) bed
κρεμασμένος-η-ο (from κρέμομαι) hanging, suspended
κρεμμύδι, τό onion (n2)
κρέμομαι to be suspended; to depend on; to hang oneself
Κρήτη, ἡ Crete (f4)
Κρητικός, ὁ Cretan (m1)
κριθάρι, τό barley (n2)
κρίνω to judge, to pass sentence upon; to blame
κρίση, ἡ judgment; verdict, crisis (f5)
κρίσιμος-η-ο critical, pertaining to a crisis
κριτικός, ὁ critic (m1)
κρύβομαι to hide oneself
κρύος-α-ο cold, cool
κρυφός-ή-ό hidden; secret
κρύφτηκα (from κρύβομαι)
κρυφτό, τό hide-and-seek (n1)
κρυφτούλι, τό (dim. of κρυφτό) (n2)
κρύψου (from κρύβομαι)
κτλ. = καί τά λοιπά et cetera (etc.)
κυκλωτικός-ή-ό encircling, surrounding
κυλῶ to flow; to roll; to run
κύμα, τό wave (n4)
κυματοθραύστης, ὁ breakwater (m5)
κύμινο, τό cumin (n1)
κυνηγῶ to hunt; to pursue, to chase; to persecute
Κύπρος, ἡ Cyprus (f7)
κυρά, ἡ madame, lady (f3)
κυρία, ἡ madame; Mrs.; lady (f2)
Κυριακή, ἡ Sunday (f4)
κυριαρχῶ to dominate, to rule, to reign, to predominate, to govern
κυριεύω to overcome, to conquer, to seize, to possess
Κύριος, ὁ Lord, God (m1)
κύριος, ὁ sir, Mr., gentleman (m1)
κύρος, τό authority; importance, import (n7, sg. only)
κυψέλη, ἡ beehive (f4)
κώλυμα, τό obstacle, obstruction, hindrance (n4)
κωμικός-ή-ό comic, comical; funny
κωμωδία, ἡ comedy (f2)
Κωνσταντῖνος, ὁ Constantine (m1)
Κωνσταντῖνος Παλαιολόγος Constantine III Palaeologus, the last emperor of Byzantium, ruled 1449–May 29, 1453
Κωνσταντινούπολη, ἡ Constantinople (now Istanbul) (f5)

Κωνσταντινούπολις, ἡ (καθ) Constantinople (now Istanbul) (f5a)
λαβαίνω to take; to receive (irr.)
λαβωμένος, ὁ wounded person (m1)
λαβωμένος-η-ο wounded
λαβώνομαι to be wounded
λαβώνω to wound
λαγός, ὁ rabbit (m1)
λάδι, τό olive oil; (as adj.) smooth, calm (said of the sea) (n2)
λαδώνω to apply oil to
Λάζαρος, ὁ Lazarus (m1)
λάθος, τό mistake, error (n7)
λαιμός, ὁ neck; throat (m1)
Λακεδαιμόνιος, ὁ Spartan, Lacedaemonian (m1)
λαλιά, ἡ twitter, chirp (of birds); voice; speech (f2)
λαλῶ to speak, to talk; (re: birds) to chirp
λαμβάνω to take; to receive (irr.)
λάμπα, ἡ lamp (f2)
λαμπάδα, ἡ large candle, taper (f1)
λαμπαδιάζω to send forth flames
λαός, ὁ people (of a nation); common people, proletariat (m1)
λάσπη, ἡ mud (f4)
λαχαίνει (impers.) it happens, it occurs (irr.)
λαχανιασμένος-η-ο panting, winded
λάχη (from λαχαίνει)
λαχτάρα, ἡ anxiety, eagerness, yearning (f1)
λεβέντης, ὁ brave virile handsome young man (m5, but gen. pl. λεβέντηδων)
λέγομαι to be called, to be named; to be said, to be stated (irr.)
λέγω to say, to tell; to call, to name (irr.)
λέει (impers.) so it seems, it's said, apparently
λείπει (impers.): λίγο ἔλειψε νά (+ verb) to have been within a hair's breadth of, to have come close to
λείπω to be lacking, to be missing; to be absent
λειτουργία, ἡ liturgy, mass (f2)
λειτουργιέμαι to attend mass
λειτουργῶ to function, to be in operation; to celebrate mass
λεμόνι, τό lemon (n2)
λεμονιά, ἡ lemon tree (f2)
λέξες, οἱ = λέξεις
λέξη, ἡ word (f5)
λεξικογράφος, ὁ lexicographer (m1)
λέπι, τό scale (of a fish, reptile, etc.) (n2)
λεπιδωτός-ή-ό scaly
λεπτό, τό minute, instant (n1)
λεπτομέρεια, ἡ detail (f2)
λεπτομερειακά in detail
λεπτομερειακῶς in detail
λερωμένος-η-ο soiled, dirty
λερώνομαι to become dirty
λερώνω to make dirty, to soil, to stain
λές (καί) as though
λευτεριά, ἡ = ἐλευθερία freedom (f2)
λεφτά, τά money (n1, pl. only)
λέω to say; to tell; to call, to name (irr.)
Λεωνίδας, ὁ Leonidas (m2)
λεωφορεῖο, τό bus (n1)
λεωφόρος, ἡ avenue (f7)
λήγουσα, ἡ final syllable, ultima (f1)
ληκύθιο, τό urn, jar, lecythus (n1)
λησμονῶ to forget
λιβάδι, τό meadow, pasture (n2)
λιγάκι (dim. of λίγο)
λίγο (adv.) a little, slightly; a little while
λίγο-λίγο little by little
λιγοθυμῶ to faint, to lose consciousness
λίγος-η-ο small in amount, few
λιγοστεύω to decrease, to diminish, to lessen
λιγότερος-η-ο less, fewer
λιγώνομαι to feel faint (from hunger)
λιθάρι, τό stone (n2)
λιμανάκι, τό (dim. of λιμάνι) (n2)
λιμάνι, τό harbor, haven (n2)
λιποθυμῶ to faint, to lose consciousness
λιποτάκτης, ὁ deserter (m5)
λογαριάζω to consider, to regard; to calculate, to reckon
λογαριασμός, ὁ reckoning, bill, account (m1)
λογῆς (pl. λογιῶν) type, kind
λόγια, τά (pl. of ὁ λόγος, together with οἱ λόγοι) words
λογική, ἡ sense, common sense; logic (f4)
λογικό, τό reason, good sense (n1)
λόγιος, ὁ man of letters, scholar, literary man (m1)
λόγιος-α-ο literate, erudite, learned, scholarly

λόγος, ὁ reason, cause (m1)
λόγος, ὁ word; conversation; speech (m13)
λογοτεχνία, ἡ literature (f2)
λόγχη, ἡ spear; bayonet (f4)
λοιπόν therefore, so, thus; well
λοιπόν: τό λοιπόν therefore
λόρδος, ὁ (English) lord (m1)
λουκουμάς, ὁ deep-fried dumpling (m3)
λουλούδι, τό flower (n2)
λουφάζω to cower (from fear); to be silent and apprehensive
λόφος, ὁ hill (m1)
λύνω to untie; to solve; to release
λυπᾶμαι to feel sorry for, to be sorry, to pity; to regret
λύπη, ἡ sorrow, sadness; pity; regret (f4)
λυπήσου (from λυπᾶμαι or λυποῦμαι)
λυποῦμαι to feel sorry for, to be sorry, to pity; to regret
λυπῶ to sadden, to grieve, to distress
λύρα, ἡ lyre (f2)
λύσει (from λύνω)
λυσσάζω to be rabid with anger
λυσσασμένος-η-ο rabid, furious
λυχνάρι, τό lamp, oil-lamp (n2)

μά but
μαγαζί, τό store, shop (n2)
μαγαρίζω to defile (with excrement)
μαγειρεύω to cook; to cook up, to plot
μαγικός-ή-ό magic, magical
μάζα, ἡ mass, crowd, horde (f1)
μαζεύομαι to be gathered, to be collected; to come together, to assemble; to huddle up
μαζεύω to collect, to assemble, to gather
μαζί together; with
μαζύ together; with
μαζώνομαι = μαζεύομαι to come together, to assemble; to be gathered, to be collected; to huddle up
μαζώνονταν = μαζεύονταν
μαζωχθεῖ (from μαζώνομαι)
μαζωχτεῖ (from μαζώνομαι)
Μάης, ὁ May (m8)
μαθαίνω to learn (irr.)
μάθημα, τό lesson (n4)
μαθητής, ὁ schoolboy, student; disciple (biblical) (m5)
μάθω (from μαθαίνω)
Μάιος, ὁ May (m1)
μακραίνω to lengthen, to extend; to protract; to become longer (irr.)
μακριά far away, distant
μακρουλός-ή-ό elongated, longish; oblong
Μακρυγιάννης, ὁ General Makriyannis (1797–1864) (m8)
μάκρυνα (from μακραίνω)
μακρύς-ιά-ύ long; tall
μαλακός-ή(ιά)-ό soft, tender, smooth; mild
μαλαματένιος-α-ο golden
Μαλιεύς, ὁ man from Malis (m14)
μάλιστα indeed; yes; certainly
μαλλιά, τά hair (n2, pl. only)
μαλώνω to scold, to rebuke; to quarrel with
μαμά, ἡ mother, mama (f3)
μάνα, ἡ mother (f1 but gen. pl. μανάδων)
μανάβης, ὁ greengrocer, vegetable and fruit dealer (m8)
μάνητα, ἡ rage, fury (f2)
μανία, ἡ passion, fury; mania (f2)
μανιάζω to fly into a furor
μανιασμένος-η-ο maniacal, furious
μανίκι, τό sleeve (n2)
μαντάμ, ἡ madam (f9)
μαντολίνο, τό mandolin (n1)
μαρμαρένιος-α-ο marble, of marble
μαρμάρινος-η-ο marble, of marble
μαρμαρωμένος-η-ο turned to marble; petrified
μαρμαρώνομαι to be turned to marble; to be petrified
Μάρτιος, ὁ March (m1)
μάστιγα, ἡ whip, lash (f2)
μαστίγιο, τό whip, lash, riding crop (n1)
μαστιγοφόρος-α-ο, ὁ whip-bearing
μάταιος-η-ο futile, vain, useless
ματαιότης, ἡ (καθ) vanity, futility (f10)
ματαιότητα, ἡ vanity, futility (f1)
ματάκι, τό (dim. of μάτι) (n2)
μάτι, τό eye (n2)
μάτι: μάτια μου sweetheart, dearest, darling
ματιά, ἡ glance (f2)
μάτς, τό match, game (esp. European football, i.e. soccer) (n10)
μαυρίζομαι to be blackened

μαῦρος-μαύρη-μαῦρο black
μάχη, ἡ battle (f4)
μάχομαι to battle, to fight (dep.)
μέ with
μεγαλειότατος, ὁ the most majestic (m1)
μεγαλειότης, ἡ majesty (f10)
Μεγάλη Ἑβδομάδα, ἡ Easter Week, Eastertide (f1)
μεγαλοπρέπεια, ἡ dignity, magnificence, grandeur (f2)
μεγαλοπρεπής-ής-ές majestic, magnificent, dignified
μεγαλόπρεπος-η-ο majestic, magnificent, dignified
μεγαλοπρεπῶς majestically, magnificently
μεγάλος, ὁ adult, grown-up (m1)
μεγάλος-η-ο large, great
μεγαλύτερος-η-ο greater
μεγαλώνω to make greater, to enlarge, to increase; to grow up; to grow older
μεγάλως greatly
μέγας-μεγάλη-μέγα great
μεγάφωνο, τό megaphone; loudspeaker (n1)
μέγιστος-η-ο (καθ) greatest, superlatively great
μεζές, ὁ snack, hors-d'oeuvres (m10)
μεθαύριο the day after tomorrow
μέθοδος, ἡ method (f7)
μείζων-ουσα-ον (καθ) greater
μειονέκτημα, τό defect, flaw, disadvantage (n4)
μέλει (impers.) it concerns
μελέτη, ἡ study, investigation; contemplation; treatise, essay (f4)
μελετῶ to study
μέλι, τό honey (n2)
μέλισσα, ἡ bee (f2)
μελίσσι, τό swarm of bees, hive of bees (n2)
μέλλον, τό future (time) (n12)
μέλλοντας, ὁ future (tense) (m2)
μεμιᾶς at once, instantly
μένω to stay, to remain; to reside; to live (irr.)
μέρα, ἡ day (f2)
μεριά, ἡ side (f2)
μερικοί-ές-ά several
μεροβραδιάζομαι to spend day and night
μέρος, τό part, portion; place; toilet (n7)
μερῶ = μερῶν = ἡμερῶν days old
μές ἀπό = μεσ' ἀπό = μέσα ἀπό from inside, from within
μέσα inside; into, in; within
μέσα ἀπό from inside, out of
μέση, ἡ middle; waist (f4)
μεσημέρι, τό midday, noon (n2)
μεσιτεία, ἡ intercession, mediation, action as a middle-man (f2)
μεσίτης, ὁ middle-man, broker, go-between (m5,8)
μέσο, τό means, way, agent; middle (n1)
μεσολαβῶ to intervene
μετά after; afterwards
μεταλαβαίνω to receive or administer Holy Communion (irr.)
μεταμορφώνομαι to be transformed, to be changed
μεταμορφώνω to transform
μετάνοια, ἡ obeisance, prostration; repentance; regret, remorse (f2)
μεταξύ (+ gen.) among, between
μετασχηματισμός, ὁ transformation (m1)
μετάφραση, ἡ translation (f5)
μεταφυσικός-ή-ό metaphysical
μεταχειρίζομαι to use, to employ; to deal with (dep.)
μετέχω to participate
μετέωρο, τό meteor (n1)
μετέωρος-η-ο suspended in mid-air; dangling; irresolute
μετοχή, ἡ participle; share; participation (f4)
μετοχικός-ή-ό participial; participatory
μέτοχος, ὁ shareholder; participant (m1)
μέτρο, τό meter; measure; moderation (n1)
μέτρο: παίρνω τά μέτρα μου I take the necessary precautions
μετρῶ to count; to measure; to consider
μέχρι until, up to
Μῆδοι, οἱ Medes (m1)
μηλιά, ἡ apple tree (f2)
μῆλο, τό apple (n1)
μήν not; don't; lest, in fearful anticipation that
μήνας, ὁ month (m2)
μήνυμα, τό message (n4)

μηνῶ = *μηνῶν* months old
μήπως by any chance?, is it possible that?
μήτε nor
μήτε . . . μήτε neither . . . nor
μητέρα, ἡ mother (f1)
μηχανή, ἡ motor, engine; machine (f4)
μηχανικά mechanically, automatically; impulsively
μηχανικός, ὁ engineer (m1)
μιά one (f.)
μιά γιά πάντα once and for all
μιά καί seeing that, since, as
μιά φορά once
Μικρά Ἀσία, ἡ Asia Minor (f2)
Μικρασιάτης, ὁ inhabitant of Asia Minor, Anatolian (m5)
μικρασιατικός-ή-ό (adj.) Asia Minor, Anatolian
μικρόκοσμος, ὁ microcosm (m1)
μικρός-ή-ό small; young
μιλάω = *μιλῶ*
μίλι, τό mile (n2)
μιλιά, ἡ speech, talk (f2)
μιλῶ to speak, to talk
μιλώντας (from *μιλῶ*)
μιναρές, ὁ minaret (m10)
μισητός-ή-ό hateful
μισοαναστημένος-η-ο half-revived
μισοζώντανος-η-ο half-alive
μισοκαμένος-η-ο half-burned, half-consumed
μισοκλεισμένος-η-ο half-closed, half-shut
μισοκουρασμένος-η-ο half-fatigued
μισομαγειρεμένος-η-ο half-cooked
μισομπερδεμένος-η-ο half-confused
μισοπεθαμένος-η-ο half-dead
μίσος, τό (also *μῖσος*) hatred, hate (n7)
μισός-ή-ό half
μισοσαστισμένος-η-ο half-bewildered
μισοτηγανισμένος-η-ο half-fried
Μιχαήλ Ἄγγελος, ὁ Michelangelo Buonarroti (m12)
μ.μ. = *μετά τό μεσημέρι* p.m.
μνῆμα, τό grave, tomb (n4)
μνήμη, ἡ memory, remembrance (f4)
μοιάζω to resemble, to be alike
μοίρα, ἡ fate, destiny, fortune; part, share (f2)
μοιράζομαι to take a share of
μοιράζω to portion out (to others), to distribute
μὄκαμαν = *μοῦ 'καμαν* = *μοῦ ἔκαμαν*
μόκο: κάνε μόκο silence!
μόλις as soon as; hardly, just, scarcely
μολονότι although
μόλος, ὁ = *μῶλος* quay, mole (m1)
μολύνομαι to be contaminated, to be infected, to be polluted (irr.)
μολύνω to contaminate, to infect, to pollute (irr.)
μοναστήρι, τό monastery (n2)
μοναστικός-ή-ό monastic
μονάχα only, merely
μοναχός, ὁ monk, friar (m1)
μοναχός-ή-ό alone
μοναχός μου/σου/του/της/του by myself/yourself/himself/herself/itself
μόνο (adv.) only
μονόλογος, ὁ monologue (m1)
μονομιᾶς (adv.) suddenly, instantly, all at once
μονοπάτι, τό path (n2)
μόνος-η-ο only, sole, single; alone
μόνος μου/σου/του/της/του by myself/yourself/himself/herself/itself
μονότονος-η-ο monotonous
μοντέρνος-α-ο modern
μορφωμένος-η-ο educated, cultured
μόρφωση, ἡ education, culture; forming (f5)
μοσχάρι, τό calf (n2)
μουγγρίζω = *μουγκρίζω*
μούγγρισμα, τό = *μούγκρισμα, τό*
μουγκρίζω to bellow, to groan, to howl, to wail
μούγκρισμα, τό bellow, groan, howl, wail (n4)
μουλάρι, τό mule (n2)
μουράγιο, τό breakwater (n1)
μουρλός-ή-ό insane, mad, wild
μουρμουρίζω to grumble, to murmur
μουρμουριστός-ή-ό in a whisper; complaining
μουσεῖο, τό museum (n1)
μουσική, ἡ music (f4)
μουσκάρι, τό calf (n2)
μουσχάρι, τό calf (n2)
μοῦτρο, τό face (n1)
μπά! bah!
μπάζω to admit, to usher in

μπαίνω to enter (irr.)
Μπάιρον, ὁ Byron (m12)
μπαλκόνι, τό balcony, terrace (n2)
μπανάνα, ἡ banana (f1)
μπαξεβάνης, ὁ gardener (m8)
μπαξές, ὁ garden; orchard (m10)
μπαρμπέρης, ὁ barber (m8)
μπαρμπεριό, τό barbershop (n1)
μπασαβιόλα, ἡ bass fiddle (f1)
μπαστούνι, τό walking stick, cane (n2)
μπάς καί by any chance?, is it possible that?
Μπάχ, ὁ Bach (m12)
μπεῖ (from μπαίνω)
μπελάς, ὁ trouble, quandary, predicament (m3)
μπέν (Turkish) I am
μπερδεμένος-η-ο confused, mixed up
μπερδεύομαι become confused, become mixed up
Μπετόβεν, ὁ Beethoven (m12)
μπίρα, ἡ beer (f1)
μπιφτέκι, τό chopped beefsteak (n2)
μπλέ, τό blue (n10)
μπλέκομαι to be entangled; to be involved
μπορεῖ (impers.) it is possible; might; maybe
μπορῶ to be able; can (irr.)
μπότα, ἡ boot (f1)
μπουζούκι, τό bouzouki (musical instrument) (n2)
μπουκάλι, τό bottle (n2)
μπουκάρω to rush out of or into, to burst forth, to debouch
μπουμπουνητό, τό thunder, boom-boom (n1)
μπουχτίζω to be sated; to be fed up (with)
μπράβο bravo!
μπριζόλα, ἡ cutlet, chop (f1)
μπροστά ahead, in front; before, earlier
μπροστά σέ in front of
μυαλό, τό brain, brains; marrow (n1)
μυαλό: παίρνουν τά μυαλά μου ἀέρα to get a swelled head, to become conceited (n1)
μυαλό: τά μυαλά σου καί μιά λύρα! Don't talk nonsense!
μυαλουδάκι, τό (double dim. of μυαλό) (n2)
μυαλούδι, τό (dim. of μυαλό) (n2)
μύγα, ἡ fly (f2)
μύδι, τό mussel (n2)
μυθικός-ή-ό mythical, fabled, fabulous, legendary
μυθιστόρημα, τό novel; "myth-history" (n4)
μυθολογία, ἡ mythology (f2)
μύθος, ὁ myth (m1)
Μυκηναῖοι, οἱ Mycenaeans (m1)
μυριάδα, ἡ myriad, ten thousand, multitude (f1)
Μυριβήλης, ὁ Stratis Myrivilis (1892–1969) (m8)
μυρίζω to smell
μυρωδιά, ἡ smell, aroma, fragrance (f2)
μυστήριο, τό mystery; sacrament (n1)
μυστικό, τό secret (n1)
μυστικότητα, ἡ secrecy (f1)
μύτη, ἡ nose (f4)
Μυτιλήνη, ἡ Mytilini, Lesvos, Lesbos (f4)
Μυτιληνιός, ὁ inhabitant of Mytilini (m1)
μ.Χ. (= μετά Χριστό) A.D.
μῶλος, ὁ mole, breakwater, jetty, pier (m1)
μωρέ (untranslatable vocative)
μωρό, τό baby, infant (n1)

νά look!; there!, here!; (+ acc. or nom.) there is, there are, here is, here are
νά to, for, so that, in order that
ναί yes
ναός, ὁ temple; church (m1)
ναύτης, ὁ sailor (m5)
ναυτικός, ὁ sailor (m1)
νδ' 54, 54th
νε' 55, 55th
νέα, τά news (n1, pl. only)
νεκρός, ὁ dead person (m1)
νεκρός-ή-ό dead
νεοελληνικός-ή-ό neo-hellenic, modern Greek
νεολογισμός, ὁ neologism (m1)
νέος, ὁ young man, youth (m1)
νέος-α-ο new; young
νεράιδα, ἡ nereid, sea-nymph (f1)
νεράκι, τό (dim. of νερό) glass of water, bit of water (n2)
νερό, τό water (n1)
νερωμένος-η-ο watered-down, diluted with water

νεῦρο, τό nerve (n1)
νζ' 57, 57th
νη' 58, 58th
νησί, τό island (n2)
νησιώτης, ὁ islander (m5)
νῆσος, ἡ (καθ) (f7) = νησί, τό (n2) island
νηστεύω to fast
νί, τό (= νῦ) the letter ν
νί, τό: μέ τό νί καί μέ τό σίγμα in full detail, dotting the i's and crossing the t's
νίκη, ἡ victory (f4)
νικημένος-η-ο defeated
νικιέμαι to be defeated, to lose
νικῶ to defeat, to win, to be victorious
Νίτσε, ὁ Friedrich Nietzsche (m12)
νιώθω to feel
νιώση (from νιώθω)
νοιάζει (impers.) it matters, it interests
νομίζω to think, to suppose
νόμιμος-η-ο legitimate, legal, lawful
νομιμότητα, ἡ legitimacy, legality, lawfulness (f1)
νομοθεσία, ἡ legislation, law-making; body of laws (f2)
νόμος, ὁ law, statute (m1)
νοσοκομεῖο, τό hospital (n1)
νοσταλγία, ἡ nostalgia; yearning to return to one's homeland (f2)
νοτιοδυτικός-ή-ό southwestern
νότος, ὁ south (m1)
Νουμᾶς, ὁ periodical published in Athens in early twentieth century (m3)
νοῦς, ὁ mind; intellect; sense (m11, no plural)
νοῦς: ἔρχομαι στό νοῦ μου to come to one's senses
νοῶ to comprehend, to think
νστ' 56, 56th
ντά Βίντσι, ὁ Leonardo da Vinci (m12)
ντομάτα, ἡ tomato (f2)
ντοματιά, ἡ tomato plant (f2)
ντούρ (Turkish) stop!, halt!
ντουφεκιά, ἡ shot (from a rifle or musket) (f2)
ντουφεκίζω to fire at, to shoot (with a rifle or musket)
ντροπιασμένος-η-ο humiliated, disgraced, put to shame
νῦ, τό the letter ν
νυστάζω to feel sleepy
νύχτα, ἡ night (f2)
νυχτερίδα, ἡ bat (f1)
νωρίς early
νωρίτερα (adv.) earlier

ξακλούθα = ἐξακολούθα (from ἐξακολουθῶ) continue (imp.)
ξακουστός-ή-ό celebrated, famous
ξαλάφρωμα, τό relief, lightening, mitigation (n4)
ξαλαφρώνω to lighten the load of, to relieve; to feel relieved
ξανά again
ξαναβγαίνω to go out again
ξαναβιδώνω to insert a screw again, to screw together again; to cure a crazy person
ξαναβρίσκω to find again
ξαναγυρίζω to return again
ξαναδιαβάζω to re-read
ξανακάνω to re-do, to re-make
ξανακούω to hear again
ξαναμπαίνω to enter again, to re-enter
ξαναπαίρνω to retake, to capture again
ξαναπλαγιάζω to go back to bed; to lie down again
ξαναφεύγω to depart again
ξαναφτιάνω to re-make
ξαναχτίζω to rebuild
ξαπολύω to launch, to let loose, to hurl
ξαποσταίνω to take a rest, to repose
ξαποστάσουμε (from ξαποσταίνω)
ξαποστέλνω to get rid of, to send packing, to dismiss (irr.)
ξαφνικά suddenly
ξαφνικός-ή-ό sudden
ξάφνου suddenly
ξεβιδωμένος-η-ο nuts, crazy, off one's rocker; unscrewed
ξεβιδώνομαι to be nuts, to have a screw loose, to be driven crazy; to come unscrewed
ξεδένω to untie
ξεθηκαρώνω to unsheathe
ξεκάνω to undo, to kill
ξεκινῶ to set out, to leave, to depart
ξεκουράζομαι to take a rest
ξεκουράζω to rest (someone or something), to refresh
ξεκουράσου (from ξεκουράζομαι)
ξεκούραστος-η-ο comfortable, rested, refreshed
ξεκουφαίνω to deafen

ξεκούφανα (from ξεκουφαίνω)
ξεκρίνω to discern, to distinguish
ξελιγωμένος-η-ο famished
ξεμαθαίνω to unlearn
ξεμαρμαρώνω to "un-petrify"
ξεμεθῶ to become sober
ξενητειά, ἡ = ξενιτιά (f2)
ξενικός-ή-ό foreign, alien, strange
ξενιτεμένος, ὁ man living in exile, man living abroad (m1)
ξενιτεμένος-η-ο (from ξενιτεύομαι) living abroad
ξενιτεύομαι to expatriate oneself, to emigrate (dep.)
ξενιτιά, ἡ foreign land(s); abroad (f2)
ξένος, ὁ stranger, foreigner, outsider (m1)
ξένος-η-ο foreign, strange, alien; other people's
Ξενοφῶν, ὁ (καθ) Xenophon (m14)
Ξενοφώντας, ὁ Xenophon (m2)
ξεπερνῶ to surpass, to outdistance (irr.)
ξεπετάγομαι to belch forth, to shoot out (dep.)
ξεπηδῶ to emerge, to rise up out of, to come into view
ξεπορτίζω to leave one's house (esp. secretly); to put (someone) outside
ξεπροβάλλω to appear suddenly (irr.)
ξεριζώνομαι to be uprooted, to be pulled out
ξεριζώνω to uproot, to pull out
Ξέρξης, ὁ Xerxes (Persian king, died 465 B.C.)
ξεροκόμματο, τό (ξερός + κομμάτι) a piece of stale bread (n1)
ξερολιθιά, ἡ dry wall construction (stones laid up without mortar or mud) (f2)
ξερός-ή-ό dry, crusty, stale, parched; curt
ξέρω to know
ξεστρώνω to clear (the table); to unmake (the bed)
ξεύρω (= ξέρω) to know
ξεφεύγω to escape, to slip away (irr.)
ξεφορτώνομαι to divest oneself of a burden
ξεφορτώνω to unload, to unburden
ξεφυτρώνω to spring up, to sprout; to appear suddenly and unexpectedly
ξεφωνητό, τό yelling; wailing (n1)
ξεχάσετε (from ξεχνῶ)
ξεχασμένος-η-ο (from ξεχνῶ) forgotten
ξεχαστῶ (from ξεχνιέμαι)
ξεχνιέμαι to become absent-minded (irr.)
ξεχνῶ to forget (irr.)
ξεχωρίζω to perceive, to make out; to separate, to distinguish
ξζ' 67, 67th
ξη' 68, 68th
ξόανο, τό blockhead, idiot (n1)
ξόρκι, τό magic formula, exorcism (words supposedly able to avert or counteract evil) (n2)
ξουρίζομαι = ξυρίζομαι
ξουρίζω = ξυρίζω
ξύλο, τό wood, piece of wood (n1)
ξύπνος, ὁ wakefulness (m1)
ξυπνῶ to awake, to awaken
ξυρίζομαι to have a shave, to get a shave; to shave (oneself)
ξυρίζω to give a shave
ξυρισμένος-η-ο shaven

ὀγδόντα eighty
ὄγδοος-η-ο eighth
ὄγκος, ὁ bulk; volume; mass; tumor (m1)
ὀγλήγορα = γρήγορα quickly, rapidly
ὁδήγαγε = ὁδηγοῦσε (from ὁδηγῶ)
ὁδηγός, ὁ guide; conductor; chauffeur, driver (m1)
ὁδηγῶ to guide, to lead; to drive, to steer
ὀδοντογιατρός, ὁ dentist (m1)
ὁδός, ἡ street, road, way (f7)
οἰκία, ἡ house (f2)
οἰκογένεια, ἡ family (f2)
οἰκονομικός-ή-ό economic
οἰκουμενικός-ή-ό ecumenical
οἴμοι (καθ) alas
'Οκτώβριος, ὁ October (m1)
ὅλο (adv.) entirely; continually
ὁλόγιομος-η-ο entirely filled
ὁλοένα (adv.) continually, incessantly
ὁλόθεν (καθ) from everywhere
ὁλόκληρος-η-ο entire, whole, full
ὅλος-η-ο all
ὁλότελα entirely
ὁλοῦθε from everywhere
ὁλόχρυσος-η-ο entirely golden, solid gold
'Ολυμπιακή, ἡ Olympic (Airways) (f4)

ὁμαλός-ή-ό regular; normal; smooth
ὁμαλότητα, ἡ normality, regularity, smoothness (f1)
ὀμελέτα, ἡ omelet (f1)
Ὅμηρος, ὁ Homer (m1)
ὁμιλία, ἡ discourse, oration; sermon, homily; talk (f2)
ὁμιλοῦντες saying, speaking
ὁμιλῶ = μιλῶ
ὁμίχλη, ἡ fog (f4)
ὀμμάτιον, τό (καθ) = μάτι, τό eye
ὀμορφιά, ἡ beauty (f2)
ὄμορφος-η-ο beautiful, pretty
ὀμορφότατος-η-ο most beautiful, superlatively beautiful
ὀμορφούλι, τό (dim. of τό ὄμορφο) (n2)
ὀμπρέλα, ἡ umbrella (f1)
ὅμως however, nevertheless
ὀνειρεύομαι to dream (dep.)
ὄνειρο, τό dream (n1)
ὄνομα, τό name (n4)
ὀνομάζομαι to be named, to be called
ὀνομάζω to name, to call
ὀνομαστική, ἡ nominative (in grammar) (f4)
ὄντας (from εἶμαι) being; when
ὄξω = ἔξω out, outside
ὀπίσω (καθ) behind
ὁποῖος, ὁ (καθ) who
ὅποιος-α-ο whoever, whichever, whatever; everyone; anyone
ὁποῖος-οία-οῖο what, which
ὁπόταν when, whenever
ὁπότε when, whenever; therefore, hence
ὅποτε when, whenever
ὅπου where, wherever; to which; whereupon; who, that
ὅπως how, as, just as, in whatever way
ὅραμα, τό vision; sight; hallucination (n4)
ὀργίζομαι to become enraged
ὀργισμένος-η-ο enraged
ὀρεινός-ή-ό mountainous, mountain
ὄρεξη, ἡ appetite (f4)
ὄρθιος-α-ο upright; vertical; upstanding
ὀρθόδοξος-η-ο orthodox
ὀρθός-ή-ό proper, correct, right; 90-degree; equitable
ὁρίζοντας, ὁ horizon (i.e. that which "sets the limits" between sky and earth) (m2)
ὁρίζω (simple past: ὅρισα or ὥρισα [καθ]) to define, to designate, to set the limits of; to appoint
ὁριστικός-ή-ό definite; definitive, final
ὁρκίζομαι to swear, to take an oath, to vow
ὁρκίζουμαι = ὁρκίζομαι
ὁρμηνεύω to advise; to guide
ὁρμῶ to rush, to charge forward
ὀροπέδιο, τό plateau (n1)
ὀροσειρά, ἡ mountain range (f1)
ὄρος, τό (καθ) mountain (n7)
ὅρος, ὁ condition; rate; limit (m1)
ὅσα everything, all
ὁσάκις whenever, as many times as
ὀσμίζομαι to scent, to smell; to suspect, to have a foreboding (dep.)
ὅσο as much as; as long as
ὅσο γιά as for, concerning
ὅσο κι ἄν however much, however long; even though
ὅσο νά πεῖς κύμινο quickly, in a flash
ὅσο . . . τόσο the more . . . the more
ὅσος-η-ο as much as, as many as; all
ὅταν when
ὅτι that
ὅ,τι what, whatever
οὖζο, τό an aromatic liquor flavored with anise (n1)
οὖλος-η-ο = ὅλος-η-ο
οὐμανισμός, ὁ humanism (the study of classical antiquity) (m1)
οὐρά, ἡ tail; queue (f2)
οὐρανής-ιά-ί azure, sky-blue (color)
οὐρανός, ὁ heaven, sky (m1)
οὐρλιάζω (simple past: οὔρλιασα) to howl
οὐρλιαχτό, τό howling (n1)
οὐσία, ἡ essence, substance; matter (f2)
οὐσιαστικό, τό noun (n1)
οὔτε nor
οὔτε κἄν (+ verb) does not even, did not even, will not even
οὔτε . . . οὔτε neither . . . nor
ὄφελος, τό benefit, profit, gain, advantage (n7, sg. nom. and acc. only)
ὄχι no
ὀχτρός, ὁ enemy, opponent, foe (m1)
ὀχτώ eight

παγκόσμιος-α-ο universal, world-wide
πάγος, ὁ ice (m1)

παγωνιά, ἡ frost; freezing weather (f2)
παγώνω to freeze
παγωτό, τό ice cream (n1)
πάει it's all over, it's too late
πάει πιά it's all over, it's finished, it's too late
παθαίνω to suffer, to sustain injury; to undergo suffering (irr.)
πάθαμε (from παθαίνω)
παθητικός-ή-ό passive
παιγνίδι, τό game, sport; toy; trick (n2)
παιδεία, ἡ education; culture; learning (f1)
παιδί, τό child; boy (n2)
παιδίατρος, ὁ pediatrician (m1)
παιδικός-ή-ό childish; juvenile
παιδούλα, ἡ young girl, small child (female) (f1)
παίζω to play
παίρνομαι to be taken (irr.)
παίρνω to take; to dial (a telephone number) (irr.)
παίρνω φόρα to gather momentum
πακέτο, τό pack; packet, parcel (n1)
παλαβός-ή-ό insane; stupid, silly
Παλαιολόγος, ὁ family name of several Byzantine emperors (m1)
παλαιός-ά-ό former; ancient, old
παλάμη, ἡ palm (f4)
παλάτι, τό palace (n1)
πάλη, ἡ struggle, fight; wrestling (f4)
παληκαριά, ἡ rash act, foolhardiness, recklessness (f2)
πάλι again
παλικάρι, τό stalwart, brave young man (n2)
παλικαριά, ἡ rash act, foolhardiness, recklessness (f2)
παλληκάρι, τό = παλικάρι (n2)
παλληκαριά, ἡ rash act, foolhardiness, recklessness (f2)
παλτό, τό overcoat (n1)
πᾶν, τό all, all the world, everything; everything that matters, what is essential (n11)
Παναγιά, ἡ Blessed Virgin Mary (f2)
Παναγία, ἡ Blessed Virgin Mary (f1)
πανεπιστήμιο, τό university (n1)
πανηγύρι, τό festival; fair (n2)
πανί, τό sail; cloth; diaper (n2)
πανόραμα, τό panorama (n4)
πάντα (adv.) always
πάντα, τά all, everything (n11)
παντζούρι, τό shutter (n2)
πάντοτε always
παντοῦ everywhere
παντρεύομαι to get married
πάντων: πρό πάντων above all
πάντως at any rate, anyhow, in any case
πάνω (adv.) above
πάνω ἀπό above
πάνω σέ on, upon
πάνωθε from above
πανώριος-α-ο extremely beautiful
παπάς, ὁ priest (m3)
παπούτσι, τό shoe (n2)
παπούτσι: τό γράφω στά παλιά μου τά παπούτσια to despise something utterly
παππούλης, ὁ (dim. of παππούς) (m8)
παππούς, ὁ grandfather (m11)
πάπυρος, ὁ papyrus (m1)
πάρα (intensifying particle before πολύ [adv.] and πολύς [adj.]) very
παρά but (after a negative)
παραβάλλω to compare (irr.)
παραβλέπω to overlook, to neglect, to omit
παράβλεψα (from παραβλέπω)
παραβολή, ἡ parable (a comparison) (f4)
παράγγειλα (from παραγγέλνω)
παραγγέλνω to prescribe; to instruct; to place an order (irr.)
παράγομαι to be derived; to be produced
παράγωγος-ος-ον derived
παράδεισος, ὁ paradise (m1)
παραδιαβάζω to study too much
παραδίνομαι to surrender, to yield (irr.)
παραδόθηκα (from παραδίνομαι)
παράδοξος-η-ο queer, strange, incredible
παράδοση, ἡ tradition (f5)
παραδουλεύω to overwork
παραήπια (from παραπίνω)
παραθαλάσσιος-α-ο by the sea, coastal
παραθρεμμένος-η-ο (from παρατρέφω) over-fed
παραθύρι, τό = παράθυρο (n2)
παράθυρο, τό window (n1)
παρακάλεσα (from παρακαλῶ)
παρακαλῶ to beg, to request; please (irr.)
παρακάνω to overdo

παρακείμενος, ὁ present perfect (tense) (m1)
παρακινῶ to induce, to incite, to prompt
παρακοιμοῦμαι to oversleep (dep.) (irr.)
παρακολουθῶ to follow, to observe, to attend
παραλαβαίνω to take delivery of, to receive (irr.)
παραλείπω to omit; to neglect
παραλήγουσα, ἡ next to last syllable, penult (f1)
παράλληλος-η-ο parallel
παραλογίζομαι to rave, to act or talk senselessly
παραλοΐζομαι to rave, to act or talk senselessly
παραμένω to stay; to remain close to; to sojourn; to reside; to overstay (irr.)
παραμιλῶ to be delirious; to babble; to speak too much
παραμύθι, τό fairytale, legend, fable (n2)
παράνομος-η-ο illegal
παρανομῶ to break the law
παράξενος-η-ο strange, peculiar, eccentric
παράπια (from *παραπίνω*)
παραπίνω to overdrink (irr.)
πάρα πολύ extremely, very very
παρασιωπῶ to pass over in silence; to ignore; to neglect to mention
παράσταση, ἡ performance; representation, portrayal (f5)
παραστέκομαι to stand by, to support, to help (irr.)
παρατακτικός-ή-ό coordinating (grammar)
παράταξη, ἡ coordination (grammar) (f5)
παρατεντώνω to over-stretch, to over-elongate, to over-strain
παρατήρηση, ἡ observation; blame; (pl.) notes, commentary (f5)
παρατρέφω to over-feed
παρατῶ to abandon, to forsake
παραφόρτωμα, τό overload; act of overloading (n4)
παραφορτωμένος-η-ο overloaded, overburdened
παραφορτώνομαι to be overloaded; to overload oneself
παραφορτώνω to overload, to overburden
παρέα, ἡ company, friends, party, the people accompanying one on an outing, etc. (f1)
πάρει (from *παίρνω*)
παρέλαβα (from *παραλαβαίνω*)
παρέλαση, ἡ parade (f5)
παρέλασις, ἡ (*καθ*) parade (f5a)
παρηγορία, ἡ consolation, comfort, solace (f2)
παρηγοριά, ἡ consolation, comfort, solace (f2)
Παρθένα, ἡ Virgin Mary (f1)
Παρίσι, τό Paris (n2)
Παρίσιοι, οἱ (*καθ*) Paris (m1)
πάρκο, τό park, public garden (n1)
παρμένος-η-ο (from *παίρνω*)
πάροδος, ἡ parodos (entrance and first song of chorus in ancient drama) (f7)
παρ' ὅλο despite
παρόν, τό present time (n12)
παρόν: *πρός τό παρόν* for the present, for the time being
παρουσία presence, apearance; Parousia, advent (f2)
παρουσιάζομαι to present oneself, to appear
πάρσιμο, τό (from *παίρνω*) taking, capture (n5)
πάρτε (from *παίρνω*)
πάρτυ, τό party (n10)
παρών-οῦσα-όν present; current
πασάς, ὁ Pasha (m3)
πάσο, τό stride, pace (n1)
πάσο: *μέ τό πάσο μου* in stride, slowly
Πάσχα, τό Easter (n10)
πᾶς (from *πηγαίνω*)
πᾶς-πᾶσα-πᾶν (*καθ*) every, all
πατάτα, ἡ potato (f1)
πάτερ father (n10)
πατέρας, ὁ father (m2)
πατηθοῦν (from *πατιέμαι*)
πάτημα, τό trampling, treading, crushing; footprint (n4)
πατιέμαι to be crushed under the feet, to be trampled upon
πατιρντί, τό uproar, hubbub, din (n10)
Πατριάρχης, ὁ Patriarch (m5)
πατρίδα, ἡ homeland, fatherland; native village (f1)

πατρίδος, τῆς (gen. sg. of πατρίς)
πατρίς, ἡ (καθ) homeland, fatherland (f8)
πατριώτης, ὁ patriot; compatriot (m5)
πατριώτου (καθ) = πατριώτη (gen. sg.)
πατῶ to set foot in or on, to overrun, to trample, to crush; to invade
πάτωμα, τό floor, storey (n4)
παύω to cease, to stop
παχαίνω to become fat; to make fat
πάχος, τό fatness; fat; thickness (n7)
παχύς-ιά-ύ fat, corpulent; thick
πάψε (from παύω)
πάψτε (from παύω)
πάω to go (irr.)
πβ' 82, 82nd
πεζογράφος, ὁ prose writer (m1)
πεζός-ή-ό prosaic, banal; pedestrian, walking
πεζός λόγος, ὁ prose (m1)
πεζούλι, τό low wall used by people to sit on (n2)
πεθαίνω to die
πεθαμένος, ὁ dead man (m1)
πεθάνω (from παθαίνω)
πεθερά, ἡ mother-in-law (f2, but gen. pl. πεθεράδων)
πειθαρχῶ to obey
πείνα, ἡ hunger (f2)
πεινασμένος-η-ο hungry, a-hungered
πεινάω to be hungry; to starve (irr.)
πεινῶ to be hungry, to starve (irr.)
πειράζει (impers.) it matters
πειράζω to annoy, to bother; to tease; to tempt
πέλαγος, τό sea, open sea (n7,n1a)
πελάτης, ὁ client, customer; buyer; patient (m5)
πελεκητός-ή-ό chiseled, hewn
πελεκῶ to chip, to chisel, to hew, to carve
Πελοποννήσιοι, οἱ Peloponnesians (m1)
Πελοπόννησος, ἡ Peloponnese (f7)
πελώριος-α-ο huge, enormous
πέμπτος-η-ο fifth
πένα, ἡ pen (f2)
πεντάμορφος-η-ο gorgeous, extraordinarily beautiful
πεντάρα, ἡ farthing; coin (obsolete) = 1/20 drachma (f1)
πεντάρα: δέ δίνω πεντάρα to not give a damn
πέντε five
πεποίθηση, ἡ conviction, certainty, belief; trust, confidence (f5)
πεπρωμένο, τό destiny, fate; predestination (n1)
πέρα beyond, over yonder
πέρασα (from περνῶ)
περασμένος-η-ο (from περνῶ) past, gone by; last
περάσουν (from περνῶ)
περαστικός-ή-ό passing by; transient, ephemeral
περί (+ gen.) concerning, with regard to
περιβάλλον, τό surroundings, environment (n12)
περιβάλλω to encircle, to surround (irr.)
περιβλέπω to look all around
περιβολή, ἡ garment (f4)
περιβόλι, τό orchard; garden (n2)
περιβρέχω to bathe or wash on all sides (irr.)
περιγελῶ to mock, to ridicule; to dupe (irr.)
περιγραφή, ἡ description, account (f4)
περιγράφω to describe
περίεργος-η-ο unusual, strange; curious, inquiring
περιεχόμενο, τό contents (n1)
περιέχω to contain
περικαλῶ = παρακαλῶ
περικεφαλαία, ἡ helmet (f1)
περικοπή, ἡ excerpt, extract (f4)
περιμένω to wait; to expect (irr.)
περιουσία, ἡ fortune, property, estate, possessions (f2)
περιπαίζω to mock, to scoff
περιπατῶ (= περπατῶ) to walk
περιπέτεια, ἡ adventure (f2)
περιπλανιέμαι to roam around, to wander; to lose one's way
περιπλέκομαι to be entwined, to be involved
περιποιημένος-η-ο cared for, attended to
περιποιοῦμαι to attend (to), to take care of
περίπου approximate; approximately, about, almost, nearly
περισσεύω to be left over, to remain; to be superfluous
περισσότερος-η-ο more

περισώζομαι to be saved, to be rescued
περιτριγυρίζω to surround, to encircle
περιτριγυρισμένος-η-ο surrounded, encircled
περιφρονῶ to scorn, to disdain
περνῶ to pass; to cross; to pass through; to live through; to get along (irr.)
περπάτησε (from περπατῶ)
περπατῆστε (from περπατῶ)
περπατῶ to walk
Πέρσης, ὁ Persian (m5)
περσικός-ή-ό Persian
πέρυσι last year
πέσιμο, τό fall, defeat (n5)
πεσμένος-η-ο fallen; decadent
πέστε (from πέφτω and also from λέω)
πετάγανε = πετοῦσαν (from πετῶ)
πεταλούδα, ἡ butterfly (f1)
πέταξα (from πετῶ)
πετιέμαι to move very fast; to leap up; to hasten (irr.)
πέτρα, ἡ stone (f2)
πέτρινος-η-ο stony; of stone
Πέτρος, ὁ Peter (m1)
πετροχελιδόνι, τό martin (kind of bird) (n2)
πετσί, τό skin, hide, pelt (n2)
πετσί καί κόκκαλο skin and bones, skinny
πετῶ to fly; to speed; to throw out; to fling (irr.)
πεῦκο, τό pine tree (n1)
πέφτω to fall (irr.)
πῆ (from λέγω)
πηγάδι, τό cistern, well (n2)
πηγαίνω to go; (transitively) to bring, to take (irr.)
πηγή, ἡ spring, well; source, origin (f4)
πηγούνι, τό chin (n2)
πηδῶ to jump
πηλός, ὁ clay (m1)
πῆρα (from παίρνω)
πήχτρα, ἡ (noun used like an adjective) thick, dense (f2)
πί, τό: στό πί καί φί at once, instantly, lickety-split
πιά any more, any longer; at last
πιανίστας, ὁ pianist (m2)
πιάνο, τό piano (n1)
πιάνομαι to get caught, to become stiff or paralyzed; to hold on, to clutch
πιάνω to catch, to seize; to set about, to undertake, to begin
πιάτο, τό plate, dish (n1)
πίκρα, ἡ sadness; bitterness (f1)
πικραίνω to embitter
πικραμένος-η-ο embittered
πικρία, ἡ bitterness; sadness (f2)
πικρός-ή-ό bitter; severe, harsh
πιλότος, ὁ pilot (m1)
πίνακας, ὁ picture, canvas, painting; list (m2)
πινακίδα, ἡ notice board, placard; street sign (f1)
πίνω to drink (irr.)
πιό more (used in comparative degree)
πιοῦμε (from πίνω)
πιπεριά, ἡ pepper plant; pepper (the individual fruit) (f2)
πιπιλίζω to suck
πιπιλίζω: πιπιλίζω τό μυαλό γιά to harp on, to chew one's ear off about
πιστεύω to believe
πιστεύω, τό credo; the Apostles' Creed (n10)
πίστη, ἡ faith; trust, belief (f5)
πιστός-ή-ό faithful, devoted; reliable
πίσω back; again; behind
πίσω ἀπό behind
πισωδρομικός-ή-ό backward-moving, retrogressive
πλαγιά, ἡ slope, declivity (f2)
πλαγιάζω to lie down, to go to bed
πλαγιαστός-ή-ό recumbent, lying; in bed
πλάγιος-α-ο indirect (grammar); oblique, slanting
πλάζ, ἡ beach (f9)
πλάθω to create, to fashion; to concoct
πλάι next to
πλαϊνή, ἡ neighbor (female) (f4)
πλαϊνός, ὁ neighbor (male) (m1)
πλαϊνός-ή-ό next to, adjoining
πλάκα, ἡ tombstone; slab, plaque; slate; phonograph record; photographic negative (f2)
πλανήτης, ὁ planet; wanderer, nomad (m5)
πλανιέμαι to roam; to be deluded (irr.)
πλάσει (from πλάθω)
πλάτανος, ὁ plane tree (m1)
πλατεία, ἡ public square (f2)
πλάτη, ἡ back; (pl.) shoulder-blades (f4)

πλατύς-ιά-ύ broad, wide, ample
Πλάτωνας, ὁ Plato (m2)
πλέκω to knit, to braid, to plait, to interlace
πλένω to wash, to rinse (irr.)
πλέξει (from πλέκω)
πλέξιμο, τό knitting; braiding (n5)
πλέον more, any more, longer, any longer
πλεονέκτημα, τό advantage; virtue; gift (n4)
πλευρά, ἡ side; slope; point of view (f2)
πλευρίζω to draw alongside
πληγή, ἡ wound, injury (f4)
πληγωμένος, ὁ wounded person (m1)
πληγωμένος-η-ο wounded, injured
πληγώνω to wound, to injure
πλῆθος, τό crowd, mob, multitude (n7)
πληθυντικός-ή-ό plural
πλήν except, with the exception of; yet; minus
πλήρης-ης-ες full, complete
πληρώνομαι to be paid; to be bribed
πληρώνω to pay
πλησιάζω to approach
πλοῖο, τό ship, vessel (n1)
πλούσιος, ὁ rich person (m1)
πλούσιος-α-ο rich, wealthy
πλούτη, τά (pl. of ὁ πλοῦτος)
πλοῦτος, ὁ (pl. τά πλούτη) wealth, riches, opulence; profusion (m1 in sg., n7 in pl.)
πλυμένος-η-ο (from πλένω or πλύνω) washed
πλύνω to wash, to rinse
πλώρη, ἡ bow, prow (of a boat) (f4)
π.μ. = πρίν ἀπ' τό μεσημέρι a.m.
πνευματικός-ή-ό spiritual; intellectual, mental; pneumatic
πνευματικότητα, ἡ spirituality; intellectuality (f1)
πνίγηκα (from πνίγομαι)
πνίγομαι (simple past: πηίγηκα) to be drowned or suffocated; to be up to the ears (in work, etc.)
πνίγω to drown (someone); to suffocate, to strangle
πνίξιμο, τό drowning; suffocation (n5)
πνοή, ἡ breath, breathing (f4)
ποδαράκι, τό (dim. of ποδάρι) (n2)
ποδάρι, τό foot (n2)
ποδόσφαιρο, τό soccer, European football (n1)
πόθεν (καθ) from where, whence
ποθῶ to desire, to crave
ποιανοῦ-ποιανῆς-ποιανοῦ whose?, of whom?, of which?
ποίημα, τό poem (n4)
ποιητής, ὁ poet (m5)
ποιητικός-ή-ό poetic, poetical
ποιός-ά-ό who?, which?, what?
ποῖος-ποία-ποῖον (καθ) = ποιός-ά-ό who?, which?, what?
πολεμιστής, ὁ warrior, combatant (m5)
πόλεμος, ὁ war (m1)
πολεμῶ to wage war against; to fight; to oppose
Πόλη, ἡ Constantinople (f5)
πόλη, ἡ city (f5)
πόλις, ἡ (καθ) city (f5a)
πολιτεία, ἡ city; state; government (f2)
πολιτικός, ὁ politician, statesman; civilian (m1)
πολιτισμένος-η-ο civilized
πολιτισμός, ὁ civilization (m1)
πολύ (adv.) very
πολυαρέσει (impers.) it pleases very much; like very much (irr.)
πολυάριθμος-η-ο numerous
πολύγλωσσος, ὁ polyglot person (m1)
πολυδακρύζω to shed many tears
πολυενδιαφέρω to interest very much, to concern very much (mostly 3rd person)
πολυλογάς, ὁ blabbermouth, chatterbox (male) (m3)
πολυλογία, ἡ babble, chatter, loquaciousness (f2)
πολυλογού, ἡ blabbermouth, chatterbox (female) (f6)
πολυνοιάζει (impers. and 3rd pers.) (it) concerns very much, (it) concerns too much
πολυπαθής-ής-ές much-suffering
πολύπαθος-η-ο much-suffering
πολύς-πολλή-πολλά much, many
πολύτιμος-η-ο precious, invaluable, priceless
πολυφοβίζω to frighten very much
πονάκι, τό (dim. of πόνος) (n2)
πονάω to be in pain; to hurt, to offend; to feel compassion for (irr.)
πονέσουν (from πονῶ or πονάω)
πονοκέφαλος, ὁ headache (m1)
πόνος, ὁ pain, suffering (m1)
πόντος, ὁ sea (m1)

Πόντος, ὁ Black Sea (m1)
πονῶ to be in pain, to hurt, to offend; to feel compassion for (irr.)
πορεύομαι to march
Πόρος, ὁ Poros (a Greek island) (m1)
πόρτα, ἡ door (f2)
πορτοκαλής-ιά-ί orange-colored
πορτοκάλι, τό orange (n2)
πορτοκαλιά, ἡ orange tree (f2)
πορτοφόλι, τό wallet, billfold (n2)
πορτραῖτο, τό portrait (n1)
Ποσειδώνας, ὁ Poseidon (m2)
πόσο how much?, how long?
πόσος-η-ο how many?, how much?
ποτάμι, τό river (n2)
πότε when?
ποτέ ever, never
ποτέ μου/σου/του . . . never in my/your/his . . . life
ποτήρι, τό glass (n2)
ποτίζω to water; to irrigate
ποτιστικός-ή(-ιά)-ό that which is watered, e.g. a vegetable garden
πού that, which, who; where; when; since
πού (= ὅπου) where, to which
ποῦ where?, how?
ποῦθε from where, whence
πουθενά nowhere, not anywhere
πουκάμισο, τό shirt (n1)
πουλημένος-η-ο sold; bribed; corrupt
πουλί, τό bird (n2)
πουλιέμαι to be for sale; to be sold; to be bribed
πουλῶ to sell
πουρές, ὁ purée (m10)
πουρμπουάρ, τό tip, gratuity, pourboire (n10)
πράγμα, τό thing (n4)
πραγματικότητα, ἡ reality, actuality, fact (f1)
πραγματοποιοῦμαι to be realized, to be accomplished
πράμα, τό thing (n4)
πράξη, ἡ deed, act (f5)
πράσινος-η-ο green
πράττω to do, to perform, to accomplish, to act
πρέπει (impers.) it is fitting or proper or necessary; must, should
πρεσβύτεροι, οἱ the elders (m1)
πρεσβύτερος-η-ο older, senior
πρήζομαι to become swollen
πρήζω to cause to swell up
πρησμένος-η-ο swollen
πρίν before
πρό πάντων above all, chiefly
πρόβαλα (from προβάλλω)
προβάλλομαι to be projected (irr.)
προβάλλω to emerge, to come into sight; to project (irr.)
πρόβατο, τό sheep (n1 or n1a)
προβεβλημένος-η-ο (καθ) projected
προβλέπω to foresee
προβλήθηκα (from προβάλλομαι)
πρόβλημα, τό problem (n4)
προβλήσου (from προβάλλομαι)
προβολή, ἡ projection; prominence (f4)
πρόγονος, ὁ ancestor, forefather (m1)
προδίνω to betray; to violate (irr.)
προδομένος-η-ο betrayed; violated
προδότης, ὁ traitor, betrayer (m5)
πρόθεμα, τό prefix (n4)
πρόθεση, ἡ preposition (grammar) (f5)
πρόκειται (impers.; past: ἐπρόκειτο) it is a question (of), to be going to
προκυμαία, ἡ pier, jetty; wharf, quay (f2)
πρόλαβα (from προλαβαίνω)
προλαβαίνω to anticipate; to be in time to; to overtake; to have the time to (irr.)
πρόλογος, ὁ prologue (m1)
Προμηθέας, ὁ Prometheus (m4)
προοδευτικός-ή-ό progressive
προοδεύω to make progress, to move forward; to improve
προπαντός above all, chiefly
προπάντων = πρό πάντων above all
προπαραλήγουσα, ἡ antepenult, third from last syllable (f1)
προσβάλλω to insult (irr.)
προσβολή, ἡ insult (f4)
προσγειώνομαι to land (of airplanes)
προσδιορισμός, ὁ modifier (grammar); designation (m1)
προσεγγίζω to approach, to approximate
προσέθεσα (καθ) (from προσθέτω)
προσευκή = προσευχή (f4)
προσευχή, ἡ prayer (f4)
προσεύχομαι to pray (dep.) (irr.)
προσεχτικός-ή-ό careful, attentive; wary
προσέχω (simple past: πρόσεξα) to take care of, to look after; to pay attention to; to notice
πρόσθεσα (from προσθέτω)

προσθέτω to add (irr.)
προσοχή, ἡ attention, care, caution (f4)
προσπαθῶ to try, to attempt
προσπερνῶ to outdistance, to leave behind, to outrun (irr.)
προσταγή, ἡ command, order (f4)
προστάζω to command, to order
προστακτικός-ή-ό imperative
προστάξτε (from προστάζω)
προστασία, ἡ protection, defense (f2)
πρόσφυγας, ὁ refugee (m2)
προσφυγιά, ἡ mass of refugees (f2)
πρόσωπο, τό face; (in the theater) persona, character; figure (n1a)
πρός toward, to; for
πρόταση, ἡ clause or sentence (grammar); offer, proposal (f5)
προτέρημα, τό advantage; aptitude (n4)
προτιμῶ to prefer
προτοῦ before
πρότυπο, τό model; pattern; prototype (n1)
προφητικός-ή-ό prophetic
προφορά, ἡ pronunciation (f2)
προφορικός-ή-ό oral, spoken, verbal
προφταίνω to anticipate; to catch up with; to arrive in time; to get ahead of
προφτάση (from προφταίνω)
προχτές the day before yesterday
προχωρῶ to advance
πρύμη, ἡ stern (of a boat) (f4)
πρύμνη, ἡ stern (of a boat) (f4)
πρωί, τό morning (plural: τά πρωινά) (n11)
πρῶτα first (adv.)
πρῶτ' ἀπ' ὅλα first and foremost
πρωτεύουσα, ἡ capital (f1)
πρώτη: μέ τήν πρώτη at once (f4)
πρωτοβαρεμένη pregnant with one's first child
πρωτοβγαίνω to come out for the first time (irr.)
πρωτοβρόχι, τό first rains of autumn (n2)
Πρωτομαγιά, ἡ May Day (f2)
πρωτοπαρουσιάζομαι to appear for the first time
πρῶτος-πρώτη-πρῶτο first
Πρωτοχρονιά, ἡ New Year's (f2)
πρωτύτερος-η-ο earlier, previous, former
πτήση, ἡ flight (f5)
πτῆσις, ἡ (καθ) flight (f5a)
πτῶμα, τό corpse, cadaver (n4)
πτωχός-ή-ό (καθ) poor, impoverished
πυκνός-ή-ό thick, dense
πύλη, ἡ gate, gateway (f4)
πύραυλος, ὁ rocket (m1)
πυρετός, ὁ fever (m1)
πυρκαγιά, ἡ conflagration, extensive fire (f2)
π.Χ. = πρό Χριστοῦ B.C.
πώ πώ πώ! oh my!, wow!, oh la la!
πώς that
πῶς how?

ρακή, ἡ kind of aromatic liquor (f4)
ρακί, τό kind of aromatic liquor (n2)
ρανίδα, ἡ drop, blob, bead (f1)
ραντεβού, τό rendez-vous (n10)
ράχη, ἡ back; spine; ridge, crest (f4)
ρέ = βρέ (untranslatable vocative)
ρεματιά, ἡ ravine (f2)
ρῆμα, τό verb (n4)
ρίγανη, ἡ oregano (f4)
ρίγος, τό shiver, shudder (n7)
ριζικό, τό destiny, fate, fortune (n1)
ρίξε (from ρίχνω)
ρίξιμο, τό throwing, throw, cast; firing, shot (n5)
ρίχνομαι to throw oneself; to jump; to pounce
ρίχνω to cast, to throw
ρόδι, τό pomegranate (n2)
ροδιά, ἡ pomegranate tree (f2)
ρόκ-ἐντ-ρόλ, τό rock and roll (n10)
ρολόι, τό watch, clock (n2)
ρουθούνι, τό nostril (n2)
ρουθούνι: δέν ἔμεινε (ἀπόμεινε) ρουθούνι everyone perished
Ρουσία, ἡ Russia (f1)
ρούφηξα (from ρουφῶ)
ρουφῶ to gulp down; to suck; to sip; to absorb (irr.)
ροῦχο, τό piece of clothing (n1)
ροφῶ (καθ) to absorb, to suck in, to gulp down (irr.)
ρυθμός, ὁ rhythm; pace; style (m1)
ρωμαϊκός-ή-ό Roman
Ρώμη, ἡ Rome (f4)
Ρωμιός, ὁ modern Greek man (m1)
ρωμιοσύνη, ἡ "modern Greekdom," Hellenism esp. during the Turkish occupation; the Greek nation; the totality of Greeks in the world (f4)

ρωσικά, τά Russian (language) (n1, pl. only)
ρωσικός-ή-ό Russian
ρώτημα, τό question, query (n4)
ρωτιέμαι to ask oneself; to be asked
ρωτῶ to ask, to question

σά = *σάν*
Σάββατο, τό Saturday; Sabbath (n1)
σαΐτα, ἡ arrow (f1)
σακάκι, τό suit jacket (n2)
σακί, τό bag, sack (n2)
σακκάκι, τό = *σακάκι* (n2)
σακούλι, τό (dim. of *σακί*) small bag, sack; purse (n2)
σάλαγος, ὁ clamor, uproar (m1)
σαλάτα, ἡ salad (f1)
σαλεύω to shake, to totter; to stir
σαλτάρω to jump, to leap
σαματάς, ὁ noise, uproar; quarrel (m3)
σάμπως as if, as though
σάν like; when, as soon as; because; as; if
σάν νά as if
σανιδόσκαλα, ἡ gangway (f2)
σαπίζω to rot, to decay
σαράντα forty
σαραντάχρονα, τά fortieth anniversary (n1, pl. only)
σαρδέλλα, ἡ sardine (f1)
σάρκα, ἡ flesh (f1)
σαστισμένος-η-ο bewildered, confused; dazed
Σατανάς, ὁ Satan
σατανικός-ή-ό satanic
σατιρικός-ή-ό satiric, satirical
σαχλαμάρα, ἡ nonsense, stupid pointless talk (f1)
σβήνω to turn off, to extinguish; to be extinguished; to erase, to obliterate; to be erased, to be obliterated
σέ (= *εἰς*) to; in, into; on; at; by
σειέμαι to sway, to stir; to be shaken
σειρά, ἡ series, sequence; turn; row (f2)
σειρά: *μέ τή σειρά* in turn, one after the other
σείστηκα (from *σειέμαι*)
σελ. = *σελίδα* page
σελίδα, ἡ page (f1)
σεντόνι, τό sheet; bedsheet (n2)
Σεπτέμβρης, ὁ September (m8)
σέρνω to drag, to draw, to pull, to haul (irr.)
Σεφέρης, ὁ George Seferis (1900–1971) (m8)
σηκωμένος-η-ο raised, lifted up
σηκώνομαι to get up, to rise; to be raised
σηκώνω to pick up (a telephone receiver); to lift, to raise; to clear (the table)
σημαίνω to resound, to ring
σημαντικός-ή-ό significant, important
σήμαντρο, τό wooden block used as gong (n1)
σημασία, ἡ meaning (f1)
σημασία: *δίνω σημασία* to pay attention; to attach importance
σημειώνω to note, to write down, to set down; to mark
σημείωση, ἡ note (f5)
σήμερα today
σημερινός-ή-ό today's, of the present day; actual, current
σιγά quietly; slowly
σιγά-σιγά very slowly; very quietly
σιγανός-ή-ό noiseless, quiet; calm; slow
σίγμα, τό the letter *σ* or *ς*
σιγουριά, ἡ sureness, certainty (f2)
σίγουρος-η-ο assured, sure; unfailing
σιδερώνω to iron
σιμώνω to draw near
σινεμά, τό movie theater; movie, movies, cinema (n10)
σιωπή, ἡ silence, quiet (f4)
σκάλα, ἡ step; ladder; gangway; wharf (f2)
σκαλοπάτι, τό stair, step (n2)
σκάνδαλο, τό scandal; obstacle (biblical) (n1)
σκάσε! shut up!
σκασμός! shut up!
σκεμπές, ὁ belly, pot-belly, bay window, beer-belly (m10)
σκεπάζω to cover; to roof
σκεπαστός-ή-ό covered
σκεπή, ἡ roof, rooftop (f4)
σκέφτομαι to think, to reflect (dep.)
σκέψη, ἡ thought (f5)
σκιά, ἡ shadow, shade (f2)
σκλάβος, ὁ slave (m1)
σκληρός-ή-ό hard; cruel, heartless
σκοινί, τό rope (n2)
σκολάζω = *σχολάζω*

σκόνη, ἡ dust, powder (f4)
σκοντάφτω to stumble (over); to meet with difficulties
σκοντάψετε (from σκοντάφτω)
σκοπεύω to intend, to aim
σκοπός, ὁ aim, goal, intention, purpose (m1)
σκόρδο, τό garlic (n1)
σκοτάδι, τό darkness (n2)
σκοτεινιάζω to become dark
σκοτεινιασμένος-η-ο darkened
σκοτεινός-ή-ό dark, gloomy, obscure
σκοτωμένος, ὁ killed person (m1)
σκοτωμός, ὁ killing; slaughter, massacre (m1)
σκοτώνομαι to be killed; to commit suicide; to exert oneself greatly
σκοτώνω to kill
σκουλήκι, τό worm (n2)
σκουντῶ to push, to jostle
σκούξιμο, τό howling, howl; yelling, yell (n5)
σκουριάζω to make rusty; to become rusty
σκουριασμένος-η-ο rusty, rusted
σκύβω to bend down, to stoop
σκυλάκι, τό (dim. of σκύλος) (n2)
σκυλί, τό dog (n2)
σκύλος, ὁ dog (m1)
σκυλόψαρο, τό shark (n1)
σκυφτός-ή-ό bent, bowed, stooping
Σμύρνη, ἡ Smyrna (now Izmir) (f4)
σοβαρός-ή-ό serious, in earnest
σοκάκι, τό lane, alley, alleyway (n2)
σοκολάτα, ἡ chocolate (f1)
Σολωμός, ὁ Dionysios Solomos (1798–1857) (m1)
σόμπα, ἡ heating-stove (f1)
σορόκος, ὁ sirocco (a hot south-east wind) (m1)
σουβλάκι, τό barbecued meat on a tiny skewer (n2)
σούπα, ἡ soup (f1)
σούτ! shh!
σοφία, ἡ wisdom, knowledge (f2)
Σοφοκλῆς, ὁ Sophocles (m8, but also gen. sg. Σοφοκλέους)
σοφολογιώτατος, ὁ infinitely learned one; pedant (m1)
σοφός, ὁ sage, wise person; educated person (m1)
σοφός-ή-ό wise, learned
σοφώτατος-η-ο wisest; supremely wise
σπάζω to break, to smash
σπαθί, τό sword (n2)
σπαραγμός, ὁ heartbreak, anguish; rending (m1)
σπαραχτικός-ή-ό heart-rending, heart-breaking
Σπάρτη, ἡ Sparta (f4)
Σπαρτιάτης, ὁ Spartan (m5)
σπηλιά, ἡ cave (f2)
σπίρτο, τό match (n1)
σπίτι, τό house, home (n1)
σπιτικός-ή-ό domestic, household
σπουδάζω to study; to hurry
σπουδαῖος-αία-αῖο important, significant; serious
σπουδαιότερος-η-ο more important, more significant
σπουδή, ἡ study, learning; haste (f4)
σπρώχνω to push, to shove
σσς shh . . .
στ' sixth
σταγόνα, ἡ drop, tiny bit (f1)
στάδιο, τό stadium (n1)
στάζω to drip
σταθεῖτε (from στέκομαι)
σταθερός-ή-ό steady, constant, steadfast
στάθηκα (from στέκομαι)
σταματῶ to stop
στάνη, ἡ sheep pen, sheepfold (f4)
στάση, ἡ stop, halt, bus-stop; behavior; retention; stasis (f5)
σταυροκοπιέμαι to cross oneself, to make the sign of the cross (dep.)
σταυρός, ὁ cross (m1)
σταυρωμένος-η-ο crucified; tormented
σταυρώνομαι to be crucified; to be tormented
στέγη, ἡ roof; dwelling-place, home (f4)
στεῖλτε (from στέλνω)
στέκομαι to stand; to stop; to prove to be (irr.)
στέκουσουν = στεκόσουν (from στέκομαι)
στέλνω to send, to dispatch (irr.)
στεναχωριέμαι = στενοχωριέμαι
στεναχωρῶ = στενοχωρῶ
στενός-ή-ό narrow; intimate
στενοχωρεμένος-η-ο = στενοχωρημένος-η-ο
στενοχωρημένος-η-ο worried, disturbed, troubled

στενοχωριέμαι to worry, to be afflicted, to be embarrassed (irr.)
στενοχωρῶ to distress, to grieve, to worry (irr.)
στεριά, ἡ land, dry land, terra firma (f2)
στερνός-ή-ό last, final; latest
στηθοσκόπιο, τό stethoscope (n1)
στῆθος, τό breast, chest (n7)
στημένος-η-ο set up, raised, erected
στήνω to set up, to raise, to erect
στηριγμένος-η-ο propped, supported
στηρίζομαι to lean (on), to be propped
στηρίζω to prop up, to support
στιγμή, ἡ moment (f4)
στιγμιαῖος-αία-αῖο simple (in grammar); instantaneous; momentary
στίξη, ἡ punctuation (f5)
στοιβαγμένος-η-ο packed, crowded; piled up, stowed
στοιβάζω to pile up, to stack; to pack, to crowd
στόμα, τό mouth (n4)
στομάχι, τό stomach (n2)
στοχάζομαι to consider, to think (of), to meditate (on) (dep.)
στοχάσου (from στοχάζομαι)
στρατευόμενος-η-ο mobilized, conscripted
στρατηγός, ὁ army general (m1)
στρατιώτης, ὁ soldier (m5)
στρατιωτικός, ὁ military man (m1)
στρατιωτικός-ή-ό military, martial, army
στρατόπεδο, τό encampment, military camp (n1)
στρατός, ὁ army, troops (m1)
στράφηκα (from στρέφομαι)
στρέφομαι to turn; to rotate (irr.)
στρίβω to turn; to twist
στριμμένος-η-ο turned; twisted; nuts, crazy
στριμώχνομαι to squeeze oneself into; to crowd oneself
στριμώχνω to squeeze, to squash, to push together
στριφογυρίζω to circle, to gyrate, to whirl; to twist and turn (in bed)
στροφή, ἡ turn, bend (f4)
στρυμώνω (also στριμώνω) to squeeze, to squash, to push together
στρῶμα, τό mattress; bed; layer (n4)
στύλος, ὁ pillar, column, post, pole; mainstay, prop (m1)
στυλώνω to fix, to concentrate; to prop, to support
συγγένεια, ἡ relationship; kinship; affinity (f2)
συγγενής, ὁ relative, relation, kin (m9)
συγγνώμη excuse me, pardon
συγγνώμην excuse me, pardon
σύγγραμμα, τό piece of writing, literary work (n4)
συγγραφέας, ὁ writer, author (m4)
συγγραφεύς, ὁ (m14) = συγγραφέας (m4) writer, author
συγκεντρώνομαι to assemble, to collect together, to concentrate
συγκίνηση, ἡ emotion (f5)
συγκινῶ to affect emotionally, to move, to touch
συγκλονίζομαι to be shaken, to be tossed; to be thrown into a turmoil
συγκλονισμός, ὁ turmoil, shock (m1)
συγκρατῶ to hold; to restrain; to carry
συγκριτικός-ή-ό comparative
συγκρούομαι to collide, to clash
σύγκρουση, ἡ collision, crash; clash (f5)
συγνώμη excuse me, pardon
συγχαρητήρια, τά congratulations (n1, pl. only)
συγχέομαι to be mixed up, to be or become confused (irr.)
σύγχρονος-η-ο contemporary; simultaneous
συγχύζομαι (= συγχέομαι) to be or become confused
συγχυσμένος-η-ο confused, mixed up
συγχύστηκα (from συγχύζομαι or συγχέομαι)
συγχώρεσε (from συγχωρῶ) have mercy on, forgive
συγχωρῶ to excuse, to pardon; to forgive, to have mercy on (irr.)
συζυγία, ἡ conjugation (grammar); conjunction, syzygy (f2)
συκιά, ἡ fig tree (f2)
σύκο, τό fig (n1)
συκώτι, τό liver (n2)
συλλαβή, ἡ syllable (f4)
συλλογίζομαι to think; to reason; to consider (dep.)
συμβαίνει is happening, is taking place; (impers.) it happens (irr.)

συμβουλεύω to advise
συμμαθητής, ὁ fellow student (m.) (m5)
συμμαθήτρια, ἡ fellow student (f.) (f2)
σύμμαχος, ὁ ally, fellow fighter (m1)
συμπάθεια, ἡ sympathy (f2)
συμπαθητικός-ή-ό sympathetic, likable
συμπατριώτης, ὁ compatriot (m5)
συμπερασματικός-ή-ό conclusive
συμπίπτει (impers.) it happens (that) (irr.)
συμπλεκτικός-ή-ό copulative (grammar)
συμφέρει (3rd pers. and impers.; past: συνέφερε) (it) is advantageous, is in one's best interests
συμφορά, ἡ calamity, disaster, misfortune (f2)
συμφωνῶ to agree
συνάζομαι to come together, to assemble, to gather
συναθροίζομαι to come together, to assemble, to gather
συνάμα at the same time, together
συναντῶ to encounter, to meet
σύνδεσμος, ὁ conjunction (m1)
συνέβη (καθ) (from συμβαίνει) was happening, was taking place; (impers.) it happened
συνέβηκε (from συμβαίνει) was happening, was taking place; (impers.) it happened
συνέβησαν (καθ) (from συμβαίνουν) were happening, were taking place
συνέπεσε (from συμπίπτει)
συνεργάζομαι to work together, to collaborate (dep.)
συνέστη (καθ) (from συνιστᾶμαι) = συστήθηκε
συνέστην (καθ) (from συνιστᾶμαι) = συστήθηκα
συνέστησα (καθ) (from συνιστῶ) = σύστησα
συνέχεια (adv., = συνεχῶς) continuously
συνέχεια, ἡ continuity; continuation; sequel (f2)
συνεχίζομαι to continue, to be continued
συνεχίζω to continue, to keep on, to pursue
συνεχῶς continuously; in succession
συνηθίζω to become accustomed; to accustom; to accustom oneself
συνηθισμένος-η-ο customary, ordinary, usual
συνήθως customarily, usually, as a rule
σύνθετος-η-ο compound, complex
συνιστᾶμαι (καθ) (passive of συνιστῶ) (irr.)
συνιστῶ (καθ) to recommend; to introduce; to form, to set up (irr.)
σύννεφο, τό cloud (n1)
συνοικία, ἡ quarter, district (f2)
σύνορο, τό boundary, frontier (n1)
συνοψίζω to summarize, to make a synopsis of
συντελεσμένος-η-ο perfect tense (in grammar)
συντρέχοντες assisting, standing by
συντρίβομαι to be torn apart, to be shattered
συνώνυμο, τό synonym (n1)
συρρέω (simple past: συνέρρευσα) to flock, to crowd around; to flow or pour
συρροή, ἡ assembly, gathering (f4)
συσκέπτομαι to confer, to exchange opinions with others in order to reach a common decision
συσταίνω to recommend; to introduce (irr.)
συστήθηκα (from συστήνομαι or συσταίνομαι)
συστημένο (adj.) registered; (adv.) by registered mail
συστήνω to recommend; to introduce; to send a letter by registered mail; to form, to set up (irr.)
σύστησα (from συστήνω or συσταίνω)
συφορά, ἡ = συμφορά (f2)
συχνά often
συχώρα (from συγχωρῶ) have mercy on, forgive
συχώρεσε (from συγχωρῶ) have mercy on, forgive
σφήκα, ἡ wasp (f2)
σφίγγομαι to become constricted, squeezed
σφίγγω τήν καρδιά μου to wring one's heart
σφίχτηκα (from σφίγγομαι)

σφιχτός-ή-ό tight, firm, compact; stingy
σφοδρός-ή-ό vehement, tempestuous, violent
σχεδιάζω to plan, to design; to draw
σχέδιο, τό design, plan (n1)
σχετικά μέ regarding, concerning
σχετικός-ή-ό relative (to) concerned (with)
σχηματισμός, ὁ formation (m1)
σχολάζω to rest from school or work, to end work, to finish; to dismiss (from work)
σχολαστικός-ή-ό scholastic, pedantic, quibbling
σχολάω to rest from school or work, to end work, to finish; to dismiss (from work)
σχολεῖο, τό school (n1)
σχόλιο, τό scholium, gloss, explanatory marginal note, commentary, annotation (n1)
σχολνῶ to rest from school or work, to end work, to finish; to dismiss (from work) (irr.)
σχώρα (from συγχωρῶ) have mercy on, forgive
σχωρέσ' (from συγχωρῶ) have mercy on, forgive
σώζομαι to be saved; to save oneself; to escape; to survive
σώζω to save, to rescue
Σωκράτης, ὁ Socrates (m8)
σῶμα, τό body; corps (military) (n4)
σώνω to finish, to exhaust; to save
σώπα (from σωπαίνω)
σωπαίνω to hold one's tongue, to be silent; to silence (irr.)
σωρός, ὁ pile, heap; mass, abundance (m1)
σωστός-ή-ό correct, accurate; true
σωτήρας, ὁ savior, liberator (m2)
σωτηρία, ἡ salvation (f2)

ταβάνι, τό ceiling (n2)
ταβερνιάρης, ὁ tavern-keeper (m8)
τακτικός-ή-ό regular, habitual
τακτοποιῶ to arrange, to settle, to set in order
ταλαντεύομαι to sway, to oscillate, to waver; to be irresolute (dep.)
τάλαρο, τό five-drachma coin, taler, thaler (n1)
ταλέντο, τό talent (n1)
τάλιρο, τό five-drachma coin, taler, thaler (n1)
τάλληρο, τό five-drachma coin, taler, thaler (n1)
τάξει: ἐν τάξει O.K., fine, in order
τάξεως (καθ) (gen. sg. of τάξις)
τάξη, ἡ class or grade or classroom (in school); order (f5)
ταξί, τό taxi (n10)
ταξιδεύω to travel, to journey
ταξίδι, τό journey (n2)
τάξις, ἡ (καθ) class; grade (in school); classroom; order (f5a)
ταπεινός-ή-ό humble, modest, unassuming
ταπεινότητα, ἡ humility; modesty; submissiveness (f1)
ταραγμένος-η-ο agitated, disturbed
ταράζομαι to be distressed, to be agitated
ταράζω to disturb, to trouble; to shake up
τάραξα (from ταράζω)
ταραχή, ἡ commotion, disturbance; agitation (f4)
ταράχτηκα (from ταράζομαι)
ταυρομάχος, ὁ bull-fighter, toreador (m1)
ταῦρος, ὁ bull (m1)
ταύτην (καθ) = αὐτή (accusative)
τάφος, ὁ tomb (m1)
τάχα as though, supposedly
τάχατε as though, supposedly
τάχατες as though, supposedly
ταχυδρομεῖο, τό post office (n1)
ταχυδρόμος, ὁ postman (m1)
ταχύς-εῖα-ύ fast, swift, rapid
ταχύτης, ἡ swiftness, rapidity, speed, velocity (f10)
ταχύτητα, ἡ swiftness, rapidity, speed, velocity (f1)
τέλεια perfectly
τέλειος-α-ο perfect; complete
τελειώνω to complete, to finish; to come to an end
τελείως completely, entirely
τελευταῖα (adv.) lately, recently
τελευταῖος-αία-αῖο final, last
τελεύω to finish, to complete; to be finished, to end
τέλεψα (from τελεύω)
τελικά finally
τελικός-ή-ό final; decisive, definitive

τέλος (as adv.) at the end, finally
τέλος, τό end, expiration (n7)
τέλος πάντων anyway, in any case; after all; at last
τέλος-τέλος, τό the very end (n7)
τενεκές, ὁ tin can, large tin container; tin (m10)
τεντώνομαι to be stretched; to stretch oneself
τεντώνω to stretch, to strain
τεράστιος-α-ο huge, monstrous
τέρας, τό monster (n8)
τερατόμορφος-η-ο monstrous, dreadful
τέρμα, τό terminus, end (n4)
τές = τίς
τεσκερές, ὁ (Turkish) identification card (m10)
τεσσάρω = τεσσάρων four [years, months . . .] old (literally: of four)
τέσσερες (= τέσσερις) four
τέσσερις (m. and f.), τέσσερα (n.) four
τέταρτος-η-ο fourth
τετέλεσται (καθ) "it is finished" (last word of Christ on the cross: John 19:30)
τέτοιος-α-ο such, similar
τετράγωνος-η-ο square; foursquare, firm, steady
τετρακόσια: τά 'χω τετρακόσια to have one's head screwed on right, to be in command of one's senses
τετρακόσιοι-ες-α four hundred
τέχνη, ἡ art; craft; skill (f4)
τζάμι, τό window-pane (n2)
τηγάνι, τό frying pan, skillet (n2)
τηγανίζω to fry
τηγανιτός-ή-ό fried
τηλεφώνημα, τό telephone call (n4)
τηλεφωνικός-ή-ό telephone, telephonic
τηλέφωνο, τό telephone (n1a)
τηλεφωνῶ to telephone, to phone
τί what?
τιμή, ἡ honor (f4)
τίμιος-α-ο honest; honorable
τιμόνι, τό helm (n2)
τινάζομαι to be shaken, to be jolted; to be blown up
τινάζω to shake; to jolt; to blow up
τίνος whose?
τίποτα anything, nothing; never mind, don't mention it; some, any
τίποτε anything, nothing; never mind, don't mention it; some, any
τιτάνιος-α-ο titanic, huge
τίτλος, ὁ title (m1)
τί τρέχει what's going on?, what's the matter?
τοῖχος, ὁ wall (m1)
Τολέδο, τό Toledo (n10)
τόλμη, ἡ daring, courage; audacity, impudence (f4)
τολμηρός-ή-ό brave, bold; impudent
τόμ. = τόμος, ὁ volume (of a literary work, periodical, etc.) (m1)
τόμος, ὁ volume; tome (m1)
τονίζω to emphasize, to stress
τόννος, ὁ ton (m1)
τόνος, ὁ tone; accent (m1)
τόπος, ὁ place, location; area; locality (m1)
τόσο so
τόσο . . . ὅσο as . . . as; as much . . . as; both . . . and
τόσος-η-ο so much, so many; such
τόσο . . . ὥστε so (much) . . . that
τότε then
τότες then
τοῦβλο, τό brick; blockhead, idiot (n1)
τοῦβλο: τοῦβλο τοῦ Ἄτλαντος blockhead, idiot
τουλάχιστο at least, if only
τοὐλάχιστον (καθ) at least, if only
τουναντίον on the contrary
τοὐναντίον (καθ) on the contrary
τουρκεύω to turn Moslem; to become Turkish
Τουρκιά, ἡ mass of Turks (f2)
Τουρκία, ἡ Turkey (f2)
τούρκικος-η(ια)-ο Turkish
τουρκικός-ή-ό Turkish
Τοῦρκος, ὁ Turk (m1)
τοῦτος-τούτη-τοῦτο this, these; he, she, it, they
τουφεκίζω to fire at, to shoot (with a rifle or musket)
τραβάγανε = τραβοῦσαν (from τραβῶ)
τραβῶ to proceed, to head; to pull, to draw (irr.)
τραγούδι, τό song; poem (n2)
τραγουδῶ to sing
τραγωδία, ἡ tragedy (f2)
τραῖνο, τό train, railroad (n1)
τρανταγμένος-η-ο shaken, jolted
τραντάζομαι to be shaken, to be jolted
τραντάζω to shake, to jolt

τράνταξα (from τραντάζω)
τραντάχτηκα (from τραντάζομαι)
τράπεζα, ἡ: ἁγία τράπεζα altar (f2)
τραπέζι, τό table (n2)
τραυματίζω to wound, to injure
τραυματισμένος, ὁ wounded person, injured person, casualty (m1)
τραυματισμένος-η-ο wounded, injured
τρεῖς (m. & f.), τρία (n.) three
τρεῖς φορές three times, thrice
τρελάθηκα (from τρελαίνομαι)
τρελαίνομαι to go mad
τρέλλα, ἡ madness, insanity; folly (f2)
τρελλός-ή-ό crazy, insane
τρεμοπαίζω to quiver
τρεμουλιάζω to tremble, to shudder; to quiver, to flicker
τρέμω to tremble
τρέξιμο, τό running; race; flow (n5)
τρέπομαι to be turned, to turn (oneself) (irr.)
τρέπομαι εἰς φυγήν to take flight, to retreat in disorder
τρέπω to turn; to change; to convert (irr.)
τρέπω εἰς φυγήν to put to flight, to rout
τρέφω to nourish, to feed (irr.)
τρέχει: τί τρέχει what's going on?, what's up?
τρέχω to run, to speed
τριακόσιοι-ες-α three hundred
τριάντα thirty
τριανταφυλλιά, ἡ rose-bush (f2)
τριαντάφυλλο, τό rose (n1)
τριγυρίζω to circle around, to revolve
τριγύρω (adv.) round about, around here
τρίζω to rattle, to creak, to grind
τρικυμία, ἡ tempest, storm; heavy seas (f2)
τρικυμίζω to surge; to become stormy; to become storm-tossed; to stir up, to make stormy
τρισχιλιόχρονος-η-ο three-thousand-year-old
τρίτος-η-ο third
Τρίτωνας, ὁ Triton (m2)
τρομαγμένος-η-ο frightened, terrified
τρομάζω to frighten, to become frightened
τρομακτικός-ή-ό dreadful, awful, fearful
τρομάρα, ἡ fright, dread, terror (f1)
τρομερός-ή-ό terrible
τρομοκρατημένος-η-ο terrified; terrorized
τρομοκρατιέμαι to be terrorized, to be terrified
τρομοκρατοῦμαι to be terrorized, to be terrified
τρόμος, ὁ terror, dread, fright (m1)
τρόπος, ὁ aspect (grammar); manner; mode (m1)
τρυγῶ to vintage (grapes or honey); to harvest
τρυπῶ to make a hole in, to pierce, to bore; to prick, to sting
τρυπώνω to bore into; to worm one's way into; to pierce
τρυφερός-ή-ό tender, soft, mild, affectionate
τρώγω to eat, to devour; to bother; to itch (irr.)
τρώω to eat, to devour; to bother; to itch (irr.)
τσάϊ, τό (pl. τσάγια) tea (n2)
τσάκ: ὥσπου νά πῶ τσάκ as quick as a wink, before you can say Jack Robinson
τσαλακωμένος-η-ο creased, crumpled, wrinkled
τσέπη, ἡ pocket (f4)
τσῆ (τσή) (dialectal) = τῆς, τίς
τσιγάρο, τό cigarette (n1)
τσιμουδιά! not a word!, silence!
τσομπάνης, ὁ shepherd (m8)
τσοπάνης, ὁ shepherd (m8)
τυλίγω to wrap, to enwrap
τύλιξα (from τυλίζω)
τύπος, ὁ form; model; type (m1)
τυπωθῆ (from τυπώνομαι)
τυπώνομαι to be printed
τυραννιέμαι to be tormented; to torment oneself
τυραννῶ to torment, to tyrannize
τυφλώνω to blind; to hoodwink
τυχαίνει (impers.) it so happens, it chances (irr.)
τυχερός-η-ο lucky, fortunate
τύχη, ἡ luck, fortune (f4)
των (καθ) = τους their
τώρα now
τώρα δά just now, at this very moment
τωρινός-ή-ό present, of today, current

ὑγεία, ἡ health (f2)
ὑγειά, ἡ health (f2)

ὑγρασία, ἡ humidity, dampness (f2)
ὑδροπλάνο, τό seaplane, hydroplane (n1)
ὑλικό, τό material; equipment (n1)
ὕπαγε (καθ) go (imperative)
ὑπακούω to obey
ὑπάλληλος, ὁ employee (m1)
ὑπαρξιστής, ὁ existentialist (m5)
ὑπάρχω to exist; to be; to live; to subsist (irr.)
ὑπέβαλα (from ὑποβάλλω)
ὑπέκυψα (from ὑποκύπτω)
ὑπεράνθρωπος, ὁ superman (m1)
ὑπερευχαριστῶ to thank beyond measure
ὑπερθετικό, τό the superlative (n1)
ὑπερθετικός-ή-ό superlative
ὑπεροχή, ἡ superiority, supremacy (f4)
ὑπέροχος-η-ο excellent, superior, eminent
ὑπερσυντέλικος, ὁ past perfect (tense) (m1)
ὑπέφερα (from ὑποφέρω or ὑποφέρνω)
ὑπῆρχα (from ὑπάρχω)
ὕπνος, ὁ sleep, slumber (m1)
ὕπνος: μέ πῆρε ὁ ὕπνος I fell asleep
ὑποβάλλω to submit; to subject (irr.)
ὑποβολή, ἡ submission; subjection (f4)
ὑποθετικός, ὁ conditional (in grammar); hypothetical (m1)
ὑποκοριστικό, τό diminutive (grammar) (n1)
ὑποκοριστικός-ή-ό diminutive
ὑποκύπτω to submit, to yield, to succumb
ὑπόκυψα (from ὑποκύπτω)
ὑπομονή, ἡ patience (f4)
ὑποσχέθηκα (from ὑπόσχομαι)
ὑπόσχεση, ἡ promise (f5)
ὑπόσχομαι to promise (irr.)
ὑποτακτική, ἡ subjunctive mood (f4)
ὑπόταξη, ἡ subordination (f5)
ὑπότιτλος, ὁ subtitle (m1)
ὑπόφερα (from ὑποφέρω or ὑποφέρνω)
ὑποφέρνω = ὑποφέρω
ὑποφέρω to suffer, to endure, to bear
ὑποχρέωση, ἡ obligation, duty (f5)
ὑποχώρηση, ἡ withdrawal, retreat (f5)
ὑποχωρῶ to retreat, to withdraw
ὑποψιάζομαι to suspect (dep.)
ὕστερα afterwards
ὑφήλιος, ἡ the world, everything under the sun (f7)
ὕψος, τό height, altitude; grandeur (n7, sg. only)
ὑψώνομαι to be lifted up; to be exalted; to rise

φαγητό, τό meal; food; dinner (n1)
φαγωμένος-η-ο (from τρώγω) eaten, eaten up, eaten away
φαΐ, τό (pl. φαγιά) food; meal; dinner (n2)
φαίνεται (impers.) it seems (irr.)
φαίνομαι to appear; to be apparent, to be visible (irr.)
φαινόμενο, τό phenomenon, appearance, outward form (n1)
φάκελλος, ὁ envelope; dossier (m1)
φᾶμε (from τρώγω)
φανεῖ (from φαίνομαι)
φανερώνομαι to make oneself known, to reveal oneself
φανερώνω to reveal, to disclose; to signify
φανῇ (from φαίνομαι)
φαντάζομαι to imagine
φαντασία, ἡ imagination, fantasy, fancy; illusion (f2)
φανταστικός-ή-ό imaginary, illusory, fictitious; fantastic, extraordinary
φαράγγι, τό ravine, gulley, glen (n2)
φαρδύς-ιά-ύ wide, broad; spacious
φάρμακο, τό drug, medicine, remedy (n1)
φαρμακοποιός, ὁ druggist, pharmacist (m1)
φαρμακωμένος-η-ο embittered, vexed; poisoned
φαρμακώνομαι to be poisoned; to poison oneself; to be embittered
φασαρία, ἡ noise, commotion; bother; quandary (f2)
Φεβρουάριος, ὁ February (m1)
φεγγάρι, τό moon (n2)
φέρνω to lead, to bring; to carry; to bear
φέρω to lead, to bring; to carry; to bear
φέστα, ἡ feast, festival, celebration (f2)
φεύγω to leave, to depart; to flee (irr.)
φθινόπωρο, τό autumn (n1)
φιλενάδα, ἡ girlfriend (f1)
φίλη, ἡ girlfriend, friend (f.) (f4)
φιλία, ἡ friendship (f2)
φίλμ, τό film, movie (n10)

φιλοσοφία, ἡ philosophy (f1)
φιλόσοφος, ὁ philosopher (m1)
φιλοσοφῶ to philosophize
φίλος, ὁ friend (m.) (m1)
φίλτατος-η-ο dearest
φίλτρο, τό potion, philtre (n1)
φιλῶ to kiss
φκιάνω to fashion, to construct, to build, to make, to do
φκιασμένος-η-ο (from φκιάνω)
Φλεβάρης, ὁ February (m8)
φλιτζανάκι, τό demitasse (n2)
φλιτζάνι, τό cup (n2)
φλόγα, ἡ flame (f1)
φλυτζάνι, τό cup (n2)
φοβᾶμαι to be afraid, to fear (dep.) (irr.)
φοβερός-ή-ό frightful, fearful; terrible
φοβήθηκα (from φοβᾶμαι or φοβοῦμαι)
φοβίζω to frighten
φοβισμένος-η-ο frightened
φόβος, ὁ fear (m1)
φοβοῦμαι to be afraid, to fear (dep.) (irr.)
φόρα, ἡ momentum, impetus; force (f2)
φορά, ἡ time, occurrence (f2)
φορτώνω to load, to burden
φορῶ to wear; to put on (clothes) (irr.)
φοῦρνος, ὁ oven, furnace; bakery (m1)
φουρτούνα, ἡ tempest, storm (f1)
φουρτουνιασμένος-η-ο tempestuous, stormy
φουσάτο, τό army, armed horde (n1)
φουσκοθαλασσιά, ἡ swelling seas, heavy seas (f2)
φούστα, ἡ skirt (f1)
Φραγκιά, ἡ Western Europe (f2)
Φράγκισσα, ἡ foreign woman, esp. a Roman Catholic from Western Europe (f2)
φράγκο, τό drachma; franc (n1)
φραγμός, ὁ barrier, fence, obstacle (m1)
Φραντσέζα, ἡ French woman (f1)
φράουλα, ἡ strawberry (f1)
φράση, ἡ phrase; sentence (f5)
φρενοβλαβής-ής-ές insane, lunatic
φρίκη, ἡ horror (f4)
φρικτός-ή-ό horrible, horrendous, hideous, vile
φριχτός-ή-ό horrible, horrendous, hideous, vile
φρόνιμα! behave!
φρόνιμος-η-ο well-behaved, prudent, sensible
φροῦτο, τό piece of fruit (n1)
φταίω to be blameworthy, to commit a fault, to do wrong (irr.)
φτάνω to arrive, to reach, to attain
φτεροκοπῶ to flutter, to beat (e.g. one's wings or eyelashes)
φτηνός-ή-ό cheap, inexpensive
φτιαγμένος-η-ο (from φτιάχνω)
φτιάνω to fashion, to construct, to build, to make, to do
φτιασμένος-η-ο (from φτιάνω)
φτιάχνω to fashion, to construct, to build, to make, to do
φτώχεια, ἡ poverty (f1)
φτωχοκαλυβάκι, τό simple little hut (n2)
φτωχός, ὁ poor (i.e. impoverished) person (m1)
φτωχός-ή(ιά)-ό poor, impoverished
φτωχούλης, ὁ (dim. of ὁ φτωχός) (m8)
φυγή, ἡ flight (f4)
φυλά(γ)ω to guard; to preserve
φυλή, ἡ race; tribe; nation (f4)
φύλλο, τό leaf (n1)
φύσηξα (from φυσῶ)
φυσικά naturally
φυσική, ἡ physics (f4)
φυσικός, ὁ physicist (m1)
φυσικός-ή-ό natural; ordinary; normal
φυσῶ to blow
φωνάζω to shout; to call
φωνή, ἡ voice; shout, call, outcry (f4)
φωσφορίζω to phosphoresce
φῶς, τό light (n9)
φωτιά, ἡ fire (f2)
φωτίζω to enlighten; to illuminate, to light up
φωτοστέφανος, ὁ halo (literally: "light-wreath," "light-crown") (m1)

χάδεψα = χάιδεψα (from χαϊδεύω)
χαζός-ή-ό stupid, silly
χάθηκα (from χάνομαι)
χαϊδευτικό, τό endearment (grammar) (n1)
χαϊδευτικός-ή-ό caressive, fondling; flattering, complimentary
χαϊδεύω to caress, to stroke
χαίρετε hello; goodbye

χαιρετῶ to greet
χαίρομαι to be happy; to rejoice; to be glad (irr.)
χαίρουμουν = χαιρόμουν (from χαίρομαι)
χαλάζι, τό hail (n2)
χάλασα (from χαλῶ or χαλνῶ)
χαλασμένος-η-ο (from χαλῶ or χαλνῶ) ruined, damaged
χαλί, τό rug, carpet (n2)
χαλνῶ to ruin, to spoil, to damage
χαλῶ to ruin, to spoil, to damage
χαμένος-η-ο lost, of no avail
χαμηλώνω to lower
χαμογέλασα (from χαμογελῶ)
χαμογελαστός-ή-ό smiling
χαμογελῶ to smile (irr.)
χάμου = χάμω
χαμπάρι, τό notice; (pl.) news (n2)
χαμπάρι: παίρνω χαμπάρι to become aware (of), to catch on (to), to notice
χάμω down, on the ground
χάνομαι to get lost
χάνω to lose
χάνω: τά χάνω to lose one's wits, to become confused
χάος, τό chaos, utter confusion; abyss (n7)
χαρά, ἡ joy, pleasure (f2)
χαρά Θεοῦ superb weather
χαρά: μιά χαρά (adv.) just fine, splendid; splendidly
χαράδρα, ἡ ravine, gorge, gulley (f1)
χαράζω to engrave (on), to cut (into), to etch, to carve
χαρακτήρας, ὁ character (m2)
χαρακτηρίζω to characterize
Χαράλαμπος, ὁ (a masculine first name) (m1)
χαρέμι, τό harem (n2)
χάρη, ἡ grace (f4)
χάρηκα (from χαίρομαι)
χάρηκα πολύ pleased to have met you
χαρίζω to grant, to give as a present
χαρούμενος-η-ο happy
χαρτάκι, τό (dim. of χαρτί) (n2)
χαρτί, τό paper; certificate; playing card (n2)
χάσιμο, τό loss (n5)
χασμουριέμαι to yawn; to gape (dep.)
Χατζηαβάτης, ὁ Hatziavatis (character in Greek shadow-theater) (m8)
χέζομαι to shit in one's pants; to be overcome with fright
χεῖλος, τό lip (n7)
χειμώνας, ὁ winter (m2)
χειρόγραφο, τό manuscript (n1)
χειροκροτῶ to applaud, to clap
χειρότερος-η-ο worse
χέρι, τό hand (n2)
χερουβικό, τό Cherubic Hymn (n1)
χέστηκα (from χέζομαι)
χθές = χτές yesterday
χιλιάδα, ἡ thousand (f1)
χίλιοι-ες-α one thousand; innumerable
χιλιόμετρο, τό kilometer (n1)
χιόνι, τό snow (n2)
χιονίζει (impers.) it is snowing
Χίος, ἡ Chios, Hios (f7)
Χίτλερ, ὁ Adolf Hitler (m12)
χλωμός-ή-ό pale, pallid, wan
χοντρός-ή-ό bulky, thick, fat, coarse
χορεύω to dance
χόρτα, τά dandelion greens; greens; green vegetables (n1, pl. only)
χορτάρι, τό grass (n2)
χόρτο, τό grass (n1, sg. only)
χούγιασμα, τό hooting, booing, jeering (n4)
χούφτα, ἡ hollow of the hand; handful, fistful (f1)
χουφτώνω to seize with the hand; to clutch
χρεία, ἡ need, necessity, want; poverty; need to go to the toilet; toilet
χρειάζομαι to stand in need of, to require; to be necessary (dep.)
χρειαζούμενα, τά necessities (n1)
χρέος, τό duty (n7)
χρήματα, τά money (n4)
χρησιμοποιῶ to utilize, to use
χριστιανικός-ή-ό Christian
χριστιανισμός, ὁ Christianity (m1)
χριστιανοσύνη, ἡ Christendom; Christianity (f4)
Χριστιανός, ὁ Christian (m1)
Χριστός, ὁ Christ (m1)
Χριστούγεννα, τά Christmas (n1, pl. only)
χρόνια (adv.) for years
χρόνια, τά (sg.: ὁ χρόνος) years (m13)
χρόνοι, οἱ tenses; time, age, epoch, era (m13)
χρονολογία, ἡ chronology; date (f2)
χρόνος, ὁ time; tense; year (m13)

χρονῶν years old (literally: of years)
χρονῶ = χρονῶν years old
Χρυσάνθη, ἡ Chrysanthi (f4)
Χρυσόπορτα, ἡ Golden Gate (f1)
χρυσός-ή-ό golden
χρῶμα, τό color (n4)
χρωματιστός-ή-ό colored
χτένα, ἡ comb (f2)
χτενίζομαι to comb (one's hair)
χτενίζω to comb
χτές yesterday
χτίζομαι to be built, to be constructed
χτίζω to build, to construct
χτίσιμο, τό act of building (n5)
χτισμένος-η-ο constructed, built
χτυπημένος, ὁ person who has been shot, wounded, hit, hurt (m1)
χτυπημένος-η-ο hit, wounded, stricken, shot
χτυπιέμαι to be struck; to strike oneself
χτυπῶ (re: the telephone) to ring; to hit; to strike
χῶμα, τό soil, dust, earth, ground (n4)
χώνομαι to burrow, to thrust oneself into, to hide
χώνω to thrust; to inter; to dig (into)
χώρα, ἡ country, land; region (f2)
χωραφάκι, τό (dim. of χωράφι) (n2)
χωράφι, τό field (n2)
χωριάτης, ὁ peasant, villager (m5)
χωρίζω to separate, to divide, to part
χωριό, τό village (n1)
χωρίς without
χῶρος, ὁ space, room, area (m1)
χωροφύλακας, ὁ policeman (m2)

ψάλλω to chant or sing (esp. in church) (irr.)
ψαλμουδιά, ἡ psalmody, chanting of hymns or psalms (f2)
ψάξε (from ψάχνω)
ψάξιμο, τό searching, search; investigation (n5)
ψάξτε (from ψάχνω)
ψαράς, ὁ fisherman (m3)
ψαρεύω to fish
ψάρι, τό fish (n2)
ψαρόβαρκα, ἡ fishing boat (f2)
ψάχνω to search, to look for
ψέμα, τό lie, falsehood (n4)
ψεύδομαι to tell lies (dep.)
ψευδόμενος, ὁ (from ψεύδομαι) one who tells lies or has told lies (m1)
ψεύτικος-η-ο false, artificial, cheap, pseudo, badly made
ψηλός-ή-ό tall, high
ψητό, τό roast meat
ψηφίζω to vote
ψιθυρίζω to whisper
ψιθυριστά (adv.) in a whisper
ψιλά, τά (from ψιλός-ή-ό) change, loose coins (n1, pl. only)
ψιλός-ή-ό hairless, bare; thin, fine, delicate; shrill
ψιλός: παίρνω στό ψιλό to mock (n1)
ψιχάλα, ἡ drizzle (f1)
ψοφάω = ψοφῶ
ψοφῶ to die (usually said only of animals; otherwise sarcastic or jocular); to croak, to kick the bucket
ψυγεῖο, τό refrigerator (n1)
ψυχή, ἡ soul; courage, spirit; psyche (f4)
ψυχή: ψυχή μου dear, my dear, sweetheart, darling
ψυχίατρος, ὁ psychiatrist (m1)
Ψυχικό, τό Psychiko (Athenian suburb) (n1)
ψυχικός-ή-ό of the life-spirit; vital; psychic
ψυχολογία, ἡ psychology (f2)
ψυχοπιάνομαι to recover, to revive
ψυχοπιάνω (see ψυχοπιάνομαι)
ψυχούλα, ἡ (ψυχή + suffix of endearment) dear, dearest, sweetheart (f1)
ψωμί, τό bread, loaf of bread (n2)
ψωμί: βγάζω τό ψωμί μου to earn a living

ὦ O (the sign of the vocative, used to lend earnestness to an appeal)
ὤ oh! (interjection registering surprise, joy, pain, etc.)
ᾠδή, ἡ ode, song; chant (f4)
ὠκεανός, ὁ ocean (m1)
ὦμος, ὁ shoulder (m1)
ὥρα, ἡ hour, time (f2)
ὡραῖος-ὡραία-ὡραῖο beautiful
ὡραιότατος-η-ο most beautiful, superlatively beautiful
ὡραιότητα, ἡ beautifulness, beauty (f1)
ὥρισα (καθ) (from ὁρίζω)
ὡσάν as if, as, like
ὥσπου by the time, until

ὥστε that; so; so that
ὥστε νά so that
ὡστόσο however, nevertheless
ὥς until, up to
ὡς as; such as; as soon as; like
ὠφέλεια, ἡ benefit, usefulness, profit (f2)
ὤχ! ah!, oh!

English-Greek Glossary of Grammatical Terms Used in the Text

absolute ἀπόλυτος-η-ο
absolute degree θετικός βαθμός, ὁ
abstract ἀφηρημένος-η-ο
accent τόνος, ὁ
active ἐνεργητικός-ή-ό
adjective ἐπίθετο, τό
adverb ἐπίρρημα, τό
antepenult προπαραλήγουσα, ἡ
apheresis ἀφαίρεση, ἡ
article ἄρθρο, τό
aspect τρόπος, ὁ
attributive ἐπιθετικός-ή-ό
class τάξη, ἡ
clause πρόταση, ἡ
comparative degree συγκριτικός βαθμός, ὁ
compound σύνθετος-η-ο
conclusive συμπερασματικός-ή-ό
conditional ὑποθετικός, ὁ
conjugation συζυγία, ἡ
conjunction σύνδεσμος, ὁ
continuous ἐξακολουθητικός-ή-ό
contrastive ἀντιθετικός-ή-ό
coordinating παρατακτικός-ή-ό
coordination παράταξη, ἡ
copulative συμπλεκτικός-ή-ό
crasis κράση, ἡ
deductive συμπερασματικός-ή-ό
definite article ὁριστικό ἄρθρο, τό
degree βαθμός, ὁ
deponent verb ἀποθετικό ρῆμα, τό
diminutive ὑποκοριστικό, τό
direct speech εὐθύς λόγος, ὁ
disjunctive διαζευκτικός-ή-ό
double transformation drill ἄσκηση διπλοῦ μετασχηματισμοῦ, ἡ
drill ἄσκηση, ἡ
elision ἔκθλιψη, ἡ
endearment χαϊδευτικό, τό
explanatory ἐπεξηγηματικός-ή-ό
feminine gender θηλυκό γένος, τό
final syllable λήγουσα, ἡ
future μέλλοντας, ὁ
future perfect συντελεσμένος μέλλοντας, ὁ
gender γένος, τό
genitive γενική, ἡ
imperative mood προστακτική ἔγκλιση, ἡ
impersonal ἀπρόσωπος-η-ο
indefinite ἀόριστος-η-ο
indirect speech πλάγιος λόγος, ὁ
irregular ἀνώμαλος-η-ο
masculine gender ἀρσενικό γένος, τό
modifier προσδιορισμός, ὁ
mood ἔγκλιση, ἡ
neuter gender οὐδέτερο γένος, τό
noun οὐσιαστικό, τό
participle μετοχή, ἡ
passive παθητικός-ή-ό
past perfect tense ὑπερσυντέλικος χρόνος, ὁ
penult παραλήγουσα, ἡ
perfect conditional συντελεσμένος ὑποθετικός, ὁ
perfect tenses συντελεσμένοι χρόνοι, οἱ
plural πληθυντικός, ὁ
prefix πρόθεμα, τό
preposition πρόθεση, ἡ
present perfect tense παρακείμενος χρόνος, ὁ
pronoun ἀντωνυμία, ἡ
punctuation στίξη, ἡ
relative ἀναφορικός-ή-ό
simple (not compound) ἁπλός-ή-ό
simple (not continuous) στιγμιαῖος -αία-αῖο
singular ἑνικός, ὁ
subjunctive ὑποτακτική, ἡ
subordinating ὑποτακτικός-ή-ό
subordination ὑπόταξη, ἡ
substitution drill ἄσκηση ἀντικατάστασης, ἡ

superlative degree ὑπερθετικός βαθμός, ὁ
tense χρόνος, ὁ
transformation drill ἄσκηση μετασχηματισμοῦ, ἡ
ultima λήγουσα, ἡ
verb ρῆμα, τό
vocative κλητική, ἡ
voice φωνή, ἡ
word order διάταξη λέξεων, ἡ

LIBRARY OF CONGRESS CATALOGING IN PUBLICATION DATA

Main entry under title:
Demotic Greek II.

English and Greek.
1. Greek language, Modern—Grammar. 2. Greek language, Modern—Spoken Greek. I. Bien, Peter. II. Title: Demotic Greek 2. III. Title: Demotic Greek two.

PA1058.D45 1982   489'.382421   81-51609
ISBN 0-87451-208-5   AACR2